# 西北屯戍漢簡通假字匯釋

張麗萍 著

西南大學出版社
国家一级出版社 全国百佳图书出版单位

圖書在版編目(CIP)數據

西北屯戍漢簡通假字匯釋 / 張麗萍著. -- 重慶 :
西南大學出版社, 2022.8
ISBN 978-7-5697-1617-7

Ⅰ. ①西… Ⅱ. ①張… Ⅲ. ①簡(考古)—通假字—注
釋—西北地區—漢代 Ⅳ. ①H121

中國版本圖書館CIP數據核字(2022)第154196號

# 西北屯戍漢簡通假字匯釋

XIBEI TUNSHU HANJIAN TONGJIAZI HUISHI

張麗萍 著

策劃編輯: 李浩强
責任編輯: 王傳佳
責任校對: 曾慶軍
裝幀設計: 殳十堂_未 氓
排　　版: 杜霖森
出版發行: 西南大學出版社(原西南師範大學出版社)
地址:重慶市北碚區天生路2號
市場營銷部:023-68868624
郵編:400715
印　　刷: 重慶升光電力印務有限公司
成品尺寸: 170mm×240mm
印　　張: 35.25
字　　數: 600千字
版　　次: 2022年8月 第1版
印　　次: 2022年8月 第1次印刷
書　　號: ISBN 978-7-5697-1617-7

定　　價: 168.00元

貴州大學學術著作出版項目
貴州大學文科基地建設成果

張麗萍，女，甘肅平川人，貴州大學文學與傳媒學院副教授、碩士生導師。2017年畢業於西南大學漢語言文獻研究所，獲文學博士學位。主要從事簡帛文獻整理和簡帛語言文字研究。在《簡帛研究》《簡帛》《敦煌研究》《中國社會經濟史研究》《古籍整理研究學刊》《辭書研究》等刊物上發表學術論文20餘篇。主持國家社會科學基金項目、貴州省哲學社會科學規劃項目等各級項目10項。

# 序

自從1901年1至2月，探險家英籍匈牙利人馬爾克·奧萊爾·斯坦因（Marc Aurel Stein）在尼雅考古發現簡牘開始，便拉開了中國簡帛考古發掘的大幕，一個多世紀來，我國西北地區一直是漢簡出土的重镇，先後出土了二十多批8萬多枚，已刊佈或正在刊佈的大宗材料就有《武威漢簡》《敦煌漢簡》《居延漢簡》《武威漢代醫簡》《居延新簡》《額濟納漢簡》《肩水金關漢簡》《地灣漢簡》《懸泉漢簡》等。並且，西北漢簡的最大特色是，絶大部分是屯戍漢簡，即屯戍文書，它們的寫成時間爲西漢中後期至東漢中後期，即公元前1世紀初至公元2世紀中葉，内容包括簿籍類文書、信函類文書、報告類文書、政令類文書、司法類文書、契約類文書、案録類文書、符傳類文書、檢楬類文書等等，它們都是當時人記當時事的文獻，具有極强的文獻真實性（authenticity）。

流傳下來的中國早期文獻，特别是先秦兩漢的文獻，基本上是書籍，没有什麼文書。在出土文獻没有問世以前，人們不得不爲祖先爲什麼没有留下文書而感到困惑，實際上不是祖先没寫有文書，而是没有傳下來，今天大量的楚秦漢六朝簡中大量的文書即可説明。從這個角度來講，包括西北屯戍漢簡在内的出土文書，正填補了我國早期文書缺無的空白，具有重大研究價值。

凡涉及古代文獻的任何研究，其研究價值首先取决於其研究材料的價值，也就是説，選擇研究材料具有十分重要的意義。研究材料選定得不好，往往事倍功半，甚至是在做無用功（例如僞材料）；反之，經過精心選擇反復論證而確定的材料，則會事半功倍。也就説，首先應該選定能客觀反映所研究時代面貌的文獻材料，來作爲研究材料，只有這樣的研究纔會具有科學性。這就是日本漢學家太田辰夫所説的使用研究材料“應該是以同時資料爲基本資料，以後時資料爲旁證”。西北屯戍漢簡正是標準的“同時資料”，真實地反映了當時當地的語言面貌、文字面貌。

我曾在《簡帛文獻學通論》中説過，簡帛文獻中的同音代替字現象很有趣。[①]所謂同音代替字，就是用同音字代替本字，本字可能當時已有，也可能還無，前者屬於今天所説的本有其字的假借（多稱之爲“通假”），後者屬於今天所説的本無其字的假借。時代越早的簡帛，同音代替字越多，越晚的簡帛越少。下面不妨分别將戰國時期、西漢初期、三國時期的簡帛各舉一例以對比：

戰國簡的同音代替字最多，如郭店楚簡《老子甲本》18簡：“道亙（恆）亡名，僕（樸）唯（雖）妻（微）。”7個字就有4個同音代替字。郭店楚簡的《老子甲本》共1123個字，其中同音代替字300個，竟然占總字數的26.7%。

西漢初期的簡帛就明顯少了，如馬王堆漢墓帛書《老子乙本》前16行（175行～190行）共1157字，其中同音代替字60個，占總字數的5.2%。

三國吴簡中的同音代替字就很難見到了，與後時的文獻已没有什麽區别了，下面試引《嘉禾吏民田家莂》兩簡如下：

（1）4.131：“公田丘男子文碩，佃田一町，凡十畝，悉旱。畝收布六寸六分，凡爲布六尺六寸，四年十月五日付庫吏番有。旱田畝收錢卅七，凡爲錢三百七十，四年十月五日付庫吏番有畢。嘉禾五年三月十日，田户曹吏趙野、張惕、陳通校。”

（2）4.135：“公田丘大女唐妾，佃田一町，凡十二畝，皆二年常限，悉旱。畝收布六寸六分，凡爲布七尺九寸二分，四年十一月十日付庫吏潘有。旱田畝收錢卅七，凡爲錢四百卌二錢，[②]四年十一月十日付庫吏潘有畢。嘉禾五年三月十日，田户曹吏趙野、張惕、陳通校。”

以上二簡只有第一枚簡有一個同音代替字，即“番”（以“番”代“潘”，凡二見）。由此可知，到了東漢末、三國時期，同音代替的現象已基本消失了。

通過以上將戰國楚簡、西漢初帛書、三國吴簡三個不同時代的簡帛文獻進行對比，其結果正好印證了“漢字發展史的三階段説”，即：表形字階段——表音字階段——形聲字階段。表形字階段是最初的階段，它包括《説文》所説的指事字、象形字、會意字三類。表音字階段是第二階段，它使用同音代替手段，利用表形

① 以下詳見拙著《簡帛文獻學通論》第五章《簡帛研究價值（上）》第二節《文字學研究價值》，中華書局，2004。

② 此“凡爲錢四百卌二錢”屬計算不確，按佃田“十二畝”與“畝收錢卅七”計算，當“凡爲錢四百卌四錢”。“嘉禾吏民田家莂”中時有此類計算錯誤。

字的讀音來記録詞,借助於這一手段,那些不便於用表形法創造字的出路就得到了解決。形聲字階段是第三階段,是使用聲符加形符手段造字的階段,使用這種手段造出的字即形聲字,逐漸成爲漢字中的主體部分,最終占了漢字的絶大部分。[①]

僅就本有其字的假借即“通假”而言,出土楚秦漢簡帛中的通假字比同期傳世典籍中的通假字明顯多。劉又辛先生在其《通假概説》一書中曾將1973年長沙馬王堆3號墓出土的帛書《戰國縱横家書》中《觸龍説趙太后章》與傳世文獻《戰國策·趙策四》和《史記·趙世家》所記載的文字相對比,最後發現“帛書中使用的假借字多,這是個很突出的特點”。[②]40年前,錢玄先生經過統計説,秦漢簡帛文獻中,通假字較傳世古籍多6倍以上。[③]這當然是因爲現在通行的先秦著作中的文字多是經過後人根據後代通行的文字改寫過的,原著中有些通假字被改掉,有些還没有改;而簡帛文獻長埋於地下,未經後人更改,真實地保存了書寫時的原貌,這便是簡帛文獻在通假字研究方面的優勢之所在。

對簡帛的語言文字研究,我歷來主張應該把簡帛書籍的研究與簡帛文書的研究分開來進行,因爲書籍材料和文書材料兩者性質不同,書籍是傳承文獻,文書是當時文獻,相較而言,文書是當時人記當時事的東西,口語化程度和用字的“當代化”程度明顯高於書籍,利用這樣的材料進行研究,所得出的結論自然更接近當時的語言文字實際。並且,還進而可以將書籍研究的結果與文書研究的結果進行比較,看看兩者的异同,得出深層次的内在規律。當然,這樣的研究其工作量是巨大的,必須建立在對簡帛書籍和文書各自大批量的研究的基礎上,纔有可能借之進行對比研究。

張麗萍博士的專著《西北屯戍漢簡通假字匯釋》(以下簡稱《匯釋》)一書,以西北屯戍漢簡爲研究材料來進行通假字研究,正是對簡牘文書進行文字研究的成果,避免了將簡帛書籍與文書的研究“一鍋煮”的弊端,顯然其研究對像的確定是十分正確的。

《匯釋》在前人研究的基礎上匯集、整理通假字696組,大致體現了西北屯戍

---

① “漢字發展史的三階段説”是劉又辛先生的觀點,又稱“新三書説”,它不同於唐蘭先生的“三書説”。詳劉又辛:《漢字發展史綱要》第五章《“六書”和“三書”》,中國大百科全書出版社,2000。

② 劉又辛:《通假概説》,巴蜀書社,1988。劉先生所説的“假借字”即我們這里所説的“通假字”。

③ 錢玄:《秦漢帛書簡牘中的通假字》,《南京師院學報》1980年第3期。

漢簡通假字的全貌。以王力先生的古韵30部來分類係屬通假字，在論述某爲某的通假字時，先結合《説文》及其他文獻解釋通假字的本義，再釋本字在簡文中的意義，接着舉簡文用例，最後引用傳世文獻中的通假情況作爲佐證，其論證邏輯性强、結論大都可信。書中揭舉了不少不見於其他文獻的通假用例，爲漢字通假研究及音韵研究增添了新的例證，例如：[①]“桐—桶”“陛—壁”“莞—官”“莞—冠”“錮—姑”“故—酤”“古—鹽”“汗—寒”“聚—促”“寬—髖”“令—領”“彭—方”“泉—煎”“主—駐”“樂—轢”等等，皆爲見於西北屯戍漢簡的新例。該書還編製了《西北屯戍漢簡通假字表》，分别標注了通假字和本字的中古音聲紐、韵、聲調，上古音聲紐和韵部，便於查閲參考。《匯釋》一書不光在簡帛文字研究特别是用字研究方面具有重要價值，而且在簡帛音韵研究方面也具有重要價值，相信隨着《匯釋》的出版，會進一步推動學界對簡牘文書通假字的研究，以及整個簡帛通假字的研究，並且，自然也會推動簡帛音韵的研究。

張麗萍於2013年從余攻讀博士學位，入校後余要求她像其他同門一樣，先遍覽整個簡帛，然後再確定研究範圍。在閲讀簡帛的過程中，她的興趣逐漸轉到了西北漢簡，於是余便與她商定以西北屯戍漢簡爲材料進行通假字研究。西北屯戍漢簡通假字的研究不光工作量大，而且難度也很大，因爲這些文書不光没有傳世文獻相對照，而且簡牘殘斷嚴重，不少字字迹模糊不清，不少簡文難以卒讀，文字釋讀相當困難。但她坐得下來，不浮躁，能潛心於學問，没有像有些學生那樣一定要在學校規定的學制三年内畢業，經過四年的努力，於2017年完成了學位論文《西北屯戍漢簡通假字新考》，並得到盲審專家和答辯專家的一致好評。畢業後她又對其學位論文進行較長時間的修改打磨，增加材料，擴大研究範圍，命之爲《西北屯戍漢簡通假字匯釋》。在該書即將出版問世之際，她向我索序，於是余便寫了以上一些感想，聊以充序。

張顯成

2022年8月10日於雲南彌勒租住之避暑房

① 按該書體例，以下“—”前表示通假字，後表示本字。

# 前　言

## 一、通假字概説

通假是古漢語特别是先秦兩漢典籍中一種極爲普遍的用字現象，指用音同或音近的字替代本應使用的字。比如，“裁衣”的“裁”本字作“裁”，《説文·衣部》：“裁，制衣也。”而在《懸泉漢簡》Ⅰ0111②：19中却作“財衣”，没有用本字，而是借用一個音同或音近的“財”字表示。“財”的本義指財貨，《説文·貝部》：“財，人所寶也。”這裏用來表示裁衣之義，並不是“財”所固有的，而是因文字借用産生的。用來替代的字叫作通假字或借字，被替代的字叫作本字。

### （一）通假字的範圍

通假字的範圍，學界主要有兩種觀點：一是狹義的通假，一是廣義的通假。狹義通假指假借一個同音或音近的字來表示一個本有其字的字，這是典型的通假現象。這種觀點也是王力先生《古代漢語》和一般中學語文界普遍持有的看法。但這並不能否認廣義通假這一概念的存在，裘錫圭先生指出：“通假也叫通借，有廣義、狹義之分。”[①]馮其庸、鄧安生兩位先生也認爲：“通假字的範圍，除了‘本有其字’的那部分假借字外，還應包括大量人們通常所認爲的那種通用字。這是一種寬泛意義上的通假字，包括某些古今字、同源字。”[②]可見，確實有廣義通假一説。

廣義通假，裘先生認爲最廣義的“通假”與“通用”所指的文字現象的範圍是相同的，指不同的字在某種或某些用法上可以相替代的現象。裘先生還進一步指出爲了避免跟狹義的“通假”（即有本字的假借）相混，最好不要使用廣義的“通假”，而使用“通用”這個術語。[③]但是使用“通用”這個術語，又會跟現行的“通用

① 裘錫圭：《文字學概要》，商務印書館，1988，第106頁。

② 馮其庸、鄧安生：《通假字匯釋》，北京大學出版社，2006，第6頁。

③ 裘錫圭：《文字學概要》，商務印書館，1988，第264—266頁。

字”這一概念引起混亂，所以，本書仿照目前幾部大型的通假字字典依然采用“通假字”這一名稱。

目前比較有影響的幾部通假字字典，都采用廣義的通假，如高亨、董志安《古字通假會典》(1989)，馮其庸、鄧安生《通假字彙釋》(2006)，王輝《古文字通假字典》(2006)，白於藍《簡牘帛書通假字字典》(2008)、《戰國秦漢簡帛古書通假字彙纂》(2012)，劉信芳《楚簡帛通假匯釋》(2011)等。我們也仿效時賢，采用廣義的通假，主要因爲：一是因字形的訛變、文字構形不明、本義的失傳、引申假借難以區别等原因，漢字字形和音義之間的關係錯綜複雜，往往很難確定它們之間的具體關係。我們可以用下定義的方式指出通假字與其他文字現象的區别，也可以分别爲它們舉出若干例證，但是要逐一確定西北屯戍漢簡(下文簡稱“屯戍簡”)中的每個字例，是屬於通假字，還是屬於無本字的假借字、分化字、同源字等？實際操作起來相當困難，“其結果就很可能流於偏頗，或求之過嚴，或難以做到允當得體”[①]。二是本書匯集屯戍簡通假字，指出文字之間的通用關係，主要目的是用來注釋簡文字義，排除閱讀障礙的。“在給古文作一般性的注釋的時候，只要講文字之間的通用關係就能解决問題，根本没有必要自找麻煩去講通用字(引者按：即廣義的通假)之間的具體關係。所以通用字這個概念是很有用處的。”[②]綜上所述，本書所收通假字主要包括以下幾個方面：

1.本有其字的假借　這是典型的通假，即假借一個音同或音近的字來表示一個本有其字的詞，如“脩—修”[③]，“脩”本義乾肉。《説文·肉部》：“脩，脯也。”簡文中多表示“修治”“美善”等義，即假借“脩”爲“修”。又如“姚—逃”，“姚”本義姓氏。《説文·女部》：“姚，虞舜居姚虚，因以爲姓。”簡文中表示“逃亡”義，自然是假“姚”爲“逃”。

2.本字後起的假借　有的詞開始的時候假借其他的字表示，後來又爲它專門造了本字。“本字後造的假借，在後起本字出現之前，是無本字的假借。後起本字出現之後，假借字如果繼續使用，就可以看作通假字了”[④]，但因爲後起本字出現的時間很難正確判斷，所以我們只好選擇籠統地把有後起本字的假借歸爲通假

① 高亨、董志安：《古字通假會典·前言》，齊魯書社，1989，第10頁。

② 裘錫圭：《文字學概要》，商務印書館，1988，第267頁。

③ 短綫前爲通假字，短綫後爲本字，下同此例。

④ 裘錫圭：《文字學概要》，商務印書館，1988，第188頁。

字。[①]如“就—僦”,“就”本義“就高”。《説文·京部》:“就,就高也。”簡文中表示“僱傭運載”義,與“就高”義無關。從文字發展由簡至繁的一般規律來説,應該是先有“就”後有“僦”,也就是先假借就高義的“就”表示“僱傭運載”義,再在“就”的基礎上增加意符另造“僦”字,則“僦”就應該是爲表“僱傭運載”義所造的後起本字。再如“主—駐”,“主”本義“燈柱”。《説文·丶部》:“主,鐙中火主也。”簡文中假借表示“駐馬”義,與“主”之本義無關,後來又在“主”之基礎上增加意符“馬”另造“駐”字表示,則“駐”便是“駐馬”義的後起本字。

3.假借字與假借字　有的詞没有爲它造專門的字表示,而是始終假借其他的字表示,這是造字的假借,即所謂“本無其字,依聲託事”。這種情況,一般不會影響文意的理解。但是,有些時候會出現假借兩個或兩個以上的字來表示這個詞,這種情況多見於連綿詞(如“槖佗—駱駝”)、音譯詞(如“詶胡—狐胡”),還有一部分單音節詞(如“耐—能”)。它們主要是用來記音的,於是同一個詞往往會有多個不同的書寫形體,但是這多個不同的書寫形體的存在,對文意的理解來説本身就是障礙。這兩個或兩個以上的假借字中會有一個假借字是人們經常使用的,這個經常使用的假借字與其他假借字之間也可以看作是本字與通假字的關係,用經常使用的假借字去改讀其他的假借字,可以起到通釋文意的作用。如“耐—能”,“耐”本義“剃除頰毛”,是古代的一種刑法,假借表“能夠”義;“能”本義“熊”,亦假借表“能夠”義。就“能夠”義而言,“耐”和“能”兩個都是假借字,但後世多用“能”,所以可以把“能”看作本字,而把“耐”看作通假字。

4.母字與分化字　由於詞義的引申、文字的假借和字所表示的詞義的增加,一字多職的現象在漢字中是很常見的,一般把用來分擔職務的新造字叫分化字,把分化字所從出的字稱爲母字。分化字的職能有三種:一是表母字本義,如“止—趾”,“止”本義足、脚。《廣韵·止韵》:“止,足也。”引申表示“停止”等義之後,在它的基礎上另造“趾”表示其本義。再如“縣—懸”,“縣”本義“懸掛”。《説文·𥄉部》:“縣,繫也。”假借爲“州縣”義後,另造“懸”表其本義。二是表母字引申義,如“取—娶”,“取”本義“獲取”。《説文·又部》:“取,捕取也。”引申爲“娶妻”,後在“取”之基礎上增加意符作“娶”表“娶妻”這一引申義。再如“耳—珥”,“耳”本義

① 還有一種情況,就是雖然造了後起本字,但並没有通行開來,這一種依然視作本無其字的假借。如“須—嬃”。

“耳朵”,《説文·耳部》:“耳,主聽也。”引申指“耳飾”,後在“耳”之基礎上另造“珥”表其引申義。三是表母字假借義,如上引“就—僦”“主—駐”。嚴格來説,前兩種母字和分化字在意義上有聯繫,並不是文字的假借。但是,在具體文例中用分化字去改讀母字,便於確切理解文意,所以我们也酌情收入。

5. 同源字　來自同一語源的詞爲同源詞,記録同源詞的字叫同源字①。同源字在語音和意義上都有聯繫,它既包括同時産生的,又包括先後産生的。前者如“杈—釵”“環—還”,後者如上引“取—娶”“耳—珥”。先後産生的同源字,實際上也是母字與分化字的關係。同源字的概念旨在説明一組字有共同的歷史來源,但對不了解它們之間語義關係的人來説,實際上就是兩個完全不同的字,如“杈—釵”,一個是樹杈的“杈”,一個是金釵的“釵”,再如“環—還”,一個是玉環的“環”,一個是返還的“還”,以“杈”爲“釵”,以“環”爲“還”,對一般的讀者來説它們之間的關係就是文字的借用。

因各種原因,同源和通假並不容易區分,如“韋—圍”,若把“韋”看作是“圍”的古字,則兩者同源;但若把“韋”看作“違”的古字(《説文·韋部》:“韋,相背也。”),以“韋”爲“圍”,就是通假。

此外,异體字也是一個特别復雜的現象,它與通假字的界限有時並不是很清楚,有的既可以看作是异體字,又可以看作是通假字。如“繻—襦”,“繻”從糸需聲,“襦”從衣需聲,兩者可看作意符不同的异體字,但“繻”指彩色的絲織品。《説文·糸部》:“繻,繒采色。”與“襦”之“短上衣”義有别,故兩者也可看作是通假字。又如“椎—錐”,“椎”從木隹聲,“錐”從金隹聲,兩者可看作是意符不同的异體字,但“椎”爲擊打的器具,後作槌。《説文·木部》:“椎,擊也,齊謂之終葵。”段玉裁注:“椎,所以擊也。”與“錐”之“鉆孔的器具”義不同,故兩者也可看作是通假字。

## (二)通假字的判定原則

本書判定屯戍簡通假字的原則包括以下5個方面:

第一,上下文原則,以本字破通假,要上下文意可通。

第二,語音原則,通假字與本字的聲母和韵母相同或相近。一般情況下,所謂相近,在聲母方面至少發音部位相同;在韵母方面,主要元音的前後、高低都應

① 喻遂生:《文字學教程》,北京大學出版社,2014,第273頁。

十分接近,韵尾應屬同一發音部位。但是,對一些語音差距較遠的通假,也不應排除在外,它們有可能反映了語音的演變或方音特色。屯戍簡作爲漢代西北邊塞的屯戍檔案,它所記録的語言,應該是當時的通用語,但不排除個别詞彙特别是名物詞使用當地方言的可能性。

第三,書證原則,從理論上説判定通假字應有書證。大多數通假沿襲已久,被普遍認同,具有穩定的社會性。但也有少部分通假是書寫者或抄寫者臨時用某字替代某字,没有流傳開來使其社會化。同樣都是音同音近替代,我們没有理由説,被社會普遍認同的是通假字,而没被社會普遍認同的不是通假字。特别是屯戍簡這種應用性文獻,書寫者臨時將一個字寫成另一個音同或音近的字是極有可能的,也就是説屯戍簡通假字不見於傳世文獻或其他出土文獻也是可能的。因此,對書證原則的使用不能過於苛責,而應靈活處理。

第四,本義能通者,不煩通假。如屯戍簡中有"芮薪"一詞,袁瑩先生認爲:"'芮薪'之'芮'也是'鞇'的通假字,也表示'柔軟'之義。'薪'指燃火原料,那麼'芮薪'應該是指材質比較柔軟的燃料。在漢簡中,'芮薪'經常與'木薪'相對而言,'木薪'指材質比較堅硬的木材類燃料,那麼'芮薪'當是指材質比較柔軟的草類燃料。"[①] "芮",《説文·艸部》:"芮芮,艸生皃。"《集韵·稕韵》:"芮,蒕芮,艸生皃。""蒕"義爲草聚集貌,《集韵·薛韵》:"蒕,艸聚皃。"《文選·潘岳〈西征賦〉》:"蒕芮於城隅者,百不處一。"李善注引《字林》:"蒕,聚貌也。"則"芮"之本義當指草聚集生長的樣子,也就是草叢生的樣子。草叢生自然長得不會很粗壯,所以引申有"小"義、"細"義,《文選·潘岳〈西征賦〉》:"蒕芮於城隅者,百不處一。"李善注引《説文》:"芮,小貌。"徐鍇《説文繫傳·艸部》:"芮芮,細皃。"由"細小"義自然可以引申出柔軟義,《吕氏春秋·必已》:"不食穀食,不衣芮温。"高誘注:"芮,絮也。"陳奇猷校釋:"此'芮温'當從《釋名》之義。'不衣芮温',謂不衣細輭温暖之衣。《釋名·釋首飾》:'毳冕,毳芮也。畫藻文於衣,象水草之毳芮温暖而潔也。'"段玉裁《説文解字注·艸部》:"芮芮,與茙茙雙聲,柔細之狀。"可知,"芮"本就有"柔軟"之義,不煩假借"鞇"字以表"柔軟"義。

第五,通假字是音韵研究的重要材料。凡是和審音無關的排除在外。(1)形誤者,如"歲"誤寫成"威"、"由"誤寫成"冉"、"朕"誤寫成"勝"、"天"誤寫成"大"、

① 袁瑩:《"芮薪"考辨》,《考古與文物》2012年第1期。

“索”誤寫成“率”等。(2)部件訛混者，如“篷”寫作“蓬”、“籍”寫作“藉”、“第”寫作“苐”等。“⺮”“艹”在小篆中區別明顯，前者作“竹”，後者作“艸”，隸變後拉直筆畫，於漢隸中開始混用。屯戍簡中亦是如此。(3)同義者，如“父”與“夫”，均可指從事某種體力勞動的人。“賦”與“付”，均有“給予”義。“迫”與“促”，均有“促迫”義。“空”與“孔”均有洞穴、窟窿義。以上3種均不在本書所釋通假字之內。

以上5個方面，前3個方面是通假字的選定原則，後兩個方面是排除原則。

## 二、西北屯戍漢簡簡介

西北屯戍漢簡，指20世紀初至20世紀七八十年代，在我國西北甘肅、内蒙古等地發現的大批漢代簡牘文獻，包括敦煌漢簡、居延漢簡、居延新簡、肩水金關漢簡、地灣漢簡、懸泉漢簡、玉門關漢簡、額濟納漢簡共8種，有56000多枚。其主要内容爲西漢中期至東漢中後期的邊塞屯戍文書，因此，我們統稱爲“西北屯戍漢簡”。

### (一)敦煌漢簡

20世紀初以來，在河西疏勒河流域漢塞烽燧遺址中陸續出土的簡牘，因最先發現於敦煌而得名，共計2480餘枚。具體包括：20世紀初，英國考古學家斯坦因第二次中亞考察在敦煌西北的漢塞烽燧遺址中掘得708枚，第三次中亞考察在敦煌漢塞烽燧遺址所得84枚及在安西、酒泉兩縣所得105枚；1920年，周炳南先生在敦煌小方盤古城附近所得17枚；1944年，西北科學考查團在敦煌小方盤城遺址所得49枚；1979年，在敦煌馬圈灣烽燧遺址獲得1217枚；1981年，敦煌市博物館在敦煌酥油土漢代烽燧遺址所得76枚；1986年至1988年，敦煌市博物館在文物普查中采得137枚；1977年，嘉峪關市文物保管所在玉門花海農場附近的漢代烽燧遺址中采得91枚。①

本書所據材料主要有：吴礽驤、李永良、馬建華《敦煌漢簡釋文》，甘肅人民出版社，1991年。甘肅省文物考古研究所《敦煌漢簡》(全二册)，中華書局，1991年。中國簡牘集成編委會《中國簡牘集成》，敦煌文藝出版社，2001年。張德芳《敦煌馬圈灣漢簡集釋》，甘肅文化出版社，2013年。

---

① 吴礽驤、李永良、馬建華：《敦煌漢簡釋文·前言》，甘肅人民出版社，1991，第1—4頁。

## （二）居延漢簡

1927至1930年，西北科學考查團在位於今甘肅、内蒙古境内的額濟納河流域漢代烽燧遺址出土大量漢代簡牘10085枚。這批漢簡中的絕大多數原簡現在存於臺灣中研院歷史語言研究所。因爲這次發現簡牘的地點，屬於漢代張掖郡居延縣，所以稱爲“居延漢簡”。[①]

本書所據材料主要有：中國科學院考古研究所《居延漢簡甲乙編》，中華書局，1980年。謝桂華等《居延漢簡釋文合校》，文物出版社，1987年。史語所簡牘整理小組《居延漢簡》（壹—肆），臺灣中研院歷史語言研究所，2014—2017年。

## （三）居延新簡

1973至1974年，在漢代張掖郡北部破城子甲渠候官遺址和甲渠塞第四燧遺址出土大量漢代簡牘，爲與20世紀30年代出土的“居延漢簡”相區别，稱爲“居延新簡”。具體包括：（1）1973至1974年，破城子甲渠候官遺址出土7865枚；1982年，在破城子采集22枚。（2）甲渠塞第四燧遺址出土195枚，采集67枚，共計262枚。（3）1986年，卅井塞次東燧采集173枚，還有一些零星的采集簡。共8000多枚。[②]

本書所據材料主要有：甘肅省文物考古研究所《居延新簡——甲渠候官》，中華書局，1994年。馬怡、張榮强《居延新簡校釋》，天津古籍出版社，2013年。張德芳主編，孫占宇著《居延新簡集釋》（一），甘肅文化出版社，2016年；張德芳主編，楊眉著《居延新簡集釋》（二），甘肅文化出版社，2016年；張德芳主編，李迎春著《居延新簡集釋》（三），甘肅文化出版社，2016年；張德芳主編，馬智全著《居延新簡集釋》（四），甘肅文化出版社，2016年；張德芳主編，肖從禮著《居延新簡集釋》（五），甘肅文化出版社，2016年；張德芳主編，張德芳、韓華著《居延新簡集釋》（六），甘肅文化出版社，2016年；張德芳主編，張德芳著《居延新簡集釋》（七），甘肅文化出版社，2016年。

## （四）肩水金關漢簡

1972至1974年，在漢代張掖郡南部地區的肩水金關遺址出土漢簡11577枚，稱“肩水金關漢簡”。

① 張德芳主編，孫占宇著：《居延新簡集釋·概述》（一），甘肅文化出版社，2016，第1—4頁。
② 張德芳主編，孫占宇著：《居延新簡集釋·概述》（一），甘肅文化出版社，2016，第1—4頁。

本書所據材料主要有：甘肅簡牘保護研究中心等《肩水金關漢簡》（壹—伍），中西書局，2011—2016年。

## （五）懸泉漢簡

1990至1992年，經過先後4次發掘，在敦煌懸泉置遺址出土35000多枚漢簡，其中有字簡23000多枚，經整理編號者18000餘枚，擬分8輯出版，目前已經出版第一輯，即《懸泉漢簡》（壹），刊佈2300餘枚。①

本書所據材料主要有：胡平生、張德芳《敦煌懸泉漢簡釋粹》，上海古籍出版社，2001年。甘肅簡牘博物館等《懸泉漢簡》（壹），中西書局，2019年。

## （六）玉門關漢簡

"玉門關漢簡"因書中所收漢簡主體部分出土於玉門關遺址而得名，包括4個部分：一是1998年玉門關遺址出土385枚；二是1987至1990年懸泉置遺址采集57枚；三是敦煌其他遺址采集79枚；四是《敦煌漢簡》所收散簡212枚。將第四部分《敦煌漢簡》重出簡除外，共計521枚。②

本書所據材料主要有：張德芳、石明秀主編《玉門關漢簡》，中西書局，2019年。

## （七）地灣漢簡

1986年，甘肅省文物考古所對地灣遺址進行第二次考古發掘，獲得漢簡778枚，並在肩水金關遺址采集散簡25枚，共計803枚。③

本書所據材料主要有：甘肅簡牘博物館等《地灣漢簡》，中西書局，2017年。

## （八）額濟納漢簡

1999至2002年，内蒙古自治區文物考古研究所在額濟納旗漢代烽燧遺址進行考古調查清理時出土500餘枚。④

本書所據材料主要有：魏堅主編《額濟納漢簡》，廣西師範大學出版社，2005年；孫家洲主編《額濟納漢簡釋文校本》，文物出版社，2007年。

① 甘肅簡牘博物館等主編：《懸泉漢簡·前言》（壹），中西書局，2019，第1—5頁。

② 張德芳、石明秀主編：《玉門關漢簡·前言》，中西書局，2019，第1—5頁。

③ 甘肅簡牘博物館等主編：《地灣漢簡·前言》，中西書局，2017，第1—4頁

④ 魏堅主編：《額濟納漢簡·内容提要》，廣西師範大學出版社，2005。

# 凡　例

1. 本書共匯釋屯戍簡通假字696組。本書采用了大量學界考釋通假字的成果，同時也融入了一些我們的見解。爲行文方便，所采納學界觀點不一一加注説明。

2. 本書按通假字所屬韵部排列，韵部相同的按聲紐排列，聲紐相同的按聲調平、上、去、入排列，聲調相同的按筆劃由少到多排列。若前面4種情况都相同，則按照本字的韵部、聲紐、聲調、筆劃排列。

韵部據王力先生《漢語史稿》分爲11類29部①，又據《漢語語音史》將冬部合口從侵部分出，寒部改稱元部，共分爲30部②，依次爲：之、職、蒸、幽、覺、冬、宵、藥、侯、屋、東、魚、鐸、陽、支、錫、耕、脂、質、真、微、物、文、歌、月、元、緝、侵、葉、談。

聲紐據王力先生《漢語史稿》分爲32母③，依次爲：見、溪、群、疑、曉、匣、影，端、透、餘、定、泥、來，章、昌、船、書、禪、日，精、清、從、心、邪，莊、初、崇、山，幫、滂、並、明。④

3. 每一條，先列編號，後列通假字字組，如"001 其—萁"組，"001"爲通假字字組在本書的編號，"其"爲通假字，"萁"爲本字。依次標注通假字和本字的漢語拼音、古音聲紐、韵部及語音關係。語音關係分爲9種：雙聲叠韵、聲同韵近、聲同韵遠、聲近韵同、聲近韵近、聲近韵遠、聲遠韵同、聲遠韵近、聲遠韵遠。其中，同聲紐者爲雙聲或聲同，准雙聲、旁紐、准旁紐爲聲近。⑤不屬於以上兩種情况的爲聲

---

① 王力：《漢語史稿》，中華書局，2015，第61—64頁。

② 王力：《漢語語音史》，中華書局，2014，第19頁。

③ 王力：《漢語史稿》，中華書局，2015，第66—67頁。

④ 屯戍簡的寫成年代爲西漢中後期至東漢後期，按道理應該采用漢代音系較爲適合。學界對漢代音系的研究，影響最大的主要有：一是羅常培、周祖謨先生《漢魏晋南北朝韵部演變研究》(1958)；二是王力先生的《漢語語音史·漢代音系》(1985)。兩者都只是漢代韵部的研究，没有涉及漢代聲紐的研究。韵部研究，前者將西漢和東漢劃分開來，分别進行研究；後者所依據的材料主要是張衡、馬融等的韵文，實際上是東漢的韵部研究。屯戍簡中紀年簡所占數量並不多，没有辦法全部斷代，很難確定哪一部分屬於西漢，哪一部分屬於東漢。所以，漢代音系，不論是羅常培、周祖謨兩位先生提出的，還是王力先生提出的，都不適用於屯戍簡。漢代作爲上古音的後期，將屯戍簡通假字放在整個上古音的音系框架中來考察，在理論上是可行的。如果相合，説明屯戍簡通假字所反映的音系和上古音相差無幾；如果不相合，説明語音從先秦到兩漢發生了變化，從中可以窺見一些語音變化的脉絡。

⑤ 准雙聲、旁紐、准旁紐，參看王力：《同源字典》，商務印書館，1982，第17—20頁。

遠。同韵部者爲叠韵或韵同。對轉、旁轉、旁對轉爲韵近。[1]不屬於以上兩種情況的爲韵遠。

4. 通假字若有异體,用斜綫(/)加以區别,不另立字條。如"勝/塍"表示"塍"爲"勝"的异體。

5. 本字在屯戍簡中若有多個義項,每個義項前用①②③等標識。

6. 本書所引簡牘釋文,均在整理者釋文的基礎上核對圖版,力争客觀反映原簡文字面貌,故對原整理者釋文多有修正。所修正文字,在正文或脚注中予以説明。據圖版校正格式和標點改動不做説明。文中的下劃綫爲筆者所加。

7. 盡量選取文意完整、文字釋讀没有争議的通假字用例。不同通假字的用例本身多寡不一,故從事實出發,不刻意追求數量平衡,旨在幫助讀者减少閲讀中所遇到的通假字障礙。對用例中比較難懂的詞語及特殊的制度、規章、現象等,酌情予以詮釋,以便讀者理解原文。

8. 爲排版方便,簡文的引用以文意爲主。是否保留簡牘原來的格式,視具體情况而定;不保留原簡格式的,簡文内容按照閲讀順序排列。爲節省篇幅,簡文的引用,以通假字所在語句爲主,是否整枚簡的内容全部引用,亦視具體情况而定。

9. 簡牘原釋文有許多符號,與文意無關的,征引時徑删,不做説明。本文所引簡牘釋文符號,采納了張顯成先生主編《秦簡逐字索引》所使用的符號。[2]主要有以下符號:

"⧄"表示原簡此處殘斷;

"□"表示原簡此處一字殘缺不可釋;

"⋯"表示原簡此處數字殘缺不可釋;

"字"(字外加框)表示殘字可補出者,在補出的字外加"□";

"="爲重文符號。如《敦》238A"積=薪=",指"積薪積薪"。

① 對轉、旁轉及旁對轉,參看王力:《同源字典》,商務印書館,1982,第12—16頁。

② 張顯成:《秦簡逐字索引·凡例》,四川大學出版社,2010。

10.本書對於屯戍簡各批材料多用簡稱,詳見下表:

| 全稱 | 簡稱 | 全稱 | 簡稱 |
|---|---|---|---|
| 《敦煌漢簡》 | 《敦》 | 《肩水金關漢簡(壹)》 | 《金(壹)》 |
| 《居延新簡》 | 《新》 | 《肩水金關漢簡(貳)》 | 《金(貳)》 |
| 《居延漢簡》 | 《居》 | 《肩水金關漢簡(叁)》 | 《金(叁)》 |
| 《敦煌懸泉漢簡釋粹》 | 《懸》 | 《肩水金關漢簡(肆)》 | 《金(肆)》 |
| 《懸泉漢簡(壹)》 | 《懸(壹)》 | 《肩水金關漢簡(伍)》 | 《金(伍)》 |
| 《玉門關漢簡》 | 《玉》 | 《地灣漢簡》 | 《地》 |
| 《額濟納漢簡》 | 《額》 | | |

# 目　録

# 之部通假字匯釋

## 001　其—萁(jī,見母之部。雙聲叠韵)

“其”,古“箕”字,簸箕。《説文·箕部》:“箕,簸也。”“萁”,指慈萁,現西北方言稱“慈萁”爲“席萁”,即編織席子的萁草,爲芨芨草别名。除“慈萁”外,“席萁”在屯戍簡中還寫作“慈其”“兹其”。[①]

(1)一人□慈其七束,廿人艾慈其百束,率人八束。(《居》33.24)

(2)第十候史殷省伐慈其。第十三隧卒高鳳未作,亡歸中部田舍,鬭[②]傷男徐武,毋狀,詣官自閉。十一月辛巳食坐入。(《居》133.15)

(3)慈其索一,大二韋半,長四丈。(《新》EPT51.310)

(4)八十四人,其十二人養,凡見作七十二人,得慈其五百卌八束。(《新》EPS4T2.75)

(5)右前候長□□都隧七所,其三所有彊洛,四所毋彊洛,見慈其千束,其五百束已□,率亭作四百五十丈。(《金(叁)》73EJT30:18)

(6)己卯卒十人,一人养,定作九人。六人伐兹其,三人繩,得繩百一十丈,合百八十丈。(《新》EPT52.29)

以上“慈其”“兹其”即“席萁”,“慈”“兹”通“席”。

亦可徑用本字,作“萁”,如:

---

① 張麗萍、張顯成:《釋“慈萁”及相關稱謂》,《敦煌研究》2016年第4期。

②“鬭”,史語所《居延漢簡》釋作“鬪”,圖版爲,“門”字下“斲”字清晰可見,當釋爲“鬭”。

(7)左右下射,皆毋所見。檄到,令卒伐慈萁,治簿更著,務令調利,毋令到不辨。毋忽,如律令。(《新》EPF22.291)

(8)☐助河南伐慈萁。(《新》EPT52.312)

以上"慈萁"亦即"席萁"。

"其""萁"通假,其他文獻可見。《酉陽雜俎·毛篇》:"瓜州飼馬以蕡草,沙州以茨其,凉州以敦突渾,蜀以稗草。以蘿蔔根飼馬,馬肥。安北飼馬以沙蓬根針。"[①]"茨其"又可寫作"茨萁"[②]。S.8678《渠人轉帖(?)》:"(前缺)☐頭韓憨子梁富清梁善乫梁善定王瘦斤,已上仰頭告報,人各枝七束,茨萁五束,帖至立便於陰婆莊上堤送納者。"[③]《太平寰宇記》:"(豐州)草有遏邏殷、盧牛、沙蓬、茨萁、狼針、尤宜畜牧。"[④]

## 002　侅—亥(侅 gāi,見母之部;亥 hài,匣母之部。聲近韵同)

"侅",非常。《説文·人部》:"侅,奇侅,非常也。""亥",人名,指秦二世胡亥。

制詔皇大子:朕體不安,今將絶矣,與地合同,衆不復起,謹視皇大之笥,加曾朕在。善禺百姓,賦斂以理。存賢近聖,必聚譖士。表教奉先,自致天子。胡侅自汜,滅名絶紀。審察朕言,衆身毋久。蒼蒼之天,不可得久視;堂堂之地,不可得久履。道此絶矣! 告後世及其孫子。(《敦》1448)

"胡侅自汜"之"汜"通"嗣","胡侅自汜,滅名絶紀"指胡亥自已繼承皇位,毁滅名聲斷絶綱紀。

此簡爲習字簡,内容抄録的是皇帝臨終給皇太子的遺詔。"制詔"爲皇帝的命令。文中多通假字,如"衆"通"終",義人死。"笥"通"嗣",義繼承。"曾"通"增",義

① 段成式:《酉陽雜俎》,方南生點校,中華書局,1981,第159頁。

② "茨其""茨萁"亦指"席萁"。參見張麗萍、張顯成:《釋"慈其"及相關稱謂》,《敦煌研究》2016年第4期。

③ 寧可、郝春文:《敦煌社邑文書輯校》,江蘇古籍出版社,1997,第401頁。

④ 樂史:《太平寰宇記》(二),中華書局,2007,第827頁。

增加。“禺”通“遇”,義對待、待遇。“久”通“疚”,義病患。也有許多訛誤字,如“腃”爲“朕”之誤字,“皇大”之“大”爲“天”之誤字。簡文大意爲:朕的身體不適,即將死亡,與大地同在,人死不能復生,你要謹慎地看待繼承皇天之事,比朕在之時還要有所增加。善待百姓,合理征收賦税。保存和靠近賢能、聖德之人,積聚有才智之人。表彰教化、推崇先進,自然就能成爲天子。胡亥自己繼承皇位,泯滅名聲、斷絶綱紀。仔細考慮朕所説之言,終身没有病患。遼闊的天空,不可以長久仰視;寬廣的大地,不可以長久踩踏。道已斷絶! 將朕所言告知後世子孫。[①]

“侅”“亥”通假,其他文獻可見。《釋名·釋天》:“亥,核也,收藏百物,核取其好惡、真僞也。亦言物成而皆堅核也。”畢沅疏證:“《律書》:‘亥者,該也。言陽氣藏於下,故該也。’《律志》:‘該閡於亥。’《白虎通》:“亥者,侅也。《説文》:‘亥,荄也。’該、侅、荄音義皆同,似勝‘核也’之訓。”[②]

## 003 胲—骸(胲 gāi,見母之部;骸 hái,匣母之部。聲近韵同)

“胲”,脚的大趾上長毛的肉。《説文·肉部》:“胲,足大指毛也。”引申可指脚大趾。“骸”,脛骨、骨骼。《説文·骨部》:“骸,脛骨也。”段玉裁注:“引申爲凡人骨之偁。”

弟幼弱,不勝願,願乞胲骨歸養父病。(《金(貳)》73EJT23:692)

“胲骨”即“骸骨”,引申指人體。簡文大意爲:弟年幼弱小,非我所願,希望求得骸骨歸家養父病。

## 004 久—灸(jiǔ,見母之部。雙聲叠韵)

“久”,古“灸”字,艾灸。《説文·久部》:“久,以後灸之,象人兩脛後有距也。”又《火部》:“灸,灼也。”楊樹達《積微居小學述林》:“古人治病,燃艾灼體謂之灸,久

① 簡文大意參看中國簡牘集成編委會:《中國簡牘集成》(第四册),敦煌文藝出版社,2001,第31頁。
② 劉熙:《釋名疏證補》,畢沅疏證,王先謙補,祝敏徹、孫玉文點校,中華書局,2008,第13頁。

即灸之初字也。字形从臥人，人病則臥牀也。末畫象以物灼體之形。許不知字形从人，而以爲象兩脛，誤矣。”[1]

(1)☐□鐘政，私驢一匹，騅，牡，兩捶[2]，齒六歲，久在尻□☐。(《敦》536)

(2)牛一，黄，涂，犗，白口，腹下左斬，齒七歲，絜八尺，第八百九十二入，元鳳四年閏月丙申守農令，久左尻，以付第五令史。(《金(叁)》73EJT26:13)

(3)久脛，刺廿鍼。(《居》159.9A)

(4)久背二所，後數日府賢來到，飲藥一齊，置十□☐。(《居》49.31,49.13)

(5)刺久左肩，兩齒九歲☐。(《居》149.29)

(6)牛一，黑，牝，左斬，齒三歲，久左□☐。(《居》510.28)

(7)☐尺七寸，久左肩，騎。(《居》517.16)

(8)☐官酒泉會水候官，不知何馬二匹，駱，牝，齒四歲，久左脾。(《金(伍)》73EJC:315)

(9)☐黑，牡，左斬，毋久。(《居》512.34)

(10)產犢一，白，牡，左斬，毋久。(《居》520.2)

灸灼爲中醫療法，用艾葉等製成艾柱或艾卷，燒灼或熏烤人或動物身體的穴位。屯戍簡中用燒灼後留下的瘢痕作爲動物的標記。例(1)“騅”指毛色蒼白相雜的馬。《爾雅·釋畜》:“蒼白雜毛，騅。”例(2)“犗”指閹割過的牛。《説文·牛部》:“犗，騬牛也。”例(10)“犢”義黄牛，《正字通·牛部》:“犢，舊註音黄，牛名。按：今俗牛黄色者曰黄牛，非犢爲牛之别名，分二種也。”“產犢一”，即產下黄色的小牛。

## 005　久—疚(久 jiǔ，見母之部；疚 jiù，見母之部。雙聲疊韻)

“久”，古“疚”字，病患。《爾雅·釋詁上》:“疚，病也。”“久”本義艾灸，引申有病

① 楊樹達：《積微居小學述林》，中國科學院，1954，第45頁。

② “捶”，《敦煌馬圈灣漢簡集釋》釋爲“挃”，不確。“垂”在漢簡中的寫法，多似“丢”形。參看李洪財：《漢簡草字整理與研究》，博士學位論文，吉林大學，2014，第354頁。

患義,“疚”當是爲其引申義所造的分化字。

制詔皇大子:賸體不安,今將絶矣,與地合同,衆不復起,謹視皇大之笥,加曾賸在。善禺百姓,賦斂以理。存賢近聖,必聚謡士。表教奉先,自致天子。胡侅自汜,滅名絶紀。審察賸言,衆身毋久。蒼蒼之天,不可得久視;堂堂之地,不可得久履。道此絶矣!告後世及其孫子。(《敦》1448)

“賸”爲“朕”之誤字,“衆”通“終”。“審察賸言,衆身毋久”指仔細考察我的言語,終身没有病患。簡文大意詳見“002 侅—亥”組。

“久”“疚”通假,其他文獻可見。《釋名·釋疾病》:“疚,久也,久在體中也。”《集韵·宥韵》:“疚,久病也。”

## 006　熹—喜(熹 xī,曉母之部;喜 xǐ,曉母之部。雙聲叠韵)

“熹”,炙烤。《説文·火部》:“熹,炙也。”段玉裁注:“炙者,抗火炙肉也。此熹之本義。”“喜”,喜樂。《説文·口部》:“喜,樂也。”

(1)□死人□驩熹隧積□。(《居》7.20)

(2)有熹事。(《敦》2212)

例(1)“驩熹隧”即“歡喜燧”,爲燧名。“驩”通“歡”,義爲歡喜。屯戍簡中大量燧名寄託了美好願望。除歡喜燧,這樣的名稱還有安世燧、安樂燧、如意燧、萬世燧、萬福燧、無優燧、無傷燧等。[①]例(2)“熹事”即“喜事”。

可徑用本字,作“喜”,如:

(3)驩喜隧,兩行卌,札百,繩十丈,檄三,八月己酉輸。(《居》7.8)

(4)驩喜隧車父,車卒許勃所假具弩一,有幡,榦羌爲閣。(《居》83.5A)

① 黄艷萍:《〈肩水金關漢簡〉所見“燧”及其命名探析》,《敦煌研究》2016年第1期。

亦可作"憙",爲"喜"之添加意符的异體字,如:

(5)寒虜隧卒河東聞憙邑樓里樂欣,年三十三。(《金(伍)》73EJF3:35)

"聞憙邑"即"聞喜邑"。

"熹""喜"通假,其他文獻可見。《經籍籑詁·紙韵》:"劉寬碑陰:河東聞熹。""喜"作"熹"。

## 007　海—誨(海 hǎi,曉母之部;誨 huì,曉母之部。雙聲叠韵)

"海",海洋。《説文·水部》:"海,天池也。以納百川者。""誨",教誨。《説文·言部》:"誨,曉教也。"

日不顯目兮黑雲多,月不可視兮風非沙。從恣蒙水誠江河,州流灌注兮轉揚波。辟柱槙到忘相加,天門俠小路彭池。無因以上如之何,興章教海兮誠難過。(《敦》2253)

"教海"即"教誨",義教導。"興"義爲興起、興建。"章"義爲章程,"興章"義興建章程。此簡内容爲俗詩[①],大意爲:因黑雲蔽日,所以太陽不明顯;因大風飛捲起的沙土迷人眼,所以不能睁開眼睛瞻望月亮。肆意放縱的洪水匯聚成江河,四處流淌傾瀉,回轉掀起更大的波浪。邪曲不端的柱子已倒置却還在隨意叠加,天庭之門狹小且路途遥遠。没有憑依以上該怎麼辦,只有興章程重教化,儘管如此還是無法排解内心憂傷。第一、二句以黑雲遮日,飛沙蔽月,日月皆不清明,來諷刺時政的黑暗。第三、四句以肆意放縱的洪水積少成多、積弱成强匯聚成大江大河,四處興風作浪,來諷刺現實中邪惡勢力因没有受到相應的遏制反而日益壯大、猖獗。第五、六句暗喻柱子本已邪曲不端,又被隨意叠加,已經岌岌可危了,想上告

① 一説是賦,參見石明秀:《敦煌漢簡所見漢賦考》,《社會科學戰綫》2013年第3期。

天庭，但天庭之門狹小，加上路途險阻，上告無門。第七、八句表示在上告無門之後，轉而興章教誨。整首詩表達了詩人目睹社會黑暗、洪流氾濫、支柱坍塌等現象，欲上告天庭而不得，轉而興建典章教化民眾。[①]

## 008 誨—悔（誨 huì，曉母之部；悔 huǐ，曉母之部。雙聲疊韻）

"誨"，教誨。《説文·言部》："誨，曉教也。""悔"，悔恨。《説文·心部》："悔，悔恨也。"

伏法爲衆先，將軍復不忍，令得念誨至今，崇叩頭死罪。（《敦》125）

"念誨"即"念悔"，指惦念悔恨。"崇"指西域都護李崇。

"誨""悔"通假，其他文獻可見。《論語·述而》："吾未嘗無誨焉。"陸德明釋文："誨，魯讀爲悔字，今從古。"《易·繫辭上》："慢藏誨盜。"陸德明釋文："誨，虞作悔，謂悔恨。"

## 009 有—又（有 yǒu，匣母之部；又 yòu，匣母之部。雙聲疊韻）

"有"，與"無"相對。《説文·有部》："有，不宜有也。"段玉裁注："（有）謂本是不當有而有之偁。引申遂爲凡有之偁。""又"，用於整數和零數之間。

（1）曰咨二十有二人者，敬女官職，知☒□者三考。（《居》39.5B）

① 參看勞榦：《漢晋西陲木簡新考》，中研院歷史語言研究所單刊甲種之二十七，1999。董珊：《敦煌漢簡風雨詩新探》，載北京大學震旦古代文明研究中心編《古代文明研究通訊》（總第36期），北京大學震旦古代文明研究中心，2008。李正宇：《試釋敦煌漢簡〈教海詩〉》，載顔廷亮主編《轉型期的敦煌語言文學》，甘肅人民出版社，2010，第69—72頁。許雲和：《敦煌漢簡〈風雨詩〉試論》，《首都師範大學學報》2011年第2期。肖從禮：《敦煌漢簡〈風雨詩〉考》，載張德芳、孫家洲主編：《居延、敦煌漢簡出土遺址實地考察論文集》，上海古籍出版社，2012，第251—260頁。石明秀：《敦煌漢簡所見漢賦考》，《社會科學戰綫》2013年第3期。

(2)直二萬五千已入,□有二斛,直千,□二萬四千約至□。(《敦》418)

例(1)“二十有二人”即“二十又二人”,指二十二人。例(2)“有”前一字不能釋,“有”後一字“二”爲零數。一般認爲,這種在個位數和十位數之間加“有”或“又”表示多位數的方法,先秦常見,到了兩漢就極少見了。屯戍簡中“有”“又”通假的例證不多,正好爲這一結論提供了出土文獻的佐證。

“有”“又”通假,其他文獻可見。朱駿聲《説文通訓定聲·頤部》:“有,(叚借)爲又。”《墨子·天志下》:“有具其皮幣。”孫詒讓閒詁:“有與又通。”

## 010 有—右(有 yǒu,匣母之部;右 yòu,匣母之部。雙聲疊韵)

“有”,與“無”相對。《説文·有部》:“有,不宜有也。”段玉裁注:“(有)謂本是不當有而有之偁。引申遂爲凡有之偁。”“右”,右手一邊的方位,與“左”相對。

(1)☐馬,驪,乘,齒十六歲,攡右耳,决有鼻,已收頭、革、齒、耳、臧。(《新》EPT59.81)

“决”義斷裂。“决有鼻”指右鼻孔處或鼻子右側有斷裂。

可徑用本字,作“右”,如:

(2)傳馬一匹,騧,乘,左剽,决右鼻,齒八歲,高五尺九寸半寸,驂,名曰黄爵。(《懸》V1610②:14)

例(1)“决有鼻”即例(2)“决右鼻”。

“有”“右”通假,其他文獻可見。《墨子·非命下》:“天有顯德。”孫詒讓閒詁引莊云:“有當爲右。”《管子·重令篇》:“凡君(右)國之重器莫重於令。”郭沫若等集校引丁士涵曰:“右,有古通用。”《諸子平議·管子二》:“凡君國之重器。”俞樾按:“宋本作:右國,當從之。右,讀爲有。”

## 011　亥—核(亥 hài,匣母之部;核 hé,匣母職部。聲同韵近)

“亥”,草根。《説文·亥部》:“亥,荄也。”段玉裁注:“荄,根也。”“核”,果實中心保護果仁的硬殼。《玉篇·木部》:“核,果實中也。”

☐一分石膏,二分□□,二分□参,一分弓,一分厚朴,一分杏亥,中人一分,并合。(《額》2000ES14SF1:5)

此簡爲藥方,“杏亥”即“杏核”。

“亥”“核”通假,其他文獻可見。《釋名·釋天》:“亥,核也,收藏百物,核取其好惡真僞也,亦言物成皆堅核也。”

## 012　右—有(右 yòu,匣母之部;有 yǒu,匣母之部。雙聲叠韵)

“右”,甲骨文象右手之形,引申指右手一邊的方位,與“左”相對。《集韵·有韵》:“右,左右手也。”“有”,與“無”相對。《説文·有部》:“有,不宜有也。”段玉裁注:“(有)謂本是不當有而有之偁。引申遂爲凡有之偁。”

(1)當曲隧長茅同,右方一,冉不事用。今已成。(《新》EPT51.20)

“右方”即“有方”,兵器名,指“戟”。[①]“戟”合青銅戈、矛爲一體,聯裝於一根柄上,兼有戈之横鉤(戟援)、矛之直刺(戟刺)兩種作用。漢代鐵戟的援較短,直刺較長,援、刺呈直角相交。爲了與戰國時援、刺呈鈍角相交的“戟”區别,漢代時“戟”又稱爲“有方”“方戟”。“冉”義柔弱、柔軟。《説文繫傳·冄部》:“冉,弱也。象毛細而下垂。”段玉裁《説文解字注·冄部》:“凡言冉、言姌,皆謂弱。”“冉不事用”指“當曲隧長茅同”的“有方”柔軟不能使用。

① 連劭名:《居延漢簡中的有方》,《考古》1987年第11期。

可徑用本字，作“有”，如：

(2)戍卒東郡清世里鞠財，有方一，完。(《新》EPT51.111)

(3)戍卒東郡須昌上里徐何，有方一，完☐。(《新》EPT51.372)

“右”“有”通假，其他文獻可見，詳見“010有—右”組。

## 013　右—祐(yòu，匣母之部。雙聲叠韵)

“右”，甲骨文象右手之形，引申有輔助義，再引申有保佑義。“祐”，神靈保佑。《説文·示部》：“祐，助也。”“祐”當是爲表“右”之引申義所造的分化字。

必蒙天右，期殄滅良等爲故，崇叩頭死=罪=，唯。(《敦》127)

“天右”即“天祐”，指上天保佑。“良”指戊己校尉史陳良，於始建國二年叛變。“崇”指西域都護李崇。“必蒙天右期殄滅良等爲故”大意爲：必承蒙上天的保佑以期望消滅陳良等人爲原因。

“右”“祐”通假，其他文獻可見。《漢書·韋賢傳》：“右饗皇帝之孝。”顔師古注：“右，讀曰祐。”

## 014　已—以(yǐ，餘母之部。雙聲叠韵)

“已”，停止。《廣韵·止韵》：“已，止也。”“以”，①用。《説文》作“目”，《巳部》：“目，用也。”②憑藉、依據。《助字辨略》卷三：“《漢書·高帝紀》：鄉者夫人兒子皆以君。”劉淇按：“此以字，猶因也。”

(1)惲交錢二百五十，願已二百奉償。(《居》78.43)

(2)建平元年九月庚寅朔丁未,掾音敢言之:官大奴杜勝自言:與都尉五、官掾石博、葆俱移簿大守府,願已令取傳,謁移過所縣道河津關毋苛留,如律令,敢言之。(《金(肆)》73EJT37:780)

例(1)“已(以)”義用,“交錢”即“茭錢”。簡文大意爲:惲應交茭錢二百五十,願用二百俸禄償還。屯戍簡習見以奉禄償還茭錢或債務的情況。例(2)“已(以)”義憑藉、依據。“已令取傳”即“以令取傳”,指依照律令取得出入關的符信。

可徑用本字,作“以”,如:

(3)陽朔元年七月戊午,當曲隧長譚敢言之,負故止害隧長甯常交錢六百,願以七月奉錢六百償。常以印爲信,敢言之。(《新》EPT52.88A)

(4)十二月辛巳,第十候長輔敢言之,負令史范卿錢千二百,願以十二月奉償,以印爲信,敢言之。(《新》EPT51.225A)

(5)謹案辟兵毋官獄徵事,當得以令取傳,謁移過所津關勿苛留止如律令,敢言之。(《金(壹)》73EJT10:313A)

(6)取傳。謹案:户籍臧官者野臣,爵大夫,年十九,毋官獄徵事,當得以令取傳謁移過所,津關毋。(《金(叁)》73EJT26:87)

“已”“以”通假,其他文獻可見。《墨子·尚賢中》:“已此故也。”孫詒讓閒詁引畢云:“古字以、已通。一本作以。”

## 015　以—已(yǐ,餘母之部。雙聲叠韵)

“以”,用。《説文》作“目”,《巳部》:“目,用也。”“已”,已經。《集韵·志韵》:“已,卒事之辭。”

(1)建武三年十二月癸丑朔戊辰,都鄉嗇夫宫,以廷所移甲渠候書召恩詣鄉,先以證財物故不以實,臧五百以上,辤以定。滿三日而不更言請者;以辤所出入

罪反罪之律辨告,乃爰書驗問。(《新》EPF22.21)

(2)□書曰:大昌里男子張宗責居延甲渠收虜隊長趙宣馬錢少四千九百二十,辭召宣詣官,先以證財物故不實,臧二百五十以上,辭已定,□□□□□□。(《居》229.1,229.2)

(3)☑市券一。後不亡。先以證財物故不以實。(《新》EPT51.509)

(4)☑先以證財物不以實,律辨。(《新》EPT53.181)

(5)建武三年十二月癸丑朔乙卯,都鄉嗇夫宫,以廷所移甲渠候書召恩詣鄉,先以證財物故不。(《新》EPF22.1)

(6)建武五年二月丙午朔甲戌,掾譚召萬歲候長憲詣官。先以證,不言請,辤已定,满三。(《新》EPF22.288)

(7)☑…□先以證,不請[1],律辨告,乃驗問,定。(《新》EPT52.417)

(8)史齊敢言之。爰書:鄣卒魏郡内安定里霍不職等五人,□□□卒刑敞劍庭刺傷狀。先以證,不言請,出入罪,人辭。(《居》3.35A)

(9)元康三年七月壬辰朔甲寅關佐通敢言之:爰書廣地令德先以證,不□☑(《金(叁)》73EJT30:41)

(10)隧,謹召恭詣治所,先以證,縣官、城樓守衙☑。(《新》EPF22.328)

例(1)至(5)"先以證財物故不以實",例(6)至(8)"先以證,不言請"均爲司法固定用語。"先以證財物故不以實"又可作"先以證財物不以實""先以證財物故不實"。大意爲:事先已經證明財物本來就不屬實。"先以證,不言請","先以證"是"先以證財物故不以實"的省稱,"不言請"是"辭已定,滿三日而不更言請"的省稱。"辭已定,滿三日而不更言請"大意爲:供詞已定,滿三日就不再提出更改的申請。

亦可徑用本字,作"已",例(2)(6)"辭已定"。

"以""已"通假,其他文獻可見,詳見"014 已—以"組。

① "請"上奪"言"字,當是抄寫者之誤。

## 016　持—恃(持chí,定母之部;恃shì,禪母之部。聲近韻同)

“持”,持握。《説文·手部》:“持,握也。”“恃”,依賴、憑藉。《説文·心部》:“恃,賴也。”

⧄孟對曰:吏迺持夜擅去署,私買□□⧄。(《新》EPF22.718)

“吏迺持夜擅去署”指吏憑藉夜色擅自離開署所。官吏戍卒“擅去署”現象,在屯戍簡中習見。

“持”“恃”通假,其他文獻可見。《韓非子·姦劫弑臣》:“乘舟之安,持檝之利,則可以水絶江河之難。”陳奇猷集釋:“持借爲恃。”《淮南子·主術》:“大臣專權,下吏持勢,朋黨周比,以弄其上。”“持勢”即“恃勢”。

## 017　紿—怠(dài定母之部。雙聲疊韻)

“紿”,破舊的絲。《説文·糸部》:“紿,絲勞即紿。”“怠”,輕慢、怠慢。《説文·心部》:“怠,慢也。”

⧄紿爲它事,以故乏告⧄。(《新》EPT59.583)

“紿爲它事”即“怠爲它事”。簡文大意爲:懈怠去做其他的事情,所以缺乏向上級匯報。

“紿”“怠”通假,其他文獻可見。《廣雅·釋詁二》:“紿,緩也。”王念孫疏證:“紿與怠同。”

## 018 耐—能(耐nài,泥母之部;能néng,泥母蒸部。聲同韵近)

“耐”,“耏”的异體,剃除頰毛,爲古代的一種刑法。《説文·而部》:“耏,罪不至髡也……耐,或从寸,諸法度字从寸。”“能”,能夠。《廣雅·釋詁二》:“能,任也。”“能”本義“熊”,《説文·能部》:“能,熊屬。足似鹿。”假借表“能夠”義。

(1)迺二月壬午,病加兩脾雍種,匈脅丈[1]滿,不耐食。(《新》EPF22.80)

(2)老人有遺言:甚可悲栽,髮齒隨洛,飲食不耐,持報隋禮當莊麥之子紓蒲酌飲食也。(《金(伍)》73EJD:26A)

(3)敞辭曰:初欲言,候擊敞數十下,脅恿不耐言。(《居》123.58)

例(1)簡文大意爲:因生病兩脾臃腫、胸部肋骨脹滿,不能吃食物。例(2)“髮齒隨洛,飲食不耐”大意爲:頭髮牙齒掉落,不能飲食。例(3)“脅恿不耐言”指肋骨疼痛不能説話。

“耐”“能”通假,其他文獻可見。《管子·入國》:“不耐自生者。”郭沫若等集校引張文虎云:“耐,讀爲能。”

## 019 淶—來(lái,來母之部。雙聲叠韵)

“淶”,水名。《説文·水部》:“淶,水。起北地廣昌,東入河。”“來”,至、歸。《爾雅·釋詁上》:“來,至也。”“來”本義麥子,《説文·來部》:“來,周所受瑞麥來麰。”假借表“到來”義。

(1)淩胡以次寫傳至廣昌,縣便處,令都尉到淶可得。(《敦》1684B)

(2)張聞盜事,有凶事,有客從遠所淶,有所得☐。(《敦》1787)

---

①“丈”,《居延新簡集釋》釋爲“支”,據文意當釋爲“丈”。漢簡此二字寫法不分。

例(1)“洡”,《敦煌漢簡釋文》釋爲“羕”,《中國簡牘集成》釋爲“幸”,白軍鵬先生釋爲“來”[1],圖版作。例(2)“洡”,各家均釋爲“來”,圖版作。此二字實爲一字,上部爲“來”字,下部爲“水”字。例(1)上部“來”字有一點畫,當是飾筆。例(1)(2)上部“來”的最後的撇、捺筆畫,徑寫作一横,這是“來”字的草率寫法。屯戍簡中對稱的筆畫往往寫成一横,如(《居 395.14》)、(《居》255.24B)、(《金(壹)》73EJT10:160)。所以我們將此二字釋爲“洡”。例(1)“到洡”即“到來”,“淩胡”“廣昌”均爲燧名,大意爲:將(命令等)從“淩胡燧”依次傳寫傳遞到“廣昌燧”,懸掛在方便之處,使都尉到來可得。例(2)“有客從遠所洡”指有客從遠處來。

## 020　貍—薶(貍 lí,來母之部;薶 mái,明母之部。聲遠韵同)

“貍”,野貓。《説文·豸部》:“貍,伏獸,似貙。”段玉裁注:“即俗所謂野貓。”“薶”,埋葬。《説文·艸部》:“薶,瘞也。”段玉裁注:“《周禮》假借貍字爲之,今俗作埋。”

(1)☐以買棺槨冢地,穿,治喪葬貍,有餘盧田二頃,禾麥稼度☐。(《居》564.10)

(2)☐□貍之壇下,毋使犬得,東鄉席與石俱居牒☐。(《金(叁)》73EJT26:182)

(3)瘞骼貍骴。骼謂鳥獸之□也,其有肉者爲骴,盡夏。(《懸·四時月令詔條》19行)

例(1)“葬貍”即“葬薶”。“穿”義墓穴。《玉篇·穴部》:“穿,穴也。”此處用作動詞,即打通墓穴。例(2)“貍之壇下”即埋葬於壇下。例(3)“瘞”義與“薶”同,《説文·土部》:“瘞,幽薶也。”“骼”“骴”均可指尸骨。“瘞骼貍骴”指埋葬尸骨。

“貍”“薶”通假,其他文獻可見。《周禮·秋官·赤犮氏》:“除其貍蟲。”孫詒讓正義:“貍即薶之借字。”又《夏官·校人》:“及葬貍之。”陸德明釋文:“貍,本亦作埋。”“埋”爲“薶”之俗體。

① 白軍鵬:《敦煌漢簡整理與研究》,博士學位論文,吉林大學,2014,第64頁。

## 021　李—理(lǐ,來母之部。雙聲疊韵)

"李",果樹名,引申爲李樹的果實。《説文·木部》:"李,果也。""理",理石,石膏變種。可爲中藥,味辛、甘,性寒。有清熱散結、除煩止渴之功效。主治身熱心煩,消渴,積聚,痿痹。①

良治善者一兩,李石十分,□□十分,人參十分,取善者,白礜石十分。(《敦》563B)

此簡爲藥方,"李石"即"理石"。

"李""理"通假,其他文獻可見。《廣雅·釋詁四》:"李,驛也。"王念孫疏證:"僖三十年左傳:行李之往來。杜預注云:行李,使人也。正義引周語:行理以節逆之。賈逵注云:理,吏也,小行人也。理與李通。"《史記·天官書》:"左角,李。"司馬貞索隱:"李即理。理,法官也。"

## 022　里—裏(lǐ,來母之部。雙聲疊韵)

"里",人居住的地方。《説文·里部》:"里,居也。""裏",内層。《説文·衣部》:"裏,衣内也。"

弩帞三,毋里。蘭冠三,毋里。長斧少三,蓋冒②一,毋。(《金(伍)》73EJT4H:2+11)

"帞"義爲袋子,"弩帞三,毋里"指裝弩的袋子有三個,没有裏層。"蘭"即"籣",漢簡從艸從竹不分,爲裝弓箭的容器。"蘭冠三,毋里"指籣的蓋子有三個,没有裏

① 南京中醫藥大學:《中藥大辭典》(第二版下册),上海科學技術出版社,2006,第2798頁。

② "冒",圖版爲,整理者釋爲"冒",於義當釋爲"冒"。

層。由此段簡文可見“弩幡”“蘭冠”至少是雙層的。

“里”“裏”通假，其他文獻可見。朱駿聲《説文通訓定聲·頤部》：“里，(叚借)又爲裏。”

## 023　止—趾(zhǐ，章母之部。雙聲疊韵)

“止”，古“趾”字，足、脚。《廣韵·止韵》：“止，足也。”《爾雅·釋言》：“趾，足也。”後“止”專門表示至、停止、阻止等引申義，另造“趾”表其本義。

(1)望幸苑髡、鉗、釱左右止。(《居》40.1)

(2)番和髡、鉗、釱左止、城旦，服涂。(《新》EPS4T2.25)

(3)☐□居延所命髡、鉗、釱左止，洛都毋崔□☐。(《居》117.32)

(4)☐故坐施髡、鉗、釱左止、城旦昌餘等，犯不審，毄所不☐。(《新》EPS4T2.69)

(5)沙頭髡、鉗、釱左右止、城旦休閭敗康居國，坐盜。(《懸(壹)》Ⅰ90DXT0116②:118A)

“釱”同“鈦”，義帶上脚鐐。“鈦左右止”“鈦左止”爲刑罰名，指用鐵鉗套住左右脚或左脚。“髡”“鉗”“城旦”亦爲刑罰名。“髡”指剃去頭髮。“鉗”指用鐵圈束頸。“城旦”指築城四年的勞役。

“止”“趾”通假，其他文獻可見。《詩經·周南·麟之趾序》：“麟之止。”陸德明釋文：“止，本作趾。”《禮記·内則》：“奉席請何止。”陸德明釋文：“止，本作趾。”《儀禮·士昏禮》：“皆有枕北止。”鄭玄注：“古文止作趾。”

## 024　時—待(時shí，禪母之部；待dài，定母之部。聲近韵同)

“時”，季節。《説文·日部》：“時，四時也。”“待”，等待。《説文·彳部》：“待，竢也。”

之。故建明堂，立辟雍，設學校詳序之。官興禮樂，以風天下。諸生庶民，翕然響應，不將自時，不召自來。(《敦》481A)

“時”，《敦煌馬圈灣漢簡集釋》釋爲“待”，圖版作，左邊“日”旁清晰可見，故當釋爲“時”。“官興禮樂，以風天下。諸生庶民，翕然響應，不將自時，不召自來”大意爲：國家興辦禮樂，來教化天下。有學問之士和普通百姓都聚集在一起響應，不等帶領自己等待，不等召喚自己到來。

“時”“待”通假，其他文獻可見。《廣雅·釋詁二》：“竢，待也。”王念孫疏證：“時與待通。”朱駿聲《説文通訓定聲·頤部》：“時，(叚借)又爲待。”

## 025　耳—珥(ěr，日母之部。雙聲叠韵)

“耳”，耳朵。《説文·耳部》：“耳，主聽也。”引申後指耳飾，“珥”是爲表其引申義所造的分化字。《説文·玉部》：“珥，瑱也。”

移護羌使者移劉危種南歸責藏耶茈種零虞馬一匹、黄金耳縣青碧一，會月十五日，已言決。(《懸》Ⅱ0112①B：63)

“黄金耳縣青碧”指懸掛有青色玉石的黄金耳飾。

“耳”“珥”通假，其他文獻可見。馬王堆漢墓帛書《胎産書》：“□欲産男，置弧矢，□雄雉，乘牡馬，觀牡虎；欲産女，佩蠶(簪)耳，呻(紳)朱(珠)子，是謂内象成子。”“耳”即“珥”。

## 026 耳—弭(耳ěr,日母之部;弭mǐ,明母支部。聲遠韻近)

“耳”,耳朵。《説文·耳部》:“耳,主聽也。”引申指弓的兩端,即弓梢、弓末,“弭”是爲表其引申義所造的分化字。《釋名·釋兵》:“弓,其末曰簫,言簫梢也;又謂之弭,以骨爲之,滑弭弭也。”

(1)六石赤耳具弩三,完。嬰緩,衣弦□解。弩一。文中布不札□大下。(《居》89.21)

(2)六石弩完,耳折☐。(《新》EPT58.75)

例(1)“赤耳具弩”指弓梢爲紅色的、配備齊全的弩。例(2)“耳折”即弓弭折斷。

可徑用本字,作“弭”,如:

(3)八石具弩一,右弭失,負一筭。(《居》52.17,82.15)

(4)☐折弭,勿用報。掾書☐。(《新》EPW71)

## 027 茲—慈(茲zī,精母之部;慈cí,從母之部。聲近韻同)

“茲”,草木滋盛。《説文·艸部》:“茲,艸木多益。”徐鍇繫傳:“此草木之茲盛也。”“慈”,慈平,指漢代隰成縣,王莽時更名爲慈平亭,屬西河郡。

☐之茲平、大原郡,皆以故官行,名曰行部,胡譯長諸導報。(《敦》61)

“茲平”即“慈平”,“大原郡”指太原郡。

“茲”“慈”通假,其他文獻可見。《睡虎地秦墓竹簡·爲吏之道》:“除害興利,茲愛萬姓。”又:“茲下勿陵,敬上勿犯……父茲子孝,政之本毆(也)。”《馬王堆漢墓帛書·老子乙本·道篇》:“六親不和,安又孝茲。”又:“絶仁棄義,而民復孝茲。”

“茲”即“慈”。

## 028 茲—席(茲 zī,精母之部;席 xí,邪母鐸部。聲近韵近)

“茲”,草木滋盛。《説文·艸部》:“茲,艸木多益。”徐鍇繫傳:“此草木之茲盛也。”“席”,即席萁,指編織席子的萁草。現西北方言中的“席萁”,屯戍簡中稱“慈萁”“慈其”“茲其”,學名爲芨芨草。[①]

己卯卒十人,一人养,定作九人。六人伐茲其,三人繩,得繩百一十丈,合百八十丈。(《新》EPT52.29)

“茲其”即“席萁”。“一人養”指一人爲伙夫,爲其他戍卒準備飯食。“定作九人”指實際從事勞作的人爲九人。其中六人“伐茲其”,三人用席萁草編繩。

亦可寫作“慈”,詳見“035 慈—席”組。

## 029 子—枝(子 zǐ,精母之部;枝 zhī,章母支部。聲遠韵近)

“子”,嬰兒、幼兒。《玉篇·子部》:“子,兒也。”“枝”,即捷枝,西域故國名,在今新疆輪台縣東境。[②]《漢書·西域傳》:“捜粟都尉桑弘羊與丞相御史奏言:‘故輪台東捷枝、渠犁皆故國。’”

疌子、詛呼、郁立師、卑陸侯,皆舉國徙人民。(《敦》67)

“疌子”即“捷枝”,“疌”通“捷”。“詛呼”“郁立師”“卑陸侯”皆西域故國名。

① 張麗萍、張顯成:《釋“慈其”及相關稱謂》,《敦煌研究》2016年第4期。

② 胡平生:《敦煌馬圈彎木簡中關於西域史料的辨證》,載《胡平生簡牘文物論稿》,中西書局,2012,第196—212頁。

## 030 宰—滓(宰 zǎi,精母之部;滓 zǐ,莊母之部。聲近韵同)

“宰”,充當家奴的罪人。《説文·宀部》:“宰,辠人在屋下執事者。”段玉裁注:“此宰之本義也。”“滓”,沉澱物。《説文·水部》:“滓,澱也。”

▨□皆父且,以淳酸漬之壹宿。

▨費藥成,浚去宰,以酒飲。(《新》EPS4T2.65)

此簡説明炮製藥物的方法,“父且”即“㕮咀”,義爲搗碎,切碎。“漬”意將切碎的藥物用水、酒、醋等浸泡,使其有效成分析出,而簡中“以淳酸漬之”當爲將切碎的藥物用“淳酸”(即醋)浸泡。“費”通“沸”,“費藥成”即將藥湯燒沸。“浚”即“濾”,“宰”通“滓”,“浚去滓”爲濾去藥渣。簡文意爲將藥物切碎,用“淳酸”浸泡一夜,燒開之後,濾去藥渣,以酒送服。[①]

“宰”“滓”通假,其他文獻可見。《武威漢代醫簡》:“付子廿果,皆父,豬肪三斤,煎之五沸,浚去宰,有病者取。”

## 031 采—彩(cǎi,清母之部。雙聲叠韵)

“采”,摘取。《説文·木部》:“采,捋取也。”“彩”,光彩、色彩。《廣韵·海韵》:“彩,光彩。”

掌者食,輒以時財驗羚旄鼓采而已,留意。卒恩爲。(《敦》170)

“鼓采”即“鼓彩”,指鼓頂上的彩色裝飾物。“財”通“裁”,“財驗”即“裁驗”,義爲裁定檢驗。“羚旄”指羊角牛尾一類的裝飾物。“輒以時財驗羚旄鼓采而已”大意爲:則按時查驗羚旄鼓采等裝飾物而已。

① 孫其斌、蘇建兵:《〈居延新簡〉中的醫藥簡》,《甘肅中醫》2002年第4期。

“采”“彩”通假，其他文獻可見。《墨子·辭過》：“以爲錦繡文采靡曼之衣。”孫詒讓閒詁：“長短經正作以爲文彩靡曼之衣服。”《論語·公冶長》：“夫子之文章，可得而聞也。”何晏集解：“章，明也。文彩形質著見，可以耳目循。”劉寶楠正義：“古無‘彩’字，經典俱作‘采’。”

## 032　采—菜（采 cǎi，清母之部；菜 cài，清母之部。雙聲疊韵）

“采”，摘取。《説文·木部》：“采，捋取也。”“菜”，蔬菜。《説文·艸部》：“菜，艸之可食者。”“菜”是爲表“采”之引申義所造的分化字。

⊡收，務蓄采，多積聚。（《懸·四時月令詔條》第59行）

“蓄采”即“蓄菜”，指儲備蔬菜。

“采”“菜”通假，其他文獻可見。段玉裁《説文解字注·艸部》：“菜，古多以采爲菜。”

## 033　財—材（cái，從母之部。雙聲疊韵）

“財”，物資和貨幣的總稱。《説文·貝部》：“財，人所寶也。”“材”，材料。《説文·木部》：“材，木梃也。”段玉裁注：“材，引申之義，凡可用之具皆曰材。”

（1）☐前圜泉二千三百，出泉六百五顧治圜財用直，餘泉千六百九十五。（《居》225.45）

（2）☐八尺，財用五百枚。（《新》EPT52.135）

（3）出三月財用錢四百，入兩行二百、檄廿三，尺札百。居攝二年正月壬戌省卒王書付門卒蔡惲。（《額》99ES17SH1：2）

“財用”即“材用”。“財用”具體指政府各級部門日常辦公所必需的辦公用品，由例(3)可知，兩行、檄、尺札等這些表示不同規格、用途的簡牘，均爲“財用”(辦公用品)。[①]例(1)“圃”疑通“蒲”，屯戍簡多見用“蒲”封檢文書。“顧治圃財用直”即償付治作蒲所用材料和用具的價值。“顧”通“雇”，義償付。“泉”是王莽時通行的一種貨幣。例(2)記録了材用的數量。因簡殘斷，不明具體所購材用是何種。例(3)記録了購買材用花費錢的數量以及財用的具體内容和數量。

“財”“材”通假，其他文獻可見。《左傳·宣公十一年》：“量功命日，分財用，平板榦。”杨伯峻注：“財通材。用，用具也。築城必分爲若干工程段，計其材料工具之多少而分與之，便于事也。”

## 034 財—裁(cái，從母之部。雙聲叠韵)

“財”，物資和貨幣的總稱。《説文·貝部》：“財，人所寶也。”“裁”，①裁衣。《説文·衣部》：“裁，制衣也。”②裁决、裁斷。段玉裁《説文解字注·衣部》：“裁，引申爲裁度、風裁。”

(1)戊子，財衣，不利出入；戊午，財衣，不吉。(《懸(壹)》Ⅰ0111②:19)

以上“財(裁)”義裁衣。“財衣”即“裁衣”。

(2)掌者，食輒以時，財驗羚旌鼓采而已，留意。卒恩爲。(《敦》170)

(3)☐薰爲解，毋狀當教。以新除故，請財適三百里，以戒後。(《新》EPT5.6)

(4)教。廿七日，以候長素精進故，財適五百束。(《新》EPF22.574A)

(5)司馬、千人、候、倉長、丞、塞尉職閒，都尉以便宜財予，從史田吏。如律令。(《新》EPF22.70)

(6)☐隧長亭財給水，將迫且到，未敢給以☐。(《新》EPT43.68)

(7)亭財給水，將唯。(《新》EPT40.14)

---

① 趙寵亮：《説“財用錢”》，載孫家洲主編《額濟納漢簡釋文校本》，文物出版社，2007，第204頁。

(8)明府財哀省察,叩頭死☐。(《金(伍)》73EJF3:56)

以上"財(裁)"義裁決、裁斷。例(2)"財",《敦煌馬圈灣漢簡集釋》釋爲"付",圖版爲,當釋爲"財"。[1] 例(2)"財驗"即"裁驗",指裁定檢驗。"輒以時財驗羚旄鼓采而已"大意爲:則按時查驗羚旄鼓采等裝飾物而已。"羚旄"指羊角牛尾一類的裝飾物。"采"通"彩","鼓彩"爲鼓頂上的裝飾物。例(3)(4)"財適"即"裁謫",指裁定謫罰,"適"通"謫",義罰罪。屯戍簡中指用體力勞動來懲處失職的官吏。例(5)"都尉以便宜財予"指都尉在司馬等官員不在職期間,可以酌情自行裁斷給予之事。例(6)(7)"財給水"指裁定給水之事,"亭"爲燧長之名。例(8)"財哀省察"指裁斷哀憐省察。

"財""裁"通假,其他文獻可見。清朱駿聲《説文通訓定聲·頤部》:"財,(叚借)又爲裁。"《漢書·晁錯傳》:"唯陛下財擇。"顔師古注:"財與裁同。"《漢書·王莽傳上》:"惟陛下哀憐財幸。"顔師古注:"此財與裁同,通用。"

## 035　慈—席(慈 cí,從母之部;席 xí,邪母鐸部。聲近韵近)

"慈",慈愛。《説文·心部》:"慈,愛也。""席",即席萁,編織席子的萁草。現西北方言中的"席萁",屯戍簡中稱"慈萁""慈其""玆其",學名爲芨芨草。[2]

(1)一人☐慈其七束,廿人艾慈其百束,率人八束。(《居》33.24)

(2)第十候史般省伐慈其。第十三隊卒高鳳未作,亡歸中部田舍,鬭傷男徐武,毋狀,詣官自閉。十一月辛巳食坐入。(《居》133.15)

(3)慈其索一,大二韋半,長四丈。(《新》EPT51.310)

(4)凡見作七十二人,得慈其五百卌八束。(《新》EPS4T2.75)

(5)右前候長☐☐都隧七所,其三所有彊洛四所毋彊洛,見慈其千束,其五百束已☐,率亭作四百五十丈。(《金(叁)》73EJT30:18)

---

① 張麗萍、張顯成:《〈敦煌馬圈灣漢簡集釋〉釋讀訂誤》,《簡帛》(第十四輯),上海古籍出版社,2017,第176—177頁。

② 張麗萍、張顯成:《釋"慈其"及相關稱謂》,《敦煌研究》2016年第4期。

(6)左右下射,皆毋所見。檄到,令卒伐慈萁,治簿更著,務令調利,毋令到不辦。毋忽,如律令。(《新》EPF22.291)

(7)□助河南伐慈萁。(《新》EPT52.312)

以上“慈其”“慈萁”即“席萁”。

亦可寫作“茲”,詳見“028 茲—席”組。

## 036 栽—哉(栽 zài,從母之部;哉 zāi,精母之部。聲近韵同)

“栽”,筑牆立板。《説文·木部》:“栽,築牆長版也。”“哉”,語氣詞。《説文·口部》:“哉,言之閒也。”桂馥《説文義證》:“言之閒,即辭助。”

老人有遺言:甚可悲栽,髮齒隨洛,飲食不耐,持報隋禮當莊麥之子紓蒲酌飲食也。(《金(伍)》73EJD:26A)

此簡疑爲書信,轉述了一位老人的遺言。“甚可悲栽”即“甚可悲哉”,意思是很悲傷啊!

## 037 司—伺(sì,心母之部。雙聲叠韵)

“司”,掌管、主持。《廣雅·釋詁三》:“司,主也。”“伺”,偵候。《説文新附·人部》:“伺,候望也。”

(1)縣官宜用當徒者,請丞相之當輸者,給有缺補。其不得以歲數免,及漢諸侯、侯國人有告劾,罪司寇,作如司寇。以。(《新》EPS4T2.44)

(2)捕律:亡入匈奴外蠻夷守棄亭鄣逢隧者,不堅守降之,及從塞徼外來絳而賊殺之,皆要斬,妻子耐爲司寇,作如。(《敦》983)

(3)賊律:毆親父母及同產,耐爲司寇,作如司寇。其奊詢詈之,罰金一斤。(《懸》Ⅱ0115③:421)

(4)施刑故司寇☐。(《居》268.3)

(5)☐罪司寇以上,各以其☐。(《居》457.2)

"司寇"即"伺寇",指伺察寇虜。"伺寇",古籍亦寫作"司寇",爲漢代刑罰名,罰往邊地戍守防敵。①《漢書·刑法志》:"隸臣妾滿二歲,爲司寇。司寇一歲,及作如司寇二歲,皆免爲庶人。"《後漢書·張晧傳》:"帝乃悟,減騰死罪一等,餘皆司寇。"李賢注:"輸作司寇,因以名焉。"

漢代又有刑罰名爲"城旦",《墨子·號令》:"以令爲除死罪二人,城旦四人。"孫詒讓閒詁引應劭曰:"城旦者,旦起行治城,四歲刑也。"《史記·秦始皇本紀》:"令下三十日不燒,黥爲城旦。"裴駰集解引如淳曰:"《律説》:論決爲髡鉗,輸邊築長城,晝日伺寇虜,夜暮築長城。城旦,四歲刑。""城旦"是白天伺寇虜,晚上築長城,而"司寇"與之不同,專職"伺寇虜"。

"司""伺"通假,其他文獻可見。《墨子·號令》:"常司上之。"孫詒讓閒詁:"司,古伺字也。"又《天志中》:"以臨司民之善否。"孫詒讓閒詁引畢云:"司,讀如伺。"《荀子·議兵》:"掎契司詐。"楊倞注:"司,讀爲伺。"

## 038　笥—嗣(笥 sì,心母之部;嗣 sì,邪母之部。聲近韵同)

"笥",古時一種用竹、葦編製的盛衣物用的箱子。《説文·竹部》:"笥,飯及衣之器也。""嗣",繼承。《爾雅·釋詁上》:"嗣,繼也。"

制詔皇大子:朕體不安,今將絶矣,與地合同,衆不復起,謹視皇大之笥,加曾朕在。善禺百姓,賦斂以理。存賢近聖,必聚諝士。表教奉先,自致天子。胡亥自汜,滅名絶紀。審察朕言,衆身毋久。蒼蒼之天,不可得久視;堂堂之地,不可得久履。道此絶矣!告後世及其孫子。(《敦》1448)

① 作爲漢代刑法名的"司寇",與六卿之一掌管刑獄、糾察的"司寇"不同。

“大”乃“天”之誤。“謹視皇大之笥”即“謹視皇天之嗣”，謹慎地看待繼承皇天之事。簡文大意詳見“002 伭—亥”組。

## 039　汜—嗣(sì，邪母之部。雙聲叠韵)

“汜”，由主流分岔流出後又流回主流的水。《説文·水部》：“汜，水别復入水也。”“嗣”，繼承。《爾雅·釋詁上》：“嗣，繼也。”

制詔皇大子：朕體不安，今將絶矣，與地合同，衆不復起，謹視皇大之笥，加曾朕在。善禺百姓，賦斂以理。存賢近聖，必聚諝士。表教奉先，自致天子。胡伭自汜，滅名絶紀。審察朕言，衆身毋久。蒼蒼之天，不可得久視；堂堂之地，不可得久履。道此絶矣！告後世及其孫子。(《敦》1448)

“伭”通“亥”，指秦二世胡亥。“胡伭自汜”即“胡亥自嗣”，指秦二世胡亥自己繼承皇位。此句暗諷其篡位奪權之事，所以後文有“滅名絶紀”之語。簡文大意詳見“002 伭—亥”組。

一説，“汜”讀爲“圯”。《中國簡牘集成》：“汜，‘圯’的錯别字。”[①]此説恐不確，“圯”義爲橋，《説文·土部》：“圯，東楚謂橋爲圯。”將“圯”放入簡文，語意不通。因此，“汜”不當釋爲“圯”，而當釋爲“嗣”。

“汜”“嗣”通假，雖不見於其他文獻，但從“巳”得聲和從“司”得聲的字往往相通。《集韵·止韵》：“祀，《説文》‘祭無已也’，或从司。”《詩經·大雅·生民》：“克禋克祀。”毛傳：“以大牢祠于郊禖。”陸德明釋文：“祠，本亦作祀。”

## 040　甾—輜(zī，莊母之部。雙聲叠韵)

“甾”，古代盛酒漿的一種器皿。《説文·甾部》：“甾，東楚名缶曰甾。”“輜”，裝載軍

① 中國簡牘集成編委會：《中國簡牘集成》(第四册)，敦煌文藝出版社，2001，第31頁。

需物資的車。《釋名·釋車》:"輜車,載輜重。……輜,厠也。所載衣物雜厠其中也。"

☐甾車二百廿八兩。鄉三里卌三。(《金(壹)》73EJT5:12)

"甾車"即"輜車"。

"甾""輜"通假,其他文獻可見。《馬王堆漢墓帛書·老子甲本·道篇》:"是以君子眾(終)日行,不離其甾(輜)重。"又《老子乙本·道篇》:"是以君子冬(終)日行,不遠其甾(輜)重。"

## 041 菑—災(菑 zī,莊母之部;災 zāi,精母之部。聲近韻同)

"菑",初耕一年的新田。《爾雅·釋地》:"田一歲曰菑。""災",災害。《説文》作"烖",《火部》:"烖,天火曰烖。"籀文作"災"。

(1)貇田簿署歲上中下,度得穀口率,其有菑害者,署頃畝□率□。(《居》113.6,139.24)

(2)大皇大后詔曰:往者陰陽不調,風雨不時,降農自安,不堇作勞,是以數被菑害。(《懸·四時月令詔條》第1行)

"菑害"即"災害",指天災人禍造成的損害。例(1)"貇"通"墾",義開墾。簡文大意爲:墾田簿中一年之内分上、中、下三個時段記録,按人口計算得到糧食的比率,有災害的,記録畝數。例(2)"堇"通"勤",義勤勞。"降"義"下"。"降農自安,不堇作勞,是以數被菑害"大意爲:下農安於現狀,不勤於勞作,所以屢次遭受災害。

"菑""災"通假,其他文獻可見。《爾雅·釋詁下》:"烖,危也。"郝懿行義疏:"烖者,……經典多通作菑。"《集韵·咍韵》:"烖,亦作菑。"段玉裁《説文解字注·火部》:"(烖),今惟《周禮》作烖,經傳多借菑爲之。"《詩經·魯頌·閟宫》:"無災無害。"陸德明釋文:"災,本亦作菑。"《楚辭·招魂》:"恐自遺災些。"洪興祖補注引舊校:"災,釋文作菑。"[①]

---

① 洪興祖作《考异》一卷,附在《楚辭補注》書末。今《楚辭補注》通行本將《考异》内容散入正文之中,分佈在每句之下。本書所謂"洪興祖補注引舊校"均爲《考异》内容。

## 042　菑—甾(zī,莊母之部。雙聲叠韵)

“菑”,初耕一年的新田。《爾雅·釋地》:“田一歲曰菑。”“甾”,即《漢書·地理志》所載甾縣,屬梁國。

(1)梁國戍卒菑板里大夫華定,年廿四☐。(《金(肆)》73EJT37:849)

(2)梁國戍卒菑直里大夫陳延年₌廿五。(《金(肆)》73EJT37:699)

(3)梁國戍卒菑樂陽里大夫周利,年五十二☐。(《金(肆)》73EJT37:1111)

(4)☐隧戍卒梁國菑市陽里☐。(《金(貳)》73EJT23:498)

(5)梁國戍卒菑東昌里大夫桐汙虜,年廿四。(《金(肆)》73EJT37:750)

(6)梁國戍卒菑□中里大夫桓志,年卅五。(《金(肆)》73EJT37:1497)

“菑”即“甾”,“板里”“直里”“樂陽里”“市陽里”“東昌里”“□中里”均是“甾”縣下屬的里。“梁”通“梁”,“梁國”即“梁國”。

“菑”“甾”通假,其他文獻可見。《爾雅·釋地》:“田一歲曰菑。”陸德明釋文:“菑,本作甾。”

## 043　菑—淄(zī,莊母之部。雙聲叠韵)

“菑”,初耕一年的新田。《爾雅·釋地》:“田一歲曰菑。”“淄”,臨淄,漢縣名,屬齊郡。因城臨淄水而得名。

(1)齊郡臨菑吉羊里簪弱王光,年廿三,長七尺三尺,黄色,疾,字子叔☐。(《金(壹)》73EJT9:3)

(2)齊郡臨菑滿羊里公乘薛弘,年☐。(《金(壹)》73EJT9:20)

(3)齊郡臨菑西通里大夫侯壽,年五十,長七尺二寸,黑色☐。(《金(壹)》73EJT9:28)

(4)正月丁亥臨菑守右丞鄰移過所縣邑□□▨。(《金(壹)》73EJT9:335)

(5)▨月辛酉,臨菑右丞□▨。(《金(叁)》73EJT30:210A)

(6)臨菑丞印。(《金(肆)》73EJT37:1462B+1471B)

“臨菑”即“臨淄”。“吉羊里”“滿羊里”“西通里”爲臨淄縣下屬的里。

“菑”“淄”通假,其他文獻可見。《戰國策·齊策六》:“過菑水。”鮑彪注:“菑、淄同。”《淮南子·道應》:“菑澠之水合。”高誘注:“菑、澠,齊二水名。”“菑水”即“淄水”。

## 044 史—使(shǐ,山母之部。雙聲叠韵)

“史”,記事的人。《説文·史部》:“史,記事者也。”“使”,使用、任用。《詩經·大雅·烝民序》:“任賢使能。”孔穎達疏:“使謂作用之。”“史”“使”同源,在甲骨文中同爲一字,記事的人爲“史”,以事任人爲“使”。[1]

黄鵠高蜚,廁以䮴駃。所以然者,曼時而行。有子不史,不如野桑。當時柞之,樹得雨。(《敦》2301)

“有子不史”即“有子不使”[2],大意爲:有子不被任使。

“史”“使”通假,其他文獻可見。《逸周書·商誓》:“今予維篤佑爾予史太史違。”朱右曾集訓釋校:“古史、使通叚。”《易·巽》:“用史巫紛若。”焦循章句:“史同使。”

① 李學勤主編:《字源》,天津古籍出版社、遼寧人民出版社,2012,第227頁。

② 裘錫圭:《談談英國國家圖書館所藏的敦煌漢簡》,載《裘錫圭學術文集·簡牘帛書卷》,復旦大學出版社,2012,第400頁。

## 045　每—悔（每 měi，明母之部；悔 huǐ，曉母之部。聲遠韵同）

“每”，草茂盛的樣子。《説文·屮部》：“每，艸盛上出也。”“悔”，悔恨。《説文·心部》：“悔，悔恨也。”

上而不驕者高而不危，制節謹度而能分施者満而不溢，易曰：亢龍有每，言驕溢也，亢之爲言。（《金（叁）》73EJT31:44+T30:55A）

“亢龍有每”，今本《易》“每”作“悔”。《易·乾》：“上九，亢龍有悔。”孔穎達疏：“上九，亢陽之至，大而極盛，故曰亢龍，此自然之象。以人事言之，似聖人有龍德，上居天位，久而亢極，物極則反，故有悔也。”據孔疏，“亢龍有每”大意爲：處高位而不知謙退，則盛極而衰，不免敗亡之悔。

“每”“悔”通假，其他文獻可見。馬王堆漢墓帛書《繆和》篇：“繆和問於先生：請問《易·涣》之九二曰：涣賁其階，每（悔）亡。此辭吾甚疑焉，請問此之所胃（謂）。”又：“將何无每（悔）之又（有）。”又：“故易曰：‘涣賁其階，每（悔）亡。’”

# 職部通假字匯釋

## 046　亟—極（亟 jí，見母職部；極 jí，群母職部。聲近韵同）

“亟”，古“極”字，至高處。于省吾先生《甲骨文字釋林》：“亟古極字……亟字中從人，而上下有二横畫，上極於頂，下極於踵，而極之本義昭然可覩矣。”①引申指疲困。《漢書·匈奴傳上》：“罷極苦之。”顔師古注：“極，困也。”“極”是爲表“亟”之本義和引申義而造的分化字。

（1）羸瘦困亟，閒以當與第一輩兵俱去，以私泉獨爲糴穀。（《敦》41）

（2）甘露元年二月丁酉朔己未，縣泉廄佐富昌敢言之，爰富：使者段君所將踈勒王子槖佗三匹，其一匹黄，牝，二匹黄，乘，皆不能行，罷亟死。即與假佐開、御田遂、陳……復作李則、耿癸等六人雜診槖佗丞所置前，槖佗罷亟死，審。它如爰書。敢言之。（《懸》Ⅱ0216③:137）

例（1）“困亟”即“困極”，“困極”同義連用。例（2）“罷亟”即“疲極”，“罷”通“疲”，“疲極”亦同義連用。

“亟”“極”通假，其他文獻可見。《易·説卦》：“爲亟心。”焦循章句：“亟，極也。”《莊子·盜跖》：“亟去走歸。”陸德明釋文：“亟，本或作極。”

---

① 于省吾：《甲骨文字釋林》，商務印書館，2010，第95頁。

## 047 械—戒(械 xiè,匣母職部;戒 jiè,見母職部。聲近韵同)

“械”,器械。《説文·木部》:“械,一曰器之總名。”“戒”,①警戒。《説文·廾部》:“戒,警也。从廾持戈,以戒不虞。”②齋戒。《周禮·春官·大史》:“戒及宿之日。”賈公彦疏:“戒,謂散齊七日。”

(1)☐武憲隧長孟登加慎械後,後不改,吉,凶自在☐。(《新》EPF22.549)

(2)令脩治社稷,令鮮明。當侍祠者齋械,謹敬、鮮絜、約省爲故。方考行,如。(《新》EPF22.161)

例(1)“加慎械後”即“加慎戒後”,指多加謹慎以警戒其後。例(2)“齋械”即“齋戒”,“謹敬”義謹慎恭敬,“絜”通“潔”,義潔净,“約省”義簡約。簡文大意爲:陪同祭祀的人因謹敬、鮮潔、約省的緣故需要齋戒。

可徑用本字,作“戒”,如:

(3)右四牒,嚴教戒後。(《居》507.20)

(4)☐薫爲解,毋狀當教。以新除故,請財適三百里,以戒後。(《新》EPT5.6)

(5)侍祠者齋戒,務以謹敬、鮮絜、約省爲故。褒、尚考察不以爲意者,輒言。如律令。(《新》EPF22.154)

(6)檄到,憲等循行,脩治社稷,令鮮明。當侍祠者齋戒,以謹敬、鮮絜、約省爲。(《新》EPF22.159)

“械”“戒”通假,其他文獻可見。《諸子平議·列子》:“至人居若死動若械。”俞樾按:“械,《釋文》曰:本又作戒。實皆駭之叚字也。”

## 048　直—值(zhí,定母職部。雙聲疊韵)

“直”,不彎曲。《玉篇·乚部》:“直,不曲也。”假借爲“相當”義,“值”是爲其假借義所造的分化字,《廣韵·志韵》:“值,當也。”由“相當”義,再引申指:①物與價格相當。②價格、價值。③當值。

(1)右居延八牒,直錢萬七千六百。(《新》EPT50.11)

(2)☐絮二百卅二斤,直二千四百二錢。(《新》EPT51.257)

(3)臨木隧卒程當。受閣帛一匹,甲渠尉取,直穀卅三石。(《新》EPT65.330A)

(4)李龍文,袍一領,直二百八十七;襲一領,直四百五十。(《敦》1614)

(5)八歲,平賈直六十石。與交穀十五石,爲七十五石。育出牛一頭,黑,特,齒五歲,平賈直六十石。與交。(《新》EPF22.5)

以上“直(值)”義“物與價格相當”。

(6)始建國天鳳一年六月,宜之隊長張隊伐閱官簿累重訾直。(《新》EPT6.78)

(7)☐罷卒費直。前掾□□☐。(《居》203.31)

(8)☐□月積一月廿七日,運茭就直。(《居》350.12)

以上“直(值)”義價格、價值。例(6)“訾”通“資”,“訾直”即“資值”,義資産。例(7)“費直”即“費值”,指費用。例(8)“就”通“僦”,指僱人運輸。“運茭就直”指僱人運輸茭的費用。

(9)它部界中。候長、候史直日迹,卒坐匿不言迹☐。(《新》EPT51.411)

(10)戍卒濟陰郡定陶羊于里魏賢己卯夜直候,誰夜半時,紀不誰,德使戍卒除☐。(《居》183.7)

(11)建平三年七月己酉朔甲戌,尉史宗敢言之,迺直符一日一夜,謹行視錢財物,臧内户封皆完,毋盜賊發者。即日平旦,付令史宗。敢言之。(《新》EPT65.398)

以上“直(值)”義“當值”。例(9)“日迹”指戍卒等每日巡視天田,查看有無人出入活動的痕迹。“直日迹”即“值日迹”,指承擔日迹的工作。例(10)“候”義候望、偵查,“直候”即“值候”,指承擔候望的工作。例(11)“符”爲倉庫、邸閣值勤的憑證。“直符”,指擔任倉庫等的看守工作。

“直”“值”通假,其他文獻可見。《爾雅·釋詁下》:“梏,直也。”郝懿行義疏:“相當值之值古止作直。”《史記·匈奴列傳》:“直上谷以往者。”司馬貞索隱引姚氏云:“古字例以直爲值。值者,當也。”

## 049　試—識(試shì,書母職部;識shí,書母職部。雙聲叠韵)

“試”,使用。《説文·言部》:“試,用也。”“識”,知道。《説文·言部》:“識,一曰知也。”

甘露二年五月己丑朔甲辰朔,丞相少史充、御史守、少史仁,以請詔有逐驗大逆無道故廣陵王胥御者惠同産弟、故長公主蓋卿大婢外人,移郡大守逐得試知外人者,故長公主大奴千秋等曰:“外人,一名麗戎,字中夫。”(《金(壹)》73EJT1:1)

“試知”即“識知”。“識知”同義連用,義知道、識察。“外人”,人名,其身份爲“故廣陵王胥御者惠同産弟、故長公主蓋卿大婢”。“試知外人者”指認識“外人”的人。

“試”“識”通假,其他文獻可見。裘錫圭先生認爲:“‘試’、‘識’皆之部字,古音極近,所以‘試’可借爲‘識’。馬王堆帛書《戰國縱横家書》第十六章‘不試禮義德行’、‘此天下之所試也’、‘而王弗試則不明’三句(文物出版社出版《戰國縱横家書》58頁),皆以‘試’爲‘識’,與此同例。”[1]

① 裘錫圭:《關於新出甘露二年御史書》,載《裘錫圭學術文集·簡牘帛書卷》,復旦大學出版社,2012,第46頁。裘錫圭:《再談甘露二年御史書》,載《裘錫圭學術文集·簡牘帛書卷》,復旦大學出版社,2012,第165頁。

## 050　式—軾(shì,書母職部。雙聲疊韻)

“式”,法則、準則。《説文·工部》:“式,法也。”“軾”,古代車箱前面供立乘者憑扶的横木。《説文·車部》:“軾,車前也。”段玉裁注:“此當作車輿前也。不言輿者,輿人爲車,車即輿也。”

(1)漆式三,木式二,見。鐵式,見二。其一,馬與失亡□。(《懸》87-89C:20)

(2)鐵式三,木式二,見。鐵式,見二。其一,馬具失亡。(《玉》1309)

“漆式”“木式”“鐵式”均就“軾”的材質而言,“漆軾”指涂漆的“軾”,“木軾”“鐵軾”分别指木製的和鐵製的“軾”。

“式”“軾”通假,其他文獻可見。朱駿聲《説文通訓定聲·頤部》:“式,(叚借)又爲軾。”《周禮·考工記·輿人》:“以揉其式。”孫詒讓正義:“經典通叚式爲軾。”《漢書·李廣傳》:“登車不式。”顔師古注引服虔曰:“式,字或作軾。”

## 051　福—輻(fú,幫母職部。雙聲疊韻)

“福”,古代稱富貴壽考等齊備爲福,與“禍”相對。《釋名·釋言語》:“福,富也,其中多品如富者也。”“輻”,在垂直方向上連接轂與輞的直木。《説文·車部》:“輻,輪轑也。”

南陽業車父武後,第十七車,輪一具,梜柔福七,軥揗福一,折。佐爰完。杙軸完。(《新》EPT51.251)[1]

“揗”同“揺”。“梜柔福(輻)”“軥揗福(輻)”義不明,有待進一步考證。

---

① “輪一具,梜柔福七”,《中國簡牘集成》斷句爲:“輪一具梜,柔福七。”恐誤,“具”爲量詞,斷爲“具梜”,不辭。參見中國簡牘集成編委會:《中國簡牘集成》(第十册),敦煌文藝出版社,2001,第103頁。

“福”“輻”通假，其他文獻可見。《史記·晋世家》：“成侯子福。”司馬貞索隱：“系本作輻字。”

## 052 糒—備（bèi，並母職部。雙聲叠韵）

“糒”，乾糧。《説文·米部》：“糒，乾(飯)也。”“備”，預備、預防。《玉篇·人部》：“備，預也。”

(1)候史廣德，坐不循行部、塗亭，趣具諸當所具者，各如府都吏舉。部糒不畢，又省官檄書不會會日，督五十。(《新》EPT57.108A)

(2)以檄警糒、買布爲名，尉偹等不敬循行，留☐。(《金(叁)》73EJT25:151)

例(1)“部糒”即“部備”，義部署、準備。例(2)“警糒”即“警備”，義警戒、防備。

可徑用本字，作“備”，如：

(3)☐方有警備，薰火通。永聞有追逋，不詣署，作。(《新》EPF22.376)

(4)府告居延、甲渠、卅井、殄北鄣候，方有警備。記到，數循行，教勑吏卒，明薰火，謹候望。有所聞見，亟言。有教。(《新》EPF22.459)

“糒”“備”通假，雖不見於其他文獻，但“糒”因“僃”得聲，且兩者爲聲訓關係，《廣雅·釋器》：“糗，糒也。”王念孫疏證：“糒之言僃也。”“僃”又從“備”得聲，所以“糒”“備”通假，可以成立。

## 053　伏—茯(fú,並母職部。雙聲疊韵)

"伏",伺候。《説文·人部》:"伏,司也。"段玉裁注:"司,今之伺字。""茯",即茯苓,寄生在松樹根上的菌類植物。可爲中藥,味甘、淡,性平。有利水滲濕、健脾和胃、寧心安神的功效。[①]《玉篇·艸部》:"茯,茯苓,藥也。"

(1)薑四兩=二錢七分,直☐。

伏令四兩=三☐。(《新》EPT9.7B)

(2)☐伏霝二分,亭曆二分,以牛膽丸☐。(《新》EPT65.350B)

以上爲藥方,"伏令""伏霝"即"茯苓","令""霝"通"苓"。

"伏""茯"通假,其他文獻可見。《急就篇》卷四:"黄芩伏苓。"顔師古注:"伏苓,一名茯菟,生大松樹下,蓋松脂所化作也。"《史記·龜策列傳》:"伏靈者,千歲松根也,食之不死。"

## 054　伏—鞦(fú,並母職部。雙聲疊韵)

"伏",守候。《説文·人部》:"伏,司也。"引申指身體前傾靠在物體上,再引申亦可指依靠的物體。"鞦",車中的靠墊。《急就篇》:"鞇鞦靯韉鞍鑣鍚。"顔師古注:"鞦,韋囊,在車中,人所憑伏也,今謂之隱囊。""鞦"是爲表"伏"之引申義所造的分化字。

(1)亶帶九,因八,其一币。鐵鞧十四,桓十,伏十,蓋二,革鞧,薄杖一。(《懸》Ⅱ90DXT0114⑥:31)[②]

(2)詔所名捕平陵長雀里男子杜光,字長孫。故南陽杜衍,爲人黑色,肥大,

① 南京中醫藥大學:《中藥大辭典》(第二版下册),上海科學技術出版社,2006,第2154頁。

② 此枚簡文見於甘肅省文物考古研究所:《敦煌懸泉漢簡釋文選》,《文物》2000年第5期。

頭少髮，年可卌七、八，長七尺四五寸。□□□楊伯。初亡時，駕騩牡馬，乘闌轝車，黄韋茵、伏白□□，騎騩牡馬。皆坐役使流亡屯户百卅三，擅置田監。史□法不道。丞相、御史□執金吾家屬。所二千石來捕。(《居》183.13)

例(1)“伏十”説明鞦的數量，例(2)“伏白”應該是説明鞦的顔色。

可徑用本字，作“鞦”，如：

(3)出。護羌使者傳車一乘，黄銅五羡一具，伏兔兩頭，梶兩頭，亶帶二幣，鞇鞦、韋土薄各一。故皁復蓋蒙，完。蚤具毋金承。鞦勒二，完。中靳對各一，完。河平二年七月癸巳縣泉徒趙齊付遮要佐趙忠。傳三，□韋把杠二，有陽。鞅韅各一，鞎鞙各二，于于少四。韋□一，赤韅皮各一，穿銅鎋一具。(《懸(壹)》Ⅰ90DXT0110①:53)

(4)▨吏徒失亡器物名。□□□□亡□一。佐楊博亡緹履苓戀各一，直百八十。奴周生便亡鞇鞦、韋杠衣各一，直千二百。(《懸(壹)》Ⅰ90DXT0110①:14)

## 055　服—負(服fú，並母職部；負fù，並母之部。聲同韵近)

“服”，任用、使用。《説文·舟部》：“服，用也。”“負”，載負。《釋名·釋姿容》：“負，背也，置項背也。”

(1)建武三年七月乙酉朔丁酉，萬歲候長憲敢言之：徙署，迺癸巳視事。校閲兵物，多不具賔，何辤？與循俱休田。循服六石弩一，稾矢銅鍭百，鎧、鍉瞀各一，持歸。游墼亭循何□。(《新》EPF22.61)

“休田”指邊塞戍卒休假歸鄉務田。“循”當是人名。“鍉瞀”即兜鍪。“循服六石弩一，稾矢銅鍭百，鎧、鍉瞀各一，持歸”大意爲：循背六石弩、稾矢銅鍭、鎧、鍉瞀等歸家。

可徑用本字,作“負”,如:

(2)卌餘騎皆衣鎧、負魯攻隧。又攻壞燔燒第十一隧以北。(《新》EPF16.43)

(3)三人負麻,人反十八束,反復卅里。人再反,六十里。(《敦》1650)

“服”“負”通假,其他文獻可見。《詩經·小雅·大東》:“不可以服箱。”陳奐傳疏:“服者,負之假借字。大車重載,牛負之,故謂之牝服。”《周禮·考工記·車人》:“大車牝服二柯。”鄭玄注引鄭司農云:“服讀爲負。”

## 056　服—腹(服 fú,並母職部;腹 fù,幫母覺部。聲近韵近)

“服”,任用、使用。《説文·舟部》:“服,用也。”“腹”,腹部。《玉篇·肉部》:“腹,腹肚。”

(1)第二隧卒江譚,以四月六日病苦心服丈滿。(《居》4.4A)

“心服”即“心腹”,指心臟與腹部。“丈”通“脹”,“滿”義爲懣悶,“心腹丈滿”爲疾病名,指心臟和腹部脹痛懣悶。

可徑用本字,作“腹”,如:

(2)田卒平干國襄嚵成安里李睥,年卅七,本始五年二月丁未,疾心腹丈滿,死。(《居》293.5)

(3)治久欬、逆、匈痹、痿痹、止泄、心腹久積、傷寒方:人参、茈宛、昌蒲、細辛、薑、桂、蜀椒,各一分,烏喙,十分。皆合和以。(《敦》2012)

(4)心腹止泄藥非物,負一算。(《新》EPT50.2)

例(1)“心服丈滿”即例(2)“心腹丈滿”。

## 057 服—箙(fú,並母職部。雙聲疊韻)

“服”,古“箙”字,盛矢的容器。《說文·竹部》:“箙,弩矢箙也。”“服”由衣服、服飾義引申指裝矢的容器,“箙”是爲其引申義所造的分化字。

(1)籣冠四、服二。(《新》EPT20.3)

(2)籣冠四,服二。(《新》EPS4T2.68)

(3)入籣六,受宦矢服。(《新》EPF25.8)①

(4)宦矢服百六十八。(《新》EPT59.244)

(5)今餘宦矢服百二十三。(《新》EPF25.6)

(6)新始建國天鳳上戊六年計餘宦矢服〼。(《新》EPT65.438)

例(1)至(3)“服”與“籣”“籣冠”並舉,可見兩者關係很緊密。“籣”亦爲盛矢的容器,“籣冠”是“籣”的蓋子。例(3)至(6)“服”前有“宦矢”,“宦矢”爲箭名,進一步說明“服”是盛矢的容器。

“服”“箙”通假,其他文獻可見。《釋名·釋兵》:“其受矢之器,以皮曰服,柔服之義也。”《史記·司馬相如列傳》:“右夏服之勁箭。”裴駰集解引徐廣曰:“矢室名曰服。”“服”即“箙”。

## 058 墨—默(mò,明母職部。雙聲疊韻)

“墨”,黑色顔料。《說文·土部》:“墨,書墨也。”“默”,静默、無聲。《廣韵·德韵》:“默,静也。”

袍所持鈹,即以疑所持胡桐木丈從後墨擊意項三下,以辜一旬內立死。案:

① 例(1)(2)(3)之“籣”,《居延新簡集釋》釋爲“蘭”,按照文意,“籣”當指背在背上盛弩箭的器具,《說文·竹部》:“籣,所以盛弩矢。人所負也。”屯戍簡從“艹”從“⺮”不分,故此處當釋爲“籣”字。

疑賊殺人,甲辰病心腹□☐。(《新》EPF22.326)

“丈”通“杖”,“胡桐木杖”指胡楊木棍。“意”爲人名。“項”指脖子的後部。“辜”通“故”,“以辜”即“以故”。簡文大意爲:懷疑用所持有的胡楊木棍從後面悄悄擊打“意”的脖子,所以“意”在一旬之内馬上死。

“墨”“默”通假,其他文獻可見。《戰國策·楚策四》:“墨墨之化。”鮑彪注:“墨,默同。”《荀子·解蔽》:“故口可劫而使墨云。”王先謙集解引郝懿行曰:“墨,與默同。”

# 蒸部通假字匯釋

## 059　弓—芎(弓 gōng,見母蒸部;芎 xiōng,溪母冬部。聲近韵近)

“弓”,射箭的兵器。《説文·弓部》:“弓,以近窮遠。”“芎”,即芎藭,爲傘形科蒿本屬植物。根莖可入藥,味辛,性温。有活血祛瘀、行氣開鬱、祛風止痛的功效。[①]《説文》作“营”,《艸部》:“营,营藭,香草也。从艸,宫聲。芎,司馬相如説,营从弓。”

☒一分石膏,二分□□,二分□参,一分弓,一分厚朴,一分杏亥,中人一分,并合。(《額》2000ES14SF1:5)

此簡爲藥方。

“弓”“芎”通假,其他文獻可見。《武威醫簡》11—12:“治血瘀方:乾當歸二分,弓窮二分,牡丹二分,漏廬二分,桂二分,蜀椒一分,虻一分,凡□□皆冶,合,以淳酒和,飲一方寸匕。日三飲。倍恿者,臥藥,中當出血久瘀。”又57:“治千金膏藥方:蜀椒四升,弓窮一升,白芷一升,付子卅果。凡四物。”“弓窮”即“芎藭”。

① 南京中醫藥大學:《中藥大辭典》(第二版上册),上海科技出版社,2006,第292頁。

## 060　縢—幐(téng,定母蒸部。雙聲叠韵)

"縢",封閉、纏束。《説文·糸部》:"縢,緘也。""幐",隨身攜帶的袋子。[①]《説文·巾部》:"幐,囊也。"《廣韵·登韵》:"幐,囊可帶者。"

犬絑二兩,常韋二兩,緹績一□,緹行縢二□。(《新》EPT51.457)

"行縢"即"行幐",指出行時隨身攜帶的袋子。"緹"義爲橘紅色,則"緹行縢"指出行時隨身攜帶的橘紅色袋子。[②]

又可寫作"勝/幐",詳見"063 勝/幐—幐"組。"行縢""行勝""行幐"爲同一詞的不同書寫形式。

"縢""幐"通假,其他文獻可見。桂馥《説文義證·巾部》:"幐,通作縢。"《後漢書·儒林傳序》:"其縑帛圖書,大則連爲帷蓋,小乃製爲縢囊。"李賢注:"縢,亦幐也。"

## 061　陵—淩(líng,來母蒸部。雙聲叠韵)

"陵",丘陵。《爾雅·釋地》:"大阜曰陵。""淩",侵犯、欺辱。《楚辭·九歌·國殤》:"淩余陣兮躐余行。"王逸注:"淩,犯也。"

(1)神爵二年十月廿六日,陵胡隧長張仲,□買卒寬意布袍一領,賈錢☐。

① 《漢語大詞典》"幐"字:亦泛指囊,布袋。書證爲:《戰國策·趙策一》:"(蘇秦)家貧親老,無罷車駑馬,桑輪蓬篋羸幐,負書擔囊……造外闕。"又"羸縢"條,釋義爲:纏着綁腿布。書證爲:《戰國策·秦策一》:"羸縢履蹻,負書擔橐,形容枯槁,面目犂黑,狀有歸色。"將兩者釋義和書證相比參,便可發現錯誤。"羸幐"所在文句,斷句有誤,當斷爲《戰國策·趙策一》:"(蘇秦)家貧親老,無罷車駑馬、桑輪蓬篋,羸幐負書擔囊……造外闕。"大意説蘇秦家貧親老,連罷車駑馬、桑輪蓬篋等低劣的運輸工具都没有,纏束綁腿布,負書擔囊。所以,"幐"的釋義和書證不相符。《戰國策·趙策一》之"羸幐"非"泛指囊,布袋",而與《戰國策·秦策一》之"羸縢"義同,故"幐"當讀爲"縢",指綁腿布。"羸"義纏束。

② 張麗萍、張顯成:《釋西北屯戍漢簡中的"緹績""緹行勝"》,《敦煌研究》2019年第4期。

(《敦》1601A)

(2)神爵二年十月廿六日廣漢縣廿鄭里男子節寬憙賣布袍一,陵胡隧長張仲孫所,賈錢千三百。約至正月□□,任者□□□□□□□。(《敦》1708A)

(3)廣武寫傳至步昌、陵胡,以次行。(《敦》1809)

“陵胡”即“凌胡”,燧名。據我們初步統計,屯戍簡中所見帶有“胡”字的燧名,可分爲兩類:一是表達對“胡”的厭惡之情,如厭胡、憎胡;二是表達對“胡”的打擊、征服、欺辱之意,如破胡、闐胡、吞胡、服胡、威胡、累胡、執胡、逆胡、凌胡、陵(凌)胡。“凌胡”正表達了對“胡”的欺辱之意。

亦可寫作“淩”,“凌”的异體字,如:

(4)戍卒下辨竹里成衆,年二十六。省府。淩胡。府。成衆代楊鴻。(《敦》254)

(5)▨卒,故道市陽里,楊崔,年三十三。上。富昌。今淩胡。楊崔代刑枚。(《敦》268)

“陵”“凌”通假,其他文獻可見。《史記·秦始皇本紀》:“陵水經地。”張守節正義:“陵作凌,猶歷也。”

## 062　乘—騬(chéng,船母蒸部。雙聲叠韵)

“乘”,登、升。《釋名·釋姿容》:“乘,升也,登亦如之也。”“騬”,閹割的馬。《説文·馬部》:“騬,犗馬也。”

(1)▨馬,驪,乘,齒十六歲,攠右耳,决有鼻,已收頭、革、齒、耳、臧。(《新》EPT59.81)

(2)傳馬一匹,騧,乘,左剽,决右鼻,齒八歲,高五尺九寸半寸,驂,名曰黄爵。(《懸》V 1610②:14)

(3)□駮,乘,左剽,齒十六☑。(《居》149·23)

以上三例爲馬名籍,記録馬的類别、顔色、年齡、高度及外部的一些記號特征等。

## 063 勝/幐—幐(勝shèng,書母蒸部;幐téng,定母蒸部。聲近韵同)

"勝",能擔當,禁得起。《説文·力部》:"勝,任也。""幐",隨身攜帶的袋子。《説文·巾部》:"幐,囊也。"《廣韵·登韵》:"幐,囊可帶者。""幐",字典辭書不載。因"勝"常常假借爲"幐",而"幐"爲行囊,與"巾"有關("幐"從巾、朕聲,巾表示意義範疇),故改"勝"字左旁爲"巾",新造"幐"字。[①]

(1)𧜗長襦一。白練絝一。皁布單衣一,毋。皁布單絝一。行勝、幘、面衣各一,毋。羊皮絝一,毋。(《新》EPT52.141)

(2)戍卒淮陽圉閏宜里慶賢年廿四。□□襲一領。常韋二兩。皁布複袍一領。□布複絝一兩。皁布章衣一兩。□一領。犬絑二兩。枲屨一兩。右縣官所給。緹績一。緹行勝一□。布三緉橐一。黑布□一。布絑二兩。□□□。葛絑二兩。右卒私裝。誠北。(《居》8.2B)

(3)☑穰邑西里張賢,見。□復□一領。白布褌一領。□□□一兩。面衣一枚。□□□□領。行幐一枚。四月甲午,同隧卒吕爲取橐。(《新》EPT52.92)

(4)穰邑西里張鎮,見。要襦一領。布褌褕一領。布褌絝一領。絮巾一枚。布絑二兩。行幐二枚。□□□一枚。緰絑一兩。□一枚。黄布褌衣一領。黄布絝一枚。錢七百。(《新》EPT52.93)

(5)穰邑長恩里房□,見。白布單衣一領。白布單襦一領。白布單二枚。面衣一枚。白布絑二兩。黄單絝一枚。白韋絝一枚。行幐、幘二枚。(《新》EPT52.94)

(6)戍卒河東北屈東邑里張奉上。皁布袍一領,出。白練裘襲一領,出。皁布單衣一領,出。皁布絝一兩,出。緹行幐,破,一,出。尚韋二兩,一,出。狗皮絑

① 張麗萍、張顯成:《釋西北屯戍漢簡中的"緹績""緹行勝"》,《敦煌研究》2019年第4期。

二兩,一出。□一。(《敦》1686)

“行勝”“行幐”即“行縢”,指出行時隨身攜帶的袋子。

又可寫作“滕”,詳見“060 滕—縢”組。“行勝”“行幐”“行滕”爲同一詞的不同書寫形式。

## 064　丞—承(chéng,禪母蒸部。雙聲疊韵)

“丞”,古“拯”字,拯救。“丞”的甲骨文字形作(合 2279)(合 763)(H11:114)[1]。第一個字形像一個人掉入深坎中,上面有雙手拯救之形。羅振玉先生《增訂殷墟書契考釋》“曰丞”:“象人臽阱中有抍之者。臽者在下,抍者在上,故从,象抍之者之手也。此即許書之丞字,而誼則爲抍救之抍。”[2]“承”,承接、接受。《説文·手部》:“承,受也。”

(1)閏月丙申甲溝候獲下部候長等,丞書從事,下當用者,明白扁書亭隧顯見處,令吏。(《額》2000ES9SF4:2)

(2)十一月壬午張掖大尹良、尹部騎司馬武行丞事,庫丞習行丞事,下部大尹官縣,丞書從事,下當用者,明白。(《額》2000ES9SF4:4)

(3)十一月丁亥□□□大保□□以秩次行大尉事□□下官縣,丞書從事⊡當用者,明白扁。(《額》2000ES9SF4:1)

(4)大守丞書從事,下當用。(《金(貳)》73EJT23:725)

“丞書從事,下當用者”即“承書從事,下當用者”,此語爲漢代頒布詔書的習慣用語,意思是下級單位接收到詔書後按照詔書行事。

可徑用本字,作“承”,如:

① 劉釗:《新甲骨文編》(增訂本),福建人民出版社,2014,第143頁。

② 羅振玉:《增訂殷墟書契考釋》,載宋鎮豪主編:《甲骨文獻集成》(第七册),四川大學出版社,2001,第121頁。

(5)八月戊辰,張掖居延城司馬武,以近秩次行都尉文書事,以居延倉長印封,丞邯,下官縣,承書從事,下當用者。上赦者人數,罪別之。如詔書,書到言,毋出月廿八。掾陽、守屬恭、書佐況。(《新》EPF22.68)

(6)九月乙亥,涼州刺史柳,使下部郡大守、屬國、農都尉,承書從事下當用者。(《新》EPT54.5)

"丞""承"通假,其他文獻可見。朱駿聲《説文通訓定聲·升部》:"丞,(叚借)爲承。"《周禮·秋官·小行人》:"將承而擯。"鄭玄注:"皆爲之丞而擯之。"孫詒讓正義:"丞,蜀石經作承。"

## 065　承—桯(承chéng,禪母蒸部;桯tīng,透母耕部。聲近韵近)

"承",承接、接受。《説文·手部》:"承,受也。""桯",木杠、木柄。《説文·木部》:"桯,牀前几。"段玉裁注:"此牀前之几,與席前之几不同。謂之桯者,言其平也。《考工記》蓋桯則謂直杠。"又《木部》:"杠,牀前横木也。"徐鍇繫傳:"杠,即今人謂之牀桯也。"

(1)出。護羌使者傳車一乘,黄銅五羑一具,伏兔兩頭,柅兩頭。故皁復蓋蒙,完。蚤具毋金承。鞁勒二,完。中靳對各一,完。傳三,□韋把杠二,有陽。鞅羈各一,軲銗各二,于₌少四。亶帶二幣,鞇靯、韋土薄各一。韋□一,赤韅皮各一,穿銅錯一具。河平二年七月癸巳縣泉徒趙齊付遮要佐趙忠。(《懸(壹)》Ⅰ90DXT0110①:53)

(2)第七隧長尊。槳繩,廿四,不事用。毋斧。韋,少一,利。□屏風少一。深目一,不事用。禄盧一,不調利。守御器,不動。弩一,弦急。箭編,不事用。劍削幣。尊火尊一,不事用。塢上深目一,不事用,少六。圖毋橐。大小積薪薄隨。承苣少卅七。門關,接楪不事用。表二,不事用。(《居》82.1)

例(1)"金承"即"金桯"。簡文先説"蓋蒙",後説"蚤具""金承(桯)"。"蒙"通"幪",

"蓋蒙"指車蓋上的覆蓋物。"蚤"通"瑵","蚤具"指車蓋上端伸出的爪形部分,用來承接"蓋蒙"。"蓋蒙""蚤具"均爲車蓋的組成部分,"金承(桯)"也當是車蓋的組成部分。蓋"桯"用金屬製成或裝飾,故稱爲"金桯",正如"瑵"以金爲飾,故稱爲"金瑵"。車蓋的蓋杠亦稱爲"桯"。《字彙補·木部》:"桯,蓋杠也。"《周禮·考工記·輪人》:"輪人爲蓋,達常圍三寸;桯圍倍之,六寸。"鄭玄注引鄭司農曰:"達常,蓋斗柄,下入杠中;桯,蓋杠也,讀如'丹桓宮楹'之楹。"賈公彦疏:"蓋柄有兩節,此達常是上節,下入杠中也……此蓋柄下節,麤達常一倍,向上含達常也。"則車蓋的柄有兩節,下節較上節粗,上節插入下節。上節稱"達常",與車蓋相接,下節稱"桯",與車相接。因此,簡文的"金承(桯)"應當指車蓋的蓋杠。

例(2)"承苣"即"桯苣",指中間横插短杠的火炬。據《居延漢代遺址的發掘和新出土的簡册文物》,於甲渠塞第四燧遺址西區曾出土有這種"桯苣"二件,爲長82、徑8厘米的芨芨草把,中間横插二或三根短木棍,其中一根燃燒過。[①]

屯戍簡所見"苣"共四種:大苣、小苣、四尺苣、桯苣(寫作承苣、程苣)。除上引例(2)"承苣"外,其他如:

(3)大苣廿。(《敦》1651)

(4)大苣卅,小苣、四尺苣各百。(《新》EPT49.13B)

(5)小苣三百。程苣九。(《居》506.1)

(6)□行塞,塢上布蓬三,抓五寸,已作治。程苣九,不具堠外已出。(《金(叁)》73EJT31:61A)

亦可寫作"程",如例(5)(6),詳見"433 程—桯"組。

"承""桯"通假,其他文獻可見。《方言》卷五:"榻前几,江沔之間曰桯。"郭璞注:"桯,今江東呼爲承。"

① 甘肅居延考古隊:《居延漢代遺址的發掘和新出土的簡册文物》,《文物》1978年第1期。

## 066　承—乘(承chéng,禪母蒸部;乘chéng,船母蒸部。聲近韵同)

“承”,承接、接受。《説文·手部》:“承,受也。”“乘”,登、升。《釋名·釋姿容》:“乘,升也,登亦如之也。”

(1)縣承塞亭,各謹候北塞隧,即舉表,皆和,盡南端。亭=長以札署表到日時☐。(《敦》2146)

(2)匈奴人入塞,承塞中亭隧,舉蓬、燔薪□□□□蓬火品約,塞□□□舉一蓬,毋燔薪。(《新》EPF16.13)

“承塞亭”即“乘塞亭”,登上塞亭,也就是進攻塞亭。

“承”“乘”通假,其他文獻可見。朱駿聲《説文通訓定聲·升部》:“承,(叚借)爲乘。”《戰國策·燕策二》:“而强秦將以兵承王之西。”吴師道注:“乘、承通。”《群經平議·春秋左傳三》:“諸大夫恐其又遷也,承。”俞樾按:“承字當讀爲乘,乘謂乘車也。”

## 067　承—繩(承chéng,禪母蒸部;繩shéng,船母蒸部。聲近韵同)

“承”,承接、接受。《説文·手部》:“承,受也。”“繩”,繩索。《説文·糸部》:“繩,索也。”

(1)蓬承索八。(《居》49.3)①

(2)卅井次東隧蓬承索一,長四丈。(《新》ESC.26)

(3)蓬承六,小各一寸。(《居》3.27)

(4)□平,毋承索二,地蓬索三。(《居》145.15)

① “蓬”,史語所《居延漢簡》釋爲“蓬”,圖版作,當釋爲“蓬”。“蓬”當是“㷭”之异體字。古無輕唇音,從“蓬”得聲與從“逢”得聲同。

“薰承索”“蓬承”“承索”即“烽繩索”“烽繩”“繩索”。“繩索”作爲雙音詞漢代已經出現，如《漢書·西域傳上·烏秅國》：“縣度者，石山也，谿谷不通，以繩索相引而度雲。”屯戍簡中“承(繩)索”“承(繩)”“索”多與“薰”“蓬”連用，蓋爲用轆轤升降烽的輔助工具。

“承(繩)索”亦可單言“索”，如《居》68.56：“蓬索。”又112.23：“第五隧長趙延年，有方二，破。斧頭一，破。皆已易。蓬索一，幣，已易。積薪四，小。”則“蓬索”即“蓬承索”，亦即“烽繩索”，指升降烽的繩索。

一說，“承”假爲“蒸”，“蒸”義爲“苣”，則“蓬承”指“烽苣”[①]。此說恐不確。若“蓬承”指“烽苣”，則“蓬承索”指“烽苣索”。“烽苣”不辭，屯戍簡未見兩者連用，亦未見“苣索”連用，而只見“烽索”。故“蓬承”不當指“烽苣”，而指“烽繩”，“烽繩”與“烽缅索”“烽索”同義。

一說，“承索”指備用的繩索。薛英群、何雙全、李永良先生認爲《新》ESC.26的“承索”爲“備用的繩索”[②]。此説亦恐不確。通過排比簡文，如例(1)至例(4)，可以看出“薰承索”“蓬承”“承索”所指爲一物，即同一物品的不同名稱和不同書寫形式。“承”義備用，於“薰承索”“承索”可以説得通，但於“蓬承”顯然説不通。如果讀“承”爲“繩”，“蓬承”就是“蓬繩”，“薰承索”“承索”也就是“薰繩索”“繩索”，三者意義相同。區别只是在於，表示繩索義時，有時用單音詞，如“承(繩)”“索”；有時用復音詞，如“承(繩)索”。

“承”“繩”通假，其他文獻可見。朱駿聲《説文通訓定聲·升部》：“繩，(叚借)爲承。”《詩經·大雅·下武》：“繩其祖武。”馬瑞辰傳箋通釋：“繩之言承也。繩、承聲近，古通用。”又《周南·螽斯》：“繩繩兮。”馬瑞辰傳箋通釋：“抑詩：子孫繩繩。韓詩外傳引作承承。”

## 068　曾—增(zēng，精母蒸部。雙聲疊韵)

“曾”，乃、竟。《説文·八部》：“曾，詞之舒也。”段玉裁注：“曾之言乃也。”“增”，增加。《説文·土部》：“增，益也。”

① 陳夢家：《漢簡綴述》，中華書局，1980，第165頁。

② 薛英群、何雙全、李永良：《居延新簡釋粹》，蘭州大學出版社，1988，第81頁。

(1)制詔皇大子:朕體不安,今將絶矣,與地合同,衆不復起,謹視皇大之笥,加曾朕在。善禺百姓,賦斂以理。存賢近聖,必聚諝士。表教奉先,自致天子。胡亥自汜,滅名絶紀。審察朕言,衆身毋久。蒼蒼之天,不可得久視;堂堂之地,不可得久履。道此絶矣!告後世及其孫子。(《敦》1448)

(2)羌,備城塢垣,時當曾治廚傳,當式。(《懸》Ⅱ 0111①:279)

例(1)"加曾"即"加增"。"朕"乃"朕"之誤。"加曾朕在"即"加增朕在",意爲比朕在之時還要有所增加。簡文大意詳見"002 伖—亥"組。例(2)"曾治"即"增治",指增加繕治。"廚傳"指供應過客食宿、車馬的處所。

"曾""增"通假,其他文獻可見。朱駿聲《説文通訓定聲·升部》:"曾,(叚借)又爲增。"《廣雅·釋詁四》:"增,重也。"王念孫疏證:"增、曾、層並通。"《孟子·告子下》:"曾益其所不能。"焦循正義引張云:"曾,與增同。"

## 069 倗—朋(倗 péng,幫母蒸部;朋 péng,並母蒸部。聲近韵同)

"倗",本義不明。"朋",人名,即韓朋。

☐書,而召韓倗問之,韓倗對曰:臣取婦二日三夜,去之樂游,三年不歸,婦☐。(《敦》496A)

"韓倗"即"韓朋"。關於"韓朋"之名,有三種不同的寫法:一是《太平廣記》卷四六三所録唐末劉恂《嶺表録异》引《搜神記》及敦煌莫高窟所出唐代通俗文學作品中《韓朋賦》作"朋";二是今本《搜神記》作"憑";三是《法苑珠林》卷二十七及《太平御覽》卷五五九引《搜神記》作"馮"。"韓朋"之名本字爲何,因材料的限制難以確定。裘錫圭先生認爲:"(從)漢簡將韓氏之名寫作'倗'的情況來看,作'朋'的本子大概要早於作'馮'或'憑'的本子。"[1]可見,"朋"是"韓朋"之名的較早寫法之

① 裘錫圭:《漢簡中所見韓朋故事的新材料》,載《裘錫圭學術文集·簡牘帛書卷》,復旦大學出版社,2012,第319—320頁

一,故定“朋”爲本字。

“倗”“朋”通假,其他文獻可見。裘先生指出:“‘倗’與‘朋’古亦通用……又,《周易》諸‘朋’字,馬王堆帛書本多數作‘倗’,也是二字通用之證。”[①]

① 裘錫圭:《漢簡中所見韓朋故事的新材料》,載《裘錫圭學術文集·簡牘帛書卷》,復旦大學出版社,2012,第322—323頁。

# 幽部通假字匯釋

## 070　皋—嗥(皋 gāo,見母幽部;嗥 háo,匣母幽部。聲近韵同)

“皋”,澤邊之地。朱駿聲《説文通訓定聲·孚部》:“此字當訓澤邊地也。从白,白者,日未出時初生微光也,壙野得日光最早,故从白,从夲聲。”“嗥”,呼號。《説文·口部》:“嗥,咆也。”

欲急行出邑,禹步三,唬皋[①],祝曰:土五光,今日利以行₌毋死。已辟除道,莫敢義當。獄史、壯者皆道₌旁。(《額》2002ESCSF1:2)

“唬”通“號”,“唬皋”即“號嗥”,義呼號。

“皋”“嗥”通假,其他文獻可見。段玉裁《説文解字注·夲部》:“蓋古告、皋、嗥、號四字音義皆同。”

## 071　睪—羔(睪 gāo,見母幽部;羔 gāo,見母宵部。聲同韵近)

“睪”,《説文·幸部》:“睪,目視也。从横目,从幸,令吏將目捕罪人也。”此“睪”字,《廣韵》讀“羊益切”,古音屬餘母鐸部,與“羔”(見母宵部)相差較大。故簡文“睪”當是“皋”之誤,古文字中“睪”與“皋”因形體相近往往相混[②],且“皋”“羔”同屬見母,幽部宵部相近,符合通假的語音條件。“羔”,小羊。《説文·羊部》:“羔,羊子也。”

---

① “皋”,圖版作罕,應是“皋”之异體。

② 李學勤主編:《字源》,天津古籍出版社、遼寧人民出版社,第918頁。

入羊五，其二羣，三大羊，以過長羅侯軍長吏具。（《懸》Ⅰ0112S③：61-78）

“過”義爲給予，“具”義爲飯食。簡文大意爲：入羊五只，其中兩只爲羊羔，三只爲大羊，來提供給長羅侯軍長吏飯食。

“羣”“羔”通假，其他文獻可見。《武威漢簡》甲本《士相見之禮》：“上大夫相見，以羣（羔），飾之以布，四維之。”

## 072 唬—號（唬 hǔ，曉母幽部；號 háo，曉母宵部。聲同韵近）

“唬”，虎怒聲。《説文·口部》：“唬，虎聲也。”“號”，呼叫。《説文·号部》：“號，呼也。”

欲急行出邑，禹步三，唬皋，祝曰：土五光，今日利以行₌毋死。已辟除道，莫敢義當。獄史、壯者皆道₌旁。（《額》2002ESCSF1：2）

“皋”通“嘷”，“唬皋”即“號嘷”，義呼號。

“唬”“號（号）”通假，其他文獻可見。朱駿聲《説文通訓定聲·小部》：“唬，（叚借）爲号。”“号”同“號”。

## 073 雕—彫（diāo，端母幽部。雙聲叠韵）

“雕”，大雕。《説文·隹部》：“雕，鷻也。”“彫”，文飾、彩繪。《廣雅·釋詁四》：“彫，畫也。”

（1）雕郭矢廿一，校見。（《居》303.32）

（2）十二月餘雕郭稾矢，銅鍭六十三，毋出入。（《居》413.4）

例(1)“郭”義外殼。“雕郭矢”即“彫郭矢”,指箭杆上有文飾的矢。例(2)“稾矢”即“稿矢”,指箭杆由禾秆製成的矢。“雕郭稾矢”指有文飾的禾秆製成的矢。

“雕”“彫”通假,其他文獻可見。《論語·公冶長》:“朽木不可雕也。”劉寶楠正義:“雕,皇本、唐宋石經並作彫。”

## 074　誘—秀(誘 yòu,餘母幽部;秀 xiù,心母幽部。聲遠韵同)

“誘”,誘導。《爾雅·釋詁上》:“誘,進也。”“秀”,優異、出衆。《廣雅·釋詁一》:“秀,出也。”

廉吏、誘材、異等,毋。(《新》EPS4T2.43)

“誘材”即“秀材”,又作“秀才”。漢代“秀才”與“孝廉”並爲舉士的科名。“廉吏”指廉潔的官吏。“異”指優異的人才。

“誘”“秀”通假,其他文獻可見。《淮南子·繆稱》:“善生乎君子,誘然與日月争光。”高誘注:“誘,美稱也。”“誘然”即“秀然”。

## 075　紬—抽(紬 chóu,定母幽部;抽 chōu,透母幽部。聲近韵同)

“紬”,粗綢。《説文·糸部》:“紬,大絲繒也。”“抽”,抽引。《説文》作“擂”,《手部》:“擂,引也。从手,畱聲。抽,擂或从由。”

☒□父母罵吏,又紬大刀欲賊傷吏,信。(《居》122.7)

“紬大刀”即“抽大刀”。“賊傷”義爲傷害、殘殺。

“紬”“抽”通假,其他文獻可見。《方言》卷十三:“抽,讀也。”錢繹箋疏:“抽,亦皆紬字爲之。"段玉裁《説文解字注·糸部》:"紬,叚借爲抽字。"《漢書·谷永傳》:"燕見紬繹。"顔師古注:"紬,讀曰抽。"

## 076 檮—籌(檮 táo,定母幽部;籌 chóu,定母幽部。雙聲叠韵)

"檮",斷木。《説文》作"㯻",《木部》:"㯻,斷木也。""籌",籌碼、筭籌。《玉篇·竹部》:"籌,筭也。"

(1)第一檮。(《玉》1394)

(2)第二檮。(《玉》1395)

(3)第三檮。(《玉》1396)

(4)第四檮。(《玉》1397)

(5)第五檮。(《玉》1398)

(6)騂北亭卒日迹檮。(《金(叁)》73EJT27:44A)

(7)第六迹檮。(《新》EPT49.21)

(8)第六日中檮。(《新》EPT48.131)

(9)第十候史日迹檮。(《額》99ES16SF2:4A)

(10)甲渠第七隧長日迹檮。(《額》2000ES7SH1:25A)

根據屯戍簡有關"檮(籌)"的簡文,可歸納出"籌"的三個特征:一是"籌"是按序號排列的。如例(1)至(5),"籌"的序號從"第一"至"第五"排列。二是"籌"在日迹時使用,故又稱"日迹籌"。三是"日迹籌"還有不同時辰的區别,如"日中籌"就是日中時所使用的日迹籌。目前只見"日中籌",未見其他時辰的日迹籌。所以,"籌"很可能是計算吏卒日迹量的筭籌。

"檮""籌"通假,其他文獻可見。《馬王堆漢墓帛書·甲本老子·道篇》:"善數者不以檮箖(策)。"今本《老子》作"不用籌策"。

## 077　道—導(道 dào,定母幽部;導 dǎo,定母幽部。雙聲叠韵)

"道",道路。《説文·辵部》:"道,所行道也。"引申可作動詞,義引導、領導。"導",引導、領導。《説文·寸部》:"導,導引也。""導"是爲"道"之引申義所造的分化字。

誼循行部、教告卒、率道毋狀,令第卅八隧卒郭輔離署。(《新》EPT51.123)

"率道"即"率導",義領導。"誼"爲人名。"循"通"巡","循行"即"巡行"。"教告卒"義教導、教誨士卒。"毋"通"無","毋狀"即"無狀",屯戍簡中評判官吏職事的習用語,指行爲無善狀。簡文大意爲:誼巡視部塞、教誨士卒、領導無善狀,使第卅八燧卒郭輔離開署所。

"道""導"通假,其他文獻可見。朱駿聲《説文通訓定聲·孚部》:"道,(叚借)爲導。"段玉裁《説文解字注·寸部》"導"字:"經傳多假道爲導,義本通也。"《漢書·成帝紀》:"朕既無以率道,帝王之道日以陵夷,意乃招賢選士之路鬱滯而不通與,將舉者未得其人也?"顔師古注:"道,讀曰導。"又《文帝紀》:"令各率其意以道民焉。"顔師古注:"道,讀曰導。"

## 078　瘳—瘳(廖 liào,來母幽部;瘳 chōu,透母幽部。聲近韵同)

"廖",姓氏。《説文新附·广部》:"廖,人姓。""瘳",病愈。《説文·疒部》:"瘳,疾瘉也。"徐鍇繫傳:"忽愈若抽去之也。"

(1)五鳳二年八月辛巳朔乙酉,甲渠萬歲隧長成敢言之:迺七月戊寅夜,隨塢陛傷要,有廖,即日視事,敢言之。(《居》6.8)

(2)遣尉史承禄齎七月吏卒病九人,飲藥有廖名籍詣府,會八月旦。(《居》311.6)

(3)壬寅到官。霸校計十日,癸丑病頭痛,戊午有瘳。(《居》59.37)

(4)甲渠言:士吏孫猛病有瘳,視事,言府。(《居》185.22)

(5)病有瘳,月十三日視事,當☑。(《居》190.3)

(6)☑有瘳視事。(《居》143.24)

(7)☑□□瘳,禹署收虜隧。(《居》214.116)

(8)☑日有瘳,十一日☑。(《居》283.41)

(9)五鳳三年四月丁未朔甲戌,候史通敢言之,官病有瘳,即日視事。敢言之。(《新》EPT53.26)

(10)五月丁丑有瘳,視事。迹盡晦,十六日。(《新》EPT53.38)

(11)☑頭癒,庚寅有瘳。(《新》EPT10.9)

(12)☑昌病有瘳,詣官謁八月戊☑。(《新》EPT31.4)

(13)積六日。即日有瘳、視事,敢言之。(《新》EPT58.22)

(14)强疾有瘳,書一編,敢言☑。(《新》EPT58.82)

(15)第十七候史賞,病有瘳,詣官,謁☑。(《新》EPT59.119)

(16)有瘳☑。(《新》EPT56.381)

"病有瘳""有瘳"之"瘳"即"瘳",均指疾病痊愈。《中國簡牘集成》:"漢代規定官吏病百日即免職,故文書中凡病必言起止日期。"①

可徑用本字,作"瘳",如:

(17)瘳視事。(《居》44.3)

(18)敢言之。病有瘳,即☑。(《居》56.35A)

"瘳""瘳"通假,其他文獻可見。《包山楚簡》一八八:"瘳亞夫。""瘳亞夫"爲人名,"瘳"即"瘳"。

① 中國簡牘集成編委會:《中國簡牘集成》(第五册),敦煌文藝出版社,2001,第17頁。

## 079　州—周(zhōu,章母幽部。雙聲叠韵)

“州”,“洲”的古字,水中陸地。《説文·川部》:“州,水中可居曰州。”“周”,周遍、四處。《廣雅·釋詁二》:“周,遍也。”

日不顯目兮黑雲多,月不可視兮風非沙。從恣蒙水誠江河,州流灌注兮轉揚波。辟柱槙到忘相加,天門俫小路彭池。無因以上如之何,興章教海兮誠難過。(《敦》2253)

“從”通“縱”,義爲驕縱。“蒙”通“濛”,義爲大水、洪水。“誠”通“成”,義爲形成。“灌注”義傾瀉。“從恣蒙水誠江河,州流灌注兮轉揚波”大意爲:肆意放縱的洪水匯聚成江河,四處流淌傾瀉,回轉掀起更大的波浪。此兩句詩以肆意放縱的洪水積少成多、積弱成强匯聚成大江大河,四處興風作浪,來諷刺現實中邪惡勢力因没有受到相應地遏制反而日益壯大、猖獗。簡文大意詳見“007 海—誨”組。

“州”“周”通假,其他文獻可見。《左傳·襄公二十三年》:“華周對曰。”洪亮吉詁:“古今人表作華州。”《韓非子·難三》:“遂以東州反。”王先慎集解引顧廣圻曰:“州讀爲周。”

## 080　早—草(早 zǎo,精母幽部;草 cǎo,從母幽部。聲近韵同)

“早”,早晨。《説文·日部》:“早,晨也。从日在甲上。”“草”,櫟樹的果實,因果實的外殼可以染黑色,引申有黑義。《説文·艸部》:“草,草斗,櫟實也。”徐鉉曰:“今俗以此爲艸木之艸,别作皁字爲黑色之皁。案:櫟實可以染帛爲黑色,故曰草。”“草”俗作“皁”“皂”。“草”假借表示草木之“草”,以“皁”“皂”表示其本義和引申義。

(1)早復襲一領,封。韋絝一,封。布復襲一領,衣。布襜褕一領,衣。(《新》

EPT56.69）

（2）☐早布牀襜一，幣☐。（《金（叁）》73EJT27:62）

例（1）“早”，《居延新簡集釋》作“皂”，圖版爲，當釋爲“早”。“早復襲”即“皂複襲”，指黑色的雙層重衣。例（2）“早”，整理者釋爲“早”，圖版作，當釋爲“早”。“襜”義爲帷幔。《方言》卷四：“襜謂之被。”錢繹箋疏：“按襜者，障蔽之名。故衣蔽前謂之襜，牀前帷謂之襜，車裳帷謂之幨，幰謂之幨。幨與襜同。”“早布牀襜”即“皂布牀襜”，指黑布製成的牀帷幔。

可徑用本字，作“草”，如：

（3）爵復襦一，衣。草①復襜褕，閣。白練絝一，閣。布禪衣一，閣。（《新》EPT56.86）

（4）☐自言迺十二月貰買菅草袍一領，橐絮裝，賈錢八。觻得壽貴里李長君所，任者執適隧長。（《金（叁）》73EJT26:54）

亦可寫作“皂”，爲“草”之俗體，如：

（5）皂布複絝一兩。（《新》EPT50.213）

（6）練復襲一、皂復袍一、皂絝一、布復絝一。（《新》EPT51.384）

（7）皂布復絝一兩。（《新》EPT59.676）

“早”“草（皂）”通假，其他文獻可見。《周禮·地官·大司徒》：“其植物宜早物。”陸德明釋文：“（早）本或作皂。”

① “草”，《居延新簡集釋》釋爲“皂”，圖版作，當釋爲“草”。

## 081　蚤—早(zǎo,精母幽部。雙聲叠韵)

"蚤",跳蚤。《説文》作"蝨",《䖵部》:"蝨,齧人跳蟲。从䖵,叉聲。叉,古爪字。蚤,蝨或从虫。""早",①早晨。《説文·日部》:"早,晨也。"②先。段玉裁《説文解字注·日部》:"引申爲凡争先之稱。"

(1)蚤食時,到第五隧北里所見馬迹入河,馬可二十餘騎☐。(《新》EPT48.55A)

(2)敖隊卒樊隆,己卯蚤食五分,當曲隊。(《新》EPT59.156)

(3)第三候長樊隆爲社市詣官,九月乙酉蚤食入。(《新》EPT59.173)

(4)☐三月己未蚤食入。(《新》EPT59.558)

(5)平旦表一通、日出二通、蚤食一通、食時一通。(《地》86EDT8:17)

(6)將軍令:月生民皆布在田壄,以塞候望爲耳目。檄到,恭等令隧長旦蚤迹,士吏、候長常以日中迹。(《新》EPF22.167)

以上"蚤(早)"義早晨。例(1)至(5)"蚤食"即"早食",漢代時辰名之一。陳夢家先生認爲:"據居延漢簡(170.4),蚤食盡在日出五分後。"[①]例(6)"恭等令隧長旦蚤迹,士吏、候長常以日中迹"大意爲:恭等命令㸐長早晨時日迹,士吏、候長往往日中時日迹。

(7)秋當蚤糴。書到,豫繕治倉臾。部、郭、辟,令☐。(《新》EPT52.396)

(8)頃顧急。須莫旦使人蚤持來,行持繩來。毋數往來。使。(《新》EPT59.257)

以上"蚤(早)"義先。例(7)"糴"通"糴","秋當蚤糴"指秋天時早些買入糧食。例(8)"須莫旦使人蚤持來"大意爲:必早晚時讓人早些持來。

"蚤""早"通假,其他文獻可見。朱駿聲《説文通訓定聲·孚部》:"早,經傳亦

① 陳夢家:《漢簡綴述》,中華書局,1980,第249頁。

多以蚤爲之。”《墨子·尚賢中》：“蚤朝晏退。”孫詒讓閒詁引畢云：“蚤，字同早。”《漢書·文帝紀》：“有司請蚤建太子。”顏師古注：“蚤，古以爲早晚字也。”

## 082 蚤—瑵（蚤 zǎo，精母幽部；瑵 zhǎo，莊母幽部。聲近韵同）

“蚤”，跳蚤。《説文》作“蟁”，《䖵部》：“蟁，齧人跳蟲。从䖵，叉聲。叉，古爪字。蚤，蟁或从虫。”“瑵”，古代車蓋弓端伸出的爪形部分，常以金玉爲飾。《説文·玉部》：“瑵，車蓋玉瑵。”

出。護羌使者傳車一乘，黄銅五羡一具，伏兔兩頭，梠兩頭。故阜復蓋蒙，完。蚤具毋金承。鞦勒二，完。中靳對各一，完。傳三，□韋把杠二，有陽。鞅韅各一，鞮銷各二，于₌少四。亶帶二幣，輙靬、韋土薄各一。韋□一，赤韗皮各一，穿銅鍇一具。河平二年七月癸巳縣泉徒趙齊付遮要佐趙忠。（《懸（壹）》Ⅰ90DXT0110①:53）

“蚤具”即“瑵具”，指車蓋上端伸出的爪形部分，用來承接車蓋上的覆蓋物。

“蚤”“瑵”通假，其他文獻可見。段玉裁《説文解字注·玉部》：“瑵、蚤、爪，三字一也，皆謂葢橑末。”桂馥《説文義證·玉部》：“瑵，或借蚤字。”

## 083 造—竈（造 zào，清母幽部；竈 zào，精母覺部。聲近韵近）

“造”，造訪。《廣雅·釋言》：“造，詣也。”“竈”，鍋竈。《説文·穴部》：“竈，炊竈也。”

（1）不侵部建平四年十一月亭隧薰干、轉射，沙造數簿。（《居》55.10）

（2）沙造中，盗鱳得。（《居》112.25B）

(3)沙造。(《居》238.2)

(4)沙造。(《居》325.13)

(5)☐沙造。(《居》495.24)

(6)薫火圖[1]板一,煙造一,畚一。(《金(肆)》73EJT37:1544)

"沙造""煙造"即"沙竈""煙竈",指燒沙子和放煙的鍋竈。

關於"沙竈"的作用,初師賓先生有詳細論證:"沙竈、破釜顯然是燒灼沙、灰、火炭之類的守御設施而非炊具。《墨子》所謂'沙、炭以雨之,薪火、水湯以濟之',指向敵群人騎擲撒熾熱紅燙的灼沙、火炭、沸汤、熱灰,設置竈、沙、釜、破釜的目的正在於此。"[2]

可徑用本字,作"竈",如:

(7)第十八隧長充國,亭不塗,毋非常屋,蓬少一,蓬三幣,毋深目,毋馬牛矢,毋狗龔,毋芮薪,沙竈少一,表小幣,龔竈少一,天田不畫,縣索緩,柃柱廿不堅,積薪六皆卑,小積薪少二。(《新》EPT57.108B6)

"造""竈"通假,其他文獻可見。《釋名·釋宮室》:"竈,造也。創造食物也。"《廣雅·釋言》:"竈,造也。"王念孫疏證:"造即竈之借字也。《大祝》'二曰造',故書造作竈,是竈與造通。"

## 084 脩—修(xiū,心母幽部。雙聲叠韵)

"脩",乾肉。《説文·肉部》:"脩,脯也。""修",①處理、治理。《廣雅·釋詁三》:"修,治也。"②美、善。《楚辭·離騷》:"老冉冉其將至兮,恐修名之不立。"

① "圖",整理者釋爲"",圖版作,當釋爲"圖"

② 初師賓:《漢邊塞守御器備考略》,載甘肅省文物工作隊、甘肅省博物館:《漢簡研究文集》,甘肅人民出版社,1984,第182頁。

(1)檄到,憲等循行,脩治社稷,令鮮明。當侍祠者,齋戒,以謹敬、鮮絜、約省爲。(《新》EPF22.159)

(2)堅塊不脩治,封埒塼陜小解隨,甚毋狀,以責尉部候長,檄到賢友等各令。(《金(叁)》73EJT29:98)

(3)制詔光禄勛曰:今年火尚前,謹脩火。臣□,再拜,承詔。(《敦》1798)

(4)☐詔厚恩,脩職務稱傳日□□□□□□□□□。(《居》141.9)

(5)☐甚無謂也。其令二千石各脩其。(《居》306.18)

以上"脩(修)"義處理、治理。例(1)(2)"脩治"即"修治",義修整、治理。例(3)"脩火"即"修火",義治火。例(4)"脩職務"即"修職務",即治職務。例(5)與《居》349.9,349.22"☐□强毋攘弱,眾毋暴寡,老☐"均是漢景帝時的詔書。詔書爲後二年四月所下,"其令二千石各脩其"所在語句爲:其令二千石各脩其職,不事官職耗亂者,丞相以聞,請其罪,佈告天下,使明知朕意。[①]可見簡文"脩其"下所缺文字爲"職"。

(6)☐言之:東脩禮里田忠自言:田䊵得介在亭西二舍北□□□。(《金(肆)》73EJT37:55)

(7)☐郡中遣茂陵脩禮里男子公乘陳客年廿五□□□□。(《金(肆)》73EJT37:693)

(8)☐□□等曰:脩成里男子章平自言:欲取傳爲家私使至☐。(《金(肆)》73EJT37:426+173)

以上三例中"脩禮""脩成"爲里名,即"修禮""修成"。此"修"亦當"修治"講。

(9)⋯五里大夫蘇誼,以脩行除爲陰縣倉佐,三日。神爵三年三月甲辰。(《新》EPT50.155)

(10)☐以脩行除☐。(《居》485.43)

---

① 陳邦懷:《居延漢簡考略》,《歷史教學》1964年第2期,第39頁。

以上“脩(修)”義美、善。“脩行”即“修行”，義美好的品行。“以脩行除”指因美好的品行而遷升。

“脩”“修”通假，其他文獻可見。朱駿聲《説文通訓定聲·孚部》：“脩，(叚借)又爲修。”《楚辭·離騷》：“恐脩名之不立。”洪興祖補注：“脩，與修同。古書通用。”《周禮·天官·宫人》：“掌王之六寢之脩。”陸德明釋文：“脩，本亦作修。”

## 085　騷—掃(騷 sāo，心母幽部；掃 sǎo，心母幽部。雙聲叠韵)

“騷”，騷擾。《説文·馬部》：“騷，擾也。”“掃”，掃除。《玉篇·手部》：“掃，除也。”

(1)堠上不騷除，不馬矢塗。(《居》264.32)

(2)☐火□□遠，騷除候史隧長皆具新皁布單衣☐。(《新》EPT52.584)

(3)第三節穀下不騷除，往往有聚沙，得意欲☐。(《玉》Ⅱ98DYT5:8)

“騷除”即“掃除”。

“騷”“掃”通假，其他文獻可見。《史記·李斯列傳》：“夫以秦之彊，大王之賢，由竈上騷除，足以滅諸侯，成帝業，爲天下一統。”司馬貞索隱：“騷，若炊婦埽除竈上之不净。”《讀書雜志·史記第五·李斯列傳》：“由竈上騷除。”王念孫按：“騷，與埽同。”“埽”同“掃”。

## 086　抓—爪(抓 zhuā，莊母幽部；爪 zhǎo，莊母幽部。雙聲叠韵)

“抓”，抓取。《廣雅·釋詁二》：“抓，搔也。”“爪”，像爪的東西，《六書故·動物三》：“爪，車蓋之爪以玉飾之，亦曰爪。”“爪”本義鳥獸的爪子，《六書故·動物三》：“爪，鳥爪也，獸亦有爪。”引申指像爪的東西，再引申有動詞義，故另造“抓”字以表示。

□行塞，塢上布蓬三，抓五寸已作治。程苣九，不具堠外已出。(《金(叁)》

73EJT31:61A）

“蓬”通“烽”，“布蓬”即“布烽”，指用布製作成的用來通報敵情的信號物。“抓五寸”指布烽的爪長五寸。爪，疑用來張挂布烽。

“抓”“爪”通假，其他文獻可見。慧琳《一切經音義》卷十二“抓掌”注：“抓，《説文》作爪。指端爲爪。”

## 087　叟—搜（sōu，山母幽部。雙聲叠韵）

“叟”，隱匿。《方言》卷三：“叟，隱也。”“搜”，求索、搜索。《説文·手部》：“搜，一曰求也。”

（1）七月壬辰張掖肩水司馬陽以秩次兼行都尉事，謂候城尉寫移書到，叟索部界中，毋有以書言，會月廿日如律令。掾遂守屬況。（《金（壹）》73EJT1:3）

（2）七月乙未肩水候福謂：候長廣宗□寫□□到叟索界中，毋有以書言，會月十五日須報府，毋忽□□如律令。令史□。（《金（壹）》73EJT1:3）

（3）檄到，候、尉分部叟索，毋令名捕過留部界中，不得畢已，言謹。（《新》EPT51.95）

（4）隧長常賢、充世、綰、福等，雜叟索部界中，問戍卒王韋等十八人，皆相證。（《敦》1722）

（5）☑何長卿、敖像桀長叟索刃，皆□徐。（《敦》1457A）

（6）☑入内叟索不□☑。（《玉》Ⅱ98DYT5:45）

“叟索”即“搜索”。

可徑用本字，作“搜”：

（7）匿界中。書到，遣都吏與縣令以下逐捕搜索部界中，聽亡人所隱匿處，以必得爲故。詔所名捕重事=當奏聞。毋留，如詔書律令。（《居》179.9）

亦可寫作“瘦”,詳見“089 瘦—搜”組。

“廋”“搜”通假,其他文獻可見。《玉篇·广部》:“廋,求也,索也……亦作搜。”《集韵·尤韵》:“一説索室曰廋。”《漢書·趙廣漢傳》:“廋索私屠酤。”顔師古注:“廋,讀與廋同。謂入室求之也。”

## 088　廋—瘦(廋 sōu,山母幽部;瘦 shòu,山母幽部。雙聲叠韵)

“廋”,隱匿。《方言》卷三:“廋,隱也。”“瘦”,瘦小。《説文·疒部》:“痠,臞也。”段玉裁注:“痠,今字作瘦。”

(1)微廋,所將育牛黑,特,雖小,肥,賈直俱等耳,擇可用者持行。恩即取黑牛去,留黄牛,非從粟君借牛。恩到觻得,賣魚盡,錢少。(《新》EPF22.24)

(2)特,齒八歲,以穀廿七石予恩顧就直。後二三,當發。粟君謂恩曰:黄牛,微廋,所得。(《新》EPF22.8)

(3)候長、候史馬皆稟食。往者多羸廋,送迎客不能竟界。大守君當以七月行塞。候、尉循行,課馬齒五歲至十二歲。(《新》EPS4T2.6)

以上“廋”字,《居延新簡集釋》釋爲“瘦”,圖版分别作、、,字形從“广”,不從“疒”,當釋爲“廋”。例(1)(2)“微廋”即“微瘦”,指牛稍顯瘦小。例(3)“羸廋”即“羸瘦”。

可徑用本字,作“瘦”,如:

(4)羸瘦困亟,閒以當與第一輩兵俱去,以私泉獨爲糴穀。(《敦》41)

## 089　瘦—搜(瘦 shòu,山母幽部;搜 sōu,山母幽部。雙聲叠韵)

“瘦”,瘦小。《説文·疒部》:“痠,臞也。”段玉裁注:“痠,今字作瘦。”“搜”,求索、搜索。《説文·手部》:“搜,一曰求也。”

輒詣官,白:傳發致當,乃自開閉,獨瘦索人力不及。(《金(貳)》73EJT23:238)

“瘦索”即“搜索”。“獨瘦索人力不及”指單獨搜索,人力不夠。

可徑用本字,作“搜”,詳見“087 叜—搜”組。

亦可寫作“叜”,詳見“087 叜—搜”組。

## 090 保—抱(保 bǎo,幫母幽部;抱 bào,並母幽部。聲近韵同)

“保”,負子於背。《書·召誥》:“夫知保抱攜持厥婦子。”“抱”,環抱。《莊子·天地》:“抱甕而出灌。”

利善劍文:縣薄文者、保雙蛇文皆可。帶羽、圭中文者,皆可。劍謙者利善,强者表恶,弱則利,奈何?(《新》EPT40.206)

“保雙蛇文”即抱雙蛇紋,雙蛇環抱的圖紋。《中國簡牘集成》:“保雙蛇文,保或假爲抱。抱雙蛇文,當爲一種類似雙蛇對稱糾繞的圖形。”①

“保”“抱”通假,其他文獻可見。《莊子·庚桑楚》:“全汝形,抱汝生,无使汝思慮營營。”郭慶藩集釋引俞樾曰:“《釋名·釋姿容》曰:‘抱,保也,相親保也。’是抱與保義通。抱汝生,即保汝生。”

## 091 葆—保(bǎo,幫母幽部。雙聲叠韵)

“葆”,叢生的草。《説文·艸部》:“葆,艸盛皃。”“保”,①保養。《説文·人部》:“保,養也。”②保衛。《廣韵·晧韵》:“保,守也。”③傭工。《廣雅·釋詁一》:“保,使也。”

① 中國簡牘集成編委會:《中國簡牘集成》(第九册),敦煌文藝出版社,2001,第227頁。

(1)☒縣泉廄佐德敢言之:爰書廄御成吉曰:所葆養官牛一,黑,犗,左剽□□☐。(《懸(壹)》Ⅰ90DXT0110③:12)

(2)神爵二年十一月癸卯朔乙丑,縣泉廄佐廣德敢言之:爰書廄御千乘里畸利辯告曰:所葆養傳馬一匹,騅、牡、左剽、久、生腹,齒十二歲,高六尺一寸。□□敦煌送日逐王東至冥安病死。即與御張乃始、泠定褀診。馬死身完,毋兵刃木索迹,病死,審證之,它如爰書,敢言之。(《玉》1301)

以上"葆(保)"義保養。例(1)(2)爲爰書,對馬死亡情況進行判決。

(3)葆塞天田延袤三里七十□。(《額》99ES17SH1:12)

(4)葆天田四里百五十步。(《額》2000ES9SF4:47)

(5)☐十五步,凡葆天田四里八十七步半步☐。(《新》EPT51.532)

(6)賁候長、候史治名葆塞延袤道里。(《居》175.19B)

以上"葆(保)"義保衛。"葆塞天田"即"保塞天田",指保護要塞的天田。天田是要塞外圍用來偵察敵人出入踪迹的沙田。"葆天田""葆塞"是"葆塞天田"的省稱。"延袤"義綿延伸展,"道里"義道路、路途。"葆塞延袤道里"應該指保塞天田延袤道里簿,如《居》481.18:"☐塞延袤道里簿☐。"此簡簡首殘斷,所殘之字爲"葆"字。保塞天田延袤道里簿應當是記載天田綿延所經道路的名册。

(7)出外塞吏子、葆、婢,使女二人:其一人,三月戊申盡六月乙巳百一十八日,積百一十八人。(《敦》296)

(8)葆鸞鳥息衆里上造顔收,年十二出入,長六尺,黑色。皆六月丁巳出。(《居》15.5)

(9)地節二年八月辛卯朔壬辰西鄉有秩安敢告尉史:温夕阿里上造桃禹與葆同里龔縣自言:取傳爲家私市張掖郡中。(《金(叁)》73EJT25:7A)

(10)槖佗候官與肩水金關爲吏妻、子、葆庸出入符齒十從第一至百,左居官右移金關,符合以從事。(《金(貳)》73EJT22:99)

(11)槖他候官與肩水金關爲吏妻、子、葆庸出入符齒十從第一至百,左居官右移金關,葆(符)合以從事。第卅一。(《金(貳)》73EJT24:19)①

① 第二個"葆"字,圖版爲,釋"葆"無誤。但據上下文意,應當爲"符"字,可見"葆"乃"符"之誤字。

以上“葆(保)”義傭工。“保”因“確保守信”而得名。他們是載於户籍的“編户之民”,即身份自由的良民,不是資家的私有財産,與資家是顧工與傭主的關係。①

可徑用本字,作“保”,如:

(12)☑保同縣臨池里大夫潘忠,年廿三,長七尺二寸,入。(《金(壹)》73EJT6:31)

“葆”“保”通假,其他文獻可見。《墨子·非攻中》:“而葆之會稽。”孫詒讓閒詁:“葆、保字通。”《戰國策·秦策四》:“齊魏得地葆利。”鮑彪注:“葆、保同。”《吕氏春秋·直諫》:“先王卜以臣爲葆,吉。”高誘注:“葆,太葆,官也。”

## 092　葆—堡(bǎo,幫母幽部。雙聲叠韵)

“葆”,叢生的草。《説文·艸部》:“葆,艸盛皃。”“堡”,堡壘,土石筑的小城堡,兼有儲藏物資和防衛的作用。《廣韵·晧韵》:“堢,堢障,小城。”

(1)☑畜産詣近所亭隧鄣辟,收葆止行者☑。(《居》539.2)

(2)□通。都水長常樂,知火再舉,逢未下,吏收葆不得行,而使卒傳送客許翁卿。(《敦》1363)

(3)收葆,亭長紀尊,車一乘,馬二匹,十月甲申出。(《金(伍)》73EJC:337)

(4)☑葆,部界中民、田官、畜牧者見赤幡各便走近所亭、鄣、塢、辟、葆☑。(《金(伍)》73EJF3:81+80)

“收葆”即“收堡”,傳世文獻中寫作“收保”,如《史記·廉頗藺相如列傳》:“匈奴每入,烽火謹,輒入收保,不敢戰。”②例(1)“收葆止行”與例(2)“收葆不得行”義同,

---

① 張麗萍、張顯成:《西北屯戍漢簡中的“庸”“葆”“就”及相互關係考辨——兼論“作者”的含義》,《中國社會經濟史研究》2019年第3期。

②《漢語大詞典》“收保”條下釋義爲:古代邊境上設置的兼有儲藏物資和防衛作用的小城堡。書證爲:《史記·廉頗藺相如列傳》:“匈奴每入,烽火謹,輒入收保,不敢戰。”通過比參簡文,“收保”應是收入堡中的意思。《漢語大詞典》釋義與書證不相符。

指收入堡中，不得出行。例(3)“收葆”即例(1)“收葆止行”、例(2)“收葆不得行”。例(4)簡文大意爲：各區域的百姓、農官、放牧的人，看見紅色的旗幟，各自就近便宜進入亭、鄣、塢、壁、堡。“辟”通“壁”，指塢壁。

“葆”“堡”通假，其他文獻可見。《墨子·明鬼》：“予非爾田野葆士之欲也。”孫詒讓閒詁：“葆同保，保俗作堡。”《吕氏春秋·疑似》：“爲高葆禱於王路。”畢沅新校正：“御覽三百三十八‘葆’作‘堡’。”

## 093　戊—牡（戊 wù，明母幽部；牡 mǔ，明母幽部。雙聲叠韵）

“戊”，象斧類兵器之形，當爲兵器名，在甲骨文中就已經假借作表示干支第五位，並成爲此字的專用字。①《説文·戊部》：“戊，中宫也。”“牡”，楗，抵關的直木。《方言》卷五：“牡，户鑰，自關而東，陳楚之間謂之鍵。”“鍵”同“楗”。

(1)門關、戊，隨。(《居》68.109)
(2)户關、戊不調利。(《敦》1552)
(3)户關、戊，各二。(《敦》1852)
(4)塢户戊一，不⧄。(《居》196.2)
(5)户關二，椄楪三，木椎二，户戊二，籥一。(《居》506.1)

例(1)至(3)“關戊”即“關牡”，指關和楗，爲古代閉門裝置，横曰關，豎曰楗。“關”爲抵門的横木。《説文·門部》：“關，以木横持門户也。”“楗”爲抵關的直木。例(4)(5)“户戊”即“户牡”，爲抵關的直木。

亦可寫作“毋”，詳見“290 毋—牡”組。

“戊”“牡”通假，其他文獻可見。《馬王堆漢墓帛書·五十二病方·養生方》：“取芍(菌)桂二，細辛四，萩一，戊(牡)厲(蠣)，秦林(椒)二。”

① 李學勤主編：《字源》，天津古籍出版社、遼寧人民出版社，2013，第1273頁。

## 094　冒—帽(mào,明母幽部。雙聲叠韵)

“冒”,帽子。《漢書·雋不疑傳》:“衣黄襜褕,著黄冒。”引申有覆蓋、頂著、冒犯等意義,後來又另加意符“巾”寫作“帽”,以表其本義。[①]

(1)前,子淵佳君幸哀家,孫故迎教□爲厚送原頭巾冒,甚厚叩頭叩頭。因☐。(《居》178.14A,190.36A)

(2)守御器簿。長斧三,皆缺頓。長椎三。長棓三。長枓二。木面衣二。弩長檠二。艾、馬矢橐各一。毋。茹十斤。出火遂二具。皮冒、草萆各一。毋冒。(《居》506.1)

(3)羊皮冒、萆一。(《新》EPT56.74)

(4)皮冒、草萆各一,瓦枓二。(《金(肆)》73EJT37:1542)

(5)□□皮冒、草萆各一。(《居》495.1)

(6)凡亭隧皮冒廿八。其十三枚受府。十五枚亭所作。少七冒。凡亭隧卅五所。(《居》303.11)

(7)皮冒不事用,負一筭。冠二,紟非物,不事用,負一筭。輔嬰破,負五筭。毋連表負一筭。凡負卅筭。(《金(伍)》73EJC:119)

(8)草辟及冒各一。(《金(貳)》73EJT24:213)

例(1)“巾冒”即“巾帽”,指頭巾和帽子。例(2)至(7)“皮冒”即“皮帽”,指皮製的帽子。例(6)至(8)“冒”,圖版分别作、、,整理者原釋爲“窅”,當釋爲“冒”。此三字所從之“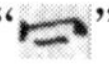”(如例6、7)、“穴”(如例8)皆由“冒”之所從“冃”演變而來,故當釋爲“冒”。

又可寫作“瞀”,詳見“183瞀—帽”組。

“冒”“帽”通假,其他文獻可見。《周禮·考工記·輪人》:“良蓋弗冒弗紘。”孫詒讓正義:“冒,字又作帽。”《漢書·雋不疑傳》:“有一男子……衣黄襜褕,著黄冒,詣北闕,自謂 衛太子 。”顔師古注:“冒,所以覆冒其首。”又《周勃傳》:“太后以冒絮提文帝。”顔師古注:“冒,覆也,老人所以覆其頭。”“冒”均讀爲“帽”。

① 李學勤主編:《字源》,天津古籍出版社、遼寧人民出版社,2013,第681頁。

## 095　冒—貿(mào,明母幽部。雙聲疊韻)

“冒”,帽子。《漢書·雋不疑傳》:“衣黄襜褕,著黄冒。”“貿”,雜亂。徐鍇《説文繫傳·貝部》:“貿,猶亂也,交互之義。”

地節二年六月辛卯朔丁巳,肩水候房謂候長光:官以姑臧所移卒被兵本籍爲行邊兵丞相史王卿治卒被兵,以校閲亭隧卒被兵,皆多冒亂不相應,或易處不如本籍。(《居》7.7A)

“冒亂”即“貿亂”,義混亂、雜亂。“貿亂”同義連用。

“冒”“貿”通假,其他文獻可見。于豪亮先生《居延漢簡叢釋》:“古冒、勖、懋、貿諸字常相通假。《書·君奭》:‘迪見冒’,正義謂馬本作勖;《書·盤庚》:‘懋建大命’、‘予其懋簡相爾’。《隸釋·漢石經殘字》懋字並作勖。《書·皋陶謨》:‘懋遷有無化居’,《文選·永明九年策秀才文》李注引《書》作‘貿遷’。既然古冒、勖、懋、貿諸字互相通假,則‘冒亂’就是‘貿亂’。”①

## 096　帽—冒(mào,明母幽部。雙聲疊韻)

“帽”,帽子。“冒”,頂着,不顧危險。《史記·司馬相如列傳》:“觸白刃,冒流失,義不反顧,計不旋踵。”“帽”是爲“冒”之本義“帽子”所造的分化字。

☐□張伯賴平入租。帽難,難,難。(《敦》2202)

“帽難”即“冒難”,義不顧禍患、危險。

“帽”“冒”通假,其他文獻可見,詳見“094 冒—帽”組。

---

① 于豪亮:《居延漢簡叢釋》,載《于豪亮學術文存》,中華書局,1985,第194頁。

## 097　繆—謬（繆 móu，明母幽部；謬 miù，明母幽部。雙聲疊韻）

“繆”，麻十束。《説文·糸部》：“繆，枲之十絜也。”“謬”，錯誤、差錯。《廣雅·釋詁三》：“謬，誤也。”

（1）甘露三年十月辛亥朔，淵泉丞賀移廣至、魚離、縣泉、遮要、龍勒，廏嗇夫昌持傳馬送公主以下過，稟穬麥各如牒，今寫券墨移書到，受薄入，十一月報，毋令繆，如律令。（《懸》Ⅱ0114③：522）

（2）今寫券墨移書到，受薄入，三月報，毋令繆，如律令。（《懸》Ⅱ0115③：96）

（3）居延。付受同月出入，毋令繆，已付言，如律令。掾褒、令史譚、尉史宗。（《居》160.6）

（4）建武四年□□壬子朔壬申，守張⊡曠、丞崇，謂城倉、居延、甲渠、卅井，殄北言吏當食者，先得三月食，調給有書，爲調如牒。書到，付受⊡出入，毋令繆，如律令。（《新》EPF22.462A）

（5）□□□官奴婢捕虜乃調給有書，今調如牒。書到，付受相與校計，同月出入，毋令繆，如律令。（《新》EPF22.580）

（6）☐⊡付受，相與校計，同月出入，毋令繆，如律令。（《新》EPT65.23A）

“毋令繆”即“毋令謬”，不要使有錯誤。

“繆”“謬”通假，其他文獻可見。段玉裁《説文解字注·糸部》：“繆，亦叚爲謬誤字。”《漢書·于定國傳》：“何以錯繆至是。”顔師古注：“繆，違也。”“繆”讀爲“謬”。

## 098　繆—勠（繆 móu，明母幽部；勠 lù，來母覺部。聲遠韻近）

“繆”，麻十束。《説文·糸部》：“繆，枲之十絜也。”“勠”，合力、並力。《説文·力部》：“勠，並力也。”

☐竭忠處國，君臣同心，上下繆力☐。（《額》2000ES9SF4：24）

“君臣同心，上下繆力”即“君臣同心，上下勠力”，指君臣上下齊心協力。

“繆”“勠”通假，其他文獻可見。《左傳·成公十三年》：“勠力同心。”洪亮吉詁：“惠棟曰：詛楚文又作繆力，蓋古字假借。”王鳴盛《蛾術編》卷三十一：“高誘戰國策注曰：勠力，勉力也。其字从力。秦詛楚文作繆。”

# 覺部通假字匯釋

## 099　鞠—麴(鞠 jū,見母覺部;麴 qū,溪母覺部。聲近韵同)

“鞠”,古代一種遊戲所踢的“足球”。《説文·革部》:“鞠,蹋鞠也。”“麴”,酒麯。《玉篇·麥部》:“麴,麴糵。”

(1)用鞠十石□□☑。(《敦》1193)

(2)鞠十石☑。(《金(叁)》73EJT24:757)

(3)☑□一石,直百。左□□,鞠一石。
　☑一石,百。□少君鞠一石,同⋯☑。(《金(叁)》73EJT29:13B)

(4)鞠五斗,直卌五。(《金(叁)》73EJT30:24A)

(5)入鞠三石,受縣。(《懸》Ⅰ0112S③:63)

(6)出鞠三石,以治酒之釀。(《懸》Ⅰ0112S③:64)

可徑用本字,作“麴”,如:

(7)☑□掌酒者,秫稻必齋,麴糵必時,湛饎必絜,水泉香,陶器必良,火齊必得。兼六物,大酋。(《新》EPT59.343)

(8)□月中,□直六。閏月以外,癸卯三宿,取麴二斗。亭長督它。(《敦》1469)

“鞠”“麴”通假,其他文獻可見。《廣雅·釋器》:“麴麈,綵也。”王念孫疏證:“鞠與麴通。”《周禮·天官·内司服》“鞠衣”鄭玄注:“鞠衣,黄桑服也,色如鞠塵。”孫詒讓閒詁引王聘珍云:“鞠即麴糵之麴。”

## 100　督—豛(督 dū,端母覺部;豛 dú,端母屋部。聲同韻近)

"督",督察。《説文·目部》:"督,察也。""豛",用棍棒擊物。《説文·殳部》:"豛,椎毄物也。"

(1)候史廣德,坐不循行部、塗亭,趣具諸當所具者,各如府都吏舉。部糒不畢,又省官檄書不會₌日。督五十。(《新》EPT57.108A)

(2)諸吏宦官及比者同秩而敢詈之殿、宫廷中,至其上秩;若以縣官事毆詈五大夫以上或一歲吏比者,有將辨治。若不督五大夫以上⋯。(《懸》Ⅱ0215①:76)

"督五十",指杖責五十。"不督五大夫以上",指不杖責五大夫以上的官吏。五大夫是秦漢二十等爵的第九等。

## 101　叔—菽(shū,書母覺部。雙聲叠韻)

"叔",拾取。《説文·又部》:"叔,拾也。汝南名收芋爲叔。""菽",豆。《玉篇·艸部》:"菽,豆名也。"

制曰:下大司徒、大司空,臣謹案:令曰:未央廄、騎馬、大廄馬日食粟斗一升、叔一升。置傳馬粟斗一升,叔一升。其當空道日益粟,粟斗一升。長安、新豐、鄭、華陰、渭成、扶風廄傳馬加食,匹日粟斗一升。車騎馬,匹日用粟、叔各一升。建始元年,丞相衡、御史大夫譚。(《懸》Ⅱ0214②:556)

"叔一升"即"菽一升",指豆一升。

"叔""菽"通假,其他文獻可見。《詩經·豳風·七月》:"亨葵及菽。"陸德明釋文:"菽,本亦作叔。"《禮記·檀弓下》:"啜菽飲水。"陸德明釋文:"叔,或作菽,音同,大豆也。"

## 102　埶—熟(shú,禪母覺部。雙聲疊韵)

“埶”,食物熟。《説文·丮部》:“埶,食飪也。”假借表示疑問代詞之後,加意符火寫作“熟”表其本義。“熟”,①食物加熱到可吃的程度。《玉篇·火部》:“熟,爛也。”②成熟。《廣韵·屋韵》:“熟,成也。”

(1)河東安邑下葉里家慶到居延延水常爲官山薪,今年二月甲申去署亡,亡時賫埶飯數斗。(《金(壹)》73EJT7:3)[①]

(2)☐飯埶肉,直九百六十。(《新》EPT52.212)

(3)☐□心臟直百,埶肉□直□☐。(《敦》636B)

(4)☐埶地黄五分,多二分。(《新》EPT40.191B)

以上“埶(熟)”義食物加熱到可吃的程度。“地黄”爲中藥名,“熟地黄”指經蒸製加工後的地黄。

(5)還道不通。天子將兵在天水,聞羌、胡欲擊河以西。今張掖發兵屯諸山谷。麥埶,石千二百,帛萬二千。牛有賈,馬如故。七月中恐急忽忽,吏民未安。(《新》EPF22.325A)

(6)□人待,至麥埶,償穀卅石。放即爲出肉,得穀六石。皆。(《新》EPF22.384)

以上“埶(熟)”義成熟。

“埶”“熟”通假,其他文獻可見。《周禮·天官·籩人》:“饋食之籩。”鄭玄注:“薦埶也。”孫詒讓正義:“埶,古熟字。”《墨子·尚同中》:“五穀不埶。”孫詒讓閒詁:“道藏本作熟。”又《大取》:“或遇埶。”孫詒讓閒詁:“埶,道藏本、吴鈔本竝作熟。”

① “賫”,整理者原釋爲“齎”,圖版爲,爲“齎”之俗字,義持、帶。

## 103　戚—蹙(戚 qī,清母覺部;蹙 cù,清母覺部。雙聲叠韵)

“戚”,斧鉞,古兵器名。《説文·戉部》:“戚,戉也。”“蹙”,緊促、聚攏。《廣雅·釋詁一》:“蹙,急也。”

麗戎此時年可廿三四歲,至今年可六十所,爲人中壯、黄色、小頭、黑髪、隋面、拘頤、常戚額朐頻狀、身小、長詐廐、少言。(《金(壹)》73EJT1:1)

“戚額”即“蹙額”,義皺着額頭。“朐”義彎曲。“頻”通“顰”,義皺眉。“常戚額朐頻狀”指常常是緊皺着額頭、彎曲皺着眉毛的樣子。

“戚”“蹙”通假,其他文獻可見。《楚辭·九辯》:“悲憂窮戚兮獨處廓。”洪興祖補注:“戚,《文選》作蹙。”《讀書雜志·漢書第十二·眭兩夏侯京翼李傳》:“治國故不可以戚戚。”王念孫按:“戚讀爲蹙。蹙蹙,急也。”《群經平議·論語一》:“喪與其易也甯戚。”俞樾按:“戚當讀爲蹙。古無蹙字,故叚戚爲之。”

## 104　就—僦(就 jiù,從母覺部;僦 jiù,精母覺部。聲近韵同)

“就”,就高。《説文·京部》:“就,就高也。”“僦”,僱傭運載。玄應《一切經音義》卷十五“僦賃”注引服虔《通俗文》:“雇載曰僦。”

(1)☐牛車一兩,爲觻得騎士功歲里孫青弓,就載肩水穀小石卌五石,輸居延,矛一,刀一。(《金(叁)》73EJT27:5)

(2)☐男子,字游,爲麗戎聟。以牛車就載,藉田倉爲事。(《新》EPT43.92)

(3)案:計一匹,爲載就縣官畜産,案計以來。(《敦》1313)

(4)入粟小石二百五十石,多券八十三枚者一石。十二月庚戌,使敦煌倉長,就車六兩。(《敦》1227)

(5)唯治所,以前數收就錢,與平,如律令。(《敦》1628)

(6)☐□月積一月廿七日,運茭就直。(《居》350.12)

(7)時粟君以所得商牛,黄,特,齒八歲,以穀廿七石予恩顧就直。(《新》EPF22.8)

(8)去年十二月中,取客民寇恩爲就,載魚五千頭到觻得。就賈,用牛一頭,穀廿七石。(《新》EPF22.29)

(9)願加就程。五年北地大守惲書言:轉☐。(《敦》619)

(10)爲候之觻得取麥二百石,遣就家昭武安定里徐就等。(《居》562.3A)

(11)居延平明里王放,就人昌里漕陽,車一兩,粟大石廿五石。(《新》EPT49.53A)

(12)就人京兆尹長安富昌里大夫富充,年卅五☐。(《金(叁)》73EJT24:954)

(13)元始二年五月丁巳令史豊,受就人敦煌安國里芷仲。(《敦》532)

(14)家安國里王嚴,訾車一兩。九月戊辰載就人同里時褒,已到,未言卿。(《居》267.16)

(15)大煎都轉就人孟晏等,車三兩☐。(《敦》531)

例(1)至(3)"就載""載就"即"僦載""載僦",義僱傭運載。例(4)"就車"指僱傭運載的車輛。例(5)至(8)"就錢""就直""顧就直""就賈"即"僦錢""僦值""僱僦值""僦價",指運輸的費用。例(9)"就程"即"僦程",指運輸的路程。例(10)至(15)"就家""就人""受就人""載就人""轉就人"即"僦家""僦人""受僦人""載僦人""轉僦人",指受雇運輸者。例(12)就人富充的爵位是大夫,可知就人可以有爵位,説明他們是登記在册的良民。

"就""僦"通假,其他文獻可見。《睡虎地秦簡·效律》:"上節(即)發委輸,百姓或之縣就(僦)及移輸者,以律論之。"又《日書甲種·去父母同生》:"丙申以就(僦),同居必窶。"

## 105 宿—蓿(宿 sù,心母覺部;蓿 xù,心母覺部。雙聲叠韵)

"宿",夜晚睡覺。《説文·宀部》:"宿,止也。""蓿",苜蓿,豆科,一年生或多年生。原産西域各國,漢武帝時張騫出使西域,始從大宛傳入。

(1)☐□□□□□益□欲急去,恐牛不可用。今致賣目宿養之。目宿大貴,束三泉,留久恐舍食盡。今且寄廣麥一石。(《敦》239A)

(2)入目宿六百一十六束。(《懸(壹)》I 98DYT6:10)

“目宿”即“苜蓿”,“目”通“苜”。

“宿”“蓿”通假,其他文獻可見。《漢書·西域傳上·罽賓國》:“罽賓地平,温和,有目宿,雜草奇木,檀、櫰、梓、竹、漆。”“目宿”即“苜蓿”。

## 106 復—複(復 fù,並母覺部;複 fú,並母覺部。雙聲疊韵)

“復”,返回。《説文·彳部》:“復,往來也。”“複”,病重發。《方言》卷三:“複,病也。”郭璞注:“謂勞復也。”字又作“瘦,《玉篇·疒部》:“瘦,勞也,再病也。”《廣韵·宥韵》:“瘦,再病。”“複”是爲“復”之引申義所造的分化字。

股寒,曾載車馬驚隋,血在凶中,恩與惠君方,服之廿日,徵下。卅日,腹中毋積,匈中不復,手足不滿,通利。臣安國。(《敦》2013)

“凶”通“胸”,“血在凶中”即“血在胸中”,指血塊淤積在胸中。“匈”通“胸”,“匈中不復”即“胸中不複”,指胸中的病没有復發。先説胸中有病,後説服藥後胸中的病没有復發,文意通暢。

“復”“複(瘦)”通假,其他文獻可見。《廣雅·釋言》:“瘦,瘥也。”王念孫疏證:“《方言》:瘦,病也。東齊海岱之間曰瘦,秦曰湛。《廣韵》引《音譜》云:瘦,病重發也。《玉篇》:瘦,復病也。瘦復,瘥湛,並通。”朱駿聲《説文通訓定聲·孚部》:“復字亦作複。”

## 107 復—韄(復 fù，並母覺部；韄 pò，滂母鐸部。聲近韵近)

“復”，返回。《説文·彳部》：“復，往來也。”“韄”，同“鞲”，裹皮的車軛，爲牲口拉車時架在脖子上的器具。《説文·韋部》：“鞲，軶裹也。”段玉裁注：“軶，轅前也，以皮裹之。”

□一，復、参靳、亶帶各一，居米庵中。(《金(貳)》73EJT24：247B)

“参”通“驂”，“参靳”即“驂靳”，指驂馬當胸的皮革。“亶”通“氈”，“亶帶”即“氈帶”，指放置在馬背上以防馬背勒傷的帶狀氈子。“復(鞲)”“驂靳”“氈帶”均是駕車時用在馬身上起保護作用的物品。“居”義爲存放。“庵”通“笆”，指用竹篾、荊條、稻草等編成的貯糧器具。“米庵”即“米笆”，指儲存米的器具。簡文大意爲：裹皮的車軛、驂馬當胸的皮革、馬背上的氈子，都存放在儲存米的器具之中。

## 108 目—苜(mù明母覺部。雙聲叠韵)

“目”，眼睛。《説文·目部》：“目，人眼。”“苜”，苜蓿，豆科，一年生或多年生。原産西域各國，漢武帝時張騫出使西域，始從大宛傳入。

(1)☐□□□□□□益□欲急去，恐牛不可用。今致賣目宿養之。目宿大貴，束三泉，留久恐舍食盡。今且寄廣麥一石。(《敦》239A)

(2)入目宿六百一十六束。(《懸(壹)》Ⅰ98DYT6:10)

“目宿”即“苜蓿”，“宿”通“蓿”。

“目”通“苜”，其他文獻可見。詳見“105 宿—蓿”組

# 冬部通假字匯釋

## 109　絳—降(絳 jiàng,見母冬部;降 xiáng,匣母冬部。聲近韻同)

"絳",大紅色。《説文·糸部》:"絳,大赤也。""降",投降。《玉篇·阜部》:"降,伏也。"

(1)稟受絳卒賈辱正月食三斛☑。(《敦》2326A)

"受絳"即"受降",指接受敵人投降。據文意"受絳"爲燧名。"稟"義爲官府賜人以穀。《説文·亩部》:"稟,賜穀也。""賈辱"爲戍卒名。簡文大意爲:賜給受降燧戍卒賈辱正月食三斛。

可徑用本字,作"降",如:

(2)匈奴人晝入三十井降虜隧以東,舉一藁,燔一積薪;夜入,燔一積薪,舉堠上一苣火,毋絶至明。甲渠、殄北塞上和如品。(《新》EPF16.4)

(3)卅井降虜隊①始建二年四月什器簿。(《居》81.3)

"降虜"亦爲燧名,意義與"受降"相近。

"絳""降"通假,其他文獻可見。《韓非子·初見秦》:"西攻脩武,踰華,絳上黨。"《戰國策·秦策一》作"西攻脩武,踰羊腸,降代、上黨",則可知《韓非子》"絳上黨"之"絳",當讀爲"降"。《馬王堆漢墓帛書·戰國縱横家書》十五:"□晋國也,秦兵不功(攻)而魏效降、安邑。"《戰國策·魏策三》作"而效絳、安邑",則可知《縱横

① "隊",史語所《居延漢簡》釋爲"隧",圖版作,當釋爲"隊"。

家書》之"降"當通"絳",爲魏邑名。

## 110 夅—絳(夅jiàng,匣母冬部;絳jiàng,見母冬部。聲近韵同)

"夅",古"降"字,下降。[①]《説文·夊部》:"夅,服也。"此當爲引申義。"絳",絳色的絲織品。《晋書·禮志》:"絳二匹,絹二百匹。"

(1)各夅一匹六百五十;各象七尺₌十四;完象六尺₌十一;各皁丈,尺十二。完青丈七尺半,尺十三。祁三尺₌十。凡直千一百卌一。(《金(叁)》73EJT32:10)

例(1)"夅""象""祁""皁""青"均爲絲織品的名稱。除"象""祁"不明是何種絲織品外,"皁"指黑色的絲織品,"青"指青色的絲織品,則"夅"也應該指絳色的絲織品。上引《晋書·禮志》"絳"與"絹"並舉,"絹"指麥青色的絲織品,更進一步説明"夅(絳)"指絳色的絲織品。

簡文在説明絲織品時,有"各"與"完"的區别。"各"義爲分離。《正字通·口部》:"凡事物相離析不相合皆謂之各。"所以,推測"各"指分成幾段的絲織品,而"完"指完整無缺成爲一個整體的絲織品。

亦可徑用本字,作"絳",如:

(2)最凡吏九十七人:其十四人,己前出,定受奉八十三人。用絳一匹,用布十八匹。(《新》EPT40.6B)

(3)☐絳百匹,雜繒百匹。又以其所捕斬馬牛羊奴婢財物盡予之。(《新》EPT52.569)

(4)出錢廿八買絳。(《金(壹)》73EJT1:233)

---

① 李學勤主編:《字源》,天津古籍出版社、遼寧人民出版社,2013,第489頁。季旭昇:《説文新證》,藝文印書館出版,2014,第479頁。

## 111　衆—終(衆zhòng,章母冬部;終zhōng,章母冬部。雙聲疊韻)

“衆”,衆人。《説文·㐺部》:“衆,多也。”“終”,窮盡。《廣雅·釋詁一》:“終,極也。”《釋詁四》:“終,窮也。”

制詔皇大子:朕體不安,今將絶矣,與地合同,衆不復起,謹視皇大之笥,加曾朕在。善禺百姓,賦斂以理。存賢近聖,必聚諝士。表教奉先,自致天子。胡侅自汜,滅名絶紀。審察朕言,衆身毋久。蒼蒼之天,不可得久視;堂堂之地,不可得久履。道此絶矣!告後世及其孫子。(《敦》1448)

“衆不復起”即“終不復起”,指人死不復起。“衆身毋久”即“終身毋疚”,指終身没有病患,“久”通“疚”。此簡爲習字簡,内容是抄録的皇帝臨終遺詔,簡文大意詳見“002侅—亥”組。

“衆”“終”通假,其他文獻可見。《爾雅·釋詁上》:“黎,衆也。”郝懿行義疏:“衆,通作終。終猶充也,充滿義亦爲終。”《詩經·周頌·振鷺》:“以永終譽。”馬瑞辰傳箋通釋:“終與衆雙聲,古通用。”

## 112　衆—重(衆zhòng,章母冬部;重zhòng,定母東部。聲近韵近)

“衆”,衆人。《説文·㐺部》:“衆,多也。”“重”,慎重。《廣韵·腫韵》:“重,慎也。”

相羞,且奴力慎衆也,度自愛,各各奴力,順☐。(《敦》2401B)

“慎衆”即“慎重”,“奴力”即“努力”,“奴”通“努”。

“衆”“重”通假,雖不見於其他文獻。但“衆”可與“種”通假,如《敦煌變文集·破魔變文》:“妖婆萬衆,有耳不聞;器械千般,何曾眼見。”“萬衆”即“萬種”,形容種類之多。“種”從“重”得聲,“衆”與“重”讀音亦相近。

# 宵部通假字匯釋

## 113　交—茭(jiāo,見母宵部。雙聲叠韵)

“交”,交叉、交錯。《説文·交部》:“交,交脛也。”“茭”,乾飼料。《説文·艸部》:“茭,乾芻。”

(1)甲渠令史華商、尉史周育當爲候粟君載魚之觻得責。商、育不能行。商即出牛一頭,黄,特,齒八歲,平賈直六十石,與交穀十五石,爲穀七十五石。育出牛一頭,黑,特,齒五歲,平賈直六十石,與交穀卌石。凡爲穀百石,皆予粟君。(《新》EPF22.22)

(2)陽朔元年七月戊午,當曲隧長譚敢言之,負故止害隧長甯常交錢六百,願以七月奉錢六百償。常以印爲信,敢言之。(《新》EPT52.88A)

(3)惲交錢二百五十,願已二百奉償。(《居》78.43)

(4)用羊韋八十三件,交錢五萬九百八錢。(《新》EPT40.6B)

(5)☐襲一領,布復絝一兩,並直千八百,又貸交錢五百,凡並☐。(《金(壹)》73EJT5:8A)

(6)☐百五十,又交錢百五十,凡七百☐。(《額》2000ES7SF1:32)

(7)弘、勝之皆謝賢曰:會坐文事𣪠[1]論,用自給,請今具償責。弘未得責。勝之已得粟三石,直三百九十;糜三石,直三百六十;交錢三百五十;凡已得千一百,少二千四百□。(《居》26.9A)

---

① “𣪠”,史語所《居延漢簡》釋爲“繫”,圖版作,當釋爲“𣪠”。

例(1)“交穀”指抵茭價的穀。[①]例(2)至(7)“交錢”指用於買茭的錢。

可徑用本字,作“茭”,如:

(8)隧長徐宗自言:責故三泉亭長石延壽茭錢,少二百八十,數責不可得。(《居》3.6)

(9)十一月己卯,掾彊所收五年餘茭錢二千五十五。(《居》209.2A)

(10)元年茭錢萬四千五百廿八。(《居》209.2A)

亦可寫作“佼”,詳見“115 佼—茭”組。

亦可寫作“校”,詳見“119 校—茭”組。

## 114 䓘—咎(䓘 gāo,見母宵部;咎 jiù,群母幽部。聲近韵近)

“䓘”,白䓘,植物名。《山海經·南山經》:“(侖者之山)有木焉,其狀如穀而赤理,其汗如漆,其味如飴,食者不飢,可以釋勞,其名曰白䓘,可以血玉。”“咎”,過失、罪過。《廣韵·有韵》:“咎,過也。”

(1)☐罰,萌誠服,恭所數絶書,䓘過在萌,自今見。

☐隧長秦岑時尚乏食狀,今吏皆乏餓。(《新》EPT20.31)

“䓘過”即“咎過”,“咎過”同義連用。“萌”爲人名。

可徑用本字,作“咎”,如:

(2)☐麥禾苗頗欲死,甚可憂懼,咎在州牧。承宣。(《新》EPT59.556)

(3)☐⋯而過咎皆在部候長☐。(《新》EPF22.854)

例(2)“咎在州牧”指過錯在州牧,例(3)“過咎皆在部候長”指過錯都在各部候長。

① 裘錫圭:《新發現的居延漢簡的幾個問題》,載《裘錫圭學術文集·簡牘帛書卷》,復旦大學出版社,2012,第32頁。

“荅”“咎”通假，其他文獻可見。《尹灣漢墓簡牘·神烏賦》：“何命不壽，狗（拘）麗此荅（咎）。”

## 115　佼—茭（佼 jiǎo，見母宵部；茭 jiāo，見母宵部。雙聲叠韵）

“佼”，交往、交際。《説文·人部》：“佼，交也。”“茭”，乾飼料。《説文·艸部》：“茭，乾芻。”

（1）☐十一月癸亥盡辛卯積廿九日，卒朱明迹☐。

☐其三人，梁充、董安國、孫地餘省作佼，不迹☐。（《新》EPT52.433）

“省作佼”即“省作茭”，指戍卒臨時簡省下來從事與“茭”有關的勞動，如伐茭、積茭等。“省作”亦可徑稱“省”，指從值守烽燧或日迹的戍卒中簡省出來使充當勞役。被簡省下來的充當勞役的戍卒稱爲“省卒”①。簡文大意爲：戍卒梁充、董安國、孫地餘三人省作茭，没有從事日迹的工作。

屯戍簡中，戍卒省作茭的現象習見，如：

（2）七月癸酉，卒郭昌省茭。凡迹積卅日，毋人馬蘭越塞天田出入迹。（《新》EPT51.211）

（3）☐六月旦，省伐茭赤岸☐。（《新》EPT40.53）

（4）鴻嘉元年六月省卒伐茭積作簿。（《新》EPT50.138）

（5）建始元年六月省卒茭日作簿。（《新》EPT52.51）

（6）卒一人省積茭。三人見。（《新》EPT56.107）

可徑用本字，作“茭”，如上引例（2）至（6）。

亦可寫作“交”，詳見“113 交—茭”組。

亦可寫作“校”，詳見“119 校—茭”組。

① 李振宏：《漢簡“省卒”考》，《史學月刊》1993年4期。

## 116 儌—徼(儌 jiǎo,見母宵部;徼 jiào,見母藥部。聲同韵近)

“儌”,儌行。《玉篇·人部》:“儌,儌行也。”“徼”,①巡視、巡邏。《説文·彳部》:“徼,循也。”②邊界,邊塞。此爲引申義。

(1)死罪屋蘭游儌當禄里張彭祖,以胡刀自賊頰[①]頸各一所,以辜立死。(《金(叁)》73EJT30:6)

(2)□以儌迹爲職,迺建昭三年十二。(《新》EPT5.51)

例(1)“儌”,整理者釋爲“徼”,圖版作,當釋爲“儌”。以上“儌(徼)”義巡視、巡邏。例(1)“游儌”即“游徼”,指秦漢時負責巡查盗賊的鄉官名。例(2)“儌迹”即“徼迹”,義追尋蹤迹。

(3)捕律:亡入匈奴外蠻夷守棄亭鄣逢隧者,不堅守降之,及從塞儌外來絳而賊殺之,皆要斬,妻子耐爲司寇,作如。(《敦》983)

(4)有能生捕得反羌從儌外來爲閒候,動静中國兵,欲寇盗殺略人民,吏增秩二等,民與購錢五萬,從奴它與購如比。(《新》EPF22.233)

(5)盗官兵,持禁物,蘭越于邊關儌亡,逐捕未得,它案驗未竟。(《新》EPT68.23)

(6)蘭越塞于邊關儌,逐捕未得。它案驗未竟。(《新》EPT68.64)

以上“儌(徼)”義邊界,邊塞。例(3)(4)“塞儌外”“儌外”指邊塞外。例(5)(6)“邊關儌”指邊關、邊界。

可徑用本字,作“徼”,如:

(7)十二月戊戌朔,博望隧卒旦徼迹,西與青堆隧卒會界上,刻券。光。(《玉》1392A)

① “頰”,圖版作,整理者釋爲“刺”,此字右半殘缺,難以確釋。但據下文“頸各一所”,可推出字,當爲身體部位,故釋爲“頰”。

“儌”“徼”通假，其他文獻可見。《正字通·人部》：“儌，邊徼亦作儌。”《隸釋·武都太守李翕西狹頌碑》：“儌外來庭，面縛二千餘人。”“儌外”即“徼外”。

## 117　敖—遨(áo，疑母宵部。雙聲叠韵)

“敖”，古“遨”字，出游。《説文·放部》：“敖，出游也。”《玉篇·辵部》：“遨，遨游也。”“遨”是爲表“敖”之本義所造的分化字。

(1)詰憲公私去署，之民間敖惕，言告家稟爲名，狀何如，具以請對。(《新》EPT50.22)

(2)殺人長安，臧關東，變名易爲羊翁，數敖五陵，希蓬工。(《敦》784)

(3)游敖周章，黚黶黯黮，黖黝黭䵧，黵黤赫赧，儵赤白黄。(《敦》1836)

例(1)“敖惕”即“遨惕”，義游蕩。“惕”爲“放蕩”義的本字。《説文·心部》：“惕，放也。”例(2)“數敖五陵”指多次游蕩於五陵。五陵指西漢長陵邑、安陵邑、陽陵邑、茂陵邑和平陵邑所在地。例(3)爲《倉頡篇》殘篇。“周章”與“游敖(遨)”義近，指周游。

“敖”“遨”通假，其他文獻可見。《廣韵·豪韵》：“敖，或作遨。”《孟子·公孫丑上》：“般樂怠敖。”焦循正義：“敖同遨。”《詩經·邶風·柏舟》：“以敖以游。”陸德明釋文：“敖，本亦作遨。”

## 118　敖—𡚽(敖áo，疑母宵部；𡚽háo，匣母宵部。聲近韵同)

“敖”，古“遨”字，出游。《説文·放部》：“敖，出游也。”“𡚽”，即城𡚽，里名，屬張掖郡居延縣。

(1)居延成敖里☐。(《金(叁)》73EJT24:781)

"成敖"即"城藝","成"通"城"。

亦可徑用本字,作"勢",如:

(2)四年,望遠隧長奴子小女居延城埶里郭婢年十歲,長五尺,黑色。(《金(貳)》73EJT24:296)

(3)城埶里王陽君,田二十畝,食二石。(《金(伍)》72EBS7C:5)

(4)☐□與城埶里男子馬並俱迎丞天水略陽郡☐。(《金(貳)》73EJT24:304)

例(1)"居延成敖里"即例(2)"居延城勢里"。

按:"城勢"作爲里名,命名理據不明,難以判斷其正字,因"城勢"多見於屯戍簡,故以"城勢"爲正字。

## 119 校—茭(校 jiào,匣母宵部;茭 jiāo,見母宵部。聲近韻同)

"校",古代的一種刑具。《説文·艸部》:"校,木囚也。""茭",乾飼料。《説文·艸部》:"茭,乾芻。"

十一人省作校,更相代,不離署,堠上不乏人,敢言之。(《居》127.27)

"省作"指從值守烽燧的士卒中簡省下來參加勞役。被簡省下來的士卒稱省卒。"省作校"即簡省下來伐茭。"更相"義相互。簡文大意爲:十一個人簡省去伐茭,相互替代,不離署所,堠上守烽燧的人不缺乏。

可徑用本字,作"茭",詳見"113 交—茭"組。

亦可寫作"交",詳見"113 交—茭"組。

亦可寫作"佼",詳見"115 佼—茭"組。

## 120　校—效(校 jiào,匣母宵部;效 xiào,匣母宵部。雙聲叠韵)

"校",古代的一種刑具。《説文·艸部》:"校,木囚也。""效",①效果。《集韵·效韵》:"效,一曰功也。"②效穀,漢縣名,《漢書·地理志》敦煌郡下設有效穀縣。

(1)諸有功校,皆有信驗,乃行購賞。(《新》EPF22.692)

(2)諸有功校,皆有信驗,乃行購賞☐。(《新》EPF22.230)

(3)敦煌校穀宜王里據陽,年廿八,軺車一乘,馬一匹,閏月丙午南入。(《居》505.12)

例(1)(2)"校(效)"義效果。"功校"即"功效",義成績、功勞。"信驗"義證據、憑證。"購賞"義獎賞。據《中國簡牘集成》,《新》EPF22.692與EPF22.691、EPF22.221等屬於同一册書。[①]《新》EPF22.691:"書。若郡農如玄、便等捕斬反羌免者,不應法令,皆收還玄、便等,及其妻子。其木官已具言。所具官、名、年、籍,毋有所遺脱。會五月朔。從事督察,如律令。"《新》EPF22.221:"有書。今以舊制律令,爲捕斬匈奴虜反羌購賞各如牒。前諸郡以西州書,免劉玄及王便等爲民,皆不當行,書到,以科别從事,官奴婢以西州☐。"《新》EPF22.691與EPF22.221的主要内容是捕斬匈奴虜反羌購賞事宜,所以,例(1)(2)的内容也當與捕斬匈奴虜反羌購賞之事有關。則例(1)(2)簡文大意爲:捕斬匈奴虜反羌者,凡有效果,並都有憑證,就能受到獎賞。例(3)"校(效)"義漢縣名,"校穀"即"效穀"。"敦煌"爲郡名,"宜王"爲里名,"據陽"爲人名。

"校""效"通假,其他文獻可見。朱駿聲《説文通訓定聲·小部》:"校,(叚借)又爲效。"《莊子·列禦寇》:"而效我以功。"陸德明釋文:"效,本又作校。"《諸子平議·春秋繁露二》:"言不必立校。"俞樾按:"校,讀爲效。"

① 中國簡牘集成編委會:《中國簡牘集成》(第十二册),敦煌文藝出版社,2001,第135頁。

## 121　要—腰(yāo,影母宵部。雙聲疊韵)

"要",古"腰"字。《説文·臼部》:"要,身中也。""腰"是爲表其本義所造的分化字。

(1)令曰:所齎操者[①],匿不自言,吏皆要斬。(《敦》791)

(2)捕律:亡入匈奴外蠻夷守棄亭鄣逢隧者,不堅守降之,及從塞徼外來絳而賊殺之,皆要斬,妻子耐爲司寇,作如。(《敦》983)

(3)習。引弩傷要☐。(《居》227.103)

例(1)(2)"要斬"即"腰斬",指以斧砧斷人之腰的一種酷刑。"所齎操者,匿不自言,吏皆要斬"大意指官吏要將自己所持有的物品向署所言明,如果藏匿不言明者,要受腰斬的刑罰。屯戍簡中有大量記録戍卒官吏私人物品的簿籍,亦可證。例(3)"引弩傷要"蓋指拉弩時傷到了腰。

"要""腰"通假,其他文獻可見。《楚辭·離騷》:"户服艾以盈要兮。"洪興祖補注:"要,與腰同。"《墨子·兼愛中》:"楚靈王好士細要。"孫詒讓閒詁:"畢云:舊作腰,俗寫。"

## 122　到—倒(到 dào,端母宵部;倒 dǎo,端母宵部。雙聲疊韵)

"到",到达、抵达。《説文·至部》:"到,至也。""倒",顛倒。《集韵·号韵》:"倒,顛倒也。"

日不顯目兮黑雲多,月不可視兮風非沙。從恣蒙水誠江河,州流灌注兮轉揚

① "者",《敦煌馬圈灣漢簡集釋》釋爲"諸",圖版作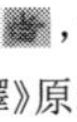,當釋爲"者"。此簡左殘缺,原釋據右部推測作"諸",但釋"諸"於義不通。"言",《敦煌馬圈灣漢簡集釋》原釋爲"占",圖版作,此字左殘,右邊所剩部分,與"言"字相合。"言"字如(《居》18.12)、(《居》122.7)、(《金(壹)》73EJT10:120A)。釋"言"文意可通,"匿不自言"指藏匿不自己言明。

波。辟柱槙到忘相加,天門俠小路彭池。無因以上如之何,興章教海兮誠難過。(《敦》2253)

“辟”通“僻”,義邪曲、不端。“辟柱”即邪曲不端的柱子。“槙”爲“顛”之异體。《説文·木部》:“槙,木頂也。”又《説言·頁部》:“顛,頂也。”“槙”爲樹頂,“顛”爲頭頂。“忘”通“妄”,義爲胡亂、隨意。“天門”指天庭之門。《楚辭·九歌·大司命》:“廣開兮天門,紛吾乘兮玄雲。”“俠”是“俠”字的漢隸俗别字,通“狹”,義爲狹小。“辟柱槙到忘相加、天門俠小路彭池”大意爲:邪曲不端的柱子已倒置還在隨意叠加,天庭之門狹小路途遥遠。此兩句詩暗喻柱子本已邪曲不端,又被隨意叠加,已經岌岌可危了,想上告天庭,但天庭之門狹小、加上路途險阻,上告無門。簡文大意詳見“007 海—誨”組。

“到”“倒”通假,其他文獻可見。《吕氏春秋·愛類》:“何其到也。”畢沅新校正:“古倒字皆作到。”

## 123　佻—眺(佻 tiāo,透母宵部;眺 tiào,透母宵部。雙聲叠韵)

“佻”,輕佻。《説文·人部》:“佻,愉也。”段玉裁注:“按,《釋言》:‘佻,偷也。’偷者,愉之俗字。”“眺”,視。《廣韵·嘯韵》:“眺,視也。”

膈脂已朔酒上多,丁壯相佻奈老何?(《敦》774)

“丁壯相佻奈老何”詩句的大意爲:少壯的人相視對望,能拿“老”怎麼辦呢?表達了對時光流逝、少壯老去的無奈之情。

## 124　姚—逃(姚 yáo,餘母宵部;逃 táo,定母宵部。聲近韵同)

“姚”,姓氏。《説文·女部》:“姚,虞舜居姚虚,因以爲姓。”“逃”,逃亡。《説文·辵部》:“逃,亡也。”

(1)少倩晨夜姚去,復傳致出關。書到項令史有田褒,字少倩,欲。(《居》50.31)

(2)☐□屬甲渠候官。詔書:卒行道辟姚,吏私貰賣衣財物,勿爲收責。(《新》EPT52.55)

例(1)“晨夜”義清晨黑夜。《史記·貨殖列傳》:“弋射漁獵,犯晨夜,冒霜雪。”則“少倩晨夜姚去”指“少倩”在清晨天尚黑的時候逃去。例(2)“行道”指道路。“辟”通“避”,“辟姚”即“避逃”,義逃亡。“卒行道辟姚”指戍卒在道路上逃亡。

張顯成先生認爲:“姚”,通“遥”,遠也。《漢書·禮樂志》:“雅聲遠姚。”王先謙補注引王念孫曰:“姚讀爲遥,遥亦遠也,古人自有複語耳。”《睡虎地秦墓竹簡·爲吏之道》:“地脩城固,民心乃寧。百事既成,民心既寧,既毋後憂,從政之經。不時怒,民將姚去。”可備一説。

可徑用本字,作“逃”,如:

(3)齒十歲,持所貰錢四千辟逃,聖賞父柭爲甲渠☐。(《居》157.1)

(4)☐□辟逃,吏私□☐。(《金(叁)》73EJT31:71)

例(2)“辟姚”即例(3)(4)“辟逃”。

亦可寫作“桃”,詳見“127 桃—逃”組。

## 125　姚—桃(姚 yáo,餘母宵部;桃 táo,定母宵部。聲近韵同)

“姚”,姓氏。《説文·女部》:“姚,虞舜居姚虚,因以爲姓。”“桃”,桃花。《説文·

木部》:"桃,果也。"本義桃樹,引申爲桃樹的果實或花。

乘軺車駕姚華牝馬一匹,齒九□☐。(《金(肆)》73EJT37:456)

"軺車"指用一匹馬駕的輕便車。"姚華"即"桃華"。"姚華牝馬"蓋指身上有桃花圖形或顔色的母馬。

## 126 䌛/繇—傜(yáo,餘母宵部。雙聲叠韵)

"䌛",隨從。《説文·系部》:"䌛,隨從也。"[①]"繇"爲"䌛"之异體。從"䍃"之字多俗作"䍃"。[②]"徭",徭役、役使。《玉篇·彳部》:"徭,徭役也。""徭"又作"傜",《廣韵·宵韵》:"傜,使也,役也。"

(1)謹案:尉史給官曹治簿書,府官䌛使乘邊候望,爲百姓潘幣,縣不肯除。(《新》EPT59.58)

(2)☐□吏諸上功繇使☐。(《金(伍)》73EJD:144)

(3)刑,薄賦寬繇,闕☐。(《居》260.9A)

(4)☐□更繇皆給,當得取傳謁言廷敢。(《金(壹)》73EJT10:228)

(5)☐逋不算日不給更繇口算賦☐。(《金(貳)》73EJT24:134)

(6)☐案忠,年卅五,復繇,毋官☐。(《金(壹)》73EJT7:164)

例(1)"䌛使"與例(2)"繇使"即"徭使"。"徭使"同義連用,義役使。例(3)"薄賦寬繇"指减輕賦税和徭役。例(4)(5)"更繇(徭)"指更番戍守邊境的徭役。

"繇""徭(傜)"通假,其他文獻可見。朱駿聲《説文通訓定聲·孚部》:"繇,(叚借)又爲傜。""傜"即"傜"。《漢書·蓋寬饒傳》:"公卿貴戚及郡國吏繇使至長安。"顔師古注:"繇,讀與傜同。"又《文帝紀》:"務省繇費以便民。"顔師古注:"繇,讀曰徭。"

① 一説"䌛"之本義爲"歌謡""卜䌛"。參見季旭昇:《説文新證》,藝文印書館,2014,第885頁。

② 屯戍簡"搖"今作"摇",《新》EPT51.251:"輪一具,桼柔福七,軵搖福一折,佐爰完。杙軸完。"《敦》1039:"顯明隧,六石具弩三,繩摇,卒六石具弩二,五石一,繩搖。""搖"即"摇"。

## 127　桃—逃(táo,定母宵部。雙聲疊韵)

“桃”,桃樹,引申爲桃樹的果實。《説文·木部》:“桃,果也。”“逃”,逃亡。《説文·辵部》:“逃,亡也。”

(1)▨賓,虜且圍守。其晨時,孝、護桃下隧,奏候官,言:虜。(《新》EPF16.42)

(2)▨□恭召仲,宋黨遣,夜得桃走到候官。録上□▨。(《新》EPT44.41)

例(1)“孝”“護”爲人名,“孝、護桃下隧”指“孝”“護”二人逃下烽燧。例(2)“恭召仲”“宋黨遣”亦爲人名,“夜得桃走到候官”指在夜間逃跑到達候官。

可徑用本字,作“逃”,詳見“124姚—逃”組。

亦可寫作“姚”,詳見“124姚—逃”組。

“桃”“逃”通假,其他文獻可見。《韓詩外傳》卷十:“桃之爲言亡也。”“桃”讀爲“逃”。

## 128　遼—僚(liáo,來母宵部。雙聲疊韵)

“遼”,遥遠。《説文·辵部》:“遼,遠也。”“僚”,官僚。《玉篇·人部》:“僚,官也。”

制詔納言,其令百遼,屢省所典,脩厥職,務順時氣。始建國天鳳三年十一月戊寅下。(《新》EPT59.61)

“百遼”即“百僚”,指百官。

“遼”“僚”通假,其他文獻可見。朱駿聲《説文通訓定聲·小部》:“遼,(叚借)爲僚。”《春秋左傳异文釋》卷十:“哀十六年傳:市南有熊宜僚者。淮南主術僚引作遼。”

## 129　潦—遼(潦 lǎo,來母宵部;遼 liáo,來母宵部。雙聲叠韵)

“潦”,雨水大貌。《説文·水部》:“潦,雨水大皃。”“遼”,遥遠。《説文·辵部》:“遼,遠也。”

☐車馬不備,道里潦遠,又毋良使,同欲數請☐(《居》174.11)

《張家山漢簡·蓋盧》31、32:“甚寒甚暑,軍數進舍,卒則勞苦,道則遼遠,糧食絶者,攻之。”“道則遼遠”與簡文“道里潦遠”文意相同,可證“潦”通“遼”。

## 130　操—燥(操 cāo,清母宵部;燥 zào,心母宵部。聲近韵同)

“操”,握持、拿着。《説文·手部》:“操,把持也。”“燥”,乾燥。《説文·火部》:“燥,乾也。”

縣泉地埶多風,塗立乾操,毋□其濕也。度得榬六枚,今遣效穀倉曹令史張博。(《懸》Ⅱ0211②:26)

“乾操”即“乾燥”。“縣”通“懸”,“埶”通“勢”。“縣泉地埶多風,塗立乾操”大意爲:懸泉地勢多風,路途立刻乾燥。

“操”“燥”通假,其他文獻可見。《札樸》卷七:“《家語·子路初見》篇:操弓不反檠。操,當作燥。《説苑》:燥弓不返於檠。”

## 131　綃—蛸(xiāo,心母宵部。雙聲叠韵)

“綃”,生絲。《説文·糸部》:“綃,生絲也。”“蛸”,螵蛸,螳螂的卵块。因産在桑樹上故又名桑螵蛸，可入藥。《禮記·月令》："（仲夏之月）小暑至，螳蜋生。"鄭玄注："螳蜋，螵蛸母也。"

（1）前所示者多縹綃二分半☐。（《新》EPT40.191A）

（2）☐桑縹綃未有。（《新》EPT40.191B）

"綃"，《居延新簡釋校》原釋爲"蛸"，圖版分別爲、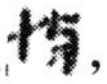，當釋爲"綃"，此字左旁不是"虫"字，而是"糸"字。屯戍簡中"糸"多見此種寫法，如（"練"《居》203.45），（"經"《敦》328），故當釋爲"綃"。[1]"縹綃"即"螵蛸"，"縹"通"螵"。

## 132　削—稍（削qiào，心母宵部；稍shāo，山母宵部。聲近韵同）

"削"，刀鞘[2]。《説文·刀部》："削，鞞也。"段玉裁注："今字作鞘。""稍"，稍微，稍小。《廣韵·效韵》："稍，小也。"

（1）☐四年以來削入錢計。（《居》80.13,350.8）[3]

"削入錢"即"稍入錢"，指少量收入的錢幣。"計"義"總計"。

可徑用本字，作"稍"，如：

（2）甲戌置佐博敢言之。謹移稍入錢☐。（《居》269.10A）

（3）☐敢言之，謹移稍入錢☐。（《居》559.1）

（4）稍入簿。（《新》EPT5.124A）

（5）☐甚毋狀，官毋稍入，迫計四時到，毋麻枲☐。（《新》EPF22.487）

① 李洪財：《漢簡草字整理與研究》，博士論文，吉林大學，2014，第319頁。

② 一曰"削"本義用刀斜刮。李學勤主編：《字源》，天津古籍出版社、遼寧人民出版社，2012，第371頁。

③"入"，史語所《居延漢簡》釋爲"人"，當釋爲"入"，漢簡"人""入"二者字形相混無別，故當從詞例上判別，"稍入錢"漢簡習見。

(6)☑□府,官毋稍入自給費直。(《新》EPF22.522)

(7)□□稍入錢出入簿。(《新》EPT5.124B)

(8)☑□出稍入錢,市社具☑。(《新》EPT 54.22)

(9)☑有官稍入茭二千七百束。尉駿買二千束。(《新》EPT52.177)

例(5)(6)"官毋稍入"之"官"指官府,則"稍入錢"應該是邊塞官府數額較小的一種財政收入。①

亦可寫作"鞘",詳見"133 鞘—稍"組。"稍入""削入""鞘入"爲同一詞的不同書寫形式。

"削""稍"通假,其他文獻可見。《周禮·地官·載師》:"以家邑之田任稍地。"鄭玄注:"故書稍或作削。"《山海經·海外東經》:"坐而削船。"郝懿行箋疏:"削,當讀若稍。削船,謂操舟也。"

## 133 鞘—稍(鞘 qiào,心母宵部;稍 shāo,山母宵部。聲近韻同)

"鞘",刀劍套。《説文新附·革部》:"鞘,刀室也。""稍",稍微,稍小。《廣韻·效韻》:"稍,小也。"

鞘入茭錢七百六十八。(《新》EPT52.335)

"鞘",《居延新簡集釋》釋爲"稍",圖版作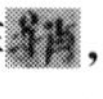,圖版左側不似"禾",今從《居延新簡——甲渠候官》釋爲"鞘"。"鞘入茭錢"即"稍入茭錢",指每年少量收入的錢幣。

可徑用本字,作"稍",詳見"132 削—稍"組。

亦可寫作"削",詳見"132 削—稍"組。

① 路方鴿:《居延漢簡"稍入"是邊塞財政收入之》,《南都學壇》2012年第4期。

## 134　縹—螵(縹piǎo,滂母宵部;螵piāo,滂母宵部。雙聲疊韻)

“縹”,青白色的絹。《説文·糸部》:“縹,帛青白色也。”“螵”,即螵蛸,螳螂的卵块。產在桑樹上故又名桑螵蛸,可入藥。《禮記·月令》:“(仲夏之月)小暑至,螳蜋生。”鄭玄注:“螳蜋,螵蛸母也。”

(1)前所示者多縹綃二分半☐。(《新》EPT40.191A)

(2)☐桑縹綃未有。(《新》EPT40.191B)

“縹”,《居延新簡釋校》原釋爲“螵”,圖版分別爲、。此字左旁不是“虫”字,而是“糸”字,詳見“131綃—蛸”組。“縹綃”即螵蛸,“綃”通“蛸”。

# 藥部通假字匯釋

## 135　徼—繳(徼 jiào,見母藥部;繳 zhuó,見母宵部。聲同韵近)

“徼”,巡察、巡邏。《説文·彳部》:“徼,循也。”“繳”,纏繞。《廣雅·釋詁四》:“繁,纏也。”

(1)立徼枲把弦一。(《敦》1673)

“立”當與“豎”義相近。“立徼”即“立繳”,應該是製作弓弦時纏繞麻繩的一種形式。“把”義持握,“枲把弦”應該指麻繩所製用來持握的弦。製作弓弦時,絲或麻繩纏繞的形式大概有兩種:一是由幾股繩絞合而成,如長沙馬王堆3號漢墓中曾出土弓弦,由四股絲繩絞合而成,弦徑約0.5厘米,差不多有筷子那麼粗細。[①]二是先用若干根繩作骨,然後再用繩豎向纏緊,如《天工開物》記録弓弦的製作方式爲:凡弓弦取食柘葉蠶繭,其絲更堅韌。每條用絲綫二十餘根作骨,然後用綫横纏緊約。纏絲分三停,隔七寸許則空一二分不纏,故弦不張弓時,可折叠三曲而收之。[②]《天工開物》所説的“横纏緊約”其實就是我們所説的“豎向纏緊”。因爲“横”與“豎”是相對而言的,若以作骨的繩爲豎向,則纏繞的繩爲横向,即《天工開物》所謂“横纏緊約”;若以作骨的繩爲横向,則纏繞的繩爲豎向,即簡文所謂“立徼(繳)”。所以,“立徼枲把弦”蓋指豎向纏繞的麻繩製成的持握的弓弦。

亦可寫作“繁”,爲“繳”之异體,如:

(2)赤弩一張,力四石五,木破,起繁往往絶。盲矢銅鍭箭五十枚。磑一合,敝

① 何介鈞、張維明:《馬王堆漢墓》,文物出版社,1982,第142頁。

② 宋應星:《天工開物》,廣東人民出版社,1976,第382頁。

盡不任用。(《居》128.1)

“徼”“繳”通假,其他文獻可見。朱駿聲《説文通訓定聲·小部》:“徼,(叚借)又爲繳。”《史記·龜策列傳》:“黄昏龜之徼也,不可以卜。”司馬貞索隱:“徼,謂繳繞不明也。”《漢書·百官公卿表上》:“掌徼循京師。”顔師古注:“徼,謂遮繞也。”

## 136 徼—激(徼jiào,見母藥部;激jī,見母藥部。雙聲叠韵)

“徼”,巡察、巡邏。《説文·彳部》:“徼,循也。”“激”,激勵、激發。《吕氏春秋·恃君》:“所以激君人者之行,而厲人主之節也。”高誘注:“激,發也。”

尉相聞徼其精勇,以壞龜茲、車師諸國,大煎都候鄣近於西域。(《敦》108)

“相聞”指互通傳遞消息。“精勇”指精鋭的士兵。“相聞徼其精勇,以壞龜茲、車師諸國”大意爲:相互傳遞信息激勵精鋭士兵,以打敗龜茲、車師諸國。

“徼”“激”通假,其他文獻可見。《漢書·揚雄傳上》:“不修廉隅以徼名當世。”顔師古注:“徼,字或作激。”又《叙傳上》:“據徼乘邪以求一日之富貴。”顔師古注:“徼,字或作激。”

## 137 龠—闟(yuè,餘母藥部。雙聲叠韵)

“龠”,一種用竹管編成的樂器。《説文·龠部》:“龠,樂之竹管,三孔,以和衆聲也。”“闟”,鑰匙。《説文·門部》:“闟,關下牡也。”本義爲楗,即上穿横闩下插地上的直木,引申指鑰匙。“闟”又寫作“鑰”。

☐塢户龠一。(《居》146.20)

楊秀芳先生認爲:“鑰”在先秦既可指楗,即關下直木,又可指稱鑰匙,後來多指稱鑰匙。[①]漢代距先秦不遠,情況應當相差不多。那麼,簡文“侖(鑰)”既有可能指“楗”,也有可能指“鑰匙”。但是,屯戍簡中往往用“戊”“毋”表示“楗”的意思,“戊”“毋”通“牡”,“牡”義楗,指抵關的直木,故此“侖(闔)”應當指鑰匙,而非指“楗”。

亦可寫作“籥”,詳見“138 籥—闔”組。

“侖”“闔(鑰)”通假,其他文獻可見。《睡虎地秦簡·爲吏之道》:“城郭官府,門户關侖(鑰)。”

## 138 籥—闔(yuè,餘母藥部。雙聲疊韵)

“籥”,兒童習字的竹篇。《説文·竹部》:“籥,書僮竹笘也。”“闔”,鑰匙。《説文·門部》:“闔,關下牡也。”本義爲楗,即上穿横闩下插地上的直木,引申指鑰匙。“闔”又寫作“鑰”,异體。

(1)户關二,棱楪三,木椎二,户戊二,籥一。(《居》506.1)

(2)□亡,長斧刃一枚,破;瓦斗少一枚,四;户毋戊、籥,罌少一枚,汲瓺毋。(《金(伍)》73EJF3:289)

此二簡中“户戊”與“籥”對舉,可知兩者所指必不相同。例(1)“户戊”即“户牡”,即楗,指關下直木。例(2)“户毋戊”即“户無牡”,指門户没有楗。則“籥(鑰)”所指不應是“楗”,而是鑰匙。

亦可寫作“侖”,詳見“137 侖—闔”組。

“籥”“闔(鑰)”通假,其他文獻可見。《戰國策·趙策三》:“魯人投其籥。”鮑彪注:“籥、鑰同,關下牡也。”《禮記·月令》:“(孟冬之月)脩鍵閉,慎管籥。”鄭玄注:“管籥,搏鍵器也。”孔穎達疏:“以鐵爲之,似樂器之管籥,搢於鑠内以搏取其鍵也。”“籥”均讀爲“闔”。

---

① 楊秀芳:《從詞彙史角度看“關楗”、“管籥”、“鎖匙”的關係》,《臺大文史哲學報》2008年第69期。

## 139　糴/糴—糴(dí,定母藥部。雙聲叠韵)

“糴”,穀名。《説文·米部》:“糴,穀也。”徐鍇繫傳:“糶糴字皆從此。”《廣韵·錫韵》:“糴,穀粟之名。”“糴”,爲“糴”之异體。《集韵·錫韵》:“糴,穀名。或從禾。”“糴”,買入糧食。《説文·入部》:“糴,市穀也。”“糴”當是爲“糴”之引申義所造的分化字。

(1)出錢百一十,糴大麥一石=百一十。出錢百一十五,糴麴五斗=廿三。(《居》214.4)

(2)廣又從福糴秫四斗,直五十四。福爲廣從盼寇隧長史未央。(《居》6.6)

(3)國,安糴粟四千石,請告入縣官,貴市平賈石六錢,得利二萬四千。(《居》20.8)

(4)以東至西河郡十一、農都尉官二,調物錢穀漕轉糴□民困乏,願調有餘給□☐。(《居》214.33A)

(5)出錢二百六十四,餘五斗,糴麴二石四斗。(《居》254.14)

(6)☐□秦長卿錢二百五十,爲秋糴☐。(《居》563.7)

(7)☐石十石,約至九月糴必以,即有物故,知責家中見在者。(《居》273.12A)

(8)秋當蚤糴。書到,豫繕治倉吏。部、鄣、辟,令☐。(《新》EPT52.396)

(9)從史弘受錢千二百。出錢七百廿,糴粟六石。今餘錢四百八十。(《新》EPT 51.5)

(10)☐言之從關嗇夫貰糴粟。(《金(壹)》73EJT1:66)

(11)責絣七百廿七匹。出錢九十二,糴粟。出錢八十,買腸。出錢十八,買刀。凡用錢六百八十五。出錢百買白。出錢二百一十,糴糜。出錢九十五,履。出錢二十,買席。償稚翁,七十。(《敦》1407)

例(6)至(8)糴糧食的時間爲秋季和九月,可見秋收時爲漢代邊塞屯戍組織儲備糧食的重要時間。

“糴”“糴”通假,其他文獻可見。王筠《説文句讀·米部》:“《廣韵》曰:‘穀粟之名。'言穀與粟與糴,皆通稱也。……《晋語》:'饑食其糴。'糴字欠明,似糶字之訛。"

## 140　樂—藥(樂 lè,來母藥部;藥 yào,餘母藥部。聲近韵同)

"樂",喜樂。《廣韵·鐸韵》:"樂,喜樂。""藥",藥物。《説文·艸部》:"藥,治病艸。"

(1)勉,致醫樂,起視事,謹候望,方考行,如律令。(《新》EPF22.279)

"致醫樂"指就醫治病。"起"義病愈。"起視事"指病愈後就職治事。"方"爲副詞,義一並。"考行"指考察官吏的行爲事迹。疑此簡内容與官吏行爲事迹考核有關,大意爲:官吏生病後就醫問藥,病愈後就職治事,謹慎候望,這些行爲一並進行考核。

可徑用本字,作"藥",如:

(2)告吏謹以文理遇士卒,病致醫藥,加恩仁恕,務以愛利省約爲首,毋行暴毆擊。(《新》EPF22.246)

(3)☑食,致醫藥,所欲聞命,幸=甚=☑。(《敦》1138)

(4)☑延,就醫藥,敢言之。(《居》231.104)

例(1)"致醫樂"即例(2)(3)"致醫藥"。"致""就"義同。

"樂""藥"通假,其他文獻可見。《文選·江淹〈雜體詩三十首〉》:"徙樂逗江陰。"舊注:"樂,五臣作藥。"

## 141 樂—觻(樂 lè,來母藥部;觻 lù,來母屋部。聲同韵近)

"樂",喜樂。《廣韵·鐸韵》:"樂,喜樂。""觻",觻得,漢縣名,漢武帝元鼎六年(前111年)置,故治在今張掖市甘州區西北,自漢至魏爲張掖治所。

(1)雒陽宜歲里張放,年三十五,字高,獄丞印。作者樂得廣昌里韓況□,牛車一兩,用牛二頭。(《金(貳)》73EJT24:248)

(2)錯田表是常安善居里李欽,年三十,表是宰之印。作者樂得廣昌里張錢年三十,大車一兩,用牛二頭,十二月庚子入。(《金(肆)》73EJF1:30+28)

(3)如律令敢言之,十月庚戌樂得行宰事守馬丞☐。(《金(伍)》73EJF3:254)

可徑用本字,作"觻",如:

(4)甲渠候長觻得延壽里趙猛,六石具弩一,完。弩帽一,完。糸承弦一,完。(《新》EPT48.17)

(5)甲渠候長觻得步利里張禹自言:故爲肩水都尉屬,元康四年八月。(《新》EPT51.104)

亦可寫作"禄",詳見"192 禄—觻"組。

## 142 濼—樂(濼 luò,來母藥部;樂 lè,來母藥部。雙聲叠韵)

"濼",古水名。《説文·水部》:"濼,齊魯間水也。"源出今山東省濟南市西南。"樂",樂涫,漢縣名,屬酒泉郡。《説文·水部》:"涫,灊也。从水,官聲。酒泉有樂涫縣。"《漢書·地理志下》"樂涫"王先謙補注:"《説文》涫,灊也。渣下云,渣,涫溢也,今西河朔方言,謂沸溢爲渣涫。據本志(引者按:即《漢書·地理志》)張掖觻得,千金渠至縣入澤中。"千金渠從張掖郡觻得縣流經酒泉郡樂涫縣,由樂涫縣注入澤中,水流注入時濺起水花，如同水沸騰一樣，疑“濼涫”因此而得名。

(1)永始二年三月丙戌朔庚寅，濼涫長崇、守丞延，移過所，遣佐王武逐殺人賊朱順敦煌郡中，當舍傳舍，從者如律令。(《懸》Ⅰ0110①:5)

(2)唯官移書，令觻得、濼涫收責。敢言之。(《新》EPT53.186)

(3)濼涫垣里大夫王連，年廿五☑。(《居》340.40)

(4)濼涫文里不更王更士，年十九☑。(《金叁》73EJT6:50)

可徑用本字，作“樂”，如：

(5)□戍卒禄福屈竟，戍卒樂涫王譚。(《敦》826)

“濼”“樂”通假，其他文獻可見。《左傳·桓公十八年》：“公會齊侯於濼，遂及文姜如齊。”《馬王堆漢墓帛書·春秋事語·魯桓公與文姜會齊侯于樂章》：“魯亘(桓)公與文羌(姜)會齊侯于樂(濼)。”“濼”即“樂”。

## 143　弱—褭(弱 ruò，日母藥部；褭 niǎo，泥母幽部。聲近韻近)

“弱”，曲木。《說文·彡部》：“弱，橈也。”①“褭”，簪褭，秦漢時第三等爵位名。段玉裁《說文解字注·衣部》：“《百官志》注曰：秦爵二十等，三曰簪褭，御駟馬者。”

(1)齊郡臨菑吉羊里簪弱王光，年廿三，長七尺三尺②，黃色，疾，字子叔☑。(《金(壹)》73EJT9:3)

“簪弱”即簪褭。此簡爲官吏名籍，記録其郡、縣、里名、爵位、姓名、年齡、身高、膚色、是否有疾病、字等信息。

---

① 季旭昇：《說文新證》：“(弱)，尿也。假借爲弱、溺水。《說文》釋爲弓橈，似非。”參見季旭昇：《說文新證》，藝文印書館，2014，第705頁。

② 第二個“尺”字，圖版爲，釋“尺”不誤。但按文意，應是“寸”字，屬簡牘抄寫者之誤。

可徑用本字,作“裹”,如:

(2)田卒平干國張榆里簪裹吕儋,年卌二。(《金(壹)》73EJT1:5)

(3)⧄□人埊池當曲富昌里簪裹張建,年卅二,長七尺三寸⧄。(《金(壹)》73EJT6:167)

## 144 爵/襭—雀(爵jué,精母藥部;雀què,精母藥部。雙聲叠韵)

“爵”,古代酒器。《説文·鬯部》:“爵,禮器也。”“襭”,字典辭書不載,其後爲衣服名詞(見下文第6例),疑爲“爵”之加形异體,受後文衣服名詞的影響而加“衣”旁。“雀”,①鳥名。《説文·隹部》:“雀,依人小鳥也。”朱駿聲《説言通訓定聲》:“雀,詩謂之黄鳥、俗所呼麻雀、黄雀皆是。”②赤黑色。因雀頭的顔色爲赤黑色,故又有此引申義。

(1)入,正月奉,穬麥一斛。建武廿二年閏月廿六日癸巳,平望朱爵隧長宋力布,受尉史仁。(《敦》1987)

(2)⧄平望朱爵隧,寅矢銅鍭百。(《敦》2117)

(3)二月,朱爵候長定,日徼迹簿。(《敦》2124)

(4)傳馬一匹,騧,乘,左剽,决右鼻,齒八歲,高五尺九寸半寸,駿,名曰黄爵。(《懸》V 1610②:14)

以上“爵(雀)”爲鳥名。以“朱爵”爲烽燧名,以“黄爵”爲馬名。

(5)爵復襦一,衣。草[①]復襜褕,閣。白練絝一,閣。布襌衣一,閣。(《新》EPT56.86)

(6)襭長襦一;白練絝一;皁布單衣一,毋;皁布單絝一;行縢幘、面衣各一,毋;羊皮絝一,毋。(《新》EPT52.141)

① “草”,《居延新簡集釋》釋爲“皁”,圖版作,當釋爲“草”。

以上“爵(雀)”“襽(雀)”義赤黑色,“爵復襦”指赤黑色的復襦,“襽長襦”指赤黑色的長襦。

“爵”“雀”通假,其他文獻可見。《方言》卷八:“爵子及雞雛謂之鷇。”戴震疏證:“爵、雀古通用。”又卷八:“桑飛,自關而東謂之工爵。”錢繹箋疏:“爵、雀字异音義同。”

## 145 駮—駁(bó,幫母藥部。雙聲叠韵)

“駮”,傳説中的獸名。《説文·馬部》:“駮,獸。如馬,倨牙,食虎豹。”“駁”,雜色的馬。《説文·馬部》:“駁,馬色不純。”

(1)☐用馬一匹,駠駮,齒七歲,高五尺八寸。(《金(壹)》73EJT3:20)

(2)☐居延令從史唐□,年卅二歲,□□□一匹,牡,駠駮,齒七歲,□□□□□三歲,七月己巳入。(《金(壹)》73EJT3:108)

(3)☐□尺八寸一匹,騂駮,齒十四歲,高五尺八寸。(《金(壹)》73EJT4:54)

(4)驛馬一匹,騂駮,牡,齒十四歲,高五尺八寸。上。調習。(《居》142.26A)

(5)☐□黑色長七尺二寸,乘方相車,騩駮牡馬一匹,齒十八歲,弓一十二。(《金(壹)》73EJT10:261)

(6)☐方箱一乘,駶駮牝馬一匹,齒八,字子惠。(《金(壹)》73EJT10:262)

(7)建昭元年八月丙寅戊辰,縣泉廄佐欣敢言之:爰書:傳馬一匹,騅駮,牡,左剽,齒九歲,高五尺九寸,名曰騅鴻。(《懸》Ⅱ0314②:301)

(8)己校左部中曲候令史黃賞,以私財買馬一匹,驪駮,牡=⋯。(《懸》Ⅱ0215①:16A)

例(1)(2)“駠駮”指紅身黑鬃尾的雜色馬,例(3)(4)“騂駮”指帶赤色的雜色馬,例(5)“騩駮”指帶淺黑色的雜色馬,例(6)“駶駮”指黑嘴黄毛的雜色馬,例(7)“騅駮”指帶赤褐色的雜色馬,例(8)“驪駮”指帶深黑色的雜色馬。

“駮”“駁”通假,其他文獻可見。朱駿聲《説文通訓定聲·小部》:“駮,(叚借)爲駁。”《詩經·豳風·東山》:“皇駮其馬。”馬瑞辰傳箋通釋:“駮、駁古通用。”

# 侯部通假字匯釋

## 146　句—駒(句 gōu,見母侯部;駒 jū,見母侯部。雙聲叠韵)

“句”,彎曲。《説文·句部》:“句,曲也。”“駒”,少壯的馬,馬駒。《廣韵·虞韵》:“駒,馬駒。”

大子驡,大赤,大驪,騧句,赤句。(《敦》229)

“騧”爲黑嘴黄色的馬。“騧句”即“騧駒”,指黑嘴黄色的馬駒。“赤句”即“赤駒”,指紅色的馬駒。“驡”同“駹”,“龙”可作“龍”的异體,《宋元以來俗字譜·龍部》引《古今雜劇》“龍”作“龙”,所以“驡”應該是“駹”的异體,指面額白色的黑馬。“赤”應該指紅色的馬。“驪”爲深黑色的馬。

## 147　拘—句(拘 jū,見母侯部;句 gōu,見母侯部。雙聲叠韵)

“拘”,限止。《説文·句部》:“拘,止也。”“句”,彎曲,《説文·句部》:“句,曲也。”

麗戎此時年可廿三四歲,至今年可六十所,爲人中壯、黄色、小頭、黑髮、隋面、拘頤、常戚額朐頻狀、身小、長詐廆、少言。書到二千石遣毋害都吏。(《金(壹)》73EJT1:1)

“頤”義下巴。“拘頤”即“句頤”,指向上彎曲的下巴。“麗戎”爲人名。“中壯”義中等形狀。“隋”通“橢”，義橢圓形。“戚”通“蹙”，義緊促、聚攏。“朐”本義彎曲的乾肉，《説文·肉部》:“朐，脯挺也。”引申表彎曲義。“頻”通“顰”，義皺眉。疑“身”爲“耳”之誤字。簡文先説“爲人中壯”，後説“身小”，顯然矛盾。“身”誤寫作“耳”，這種現象傳世文獻也可看到，《讀書雜志·墨子第四·公孟》:“今知其一身也。”王念孫按引王引之曰:“身當爲耳。”則“身小”即“耳小”。“庬”通“鬼”，義狡黠。簡文大意爲:“麗戎”這時年齡二十三四歲左右，到今年六十歲左右，爲人身形中等，面色黄色，頭小，黑髮，橢圓形臉龐，下巴向上彎曲，常常做緊皺着額頭、彎曲着眉毛的樣子，耳朵小，擅長狡詐，少言寡語。

一説，“拘”通“鉤”，鉤頤疑即尖下巴。[①] 此説亦通。

“拘”“句”通假，其他文獻可見。朱駿聲《説文通訓定聲·需部》:“拘，(叚借)爲句。”《荀子·哀公》:“古之王者，有務而拘領者矣。”楊倞注:“拘，與句同，曲領也。”又《宥坐》:“其流也埤下，裾拘必循其理，似義。”楊倞注:“《説苑》作‘其流卑下，句倨皆循其理，似義。’”“拘”即“句”。

## 148　拘—鉤(拘 jū，見母侯部；鉤 gōu，見母侯部。雙聲疊韻)

“拘”，限止。《説文·句部》:“拘，止也。”“鉤”，考查、考核。顔師古《匡謬正俗》卷八:“或問曰:‘今之官書文案，檢覆得失謂之爲句，音搆，何也?’答曰:‘字當作鉤，今從徑易，故省金耳。’”

(1)⋯年六月丁亥朔令史伋候長詡敢言之，謹拘校造史左褒二年九月盡三年桼月□及禄食□□簿及褒受□以稟餘當收入□□敢言之。(《敦》397)

(2)常安，今月十二日到，拘校敦德泉穀。曰聞始公之遣中軍試士。[②](《敦》226)

(3)譚踵知罪區處，黨未拘校兵物，官見吏。(《新》EPT20.8)

① 裘錫圭:《關於新出甘露二年御史書》，載《裘錫圭學術文集·簡牘帛書卷》，復旦大學出版社，2012，第47頁。

② “曰”，《敦煌馬圈灣漢簡集釋》釋爲“日”，從李洪財《漢簡草字整理與研究》(第351頁)改。“遣”，《敦煌馬圈灣漢簡集釋》釋“蜀”，圖版作，當釋爲“遣”。“拘”，《敦煌馬圈灣漢簡集釋》釋爲“抅”，圖版作，當釋爲“拘”。

(4)踵故承餘,府遣掾校兵物,少不應簿,拘校。(《新》EPF25.3)

(5)▨□拘校出入,不應法者舉白。(《新》EPT51.649)

(6)▨書到,拘校處實,牒别言。遣尉史弘齎▨。(《居》317.6)

(7)卅井言:謹拘校二年十月以來。(《居》430.1,430.4)

(8)十一月郵書留遲不中程各如牒。晏等知郵書數留遲,爲府職不身拘校而委。(《居》55.11,137.6,224.3)

"拘校"即"鉤校"。于豪亮先生認爲:鉤校乃鉤稽比較之意。除鉤校曆法、法律和書籍以外,漢簡中的鉤校是鉤稽比較那些亭燧郵書留遲。[①]屯戍簡中鉤校的内容有俸禄、錢穀、兵物、郵書留遲等。

可徑用本字,作"鉤",如:

(9)▨□,時表火課常在内,未曾見成,不知鉤校。候言▨。(《居》269.8)

亦可寫作"枸",詳見"152 枸—鉤"組。"鉤校""拘校" "枸校"爲同一個詞的不同寫法。

"拘""鉤"通假,其他文獻可見。《荀子·宥坐》:"其流也埤下,裾拘必循其理,似義。"楊倞注:"拘,讀爲鉤,曲也。"《後漢書·鄧訓傳》:"訓考量隱括。"李賢注:"孫卿子曰:拘木必待隱括蒸揉然後直也。拘,音鉤,謂曲者也。"

## 149　駒—拘(jū,見母侯部。雙聲疊韵)

"駒",少壯的馬,馬駒。《廣韵·虞韵》:"駒,馬駒。""拘",限止。《説文·句部》:"拘,止也。"

迹候爲事也,毋可憂者,迫駒執所屬,故不得詣二卿坐前,甚。(《居》502.14A,505.38A,505.43A)

① 于豪亮:《居延漢簡叢釋》,載《于豪亮學術文存》,中華書局,1985,第202頁。

"迫駒"即"迫拘"。"迫拘"同義連用,亦即"拘迫",義束縛、限止。簡文大意爲:日迹、候望爲重要的職事,其他没有什麼可憂慮的,束縛於从事所屬之事,所以不能到二卿座前。簡文内容爲書信。

可徑用本字,作"拘",詳見"257 扝—拘"組。

亦可寫作"扝",詳見"257 扝—拘"組。

## 150 駒—棘(駒 jū,見母侯部;棘 jí,見母職部。聲同韵近)

"駒",少壯的馬,馬駒。《廣韵·虞韵》:"駒,馬駒。""棘",叢生帶刺的草木。《説文·朿部》:"棘,小棗叢生者。"

(1)☐積薪三、駒薪三、表三。(《金(叁)》73EJT25:22)

(2)安樂隧。駒薪三,其一頃,足皆不塓。堠上蓬干下兩相不事當。居延蓬干置當徙。大薪三足不塓。塢堠不塓。(《地》86EDH:3)

"駒薪"即"棘薪",指帶刺的柴薪。由例(2)"其一頃,足皆不塓"可知棘薪和積薪一樣,也是堆積成垛的,基底也需要塗塓。

屯戍簡中"薪"的用途主要有兩種:一是用作燃料,如積薪、木薪、芮薪、駒(棘)薪等,積薪有大小之分,稱爲大積薪、小積薪。二是用作牲畜的飼料,如茭薪(《懸(壹)》Ⅰ90DXT0109②:10、Ⅰ90DXT0110②:38)。上引兩例中"駒(棘)薪"與積薪並提,説明"駒(棘)薪"是燃料。

## 151　駒—汲(駒 jū,見母侯部;汲 jí,見母緝部。聲同韻遠)

"駒",少壯的馬,馬駒。《廣韵·虞韵》:"駒,馬駒。""汲",取水。《説文·水部》:"汲,引水於井也。"

(1)駒桐①四,少四。(《居》47.4)

"桐"通"桶","駒桐"即"汲桶",指取水的桶。

可徑用本字,作"汲",如:

(2)汲桐,少一。(《居》68.63)
(3)汲桐一。(《居》305.19A)
(4)汲桐二,直卅。(《居》326.6A)
(5)汲水桐若甀,二、二、二。(《居》282.19)

例(1)"駒桐"即例(2)(3)(4)"汲桐"。例(5)"甀"指小口的容器。《淮南子·氾論》"(古者)木鉤而樵,抱甀而汲。""汲水桐若甀"蓋指形似"甀"而口較小的汲水桶。

亦可寫作"及",詳見"664 及—汲"組。

## 152　枸—鉤(枸 jǔ,見母侯部;鉤 gōu,見母侯部。雙聲疊韵)

"枸",木名。《説文·木部》:"枸,木也。可爲醬,出蜀。""鉤",考查、考核。顔師古《匡謬正俗》卷八:"或問曰:'今之官書文案,檢覆得失謂之爲句,音溝,何也?'答曰:'字當作鉤,今從徑易,故省金耳。'"

① "桐",史語所《居延漢簡》釋爲"相",圖版作,此字右側稍有漫漶,難以確釋,但"駒相"不辭,今從《居延漢簡釋文合校》釋。

(1)☑枸校,令與計簿相應。放式移遣服治☑。(《新》EPT52.576)

(2)☑□長、丞枸校,必得事實,牒别言,與計偕。如律令。敢告卒人。(《新》EPT53.33A)

例(2)“枸”,《居延新簡集釋》釋爲“拘”,圖版作,此字左半從“木”,當釋爲“枸”。“枸校”即“鉤校”,義查對。

可徑用本字,作“鉤”,詳見“148 拘—鉤”組。

亦可寫作“拘”,詳見“148 拘—鉤”組。

“枸”“鉤”通假,其他文獻可見。《荀子·性惡》:“故枸木必將待檃栝烝矯然後直。”楊倞注:“枸,讀爲鉤,曲也。”

## 153 具—俱(jù,群母侯部。雙聲疊韵)

“具”,準備、備辦。《説文·廾部》:“具,共置也。”引申有“都、皆”義。“俱”是爲“具”之引申義所造的分化字。《説文·人部》:“俱,偕也。”《玉篇·人部》:“俱,皆也。”

《行葦》則兄弟具尼矣,故曰:先之以博愛而民莫遺其親。百廿七字☑。(《金(叁)》73EJT31:141)

簡文“行葦”指《詩·大雅·行葦》篇。簡文“兄弟具尼”化用了《行葦》之“戚戚兄弟,莫遠具爾”的詩句。“戚戚兄弟,莫遠具爾”大意爲:相親相愛的兄弟,没有遠近之别,都很親近。則“兄弟具尼”之意便是:兄弟都親近。

簡文内容可能跟《孝經·三才》章有關:[①]

子曰:“夫孝,天之經也,地之義也,民之行也。……是故先之以博愛而民莫

① 劉嬌:《漢簡所見〈孝經〉之傳注或解説初探》,載復旦大學出土文獻與古文字研究中心網站,網址:http://www.gwz.fudan.edu.cn/SrcShow.asp?Src_ID=2487,2015年4月8日。

遺其親，陳之於德義而民興行，先之以敬讓而民不爭，導之以禮樂而民和睦，示之以好惡而民知禁。”

“具”“俱”通假，其他文獻可見。朱駿聲《説文通訓定聲·需部》：“具，（叚借）爲俱。”《詩經·大雅·桑柔》：“具禍以燼。”鄭玄箋：“具猶俱也。”《墨子·備梯》：“即具發之。”孫詒讓閒詁：“具與俱通。《備蛾傅》篇作俱。”

## 154　禺—遇（yù，疑母侯部。雙聲叠韵）

“禺”，獸名，猴屬。《説文·由部》：“禺，母猴屬，頭似鬼。”[①]“遇”，對待。《説文·辵部》：“遇，逢也。”引申爲對待義。

（1）制詔皇大子：朕體不安，今將絶矣，與地合同，衆不復起，謹視皇大之笥，加曾朕在。善禺百姓，賦斂以理。存賢近聖，必聚譖士。表教奉先，自致天子。胡亥自汜，滅名絶紀。審察朕言，衆身毋久。蒼蒼之天，不可得久視；堂堂之地，不可得久履。道此絶矣！告後世及其孫子。（《敦》1448）

“善禺百姓”即“善遇百姓”，義善待百姓。簡文大意詳見“002 侅—亥”組。

可徑用本字，作“遇”，如：

（2）明察吏有若能者勿用。嚴教官屬，謹以文理遇百姓，務稱明詔厚恩。如詔書。從事史賀、音。（《新》EPT54·5）

（3）告吏謹以文理遇士卒，病致醫藥。加恩仁恕，務以愛利省約爲首。毋行暴毆擊。（《新》EPF22·246）

“文理”義禮儀，“以文理遇百姓”“以文理遇士卒”指用禮儀對待百姓、對待士卒。

亦可寫作“愚”，詳見“155 愚—遇”組。

① 一説，“禺”大概是某種蟲形。參見李學勤主編：《字源》，天津古籍出版社、遼寧人民出版社，2012，第 808—809 頁。

“禺”“遇”通假，其他文獻可見。《山海經·西山經》：“又西八十里符禺之山。”郝懿行箋疏：“太平御覽九百二十八卷又引作遇。”《讀書雜志·漢書第五·天文志》“氣相遇者。”王念孫按：“遇本作禺。禺讀曰偶，謂兩氣相敵偶也。”

## 155　愚—遇（愚 yú，疑母侯部；遇 yù，疑母侯部。雙聲疊韵）

“愚”，愚笨、愚昧。《説文·心部》：“愚，戇也。”“遇”，對待。《説文·辵部》：“遇，逢也。”引申爲“對待”義。

察非，恩愚小人，數施厚恩，不宜羊。（《新》EPT51.182A）

“恩愚小人”即“恩遇小人”，指用恩惠對待小人。

可徑用本字，作“遇”，詳見“154 禺—遇”組。

亦可寫作“禺”，詳見“154 禺—遇”組。

## 156　侯—篌（hóu，匣母侯部。雙聲疊韵）

“侯”，箭靶、射布。《儀禮·鄉射禮》：“乃張侯下綱，不及地武。”鄭玄注：“侯謂所射布也。”“篌”，即箜篌，樂器。《玉篇·竹部》：“箜，箜篌樂。”

☐空侯琴☐。（《新》EPF22.725）

“空侯琴”即“箜篌琴”。

“侯”“篌”通假，其他文獻可見。《別雅》卷一：“空侯，箜篌也。”

## 157　侯—後(侯 hóu,匣母侯部;後 hòu,匣母侯部。雙聲疊韵)

“侯”,古時射禮所用射布、箭靶。《詩經·小雅·賓之初筵》:“大侯既抗,弓矢斯張。”“後”,時間晚。《説文·彳部》:“後,遲也。”

疌子、詘呼、郁立師、卑陸<u>侯</u>,皆舉國徙人民。(《敦》67)

“卑陸侯”即“卑陸後”,指卑陸後國,爲西域故國。《漢書·西域傳》:“卑陸後國,王治番渠類谷,去長安八千七百一十里。户四百六十二,口千一百三十七,勝兵三百五十人。輔國侯、都尉、譯長各一人,將二人。東與郁立師、北與匈奴、西與劫國、南與車師接。”“疌子”即“捷枝”,“詘呼”即“狐胡”,“捷枝”“狐胡”“郁立師”皆西域故國名。

## 158　歐—毆(ōu,影母侯部。雙聲疊韵)

“歐”,嘔吐。《説文·欠部》:“歐,吐也。”“毆”,毆打。《説文·殳部》:“毆,捶轂物也。”

(1)鬼新蕭登,故爲甲渠守尉,坐以縣官事<u>歐</u>笞戍卒尚勃,讞爵減。(《金(壹)》73EJT3:53)

(2)以所帶劍首<u>歐</u>種戍卒王奉親,肩背皆青黑雍種,廣袤各半所,得以會。(《金(壹)》73EJT5:73)[①]

(3)☑木杆端有斧刃,以<u>歐</u>擊賢右。(《新》EPT52.555)

(4)大守=屬禹劾曰:案日勒言斷獄北部都尉屬禹劾候長曹宣,以縣官事簿

① “首”,整理者原釋爲“對”,圖版作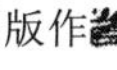,當釋爲“首”。“劍首”指劍把的頭部。“袤”,整理者原釋爲“裒”,圖版作,當釋爲“袤”。“廣袤”指面積,從東到西的長度叫“廣”,從南到北的長度叫“袤”。參見方勇《讀肩水金關漢簡札記二則》,《魯東大學學報》2012年第2期。

問,以它歐戍卒陳禹等,長。(《金(叁)》73EJT31:149)

例(1)"歐笞"即"毆笞",義毆打。例(2)"歐種"即"毆中",義毆打擊中。"種"通"中"。例(3)"歐擊"即"毆擊",義毆打、擊打。例(4)"以縣官事簿問"指因官事據所列罪狀一一責問。"簿問"義"簿責",指依據文書所列罪狀逐一責問。"以它歐戍卒陳禹等"指因其他的原因毆打戍卒陳禹等人。

"歐""毆"通假,其他文獻可見。《墨子·經下》:"説在宜歐。"孫詒讓閒詁:"歐,吴鈔本作敺。""敺"即"毆"字。《漢書·張良傳》:"欲歐之。"顔師古注:"歐,擊也。""歐"讀爲"毆"。

## 159　偷—褕(偷 tōu,透母侯部;褕 yú,餘母侯部。聲近韵同)

"偷",苟且。《禮記·表記》:"安肆日偷。"鄭玄注:"偷,苟且。""褕",即襜褕,漢代的一種外衣,有直裾和曲裾兩種樣式,爲男女通用的非正朝之服,寬大而長。《急就篇》:"襜褕袷複褶袴褌。"顔師古注:"襜褕,直裾禪衣也。謂之襜褕者,取其襜襜而寬裕也。"《漢書·雋不疑傳》:"衣黄襜褕。"顔師古注:"襜褕,直裾禪衣。"又《外戚恩澤侯表》:"坐衣襜褕入宫,不敬。"顔師古注:"襜褕,直裾禪衣也。"又《何並傳》:"被其襜褕自代。"顔師古注:"襜褕,曲裾禪衣也。"

(1)中不審日,候卒周利謂鎮曰:令史扈卿買我早復[①]儋偷。(《居》285.19)

"儋偷"即"襜褕","儋"通"襜"。

可徑用本字,作"褕",如:

(2)縑復襲、布復襦、布單襜褕各一領,韋單絝、布幝、革履、枲履各☐。(《居》82.34)

(3)白革履一兩,白布襜褕一領。(《居》206.23)

① "早",史語所《居延漢簡》釋爲"皁",圖版作,當釋爲"早"。"復",史語所《居延漢簡》釋爲"被","早被儋偷"不辭,圖版作,當釋爲"復","早復儋偷"即"皁復襜褕"。

(4)☐布襜褕一領。布絝一兩。(《新》EPT52.186)

(5)☐□皁襜褕一領,直千四百七十。(《新》EPT52.188)

亦可寫作"愈",詳見"166愈—褕"組。"襜褕""儋偷""繵愈"爲同一個詞的不同書寫形式。

## 160 偷—瘉(偷tōu,透母侯部;瘉yù,餘母侯部。聲近韵同)

"偷",苟且。《禮記·表記》:"安肆日偷。"鄭玄注:"偷,苟且。""瘉",病愈。《說文·疒部》:"瘉,病瘳也。"今作"愈"。《玉篇·心部》:"愈,差也。"[1]

(1)九月己丑,病寒炅,盡庚寅積二日,已偷。(《居》34.25)

(2)☐飲藥廿齊,不偷,它如爰書,敢言之。(《居》52.12)

(3)病年月日,署所,病偷不偷,報名籍候官,如律令。(《居》58.26)

(4)十三日不偷,□□軟弱。(《居》155.4)

(5)☐藥卅齊,不偷。至八月己☐。(《新》EPT43.251)

(6)還,病涕出,飲食不盡,度馬醫同診治,久刺豉藥,不能偷,日益。(《懸(壹)》Ⅰ90DXT0110①:2)

(7)拜謁,幸財罪,請少偷,伏前因言累以所市物,謹使使再拜受,幸。(《金(叁)》73EJT30:28A)

亦可寫作"愈","愈"爲"瘉"之异體,如:

(8)第卅七隧卒蘇賞,三月旦病兩胠箭急,少愈。第卅三隧卒公孫譚,三月廿日病兩胠箭急,未愈。第卅一隧卒尚武,四月八日病頭廱寒炅,飲藥五齊,未愈。(《居》4.4B)

---

① "差"義爲病愈,後作"瘥"。《方言》卷三:"差,愈也。南楚病愈者謂之差。"

亦可寫作“癒”,“癒”爲“愈”之异體,如:

(9)病泄注不癒,乙酉加傷寒,頭通,潘懣,四節不舉,有書。(《新》EPF22.280)

(10)☐頭應、寒熱,飲藥五齊,不癒。戍掾言候官,請。(《新》EPT59.269)

亦可寫作“俞”,詳見“162俞—瘉”組。

亦可寫作“愉”,詳見“163愉—瘉”組。

亦可寫作“偷”,詳見“164偷—瘉”組。

“偷”“瘉(愈)”通假,其他文獻可見。《讀書雜志·史記第四·蘇秦列傳》:“淮南王傳:王亦偷欲休。《漢書》‘偷’作‘愈’。《韓子·難一》:‘偷取多獸。’《淮南·人間》篇作‘愈’。”

## 161　臾—庾(臾yú,餘母侯部;庾yǔ,餘母侯部。雙聲叠韵)

“臾”,拙人。甲骨、金文字形從臼(或廾)人,會拙人之意。與“曳”本同字,後假借爲“須臾”之“臾”,字形漸漸分化。[1]“庾”,露天穀倉。《説文·广部》:“庾,一曰倉無屋者。”

秋當蚤糴。書到,豫繕治倉臾。部、郭、辟令☐。(《新》EPT52.396)

“倉臾”即“倉庾”,義爲貯藏糧食的倉庫。

“臾”“庾”通假,其他文獻可見。桂馥《説文義證·申部》:“臾、庾古字通也。”《周禮·考工記·弓人》:“謂之夾、臾之屬。”孫詒讓正義:“臾,《司弓矢》作庾,聲同字通。”

① 季旭昇:《説文新證》,藝文印書館,2014,第982頁。

## 162　俞—瘉(俞yú,餘母侯部;瘉yù,餘母侯部。雙聲叠韵)

“俞”,古代刳空樹木做船。《説文·舟部》:“俞,空中木爲舟也。”“瘉”,病愈。《説文·疒部》:“瘉,病瘳也。”今作“愈”。《玉篇·心部》:“愈,差也。”

(1)▨酉,卒夏同予藥二齋,少俞。(《新》EPT52.228)

(2)▨分,乙酉俞。(《居》516.25)

例(1)“少俞”即“少愈”,指病情稍有好轉。例(2)“乙酉俞”即“乙酉愈”,指乙酉日病愈。

亦可寫作“愈”,爲“瘉”之异體,詳見“160偷—瘉”組。

亦可寫作“偸”,爲“愈”之异體,詳見“160偷—瘉”組。

亦可寫作“愉”,詳見“163愉—瘉”組。

亦可寫作“徿”,詳見“164徿—瘉”組。

“俞”“愈”通假,其他文獻可見。《楚辭·七諫·自悲》:“新人近而俞好。”洪興祖補注:“俞與愈同。”《荀子·榮辱》:“清之而俞濁者口也。”楊倞注:“俞,讀爲愈。”又《仲尼》:“俞務而俞遠。”楊倞注:“俞,讀爲愈。”

## 163　愉—瘉(愉yú,餘母侯部;瘉yù,餘母侯部。雙聲叠韵)

“愉”,快樂、喜悦。《爾雅·釋詁上》:“愉,樂也。”“瘉”,病愈。《説文·疒部》:“瘉,病瘳也。”今作“愈”。《玉篇·心部》:“愈,差也。”

□□詣官,會己酉旦。謹案:戍卒三人,其一人吴憙,迺能莎上疾温,幸少愉,其毛足進易皮□出。(《金(叁)》73EJT28:18)

“少愉”即“少愈”,指病情稍有好轉。

亦可寫作“愈”，爲“瘉”之异體，詳見“160 偷—瘉”組。

亦可寫作“𢡻”，爲“愈”之异體，詳見“160 偷—瘉”組。

亦可寫作“俞”，詳見“162 俞—瘉”組。

亦可寫作“徧”，詳見“164徧—瘉”組。

“愉”“瘉”通假，其他文獻可見。《讀書雜志·餘編下·文選》：“《荀子·正論篇》：心至愉。《君子篇》作愈。”“愈”即“瘉”。

## 164　徧—瘉(徧yú，餘母侯部；瘉yù，餘母侯部。雙聲叠韵)

“徧”，行貌。《玉篇·彳部》：“徧，行皃。”“瘉”，病愈。《說文·疒部》：“瘉，病瘳也。”今作“愈”。《玉篇·心部》：“愈，差也。”

☑□病，使君徙居衡君家，卧未徧，大舍東堂地。

☑□徧乃來。謹請李子恩，再拜白，責刑卿、高子恩。(《敦》2337B)

“卧未徧”指病未痊愈，臥病在牀。“□徧乃來”指病愈才來。

亦可寫作“愈”，爲“瘉”之异體，詳見“160 偷—瘉”組。

亦可寫作“𢡻”，爲“愈”之异體，詳見“160 偷—瘉”組。

亦可寫作“俞”，詳見“162 俞—瘉”組。

亦可寫作“愉”，詳見“163 愉—瘉”組。

## 165　褕—襦(褕 yú，餘母侯部；襦 rú，日母侯部。聲近韵同)

“褕”，有雉尾的王后祭服。《説文·衣部》：“褕，褕翟，羽飾衣。”“襦”，短上衣。《説文·衣部》：“襦，短衣也。”

(1)布襌褕一領，布襌絝一領。(《新》EPT52.93)

“布禪褕一領”即“布禪襦一領”，指用單層布製成的短上衣一件。

可徑用本字，作“襦”，如：

(2)布單襦一領。(《新》EPS4T2.11)

(3)☑白布單襦一領。(《新》EPT52.187)

例(1)“布禪褕”即例(2)(3)“布單襦”。“單”通“禪”。

“褕”“襦”通假，其他文獻可見。朱駿聲《説文通訓定聲·需部》：“襦，字亦以褕爲之。”

## 166　愈—褕(愈 yù，餘母侯部；褕 yú，餘母侯部。雙聲叠韵)

“愈”，病愈。《玉篇·心部》：“愈，差也。”“褕”，襜褕，指漢代的一種外衣，有直裾和曲裾兩種樣式，爲男女通用的非正式之服，寬大而長。

(1)入繪[1]愈，守尉史謹☑。(《新》EPS4C12)

“繪愈”即“襜褕”，“繪”通“襜”。

可徑用本字，作“褕”，詳見“159 偷—褕”組。

亦可寫作“偷”，詳見“159 偷—褕”組。“襜褕”“繪愈”“儋偷”爲同一個詞的不同書寫形式。

## 167　柱—駐(柱 zhù，定母侯部；駐 zhù，端母侯部。聲近韵同)

“柱”，柱子。《説文·木部》：“柱，楹也。”“駐”，①馬立止。《説文·馬部》：“駐，馬立也。”②停駐。“柱”“駐”同源通用。

---

①“繪”，《居延新簡集釋》釋爲“給”，圖版作。“繪愈”不辭，今從《居延新簡校釋》釋。

(1)出粟小石九石六斗,鴻嘉二年六月辛卯,甲渠掾備付居延毄虜亭長徐偃給柱馬食。(《新》EPT4.91)

(2)☐一石二斗給柱馬食□□☐。(《新》EPT5.34)

(3)出茭卌束,閏月乙卯,以食送使者葉君柱馬八匹,壹宿,南。(《新》EPT51.85)

(4)☐行塞使者、勞邊使者、大守君柱馬☐。(《新》EPT52.616)

(5)柱馬食。(《居》214.128)

(6)受杜君秎程卅石,其十五石廩柱馬,食十五石。(《居》507.3A)

(7)傳馬一匹,駹,乘,左剽,八歲,高五尺八寸,中,名曰倉波,柱。(《懸》V 1610②:11-15)

(8)傳馬一匹,騮,乘,左剽,決兩鼻,白背,齒九歲,高五尺八寸,中,名曰佳□,柱,駕。(《懸》V 1610②:11-16)

(9)永光三年正月丁亥朔丁未,淵泉丞光移縣泉置,遣廄佐賀持傳車馬迎使者董君、趙君所將客柱淵泉,留稟茭,今寫券墨移書到受簿入二月報,毋令繆,如律令。(《懸(壹)》I 90DXT0111②:3)

例(1)至(8)"柱(駐)"義"馬立止"。"駐馬",指停駐的馬,即備用馬。[1]例(9)"柱(駐)"義停駐。"柱淵泉"指停駐在懸泉驛。

亦可寫作"主",詳見"171 主—駐"組。

"柱""駐"通假,其他文獻可見。《釋名·釋宫室》:"柱,住也。"王先謙疏證補:"住、駐、柱,皆取止而不動之義。"

## 168 婁—簍(婁 lóu,來母侯部;簍 lǒu,來母侯部。雙聲疊韵)

"婁",物體中空。《説文·女部》:"婁,空也。""簍",用竹篾等編成的盛物器具。《説文·竹部》:"簍,竹籠也。""簍"是爲"婁"之引申義所造的分化字。

① 參見中國簡牘集成編委會:《中國簡牘集成》(第六册),敦煌文藝出版社,2001,271頁;第八册,敦煌文藝出版社,2001,第139頁。胡平生、張德芳:《敦煌懸泉漢簡釋粹》,上海古籍出版社,2001,第83頁。

大葦篋一。狗三枚,大小。託八具。故黑墨小桮九。故大桮五,缺故。蒠□□。書篋一。寫婁一,封。完。(《居》89.13B)

簡 89.13 的 A、B 兩面主要記載于(杅)、桮(杯)、篋、託(托)、坐(座)等器物的數量及一些具體情況。①"寫"義"放置"。《説文·宀部》:"寫,置物也。""寫婁"即"寫簍",當指置物簍。"封"説明此簍是密封着的。

"婁""簍"通假,其他文獻可見。《廣雅·釋器》:"簍,篆也。"王念孫疏證:"簍之言婁也,斂聚之名也。"

## 169 樓—蓏(樓 lóu,來母侯部;蓏 luǒ,來母歌部。聲同韵近)

"樓",樓房。《説文·木部》:"樓,重屋也。""蓏",果蓏,爲葫蘆科栝樓屬多年生攀緣草本。中醫上有清熱化痰、潤肺止咳、滑腸的功效。

☐一分,栝樓、蒌眯四分,麥、丈句、厚付各三分,皆合和。以方寸匕取藥一,置杯酒中飲之,出矢鍭。(《新》EPT56.228)

"栝樓"即"果蓏","栝"通"果"。

"樓""蓏"通假,其他文獻可見。《詩經·豳風·東山》:"果蓏之實,亦施于宇。"毛傳注:"果蓏,栝樓也。"李時珍《本草綱目·草七·栝樓》:"栝樓即果蓏,二字音轉也。"

## 170 朱—侏(zhū,章母侯部。雙聲叠韵)

"朱",赤心木。《説文·木部》:"朱,赤心木。"引申爲赤色。"侏",侏儒,身材短小的人。慧琳《一切經音義》卷六十"侏儒"注引《韵英》:"侏儒,矬小也。"

---

① 《居》89.13A:"故畫于三。黑墨于四。龔于一。故中槃一。□小桮五十,其五枚破。赤墨畫託,二,其一枚破。赤桮七具。白桮十七具。墨著大桮廿。"

縣置三老,二。行水兼興舩,十二。置孝弟、力田,廿二。徵吏二千石以符,卅二。郡國調列侯兵,卌二。年八十及乳、朱需、頌毄,五十二。(《居》5.3,10.1,13.8,126.12)

"朱需"即"侏儒","需"通"儒"。

"朱""侏"通假,其他文獻可見。《廣雅·釋詁二》:"侏,短也。"王念孫疏證:"朱與侏通。"《左傳·襄公四年》:"朱儒。"陸德明釋文:"朱,本或作侏。"

## 171 主—駐(主 zhǔ,章母侯部;駐 zhù,端母侯部。聲近韵同)

"主",燈柱。《説文·丶部》:"主,鐙中火主也。""駐",馬立止。《説文·馬部》:"駐,馬立也。"

(1)▨主馬十四匹。四日,殄北主馬十四匹,一宿去,藥馬八束半。

▨主馬四匹,三日藥馬八束半。(《新》EPT52.226)

(2)▨□盧北,見良主馬廿餘匹。(《新》EPS4T2.132)

"主馬"即"駐馬",停駐的馬,也就是飼養在馬廄中的備用馬。

亦寫作"柱",詳見"167 柱—駐"組。

## 172 繻—襦(rú,日母侯部。雙聲叠韵)

"繻",彩色的絲織品。《説文·糸部》:"繻,繒采色。""襦",短上衣。《説文·衣部》:"襦,短衣也。"

(1)出穀十六石五斗五升,布買絳。出穀三石三斗,買□三斤,莊繻。出穀三石五斗,買履一兩。(《新》EPT65.330A)

(2)𨠵大奴宜，長六尺。爲人小狀，黑色，毋須。衣白布單衣、繻、絝，步行。(《新》ESC11A)

(3)☑帛一匹。出帛一匹，從民吴始買繒繻一領，布絳一。(《新》EPT65.65)

(4)鄣卒王代，出帛一丈，爲母治繻。(《新》EPT65.106)

(5)□□□里蔡□，練袍一領，布絝一兩，布繻一領，韋絝一兩，衣布絑二兩，□褐絑一。(《新》EPT51.387)

(6)布單繻☑。(《新》EPT58.19)

屯戍簡中"襦"有"單襦"和"復襦"之分。

"繻""襦"通假，其他文獻可見。《易·既濟》："繻有衣袽，終日戒。"王引之《經義述聞》："……今按：《説文》'襦，䰉衣也'。'䰉，温也'，䰉衣所以禦寒也。""繻"即"襦"。

## 173 取—娶(qǔ，清母侯部。雙聲疊韵)

"取"，獲取。《説文·又部》："取，捕取也。"引申爲娶妻。"娶"是爲表其引申義所造的分化字。《女部》："娶，取婦也。"段玉裁注："取彼之女，爲我之婦也。"

(1)☑書，而召韓倗問之，韓倗對曰：臣取婦二日三夜，去之來[①]遊，三年不歸，婦☑。(《敦》496A)

(2)車，祭者占牛馬毛物，黄白青騩，以取婦、嫁女、祠祀、遠行、入官、遷徙、初疾☑。(《新》EPT40.38)

(3)鄣卒王同，歸取婦。(《新》EPT43.103)

(4)造上□馮，爲卒取婦☑。(《新》EPT43.8)

(5)☑取直爲婦☑。(《新》EPT59.306)

"取婦"即"娶婦"。

① "來"，《敦煌馬圈灣漢簡集釋》作"欒"，圖版爲，當釋爲"來"。參見裘錫圭：《漢簡中所見韓朋故事的新資料》，載《裘錫圭學術文集·簡牘帛書卷》，復旦大學出版社，2012，第321頁。

可徑用本字，作"娶"，如：

(6)☑案：部吏卒毋嫁娶過令者，敢言之。(《新》EPT4.45)

(7)☑毋嫁娶過令者，敢言之☑。(《新》EPF22.826)

(8)☑石至庶民娶☑。(《新》EPT10.43)

亦可寫作"聚"，詳見"176聚—娶"組。

"取""娶"通假，其他文獻可見。朱駿聲《説文通訓定聲·需部》："取，(叚借)爲娶。"《漢書·王莽傳上》："配取不正。"顏師古注："取，皆讀曰娶。"又《地理志下》："嫁取送死奢靡。"顏師古注："取，讀曰娶。"

## 174　趣—促(趣qù，清母侯部；促cù，清母屋部。聲同韵近)

"趣"，疾走。《説文·走部》："趣，疾也。""促"，①急速、緊迫。《説文·人部》："促，迫也。"②督促、催促。此引申義。

(1)☑以北吏士皆具已，勑鉼庭趣言付殄北火日時，敢言之。(《新》EPT44.30C)

(2)六月張掖大守毋適、丞勳，敢告部都尉卒人：謂縣寫移書到趣報如御史書律令，敢告卒人。掾佷守卒史禹置佐財。(《金(壹)》73EJT1:2)

(3)趣作治，功再通，持詣官，會月桼日，如律令。(《新》EPT6.56)

(4)寫移書到，趣作治，已成言，會月十五日詣言府，如律令。士吏宣、令史起。(《居》139.36,142.33)

(5)送致還所，況讓前□，書到，趣治決已言，如律令。(《敦》71)

(6)候史廣德，坐不循行部、塗亭，趣具諸當所具者，各如府都吏舉。部糒不畢，又省官檄書不會=日，督五十。(《新》EPT57.108A)

(7)放趣具峯馬，會正月十日。不具議罰，復白，十二月壬辰白。(《敦》615)

(8)史、候長傅育等當負，趣收責，會十二月五日⊡。(《新》EPT6.58)

以上“趣(促)”義急速。例(1)“趣言”義急速説。例(2)“趣報”義急速匯報。例(3)(4)“趣作治”義急速治作。例(5)“趣治决”義急速决斷。例(6)“趣具諸當所具者”指急速準備應當準備的。例(7)“趣具窜馬”指急速準備馬與馬鞍。例(8)“趣收責”即急速收回。[①]

(9)告第三候長,移三月以往卒食少不足名,至今不移,趣之毋到。(《新》EPT6.75)

以上“趣(促)”義督促、催促。“趣之毋到”即“促之毋到”,指催促之後“三月以往卒食少不足”名籍依然未到。

亦可寫作“聚”,詳見“175 聚—促”組。

亦可寫作“卒”,詳見“522 卒—促”組。

“趣”“促”通假,其他文獻可見。桂馥《説文義證·人部》:“促,通作趣。”《漢書·曹參傳》:“蕭何薨,參聞之,告舍人趣治行:‘吾且入相’。”顔師古注:“趣讀曰促,謂速也。”又《成帝紀》:“持節督趣逐捕。”顔師古注:“趣,讀曰促。”

## 175 聚—促(聚 jù,從母侯部;促 cù,清母屋部。聲近韵近)

“聚”,會和、集合。《説文·㐺部》:“聚,會也。”“促”,督促、催促。《説文·人部》:“促,迫也。”本義急速、緊迫,引申爲督促、催促。

務得請實,發生從迹,毋督聚煩擾民。大逆同産當坐重事,推迹未窮,毋令居部界中不覺。得者書言白報,以郵亭行,詣長安傳舍。(《金(壹)》73EJT1:2)

“督聚”即“督促”,義督責、催促。“毋督聚煩擾民”指不要催促、煩擾百姓。

① 張顯成先生認爲:“收責”不能讀爲“收債”,即不能釋爲收債務。“責”,義索取、求取。《説文·貝部》:“責,求也。”徐鍇繫傳:“責者,迫迮而取之也。”王筠句讀:“責,謂索求負家償物也。”故“收責”是並列聯詞,表示“收回、收取、收納、收留、收繳”類義。

亦可寫作“趣”，詳見“174趣—促”組。

亦可寫作“卒”，詳見“522卒—促”組。

## 176 聚—娶(聚jù，從母侯部；娶qǔ，清母侯部。聲近韻同)

“聚”，會和、集合。《説文·乑部》：“聚，會也。”“娶”，娶妻。《説文·女部》：“娶，取婦也。”段玉裁注：“取彼之女，爲我之婦也。”

(1)建武四年五月辛巳朔戊子，甲渠塞尉放行候事，敢言之。詔書曰：吏三百石、庶民，嫁聚毋過萬五千；關内侯以下至宗室及列侯子，娉聚各如令。犯者，没入所齎奴婢、財物縣官。有無。(《新》EPF22.45A)

(2)四時言。謹案：部吏毋嫁聚過令者，敢言之。(《新》EPF22.690)

(3)甲渠言：部吏毋嫁聚過令者。(《新》EPF22.44)

“嫁聚”“娉聚”即嫁娶、娉娶。例(1)“娉聚各如令”指娉娶各自按照法令進行。例(2)(3)“嫁聚過令”指嫁娶超過法令規定，即没有按照法令規定嫁娶。

可徑用本字，作“娶”，詳見“173取—娶”組。

亦可寫作“取”，詳見“173取—娶”組。

## 177 須—鬚(xū，心母侯部。雙聲叠韵)

“須”，駋鬚。《説文·須部》：“須，面貌也。”假借爲“必須”義之後，别製“鬚”表其本義。《釋名·釋形體》：“頤下曰鬚。”

(1)循客，令居趙放字子阿，年卌所，爲人中壯、黄色、毋須。(《敦》538)

(2)興客，不審郡、縣、姓，名習、字子嚴，年卅所，爲人短壯、黄色、毋須、短面。(《敦》683)

(3)酺大奴宜,長六尺。爲人小狀,黑色,毋須。衣白布單衣、繻、絝,步行。(《新》ESC11A)

(4)年廿七、八歲,中壯,髮長五、六寸,青黑色,毋須。衣皁袍、白布絝,履白革舄,持劍亡。(《居》40.1)

(5)賽字子功,年五十六,大狀,黑色,美須,建昭二年八月庚辰亡。(《居》157.24A)

(6)☐□細身、小頭、方面、小髭、少須、身端直,初亡時黑幘。(《金(肆)》73EJT37.688)

以上諸例是對人的體態、顏色、面貌特徵進行的描述。例(1)至(4)“毋須”即“無鬚”,“毋”通“無”。例(5)(6)“美須”“少須”即“美鬚”“少鬚”。

“須”“鬚”通假,其他文獻可見。《玉篇·髟部》:“鬚,本作須。”《説文解字注·須部》:“俗假須爲需,别製鬚、鬚字。”

## 178 需—儒(需 xū,心母侯部;儒 rú,日母侯部。聲遠韵同)

“需”,等待。《説文·雨部》:“需,䇓也,遇雨不進,止䇓也。”“儒”,侏儒,指身材短小的人。

縣置三老,二。行水兼興舩,十二。置孝弟、力田,廿二。徵吏二千石以符,卅二。郡國調列侯兵,卌二。年八十及乳、朱需、頌毄,五十二。(《居》5.3,10.1,13.8,126.12)

“朱需”義侏儒。“朱”通“侏”。

“需”“儒”通假,其他文獻可見。《山海經·中山經》:“來需之水出于其陽而西流注于伊水。”郝懿行箋疏:“需,水經注作儒。”

## 179　不—否（不 fū，幫母侯部；否 pǐ，並母之部。聲近韵近）

“不”，“柎”的古字，花萼。[1]《詩經·小雅·常棣》：“常棣之華，鄂不韡韡。”鄭玄箋：“承華者曰鄂，‘不’當作柎。柎，鄂足也。古聲不、柎同。”“否”，六十四卦之一。坤下乾上。表示天地不交、上下隔閡、閉塞不通之象。《易·否》：“象曰：天地不交，否。”

䷋，不，川下、乾上，希在六三九三九五□□。（《敦》387）

“不”“否”通假，其他文獻可見。朱駿聲《説文通訓定聲·頤部》：“不，（叚借）又爲否。”《墨經·經説下》：“所爲與不。”孫詒讓閒詁：“不，讀爲否。”《群經平議·春秋左傳二》：“公曰不。”俞樾按：“不與否古字通也。”

## 180　柎—弣（柎 fū，幫母侯部；弣 fǔ，滂母侯部。聲近韵同）

“柎”，鐘鼓架的足。《説文·木部》：“柎，闌足也。”“弣”，弓把。《釋名·釋兵》：“（弓）中央曰弣。弣，撫也，人所撫持也。”畢沅注：“中央，人手所握處也。”

（1）誅虜隧卒郭翁歸所假留署所三石承弩一，傷左柎，緰絶，有應緰發，各一所⧄。（《敦》688）

“傷左柎”指弩的弓把左部有損傷。

亦可寫作“⿰弓無”，與“弣”爲聲符不同的异體字，如：

（2）執胡隊[2]卒崔時，六石具弩傷兩⿰弓無。（《居》145.38）

[1] 李學勤主編：《字源》，天津古籍出版社、遼寧人民出版社，2012，第1、1035頁。季旭昇：《説文新證》，藝文印書館，2014，第828頁。

[2] “隊”，史語所《居延漢簡》釋爲“隧”，圖版作，當釋爲“隊”。

亦可寫作“古”，詳見“237古—弣”組。

亦可寫作“橅”，詳見“287橅—弣”組。

亦可寫作“僬”，詳見“288僬—弣”組。

“柎”“弣”通假，其他文獻可見。《廣雅·釋器》：“弣，柄也。”王念孫疏證：“柎、拊並與弣同。”《周禮·考工記·弓人》：“於挺臂中有柎焉。”孫詒讓正義：“柎與弣同。”

## 181　付—符（付fù，幫母侯部；符fú，並母侯部。聲近韵同）

“付”，給與。《説文·人部》：“付，與也。”“符”，符節，出入關的憑證。《説文·竹部》：“符，信也。漢制以竹，長六寸，分而相合。”

（1）七月傳、吏民出入付。（《金（貳）》73EJT23：752B）

“出入付”即“出入符”，指出入關的憑證。“傳”亦指符信，但與“符”的形制和使用範圍不同。形制上，“符”長六寸，而“傳”通常在一尺以上，漢簡所見約23厘米左右。[①]使用範圍上，“符”用於軍事人員或隸軍籍人員，“傳”用於無軍籍的一般官吏和百姓。[②]

可徑用本字，作“符”，如：

（2）☐十出入[③]符，何未還符，吏☐。（《新》EPT7.6A）

（3）爲出入符，牛車二兩，符第百，從者綏彌縣敬老里苗彊。（《金（叁）》73EJT26:27

（4）與金關爲出入符，符齒第一，小奴富主。（《金（叁）》73EJT28:12）

① 李均明：《簡牘文書學》，廣西教育出版社，1999，第274—276頁。

② 張顯成：《簡帛文獻學通論》，中華書局，2004，第256頁。

③“出入”二字，《居延新簡集釋》釋爲“二人”，屯戍簡“出入”與“二人”在字形上較難區分，當據辭例釋爲“出入”，“出入符”習見。

例(1)“出入付”即例(2)(3)(4)“出入符”。

“付”“符”通假,其他文獻可見。《馬王堆漢墓帛書·五十二病方·乾騷方》:“取閵(藺)根、白付(符),小刌一升,舂之。”

## 182 付—附(付 fù,幫母侯部;附 fù,並母侯部。聲近韵同)

“付”,給與。《説文·人部》:“付,與也。”“附”,附子,爲毛茛科烏頭屬植物烏頭的側根。因附烏頭而生得名,李時珍《本草綱目·草六·附子》:“其母名曰烏頭。初種爲烏頭,像烏之頭也,附烏頭而生者爲附子,如子附母也。”味辛、甘,性熱,有毒。有回陽救逆、散寒除濕的功效。[1]

(1)治馬傷水方:薑、桂、細辛、皁莢、付子,各三分。遠志,五分。桔梗,五分。雞子,十五枚。□☐。(《敦》2000)

(2)☐□付子一,牛付子一,牛☐。(《敦》2335A)

(3)付子一斗,直百廿五。(《居》262.28A)

(4)付子毋有☐。(《新》EPT40.191B)

以上前三例爲藥方。“付子”即“附子”。

“付”“附”通假,其他文獻可見。《書·梓材》:“皇天既付中國民。”陸德明釋文:“付,馬本作附。”《諸子平議·管子四》:“其民付而不争。”俞樾按:“付、附,古字通用。”

## 183 瞀—帽(瞀 mào,明母侯部;帽 mào,明母幽部。聲同韵近)

“瞀”,低目謹視。《説文·目部》:“瞀,氐目謹視也。”“帽”,帽子。《玉篇·巾部》:“帽,頭帽也。”

① 南京中醫藥大學:《中藥大辭典》(第二版上册),上海科技出版社,2006,第1670頁。

(1)甲渠鄣皮瞀、草萆各一。(《新》EPT48.129)

“皮瞀”即“皮帽”,指皮製的帽子。“草萆”指草製的雨衣。“皮帽”“草萆”配套使用,均爲防雨器具。

一説,“瞀”通“鍪”,指頭盔。[1]此説恐不確。“鍪”即兜鍪,亦即胄,指頭盔。“兜鍪”在屯戍簡中寫作“鞮鍪”“鞮瞀”,與“鎧”“甲”配套使用。如:

(2)鐵鎧、鞮鍪各三,見。(《新》EPF8.2、8.3)

(3)鐵鎧五,鐵鞮瞀五,六石具弩三,五石具弩一。(《新》EPT5.17)

(4)官鎧、鞮瞀各一。(《新》EPT49.13B)

(5)☐鐵鎧、鞮瞀各三☐。(《新》EPT17.26)

(6)革甲、鞮瞀,各一。(《居》14.2)

(7)革甲、鞮瞀各四。(《居》99.1)

(8)革甲、鞮瞀。(《居》182.6)

(9)萬歲顯武隧,革甲、鞮瞀各一,完。(《敦》2184)

“鎧”指鐵鎧,用鐵製;“甲”指革甲,用皮製。相應地,與“鎧”配套的“兜鍪”,用鐵製;與“甲”配套的“兜鍪”,用皮製。例(1)“皮瞀”與“草萆”配套,自然和與“鎧”“甲”配套的“兜鍪”不同,所以,此“瞀”不應讀爲“鍪”。

亦可寫作“冒”,詳見“094 冒—帽”組。

## 184 瞀—鍪(瞀 mào,明母侯部;鍪 móu,明母侯部。雙聲叠韵)

“瞀”,低目謹視。《説文·目部》:“瞀,氐目謹視也。”“鍪”,即兜鍪、頭盔。《説文·肉部》:“胄,兜鍪也。”段玉裁注:“古謂之胄,漢謂之兜鍪,今謂之盔。”

(1)甲、鞮瞀、蘭、服,綻者,輒逢,絶爲纅帶,負索,毋令有舉。(《敦》1725)

① 李天虹:《居延漢簡簿籍分類研究》,科學出版社,2003,第114頁。

(2)第十五隧長李嚴。鐵鞮瞀二,中毋絮,今已裝。(《居》3.26)

(3)鞮瞀十二,絛毋組。十一,空,毋韋絞。毋絳,毋四緤。(《居》14.23)

(4)革甲鞮瞀各一。(《地》86EDHT:14)

(5)鐵鎧五,鐵鍉瞀五,六石具弩三,五石具弩一。(《新》EPT5.17)

(6)鐵鎧五,鐵鞮瞀五,稾矢銅鍭二百五十。(《新》EPT20.3)

(7)官弩一,箭二百。官鼓、戟、盾各一。官鎧、鞮瞀各一。□□箭各一。(《新》EPT49.13B)

"鞮瞀""鍉瞀"即"兜鍪"。"鞮""鍉"通"兜"。

"瞀""鍪"通假,其他文獻可見。《讀書雜志·墨子第五·備水》:"人擅有方劍甲鞮瞀。"王引之曰:"鞮瞀,即兜鍪也。"

# 屋部通假字匯釋

## 185　櫝—讀(dú,定母屋部。雙聲叠韵)

"櫝",匣子。《説文·木部》:"櫝,匱也。""讀",誦讀。《説文·言部》:"讀,誦書也。"

(1)☐知櫝蓬火品約☐。(《新》EPT52.45)

(2)☐卒一人,櫝蓬火品未習。(《新》EPT52.66)

(3)呑遠隧長赦之。卒一人櫝逢☐。(《新》EPT52.156)

"知櫝"即知曉誦讀。"蓬火品約"亦稱"蓬火品",指烽火傳遞所遵守的等級和約定。

可徑用本字,作"讀",如:

(4)☐□卒諷讀蓬火品約,第十七候長勝客,第廿三☐。(《新》EPT52.33)

(5)☐皆諷讀知條品,方循。(《新》EPT59.274)

又可寫作"犢",詳見"187 犢—讀"組。

"櫝""讀"通假,其他文獻可見。《戰國策·齊策六》:"因罷兵到讀而去。"黄丕烈札記:"今本讀作櫝。"

## 186 櫝—韇(dú,定母屋部。雙聲叠韵)

“櫝”,匣子。《説文·木部》:“櫝,匱也。”“韇”,又名韇丸,藏弓和箭的容器。《説文·革部》:“韇,弓矢韇也。”段玉裁注:“絫呼之曰韇丸,單呼之曰韇。”

(1)稾矢銅鍭三百。宜矢銅鍭四百五十。□櫝丸二。鐵甲、鞮瞀各四。(《敦》826)

(2)□櫝丸,破。(《敦》1150)

(3)☐幣,持櫝丸一。明十三日☐。(《新》EPT43.4)

(4)☐鞭各一,劍、大刀各一,櫝丸☐。(《金(壹)》73EJT1:24)

(5)☐一,櫝丸一☐。(《居》523.15)

(6)弓一,櫝丸一,矢十□☐。(《居》87.12)

(7)出錢九百,買弓櫝☐。(《居》11.12)

(8)☐司馬從者二人,馬一匹,案勒鞭各一,劍、大刀各一,弓櫝丸☐。(《金(壹)》73EJT1:25)

(9)關都亭長安世弓櫝丸,直二百卌,案直☐。(《金(壹)》73EJT4:189)

(10)出弓櫝丸七,付都尉庫。(《居》28.19)

《説文》“弓矢韇也”,以“韇”爲藏“矢”的容器,但是屯戍簡中有大量的語料可證明“韇”亦可藏弓。如上引例(7)至(10),“櫝”“櫝丸”前都有“弓”作修飾語,説明是藏弓的容器。還有此類例證,如:

(11)劍一。馬一匹。弓=犢丸各一,箭十二。鞌、勒各一。(《敦》279)[①]

(12)張掖卒史張熹,劍一,弓、犢丸各一,矢卅,軺車一乘,馬二匹。(《金(叁)》73EJT30:265)

① “弓=犢丸各一”,《敦煌馬圈灣漢簡集釋》釋爲“弓二犢丸各一”,所謂“弓二”,圖版作“”,“弓”下兩點,明顯爲重文符號,所以當釋爲“弓=犢丸各一”,即“弓、弓犢丸各一”。

"犢丸"即"韇丸"。以上兩例先言"弓",後言"弓犢丸",再言"箭"與"矢","弓犢丸"在"弓"之後,而不在"箭"與"矢"之後,説明是藏弓的容器。屯戍簡中這樣配套使用的物品,排列的時候有一定的規則,如先言"蘭",後言"蘭冠","蘭冠"是"蘭"的蓋子。

亦寫作"犢",詳見"188 犢—韇"組。

"櫝""韇"通假,其他文獻可見。《方言》卷九:"或謂之嬻𢒿。"戴震疏證:"嬻本作韇,古通用櫝。"

## 187　犢—讀(dú,定母屋部。雙聲疊韵)

"犢",小牛。《説文·牛部》:"犢,牛子也。""讀",誦讀。《説文·言部》:"讀,誦書也。"

☑□里上造張憙,萬歲隧長居延沙陰里上造郭始,不知犢蓬火,兵弩不槃持。憙當☑。(《新》EPT59.162)

"不知犢蓬火"即"不知讀烽火",指不知誦讀烽火傳遞的等級和約定。

可徑用本字,作"讀",詳見"185 櫝—讀"組。

又可寫作"櫝",詳見"185 櫝—讀"組。

## 188　犢—韇(dú,定母屋部。雙聲疊韵)

"犢",小牛。《説文·牛部》:"犢,牛子也。""韇",又名韇丸,藏弓和箭的容器。《説文·革部》:"韇,弓矢韇也。"段玉裁注:"絫呼之曰韇丸,單呼之曰韇。"

(1)劍一。馬一匹。弓=犢丸各一,箭十二。韋、勒各一。(《敦》279)

(2)張掖卒史張熹,劍一,弓、犢丸各一,矢卅,軺車一乘,馬二匹。(《金(叁)》

73EJT30:265）

（3）餘犢丸。（《居》346.2）

“犢丸”即“韇丸”。

亦可寫作“櫝”，詳見“186 櫝—韇”組。“韇丸”“犢丸”“櫝丸”爲同一詞的不同書寫形式。

“犢”“韇”通假，其他文獻可見。裘錫圭先生指出：“‘櫝丸’、‘瀆丸’、‘韇丸’是一名的异寫。《詩·鄭風·大叔于田》《釋文》引馬融注、《正義》引《左傳》服虔注，《左傳·昭公二十五年》杜預注、《正義》引賈逵注，都曾提到這種器物，字作‘犢丸’或‘櫝丸’（各書宋本多作‘犢’）。”[①]

## 189　竇—緰（竇 dòu，定母屋部；緰 tóu，定母侯部。聲同韵近）

“竇”，孔穴。《説文·穴部》：“竇，空也。”“緰”，布名。《説文·糸部》：“緰，緰貲，布也。”

竇此丈五尺，直三百九十。（《居》262.28A）

“竇此”即“緰貲”，“此”通“貲”。據裘錫圭先生考證，傳世文獻中“緰貲”有多種寫法。《急就篇》皇象本作“俞此”，《説文·糸部》作“緰貲”（“緰，緰貲，布也。”），《潛夫論·浮侈》作“緰此”（“飾襪必緰此”）。[②]

## 190　鹿—轆（lù，來母屋部。雙聲叠韵）

“鹿”，哺乳綱鹿科動物的通稱。《説文·鹿部》：“鹿，獸也。象頭角四足之形。”

---

① 裘錫圭：《居延漢簡甲乙編釋文商榷一》，《文史雜志》1982 年第 2 期，第 56 頁。

② 裘錫圭：《漢簡零拾》，載《裘錫圭學術文集·簡牘帛書卷》，復旦大學出版社，2012，第 95 頁。

“轆”，即轆轤，利用輪軸原理製成的升降裝置。《正字通·車部》：“轆，轆轤，井上汲水軸也。”

（1）纍舉遂鹿盧。（《居》227.31）

（2）☐第卅四隧地蓬鹿盧不調。（《居》136.7）

（3）省蓬干、鹿盧索完堅調利，候卒有席薦不。（《新》EPF22.238）

“鹿盧”即“轆轤”。屯戍簡中“鹿盧（轆轤）”多與“蓬（烽）”“遂（烽）”連用，可知“轆轤”的主要作用是將“烽”放置在高櫓上，與“桔槔”相類，只是“轆轤”利用的是輪軸原理，而“桔槔”利用的是杠杆原理。例（3）“鹿盧索”指與轆轤配套使用的繩索。

亦可寫作“禄”，詳見“191 禄—轆”組。“轆轤”“鹿盧”“禄盧”爲同一詞的不同書寫形式。

“鹿”“轆”通假，其他文獻可見。《别雅》卷五：“鹿盧，轆轤也。”《儀禮·大射》：“有豐冪。”鄭玄注：“豐，以承尊也。説者以爲若井鹿盧。”賈公彦疏：“鹿盧之形，即葬下棺碑閒鹿盧之輩。今見井上豎柱，夾之以索，繞而挽之是也。”“鹿盧”即“轆轤”。

## 191　禄—轆（lù，來母屋部。雙聲疊韵）

“禄”，福禄。《説文·示部》：“禄，福也。”“轆”，即轆轤，利用輪軸原理製成的升降裝置。《正字通·車部》：“轆，轆轤，井上汲水軸也。”

禄盧一，不調利。（《居》82.1）

“禄盧”即轆轤。“不調利”指轆轤使用起來不調和通暢。

亦可寫作“鹿”，詳見“190 鹿—轆”組。“轆轤”“鹿盧”“禄盧”爲同一詞的不同書寫形式。

## 192 禄—觻(lù,來母屋部。雙聲叠韵)

“禄”,福禄。《説文·示部》:“禄,福也。”“觻”,觻得,漢縣名,漢武帝元鼎六年(前111年)置,故治在今張掖市甘州區西北,自漢至魏爲張掖治所。

(1)禄得都里大夫周賢,年五十八,長七尺二寸,黑色☐。(《金(肆)》73EJT37:920)

(2)禄得千秋里大夫魯遂,年五十,長七尺二寸,黑色。(《金(肆)》73EJT37:995)

“禄得”即“觻得”。“都里”“千秋里”是觻得縣所轄里。

可徑用本字,作“觻”,詳見“141樂—觻”組。爲了説明問題,再舉幾例,如:

(3)觻得都里徐戎,年卌六。(《居》336.35)

(4)物,觻得都里房威卿等所。(《新》EPT52.523A)

(5)觻得都里公乘☐。(《金(貳)》73EJT15:10)

(6)觻得千秋里大男曹盼,年五十八,牛車一兩□☐。(《金(貳)》73EJT23:924)

(7)觻得千秋里☐。(《金(叁)》73EJT24:682)

(8)觻得千秋里上造尹賢☐。(《金(叁)》73EJT25:92)

以上諸例“觻得”均下轄“都里”“千秋里”,進一步可證例(1)(2)“禄得”即“觻得”。

亦可寫作“樂”,詳見“141樂—觻”組。

## 193 録—勠(録lù,來母屋部;勠lù,來母覺部。聲同韵近)

“録”,金色,青黄之間。《説文·金部》:“録,金色也。”段玉裁注:“録與緑同音。金色,在青黄之間也。”“勠”,勉力。《玉篇·力部》:“勠,陳力於人也。”

敦煌玉門關候孫閒，公乘，治□命，僉堇録强力事，□☐。(《敦》671)[①]

“録强”即“勠强”，“强”亦義勉力，兩者同義連用，義勉力。“僉”通“儉”，義節儉。“堇”通“勤”，義勤勞。“力事”指盡心盡力於職事。此簡爲官吏名籍，記録敦煌玉門關候孫閒的爵位、所擅長之事(即“治□命”)以及能力(即“僉堇録强力事”)。

## 194　蜀—獨(蜀 shǔ，禪母屋部；獨 dú，定母屋部。聲近韵同)

“蜀”，蛾蝶類的幼蟲。《説文·虫部》：“蜀，葵中蠶也。”“獨”，單獨。《廣韵·屋韵》：“獨，單獨。”

過客居長安當利里者雒陽上商里范義，壬午賽置所乘車馬，更乘騂牡馬白蜀車，膝布併塗，載布。(《居》157.24A)

“蜀車”即“獨車”。“獨車”一詞，見於傳世文獻，如應劭《風俗通·過譽》：“汝南戴幼起，三年服竟，讓財與兄，將妻子出客舍中，住官池田以耕種。爲上計史，獨車載衣資，表汝南太守上計史戴紹車。”

“蜀”“獨”通假，其他文獻可見。《爾雅·釋山》：“獨者蜀。”邢昺疏：“蟲之孤獨者名蜀,是以山之孤獨者亦名曰蜀也。”邵晋涵正義：“蜀，假借以爲孤獨之山名。”《廣雅·釋山》：“蜀山謂之嵋山。”王念孫疏證：“蜀，讀爲獨，字或作瀆。”朱駿聲《説文通訓定聲·需部》：“蜀，(叚借)爲獨。”

① “□”，《敦煌馬圈灣漢簡集釋》釋爲“次”，圖版作▓。圖版漫漶不清，難以確定是否爲“次”。且“次命”不辭，故不釋。

# 東部通假字匯釋

## 195 功—攻(gōng,見母東部。雙聲叠韵)

“功”,功勞、功績。《説文·力部》:“功,以勞定國也。”“攻”,攻打、進攻。《説文·攴部》:“攻,擊也。”

(1)望見虜五百人以上,若功亭鄣,煩一責新、舉三蓬;夜,三苣火。不滿一千人以上,煩舉如五百人同品。(《敦》2257)

(2)匈奴入,即持兵刃功亭,吏拔劍助卒閉户重關下戊。(《額》2000ES9SF3:3)

“功亭鄣”即“攻亭鄣”,指攻打亭鄣。

“功”“攻”通假,其他文獻可見。《爾雅·釋詁上》:“功,勝也。”郝懿行義疏:“功者,與攻同。”《釋名·釋言語》:“功,攻也。”王先謙疏證補引王啟原曰:“功、攻二字通。”《廣雅·釋詁一》:“攻,堅也。”王念孫疏證:“功,與攻通。”《漢書·董賢傳》:“賢第新成,功堅。”顔師古注:“功字或作攻。”

## 196 巩—瓨(巩gǒng,見母東部;瓨xiáng,匣母東部。聲近韵同)

“巩”,使堅固。《説文》作“鞏”,《革部》:“鞏,以韋束也。”“瓨”,長頸瓶。《説文·瓦部》:“瓨,似罌,長頸。受十升。”

(1)令史王卿記,願寧卿開户,出小□付豐。嬰中有米七斗,及巩中皆并遣

豐。願以寧卿印封之,叩頭,幸甚幸甚。養卒氾彭出五月食,以其一石二斗付豐。(《居》287.15A)

“罌中有米七斗,及巩中皆并遣豐”大意爲:將罌中的七斗米和汲瓨中的米,一併遣送給豐。“罌”通“罌”,指瓦器。“豐”爲人名。

可徑用本字,作“瓨”,如:

(2)次東隧汲瓨一。(《新》ESC29)

(3)五斗瓨一。(《新》EPT59.340B)

“及巩”即“汲瓨”,指取水瓶子。“及”通“汲”。

## 197 講—購(講 jiǎng,見母東部;購 gòu,見母侯部。聲同韻近)

“講”,和解。《説文·言部》:“講,和解也。”“購”,懸賞征求,重金收買。《説文·貝部》:“購,以財有所求也。”

(1)扁書胡虜講賞,二亭扁一,毋令編幣絶。(《額》99ES16ST1:4)

“講賞”即“購賞”,義重金懸賞。

可徑用本字,作“購”,如:

(2)咸得自薪,同心並力,除滅胡寇逆虜,爲故購賞科條將轉下之,勉。(《額》2000ES9SF4:6)

(3)願設購賞,有能捕斬嚴歆、君闌等渠率一人,購錢十萬,黨與五萬,吏捕斬强力者比三輔。(《居》503.17,503.8)

“講”“購”通假,其他文獻可見。朱駿聲《説文通訓定聲·需部》:“購,(叚借)

又爲講。”《史記·刺客列傳》:“北購於單于。”司馬貞索隱:“《戰國策》‘購’作‘講’。”

## 198　供—共(供gòng,見母東部;共gòng,群母東部。聲近韵同)

“供”,陳設、擺放。《説文·人部》:“供,設也。”“共”,副詞,一同,皆。《玉篇·共部》:“共,皆也。”“共”本義供給,古“供”字。[①]

樂居里女子石君佚王子羽。羽。責候長李勝之錢二百九十三。謹驗問勝之,辭:故與君佚夫彭祖俱爲殄北塞外候□□□。五年十二月中,與彭祖等四人供殺牛,已校計,不負彭祖錢。彭祖徙署白石部,移書責錢二百九十三。爰書自證,不當償彭祖錢,已决絶。彭祖免歸埊池,至今積四歲,君佚今復責錢,自證爰書在殄北候官。毋詣官。彭祖□妻。(《新》EPS4T2.52)

“與彭祖等四人供殺牛”指與彭祖等四人一同殺牛。

“供”“共”通假,其他文獻可見。《墨子·非命上》:“上無以供粢盛酒醴。”孫詒讓閒詁:“供,吴鈔本作共。”

## 199　空—箜(kōng,溪母東部。雙聲叠韵)

“空”,孔穴。《説文·穴部》:“空,竅也。”“箜”,即箜篌,樂器。《玉篇·竹部》:“箜,箜篌樂。”

☐空侯琴☐。(《新》EPF22.725)

“空侯”即“箜篌”,“侯”通“篌”。

“空”“箜”通假,其他文獻可見。朱駿聲《説文通訓定聲·豐部》:“空,字亦作箜。”

① 季旭昇:《説文新證》,藝文印書館,2014,第177頁。

## 200　共—恭(共 gòng,群母東部;恭 gōng,見母東部。聲近韻同)

"共",古"供"字,供給。假借表"同"義。《説文·共部》:"共,同也。""恭",即恭奴,王莽時期對匈奴的貶稱。《漢書·匈奴傳下》:"天鳳二年……咸等至,多遺單于金珍,因諭説改其號,號匈奴曰'恭奴',單于曰'善于',賜印綬。"

(1)今共奴已與鄯善不和,則中國之大利也。臣愚以爲,欽將兵北☐。(《敦》66)

(2)暴深人民,素惡共奴,尚隱匿深山危谷。(《敦》73)

(3)臣謹寫欽檄,記傳責之。共奴桀黠,侵。(《敦》83)

(4)共奴虜可千騎來過敦,諸尉吏在者至郭所,部據城。(《敦》115)

(5)共奴與焉耆通謀,欲攻車師,戊部孤單,大都護☐。(《敦》119)

(6)報⋯發矢,崇無以復戰,貨財穀食單盡,車師因爲共奴所。(《敦》133)

(7)共奴虜來爲寇於使君先知其必然,故求請兵欲☐。(《敦》159)

(8)共奴遮逆虜☐。(《敦》68)

"共奴"即"恭奴",指匈奴。

可徑用本字,作"恭",如:

(9)歫恭奴,遮焉耆,殄滅逆虜。(《敦》98)

(10)☐□南將軍焦掎乘其力,子男皆死。今恭奴言鄯善反我,鄯善。(《敦》114)

"共""恭"通假,其他文獻可見。朱駿聲《説文通訓定聲·豐部》:"共,(叚借)又爲恭。"《墨子·公孟》:"君子共己以待。"孫詒讓閒詁引蘇云:"共,讀如恭。"《荀子·王霸》:"則天子共己而已。"楊倞注:"共,讀爲恭。"《漢書·王莽傳上》:"今共行天罰誅莽。"顔師古注:"共,讀作恭。"

## 201　凶—胸(xiōng,曉母東部。雙聲疊韻)

"凶",險惡、不吉利。《爾雅·釋言》:"凶,咎也。""胸",胸膛、心胸,古字作"匈"。《釋名·釋形體》:"胸,猶啌也,啌氣所衝也。"

(1)股寒,曾載車馬驚隋,血在凶中,恩與惠君方,服之廿日,徵下。卅日,腹中毋積,匈中不復,手足不滿,通利。臣安國。(《敦》2013)

"血在凶中"即"血在胸中",指駕車時因馬受驚從車中墜落摔傷血積在胸中。"隋"通"墮",義墜落。

亦可寫作"匈","胸"爲"匈"之异體,如:

(2)迺二月壬午,病加兩脾雍種,匈脅丈滿,不耐食。(《新》EPF22.80)

(3)五鳳三年十二月庚戌,病匈滿,頭瘛□□☐。(《敦》1026)

(4)☐治久欬、逆、匈痹、痿痹、止泄、心腹久積、傷寒方:人参、茈宛、昌蒲、細辛、薑、桂、蜀椒,各一分,烏喙,十分。皆合和以。(《敦》2012)

(5)夏侯譚争言鬬,憲以所帶劍刃擊傷譚匈一所,廣二寸。(《新》EPT68.20)

(6)股寒,曾載車馬驚隋,血在凶中,恩與惠君方,服之廿日,徵下。卅日,腹中毋積,匈中不復,手足不滿,通利。臣安國。(《敦》2013)

例(2)"匈脅"即"胸脅",指胸膛至腋下。例(3)"匈滿"即"胸滿",指胸膛脹滿。例(4)"匈痹"即"胸痹",指胸膛悶痛。例(5)"匈一所"指胸口一处。例(6)"匈中不復"即"胸中不瘦",指胸中的病没有復發。

"凶""胸(匈)"通假,其他文獻可見。《廣雅·釋詁二》:"訩,鳴也。"王念孫疏證:"易林履之蒙云:訟争凶凶。荀子天論篇:君子不爲小人匈匈也輟行。解蔽篇云:聽漠漠而以爲哅哅。並字异而義同。"《文選·任昉〈奏彈曹景宗〉》:"力屈凶威。"舊校:"五臣本凶作匈字。"

## 202　匈—凶(xiōng,曉母東部。雙聲叠韵)

“匈”,心胸、胸膛。《説文·勹部》:“匈,聲也。”段玉裁改“聲”爲“膺”。“凶”,不吉利、災禍。《廣韵·鍾韵》:“凶,凶禍。”

(1)九月土音,南食午未地,治南方吉,治北方匈。(《新》EPT65.308)

“治北方匈”即“治北方凶”,指治北方不吉利。

可徑用本字,作“凶”,如:

(2)十五吉,得福事;十四凶,訟畜生飲食事。(《額》2000ES7S:11)

(3)卯東南有得,西北凶;辰東大吉,南有得,西北凶;巳東毋行,南大吉,西凶,北有得;午東北有☐。(《額》2002ESCSF1:5A)

“匈”“凶”通假,其他文獻可見,詳見“201 凶—胸”組。

## 203　雍—壅(yōng,影母東部。雙聲叠韵)

“雍”,“雝”之异體[①],鳥名,即鶺鴒。《説文·隹部》:“雝,雝𪆫也。”“壅”,擁堵、擁塞。《廣雅·釋詁一》:“壅,隔也。”

(1)道達溝漬。謂□浚雍塞,開通水道也,從正月盡夏。(《懸·四時月令詔條》30行)

(2)完隄防,謹雍塞⊡。(《懸·四時月令詔條》54行)

例(1)“浚雍塞”即“浚壅塞”,指疏通堵塞。例(2)“謹雍塞”即“謹壅塞”,指謹防

① 李學勤主編:《字源》,天津古籍出版社、遼寧人民出版社,2012,第308頁。

堵塞。

“雍”“壅”通假，其他文獻可見。《漢書·武帝紀》：“而積行之君子雍於上聞也。”顔師古注：“雍，讀曰壅。”又《劉向傳》：“蜀郡岷山崩，雍江。”顔師古注：“雍，讀作壅。”

## 204　雍—癰（yōng，影母東部。雙聲叠韻）

“雍”，“雝”之异體，鳥名，即鶺鴒。《説文·隹部》：“雝，雝𪆂也。”“癰”，臃腫。《説文·疒部》：“癰，腫也。”又作“臃”，《集韵·鍾韵》：“癰，《説文》：‘腫也。’或作臃。”

（1）以所帶劍首歐種戍卒王奉親，肩背皆青黑雍種，廣袤各半所，得以會。（《金（壹）》73EJT5:73）

（2）迺二月壬午，病加兩脾雍種，匈脅丈滿，不耐食。（《新》EPF22.80）

（3）谷口隊左道十月丙寅，病左右脛雍☐。（《居》272.35）

“雍種”即“臃腫”。

亦可寫作“廱”，詳見“205 廱—癰”組。

“雍”“癰”通假，其他文獻可見。《楚辭·九懷·昭世》：“握神精兮雍容。”洪興祖補注引舊校：“雍，一作癰。”

## 205　廱—癰（yōng，影母東部。雙聲叠韻）

“廱”，“廱”之异體，古代天子饗飲酒處。《玉篇·广部》：“‘廱’，同‘廱’。”《説文·广部》：“廱，天子饗飲辟廱。”“癰”，臃腫。《説文·疒部》：“癰，腫也。”又作“臃”，《集韵·鍾韵》：“癰，《説文》：‘腫也。’或作臃。”

☐董充，迺三月癸巳，病攣右脛，癕種。(《新》EPT53.14)

“癕種”即“臃腫”。

亦可寫作“雍”，詳見“204雍—癰”組。

“癕(廱)”“癰”通假，其他文獻可見。《楚辭·九辯》：“雁廱廱而南遊兮。”洪興祖補注引舊校：“廱，一作嗈，一作癰。”《馬王堆漢墓簡帛集成·十問·文摯見齊威王》：“是以内實外平，痤瘻弗處，廱(癰)壹(噎)不生，此道之至也。”

## 206 通—痛(通tōng，透母東部；痛tòng，透母東部。雙聲疊韵)

“通”，到達、通到。《説文·辵部》：“通，達也。”“痛”，疼痛。《説文·疒部》：“痛，病也。”

(1)病泄注不偷，乙酉加傷寒，頭通，潘懣，四節不舉，有書。(《新》EPF22.280)

“頭通”即“頭痛”。“泄注”義腹瀉。“偷”同“愈”，指病愈。“潘”通“煩”，“煩懣”同義連用，義煩悶。簡文大意爲：生了腹瀉的病，乙酉日又受了傷寒，頭痛、煩悶、四肢舉不起來。

可徑用本字，作“痛”，如：

(2)☐傷寒，即日加佝，頭痛煩懣，未。(《新》EPT51.201A)

亦可寫作“恿”，詳見“209恿—痛”組。

“通”“痛”通假，其他文獻可見。《群經平議·周書》：“利維生痛。”俞樾按：“疑痛字當讀作通，痛與通聲近而義同。”

## 207　庸—傭(yōng,餘母東部。雙聲叠韵)

"庸",采用、需要。《説文·用部》:"庸,用也。"引申有"傭傭"義,"傭"是爲表其引申義所造的分化字。《玉篇·人部》:"傭,傭賃也。""傭"既可作動詞,義僱傭,亦可引申作名詞,指受雇人。

(1)官屬數十人,持校尉印紱三十,驢五百匹,驅驢士五十人之蜀,名曰勞庸。部校以下,城中莫敢道外事次孫不知將。(《敦》981)

(2)縣官當取庸繕治及它作,皆須所受隨竊民不迫,乃取它庸,其。(《敦》213)

(3)☐庸任作者移名,任作不欲爲庸。(《居》224.19)

(4)貧民羸謹,爲作庸不能常雠者。(《敦》215)

(5)又恩子男欽,以去年十二月廿日爲粟君捕魚,盡今年正月、閏月、二月,積作三月十日,不得賈直。時市庸平賈大男日二斗,爲穀廿石。(《新》EPF22.26)

屯戍簡中"庸(傭)"有兩類:一是勞庸;一是戍庸。[1]所謂"勞庸",如上引例(1)至(5),指出錢僱人勞作。出錢者既可以是官府,也可以是私人。所謂"戍庸",如下例(6)至(20),出錢僱人戍邊,出錢者爲私人。

(6)☐□五十以下欲爲戍庸☐。(《金(貳)》73EJT23:749)

(7)☐年廿四,取固里公士丁贛,年廿五,爲庸自代。(《居》508.26,508.27)

(8)田卒淮陽郡新平景里上造高千秋,年廿六,取寧。平駟里上造胡部,年廿四,爲庸。(《金(叁)》73EJT26:9)

(9)萬歲部居攝元年九月戍卒受庸錢名籍。(《新》EPT59.573)

(10)庸錢名籍一編。(《居》30.14)

(11)張掖居延□□卒弘農郡陸渾河陽里大夫成更,年廿四,庸同縣陽里大夫趙勳,年廿九,賈二萬九千。(《居》170.2)

---

① 張麗萍、張顯成:《西北屯戍漢簡中的"庸""葆""就"及相互關係考辨——兼論"作者"的含義》,《中國社會經濟史研究》2019年第3期。

(12)中爲同縣不審里慶丑來庸,賈錢四千六百,戍詣居延,六月旦,署乘甲渠第。(《居》159.23)

(13)戍卒趙國邯鄲東趙里士伍道忠,年卅,庸同縣臨川里士伍郝□年卅。(《金(壹)》73EJT7:42)

(14)戍卒淮陽郡陳安衆里不更舒畢,年廿四,庸同里不更夏歸來,年廿六。(《金(叁)》73EJT30:12)

(15)戍卒淮陽郡陳高里不更宋福年廿四,庸張過里不更孫唐得,年卅。(《金(叁)》73EJT30:13)

(16)田卒淮陽郡長平北親里不更費畢年卌五,庸西陽里不更莊登,年卅八。(《金(叁)》73EJT30:263)

(17)田卒淮陽郡長平高閭里不更李范,年廿六,庸南垣不更費充,年廿五。(《金(叁)》73EJT30:267)

(18)戍卒梁國杼秋東平里士五丁延年,卅四,庸同縣敬上里大夫朱定□▨。(《金(壹)》73EJT5:39)

(19)呑北隧卒居延陽里士伍蘇政,年廿八,□復爲庸,數逋亡離署,不任候望。(《新》EPT40.41)

(20)錢入其縣,邊以見錢取庸往者,姦黠民受錢爲庸,去署亡犯法,不已事,欒不可長,諸庸卒不已事。(《金(肆)》73EJT37:1164)

“庸”“傭”通假,其他文獻可見。《説文·貝部》:“賃,庸也。”段玉裁注:“庸者,今之傭字。……凡僱僦皆曰庸,曰貸。”《墨子·尚賢中》:“傅説被褐帶索,庸築乎傅巖。”孫詒讓閒詁引畢云:“庸,《史記索隱》引作傭。”

## 208 頌—容(róng,餘母東部。雙聲叠韵)

"頌",容貌。《説文·頁部》:"頌,皃也。"段玉裁注:"皃下曰:'頌,儀也。'古作頌皃,今作容皃。古今字之异也。"後假借表歌頌義。"容",寬容。《廣雅·釋詁三》:"容,寬也。"

縣置三老,二。行水兼興胊,十二。置孝弟、力田,廿二。徵吏二千石以符,卅二。郡國調列侯兵,卌二。年八十及乳、朱需頌毄,五十二。(《居》5.3,10.1,13.8,126.12)

"頌毄"即"容繫",指寬容而不加刑具。"毄"爲"毄"之异體,通"繫"。文獻中有關於某類人犯法"當鞠繫"或"當盜械"却"頌(容)繫"的記載,如《漢書·刑法志》:"年八十以上,八歲以下,及孕者未乳,師,朱儒當鞠繫者,頌繫之。"顔師古注:"頌讀曰容。容,寬容之,不桎梏。"又《惠帝紀》:"爵五大夫、吏六百石以上及宦皇帝而知名者,有罪當盜械者,皆頌繫。"顔師古注:"古者頌與容同。"

"頌""容"通假,其他文獻可見。朱駿聲《説文通訓定聲·豐部》:"頌,(叚借)又爲容。"《漢書·王莽傳中》:"赤煒頌平。"顔師古注引晋灼曰:"頌,寬頌也。"又《吴王濞傳》:"頌共禁不與。"顔師古注:"頌讀曰容。"

## 209 恿—痛(恿 yǒng,餘母東部;痛 tòng,透母東部。聲近韵同)

"恿","勇"之异體。《説文·力部》:"勇,氣也。从力,甬聲。……恿,古文勇从心。""痛",疼痛。《説文·疒部》:"痛,病也。"

(1)第廿四隧卒高自當,以四月七日病頭恿,四節不舉。(《居》4.4A)

(2)☐當遂里公乘王同,即日病頭恿寒炅,小子與同隧☐。(《居》52.12)

(3)☐辰到累胡,迎受四年戍卒,即日病頭恿。(《新》EPT58.28)

(4)⧄傷汗,寒熱,頭恿。即日加煩懣,四支。(《新》EPT59.49A)

(5)聽受若。又頃,根彊還言:敞言脅恿不耐言,變事。(《新》EPT51.7)

例(1)(2)“恿”,史語所《居延漢簡》釋爲“痛”,圖版分别作、,字形從心,甬聲,當釋爲“恿”。例(1)至(4)“頭恿”即“頭痛”。例(5)“脅恿”即“脅痛”,指肋骨疼痛。

可徑用本字,作“痛”,詳見“206通—痛”組。

亦可寫作“通”,詳見“206通—痛”組。

“恿”“痛”通假,其他文獻可見。《武威漢代醫簡》“治血瘀方”:“倍恿(背痛)者,臥藥,中當出血久瘀。”又“治金創止恿(痛)令創中温方”:“曾青一分,長石二分。凡二物皆冶,合,和温酒,飲一刀。日三,創立不恿(痛)。”又“治目恿(痛)方”,又“治心腹大積上下行如虫狀大恿(痛)方”。“恿”皆即“痛”。

## 210 同—銅(tóng,定母東部。雙聲疊韵)

“同”,會合、聚集。《説文·冃部》:“同,合會也。”“銅”,金屬元素,古代稱爲赤金。《説文·金部》:“銅,赤金也。”

(1)三石具弩一,絲偉、同幾郭、軸、辟完,弩循一,完。(《金(貳)》73EJT23:768)

“同幾郭”即“銅機郭”,指銅制的機牙外殼。

可徑用本字,作“銅”,如:

(2)六石具弩一,銅鐖郭、糸弦緯,完。弩幡一,完。(《新》EPT59.11)

例(1)“同幾郭”即例(2)“銅鐖郭”,“幾”通“鐖”,指弩箭上的發動機關。

“同”“銅”通假,其他文獻可見。《周禮·春官·典同》:“掌六律六銅之和。”鄭玄注:“故書同作銅。”

## 211　桐—桶(桐tóng,定母東部;桶tǒng,透母東部。聲近韵同)

"桐",木名,古書多指梧桐。《説文·木部》:"桐,榮也。""桶",木桶、水桶。《玉篇·木部》:"桶,木桶。"

(1)汲桐少一。(《居》68.63)
(2)汲桐少一。(《居》264.32)
(3)汲桐一。(《居》305.19A)
(4)汲水桐,若甀。(《居》282.19)
(5)汲桐二,直卅。(《居》326.6A)
(6)第廿九車父,白馬亭里富武都。桐六,其一傷。(《居》67.2)
(7)☑人,作桐。□人,穿井。(《敦》2161)
(8)儲水□桐一,容十石,滅火斧二,有忍。(《新》EPT48.18A)
(9)駒桐四,少四。(《居》47.4)

例(9)"桐",史語所《居延漢簡》釋爲"相",圖版作,當釋爲"桐"。例(1)至(5)"汲桐""汲水桐"指打水的木桶。例(7)"作桐"指製作水桶。例(8)"儲水□桐"指用來儲水的桶。例(9)"駒桐"即"汲桶","駒"通"汲"。

## 212　種—中(種chóng,定母東部;中zhòng,端母冬部。聲近韵近)

"種",禾類早種晚熟。《説文·禾部》:"種,先穜後孰也。""中",正對目標,如射中、擊中。《荀子·彊國》:"敵中則奪。"楊倞注:"中,擊也。"

以所帶劍首歐種戍卒王奉親,肩背皆青黑雍種,廣袤各半所,得以會。(《金(壹)》73EJT5:73)

“歐”通“毆”,“歐種”即“毆中”,義打中、擊中。

一説,“簡文‘戍卒’上一字‘種’字應爲‘重’字,疑讀爲‘中’,‘重’‘中’相通的例子很多,其應表傷害義……簡文中‘歐(毆) 重(中)’即是毆打致傷之義”[①]。“種”字,圖版作“”,當依整理者釋爲“種”。這是因爲:首先,此枚簡左側殘缺,導致“”所從左旁殘缺,故補釋爲“種”。其次,此字左邊尚殘留一短横,從筆畫粗細和走勢來看,不是右側“重”的筆畫。此短横,與此簡中“雍種”之“種”(圖版作“”)所從“禾”之横劃相似,故“”當釋爲“種”,不應當釋爲“重”。

## 213　種—腫(種chóng,定母東部;腫zhǒng,章母東部。雙聲叠韵)

“種”,禾類早種晚熟。《説文·禾部》:“種,先穜後孰也。”“腫”,臃腫。《説文·肉部》:“腫,癰也。”

(1)☐二月甲申病膝廱種,丙巳久。(《居》311.8)

(2)☐董充,迺三月癸巳,病攣右脛,廱種。(《新》EPT53.14)

(3)迺二月壬午,病加兩脾雍種,匈脅丈满,不耐食。(《新》EPF22.80)

(4)以所帶劍首歐種戍卒王奉親,肩背皆青黑雍種,廣袤各半所,得以會。(《金(壹)》73EJT5:73)

“廱種”“雍種”即“癰腫”,指膿瘡。“廱”爲“廱”之异體,指天子饗飲酒處;“雍”義鳥名,即鶺鴒。二字皆通“癰”,“癰腫”同義連用。

“種”“腫”通假,其他文獻可見。朱駿聲《説文通訓定聲·豐部》:“種,(叚借)又爲腫。”《莊子·讓王》:“顔色種噲。”陸德明釋文:“種,本亦作腫。”《吕氏春秋·情欲》:“身盡府種。”畢沅新校正:“而種之爲首疾,亦當作腫。”

① 方勇:《讀〈肩水金關漢簡〉札記二則》,《魯東大學學報》2012年第2期。

## 214 龍—壠(龍 lóng,來母東部;壠 lǒng,來母東部。雙聲叠韵)

“龍”,傳説中的一種神异動物。身長,形如蛇,有鱗爪,能興雲降雨,爲水族之長。《説文·龍部》:“龍,鱗蟲之長。”“壠”,墳墓。《説文·土部》:“壠,丘壠也。”王筠句讀:“丘、壟同義,故亦用爲連語。”後“壟”字通行。

辨衣裳,審棺椁之厚,營丘龍之小大、高卑、薄厚度,貴賤之等級。(《居》210.35)

“丘龍”即“丘壟”,指墳墓。

上引簡文所録内容爲《月令》。傳世本《月令》有三:《吕氏春秋·孟冬紀》《禮記·月令》《淮南子·時則》。此簡文字,《吕氏春秋·孟冬紀》作:辨衣裳,審棺槨之厚薄,營丘壟之小大高卑薄厚之度,貴賤之等級。[①]《禮記·月令》作:辨衣裳,審棺椁之薄厚,塋、丘壟之大小、高卑、厚薄之度,貴賤之等級。[②]《淮南子·時則》作:審棺槨衣衾之薄厚,營邱壠之小大高庳,使貴賤尊卑,各有等級。[③]相比之下,簡文與《吕氏春秋》最爲接近,差别有四處:簡文“槨”作“椁”,第一個“厚”字下奪“薄”字,第二個“厚”字下奪“之”字,“丘壟”之“壟”用通假字“龍”。

“龍”“壟”通假,其他文獻可見。《孟子·公孫丑下》:“古之爲市也,以其所有,易其所無者,有司者治之耳。有賤丈夫焉,必求龍斷而登之,以左右望,而罔市利。”《説文·貝部》“買”字注引《孟子》作“壟斷”。

## 215 龍—襲(龍 lóng,來母東部;襲 xí,邪母緝部。聲遠韵遠)

“龍”,傳説中的一種神异動物。身長,形如蛇,有鱗爪,能興雲降雨,爲水族

---

① 許維遹:《吕氏春秋集釋》,中華書局,2009,217頁。

② 孫希旦:《禮記集解》,中華書局,1989,489頁。

③ 何寧:《淮南子集釋》,中華書局,1998,423頁。

之長。《説文·龍部》:“龍,鱗蟲之長。”“襲”,重衣,指衣外加衣,行禮時穿在外面的上衣。《玉篇·衣部》:“襲,重衣也。”

(1)練龍一領,白布單衣一領,布絝一兩。(《金(貳)》73EJT23:975)

“龍”,整理者原釋爲“襲”,圖版爲。圖版下無“衣”字,當釋爲“龍”。“練龍”即“練襲”,指用白色熟絹作的襲。

可徑用本字,作“襲”,如:

(2)☐直千廿五,練襲一領,表裏用帛一匹,糸絮。(《居》203.45)

(3)練復襲一,皁復袍一,皁絝一,布復絝一。(《新》EPT51.384)

(4)李龍文,袍一領,直二百八十七;襲一領,直四百五十。(《敦》1614)

亦可寫作“習”,詳見“670 習—襲”組。

“龍”“襲”通假,其他文獻可見。《古文苑·揚雄〈蜀都賦〉》:“龍明衣。”章樵注:“龍,假借作襲,襲,重也。”

## 216　籠/籠—壠(籠lóng,來母東部;壠lǒng,來母東部。雙聲疊韵)

“籠”,盛土器。《説文·竹部》:“籠,舉土器也。”“籠”,爲“籠”之异體。“壠”,土壟、土埂,又作“壟”。《集韵·東韵》:“壟,土壟。”

(1)第十五隧長得。亭不馬牛矢塗。蓬少一。毋深目。羊頭石少二百。馬牛矢少五百石。狗籠少一。積薪皆卑。天田不畫,縣索緩。籠竈少一。(《新》EPT57.108B3)

(2)第十八隧長充國,亭不塗,毋非常屋,蓬少一,蓬三幣,毋深目,毋馬牛矢,毋狗籠,毋芮薪,沙竈少一,表小幣,籠竈少一,天田不畫,縣索緩,柃柱廿不堅,積薪六皆卑,小積薪少二。(《新》EPT57.108B6)

例(2)“櫱”,圖版作,《居延新簡集釋》釋爲“籠”,圖版此字下有“木”字,當釋爲“櫱”。“籠竈”“櫱竈”即“壟竈”,指土壟圍成的土竈。

亦可寫作“聾”,詳見“217 聾—壠”組。

在傳世文獻中亦有不同寫法,如“聾竈”“壠竈”:

(3)“城上三十步一聾竈。”孫詒讓閒詁:“《史記·滑稽傳》:‘以壠竈爲椁。’……此壟竈在城上爲之,以具火,蓋即行竈也。”(《墨子·備城門》)

(4)“築郵亭者圜之,高三丈以上,令侍殺爲辟梯。梯兩臂,長三尺,連門三尺,報以繩連之。槧再雜爲懸梁,聾竈亭一鼓。”孫詒讓閒詁:“(聾竈)當作壟竈,詳《備城門》篇,亦言每亭爲一壟竈,《號令》篇云樓一鼓,壟竈。”(《墨子·雜守篇》)

(5)請爲大王六畜葬之,以壠竈爲椁,銅歷爲棺,齎以薑棗,薦以木蘭,祭以粳稻,衣以火光,葬之於人腹腸。(《史記·滑稽列傳》)

可見,“籠竈”“櫱竈”“聾竈”“壠竈”均爲同一詞的不同書寫形式。

關於“壟竈”的功用,初師賓先生認爲和“煙竈”相同[①],又《中國簡牘集成》在《居》118.4下注:“‘聾竈’,或作‘煙竈’,放煙的一種設施。”[②]可見,兩者都認爲“壟竈”是用來放煙的。此説恐不確,我們認爲“壟竈”的作用是放火照明的。因爲,首先,文獻記載中“壟竈”是用來放火照明的。如孫詒讓《墨子閒詁》“此壟竈在城上爲之,以具火,蓋即行竈也”,説明“壟竈”的作用是放火。《説文·火部》:“烓,行竈也。”又“煁,烓也。”段玉裁注:“《小雅·白華》曰:‘樵彼桑薪,卬烘於煁。’……郭璞云:‘今之三隅竈。’按,鄭箋云:桑薪,薪之善者,不以炊爨養人,反以燎於烓竈,用炤事物而已。然則行竈非爲飲食之竈,若今火鑪,僅可炤物,自古名之曰烓,亦名之曰煁。”據鄭箋“行竈”是“用炤事物而已”,可知“行竈”是用來照明的,“壟竈”與“行竈”同爲一物,則“壟竈”也是用來放火照明的。

其次,屯戍簡中另有“煙竈”用來放煙,如:

① 初師賓:《漢邊塞守御器備考略》,載甘肅省文物工作隊、甘肅省博物館:《漢簡研究文集》,甘肅人民出版社,1984,第168頁。

② 中國簡牘集成編委會:《中國簡牘集成》(第六册),敦煌文藝出版社,2001,第19頁。

(6)☒□□八,長椎一,棓四,連椎四,□□二,□□三,□□三,茹十斤,芀一斤,□四斗,牛頭石卌,馬矢六石,煙造四,沙造二,破釜一所☒。(《金(貳)》73EJT21:182)

(7)藁火圖板一,煙造一,畚一。(《金(肆)》73EJT37:1544)

以上兩例中"造"通"竈","煙造"即"煙竈"。"煙竈"用來放煙,"壟竈"用來放火,兩者區別明顯。

"籠""壠"通假,其他文獻可見。《群經平議·周官一·遂師》:"共丘籠。"俞樾按:"籠,疑壠字之假借。丘籠,即丘壠也。"

## 217　聾—壠(聾lóng,來母東部;壠lǒng,來母東部。雙聲叠韵)

"聾",聽覺失靈或遲鈍。《説文·耳部》:"聾,無聞也。""壠",土壟、土埂,又作"壟"。《集韵·東韵》:"壟,土壟。"

□聾竈、深目各務諷誦品約☒。(《居》118.4)

亦可寫作"籠/䉪",詳見"216籠/䉪—壠"組。

"聾""壠(壟)"通假,其他文獻可見。《墨子·號令》:"樓一鼓、聾竈。"孫詒讓閒詁:"聾,壟之叚字。"

## 218　踵—種(踵zhǒng,章母東部;種zhòng,章母東部。雙聲叠韵)

"踵",追逐。《説文·足部》:"踵,追也。""種",種植。《急就篇》卷三:"種樹收斂賦税租。"顏師古注:"種,藝也。"

候官。謹案,亭踵榆楰十樹,主謁。(《敦》2139)

“桋”通“莢”,“榆桋”即“榆莢”,指榆樹的果實。“踵榆桋十樹”即“種榆莢十樹”,指種植榆莢十棵。

## 219 稯—緵(zōng,精母東部。雙聲叠韵)

“稯”,禾四十把,計量“禾”的量詞。《玉篇·禾部》:“稯,禾束也。”“緵”,古代布帛在二尺二寸的幅度内含經綫八十根爲一緵。《玉篇·糸部》:“緵,縷也。”

(1)終古隧卒東郡臨邑高平里召勝,字游翁,貰賣九稯曲布三匹=三百卅三。(《居》282.5)

(2)出廣漢八稯布十九匹八寸大半寸,直四千三百廿,給吏秩百一人,元鳳三年正月盡六月,積六月☐。(《居》90.56,303.30)

(3)驚虜隧卒東郡臨邑呂里王廣,卷上,字次君,貰賣八稯布一匹,直二百九十,觻得定安里隨方子惠所,舍在上□門第二里三門東入。(《居》287.13)

(4)今餘廣漢八稯布卌九匹,直萬一千一百廿七錢九分。(《金(壹)》73EJT10:72)

(5)入七稯布二千七百九十七匹九尺六寸五分,直六十萬八千四百,率匹二百一十七錢五分。(《金(叁)》73EJT26:23)

(6)戍卒東郡聊成昌國里繺何齊,貰賣七稯布三匹,直千五十,屋蘭定里石平所。舍在郭東道南。任者,屋蘭力田亲功,臨木隧。(《新》EPT56.10)

(7)今毋餘七稯布☐。(《居》268.5)

(8)出都内第一七稯布廿八☐。(《居》520.19)

屯戍簡中,除上引諸例中的“九稯曲布”“八稯布”“七稯布”外,還有“五緵布”。“九稯布”是用七百二十縷綫織成的布,“八稯布”是用六百四十縷綫織成的布,“七稯布”是用五百六十縷綫織成的布,“五緵布”是用四百縷絲綫織成的布。如果幅寬確定,所用綫縷數越多,則布越細;反之,綫縷數越少,則布越粗。

“稯”“緵”通假,其他文獻可見。《集韵·東韵》:“稯,通作緫、緵。”《周禮·秋官·

掌客》:“米百筥。”鄭玄注:“十筥曰稯。”孫詒讓正義:“稯、緫、緵字並通。”《儀禮·聘禮記》:“十筥曰稯。”鄭玄注:“古文稯作緵。”

## 220 從—蹤(從 cóng,從母東部;蹤 zōng,精母東部。聲近韵同)

“從”,跟從。《説文·从部》:“從,隨行也。”引申爲足迹、蹤迹。“蹤”是爲表“從”之引申義所造的分化字。《釋名·釋言語》:“蹤,從也,人形從之也。”

(1)☐蘭入,不知何一步人迹,安所到而不得從迹,又不劾候史。(《居》13.4)

(2)務得請實,發生從迹毋督聚,煩擾民大逆,同產當坐重事,推迹未窮,毋令居部界中,不覺得者書言白報,以郵亭行詣長安。(《金(壹)》73EJT1:2)

(3)移檄書。居延守尉移檄部亭吏,從迹逐捕□卒王□□女□發,唯官□□,敢言之。(《新》EPT56.128)

(4)☐第廿三隧長韋從迹,卒張叔道不以時□迹狀☐。(《新》EPT56.162)

“從迹”即“蹤迹”。

“從”“蹤”通假,其他文獻可見。《史記·刺客列傳》:“重自刑以絶從。”司馬貞索隱:“從音蹤,古字少,假借無旁足。”《漢書·淮南厲王長傳》:“從迹連王。”顔師古注:“從,讀曰蹤。”

## 221 從—縱(從 cóng,從母東部;縱 zòng,精母東部。聲近韵同)

“從”,跟從。《説文·从部》:“從,隨行也。”“縱”,放縱、驕縱。《玉篇·糸部》:“縱,恣也。”

日不顯目兮黑雲多,月不可視兮風非沙。從恣蒙水誠江河,州流灌注兮轉揚波。辟柱槙到忘相加,天門俠小路彭池。無因以上如之何,興章教海兮誠難過。(《敦》2253)

“蒙”通“濛”，義爲大水、洪水。“誠”通“成”，義爲形成。“州”通“周”，義爲四處。“灌注”，義傾瀉。“從恣蒙水誠江河，州流灌注兮轉揚波”大意爲：肆意放縱的洪水匯聚成江河，四處流淌傾瀉，回轉掀起更大的波浪。此兩句詩以肆意放縱的洪水積少成多、積弱成强匯聚成大江大河，四處興風作浪，來諷刺現實中邪惡勢力因没有受到相應的遏制反而壯大，日益猖獗。簡文大意詳見“007 海—誨”組。

“從”“縱”通假，其他文獻可見。《論語·八佾》：“從之，純如也。”何晏集解：“從，讀曰縱。”《漢書·晁錯傳》：“非以忿怒妄誅而從暴心也。”顔師古注：“從，讀曰縱。”又《杜欽傳》：“匱萬姓之力以從耳目。”顔師古注：“從，讀曰縱。”

## 222 訟—誦（sòng，邪母東部。雙聲叠韵）

“訟”，争論、争辯。《説文·言部》：“訟，争也。”“誦”，誦讀。《説文·言部》：“誦，諷也。”

（1）知令，重寫令。移書到，各明白大扁書市、里、官所、寺舍門、亭隧、堠中，令吏卒民盡訟知之。（《玉》1365）

“令吏卒民盡訟知之”指使官吏、士卒、百姓全都誦讀熟知律令。

可徑用本字，作“誦”，如：

（2）扁書亭隧顯處，令盡諷誦知之。精候望，即有蓬火，亭隧回度舉，毋必。（《敦》1557）

（3）扁書鄉亭市里顯見處，令吏民盡誦之，具上吏民壹功蒙恩勿治其罪者名會今罪别。（《額》2000ES9SF4：3）

“訟”“誦”通假，其他文獻可見。朱駿聲《説文通訓定聲·豐部》：“訟，（叚借）爲誦。”《韓非子·問辯》：“智者無以訟。”王先慎集解：“訟，讀爲誦。”又《孤憤》：“而旦暮獨説於前。”王先慎集解：“訟，古通誦；誦猶説也。”

## 223　蠭—𤎼(fēng,滂母東部。雙聲叠韵)

"蠭",古"蜂"字。《説文·䖵部》:"蠭,飛蟲螫人者。""𤎼",①烽火,邊防報警的信號。《説文·火部》:"𤎼,燧候表也。邊有警則舉火。"②烽燧。俗省作"烽"。

(1)☒毋乏爲故。虜畢去,輒下蠭滅火。(《玉》1362)

(2)宜禾部蠭第:廣漢第一,美稷第二,昆侖第三,魚澤第四,宜禾第五。(《敦》1683)

例(1)"蠭(𤎼)"義烽火。"虜畢去,輒下蠭滅火"大意爲:虜全部離去,就降下烽滅火。例(2)"蠭(𤎼)"義烽燧。"蠭第"即"𤎼第",指烽燧排列的次第。

"烽"之形制,古籍有記載。《史記·魏公子列傳》:"而北境傳舉烽。"裴駰集解引文穎曰:"作高土櫓,櫓上作桔槔,桔槔頭兜零,以薪草置其中,謂之烽,常低之,有寇即火然舉之以相告。"顔師古注《漢書·賈誼傳》、李賢注《後漢書·光武帝紀下》皆引此説。又《漢書·司馬相如傳下》:"聞𤎼舉燧燔。"顔師古注引孟康曰:"𤎼如覆米䉛,縣著契皋頭,有寇則舉之。燧,積薪,有寇則燔然之也。""櫓"是城上守禦的望樓。"桔槔"是利用杠杆原理升降烽火的器具。"兜零"指籠子,用來放置柴薪。"米䉛",淘米的竹器,今稱筲箕。"覆米䉛"應該指反過來口朝下的淘米竹器。"契皋"亦即桔槔。可見"烽"的形制爲:在桔槔頭懸掛籠子(即"兜零"),籠中放置薪草,有戰事時點燃用桔槔升起,無戰事時放下滅火。[1]

亦可寫作"熢/𤑔",爲"𤎼"之异體字,"𤑔"從"蓬"得聲,"𤎼""熢"從"逢"得聲。如:

(3)熢[2]不可上下,連梃庨[3]解,□多隨折,長斧椎皆榣,棓吘呼,稗色不鮮明,奚索幣絶,弩長臂曲戾不可。(《居》127.24)

---

① 屯戍簡中升降"烽"亦可用轆轤。

② "熢",史語所《居延漢簡》釋爲"蓬",圖版作,當釋爲"熢"。

③ "庨",史语所《居延漢簡》釋爲"㡯",圖版作,疑當爲"庨"之异體。

(4)望見虜塞外及入塞，虜即還去，輒下蓬、止煙火。如次亭未下蓬、止煙火，人走傳相告。都尉出追未還，毋下蓬。(《敦》521)

亦可寫作“逢”，詳見“225逢—烽”組。

亦可寫作“蓬”，詳見“228蓬—烽”組。

## 224 㷭—鋒(fēng，滂母東部。雙聲叠韵)

“㷭”，“烽”之异體，烽火，邊防報警的信號。《説文·火部》：“烽，燧候表也。邊有警則舉火。”“鋒”，刀鋒。《釋名·釋兵》：“刀，……其末曰鋒。”

欲知幣劍以不報者，及新器者，之日中騂視，白堅隨㷭上者，及推處、白黑堅分明者，及無文，縱有文而在堅中者，及雲氣相遂，皆幣合人劍也。刀與劍同等。右善劍四事。右幣劍六事。(《新》EPT40.204-205)

上引簡文屬《相刀劍册》。“白堅隨㷭上者”指劍身白色斷層隨劍鋒上達劍之頂端。“幣”通“敝”，敝劍指不鋒利之劍。“不報”指不能給主人帶來福報，則“不報者”指不祥之劍。簡文大意爲：要想知道劍是不是不鋒利之劍、不祥之劍以及新劍，在日光下持劍觀察：白色斷層隨劍鋒上達劍之頂端；劍身表面研磨痕迹明顯，黑色斷層和白色斷層不相融；劍表面没有刃紋，即使有紋，而紋在劍身内部；雲氣相遂，都是敝劍。①

亦可寫作“逢”，詳見“227逢—鋒”。

① 陳力:《居延新簡相利善刀劍諸簡選釋》，《考古與文物》2002年第6期。

## 225 逢—𤇾(逢 féng,並母東部;𤇾 fēng,滂母東部。聲近韵同)

“逢”,相逢。《説文·辵部》:“逢,遇也。”“𤇾”,①烽火,邊防報警的信號。《説文·火部》:“𤇾,燧候表也。邊有警則舉火。”②烽燧。俗省作“烽”。

(1)玉門威嚴隧以西,逢火不通,大守府書到,來人明告☒。(《敦》519)

(2)皆通。都水長常樂,知火再舉,逢未下,吏收葆不得行,而使卒傳送客許翁卿。(《玉》1363)

(3)行道者駕載,明逢火,謹候望,逢。(《敦》2279B)

(4)迎逢表苣火約各如牒,檄到候尉□☒。(《金(叁)》73EJT28:13A)

(5)廣地候敢言之:乙酉平旦列亭隧舉逢燔薪從北□☒。(《金(叁)》73EJT30:244)

(6)☒芮薪二石,沙竈一,破逢一。(《金(叁)》73EJT31:67)

以上“逢(𤇾)”義烽火,邊防報警的信號。

(7)捕律:亡入匈奴外蠻夷守棄亭鄣逢隧者,不堅守降之,及從塞徼外來绛而賊殺之,皆要斬,妻子耐爲司寇,作如。(《敦》983)

以上“逢(𤇾)”義烽燧。“逢隧”即“烽燧”,爲邊塞基層組織,“隧”通“燧”。

亦可寫作“㷭/蓬”,爲“𤇾”异體字,詳見“223 𩙣—𤇾”組。

亦可寫作“𩙣”,詳見“223 𩙣—𤇾”組。

亦可寫作“蓬”,詳見“228 蓬—𤇾”組。

“逢”“𤇾”通假,其他文獻可見。《漢書·司馬相如傳下》:“逢涌原泉。”顔師古注:“逢,讀曰𤇾。”《文選·司馬相如〈封禪文〉》:“逢涌原泉。”舊校:“五臣本逢作𤇾。”

## 226　逢—縫(féng,並母東部。雙聲疊韵)

“逢”,相逢。《説文·辵部》:“逢,遇也。”“縫”,縫補。《説文·糸部》:“縫,以鍼紩衣也。”

(1)甲、鞮瞀、蘭、服,綻者,輒逢,絶爲縩帶,負索,毋令有舉。(《敦》1725)

“鞮瞀”即“兜鍪”,“服”通“箙”。“甲、鞮瞀、蘭、服,綻者,輒逢”大意爲:鎧甲、兜鍪、蘭、箙有綻开的,立即縫補。

亦可寫作“襚”,“襚”爲“縫”之异體,如:

(2)言不愈乾。冬不作襚,無緇帬襦川空敗,買後不知洗沐,多汗。(《新》EPT49.48A)

“逢”“縫”通假,其他文獻可見。《莊子·盗跖》:“縫衣淺帶。”郭慶藩集釋:“縫,或作逢。”《禮記·玉藻》:“縫齊倍要。”鄭玄注:“縫,或爲逢,或爲豐。”

## 227　逢—鋒(逢féng,並母東部;鋒fēng,滂母東部。聲近韵同)

“逢”,相逢。《説文·辵部》:“逢,遇也。”“鋒”,刀鋒。《釋名·釋兵》:“刀,……其末曰鋒。”

其逢如不見,視白堅未至逢三分所而絶,此天下利善劍也。又視之身中,生如黍粟狀,利劍也,加以善。(《新》EPT40.203)

上引簡文屬《相刀劍册》,大意爲:先看劍身白色斷層未到劍鋒三分處而斷絶,這是天下之利、善劍;再看劍身,白色的斷層和黑色的斷層相互交融,呈現出黍粟狀的圓形斑點紋樣,這是更好的利、善劍。[①]

亦可寫作"逢",詳見"224逢—鋒"組。

"逢""鋒"通假,其他文獻可見。《銀雀山漢墓竹簡·孫臏兵法·威王問》:"威王曰:'地平卒齊,合而北者,何也?'孫子曰:'其陳(陣)無逢也。'""逢"即"鋒"。

## 228 蓬—熢(蓬péng,並母東部;熢fēng,滂母東部。聲近韻同)

"蓬",蓬草。《説文·艸部》:"蓬,蒿也。""熢",①烽火,邊防報警的信號。《説文·火部》:"熢,燧候表也。邊有警則舉火。"②烽燧。俗省作"烽"。

(1)虜守亭鄣不得燔積薪,晝舉亭上蓬一、煙;夜舉離合苣火。次亭燔積薪如品約。(《居》14.11)

(2)檄到,循行部界中,嚴教吏卒驚蓬火明天田,謹迹候候望,禁止往來行者,定蓬火輩,送便兵戰鬪具,毋爲虜所萃槧,已先聞知,失亡重事,毋忽,如律令。(《居》278.7B)

(3)天風塵、陰雨不具蓬火者,亭隧騎馳、人走傳相告,以急疾毋乏爲故。(《敦》九OD八:八)

(4)望見虜一人以上入塞,熢一責新、舉二蓬;夜,二苣火。見十人以上,在塞外,熢、舉如一人入塞品。(《敦》2257)

以上"蓬(熢)"義烽火。

(5)功令第卌五:士吏、候長、蓬隧、常以令秋射,發矢十二☐。(《新》EPT53.34)

(6)督蓬隧史遂再拜。(《金(叁)》73EJT30:86)

以上"蓬(熢)"義烽燧。"蓬隧"即"烽燧",指守望烽燧的基本組織。每個烽燧設"烽燧長","烽燧"可省稱"燧","烽燧長"亦可省稱"燧長"。

---

① 陳力:《居延新簡相利善刀劍諸簡選釋》,《考古與文物》2002年第6期。

亦可寫作"逄/蓬",爲"逢"之异體字,詳見"223 蠭—逢"組。

亦可寫作"蠭",詳見"223 蠭—逢"組。

亦可寫作"逄",詳見"225 逄—逢"組。

## 229 龐—籠(龐 páng,並母東部;籠 lǒng,來母東部。聲遠韵同)

"龐",高屋。《説文·广部》:"龐,高屋也。""籠",盛土器。《説文·竹部》:"籠,舉土器也。"引申泛指蓄養牲畜的竹編器物。

守御器簿。長斧三,皆缺頓。長椎三。長棓三。長杆二。木面衣二。弩長檗二。艾、馬矢橐各一。毋。茹十斤。出火遂二具。皮冒、草萆各一。毋冒。承纍三。破釜一。芮薪、木薪各二石。瓦箕、枓各二。斗少一。沙、馬矢各二石。羊頭石五百。槍三十 。小苣三百。程苣九。傳射八 。深目三。布蓬三。一白不毋。布表一。鼓一。狗龐二,毋。狗二,少一 。户關二。接楪三。木椎二。户戊二。籥一。闑户墼,三百。户上下合各一。儲水罌二。汲落二。大積薪三。藥咸一。橐三 。(《居》506.1)

"狗龐"即"狗籠",指養狗的籠子。

## 230 奉—捧(奉 fèng,並母東部;捧 pěng,滂母東部。聲近韵同)

"奉",承受、接受。《説文·廾部》:"奉,承也。"引申爲恭敬地捧着。"捧"是爲表"奉"之引申義所造的分化字。

(1)推奏叩頭幸甚,謹持使奉書宣再拜。(《金(叁)》73EJT30:28A)

(2)用叩頭死罪,謹拜奉書,叩頭死罪白。(《居》4.3)

(3)記。宣以十一日對候官,未決。謹因使奉書,伏地再拜。(《居》10.16B)

(4)臣厶稽首再拜,謹□□前奉書。臣厶稽首再拜。(《敦》110)

(5)謹請聶伯奉書奏李子長。鄭子孟記。(《居》157.25B)

(6)☐日促奉書不及。以失期,毋狀,當坐,罪當☐。(《居》264.39)

(7)已月六日到,人馬毋它,立奉書,入見史候⋯。(《敦》233A)

(8)行到官旁,奉書子母三人,稟四月餔食三石五斗,再爲四石五斗,至尉梨稟六斗。(《懸》Ⅱ0115②:66A)

"奉書"爲書信用語,指恭敬地捧着書信。

"奉""捧"通假,其他文獻可見。《禮記·曲禮下》:"凡奉者當心。"陸德明釋文:"奉,本亦作捧。"又《内則》:"少者奉槃。"陸德明釋文:"奉,本或作捧。"《史記·刺客列傳》:"荊軻奉樊於期頭函,而秦舞陽奉地圖柙,以次進。""奉"即"捧"。

## 231　奉—俸(fèng,並母東部。雙聲叠韵)

"奉",承受,接受。《説文·廾部》:"奉,承也。""俸",俸禄。《玉篇·人部》:"俸,俸禄也。"

(1)書佐孫臨國,始元四年六月丙寅除。未得始元六年五月奉用錢三百六十。(《居》303.49)

(2)廣昌候史,敦煌富貴里孫毋憂,未得二月盡五月積四月奉錢二千四百。(《敦》1757)

(3)居延甲渠平虜隧長孟章,陽朔三年七月未得十月盡十二月積三月奉☐。(《新》EPT51.27A)

(4)未得本始三年正月盡三月,積三月奉用錢千八百。(《居》498.8)

(5)候史靳望,正月奉帛二匹,直九百。其一匹顧茭,定受一匹。(《居》89.12)

(6)☐廣新隧長張淵,奉縑三丈二尺。(《敦》2024)

(7)最凡吏九十七人:其十四人,已前出,定受奉八十三人。用絳一匹,用布十八匹。(《新》EPT40.6B)

(8)李廣利,六月盡七月奉絮七斤八兩十八銖。八月盡九月奉絮六斤十五兩七銖。(《敦》1408)

(9)入,正月奉穬麥一斛。建武廿二年閏月廿六日癸巳,平望朱爵隧長宋力布,受尉史仁。(《敦》1987)

(10)入,七月奉麥四斛。永平四年七月乙亥,□☐。(《敦》2176)

(11)居延都尉,奉穀月六十石。(《新》EPF22.72)

(12)□□文經,或得修奉一寸二分,己直□到□三日,請□□。(《敦》2412A)

(13)不侵候長柏詡所還重取奉錢千六百☐。(《居》507.11)

屯戍簡記録奉錢,或按單月記録,如例(1)記録始元六年第五個月的奉錢爲"三百六十";或按數月記録,按數月記録一般要説明起止的月份和中間累積的月份,如例(2)至(4),例(2)記録從二月至五月累積四個月的奉錢,例(3)記録從十月至十二月累積三個月的奉錢,例(4)記録從正月至三月累積三個月的奉錢。

從屯戍簡記録奉錢的情况看,在漢代除錢外,布帛、絮和糧食也可以用作奉錢。"布帛"用作奉錢,如例(5)至(7);"絮"用作奉錢,如例(8);糧食用作奉錢,如例(9)至(11)。例(12)"修"疑通"脩","脩奉"疑用乾肉作奉錢。例(13)説明多得的奉錢要歸還。

"奉""俸"通假,其他文獻可見。玄應《一切經音義》卷二"奉禄"注:"奉,今皆作俸。"《集韵·用韵》:"俸,秩禄也。或作奉。"《史記·蕭相國世家》:"吏皆送奉錢三。"司馬貞索隱:"奉,謂資俸之。"

## 232 蒙—幪(méng,明母東部。雙聲叠韵)

"蒙",草名,即菟絲,一年生纏繞寄生草本。《説文·艸部》:"蒙,王女也。""幪",覆蓋。《説文》作"幏",《巾部》:"幏,蓋衣也。"段玉裁注:"覆蓋物之衣也。"

出。護羌使者傳車一乘,黄銅五羙一具,伏兔兩頭,柅兩頭,亶帶二幣,軥靰、韋土薄各一。故皁復蓋蒙,完。蚤具毋金承。鞦勒二,完。中靳對各一,完。河平二年七月癸巳縣泉徒趙齊付遮要佐趙忠。傳三,□韋把杠二,有陽。鞅韅一,鞀鋗各二,于₌少四。韋□一,赤鞮皮各一,穿銅鐠一具。(《懸(壹)》Ⅰ90DXT0110①:53)

“蓋蒙”即“蓋幪”,指車上的覆蓋物。

“蒙”“幪”通假,其他文獻可見。《方言》卷十二:“蒙,覆也。”戴震疏證:“蒙,亦作幏。”

## 233　蒙—濛(méng,明母東部。雙聲疊韵)

“蒙”,草名,即菟絲,一年生纏繞寄生草本。《説文·艸部》:“蒙,王女也。”“濛”,大水。《廣韵·董韵》:“濛,濛澒,大水。”

日不顯目兮黑雲多,月不可視兮風非沙。從恣蒙水誠江河,州流灌注兮轉揚波。辟柱槙到忘相加,天門俫小路彭池。無因以上如之何,興章教海兮誠難過。(《敦》2253)

“從”通“縱”,義爲驕縱。“誠”通“成”,義爲形成。“州”通“周”,義爲周遍、四處。“灌注”義傾瀉。“從恣蒙水誠江河,州流灌注兮轉揚波”句意爲:肆意放縱的洪水匯聚成江河,四處流淌傾瀉,回轉掀起更大的波浪。此兩句詩以肆意放縱的洪水積少成多、積弱成强匯聚成大江大河,四處興風作浪,來諷刺現實中邪惡勢力因没有受到相應的遏制反而壯大,日益猖獗。簡文大意詳見“007 海—誨”組。

一説,“蒙水”指“小水”①。但“蒙水”釋爲“大水”,“大水”與上文“從恣”(肆意放縱)意義更緊密更貼合。

① 李正宇:《試釋敦煌漢簡〈教海詩〉》:“‘蒙水’,小水。《太平御覽》卷八百七十三《休征部二·水》條引《禮斗威儀》曰:‘君乘土而王,其政太平,則蒙水出於山。’宋均曰:‘蒙,小水也。’”參見李正宇:《試釋敦煌漢簡〈教海詩〉》,載顔廷亮主編:《轉型期的敦煌語言文學》,甘肅人民出版社,2010。董珊:《敦煌漢簡風雨詩新探》:“句意(作者按:指“從恣蒙水誠江河,州流灌註兮轉揚波”兩句)本來不大的蒙水如今縱横恣肆變化了長江黄河那樣的大江河,到處流淌,灌注罅隙,回轉揚起波濤。”參見董珊:《敦煌漢簡風雨詩新探》,載《古代文明研究通訊》(總第36期),北京大學震旦古代文明研究中心,2008。

“蒙”“濛”通假，其他文獻可見。《詩經·豳風·東山》：“零雨其濛。”王先謙《詩三家義集疏》：“魯濛作蒙。”《楚辭·九辯》：“雲蒙而蔽之。”洪興祖補注引舊校：“蒙一作濛。”

# 魚部通假字匯釋

## 234　辜—故（辜 gū，見母魚部；故 gù，見母魚部。雙聲疊韵）

“辜”，罪過。《説文·辛部》：“辜，辠也。”段玉裁注：“辜本非常重罪，引申之，凡有罪皆曰辜。”“故”，緣故、原因。《説文·攴部》：“故，使爲之也。”段玉裁注：“今俗云原故是也。凡爲之必有使之者，使之而爲之則成故事矣。”

（1）以兵刃、索繩它物可以自殺者予囚，囚以自殺、殺人，若自傷、傷人，而以辜二旬中死，予者髡爲城旦、舂。及有。（《新》EPS4T2.100）

（2）袍所持鈹，即以疑所持胡桐木丈從後墨擊意項三下，以辜一旬内立死。案：疑賊殺人，甲辰病心腹□☑。（《新》EPF22.326）

（3）死罪，屋蘭游傲當禄里張彭祖，以胡刀自賊頰頸各一所，以辜立死。（《金（叁）》73EJT30:6）

“以辜”即“以故”，義所以。例（1）簡文大意爲：把兵刃、繩索等可以自殺的物品給囚犯，囚犯用這些東西來自殺或殺人，如果傷到自己或是傷到別人，而因爲這個在二十天以内死了，給東西的人要受髡刑、城旦及舂刑。例（2）“意”爲人名。簡文大意爲：懷疑用所持有的胡楊木棍從後面悄悄擊打“意”的脖子，所以“意”一旬之内馬上死亡。例（3）“傲”通“徼”，“游傲”即“游徼”，指秦漢時負責巡察盗賊的鄉官。簡文大意爲：屋蘭縣游徼當禄里張彭祖，用胡刀自傷頰、頸各一處，所以立刻死亡。

“辜”“故”通假，其他文獻可見。《爾雅·釋詁上》：“辜，辠也。”郝懿行義疏：“辜，通作故。”《史記·屈原賈生列傳》：“亦夫子之辜也。”司馬貞索隱：“《漢書》辜作故。”

## 235　古—酤(古 gǔ,見母魚部;酤 gū,見母魚部。雙聲叠韻)

"古",過去已久的年代,與"今"相對。《説文·古部》:"古,故也,"[①]"酤",買酒。《説文·酉部》:"酤,一曰買酒也。"

(1)☐置長樂里晏奴田卅五彶,貰錢九百,錢畢已,丈田即不足,計彶[②]數環錢,旁人淳于次孺、王兄、鄭少卿,古酒旁二斗,皆飲古□。(《居》557.4)

(2)☐□知券齒,古酒旁二斗。(《金(叁)》73EJT27:4)

"旁"通"方",義"並、一共"。[③]"古酒旁二斗"即"酤酒方二斗",指買酒共二斗。

亦可寫作"沽",詳見"238 沽—酤"組。

亦可寫作"故",詳見"241 故—酤"組。

## 236　古—盬(gǔ,見母魚部。雙聲叠韻)

"古",過去已久的年代,與"今"相對。《説文·古部》:"古,故也。""盬",不堅固、麤惡。《廣韵·姥韵》引《詩傳》云:"盬,不固也。"《漢書·息夫躬傳》:"器用盬惡。"顔師古注引鄧展曰:"盬,不監牢也。""盬"本義鹽池名,《説文·鹽部》:"盬,河東鹽池。"引申指未經提煉的顆鹽,再引申有麤惡、不堅固之義。

(1)塢上大表一,古惡。(《居》264.32)

(2)將軍、使者、大守議:貨錢古惡,小萃不爲用,改更舊制,設作五銖錢,欲使百姓。錢行未能。(《居》16.11)

---

① 一説,"固"的古字。參見李學勤主編:《字源》,天津古籍出版社、遼寧人民出版社,2012,164 頁。季旭昇:《説文新證》,藝文印書館,2014,第 154 頁。

② 二"彶"字,史語所《居延漢簡》釋爲"假",圖版分别作、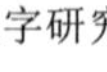,"假貰錢""假數"不辭,疑此爲"畝"之异體,今暫從《居延漢簡釋文合校》釋爲"彶"。

③ 此觀點來自張顯成先生在"首届簡牘學與出土文獻語言文字研究學術研討會"上的發言。

(3)☑詸,古惡毋敢者☑。(《金(叁)》73EJT29:88B)

(4)易古惡鹿木,用三百枚。(《金(叁)》73EJT30:31)

(5)呼塗古惡,推不承色⊡天田不畫,□治縣索☑。(《新》EPT51.403)

(6)建始元年二月乙未朔癸丑督郵史光告效穀往者廄器物不齊或少相滕,甚不可,亭塢堠多古不任用。今移式書到,亟作治,務令釭堅壯事齊壹,毋出三月十日畢,成以書言,光循行課毋狀者,必親。(《懸(壹)》Ⅰ90DXT0110①:91)

例(1)至(5)"古惡"即"盬惡",義爲麤惡。例(6)"古不任用"指麤惡不能使用。

傳世文獻多作"苦",如《史記·平準書》:"式既在位,見郡國多不便縣官作鹽鐵,鐵器苦惡,賈貴,或彊令民賣買之。"司馬貞索隐:"器苦惡。苦音楛,言苦其器惡而買賣也。言器苦窳不好。凡病之器云苦。""苦"亦當讀爲"盬"。

## 237　古—弣(古gǔ,見母魚部;弣fǔ,滂母侯部。聲遠韵近)

"古",過去已久的年代,與"今"相對。《説文·古部》:"古,故也。""弣",弓把中部。《釋名·釋兵》:"(弓)中央曰弣。弣,撫也,人所撫持也。"畢沅注:"中央,人手所握處也。"

(1)淩胡隧五石弩,傷右古一所。(《敦》1721)

(2)☑臬長弦一,古絶。(《金(貳)》73EJT21:66)

例(1)"隧"通"燧",簡文大意爲:淩胡燧的五石弩,弓把右部一處有損傷。例(2)"古絶"即弣絶,指弓把中部斷絶。

亦可寫作"弫",與"弣"爲聲符不同的异體字,詳見"180柎—弣"組。

亦可寫作"柎",詳見"180柎—弣"組。

亦可寫作"橅",詳見"287橅—弣"組。

亦可寫作"儛",詳見"288儛—弣"組。

## 238　沽—酤(gū,見母魚部。雙聲叠韵)

“沽”,水名。《説文·水部》:“沽,水。出漁陽塞外,東入海。”“酤”,買酒。《説文·酉部》:“酤,一曰買酒也。”

(1)出百卅,沽酒一石三斗。(《新》EPT51.223)

(2)☑毋所得酒飲之。拓奴對曰:從厩徒周昌取酒一石,昌私沽酒一石,拓奴。(《居》198.13)

(3)☑爲沽酒,小方函諸器可欲持者,以令樂君牛車☑。(《新》EPT51.459B)

(4)沽酒旁二斗。(《敦》2418B)

(5)☑□□□□□□券約,沽酒旁二斗。(《居》564.7)

(6)☑□券約,沽酒旁二斗。(《金(貳)》73EJT24:275B)

(7)☑有識車者歸錢取車,沽酒旁二斗,王宣知☑。(《金(肆)》73EJH1:29)

“旁”通“方”,義“並、一共”。“沽酒旁二斗”即“酤酒方二斗”,指買酒共二斗。

亦可寫作“古”,詳見“235 古—酤”組。

亦可寫作“故”,詳見“241 故—酤”組。

“沽”“酤”通假,其他文獻可見。《集韵·模韵》:“酤,通作沽。”《墨子·迎敵祠》:“舉屠酤者。”孫詒讓閒詁引蘇云:“酤與沽通,賣酒也。”又《非儒下》:“以酤酒。”孫詒讓閒詁:“酤,吴鈔本作沽。畢云:孔叢酤作沽,同。”

## 239　柜—虡[①](柜jǔ,見母魚部;虡jù,群母魚部。聲近韵同)

“柜”,同“欅”,木名。《説文·木部》:“柜,木也。”“虡”,鐘鼓架的足。《説文·虍部》:“虡,鐘鼓之柎也。”

① 此觀點來自范常喜先生在“首届簡牘學與出土文獻語言文字研究學術研討會”上的發言。

梟承弦三，掣□四尺，負十算，鼓一，毋柜，負五算。(《金(叁)》73EJT26:107A)

“鼓一，毋柜”指鼓一個，但没有架鼓的鼓足。

亦稱“柎”，“柎”通“柎”，指鐘鼓架的足，詳見“289 柎—柎”組。“柜(虡)”“柎(柎)”是同一個物品的不同名稱。

## 240　詁—枯(詁 gǔ，見母魚部；枯 kū，溪母魚部。聲近韵同)

“詁”，用今語解釋古語。《説文·言部》：“詁，訓故言也。”“枯”，死。《急就篇》卷四：“亭歷桔梗龜骨枯。”顔師古注：“枯者，言其已死，骨乾枯也。”

□抵事，振詁死不敢忘厚德。伏地再=拜=。(《居》303.4B)

“詁死”即“枯死”，“枯死”同義連用。此簡爲書信，“振”爲人名。簡文大意爲：振就算是死也不敢忘記您的豐厚的恩德。

## 241　故—酤(故 gù，見母魚部；酤 gū，見母魚部。雙聲疊韵)

“故”，原因、根由。《説文·攴部》：“故，使爲之也。”“酤”，買酒。《説文·酉部》：“酤，一曰買酒也。”

▨□朝子真，故酒二斗。(《新》EPT59.555)

“故酒二斗”即“酤酒二斗”，指買酒二斗。

亦可寫作“古”，詳見“235 古—酤”組。

亦可寫作“沽”，詳見“238 沽—酤”組。

## 242 錮—姑(錮gù,見母魚部;姑gū,見母魚部。雙聲叠韵)

“錮”,用金屬溶液填塞空隙。《説文·金部》:“錮,鑄塞也。”“姑”,即姑臧,漢縣名,屬武威郡。《漢書·地理志下》:“武威郡,故匈奴休屠王地……縣十:姑臧,南山谷水所出,北至武威入海,行七百九十里。”王先謙補注:“《西河舊事》:凉州城,匈奴故蓋臧城,音訛爲姑臧。”

(1)顯處,令吏民卒徒奴婢盡知之,各相牽證任,毋舍匿出已,爰書:錮臧縣廷令可案,毋令留居部界中。(《金(貳)》73EJT24:245)

“案”通“按”,義考查。“錮臧縣廷令可案”大意爲:姑臧縣廷的法令可供核查。

可徑用本字,作“姑”,如:

(2)元康二年五月己巳朔辛卯,武威庫令安世别繕治卒兵姑臧,敢言之。酒泉大守府移丞相府書曰:大守☑。(《新》EPT53.63)

(3)地節二年六月辛卯朔丁巳,肩水候房謂候長光:官以姑臧所移卒被兵本籍爲行邊兵丞相史王卿治卒被兵,以校閲亭隧卒被兵,皆多冒亂不相應,或。(《居》7.7A)

## 243 顧—雇(gù,見母魚部。雙聲叠韵)

“顧”,回頭看。《説文·頁部》:“顧,還視也。”“雇”,①雇傭。《玉篇·隹部》:“雇,今以爲雇僦字。”又引申出:②購買,③給價、償付等義。“雇”本義鳥名。《説文·隹部》:“雇,九雇,農桑候鳥。”假借表“僱傭”義。

(1)出時行錢卌萬,時粟君以所得商牛,黄,特,齒八歲,穀廿七石,予恩顧就直,後二、三日當發粟君謂恩曰黄牛。(《新》EPF22.23)

（2）候史靳望，正月奉帛二匹，直九百。其一匹顧茭，定受一匹。（《居》89.12）

（3）凡吏十人，用帛廿二匹，其三匹顧茭。（《居》137.21）

（4）☐前圓泉二千三百，出泉六百五顧治圃財用直，餘泉千六百九十五。（《居》225.45）

例（1）“顧（雇）”義雇傭。“顧就直”即“雇僦值”，指雇傭租賃的錢。“就”通“僦”，“直”通“值”。例（2）（3）“顧（雇）”義購買。“顧茭”即購買茭。例（4）“顧（雇）”義償付。“顧治圃財用直”指償付製作圃的材料和用具的錢。“財”通“材”，“材用”指材料和用具。

## 244　去—笑（去 qù，溪母魚部；笑 qū，溪母魚部。雙聲疊韻）

“去”，離開。《説文·去部》：“去，人相違也。”[①]“笑”，笑𥫗，盛飯器。《説文》作“𠙴”，《𠙴部》：“𠙴，𠙴盧，飯器。凡𠙴之屬皆从𠙴。笑，𠙴或从竹，去聲。”段玉裁注：“𠙴盧，詳皿部盧下。按：皿部不言𠙴者，單評曰盧，絫評曰𠙴盧。”

（1）去盧一，直六百；⿰牜運索二枚，直千；皆置業車上。與業俱來，還到第三置。（《新》EPF22.12）

（2）直三千。大笥一合，直千。一石去盧一，直六百。⿰牜軍索二枚，直千。皆在業車上。與業俱來，還到北部，爲業買肉十斤。（《新》EPF22.25）

（3）大飯去盧一，小去盧☐。（《新》ESC100）

（4）斗去盧二，三斗去盧一。（《居》220.18）

“去盧”即“笑𥫗”，指盛飯器。“盧”通“𥫗”，則“𠙴盧”“去盧”“笑𥫗”爲同一詞的不同書寫形式。

“去”“笑”通假，其他文獻可見。朱駿聲《説文通訓定聲·豫部》：“去，（假借）爲笑，或爲胠。”

① 一説，爲器蓋。參見李學勤主編：《字源》，天津古籍出版社、遼寧人民出版社，2012，第445頁；季旭昇：《説文新證》，藝文印書館，2014，第421頁。

## 245 渠—巨(渠 qú,群母魚部;巨 jù,群母魚部。雙聲叠韵)

“渠”,水渠、水道。《説文·水部》:“渠,水所居。”“巨”,大。《方言》卷一:“巨,大也。齊宋之閒曰巨。”

(1)部吏雖手殺人,除其罪。其斬捕渠率者,又予購如列。其泚出界,能隨斬捕,購賞半之。今長、相不在,而丞將。(《新》ESC5A)

(2)繼夷人敢有群輩百人以上犯爲盗賊者,有能斬捕渠率一人,賜爵關内侯,錢二百萬。其繼人也以爲羌侯,予金二百。(《新》ESC6A)

(3)山及竹若汶澤中敢有群輩三人以上爲盜賊,殺吏民及强盗者,有能斬捕渠率,予購錢十萬;黨與,人三萬。(《新》ESC7A)

(4)☐尤異絶異,其手斬捕渠率者,又加秩四等。民、卒、徒、奴斬捕渠率,皆予購錢卅萬;黨與十五萬。徒、奴又免。(《新》ESC3A)

(5)群輩賊殺吏卒₌母左□,宜以時伏誅,願設購賞,有能捕斬嚴歆、君闌等渠率一人,購錢十萬,黨與五萬,吏捕斬强力者比三輔。(《居》503.17,503.8)

(6)☐得渠率一人,購錢卌萬。詔書八月己亥下。一事,大☐。(《居》33.8)

“渠率”即“巨帥”,指首領。

“渠”“巨”通假,其他文獻可見。《周禮·考工記·車人》:“渠三柯者三。”孫詒讓正義引錢坫云:“渠,與巨通。”

## 246 鉅—巨(jù,群母魚部。雙聲叠韵)

“鉅”,堅硬的鐵。《説文·金部》:“鉅,大剛也。”“巨”,①巨鹿,漢郡名。②巨定,漢縣名,屬齊郡。

(1)☐壽王敢言之。戍卒鉅鹿郡廣阿臨利里潘甲,疾温,不幸死。謹與。

(《居》7.31)

(2)戍卒鉅鹿郡廣阿秋華里侯遂☐。(《金(叁)》73EJT24:836)

(3)齊郡鉅定縣壯里不更宿建年☐。(《金(壹)》73EJT9:126)

(4)齊郡鉅定广里不更宿延☐。(《金(肆)》73EJT37:470)

(5)九月癸未鉅定丞登移所過縣邑侯國毋何止,如律令,掾何。(《金(肆)》73EJT37:1095A)

例(1)(2)"鉅鹿"即巨鹿郡。例(3)(4)(5)"鉅定"即巨定縣。

## 247 衙—禦(衙 yú,疑母魚部;禦 yù,疑母魚部。雙聲叠韵)

"衙",列隊行進的樣子。《説文·行部》:"衙,行皃。""禦",防禦、防止。《爾雅·釋言》:"禦,禁也。""禦"本義祭祀以祈免災禍。《説文·示部》:"禦,祀也。"假借表防禦、防止義。

(1)甲渠候官建平二年閏月守衙器簿。(《新》EPT55.5)

(2)始建國二年五月丙寅朔丙寅橐他守候義敢言之,謹移莫當隧守衙器簿一編,敢言之。(《金(肆)》73EJT37:1537A)

(3)橐他莫當隧始建國二年五月守衙器簿。(《金(肆)》73EJT37:1538)

"守衙器簿"即"守禦器簿",指記録防守、防禦時所用器具的簿籍。

"衙""禦"通假,其他文獻可見。《周禮·夏官·田僕》:"設驅逆之車。"鄭玄注:"逆,衙還之,使不出圍。"孫詒讓正義:"衙、御、禦字並通。"《讀書雜志·漢隸拾遺·司隸校尉楊涣石門頌》:"綏億衙彊。"王念孫按:"衙,與禦同。言能安彊禦之人也。'禦彊'即'彊禦',倒文協韵耳。"

## 248 五—伍(wǔ,疑母魚部。雙聲疊韵)

"五",縱横交錯。《説文·五部》:"五,陰陽在天地間交午也。"假借表示數字五。"伍",士伍,指因罪失官爵者。《史記·秦本紀》:"武安君白起有罪,爲士伍。"裴駰集解引如淳曰:"嘗有爵而以罪奪爵,皆稱士伍。"《漢書·淮南王安傳》:"士伍開章等七十人。"顔師古注引如淳曰:"律,有罪失官爵,稱士伍也。""伍"是爲數字"五"之引申義所造的分化字。

(1)昌邑國樊垣里士<u>五</u>淳于龍,年廿四。(《居》517.1,514.39)

(2)戍卒梁國睢陽華里士<u>五</u>袁豺,年廿四☐。(《金(壹)》73EJT5:14)

(3)戍卒淮陽郡陳陵里士<u>五</u>袁猜,年廿八☐。(《金(叁)》73EJT24:760)

(4)戍卒淮陽郡陳作氾里士<u>五</u>陳常☐。(《金(叁)》73EJT24:966)

(5)田卒昌邑國郁狼始昌里士<u>五</u>李牧,年廿四。(《居》501.1)

"士五"即"士伍"。

"五""伍"通假,其他文獻可見。朱駿聲《説文通訓定聲·豫部》:"五,(叚借)又爲伍。"《諸子平議·春秋繁露一》:"五其比。"俞樾按:"五,當爲伍,古字通;伍猶偶也。"

## 249 語—吾(語 yǔ,疑母魚部;吾 wú,疑母魚部。雙聲疊韵)

"語",談論、議論。《説文·言部》:"語,論也。""吾",吾丘,復姓。《中國姓氏辭典》:"漢代有吾丘壽王,趙人,董仲舒門生,吾丘氏在歷史上罕見。以地名爲氏。"①

(1)☐貝丘堂安里<u>語</u>丘異衆,五石具弩一,弩帽一。(《新》EPT56.150)

① 陳明遠、汪宗虎:《中國姓氏辭典》,北京出版社,1995,第448頁。

“語丘異衆”即“吾丘異衆”，“吾丘”爲姓氏，“異衆”爲人名。

可徑用本字，作“吾”，如：

(2)九月己酉，卒吾丘受迹盡丁丑。積廿九日。(《居》145.33)

“吾丘受”爲人名。“吾丘”爲姓氏。“迹”指日迹，“迹盡丁丑”指於丁丑日日迹結束。

一説，“吾丘”讀爲“虞丘”，《吕氏春秋·貴卒》：“中山之人多力者曰吾丘鴳。”畢沅新校正：“吾丘，即虞丘。”《資治通鑑·漢紀十一》：“侍中吾丘壽王對曰。”胡三省注：“吾，讀曰虞。”

“語”“吾”通假，其他文獻可見。《馬王堆漢墓帛書·五十二病方·頹》：“神女倚序聽神吾。”“吾”即“語”。

## 250　御—禦(yù，疑母魚部。雙聲叠韵)

“御”，駕馭。《説文·彳部》：“御，使馬也。”“禦”，防禦、防止。《爾雅·釋言》：“禦，禁也。”“禦”本義祭祀以祈免災禍。《説文·示部》：“禦，祀也。”假借表“防禦、防止”義。

(1)兵、守御器：弩折傷，臬弦、韝少，甲鞮瞀毋裹，皆不應簿，記到以所舉，見吏備償從可。(《敦》1036)

(2)守御器：長斧四。長椎四。木面衣一。出火具各一。蓬十二。煙□□☑。(《敦》691)

(3)元始三年四月庚午闐胡隊長鳳敢言之，謹移兵守御器戍卒名籍一編，敢言之。(《敦》793)

(4)平望青堆隊，兵、守御器簿。(《敦》2147A)

(5)郡都尉、候鄣、亭隧守御器品。(《玉》1390)

(6)守御器簿一編，敢言之。(《金(叁)》73EJT30:34A)

(7)肩水候官元康四年十月守御器簿。(《居》126.11)

“守御器”即“守禦守”，指防守、防禦時所用的器具。

“御”“禦”通假，其他文獻可見。《詩經·邶風·谷風》：“亦以御冬。”毛傳：“御，禦也。”《漢書·五行志中之下》：“若是共御。”顔師古注：“御，讀曰禦。”又《五行志下之上》：“共御厥罰。”顔師古注：“御，讀曰禦。”

## 251　御—遇（御 yù，疑母魚部；遇 yù，疑母侯部。聲同韻近）

“御”，駕馭。《説文·彳部》：“御，使馬也。”“遇”，逢遇。《説文·辵部》：“遇，逢也。”

政叩頭，願幼卿幸爲存請。□君倩不曾御，不北邊居，歸未有奉奏。叩頭叩頭。（《敦》1871）

這是一封“政”寫給“幼卿”夫婦二人的書信。“□君倩不曾御”之“□君倩”爲人名，“不曾御”指不曾遇到。①

## 252　呼—罅（呼 hū，曉母魚部；罅 xià，曉母魚部。雙聲疊韻）

“呼”，吐氣，與“吸”相對。《説文·口部》：“呼，外息也。”段玉裁注：“外息，出其息也。”“罅”，裂開。《説文·缶部》：“罅，裂也。缶燒善裂也。”段玉裁注：“罅，引申爲凡裂之稱。”亦作“墉”，《説文·土部》：“墉，㙙也。”段玉裁注：“墉，與缶部之罅音義皆同。”

（1）右厭胡隧卒四人。寅矢六百，其九十五羽完，干庠呼。卌七，羽敝，干庠呼。三百九十七，完。六十一，羽敝，干完。服一，完。（《敦》1784）

（2）稾矢五十，其四干庠呼。卌六完。蘭一，完。解步衆小，□毋餘，初置。

① “御”亦可讀爲“訝”，“訝”義爲迎接。則“不曾御”指不曾相迎。“御”“訝”通假，古籍習見。

(《敦》1830)

(3)𢈈呼不塗治。案嚴軟弱不任候望,吏。(《新》EPT48.8)

(4)宝矢銅鍭二,差補不事用,二干𢈈呼,二羽幣,負十六算。(《新》EPT50.2)

(5)故釜一口,鍉有錮,口呼長五寸。(《居》128.1)

(6)椀廿,其十七完,三呼。臨樂里孫定國,載☐。(《懸(壹)》Ⅰ90DXT0112③:94)

“序/𢈈呼”即“坼罅”,“序”“𢈈”通“坼”,“坼”“罅”都有“破裂”義,兩者同義連用。

亦可寫作“雩”,詳見“256雩—罅”組。

“呼”“罅”通假,其他文獻可見。《周禮·春官·大卜》:“一曰玉兆,二曰瓦兆,三曰原兆。”鄭玄注:“其象似玉瓦原之璺罅。”孫詒讓正義:“呼、罅聲類亦同,古通用。”

## 253　呼—胡(呼hū,曉母魚部;胡hú,匣母魚部。聲近韵同)

“呼”,吐氣,與“吸”相對。《説文·口部》:“呼,外息也。”段玉裁注:“外息,出其息也。”“胡”,即狐胡,西域故國名。《漢書·西域傳》:“狐胡國,王治車師柳谷,去長安八千二百里。户五十五,口二百六十四,勝兵四十五人。輔國侯、左右都尉各一人。西至都護治所千一百四十七里,至焉耆七百七十里。”

疌子、詚呼、郁立師、卑陸侯,皆舉國徙人民。(《敦》67)

“詚”通“狐”,“詚呼”即“狐胡”。“疌子”即“捷枝”,“捷枝”“郁立師”“卑陸侯”皆西域故國名。

## 254　于—杅(yú,匣母魚部。雙聲疊韵)

“于”,於。《説文·亏部》:“于,於也。象气之舒于。”[①]“杅”,盛湯漿的器皿。《急就篇》卷三:“槫杅槃案桮閜盌。”顔師古注:“杅,盛飯之器也,一曰齊人謂盤爲杅。”

(1)故畫于三;黑墨于四;羹于一。(《居》89.13A)
(2)緩瓦一,笥一,更于一,于二。(《居》220.18A)
(3)出七十二,買駱四于。(《新》EPT51.223)

例(1)“故畫于”即“故畫杅”,指故舊的畫有圖案的杅。“黑墨于”即“黑墨杅”,指黑色的杅。例(2)“更于”即“羹杅”,指盛羹的杅。“更”通“羹”。例(3)“買駱四于”即“買酪四杅”,“駱”通“酪”,“買酪四杅”指買奶酪四杅。

“于”“杅”通假,其他文獻可見。《荀子·儒效》:“是杅杅亦富人已,豈不貧而富矣哉!故君子無爵而貴,無禄而富。”杨倞注:“杅杅,即于于也。自足之貌。”

## 255　于—靬(yú,匣母魚部。雙聲疊韵)

“于”,於。《説文·亏部》:“于,於也。象气之舒于。”“靬”,車軸上繫靷的皮環。《説文·革部》:“靬,輨内環靼也。”“靷”爲引車前行的皮帶,穿過服馬背上的皮環,繫於車軸,以引車前進。

出。護羌使者傳車一乘,黄銅五羡一具,伏兔兩頭,柅兩頭,亶帶二幣,䩛𩋅、韋土薄各一。故阜復蓋蒙,完。蚤具毋金承。鞦勒二,完。中靳對各一,完。河平二年七月癸巳縣泉徒趙齊付遮要佐趙忠。傳三,□韋把杠二,有陽。鞅韅一鞮銷各二,于于少四。韋□一,赤鞮皮各一,穿銅錧一具。(《懸(壹)》Ⅰ90DXT0110①:53)

“于于”即靬靬。

---

① 一説,“竽”之古字。參見季旭昇:《説文新證》,藝文印書館,2014,第395頁。

## 256　雩—罅(雩 hù,匣母魚部;罅 xià,曉母魚部。聲近韵同)

“雩”,人名。《莊子·山木》:“孔子問子桑雩曰。”陸德明釋文:“李云:‘桑姓,雩其名。’”“罅”,裂開。《説文·缶部》:“罅,裂也。缶燒善裂也。”段玉裁注:“罅,引申爲凡裂之稱。”亦作“㙤”,《説文·土部》:“㙤,㘹也。”段玉裁注:“㙤,與缶部之罅音義皆同。”

稾矢銅鍭五十,其卅二完,十八斥雩。(《金(貳)》73EJT23:768)

“斥雩”即“坼罅”,“斥”通“坼”。“坼罅”同義連用,亦義破裂。簡文大意爲:稾矢銅鍭共五十支,其中三十二支完好,十八支破裂。

亦可寫作“呼”,詳見“252呼—罅”組。

## 257　扜—拘(扜 yū,影母魚部;拘 jū,見母侯部。聲近韵近)

“扜”,指揮。《説文·手部》:“扜,指麾也。”“拘”,局限。《廣雅·釋詁一》:“拘,隔也。”

(1)欲詣張掖,小吏扜迫倉達,因去恨不面决,邑=。何以謹拘在大煎都候鄣,使君。(《敦》493)[①]

“扜迫”即“拘迫”,義局限、限止。“倉”義匆忙、緊急,“達”義到達。“邑邑”通“悒悒”,義憂愁不安。“欲詣張掖,小吏扜迫倉達,因去恨不面决,邑邑”大意爲:小吏

① “倉”,《敦煌馬圈灣漢簡集釋》原釋爲“□”,圖版爲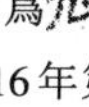,當釋爲“倉”。參張麗萍、王丹:《〈敦煌馬圈灣漢簡集釋〉未釋疑難字考》,《古籍整理研究學刊》2016年第3期。“邑”,《敦煌馬圈灣漢簡集釋》原釋爲“迫”,圖版爲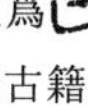,當釋爲“邑”。參見張麗萍、張顯成:《〈敦煌馬圈灣漢簡集釋〉釋讀訂誤》,《簡帛》(第十四輯),上海古籍出版社,2017,第181—182頁。

欲詣張掖,迫於匆忙到達,因不能當面辭決而遺憾,憂鬱不安。

可徑用本字,作“拘”,如:

(2)不相見,旬日邑=,想思親候,拘迫不得□☑。(《新》EPT65.200B)

(3)親候,拘迫不得,如意,叩頭叩□☑。(《新》EPT48.24B)

(4)拘迫部吏不得,永始五年四月壬子,居居延延都尉萬歲、丞嘉尺。(《居》276.6)

例(1)“扞迫”即例(2)至(4)“拘迫”。

亦可寫作“駒”,詳見“149 駒—拘”組。

## 258 著—褚(著 zhù,端母魚部;褚 zhǔ,端母魚部。雙聲叠韵)

“著”,明顯、顯著。《楚辭·遠遊》:“與化去而不見兮,名聲著而日延。”“褚”,裝,即以絲綿裝衣。《説文·衣部》:“褚,一曰製衣。”段玉裁注:“以絮納袷衣間爲袍曰褚,亦曰裝。褚亦作著。以麻緼爲袍亦曰褚。”

槖絮著,自足止,即馬未决,且從季卿貸轉,已得長羈止,毋爲弛槊。(《敦》172)

“槖”通“絡”,指粗絲綿。“槖絮著”即“絡絮褚”,指用麤絲綿裝的棉衣。

屯戍簡中表示“以絲綿裝衣”所用動詞主要有“裝”“褚”兩個。“裝”又寫作“壯”“莊”“裝”,“裝”與“壯”“莊”屬通假關係,與“裝”屬异體關係。“褚”又寫作“緒”“著”,“褚”與“緒”“著”屬通假關係。

亦可寫作“緒”,詳見“280 緒—褚”組。

“著”“褚”通假,其他文獻可見。《儀禮·既夕禮》:“茵著用茶,實綏澤焉。”王引之《經義述聞·儀禮·著用茶》:“著讀爲褚,謂以茅秀實茵中也……《上篇》説幎目之制云:‘著,組繫。’注曰:‘著,充之以絮也。’著亦與褚同。”

## 259 余—餘(yú,餘母魚部。雙聲疊韵)

“余”,語氣詞。《説文·八部》:“余,語之舒也。”[①]“餘”,多餘、剩餘。《廣雅·釋詁四》:“餘,盈也。”

(1)成功月十日食,一斗。凡出十四石八斗八升,余廿七石四斗七升。(《敦》1053)

(2)子功食足盡月。子均食盡日,余二斗八升。長□食盡八日。子文食盡八月。及□食盡日,余一斗。(《敦》831)

可徑用本字,作“餘”,如:

(3)今餘糜百七十二石三斗七升。(《敦》320)

(4)故有餘麥一石三斗六升。今復内一石三斗四升。(《敦》324)

(5)八月,餘米四石九斗。今八石八斗三升少。(《敦》1633)

“余”“餘”通假,其他文獻可見。朱駿聲《説文通訓定聲·豫部》:“余,(叚借)爲餘。”《周禮·地官·委人》:“凡其余聚以待頒賜。”鄭玄注:“余,當爲餘,聲之誤也。”

## 260 與—舉(與yǔ,餘母魚部;舉jǔ,見母魚部。聲遠韵同)

“與”,黨羽、朋黨。《説文·舁部》:“與,黨與也。”“舉”,①起。《國語·晋語五》:“舉而從之。”韋昭注:“舉,起也。”②皆、全、整個。《漢書·食貨志下》:“舉行天下鹽鐵。”顔師古注:“舉,皆也。”

(1)□□戍卒杜充,病頭瘧,四節不與,不能。(《敦》1577)

---

① 一説,“余”本義待考。參見季旭昇:《説文新證》,藝文印書館,2014,第88頁。

(2)白乎書不謹,與月蘭過,恭叩頭□☑。(《敦》500B)

(3)壬戌,四人作墼二百六十,率人六十五。一人病。與此四千四百六十五。(《敦》1732)

例(1)"與",《敦煌漢簡》釋爲"興",圖版作。若釋爲"興",文意不通。今從《敦煌漢簡釋文》釋爲"與"。例(1)"與(舉)"義起。"四節不與"即"四節不舉",指人的四肢舉不起。例(2)(3)"與(舉)"義皆、全、整個。"蘭"通"難","與月蘭過"即"舉月難過",指整月傷心難過。"與此"即"舉此",義凡此、所有這些。

"與""舉"通假,其他文獻可見。《詩經·小雅·南有嘉魚序》:"南有嘉魚,樂與賢也。"馬瑞辰傳箋通釋:"與,當讀爲舉。"《墨子·備穴》:"可提而與投。"孫詒讓閒詁引蘇云:"與,當作舉。"《諸子平議·吕氏春秋一》:"其主,俗主也,不足與舉。"俞樾按:"古與、舉二字通用。"

## 261　與—譽(與yǔ,餘母魚部;譽yù,餘母魚部。雙聲叠韵)

"與",黨羽、朋黨。《説文·舁部》:"與,黨與也。""譽",讚譽。《説文·言部》:"譽,譝也。"

與者半,京公召晏子問之曰:子先治,奈何?晏子合曰:始治,治築,壞塞缺,姦人惡之;斬渠通。(《額》99ES18SH1:1)

"與者半"即"譽者半",指贊譽的人超過一半。此簡内容與《晏子春秋·内篇雜上》有關,簡文大意爲:晏子復治東阿三年,贊譽的人過半。景公召晏子而問他説:"您先治東阿,爲何詆毁之聲遍於全國。"晏子回答説:"開始治理東阿的時候,阻塞門路,填補缺口,奸人厭惡;斬斷渠道。"詳見"318京—景"組。

"與""譽"通假,其他文獻可見。朱駿聲《説文通訓定聲·豫部》:"與,(叚借)又爲譽。"《墨子·魯問》:"或所爲賞與爲是也。"孫詒讓閒詁:"與,即譽之叚字。"《讀書雜志·荀子第二·儒效》:"比周而譽俞少。"王念孫按:"與、譽古字通。……言雖比周以求黨與,而黨與俞少也。"

## 262　圖—塗(tú,定母魚部。雙聲叠韵)

“圖”,版圖、地圖。《周禮·夏官·職方氏》:“職方氏掌天下之圖。”鄭玄注:“如今司空輿地圖也。”“塗”,塗抹。《廣韵·模韵》:“塗,塗泥也。”

(1)薰火圖板一,煙造一,畚一。(《金(肆)》73EJT37:1544)

(2)☐曰:吏卒更寫爲蓬火圖板,皆放辟非隊,書佐壹手☐。(《居》199.3)

例(1)“圖”,原整理者釋爲“𥁕”,圖版作,當釋爲“圖”。《敦》664、《居》199.3中都有“圖”字,圖版分别爲、,與此字寫法一致,故此“”字亦當釋爲“圖”。“圖板”即“塗板”,指經過塗墍的木板。塗墍可起防火的作用。至于“圖板”的作用,初師賓先生認爲:“其烽火𥁕板,疑與唐兵部《烽式》所載‘瓦盆’作用相同,可覆蓋煙囱,斷煙出路。”[1]

“圖”“塗”通假,其他文獻可見。《别雅》卷一:“圖乙,塗乙也。”

## 263　奴—駑(nú,泥母魚部。雙聲叠韵)

“奴”,奴隸,古代指因罪没入官或被掠賣的人。《説文·女部》:“奴,奴、婢,皆古之辠人也。”“駑”,材能低下。《荀子·脩身》:“庸衆駑散。”楊倞注:“駑,謂材下如駑馬者。”

以奴頓擢備,非任。(《敦》152)

“奴頓”即“駑鈍”,“頓”通“鈍”,指材能低下。“擢備非任”指撤除備用的資格,不再任用。簡文大意爲:因材能低下,撤除備用的資格,不再任用。

① 初師賓:《漢邊塞守御器備考略》,載甘肅省文物工作隊、甘肅省博物館:《漢簡研究文集》,甘肅人民出版社,1984,169頁。

“奴”“駑”通假，其他文獻可見。《潛夫論·述赦》：“奴兒噫嗟。”汪繼培箋：“奴，讀爲駑。”又《邊議》：“皆奴怯畏偄不敢𦣝。”汪繼培箋：“奴，讀爲駑。”

## 264　奴—努(奴 nú，泥母魚部；努 nǔ，泥母魚部。雙聲疊韵)

“奴”，奴隸，古代指因罪没入官或被掠賣的人。《説文·女部》：“奴，奴、婢，皆古之辠人也。”“努”，勉力、用力。《廣韵·姥韵》：“努，努力。”

□爲當復往相送，已發卒力不如心□，見□相羞，且奴力慎衆也，度自愛，各各奴力，順☑[1]。(《敦》2401B)

“奴力”即努力，“慎衆”即慎重。

又可寫作“怒”，詳見“267 怒—努”組。

## 265　奴—弩(奴 nú，泥母魚部；弩 nǔ，泥母魚部。雙聲疊韵)

“奴”，奴隸，古代指因罪没入官或被掠賣的人。《説文·女部》：“奴，奴、婢，皆古之辠人也。”“弩”，用機械發箭的弓。《説文·弓部》：“弩，弓有臂者。”

假敦德庫兵奴矢五萬枚、雜驅三千匹，令敦德稟食吏士，當休馬審處。(《敦》80)

“奴矢”即“弩矢”，弩上所用箭。

“奴”“弩”通假，其他文獻可見。《墨子·備高臨》：“引弦鹿長奴。”孫詒讓閒詁引畢云：“奴，同弩。”

---

① 釋文據中國簡牘集成編委會：《中國簡牘集成》，敦煌文藝出版社，2001。

## 266 女—汝(女 nǚ,泥母魚部;汝 rǔ,日母魚部。聲近韵同)

“女”,女子、婦女。《説文·女部》:“女,婦人也。”假借表第二人稱代詞。“汝”,第二人稱代詞。“汝”本義水名,《説文·水部》:“汝,水。出弘農盧氏還歸山,東入淮。”

(1)曰咨二十有二人者,敬女官職,知□□者三考。(《居》39.5B)

“敬女官職”即“敬汝官職。”

可徑用本字,作“汝”,如:

(2)欲取軸器物去,粟君謂恩:汝負我錢八萬,欲持器物,怒,恩不敢取器物去。(《新》EPF22.26)

(3)☐有二千兩,車在居延北,汝往,當見車。(《新》EPF22.449)

“女”“汝”通假,其他文獻可見。《楚辭·九歌·河伯》:“與女遊兮九河。”洪興祖補注:“女,讀作汝。”《漢書·朱買臣傳》:“女苦日久,待我富貴報女功。”顔師古注:“女,讀曰汝。”

## 267 怒—努(怒 nù,泥母魚部;努 nǔ,泥母魚部。雙聲叠韵)

“怒”,生氣、憤怒。《説文·心部》:“怒,恚也。”“努”,勉力、用力。《廣韵·姥韵》:“努,努力。”

(1)你因居竟十月,未知何始。致且怒力自愛,慬候望,毋憂家也⋯。(《新》EPT65.53B)

(2)且怒力,憂當見將軍可不思念也。且匆忽,來往如此矣。(《敦》八八

DYTGC:四B)

(3)毋狀。願房孝卿到自愛怒力加意慎官事,叩頭=幸=甚=。(《居》502.14B, 505.38B,505.43B)

"怒力"即"努力"。

又可寫作"奴",詳見"264 奴—努"組。

"怒""努"通假,其他文獻可見。《方言》卷一:"釗、薄,勉也。其鄙語曰薄努,猶勉努也。"錢繹箋疏:"《廣雅》:薄、怒,勉也。李陵與蘇武詩云:努力崇明德。前云:努猶怒也。《呂氏春秋·至忠》篇:"非怒王,則疾不可治。高誘注云:怒讀如强弩之弩。努、怒、弩並通。"《廣雅·釋詁三》:"怒,勉也。"王念孫疏證:"李陵與蘇武詩云:努力崇明德。努與怒通,故《方言》云:努猶怒也。"

## 268 閭—篨(閭lú,來母魚部;篨lǔ,來母魚部。雙聲叠韵)

"閭",里、巷的大門。《説文·門部》:"閭,里門也。""篨",即筶篨,盛飯的器物。《方言》卷十三:"篨,南楚謂之筲,趙魏之郊謂之筶篨。"郭璞注:"盛餅(飯)筥也。""筶篨",《説文》作"𠙴盧",《𠙴部》:"𠙴,𠙴盧,飯器,以柳爲之,象形……笑,𠙴或从竹,去聲。"[①]"𠙴"像盛食之器的器身形,則本義即"筶篨"。"盧"本義火爐[②],表"筶篨"當是假借字。

短延席一,大厺閭八,居米庵中。(《金(貳)》73EJT24:268A)

"大厺閭",整理者不釋,作"□□□",今從何茂活先生作"大厺閭"。"厺"同"去",《玉篇·去部》:"厺,《説文》去。""去"又通"𠙴"或"筶",則"大厺閭"即"大筶篨",指盛飯食的器物。

亦可作"盧",詳見"271 盧—篨"組。

① "𠙴盧"還有其他多種异寫形式,參見何茂活《肩水金關汉簡〈所寄張千人舍器物記〉名物詞語考釋》,《魯東大學學報》,2014年第6期。

② 李學勤主編:《字源》,天津古籍出版社、遼寧人民出版社,2012,第440頁。季旭昇:《説文新證》,藝文印書館,2014,第413頁。

## 269　盧—爐(lú,來母魚部。雙聲疊韻)

"盧",火爐。[1]《正字通·皿部》:"盧,盛火器。""爐"是爲表"盧"之本義所造的分化字。《玉篇·火部》:"爐,火爐也。"

孤山,六尺席二,炭盧一。(《新》ESC84)

"炭盧"即"炭爐",指燒木炭的爐子。"孤山"指孤山隧。"六尺席"指六尺長的席子。

"盧""爐"通假,其他文獻可見。《後漢書·五行志》:"(光和)四年,魏郡男子張博送鐵盧詣太宫。""鐵盧"即"鐵爐"。

## 270　盧—轤(lú,來母魚部。雙聲疊韻)

"盧",火爐。《正字通·皿部》:"盧,盛火器。""轤",轆轤,指利用輪軸原理製成的升降裝置。

(1)纍舉遂鹿盧,二、二、二。(《居》227.31)

(2)☐第卅四隧地蓬鹿盧不調。(《居》136.7)

(3)省蓬干、鹿盧索完堅調利,候卒有席薦不。(《新》EPF22.238)

(4)禄盧一,不調利。(《居》82.1)

前三例中"鹿盧"即"轆轤","鹿"通"轆"。例(4)"禄盧"即"轆轤","禄"通"轆"。

"盧""轤"通假,其他文獻可見。詳見"190鹿—轆"組。

① 李學勤主編:《字源》,天津古籍出版社、遼寧人民出版社,2012,第440頁。季旭昇:《説文新證》,藝文印書館,2014,第413頁。

## 271　盧—篆(盧lú,來母魚部;篆lǚ,來母魚部。雙聲疊韻)

“盧”,火爐。《正字通·皿部》:“盧,盛火器。”“篆”,即筶篆,盛飯的器物。《方言》卷十三:“篆,南楚謂之筲,趙魏之郊謂之筶篆。”郭璞注:“盛餅(飯)筥也。”“筶篆”,《説文》作“𠙴盧”,《𠙴部》:“𠙴,𠙴盧,飯器,以柳爲之,象形……筶,𠙴或从竹,去聲。”“𠙴”像盛食之器的器身形,則本義即“筶篆”。“盧”本義火爐,表“筶篆”當是假借字。

(1)斗去盧二。三斗去盧一。小盆一。(《居》220·18)

(2)去盧一,直六百;韆索二枚,直千;皆置業車上。與業俱來,還到第三置。(《新》EPF22·12)

(3)大飯去盧一,小去盧☐。(《新》ESC100)

“去盧”即“筶篆”。據例(1)“斗去盧”“三斗去盧”可知“筶篆”按照容量的不同有大小之分。例(3)“大飯去盧”可進一步證明“筶篆”是盛飯食的器物。

亦可寫作“閭”,詳見“268閭—篆”組。

## 272　虜—碌(虜lǔ,來母魚部;碌lù,來母屋部。聲同韻近)

“虜”,俘獲。《説文·毌部》:“虜,獲也。”“碌”,即碌碡,碾壓用的農具。用牲畜或人力牽引來壓平田地、碾脱穀粒。

塢上轉虜少二。(《居》264.32)

“轉”,圖版爲,《居延漢簡釋文合校》釋爲“樽”,史語所《居延漢簡》釋爲“榑”,此爲“轉”之草書寫法。“轉虜”即“轉碌”,指轉動的碌碡。

亦可寫作“櫖”,詳見“275 櫖—碌”組。“轉碌”“轉虜”“轉櫖”爲同一詞的不同書寫形式。

## 273　魯—櫓(lǔ,來母魚部。雙聲疊韵)

“魯”,遲鈍、魯鈍。《説文·白部》:“魯,鈍詞也。”“櫓”,大盾。《説文·木部》:“櫓,大盾也。”

(1)卌餘騎皆衣鎧、負魯攻隧。又攻壞燔燒第十一隧以北。(《新》EPF16.43)

(2)木魯三,虜發所,去居延澤城七十里,盡實☐。(《新》EPT58.16)

例(1)“負魯”即“負櫓”,指背負大盾。例(2)“木魯”即“木櫓”,指木製的大盾。

“魯”“櫓”通假,其他文獻可見。《銀雀山漢墓竹簡》0401:“廿步而一爲蜚橦及繳張,可以破敝魯百步之内者。”“魯”即“櫓”。

## 274　魯—絡(魯 lǔ,來母魚部;絡 luò,來母鐸部。聲同韵近)

“魯”,遲鈍、魯鈍。《説文·白部》:“魯,鈍詞也。”“絡”,粗絲綿。《説文·糸部》:“絡,絮也。”

(1)☐魯絮一斤,直百卌☐。(《金(叁)》73EJT28:73)

“魯絮”即“絡絮”,指麤絲綿。

可徑用本字,作“絡”,如:

(2)絡絮二斤,直百卌。(《新》EPT59.21)

(3)絡絮百卌三斤。(《居》113.4)

亦可寫作“槖”,詳見“298 槖—絡”組。

屯戍簡中“絮”的種類很多,有絡絮、槖絮、魯絮、絓絮、絲絮、糸絮、縣絮、襄絮等。

絡絮、橐絮、魯絮指粗絲綿,“橐”“魯”通“絡”。

絓絮、縣絮指用打結的絲製成的絮。“絓”指繅繭時弄結了的絲。《説文·糸部》:“絓,繭滓絓頭也。”段玉裁注:“謂繅時繭絲成結,有所絓礙,工女蠶功畢後,別理之爲用也。”《廣韵·卦韵》:“絓,絲結。”又《佳韵》:“絓,惡絲。”絮用絲製成,確切地説是用下脚繭和繭殼表面的浮絲製成。“絓絮”,顧名思義應當指用“絓絲”製成的絮。“絓”又與“縣”同義,都有絓結義。《廣雅·釋詁四》:“絓,縣也。”《玉篇·糸部》:“絓,懸也。”《楚辭·九章·哀郢》:“心絓結而不解兮。”王逸注:“絓,懸也。”則“縣絮”亦指用“絓絲”製成的絮。如:

(4)入布一匹,直四百,絓絮二斤八兩,直四百,凡直八百。給始元年三月四月奉,始元四。(《居》308.7)

(5)第五隧卒馬赦貰賣莞緥袍縣絮裝,直千二百五十,第六隧長王常利所。今比平予赦錢六百。(《新》EPT56.17)

(6)☑貰賣雒皁復袍縣絮壯一領,直若干千。觻得☑。(《新》EPT56.208)

(7)貰賣雒皁復袍縣絮緒一領,直若干千。居延某里王乙☑。(《新》EPT56.113)

糸絮、絲絮指細絲綿,如:

(8)第卅二隊卒,邦邑聚里趙誼,自言:十月中貰賣糸絮二枚,直三百,居延昌里徐子放所,已入二百。(《新》EPT51.249)

(9)☑□已得彭城糸絮七斤直四百廿七,財物直五千七百五十五。(《金(叁)》73EJT31:30)[①]

(10)虜卒等二人,糸絮各一斤。直二百。(《居》89.3)

(11)官使婢棄,用布三匹,糸絮三斤十二兩。(《居》505.33)

(12)☑直千廿五,練襲一領,表裏用帛一匹,糸絮。(《居》203.45)

(13)☑今餘河内第十六輩。絲絮六十二斤四兩,直四千廿錢八分,率斤六十四錢五分,什分七百分八。(《金(壹)》73EJT5:60)

① “糸”,整理者原釋爲“系”,當釋爲“糸”。

（14）絳緹纆紬<u>絲絮</u>☐。（《居》336.34A）[①]

襄絮，義不明，待考，如[②]：

（15）☐豐責居延男子張君孫<u>襄絮</u>一枚，直百三十五，入三十五。（《新》EPT59.38）

## 275　櫖—碌（櫖 lǔ，來母魚部；碌 lù，來母屋部。聲同韻近）

"櫖"，同"櫓"，義大盾。《集韻·姥韻》："櫓，或从虜。""碌"，即碌碡，碾壓用的農具。用牲畜或人力牽引來壓平田地、碾脱穀粒。

（1）第卅六隧長宋登，弦函上蓋破，蓬一不事用，鋸一不事用，轉<u>櫖</u>皆毋柅，淵皆毋肩署，候樓不善塗堊，狗籠一頃。（《居》214.5）

（2）轉<u>櫖</u>皆毋柅。（《居》214.8）

（3）第廿四隧長淳于福，轉<u>櫖</u>毋柅。（《居》214.49）

（4）轉<u>櫖</u>皆毋柅。（《居》258.16）

（5）轉<u>櫖</u>皆毋柅。（《居》214.47）

（6）轉<u>櫖</u>皆毋柅。（《居》214.82）

（7）☐轉<u>櫖</u>毋柅。（《居》578.1）

（8）轉<u>櫖</u>皆毋柅。（《居》285.18）[③]

---

① 纆，《居延漢簡釋文合校》、史語所《居延漢簡》均釋爲"緟"，圖版作，此字右側顯然不是"重"。簡文内容爲《急就篇》殘簡，今本作"絓"，《急就篇》卷二："絳緹絓紬絲絮綿。"顏師古注："紬之尤粗者曰絓，繭滓所抽也。""絓"字，《居》308.7簡作，與差距較大，當不是"絓"字。"絓"，又作"纒"：《廣雅·釋器》："絓，紬也。"王念孫疏證："《急就篇》：'絳緹絓紬絲絮綿。'皇象本'絓'作'纒'。""纒"，又作"纆"，《集韻·支韻》："纆，《説文》：'粗緒也。'一曰繒屬。或作纒。"之最後一筆，與"纆"之最後一筆相似，所以釋爲"纆"，而不釋爲"纒"。

② 疑"襄"讀爲"纕"，指亂絲，《集韻·養韻》："纕，絲棼也。"則"纕絮"指用亂絲製成的絮。

③ 史語所《居延漢簡》將前6例"柅"釋爲"�"，而將後2例"柅"釋爲"柅"，據辭例當是同一個字。從字形來説，"棙""柅"二字的主要區别在於二字右下部前者從"犬"，後者從"匕"，"犬"與"大"容易相混，"匕"與"土"之草書形體容易相混，而屯戍簡中"大"與"土"的字形往往不分，故導致"棙""柅"在字形上難以區别。從文意來説，屯戍簡中此字往往與"轉櫖"搭配使用，"轉櫖"即"轉碌"，指轉動的碌碡，則此字當釋爲"柅"，爲碌碡的制動之木。

“轉櫎”即轉碌,指轉動的碌碡。

一説,“轉櫎”即“轆轤”。永田正英先生認爲:“轉櫨是信號支柱使用的一種轆轤。”[①]簡文中“轆轤”又寫作“鹿盧”“禄盧”,與“烽”搭配使用;“轉櫎”又寫作“轉虜”,與“柅”搭配使用。“轆轤”是利用輪軸原理製成的升降裝置,用來升降“烽”的。“柅”爲制動之木,根據簡文文意當是用於“轉櫎”之上的制動之木。《易·姤》:“繫於金柅。”王弼注:“柅者,制動之主。”孔穎達疏引馬融曰:“柅者,在車之下,所以止輪,令不動者也。”[②]“轉櫎毋柅”指“轉櫎”没有能使它停止轉動的制動之木。“碌碡”是圓柱狀的石磙,可能因爲放置不用的時候容易滚動,所以需要用“柅”來“制動”。

亦可寫作“虜”,詳見“272 虜—碌”組。“轉碌”“轉虜”“轉櫎”爲同一詞的不同書寫形式。

## 276　遮—斥(遮 zhē,章母魚部;斥 chì,昌母鐸部。聲近韵近)

“遮”,遏止、攔住。《説文·辵部》:“遮,遏也。”“斥”,開拓。《小爾雅·廣詁》:“斥,開也。”

(1)居延卅井<u>遮</u>竟隧☐。(《額》2000ES7SF2:7)

“竟”通“境”,“遮竟”即“斥境”,指開拓邊境。

可徑用本字,作“斥”,如:

(2)出麥一石九斗三升少,以食<u>斥</u>竟隧卒周奉世九月食。(《居》10.3)

(3)肩水候官。壬申蚤食,起<u>斥</u>竟隧☐。(《居》558.1)

---

① 永田正英:《居延漢簡集成之二》,載《簡牘研究譯叢》(第二輯),中國社會科學出版社,1987。

② 《漢語大詞典·木部》“柅”的第二個義項爲“塞於車輪下的制動之木”,《漢語大字典·木部》(第二版)“柅”的第二個義項爲“塞於車輪下的制動木塊”,均據孔穎達疏引馬融曰“柅者,在車之下,所以止輪,令不動者也”,認爲“柅”爲車的制動之木,現從屯戍簡來看,釋義不確,“柅”作爲制動之木,其所用範圍不僅僅局限於車輛。

亦可寫作“尺”，詳見“309尺—斥”組。

“遮”“斥”通假，其他文獻可見。《墨子·號令》：“各立其表，城上應之。候出越陳表，遮坐郭門之外内。”孫詒讓閒詁：“遮，《雜守篇》謂之斥。”

## 277　諸—儲(諸 zhū，章母魚部；儲 chǔ，定母魚部。聲近韵同)

“諸”，區别之詞，相當於“者”。《説文·言部》：“諸，辯也。”段玉裁注：“辯，當作辨，判也。按：辨下奪䛐字。諸不訓辨，辨之䛐也。䛐者，意内而言外也。《白部》曰：‘者，别事䛐也。’諸、者音義皆同。”“儲”，儲備。《説文·人部》：“儲，偫也。”

(1)諸水罌少一□。(《居》264.32)

(2)諸水罌〼。(《居》227.39)

(3)諸水甖三〼。(《新》EPT6.27)

例(1)“諸”，史語所《居延漢簡》釋爲“儲”，圖版作，此字左側爲“言”字的草率寫法，右側爲“者”，故當釋爲“諸”。例(1)(2)“罌”通“罍”，例(3)“甖”爲“罍”之异體，《廣雅·釋器》：“罍，瓶也。”王念孫疏證：“甖，與罍同。”所以，“諸水罌”“諸水甖”即“儲水罍”，指儲水的器皿。

“諸”“儲”通假，其他文獻可見。《墨子·雜守》：“厲矢諸材。”孫詒讓閒詁引蘇云：“諸，與儲同。”《諸子平議·賈子一》：“慮非假貸自詣。”俞樾按：“自詣，當從潭本作自儲，吉府本作自諸，諸，即儲之叚字也。”

## 278　茹—絮(茹 rú，日母魚部；絮 rú，泥母魚部。聲近韵同)

“茹”，喂牛馬。《説文·艸部》：“茹，飤馬也。”“絮”，舊絮。《説文·糸部》：“絮，絜緼也。一曰敝絮。”

(1)茹十斤。(《居》506.1)

(2)茹三斤,蘭一,箭三□。(《新》EPT49.13B)

(3)☑茹出入簿。(《居》49.35)

(4)第二十三隧長董放詣官輸茹☑。(《新》EPT16.2)

(5)☑□爲率調茹梟如牒,往時☑。(《新》EPT27.25)

(6)茹矢□□。(《居》227.73)

(7)☑□茹矢、槀、寅矢☑。(《新》EPT27.56A)

(8)匈奴人攻亭不得下,煁茹矢,射積薪☑。(《新》EPT50.8)

“茹”即“絮”,指引火用的亂麻或破絮。①

關於“茹”的用途,初師賓先生有更詳細的論證:“茹列爲守御器裝備,每每與火燧並列,其用途當相同,應是取火時所用火信如艾蒲等絨團毛細之物。”進一步認爲:“茹矢,即茹尖槀寅矢,是一種箭頭帶火的‘火箭’,在敵人圍攻亭障,守衛者不能出塢外點燃積薪時,可用茹箭遠射令其發火。”“我國民間常以麻、棉、艾絮加工成‘火絨’、‘火媒’等火信。”②

一説“茹”讀爲“絮”,《中國簡牘集成》在《居》49.35簡下注:“‘茹’,通‘絮’,此或指麻絮。”③“絮”古音心母魚部,“茹”日母魚部,聲紐差距較大,故選擇古音相對較近的“絮”爲本字。“絮”泥母魚部,古音泥、日二母相近。

“茹”“絮”通假,其他文獻可見。《廣雅·釋詁三》:“絮,塞也。”王念孫疏證:“絮,字或作袽、茹、絮、帤。”

## 279 且—咀(且jū,精母魚部;咀jǔ,從母魚部。聲近韵同)

“且”,同“俎”。《説文·且部》:“且,薦也。”“咀”,咀嚼。《釋名·釋飲食》:“咀,藉也,以藉齒牙也。”

① 于豪亮:《居延漢簡叢釋》,載《于豪亮學術文存》,中華書局,1985,第203頁。

② 初師賓:《漢邊塞守御器備考略》,載甘肅省文物工作隊、甘肅省博物館:《漢簡研究文集》,甘肅人民出版社,1984,第163頁。

③ 中國簡牘集成編委會:《中國簡牘集成》(第五册),敦煌文藝出版社,2001,第141頁。

□□皆父且,以淳酸漬之壹宿。

□費藥成,浚去宰,以酒飲。(《新》EPS4T2.65)

“父”通“㕮”,“父且”即“㕮咀”,中醫上指用口將藥物嚼碎,以便煎服,後來指中藥切片、搗碎及剉末等。

“且”“咀”通假,其他文獻可見。《武威漢代醫簡》“治伏梁裹膿在胃腸之外方”:“凡七物皆父且,漬以淳酒五升,卒時煮之,三。”又“治千金膏藥方”:“凡四物皆冶,父且,置銅器中,用淳溘三升,漬之卒時。”又“治久欬逆上氣湯方”:“凡十物皆父且。半夏毋父且,洎水斗六升,炊,令六沸,浚去宰,温飲一小桮,日三飲。”

## 280 緒—褚(緒xù,邪母魚部;褚zhǔ,端母魚部。聲遠韵同)

“緒”,絲頭。《説文·糸部》:“緒,絲耑也。”“褚”,裝,即以絲綿裝衣。《説文·衣部》:“褚,一曰製衣。”又《糸部》“絮”字,段玉裁注:“以絮納袷衣間爲袍曰褚,亦曰裝。褚亦作著。以麻緼爲袍亦曰褚。”

(1)貰賣雒皁復袍縣絮緒一領,直若干千。居延某里王乙□。(《新》EPT56.113)

(2)白素三匹未入。缘二丈未入。槧少桼枚。緒絮一斤三兩未入。(《新》EPT59.342)

例(1)“雒”本指黑身白鬣的馬,引申有黑義。“雒皁”同義連用,義黑色。“雒皁復袍縣絮緒”指用縣絮裝的黑色棉袍。例(2)“緒絮”指裝絮,即用來裝衣的絮。

亦可寫作“著”,詳見“258著—褚”組。

一説,“緒絮”指舊絮。此説恐不確,因爲例(1)“貰賣雒皁復袍縣絮緒一領”之“緒”字,屯戍簡中又寫作“壯”“裝”,如:

(3)☐貰賣雒早復袍縣絮壯一領,直若千千。觻得☐。(《新》EPT56.208)

(4)第五隧卒馬赦貰賣莞緥袍縣絮裝,直千二百五十,第六隧長王常利所。今比平予赦錢六百。(《新》EPT56.17)

通過對比异文,可知例(1)"貰賣雒皁復袍縣絮緒一領"即例(3)"貰賣雒早復袍縣絮壯一領"。"壯"通"裝",指以絲綿裝衣,則"緒"亦當指以絲綿裝衣。"緒"爲通假字,通"褚",與"壯(裝)""裝"同義。

"緒""褚"通假,其他文獻可見。《馬王堆漢墓帛書·老子甲本》卷後古佚書《明君》:"已而大君非壹(一)褚輿邦而積於兵者,□不得其説。""一褚"即"一緒",猶一事、一是。

## 281 踈—梳(shū,山母魚部。雙聲叠韵)

"踈",同"疏"。《玉篇·足部》:"踈,慢也,不密。"《廣韵·魚韵》:"疏,俗作踈。"又《御韵》:"疏,亦作踈。""梳",梳子。《説文·木部》:"梳,理髮也。"段玉裁注:"梳,所以理髮也。所以二字今補。器曰梳,用之理髮因亦曰梳。"《釋名·釋首飾》:"梳,言其齒疏也。""踈""梳"二字同源通用。

(1)磑一合,上蓋缺二所,各大如踈。(《居》128.1)

(2)踈比一具,直☐。(《居》41.20)

(3)第十:承塵户幭條績縱,鏡斂踈比各有工。貴薰脂粉膏臎箣。(《敦》2356A)

(4)所買布、踈。(《敦》1464A)

例(1)"磑"即石磨,"上蓋缺二所,各大如踈"即石磨的上扇破損兩處,兩處缺口都像梳子一樣大。例(2)(3)"踈比"即梳篦,指梳子、篦子,"比"通"篦"。

"踈(疏)""梳"通假,其他文獻可見。《廣雅·釋器》:"梳枇,櫛也。"王念孫疏證:"疏比與梳枇同。"朱駿聲《説文通訓定聲·豫部》:"疏,(叚借)爲梳。"

## 282　逋—捕(逋 bū,幫母魚部;捕 bǔ,並母魚部。聲近韻同)

“逋”,逃亡。《説文·辵部》:“逋,亡也。”“捕”,逮捕。《説文·手部》:“捕,取也。”

(1)☐方有警備,薰火通。永聞有追逋,不詣署,作。(《新》EPF22.376)

“追逋”即“追捕”。“永”疑爲人名。“永聞有追逋,不詣署”大意爲:永聽聞有追捕之事,不到署所。

可徑用本字,作“捕”,如:

(2)☐□多不能,奉言毋以明,書到,亟遣追捕,多吏卒。(《新》EPT2.10)

(3)物色年,追捕之。令候長、丞、尉數推索有無□☐。(《新》EPT4.13)

例(1)“追逋”即例(2)(3)“追捕”。

“逋”“捕”通假,其他文獻可見。朱駿聲《説文通訓定聲·豫部》:“逋,(叚借)爲捕。”

## 283　逋—哺(逋 bū,幫母魚部;哺 bǔ,並母魚部。聲近韻同)

“逋”,逃亡。《説文·辵部》:“逋,亡也。”“哺”,咀嚼,泛指吃、喝。《説文·口部》:“哺,哺咀也。”

五月己來逋食凡六斛二斗,未得□。(《地》86EDT8:13A)

“逋食”即“哺食”,指吃食。“五月己來”指五月以來,“已”通“以”。

## 284 傅—敷(傅fù,幫母魚部;敷fū,滂母魚部。聲近韻同)

“傅”,輔佐、輔助。《説文·人部》:“傅,相也。”“敷”,敷藥。古字作“尃”,義敷布。《説文·寸部》:“尃,布也。”引申有敷藥義。

昌邑方與士里陳係,十二月癸巳,病傷頭、右手,傅膏藥。(《居》149·19,511·20)

“傅膏藥”即“敷膏藥”。

亦可寫作“賦”,詳見“286賦—敷”組。

“傅”“敷”通假,其他文獻可見。《漢書·文帝紀》:“傅納以言。”顔師古注:“傅,讀曰敷。”

## 285 賦—敷(賦fù,幫母魚部;敷fū,滂母魚部。聲近韻同)

“賦”,斂取、征收。《説文·貝部》:“賦,斂也。”“敷”,敷藥。古字作“尃”,義敷布。《説文·寸部》:“尃,布也。”引申有敷藥義。

執胡隧長田□二月乙丑病,卒王臨二月壬寅病,卒□惲炅,賦藥各五齊。居延蓬,坚卑一尺,户更西鄉,蘭入表,坚卑小。亡人赤表。坚單垣不齊壺。狗少一。汲垂少一。弩皆不□持。園韭五畦。(《金(貳)》73EJT23:765)

“賦藥”即“敷藥”,指“隧長田□”“卒王臨”“卒□惲炅”三人各敷藥三劑。

亦可寫作“傅”,詳見“285傅—敷”組。

“賦”“敷”通假,其他文獻可見。《詩經·大雅·烝民》:“賦政于外。”馬瑞辰傳箋通釋:“賦與敷音近通用。”

## 286 父—㕮(父 fù,並母魚部;㕮 fǔ,幫母魚部。聲近韵同)

“父”,父親。《説文·又部》:“父,矩也,家長率教者。”“㕮”,即㕮咀,咀嚼。《廣韵·麌韵》:“㕮,㕮咀,嚼也。”

▨□皆<u>父</u>且,以淳酸漬之壹宿。

▨費藥成,浚去宰,以酒飲。(《新》EPS4T2.65)

“且”通“咀”,“父且”即“㕮咀”,中醫上指用口將藥物嚼碎,以便煎服,後來指中藥切片、搗碎及矬末等。

“父”“㕮”通假,其他文獻可見,詳見“279 且—咀”組。

## 287 橅—弣(橅 mó,明母魚部;弣 fǔ,滂母侯部。聲近韵近)

“橅”,“模”之异體,法式、規範。《集韵·模韵》:“模,《説文》:‘法也。’……亦作橅。”“弣”,弓把。《釋名·釋兵》:“(弓)中央曰弣。弣,撫也,人所撫持也。”畢沅注:“中央,人手所握處也。”

官檄曰:累虜六石弩一傷右<u>橅</u>,受降隧六石弩二,其一傷兩<u>橅</u>,一傷右<u>橅</u>,遣吏持詣官,會月廿八日。(《居》170.5A)

“兩橅”即“兩弣”,指弓把左右兩端。“右橅”即“右弣”,指弓把右端。

亦可寫作“弫”,與“弣”爲聲符不同的异體字,詳見“180 柎—弣”組。

亦可寫作“柎”,詳見“180 柎—弣”組。

亦可寫作“古”,詳見“237 古—弣”組。

亦可寫作“僬”,詳見“288 僬—弣”組。

## 288　儛—弣(儛 wǔ,明母魚部;弣 fǔ,滂母侯部。聲近韵近)

“儛”,慢。《玉篇·人部》:“儛,慢也。”“弣”,弓把。《釋名·釋兵》:“(弓)中央曰弣。弣,撫也,人所撫持也。”畢沅注:“中央,人手所握處也。”

(1)夷胡隧七石具弩,傷二儛、一淵、二燕、一弭,可繕,今力三石卌六斤六兩,元康三☐乙卯隧☐。(《居》353.1)

(2)第二隧六石具弩一,傷左儛。(《居》49.12)

“二儛”即“二弣”,指弓把兩端。“左儛”即“左弣”,指弓把左端。

亦可寫作“弫”,與“弣”爲聲符不同的异體字,詳見“180 柎—弣”組。

亦可寫作“柎”,詳見“180 柎—弣”組。

亦可寫作“古”,詳見“237 古—弣”組。

亦可寫作“橅”,詳見“287 橅—弣”組。

## 289　扶—柎(扶 fú,並母魚部;柎 fū,幫母侯部。聲近韵近)

“扶”,扶疏,大樹枝柯四布貌。《説文·木部》:“扶,扶疏,四布也。”“柎”,鐘鼓架的足。《説文·木部》:“柎,闌足也。”

卅井吞虜隊,鼓、扶各一。(《新》ES(T119).2)

“鼓、扶各一”指鼓、鼓足各一。

一説,“扶”通“枹”,義爲鼓槌。《中國簡牘集成》:“扶,通桴,又通枹,鼓槌。”[①] 但是,鼓在使用的時候是鼓吏雙手持槌敲擊,鼓槌應是成對的,而上引辭例作

① 中國簡牘集成編委會:《中國簡牘集成》(第十二册),敦煌文藝出版社,2001,第273頁。

“鼓、枎各一”,若將“枎”理解爲鼓槌,顯然是矛盾的,故以“枎”通“枹”,不確。[1]

鐘鼓架的足亦稱“柜”,“柜”通“虡”,詳見“239 柜—虡”組。“枎(柎)”“柜(虡)”是同一個物品的不同名稱。

## 290 毋—牡(毋 wú,明母魚部;牡 mǔ,明母幽部。聲同韻近)

“毋”,“母”之分化字[2],假借表示“不要、禁止”義。《説文·毋部》:“毋,止之也。”“牡”,鍵,抵關的直木。《方言》卷五:“牡,户鑰,自關而東,陳楚之間謂之鍵。”

(1)内塢户毋一□。(《居》68.63)

(2)雜□户□□□復彼雜封,户毋。(《居》264.30B)

例(1)(2)“毋”,史語所《居延漢簡》釋爲“毌”,“户毌”不辭,當釋爲“毋”。“户毋”即“户牡”,指門户上抵關的直木。

亦可寫作“戊”,詳見“093 戊—牡”組。

## 291 毋—無(wú,明母魚部。雙聲叠韻)

“毋”,“母”之分化字,假借表示“不要、禁止”義。《説文·毋部》:“毋,止之也。”“無”,没有。《説文·亡部》:“無,亡也。”“無”本古“舞”字,假借表“没有”義。

(1)循客,令居趙放字子阿,年卌所,爲人中壯、黄色、毋須。(《敦》538)

(2)兵、守御器、弩折傷,臬弦、韝少,甲鞮瞀毋裏,皆不應簿,記到以所舉,見吏備償從可。(《敦》1036)

---

① 此觀點來自范常喜先生在“首屆簡牘學與出土文獻語言文字研究學術研討會”上的發言。

② 李學勤主編:《字源》,天津古籍出版社、遼寧人民出版社,2012,第1102頁。季旭昇:《説文新證》,藝文印書館,2014,第854頁。

(3)建始二年十月乙卯朔丙子,令史弘敢言之,迺乙亥直符,倉庫户封皆完,毋盜賊發者,敢言之。(《新》EPT52.100)

(4)候長充、候史誼,三月戊申盡丁丑積卅日₌迹從第四隧南界北盡第九隧北界,毋蘭越塞出入天田迹。(《新》EPT56.25)

(5)☑□推種臥草中不能行,謹與:德、横□診橐他右辟推種毋刀刃、木、索迹,德、横皆證所言,它如爰書。敢☑。(《新》EPT57.85)

例(1)"毋須"指没有鬍鬚。例(2)"甲鞮瞀毋裏"指鎧甲、兜鍪没有裏層。例(3)"倉庫户封皆完,毋盜賊發者"指倉庫門户的封條完好,没有發生偷盜。例(4)"毋蘭越塞出入天田迹"指没有擅自出入邊塞天田的足迹。例(5)"毋刀刃、木、索迹"指死者身上没有刀刃、木棒、繩索砍、打、勒的痕迹。

"毋""無"通假,其他文獻可見。段玉裁《説文解字注·毋部》"毋"字注:"古通用無,《詩》《書》皆用無。《士昏禮》:夙夜毋違命。注曰:古文毋爲無。是古文禮作無,今文禮作毋也。漢人多用毋,故《小戴禮記》、《今文尚書》皆用毋,《史記》則竟用毋爲有無字。"

## 292　毋—蕪(wú,明母魚部。雙聲叠韵)

"毋","母"之分化字,假借表示"不要、禁止"義。《説文·毋部》:"毋,止之也。""蕪",即蕪菁。十字花科蕓薹屬植物,塊根肉質,花黄色,塊根可做蔬菜。《方言》卷三:"蘴、蕘,蕪菁也。關之東西謂之蕪菁。"

□□卌二束。出廿五,毋菁十束。(《居》175.18)

"毋菁"即"蕪菁"。

"蕪菁"亦可寫作"門菁",詳見"550 門—蕪"組。

傳世文獻中,"蕪菁"又名"蔓菁",李時珍《本草綱目·菜一·蕪菁》:"蕪菁,北人名蔓菁。"均爲"蕪菁"的不同書寫形式。

“毋”“蕪”通假，其他文獻可見。《爾雅·釋鳥》：“鴽，鴾毋。”陸德明釋文：“毋，舍人本作蕪。”

## 293 毋—五（毋 wú，明母魚部；五 wǔ，疑母魚部。聲遠韻同）

“毋”，“母”之分化字，假借表示“不要、禁止”義。《説文·毋部》：“毋，止之也。”“五”，數詞。《玉篇·五部》：“五，數也，次四也。”

（1）䋣得厩嗇夫䜌子恩所貰買甲渠鉼庭隧卒究科毋尊布一匹。（《新》EPT51.329）

（2）毋尊布三匹＝四百。（《金（貳）》73EJT24：389）

（3）毋尊布一匹，至四百☐。（《居》325.11）

“尊”通“緵”，義八十縷。“毋尊布”即“五緵布”，指用四百縷綫織成的布。《中國簡牘集成》：“毋尊布，爲五緵布。漢代八十縷經綫爲一緵，五緵布爲一種質地較粗的麻布。”[①]

## 294 武—舞（wǔ，明母魚部。雙聲疊韻）

“武”，武力、戰争。《玉篇·止部》：“武，力也。”“舞”，舞陰，漢縣名，屬南陽郡。

徼迹弟四卒南陽武陰翟陵里魚桂，字子恩，自言二年一月中貰賣☐。（《居》190.12）

“武陰”即舞陰縣。

“武”“舞”通假，其他文獻可見。《穀梁傳·莊公十年》：“以蔡侯獻武歸。”陸德明釋文：“武，本亦依左氏作舞。”

① 中國簡牘集成編委會：《中國簡牘集成》（第十册），敦煌文藝出版社，2001，第113頁。

# 鐸部通假字匯釋

## 295　格—落(格 gé,見母鐸部;落 luò,來母鐸部。聲遠韵同)

“格”,樹木的長枝條。《説文·木部》:“格,木長皃。”“落”,藩籬。《説文·木部》:“杝,落也。”段玉裁注:“玄應書謂杝、欐、籬三字同。……落,《廣雅》作落。”

(1)二里五十步,可作橿格。下廣丈二尺,上廣八尺,高丈二尺,積卌六萬八千尺。人功百五十六尺,用積徒三千人₌受袤尺三寸。(《新》EPT58.36)

(2)☐入春時,其令郡諸侯皆通道溝渠及衝術,其有離格枯木□□☐。(《金(叁)》73EJT30:202)

(3)官,迺丙午,虜可二百餘騎,燔廣漢塞格,至其夜過半時,虜去□□□□□□□□。(《敦》1369)

例(1)“橿”爲“僵”之异體,“橿格”即“僵落”,指藩籬,由僵死的木薪建成的邊塞防禦工事。例(2)“離”通“籬”,“離格”即“籬落”。“籬落”同義連用。例(1)(2)“僵落”和“籬落”均指藩籬,但構詞方法不同,“僵落”爲偏正式,“籬落”爲並列式。例(3)“塞格”即“塞落”,指土石建成的塞墻和木薪建成的藩籬。

亦可寫作“洛”,詳見“302 洛—落”組。

“格”“落”通假,其他文獻可見。《墨子·備城門》:“去格七尺。”孫詒讓閒詁:“格與落通。”《淮南子·時則》:“夏行春令,風;行秋令,蕪;行冬令,格。”《讀書雜志·淮南子第五·時則》引王引之曰:“格,讀爲落,謂夏行冬令,則草本零落也。格字從木各聲,古讀如各,格與落聲相近而字相通。”

## 296　獲—護(獲huò,匣母鐸部;護hù,匣母鐸部。雙聲叠韵)

"獲",打獵時獵得禽獸。《説文·犬部》:"獲,獵所獲也。""護",保護、救助。《廣雅·釋詁二》:"護,助也。"

(1)神爵四年十一月癸未,丞相史李尊,送獲神爵六年戍卒河東、南陽、潁川、上黨、東郡、濟陰、魏郡、淮陽國詣敦煌郡、酒泉郡。因迎罷卒送致河東、南陽、潁川、東郡、魏郡、淮陽國,並督死卒傳楷。(《懸》Ⅰ0309③:237)

"送獲"即"送護",義護送。

可徑用本字,作"護",如:

(2)入⊡具幣。裝一,完。履橐一,新。鞇□薄十一,完。帀勒一,完。□一,完□。綏和元年五月乙亥,縣泉置嗇夫慶受敦煌廄佐並,送護羌從事。(《懸》Ⅱ0111①:303)

"獲""護"通假,其他文獻可見。《儀禮·大射》:"獲者興,共而俟。"鄭玄注:"古文獲皆作護,非也。"

## 297　橐—蠹(橐tuó,透母鐸部;蠹dù,端母鐸部。聲近韵同)

"橐",袋子。《説文·橐部》:"橐,囊也。""蠹",壞敗、腐爛。《説文·䖵部》:"蠹,木中蟲。""蠹"本義蛀蟲,引申義爲壞敗、腐爛。

員鮑魚十斤,見五十頭橐敗,少三斤,給過客。(《金(肆)》73EJT33:88)

"蠹敗"同義連用,亦指壞敗、腐爛。"員"疑爲人名,"鮑魚"指用鹽醃製的乾魚。簡文大意爲：員有鮑魚十斤，現在五十頭腐敗，少了三斤，給過客。

“槖”“蠹”通假，其他文獻可見。朱駿聲《説文通訓定聲·豫部》：“槖，(叚借)爲蠹。”《札迻·管子尹知章注·地員第五十八》：“剽忞槖土。”孫詒讓按：“槖，當讀爲蠹。”

## 298　槖—絡(槖tuó，透母鐸部；絡luò，來母鐸部。聲近韵同)

“槖”，袋子。《説文·槖部》：“槖，囊也。”“絡”，粗絲綿。《説文·糸部》：“絡，絮也。”

(1)第八隧卒，魏郡内黄右部里王廣，貰賣莞皁絝槖絮⿱莊衣一兩，直二百七十，已得二百，少七十，遮虜辟衣功所。(《新》EPT51.125)

(2)☐自言迺十二月貰賣菅草袍一領槖絮裝，賈錢八。觻得壽貴里李長君所，任者執適隧長。(《金(叁)》73EJT26:54)

(3)☐□三、幣槖絮三枚、革履二兩，夜亡□。(《居》346.30,346.43)

(4)槖絮著，自足止，即馬未决，且從季卿貸轉，已得長羈止，毋爲弛槊。(《敦》172)

“槖絮”即“絡絮”，“絮”亦指粗絲綿，“絡絮”同義連用。《説文·糸部》：“絮，敝緜也。”段玉裁注：“敝緜，孰緜也，是之謂絮。凡絮必絲爲之，古無今之木緜也。”例(1)“莞皁絝槖絮⿱莊衣”指官府提供的用黑色絡絮填裝的褲子，例(2)“菅草袍一領槖絮裝”指官府提供的用黑色絡絮填裝的袍子。“莞”“菅”通“官”，義爲官府。“草”即“皁”，義爲黑色。“裝”義往衣服中間加絮。“⿱莊衣”爲“裝”之异體。

可徑用本字，作“絡”，如：

(5)絡絮二斤，直百卌。(《新》EPT59.21)

(6)絡絮百卌三斤。(《居》113.4)

又作“魯絮”，詳見“274魯—絡”組。

## 299　槖—駱(槖 tuó,透母鐸部;駱 luò,來母鐸部。聲近韵同)

“槖”,袋子。《説文·槖部》:“槖,囊也。”“駱”,①駱駝。駱駝屬哺乳動物,是沙漠地區的主要役畜。②候官、塞、烽燧名。

(1)康居王使者楊伯刀、副扁闐,蘇韰王使者、姑墨副沙囷、即貴人爲匿等皆叩頭自言,前數爲王奉獻槖佗入敦煌,關縣次贖食至酒泉昆歸官,太守與楊伯刀等雜平直肥瘦。今楊伯刀等復爲王奉獻槖佗入關,行直以次食至酒泉,酒泉太守獨與吏直畜,楊伯刀等不得見所獻槖佗。姑墨爲王獻白牡槖佗一匹,牝二匹,以爲黄,及楊伯刀等獻槖佗皆肥,以爲瘦,不如實,冤。永光五年六月癸酉朔癸酉,使主客部大夫謂侍郎,當移敦煌太守,書到驗問言狀。事當奏聞,毋留,如律令。七月庚申,敦煌太守弘、長史章、守部候脩仁行丞事,謂縣,寫移書到,具移康居蘇韰王使者楊伯刀等數槖佗食用穀數,會月廿五日,如律令。掾登、屬建、書佐政光。七月壬戌,效穀守長合宗、守丞、敦煌左尉忠謂置,寫移書到,具寫傳馬止不食穀,詔書報會月廿三日,如律令。掾宗、嗇夫輔。(《懸》Ⅱ0216②:877-883《康居王使者册》)

(2)出茭三石,四月庚辰候長霸以食槖他六匹,行塞□壹宿,匹二鈞。(《居》285.11)

(3)出茭一鈞七斤半斤。以食長羅侯壘尉史官槖他一匹。(《敦》2066)

(4)☑□寅,士吏强兼行候事,敢言之。爰書:戍卒潁川郡長杜臨利里樂德,同縣安平里家横告曰:所爲官牧槖他☑。(《新》EPT57.85)

(5)百騎,亭但馬百餘匹,槖他四五十匹,皆備賀佁塞來,南燔。(《新》EPF16.48)

以上“槖佗”“槖他”即駱駝。

(6)☑張掖都尉章:一詣肩水候,一詣槖佗候,一詣廣地候。(《金(叁)》73EJT25:175)

(7)☑收責，槖佗候官名、縣、爵、里、年、姓、長、物色，如牒書，到出入☑。(《金(叄)》73EJT32:3)

(8)南書一封。居延丞印，槖一。□詣槖他候官。(《居》214.86A)

(9)六月辛未府告金關嗇夫久：前移檄，逐辟槖他令史。(《居》183.15A)

(10)☑朔壬子，肩水守候槖他塞尉罷敢言之。謹移穀☑。(《居》536.5A)

(11)槖他隧長十卿。(《居》81.8B)

例(6)至(9)"槖佗""槖他"指候官。候官爲邊塞防禦組織之一，設候、令史等職。例(10)"槖他"指塞名，指長百里的一段障塞，設塞尉等職。屯戍簡中以候官爲塞名，則"槖他塞"便是槖他候官所轄障塞。例(11)"槖他"爲燧名。燧是邊塞防禦系統中最基層的機構，設燧長等職。

"槖""駱"通假，其他文獻可見。《方言》卷七："凡以驢馬馲駝載物者謂之負佗。"錢繹箋疏："驝駝、駱駞、槖它並同。"《漢書·匈奴傳上》："其奇畜則槖佗。"顔師古注："槖佗，言能負槖囊而馱物也。""槖"即"駱"。

## 300　譯—驛(yì，餘母鐸部。雙聲叠韵)

"譯"，翻譯。《説文·言部》："譯，傳譯四夷之言者。""驛"，①驛馬。《説文·馬部》："驛，置騎也。"②驛站。《古今韵會舉要·陌韵》引《增韵》："驛，傳舍也。"

(1)上書二封。其一封長羅侯，一烏孫公主。甘露二年二月辛未日夕時受平望譯騎當富，縣泉譯騎朱定付萬年譯騎。(《懸》Ⅱ0113③:65)

(2)□□榮小未傳爲譯騎，皆小家子，貧急不能自給，實☑。(《新》EPT58.30)

(3)出詔書一封。丞相之印。章皁布緘□□□□。詣西域都護廄置，譯騎行。建平五年二月己卯玉門隧長具兵下□□隊長尹恭雜付繕善民益塗不若。(《敦》513)

(4)入上書一封，車師己校、伊循田臣彊。九月辛亥日下餔時，臨泉譯漢受平望馬益。(《懸》Ⅴ1310③:67)

前三例"譯(驛)"義驛馬,"譯騎"即"驛騎"。"驛騎"有二義:一是乘驛馬送信、傳遞公文的人,如例(1)(2)。"譯騎"後之"當富""朱定"均爲人名。二是驛馬,如例(3)。"譯騎行",屯戍簡中又稱"驛馬行",如《新》EPT49.11A:"☐□大將軍印章,詣中郎將,驛馬行。十二月廿二日起☐。"可證"譯騎行"之"譯騎"指"驛馬"。"譯騎行"指用驛馬傳遞書信、公文等。例(4)"譯(驛)"義驛站,"臨泉譯"即"臨泉驛",指臨泉驛站。

可徑用本字,作"驛",如:

(5)臣厶稽首再拜,謹因驛騎奉。(《敦》138)

(6)□□□前所聞見,輒亟因驛騎責狀今寫群公□☐。(《敦》424)

(7)及齎乘傳者,南海七郡、牂柯、越嶲、益州、玄兔、樂狼至旁近郡,以縣廄置驛騎行。臣稽首請。(《新》EPF22.69)

"譯""驛"通假,其他文獻可見。《後漢書·鮮卑傳》:"及南單于附漢,北虜孤弱,二十五年,鮮卑始通驛使。""驛使"即"譯使",指負責傳譯的使者。

## 301 驛—繹(yì,餘母鐸部。雙聲叠韵)

"驛",驛馬。《説文·馬部》:"驛,置騎也。""繹",連續不絶。《説文·糸部》:"繹,抽絲也。"段玉裁注:"繹,引申爲凡駱驛、温尋之稱。"

言大兵方駱驛出,令發導迎。(《敦》128)

"駱驛"即"絡繹",義連續不斷。

"驛""繹"通假,其他文獻可見。桂馥《説文義證·馬部》:"驛,或借繹字。"《詩經·周頌·載芟》:"驛驛其達。"陸德明釋文:"驛驛,《爾雅》作繹繹。"

## 302 洛—落(luò,來母鐸部。雙聲叠韵)

“洛”,水名。《説文·水部》:“洛,水。出左馮翊歸德北夷界中,東南入渭。”“落”,①墜落、脱落。《爾雅·釋詁上》:“隕、磒、湮、下、降、墜、摽、蘦,落也。”②藩籬。

(1)老人有遺言:甚可悲栽,髪齒隨洛,飲食不耐,持報隋禮當莊麥之子紓蒲酌飲食也。(《金(伍)》73EJD:26A)

(2)右前候長□□都隧七所,其三所有彊洛,四所毋彊洛。(《金(叁)》73EJT30:18)

例(1)“洛(落)”義墜落、脱落。“隨”通“墮”,義墮落、墜落。例(2)“洛(落)”義藩籬。“彊”通“僵”,“彊洛”即“僵落”,指藩籬,由僵死的木薪建成的軍事防禦工事。

亦可寫作“格”,詳見“295 格—落”組。

“洛”“落”通假,其他文獻可見。《漢書·王莽傳下》:“新都哀侯小被病,功顯君素耆酒,疑帝本非我家子也。”顔師古注引如淳曰:“言莽母洛薄嗜酒,淫逸得莽耳,非王氏子也。”“洛薄”讀爲“落魄”。

## 303 落—洛(luò,來母鐸部。雙聲叠韵)

“落”,樹葉脱落。《説文·艸部》:“落,凡艸曰零,木曰落。”“洛”,即洛陽,漢縣名。《説文·水部》:“洛,水。出左馮翊歸德北夷界中,東南入渭。”“洛陽”因在洛水以北而得名。《漢書·地理志》作“雒陽”。

☐河南落陽東鄉上言里,趙武,年廿九。(《金(肆)》73EJT37:1386)

“落陽”即“洛陽”。

亦可作“雒”,詳見“305 雒—洛”組。

“落”“洛”通假,其他文獻可見。李富孫《春秋左傳异文釋》卷二:“閔元年經:公及齊侯盟于落姑。公穀作洛姑。”

## 304 落—絡(luò,來母鐸部。雙聲叠韵)

“落”,樹葉脱落。《説文·艸部》:“落,凡艸曰零,木曰落。”“絡”,汲水的繩索。《方言》卷五:“繘,自關而東周洛韓魏之間謂之綆,或謂之絡。”

(1)及落。唯官關書府,令居延調給,敢言之。(《居》18.22)

(2)闐户墼,三百。户上下合各一。儲水嬰二。汲落二。大積薪三。蘗咸一。橐三 。(《居》506.1)

“及”通“汲”,“及落”“汲落”即“汲絡”,打水用的繩子。

“落”“絡”通假,其他文獻可見。《爾雅·釋宫》:“樞達北方謂之落時。”郝懿行義疏:“落之言絡,連綴之意。”《廣雅·釋詁二》:“落,凥也。”王念孫疏證:“落之言聯絡也。”《漢書·李廣傳》:“禹從落中以劍斫絶纍。”顔師古注:“落,與絡同。”

## 305 雒—洛(luò,來母鐸部。雙聲叠韵)

“雒”,鳥名。《説文·隹部》:“雒,鵋鵙也。”假借表“白鬣的黑馬”。《詩經·魯頌·駉》:“有駵有雒,以車繹繹。”毛傳:“黑身白鬣曰雒。”再引申有黑義。“洛”,洛陽,漢縣名。《説文·水部》:“洛,水。出左馮翊歸德北夷界中,東南入渭。”“洛陽”因在洛水以北而得名。《漢書·地理志》作“雒陽”。《詩經·周頌·清廟序》:“既成雒邑。”陸德明釋文:“雒,本亦作洛,水名。字從水,後漢都洛陽,以火德,爲水尅火,故改爲各傍隹。”漢光武帝劉秀建都洛陽,因漢尚火,水又剋火,故假“雒”爲洛陽之“洛”。三國魏以後復改爲“洛陽”。

（1）戍卒河南郡雒陽安里公士郭匽。（《敦》1555）

（2）尚賀，與從雒陽樊有、肥川、蘇福、温廉□分，凡四人。（《新》EPT56.11）

（3）庚辰亡。過客居長安當利里者雒陽上商里范義，壬午賽置所乘車馬，更乘騂牡馬、白蜀車、䋸布併塗，載布。（《居》157.24A）

（5）河南郡雒陽緱氏西槐里李實▨。（《居》511.38）

（6）河南郡雒陽宜歲里王富，乘騩牡馬一匹，軺車一兩，弩一，大丸一，矢五十枚，刀劍各一。（《金（壹）》73EJT1:6）

（7）河南郡雒陽南胡里公乘史高年卅□▨。（《金（伍）》73EJF3:544）

"雒陽"即"洛陽"。

亦可寫作"落"，詳見"303 落—洛"組。

"雒""洛"通假，其他文獻可見。《文選·郭璞〈江賦〉》："聿經始於洛沫。"李善注："雒，與洛通。"

## 306　駱—絡（luò，來母鐸部。雙聲叠韵）

"駱"，鬃尾黑色的白馬。《説文·馬部》："駱，馬白色黑鬣尾也。""絡"，連續。《方言》卷五："繘，自關而東周洛韓魏之間或謂之絡。"錢繹箋疏："絡之言聯絡也。"

言大兵方駱驛出，令發導迎。（《敦》128）

"駱驛"即"絡繹"，義連續不斷。

"駱""絡"通假，其他文獻可見。《漢書·王莽傳下》："莽乃博徵天下工匠諸圖畫，以望法度算，及吏民以義入錢穀助作者，駱驛道路。"顔師古注："駱驛，言不絶。"《後漢書·郭伋傳》："駱驛不絶。"李賢注："駱驛，連續。""駱"均讀爲"絡"。

## 307　駱—酪（luò，來母鐸部。雙聲疊韵）

“駱”，鬃尾黑色的白馬。《説文·馬部》：“駱，馬白色黑鬣尾也。”“酪”，奶酪。《釋名·釋飲食》：“酪，澤也，乳汁所作，使人肥澤也。”

受甲渠君錢千。出二百五十，買羊一。出百八十，買雞五隻。出七十二，買駱四于。出百六十八，糴米七斗。出百卅，沽酒一石三斗。凡出八百六錢，今餘錢二百。（《新》EPT51.223）

“買駱四于”即“買酪四杅”，“于”通“杅”，指買奶酪四杅。“杅”爲盛湯漿的器皿。

## 308　庈/㖒—坼（庈chì，昌母鐸部；坼chè，透母鐸部。聲近韵同）

“庈”，“㡿”的俗字，開拓。《説文·广部》：“㡿，郤屋也。”段注改“郤”爲“卻”：“謂開拓其屋使廣。”“㖒”爲“庈”因類化而產生的异體字。屯戍簡中“庈呼”常連用，“庈”受後文“呼”所從“口”的影響，類化作“㖒”。“坼”，開裂。《説文·土部》：“坼，裂也。”

（1）右厭胡隧卒四人。寅矢六百，其九十五羽完，干庈呼。卌七，羽敝，干庈呼。三百九十七，完。六十一，羽敝，干完。服一，完。（《敦》1784）

（2）稾矢五十，其四干庈呼。卌六完。蘭一，完。解步衆小，□毋餘，初置。（《敦》1830）

（3）臬長弦一，完。稾矢銅鍭五十，其十二庈呼，卅八完。蘭、蘭冠各一，完。（《新》EPT48.17）

（4）稾矢百，皆庈呼，物故。（《新》EPT51.405）

（5）稾矢銅鍭六，干㖒呼，二差折，負八算。（《新》EPT50.2）

(6)㡿呼不塗治。案:嚴軟弱不任候望,吏。(《新》EPT48.8)

(7)宜矢銅鍭二,差補不事用,二干㡿呼,二羽幣,負十六算。(《新》EPT50.2)

(8)陷堅宜矢五十,其五㡿呼。(《居》75.17)

"呼"通"罅","序/㡿呼"即"坼罅"。"坼"與"罅"均有"破裂"義,兩者同義連用。

## 309 尺—斥(尺chǐ,昌母鐸部;斥chì,昌母鐸部。雙聲疊韵)

"尺",長度單位。《説文·尺部》:"尺,十寸也。人手却十分動脉爲寸口。十寸爲尺。""斥",開拓。《小爾雅·廣詁》:"斥,開也。"

(1)尺竟傳行付鉼庭。(《新》EPT59.267)

(2)北,尺竟隧舉塢上離合☑。(《居》482.7)

(3)□見尺竟隧舉☑。(《居》110.25)

(4)☑殄北候蓼告尉謂尺竟候長鳳等☑。(《居》561.29,169.3)

(5)□□□尺竟卒。(《居》115.7)

"尺竟"即"斥境",開拓邊境。

亦可寫作"序","序"爲"斥"之异體,如:

(6)以稟序竟隧戍卒闕遂四月食。(《居》255.33)

"序竟"亦即"斥境"。

"尺""斥"通假,其他文獻可見。《廣雅·釋地》:"斥,池也。"王念孫疏證:"《淮南子·精神》:鳳凰不能與之儷,而况尺鴳乎。《新序·雜事篇》:尺澤之鯢,豈能與之量江海之大。尺並與斥同。鴳在斥中,故曰斥鴳,作'尺'者,假借字耳。"慧琳《一切經音義》卷九十七"尺鴳"注:"尺,或作斥。"

## 310　庶—遮(庶 shù,書母鐸部;遮 zhē,章母魚部。聲近韻近)

“庶”,用火加熱食物。《周禮·秋官·序官》:“庶氏下士一人,徒四人。”鄭玄注:“庶,讀如藥煮之煮,驅除毒蠱之言。”“遮”,遏止。《説文·辵部》:“遮,遏也。”

(1)☑居延庶虜里范少倩所☑。(《新》EPT65.462)

(2)☑道居延庶虜倉,其下有河。婢幾武功,綺緹縫□□。(《新》EPT40.75A)

(3)府卿蔡君起居,檄至庶虜。還到居延收降亭,天雨,永止,須臾去。尉放使。(《新》EPF22.193)

(4)北書一封,章破,樂官丞庶虜封,詣居延。(《新》EPT51.197)

“庶虜”即“遮虜”,指遏止匈奴。據例(1)“居延庶虜里”,可知“遮虜”爲里名,屬張掖郡居延縣。

可徑用本字,作“遮”,如:

(5)第八隧卒,魏郡内黄右部里王廣,貰賣莞皁絝橐絮裝一兩,直二百七十,已得二百,少七十,遮虜辟衣功所。(《新》EPT51.125)

(6)辤:今月四日食時,受府符詣候官。行到遮虜,河水盛,浴渡,失亡符水中。案隆丙寅。(《新》EPF22.171)

(7)火。賞常往,傳到。亭長徐望屬賞曰:自以來,遮虜舉薰火不至。(《新》EPF22.393)

“庶”“遮”通假,其他文獻可見。《易·晉》:“康侯用錫馬蕃庶。”陸德明釋文引鄭云:“庶,止奢反,謂蕃遮禽也。”

## 311　錯—措(cuò,清母鐸部。雙聲疊韻)

"錯",用金塗飾。《説文·金部》:"錯,金涂也。""措",舉措。《廣韵·暮韵》:"措,舉也。"

☐動作由禮,舉錯由義,興敬讓疾,虚僞考績☐☐。(《額》2000ES9SF4:23A)

"舉錯"即"舉措",義爲行爲舉止。"動作"與"舉措"義同。《左傳·襄公三十一年》:"法行可象,聲氣可樂,動作有文,言語有章。""動作由禮,舉措由義"指行爲舉止均遵從禮與義。

"錯""措"通假,其他文獻可見。段玉裁《説文解字注·金部》"錯"字注:"或借爲措字。"《論語·顔淵》:"舉直錯諸枉。"陸德明釋文:"錯,或作措。"《荀子·儒效》:"則舉錯而定。"楊倞注:"錯,讀爲措。"又《王霸》:"不可不善爲擇所而後錯之。"楊倞注:"錯,讀爲措。"

## 312　藉—戟(藉 jiè,從母鐸部;戟 jǐ,見母鐸部。聲遠韵同)

"藉",古代祭祀朝聘時陳列禮品的墊物。《説文·艸部》:"藉,祭藉也。""戟",兵器名。《方言》卷九:"凡戟而無刃秦晋之間謂之釨。"郭璞注:"取名於鉤孑也。戟是擊刺之兵,有上刺之刃,又有下鈎之刃,故以鈎孑爲名也。"《説文·戈部》:"戟,有枝兵也。"

(1)方藉、大刀。(《居》116.18)

"戟"是一種起源較晚的兵器,最早見於春秋時期的文獻。其形制爲:合青銅戈、矛爲一體,聯裝於一根柄上,兼有戈之横鈎(戟援)、矛之直刺(戟刺)兩種作用。從春秋戰國到秦漢,"戟"的形制不斷發生變化。到了漢代,鐵戟的援較短,直刺較長，援、刺成直角相交，與援、刺呈鈍角相交的青銅戟相比，刺殺功能增强，而鈎殺作用減弱。[①]因爲漢代"戟"的援、刺呈直角相交，爲了與戰國時援、刺呈鈍角相交的"戟"區别，所以，"戟"在漢代又稱爲"有方""方戟"。"方藉"即"方戟"。

"有方"在屯戍簡中多見，如：

(2)戍卒東郡清世里鞠財，有方一，完。(《新》EPT51.111)

(3)入，盾一，有方一。(《新》EPS4T2.1)

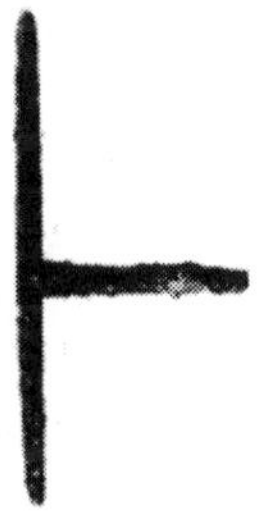

(漢代鐵戟)
(漢長安城武庫遺址出土[②])

(西周早期人頭銎戟)
(甘肅省靈台白草坡二號墓出土[③])

## 313　柏—伯(柏bǎi，幫母鐸部；伯bó，幫母鐸部。雙聲叠韵)

"柏"，木名。《説文·木部》："柏，鞠也。""伯"，爵位名。五等爵位的第三等。《廣雅·釋詁一》："伯，君也。"王念孫疏證："《爾雅》：'王、公、侯，君也。'公、侯而下，則爲伯、子、男及卿大夫之有地者。"

☐侯柏子男乎？故得萬國驩心以事其先王，是以天下無畔國也。爵☐。(《金(叁)》73EJT31:104A)

此簡内容可能跟《孝經·孝治》章有關：

① 鍾少异：《中國古代軍事工程技術史(上古至五代)》，山西教育出版社，2008，第381頁。
② 鍾少异：《中國古代軍事工程技術史(上古至五代)》，山西教育出版社，2008，第381頁。
③ 中國青銅器全集編輯委員會：《中國青銅器全集》(第六卷)，文物出版社，1997，第59頁。

子曰："昔者明王之以孝治天下也，不敢遺小國之臣，而况於公侯伯子男乎？故得萬國之懽心以事其先王。治國者不敢侮於鰥寡，而况於士民乎？故得百姓之懽心以事其先君。治家者不敢失於臣妾，而况於妻子乎？故得人之懽心以事其親。夫然，故生則親安之，祭則鬼享之，是以天下和平，災害不生，禍亂不作，故明王之以孝治天下如此。"《詩》云："有覺德行，四國順之。"[①]

今本《孝經》"柏"作"伯"，用本字。

"柏""伯"通假，其他文獻可見。《爾雅·釋詁下》："伯，長也。"郝懿行義疏："伯，又通作柏。"

## 314　佰—柏(bǎi，幫母鐸部。雙聲叠韵)

"佰"，古代軍隊編制單位，百人爲佰。《説文·人部》："佰，相什佰也。""柏"，即柏人，漢縣名，屬趙國。

(1)☐國佰人平陽里□□□□☐。(《金(叁)》73EJT28:15)

"佰人"即"柏人"，"國"字之上所殘爲"趙"字，"平陽里"爲柏人縣所轄里。

亦可徑用本字，作"柏"，如：

(2)戍卒趙國柏人希里馬安漢等五百六十四人。(《金(叁)》73EJT28:63A)

(3)迺五月丙辰戍卒趙國柏人希里馬安漢戍。(《金(叁)》73EJT28:63B)

(4)戍卒趙國柏人廣樂里公乘耿迎年卌五☐。(《金(肆)》73EJT37:99)

---

① 李隆基注，邢昺疏：《孝經注疏》，阮元《十三經注疏》本，中華書局，2009，第5548—5549頁。

## 315 博—薄(博bó,幫母鐸部;薄bó,並母鐸部。聲近韻同)

"博",搏鬥。[1]"薄",稀少。《漢書·東方朔傳》:"令待詔公車,奉禄薄,未得省見。"

(1)願加就程。五年北地大守惲書言:轉☐。

安定大守由書言:轉粟輸嘉平倉,以就品博募賤,無欲爲☐。(《敦》619)

"募"疑通"目","品博募賤"即"品薄目賤"。"品""目"義同,指品種、種類。"薄""賤"相類,"薄"義爲少,"賤"義價格低。就,終也。"以就品薄目賤"指以結束品類數量少、質量低的狀況。"品博募賤"又可省作"品賤",如《玉》1262:"☐粟輸渭倉,以就品賤,無欲爲者,願☐。"

可徑用本字,作"薄",如:

(2)居成樂五歲餘,未得遷。道里遠辟,回往來希,官薄身賤,書不通。叩頭叩頭。因。(《敦》1871)

例(1)"品博募賤"中"博""賤"對舉、"品""募(目)"對舉;例(2)"官薄身賤"中"薄""賤"對舉、"官""身"對舉,更進一步證明"博"通"薄"。

## 316 莫—暮(mù,明母鐸部。雙聲叠韻)

"莫",日暮。《說文·茻部》:"莫,日且冥也。""暮"是爲表"莫"之本義所造的分化字。《廣雅·釋詁四》:"暮,夜也。"

(1)二月廿八日,從居延來爲孫幼卿出米三升,廿九日朝三升、莫三升。(《居》

---

① 李學勤主編:《字源》,天津古籍出版社、遼寧人民出版社,2012,第166頁。季旭昇:《説文新證》,藝文印書館,2014,第156頁。

326.3）

（2）張掾執事毋恙，昨莫還白園事，云何充可不頃賜□，掾昨日幸許☑。（《新》EPT2.5A）

（3）逆建，昨莫取[1]。白欲歸事，豈肯白之乎？爲見不一二☑。（《新》EPT2.5B）

（4）昨莫盜來入我宫，三人張弩□☑。（《敦》790）

（5）臨渠視婦男樊□，莫還與忠會赤岸茭中，因宿田舍。（《新》EPT53.18）

（6）頃願急。須莫旦使人蚤持來，行持繩來。毋數往來。使。（《新》EPT59.257）

例（1）“莫三升”指傍晚時給孫幼卿出米三升。例（2）至（4）“昨莫”即“昨暮”，指昨天傍晚。例（5）“莫還與忠會赤岸茭中”指傍晚返還，與忠在赤岸茭地中會和。例（6）“莫旦”即“暮旦”，指早晚。

## 317　莫—幕（莫 mò，明母鐸部；幕 mù，明母鐸部。雙聲叠韵）

“莫”，古“暮”字。《説文·茻部》：“莫，日且冥也。”“幕”，帳幕、篷帳。《廣雅·釋器》：“幕，帳也。”

（1）六月壬申，守張掖居延都尉曠、丞崇，告司馬、千人官，謂官縣，寫移書到，如大將軍莫府書、律令。掾陽、守屬恭、書佐豊。（《新》EPF22.71A）

（2）大將軍莫府，守府書曰：具言吏當食奉者，秩别、人名、數。謹移尉，以。（《新》EPF22.425）

（3）將軍令召，當應時馳詣莫府，獲馬病，傷水不飲食，借尹史侯昌馬。揚鴻裝未辨，惶恐。（《敦》177）

（4）本始三年七月丁丑，爲郡監領縣泉置，亭長國敢言之：莫府，謹。（《懸》I 0114③:33）

（5）⊡送使渠犂校尉莫府，掾遷會大風，折傷蓋□十五枚，御趙定傷⊡。（《懸》

[1]“取”，《居延新簡集釋》釋爲“所”，“作莫所”不辭，圖版作，當釋爲“取”。

Ⅱ0215④:36）

“莫府”即“幕府”，指將帥在外的營帳。

“莫”“幕”通假，其他文獻可見。朱駿聲《説文通訓定聲·豫部》：“莫，叚借又爲幕。”《史記·張釋之馮唐列傳》：“上功莫府。”司馬貞索隱：“莫，當爲幕，古字少耳。”《漢書·李廣傳》：“莫府省文書。”顏師古注：“莫府者，以軍幕爲義，古字通用耳。”又《霍光傳》：“又擅調益莫府校尉。”顏師古注：“莫府，大將軍府也。”

# 陽部通假字匯釋

## 318　京—景（京jīng，見母陽部；景jǐng，見母陽部。雙聲叠韵）

“京”，人工築起的高丘。《説文·京部》：“京，人所爲絶高丘也。”“景”，指齊景公，春秋時期齊國的君主。

與者半，京公召晏子問之曰：子先治，奈何？晏子合曰：始治，治築，壞塞缺，姦人惡之；斬渠通。（《額》99ES18SH1：1）

“京公”即“景公”。此簡内容與《晏子春秋·内篇雜上》有關。現將《晏子春秋·内篇雜上》照録如下：

景公使晏子爲東阿宰，三年，毀聞于國。景公不説，召而免之。晏子謝曰：“嬰知嬰之過矣，請復治阿，三年而譽必聞于國。”景公不忍，復使治阿，三年而譽聞于國。景公説，召而賞之。景公問其故，對曰：“昔者嬰之治阿也，築蹊徑，急門閭之政，而淫民惡之；舉儉力孝弟，罰偷窳，而惰民惡之；决獄不避，貴彊惡之；左右所求，法則予，非法則否，而左右惡之；事貴人體不過禮，而貴人惡之。是以三邪毀乎外，二讒毀于内，三年而毀聞乎君也。今臣謹更之，不築蹊徑，而緩門閭之政，而淫民説；不舉儉力孝弟，不罰偷窳，而惰民説；决獄阿貴彊，而貴彊説；左右所求言諾，而左右説；事貴人體過禮，而貴人説。是以三邪譽乎外，二讒譽乎内，三年而譽聞于君也。昔者嬰之所以當誅者宜賞，今所以當賞者宜誅，是故不敢受。”景公知晏子賢，乃任以國政，三年而齊大興。[1]

① 吴則虞：《晏子春秋集釋》，中華書局，1962，第304頁。

簡文内容是晏子復治東阿三年，譽聞于國，齊景公再次召見他時的對話。“與者半”即“譽者半”，指贊譽晏子的人過半。“子先治，奈何”指您第一次治理東阿的時候，爲何毁聞于國。“合”通“答”，義爲回答。“治築”即《晏子春秋·内篇雜上》之“築蹊徑”。簡文大意爲：晏子復治東阿三年，贊譽的人過半。景公召晏子而問他説：“您先治東阿，爲何詆毁之聲遍於全國。”晏子回答説：“開始治理東阿的時候，阻塞門路，填補缺口，奸人厭惡；斬斷渠道。”

“京”“景”通假，其他文獻可見。《史記·高祖功臣侯者年表》：“高京。”裴駰集解引徐廣曰：“京，一作景。”

## 319　更—羹(gēng，見母陽部。雙聲叠韵)

“更”，改變。《説文·攴部》：“更，改也。”“羹”，用肉調和五味做成的濃汁食物。《爾雅·釋器》：“肉謂之羹。”

(1)緩瓦一，笥一，更于一，于二。(《居》220.18A)

“于”通“杅”，“更于”即“羹杅”，盛羹的杯盤。

可徑用本字，作“羹”，如：

(2)故畫于三。黑墨于四。羹于一。故中槃一。□□小棓五十，其五枚破。赤墨畫託，二其一枚破。赤棓七具。白棓十七具。墨著大棓廿。(《居》89.13A)

例(1)“更于”即例(2)“羹于”。

“更”“羹”通假，其他文獻可見。《左傳·昭公十一年》：“城陳蔡不羹。”陸德明釋文：“羹，《漢書·地理志》作更字。”

## 320 更—梗(更 gēng,見母陽部;梗 gěng,見母陽部。雙聲疊韻)

“更”,改變。《説文·攴部》:“更,改也。”“梗”,即桔梗,爲桔梗科桔梗屬植物,其根可入藥,味苦、辛,性平。有宣肺祛痰、利咽排膿的功效。[①]《説文·木部》:“桔,桔梗,藥名。”

(1)治除熱方:貝母一分,桔更三分▨。(《新》EPT10.8)

“桔更”即“桔梗”。

可徑用本字,作“梗”,如:

(2)▨分,攝水取桔梗、黽榆、芍藥各二分,海湈、黄芩、白草各一分,皆冶▨。(《敦》1060+1177)

(3)治馬傷水方:薑、桂、細辛、皁莢、付子,各三分。遠志,五分。桔梗,五分。雞子,十五枚。□▨。(《敦》2000)

“更”“梗”通假,其他文獻可見。《廿二史考异·續漢書一·禮儀志中》:“周人木德,以桃爲更。”錢大昕按:“更即梗字。”

## 321 庚—羹(gēng,見母陽部。雙聲疊韻)

“庚”,天干的第七位,與地支相配,用以紀年、月、日。“羹”,用肉調和五味做成的濃汁食物。《爾雅·釋器》:“肉謂之羹。”

出粟四斗,以付都田佐宣,以治庚。(《懸(壹)》Ⅰ0112S③:71)

---

① 南京中醫藥大學:《中藥大辭典》(第二版下册),上海科技出版社,2006,第2528頁。

“治庚”即“治羹”，指製作羹湯。

“庚”“羹”通假，其他文獻可見。《敦煌懸泉漢簡釋粹》：“庚，通羹。庚、羹，上古音皆見母陽部字，音近可通。《爾雅·釋草》：‘復，盜庚。’《釋文》：‘庚，本又作羹’。”[①]

## 322 秔—穬（秔jīng，見母陽部；穬kuàng，見母陽部。雙聲疊韵）

“秔”，同“粳”，一種黏性較小的稻類。《説文·禾部》：“秔，稻屬。”段玉裁注：“稻有至黏者，稬是也；有次黏者，稉是也；有不黏者，稴是也。”“稉”即“粳”。“穬”，芒長的麥子，又稱大麥、青稞。《説文·禾部》：“穬，芒粟也。”

（1）入，十二月食秔麥一斛。建武卅一年十二月癸巳，宜秋卒代仲民，受尉史敞。（《敦》2010）

（2）入，十一月食秔麥六斗。建武卅一年十一月乙巳，受降卒仲民，受尉史敞。（《敦》2015）

（3）入，五月奉秔麥三斗。建武廿六年五月戊寅，安漢隊長，代孔充受卒移。（《敦》2174）

“秔麥”即“穬麥”。

可徑用本字，作“穬”，如：

（4）廣武候長馮尚，七月廿二日官自取。從六月食，長穬麥十九斛八斗六升。（《敦》23）

（5）右凡出穬麥十一斛二斗，士吏姜崇、文德玉門所稟。（《敦》291）

又可寫作“廣”，詳見“326廣—穬”組。

---

① 胡平生、張德芳：《敦煌懸泉漢簡釋粹》，上海古籍出版社，2001，第150頁。

## 323　畺—薑(jiāng,見母陽部。雙聲疊韵)

"畺",同"疆",田界。《説文·田部》:"畺,界也。从畕、三,其界畫也。疆,畺或从彊、土。""薑",多年生草本植物。根莖肥大,呈不規則塊狀,灰白色或黄色,有辛辣味,是常用的調味品。《急就篇》卷四:"款東貝母薑狼牙。"顔師古注:"薑,謂生薑乾薑也。"

　　薺、將、畺,直五十。(《金(貳)》73EJT21:8)

此簡爲《勞邊使者過界中費》册書中的一枚[①]。《勞邊使者過界中費》記録勞邊使者所用之"粱米""即米""羊""酒""鹽""豉"等物及其價值。"薺""將""畺"三種物品列在"鹽""豉"之後,説明此三者也應該是"鹽""豉"一類的調味品。"薑"正是常用的調味品,此簡"畺"讀爲"薑"應該是没有問題的。

"畺""薑"通假,其他文獻可見。《馬王堆漢墓帛書·五十二病方·疽病》:"□、畺(薑)、蜀焦(椒)、樹(茱)臾(萸)四物而當一物。"又《癰》:"白茝(芷)、白衡、菌桂、枯畺(薑)、薪(新)雉(夷),凡五物等。"

## 324　畺—彊(畺jiāng,見母陽部;彊qiáng,群母陽部。聲近韵同)

"畺",同"疆",田界。《説文·田部》:"畺,界也。从畕、三,其界畫也。疆,畺或从彊、土。""彊",强盛、强大。《説文·弓部》:"彊,弓有力也。"段玉裁注:"彊,引申爲凡有力之稱。"

---

① 《勞邊使者過界中費》全文爲:勞邊使者過界中費(《金(貳)》73EJT21:2);粱米八斗,直百六十(《金(貳)》73EJT21:3);即米三石,直四百五十(《金(貳)》73EJT21:4);羊二,直五百(《金(貳)》73EJT21:5);酒二石,直二百八十(《金(貳)》73EJT21:6);鹽豉各一斗,直卅(《金(貳)》73EJT21:7);薺將畺,直五十(《金(貳)》73EJT21:8);往來過費凡直千四百七十(《金(貳)》73EJT21:9);肩水見吏廿七人,率人五十五(《金(貳)》73EJT21:10)。

□臣等望之，吏二千石以下不能宣明。畺氣雖在，建正吉。（《敦》1690）

“氣”疑當指元氣，爲宇宙自然之氣。《楚辭·王逸〈九思·守志〉》：“食元氣兮長存。”原注：“元氣，天氣。”“畺氣”即“彊氣”，指強盛的自然之氣。“建正”指陰陽曆以哪個月作爲一年之中第一月的起始位置。夏、商、周三代所建歲首不同：夏代的歲首是寅月（正月），商代的歲首是丑月（十二月），周代的歲首是子月（十一月）。漢武帝太初元年（前104年）改用太初曆，以建寅之月爲歲首。此後兩千多年一般都是用夏正。

“畺”“彊”通假，其他文獻可見。《集韵·陽韵》：“畺，《説文》：‘界也。從畕，三其界畫也。’或作彊。”

## 325　薑—彊（薑jiāng，見母陽部；彊qiáng，群母陽部。聲近韵同）

“薑”，多年生草本植物。根莖肥大，呈不規則塊狀，灰白色或黄色，有辛辣味，是常用的調味品。《急就篇》卷四：“款東貝母薑狼牙。”顔師古注：“薑，謂生薑乾薑也。”“彊”，強盛、強大。《説文·弓部》：“彊，弓有力也。”段玉裁注：“彊，引申爲凡有力之稱。”

☐□□或貧困，被饑寒疾疫之薑，日竦而懼於天地之戕，未知所澤，君將何以輔賤小。（《敦》1846）①

此簡簡首殘斷，僅據所剩文字推測，先説“貧困”，後説“被饑寒疾疫之薑”，則“被”當義“加”。《廣雅·釋詁二》：“被，加也。”《荀子·不苟》：“國亂而治之者，非案亂而治之之謂也，去亂而被之以治。”“竦”義驚懼。《爾雅·釋詁下》：“竦，懼也。”《漢書·李廣傳》：“故怒形則千里竦，威震則萬物伏。”顔師古注：“竦，驚也。”“戕”義傷害。《國語·晋語一》：“可以小戕，而不能喪國。”韋昭注：“害在内爲戕。戕，猶傷也。”簡文大意是：已然貧困，又加上飢餓、寒冷、疾病、瘟疫的強盛，日日恐懼於天地的

① “戕”，《中國簡牘集成》原釋爲“栈”，圖版作。圖版左側作“丬”，爲“爿”之俗寫，所以當釋爲“戕”。“賤”，《中國簡牘集成》釋爲“賦”，圖版作，當釋爲“賤”。

傷害，而不知天地的恩澤，君將用什麼來輔助賤小。

"薑""彊"通假，其他文獻可見。《馬王堆漢墓帛書·房内記》："取犬骨燔，與蕃（礬）石各二，桂、彊（薑）各一，蕉（皂）莢二。"

## 326 廣—穬（廣guǎng，見母陽部；穬kuàng，見母陽部。雙聲叠韵）

"廣"，四周無壁的大屋。《説文·广部》："廣，殿之大屋也。""穬"，芒長的麥子，又稱大麥、青稞。《説文·禾部》："穬，芒粟也。"

☐□□□□□益□欲急去，恐牛不可用。今致賁目宿養之。目宿大貴，束三泉，留久恐舍食盡。今且寄廣麥一石。（《敦》239A）

"廣麥"即"穬麥"。

可徑用本字，作"穬"，詳見"322 杭—穬"組。

又可寫作"杭"，詳見"322 杭—穬"組。

## 327 廣—壙（廣guǎng，見母陽部；壙kuàng，溪母陽部。聲近韵同）

"廣"，四周無壁的大屋。《説文·广部》："廣，殿之大屋也。""壙"，野外空曠處。《説文·土部》："壙，一曰大也。"朱駿聲《説文通訓定聲》："壙，《説文》一曰大野。""壙"是爲表"廣"之引申義所造的分化字。

(1) 廼甲申直隧長觻得萬金里郈種已、廣野隧長屋☐。（《金（叁）》73EJT24:557）

(2) 廣野隧卒淳于德☐。（《金（貳）》73EJT23:482）

(3) 廣野隧卒勒忘。（《金（貳）》73EJT23:965）

(4) 廣野隧卒□光，見吏不在，廣野隧卒丁陽□□。（《金（貳）》73EJT24:151）

(5)廣野隧長孟通□☒。(《金(伍)》73EJD:216)

“廣野”即“壙野”,爲烽燧名。

可徑用本字,作“壙”,如:

(6)☒勝客本有熹,在壙野隧☒。(《居》41.1,42.29)

(7)☒壙野隊長鄧卿百五十☒。(《金(壹)》73EJT3:28A)

例(1)至(5)“廣野隧”即例(6)(7)“壙野隧”“壙野隊”。

“廣”“壙”通假,其他文獻可見。朱駿聲《説文通訓定聲·壯部》:“廣,(叚借)又爲壙。”《文選·陸機〈挽歌詩〉》:“廣宵何寥廓。”舊校:“廣,五臣作壙。”

## 328 竟—境(jìng,見母陽部。雙聲疊韵)

“竟”,樂曲終止。《説文·音部》:“竟,樂曲盡爲竟。”段玉裁注:“曲之所止也。”引申有邊境義,“境”是爲表其引申義所造的分化字。《説文新附·土部》:“境,疆也。从土、竟聲。經典通用竟。”

(1)☒稟安竟隧長張誼十二月食☒。(《金(叁)》73EJT24:623)

(2)以食安竟隧卒尹不信五月食,卒揚甲取。(《居》126.4,124.12A)

(3)右安竟隧☒。(《居》255.12)

(4)居延卅井遮竟隧☒。(《額》2000ES7SF2:7)

(5)斥竟三人,安竟三人,望城二人,郭卒周勝。(《居》562.7)

(6)肩水候官。壬申蚤食,起斥竟隧☒。(《居》558.1A)

(7)出麥一石九斗三升少,以食斥竟隧卒周奉世九月食。(《居》10.3)

(8)尺竟傳行付餅庭。(《新》EPT59.267)

(9)□見尺竟隧舉☒。(《居》110.25)

(10)☒殄北候蓼告尉謂尺竟候長鳳等☒。(《居》561.29,169.3)

(11)北尺竟隧舉堠上離合☐。(《居》482.7)

(12)□尺竟卒。(《居》115.7)

(13)以麇庈竟隧戍卒關遂四月食。(《居》255.33)

(14)☐□□頭死罪,敢言之。輔備邊竟,以迹候、設兵。(《新》EPT51.468)

(15)邊竟永寧,厥功伋焉,已封□芭爵,宣公即拜爲虎耳將軍,封伋爲揚威公,即拜爲虎賁。(《額》2000ES9SF4:8)

(16)也,外不在諸侯不則貪也。晏子溉然而大息,其心甚憂,笑而應之曰:固也,夫齊與魯,連竟同土,齊不有魯,恐爲之下。往世不。(《新》EPT51.390)

(17)你因居竟十月,未知何始。致且怒力自愛,慬候望,毋憂家也☐。(《新》EPT65.53B)

"安竟"即"安境",義安定邊境。"遮竟""斥竟""尺竟""庈竟"即"斥境",義開拓邊境。"遮""尺""庈"均通"斥",義開拓。"安境""斥境"均爲烽燧名。

"竟""境"通假,其他文獻可見。《荀子·富國》:"其竟關之政盡察。"楊倞注:"竟與境同。"《漢書·元帝紀》:"竟寧元年春正月。"顏師古注:"竟,讀爲境。古之用字境竟實同。"

## 329 康—穅(kāng,溪母陽部。雙聲叠韵)

"康",和樂。《甲骨文字研究》:"从庚之字有康字,小篆作穅,从米,云穅之省。穅曰:'穀之皮。'然古文康字不从米……意亦絶無穅義……康字訓安樂,訓和静,訓廣大,訓空虚,只空虚之義於穀皮稍可牽及,其他均大相逕庭,無由引申。余意此康字必以和樂爲其本義,故殷、周帝王即以其字爲名號。穅乃後起字,蓋从禾康聲,古人同音通用不必康即穅也……康字蓋从庚,庚亦聲也。"[①]"穅",穀皮、穀殼。《説文·禾部》:"穅,穀皮也。"[②]

① 郭沫若:《甲骨文字研究》,載《甲骨文獻集成》(第八册),四川大學出版社,2001,第59—60頁。

② 《説文·禾部》:"康,穅或省。"則"康"爲"穅"之或體。

☐驚糒多康,負筭十。凡卅七。(《新》EPT53.226)

“驚糒多康”即“警糒多穅”,指警戒用的乾糧多穅。“驚”通“警”,“糒”指乾糧。

“康”“穅”通假,其他文獻可見。《墨子·備城門》:“灰,康,粃。”孫詒讓閒詁引畢云:“穅,穀皮也。康,或省字。”《莊子·逍遥遊》:“是其塵垢粃穅。”陸德明釋文:“穅,字亦作康。”又《天運》:“夫播穅眯目。”陸德明釋文:“穅,字亦作康。”

## 330 强—彊(qiáng,群母陽部。雙聲叠韵)

“强”,米中小黑蟲。《説文·虫部》:“强,蚚也。”後假借表示“强大”義,本字見廢而假借字行。“彊”,①强壯、强盛。《説文·弓部》:“彊,弓有力也。”段玉裁注:“彊,引申爲凡有力之稱。”②努力、盡力。《集韵·養韵》:“彊,勉也。”③人名。

(1)願設購賞,有能捕斬嚴歆、君闌等渠率一人,購錢十萬,黨與五萬,吏捕斬强力者比三輔。(《居》503.17,503.8)

(2)明詔:深閔百姓强弱相□,欲均富之,方略萬端,臣昌等竊見元年十一月丁酉均詔書曰其行。(《額》2000ES9SF3:5)

(3)甲渠候鄣,大黄力十石弩一,右淵强一分,負一筭。(《居》52.17,82.15)

(4)弘叩頭。願子長强飯自愛、謹事吏已。(《居》157.25A)

(5)河南郡雒陽緱氏東宛里公乘趙强,年廿五,弓一,矢五十枚☐。(《金(壹)》73EJT9:40)

(6)☐漢里徐强,本始二年三月甲午除,見☐。(《金(叁)》73EJT26:33)

例(1)至(3)“强(彊)”義强壯、强盛。“强力者”即“彊力者”,指强大有力者。“强弱”即“彊弱”。“右淵强一分”即“右弸彊一分”,指弓右弸力量强一分。例(4)“强(彊)”義努力、盡力。“强飯自愛”即“彊飯自愛”,指盡力吃飯、愛惜自己。例(5)(6)“强(彊)”義人名。

可徑用本字,作“彊”,如:

(7)一解交折,右彊。(《新》EPT6.8)

(8)脩行,居延平明里公乘徐彊,年廿三,今除爲甲渠☐。(《新》EPT56.284)

“强”“彊”通假,其他文獻可見。朱駿聲《説文通訓定聲·壯部》:“强,(叚借)爲彊。”《楚辭·九章·懷沙》:“抑心而自强。”洪興祖補注引舊校云:“强,《史記》作彊。”《周禮·考工記·弓人》:“維幹强之。”孫詒讓正義:“强,即彊之借字。”

## 331　彊—僵(彊 qiáng,群母陽部;僵 jiāng,見母陽部。聲近韵同)

“彊”,强壯、强盛。《説文·弓部》:“彊,弓有力也。”段玉裁注:“彊,引申爲凡有力之稱。”“僵”,仰倒、枯僵。《説文·人部》:“僵,僨也。”段玉裁注:“謂仰倒。”

(1)四百廿人代運薪,上轉薪,立彊落,上蒙塗轀車,袤二百六十一丈,率人日塗六尺二寸,奇六尺。(《新》EPT59.15)

(2)☐來南渡臨莫隧彊落天田。(《居》239.22)

(3)☐侯長廣主卒卅人,其十二人作彊落。(《金(壹)》73EJT7:80A)

(4)☐作彊落⋯☐。(《金(壹)》73EJT7:80A)

(5)省作彊落□☐。(《金(叁)》73EJT25:118)

(6)發故彊落除,下止廣丈□。(《金(叁)》73EJT31:128)

(7)助治天田彊落,名縣爵里年。(《金(貳)》73EJT24:369)

“彊落”即“僵落”,即藩籬,爲由僵死的木薪建造而成的邊塞軍事防禦工事,和“土垣”一樣起屏障作用。

可徑用本字,作“僵”,如:

(8)右部隧十八所,卒六十三人不省,列隧□□及承隧五十八所,所三人,今省所一人,爲五十八人,齋衣裝作旦詣殄北發郭,除僵落沙,會八月旦。(《額》

99ES17SH1:7）

（9）五鳳三年四月甲戌，槖他候博移肩水候官遣隧長勝、館里冀巷等四人詣僵落作所，因迎罷省卒四人，檄到往來願令史。（《金（肆）》73EJT37:1535AB）

“僵落”一詞，亦見於傳世文獻，《漢書·匈奴傳下》：“起塞以來，百有餘年，非皆以土垣也。或因山巖石，木柴僵落，谿谷水門，稍稍平之，卒徒築治，功費久遠，不可勝計。”大意爲：筑塞不全用土垣，山之巖石、僵落之木柴、險要之溪谷、水門之隔斷，稍稍平治都可作塞障。卒徒興建塞障，耗費時間長久，不可計數。“僵落”之義，顏師古注：“謂山上樹木摧折，或立死枯僵墮落者。”顏師古釋“僵落”爲“枯僵墮落”，乃“僵落”之本義。墮落之枯木可作藩籬，故“僵落”引申有藩籬義。《漢書》及屯戍簡所載“僵落”即藩籬，爲由木薪建造而成的邊塞軍事防禦工事。

“僵落”又作“彊洛”，“洛”通“落”，如：

（10）右前候長□□都隧七所，其三所有彊洛，四所毋彊洛。（《金（叁）》73EJT30:18）

又作“橿格”。“橿”是“僵”受意義類化而形成的异體字。“僵落”是用木薪建造而成的防禦工事，所以，“僵”亦可從“木”。“格”通“落”，如：

（11）二里五十步，可作橿格。下廣丈二尺，上廣八尺，高丈二尺，積卌六萬八千尺。人功百五十六尺，用積徒三千人₌受袤尺三寸。（《新》EPT58.36）

“僵落”又名“離格”，“離”通“籬”，“格”通“落”，“離格”即籬落，亦指藩籬。如：

（12）☑入春時，其令郡諸侯皆通道溝渠及衡術，其有離格、枯木□□☑。（《金（叁）》73EJT30:202）

又可單稱“格”“落”，兩者均通“落”，如：

(13)官,迺丙午,虜可二百餘騎,燔廣漢塞格,至其夜過半時,虜去□□□□□□□□。(《敦》1369)

(14)▱□三匹,皪得。省殄北作蕗。塞尉移。(《新》EPT51.377)

“僵落”,傳世文獻中多作“虎落”,如[1]:

(15)山林野居,結虎落柴营,環利鐵鎖。(《六韜·虎韜軍用》)

(16)“復爲一城其内,城間百五十步。要害之處,通川之道,調立城邑,毋下千家,爲中周虎落。”顔師古注:“虎落者,以竹篾相連遮落之也。”(《漢書·晁錯傳》)

學界一般認爲屯戍簡中的“彊落”即傳世文獻中的“虎落”。但它們具體是哪種實物,認識過程是一個動態變化的過程。先是認爲居延遺址鄣燧脚下的尖木樁區就是虎落、彊落。“塢四周3米以内的地面,埋設四排尖木樁,完整者高33、間距70厘米左右,三角形排列,此即史書和漢簡所謂的‘虎落’、‘彊落。’”[2]後來,初師賓先生在《漢邊塞守御器備考略》中更正了這一觀點,認爲虎落“即金關遺址塢堠西北、北側的柳枝編籬笆墻。先於地面挖出窄溝槽,内植兩排較粗的柳棒,再用細柳枝横向加以編纂。遺存現露出地面10厘米不等,外表原可能塗泥,以防火焚”[3]。以虎落爲柳枝編的籬笆墻,與傳世文獻的記載相符。

總之,屯戍簡及傳世文獻所見“僵落”“彊落”“彊洛”“橿格”“離格”“格”“落”“虎落”等所指相同,即藩籬,由木薪建造而成的邊塞軍事防禦工事。以上异名之間的關係很復雜,有的是同一個詞的不同書寫形式;有的是不同的詞指稱同一事物,即同物异名。具體來説,“僵落”“彊落”“彊洛”“橿格”爲同一詞的不同書寫形式,本字作“僵落”;“離格”本字作“籬落”;“格”“落”爲同一詞的不同書寫形式,本字作“落”。而“僵落”“籬落”“落”“虎落”爲同物异名。

---

① 傳世文獻中,虎落,又名虎路、柴薄、柴落、武落等。

② 甘肅居延考古隊:《居延漢代遺址的發掘和新出土的簡册文書》,《文物》1978年第1期。

③ 初師賓:《漢邊塞守御器備考略》,載甘肅省文物工作隊、甘肅省博物館:《漢簡研究文集》,甘肅人民出版社,1984,第198頁。

“彊”“僵”通假，其他文獻可見。《爾雅·釋詁下》：“彊，當也。”郝懿行義疏：“彊之爲言僵也。”《經義述聞·國語下》：“宋衆無乃彊乎。”王引之按引王念孫曰：“彊，讀爲僵。僵，斃也。”

## 332　皇—煌（huáng，匣母陽部。雙聲叠韵）

“皇”，大。《說文·王部》：“皇，大也。”[①]引申有盛、美義。“煌”，漢郡名，指敦煌郡。《漢書·地理志八》：“敦煌郡。”顔師古注引應劭曰：“敦，大也。煌，盛也。”則“煌”是爲表“皇”之引申義所造的分化字。[②]

（1）甲渠鄣候，敦皇廣至□□慶里張獲，秩六百石。（《新》EPT65.104）

“敦皇”即“敦煌”。“廣至”，縣名，屬敦煌郡。

可徑用本字，作“煌”，如：

（2）制詔酒泉大守：敦煌郡到戍卒二千人，茭酒泉郡，其徼候如品。司馬以下，與將卒長吏，將屯要害處。屬大守察地刑，依阻險，堅辟壘，遠候望，毋。（《敦》1780A）

（3）☐敦煌玉門富昌里高殷年☐。（《金（叁）》73EJT27:61）

（4）敦煌郡敦煌常安里孫勝之☐。（《敦》923）

“敦煌”既是郡名亦是縣名，如例（4），指“敦煌郡敦煌縣常安里”。

“皇”“煌”通假，其他文獻可見。《詩經·大雅·假樂》：“穆穆皇皇。”王先謙《詩三家義集疏》：“齊皇作煌。”

---

① 一說，“皇”即“煌”之初文。李學勤主編：《字源》，天津古籍出版社、遼寧人民出版社，2012，第14頁。一說，“皇”本義征討，季旭昇：《說文新證》，藝文印書館，2014，第53頁。

② 有學者認爲“敦煌”的詞源不是漢語，則“皇”“煌”只用來記音，與意義無關。

## 333 煌—惶(huáng,匣母陽部。雙聲叠韵)

“煌”,火光、明亮。《説文·火部》:“煌,煌煇也。”“惶”,恐懼、慌張。《説文·心部》:“惶,恐也。”

(1)▨遣叩頭死罪死罪盛愚贛恐官備責遺茭,即煌恐。檄言宫遺當▨。(《居》217.5,217.32)

“煌恐”即“惶恐”。“備責”義爲責備,引申有“詰問”義。“遺茭”即給茭,供給茭,如《居》260.4,173.4:“凡八匹,三年以前居延給茭,四年府□▨。”簡文大意爲:問責茭供給之事,於是惶恐。

可徑用本字,作“惶”,如:

(2)▨惶恐,宿衛不敢失實,唯。(《新》EPT6.13)

(3)將軍令召,當應時馳詣莫府,獲馬病,傷水不飲食,借尹史侯昌馬。揚鴻裝未辨,惶恐。(《敦》177)

(4)□隨牒備員端直在府下致極力自守,惶恐毋以自守,不敢爲非,天地。(《敦》753A)

(5)▨時,三日行部,盡使從者。惶恐,叩頭死罪,敢言之。(《敦》2232)

例(1)“煌恐”即例(2)至(5)“惶恐”。

“煌”“惶”通假,其他文獻可見。王勃《上百里昌言疏》:“承命煌灼,伏增悲悚。”“煌灼”即“惶灼”,義惶恐、焦灼。

## 334 煌—堭(huáng,匣母陽部。雙聲叠韵)

“煌”,火光、明亮。《説文·火部》:“煌,煌煇也。”“堭”,四面無壁的室或堂。《廣雅·釋宫》:“堂埠,壂(殿)也。”“煌”“埠”同源通用。

(1)候復持酒出,之堂煌上,飲再行。酒盡皆起,讓與候史候□☑。(《新》EPT68.19)

(2)☑兵書以七月旦發書堂煌,將軍☑。(《居》260.20A)

(3)☑遮虜河渡詣堂煌。(《新》EPT8.19)

“堂煌”即“堂埠”,指官吏治事的殿堂。

## 335 桁—行(桁héng,匣母陽部;行xíng,匣母陽部。雙聲疊韻)

“桁”,屋梁上或門、窗框上的横木。《玉篇·木部》:“桁,屋桁也。”“行”,平行。《爾雅·釋宫》:“行,堂上謂之行。”邢昺疏:“堂上曰行,謂平行也。”

欲知劍利善故器者,起拔之,視之身中無推處者,故器也。視欲知利善者,必視之身中,有黑兩桁不绝者。(《新》EPT40.202)

“兩桁”即“兩行”。《新》EPT40.202至EPT40.207共六枚簡,是鑒定刀劍優劣的書籍殘篇。學界一般稱之爲《相刀劍册》。據陳力先生《居延新簡相利善刀劍諸簡選釋》,製作刀劍時,經反復鍛打刀劍表面會顯示出黑白相間的紋樣,“有黑兩桁不绝者”中的“黑”,便是指刀劍表面呈黑色的部分。“兩桁不绝”,指劍身呈黑色的斷層相互平行,互無交叉。有這種紋樣的劍鍛層厚薄均匀,多爲良器。上引簡文大意爲:想知劍是利器、善器還是故器,將它拔出觀察,如果劍身没有研磨的痕迹,就是故器,如果劍身黑色的斷層平行不相交,就是利、善器。[①]

① 陳力:《居延新簡相利善刀劍諸簡選釋》,《考古與文物》2002年第6期。

## 336　央—殃(yāng,影母陽部。雙聲叠韵)

"央",中央。《説文·冂部》:"央,中央也。"[①]"殃",禍患、災難。《廣雅·釋言》:"殃,禍也。"

(1)死:辰死者,不幸。西南間一室必有死者,央,凶不出西井上。(《懸》Ⅰ0309③:266A)

(2)午死者,不非。西北間一室,必有死者,央,凶在□□上。午勿以哭☒。(《懸》Ⅰ0309③:269)

(3)死,吉凶。酉死,大事離。東南間三室,或死者央,凶在北辟上。(《懸》Ⅰ0309③:262A)

(4)亥死者,不主。西南間一室,必或死者央,凶在馬廄中。卯、戌、寅不可穿,穿。夏三月寅,不可以哭泣,不出三月復哭。(《懸》Ⅰ0309③:268A)

(5)卯死,復有喪。西南間三室,有死者,央,凶在□□□上。二月卯不可穿。(《懸》Ⅰ0309③:146A)

(6)未死,□丑亡,☒央,凶□□上。六月未不可穿,穿,不出三月,有三喪。(《懸》Ⅰ0309③:162A)

"央"即"殃",指有災禍。以上簡文爲《日書》殘篇。

"央""殃"通假,其他文獻可見。《素問·生氣通天論》:"精神乃央。"張志聰集注:"央,殃同。"

## 337　羊—祥(羊yáng,餘母陽部;祥xiáng,邪母陽部。聲遠韵同)

"羊",家畜名。《詩經·召南·羔羊》:"羔羊之皮,素絲五紽。"毛傳:"小曰羔,大曰羊。""祥",吉祥。《説文·示部》:"祥,福也。""祥"是爲表"羊"之引申義所造的分

① 一説,"央"本義災禍、凶咎。參見李學勤主編:《字源》,天津古籍出版社、遼寧人民出版社,2012,第475頁。季旭昇:《説文新證》,藝文印書館,2014,第451頁。

化字。《説文·羊部》:“羊,祥也。”

(1)齊郡臨菑吉羊里簪弱王光,年廿三,長七尺三尺,黄色,疾,字子叔☐。(《金(壹)》73EJT9:3)

(2)齊郡臨菑满羊里公乘薛弘年☐。(《金(壹)》73EJT9:20)

“吉羊”“滿羊”即“吉祥”“滿祥”,爲里名,屬齊郡臨淄縣。里名多用美名。

亦可寫作“詳”,詳見“367 詳—祥”組。

“羊”“祥”通假,其他文獻可見。《公羊春秋傳·昭公十一年》:“盟于侵羊。”陸德明釋文:“侵羊,二傳作祲祥。”

## 338 陽—揚(yáng,餘母陽部。雙聲疊韵)

“陽”,山的南面或水的北面。《玉篇·阜部》:“陽,山南水北也。”“揚”,顯露、彰顯。《廣韵·陽韵》:“揚,明也。”

(1)☐到陽威隧□☐。(《敦》2194)

“陽威”即“揚威”,義顯示威勢。簡文中“揚威”爲烽燧名。

可徑用本字,作“揚”,如:

(2)☐月十二日庚辰夜,大晨一分盡時,萬歲揚威隧長許玄,受宜禾臨介徒張均。(《敦》2189)

(3)永平十八年正月十四日日中時,揚威卒□□,受臨介卒趙仲。(《敦》2228)

例(1)“陽威”即例(2)(3)“揚威”。

“陽”“揚”通假,其他文獻可見。《詩經·王風·君子陽陽》:“君子陽陽。”陳奂傳疏:“陽即揚之假借。”《文選·陸機〈短歌行〉》:“華不再陽。”舊校:“五臣作揚。”

## 339　養—癢(yǎng,餘母陽部。雙聲疊韻)

"養",供養、奉養。《說文·食部》:"養,供養也。""癢",瘙癢。《釋名·釋疾病》:"癢,揚也。其氣在皮中欲得發揚,使人搔發之而揚出也。"

治養身□☐。(《新》EPT54.14)

"治"義爲治療。"身"下之字不能釋讀,疑爲"方"字。簡文可能是治療瘙癢的藥方。屯戍簡中多見"治某某方",如《敦》2000:"治馬傷水方。"又2004:"治馬㾵方。"又2012:"☐治久欬、逆、匈痹、痿痹、止泄、心腹久積、傷寒方。"

"養""癢"通假,其他文獻可見。《荀子·榮辱》:"鼻辨芬芳腥臊,骨體膚理辨寒暑疾養。"楊倞注:"養與癢同。"又《彊國》:"疾養緩急。"楊倞注:"養與癢同。"又《正名》:"疾養滄熱。"楊倞注:"養與癢同。"

## 340　長—帳(長cháng,定母陽部;帳zhàng,端母陽部。聲近韵同)

"長",空間或時間距離大。[①]《詩經·齊風·猗嗟》:"猗嗟昌兮,頎而長兮。""帳",籍帳,即登記户口、田地、賦稅等的簿册。《正字通·巾部》:"帳,今俗會計事物之數曰帳。"

(1)初作,其九人養、二人作長,今年卒多病,率日廿人病,定作六十。(《居》286.2)

(2)☐其四人養,一人作長,右解除八人,定作廿七人,伐茭千二百一十五束,率人伐卌☐。(《新》EPT40.154)

(3)☐二日,其二人作長,三人養,三人病,三人養,一人病,二人積葦。(《新》EPT40.139)

① 李學勤主編:《字源》,天津古籍出版社、遼寧人民出版社,2012,第840頁。

(4)十一月丁巳,卒廿四人。其一人作長。(《居》133.21)

(5)其一人作長。(《居》30.19A)

(6)告士吏遣作長,將卒廿人,須☐。(《居》132.20A)

(7)☐一人作長,一人養。(《居》264.4)

“作長”即“作帳”。屯戍簡中“作長”疑指由專人記録士卒勞作的情況。

## 341 丈—杖(zhàng,定母陽部。雙聲疊韵)

“丈”,長度單位,十尺爲丈。《説文·十部》:“丈,十尺也。”“杖”,木杖、木棍。慧琳《一切經音義》卷四“杖塊”注引《説文》:“杖,手持木也。”①

袍所持鈹,即以疑所持胡桐木丈從後墨擊意項三下,以辜一旬内立死。案:疑賊殺人,甲辰病心腹□☐。(《新》EPF22.326)

“胡桐木丈(杖)”指胡楊木棍。“墨”通“默”,義爲無聲。“意”爲人名。“項”指脖子的後部。簡文大意爲:懷疑用所持有的胡楊木棍從後面悄悄擊打“意”的脖子,所以“意”在一旬之内馬上死。

“丈”“杖”通假,其他文獻可見。朱駿聲《説文通訓定聲·十部》:“壯,(叚借)爲杖。”《禮記·曲禮上》:“席間函丈。”鄭玄注:“丈或爲杖。”陸德明釋文:“丈,王肅作杖。”

## 342 丈—脹(丈zhàng,定母陽部;脹zhàng,端母陽部。聲近韵同)

“丈”,長度單位,十尺爲丈。《説文·十部》:“丈,十尺也。”“脹”,鼓脹。《玉篇·肉部》:“脹,痛也。”“脹”古字作“張”。《説文·疒部》:“瘨,一曰腹張。”段玉裁注:“古無脹字。《左傳》:晋侯獳將食。張,如厠。即今之脹字也。”

① 今大徐本《説文·木部》:“杖,持也。”

(1)第二隧卒江譚,以四月六日病苦心服丈滿。(《居》4.4A)

(2)迺二月壬午,病加兩脾雍種,匈脅丈滿,不耐食。(《新》EPF22.80)

(3)田卒平干國襄嚵成安里李睥,年卌七,本始五年二月丁未,疾心腹丈滿,死。右農前丞報□。(《居》293.5)

“丈滿”即“脹滿”。《素問·大奇論》:“肝滿腎滿肺滿皆實。”張志聰集注:“滿,謂藏氣充滿也。”王冰注:“滿,謂脉氣滿實也。”則“脹滿”同義連用。

“丈”“脹(張)”通假,其他文獻可見。《漢書·律曆志》:“丈者,張也。”

## 343 狼—浪(狼 láng,來母陽部;浪 làng,來母陽部。雙聲疊韵)

“狼”,動物名。《説文·犬部》:“狼,似犬,鋭頭,白頰,高前,廣後。”“浪”,即樂浪,漢郡名,治所在衛氏朝鮮都城王險城。《漢書·地理志下》:“樂浪郡,武帝元封三年開。莽曰樂鮮。屬幽州。”顔師古注引應劭曰:“故朝鮮國也。”

(1)及齎乘傳者,南海七郡、牂柯、越嶲、益州、玄免、樂狼至旁近郡,以縣廄置驛騎行。臣稽首請。(《新》EPF22.69)

“樂狼”即“樂浪”。《中國簡牘集成》:“南海七郡,指南海、蒼梧、鬱林、合浦、交阯、九真、日南,並屬交州。樂狼,即樂浪;玄兔,即玄菟,並在朝鮮,屬幽州地。牂柯、越嶲、益州,三郡皆屬益州地。”①

可徑用本字,作“浪”,如:

(2)☐書七月己酉下。一事,丞相所奏臨淮海賊。樂浪、遼東。(《居》33.8)

“狼”“浪”通假,其他文獻可見。《説文·水部》:“渦,渦水,受淮陽扶溝浪湯渠,東入淮。”段玉裁注:“前志作狼湯。……水經注作蒗蕩渠,集韵作莨蕩渠,皆音同字异耳。”“浪湯”又作“狼湯”,則“浪”“狼”通假。

① 中國簡牘集成編委會:《中國簡牘集成》(第十二册),敦煌文藝出版社,2001,第63頁。

## 344 琅—狼(láng,來母陽部。雙聲叠韵)

"琅",即琅玕,形狀像珠的美玉或美石。《説文·玉部》:"琅,琅玕,似珠者。""狼",即狼何,原是大月氏西遷所遺避入南山的小月氏,後依附羌人,爲羌族的種族之一。[1]《漢書·趙充國傳》:"後月余,羌侯狼何果遣使至匈奴藉兵,欲击鄯善、敦煌以絶漢道。充國以爲:狼何,小月氏種,在陽關西南,勢不能獨造此計,疑匈奴使已至羌中,先零、罕、開乃解仇作約。到秋馬肥,變必起矣。宜遣使者行邊兵豫爲備,敕視諸羌,毋令解仇。""先零""罕""開"皆爲羌族之種族。

敦煌太守快使守屬充國送牢羌、□□羌候人十二。神爵二年十一月癸卯朔⊡琅何羌□□彊藏□□□行在所,以令爲駕二乘傳,十一月辛未皆罷。當舍傳舍,從者如律令。(《懸》Ⅰ0210:③6)

《敦煌懸泉漢簡釋粹》:"琅何羌,文獻亦作'狼何',羌族之一種。"[2]

## 345 梁—粱(liáng,來母陽部。雙聲叠韵)

"梁",橋樑。《説文·木部》:"梁,水橋也。""粱",粟,今北方稱"小米""穀子"。《説文·米部》:"粱,米名也。"段玉裁注:"粟中人曰米,米可食曰粱。"又《禾部》"禾"字段玉裁注:"粟之人曰米,米曰粱,今俗云小米是也。"

(1)萬卿初炊靡米二斗,又梁米一斗,又。(《新》EPT26.5)
(2)梁粟二石,直二百。(《新》EPT51.105)
(3)梁粟二石,直二百廿。(《新》EPT56.104)
(4)度用梁粟一石☐。(《新》EPT4.61)

① 初師賓:《敦煌兩關絲路雜談》,《絲綢之路》2009年第08期。
② 胡平生、張德芳:《敦煌懸泉漢簡釋萃》,上海古籍出版社,2001,第162頁。

“米”“粟”在屯戍簡中可作穀類糧食的總稱,則例(1)“梁米”與例(2)至(4)“梁粟”同,均指粱。

可徑用本字,作“粱”,如:

(5)☑最凡千八百,粟十斛,粱米三斛。(《金(叁)》73EJT26:229A)

(6)今餘粱粟七石,十一月壬戌,付主官甯褒。(《新》EPT54.1)

“梁”“粱”通假,其他文獻可見。朱駿聲《説文通訓定聲·壯部》:“梁,(叚借)爲粱。”《禮記·喪大記》:“不辟梁肉。”孔穎達疏:“梁,粱米也。”《素問·生氣通天論》:“高梁之變。”王冰注:“梁,粱也。”

## 346　粱—梁(liáng,來母陽部。雙聲叠韵)

“粱”,粟,今北方稱“小米”“穀子”。《説文·米部》:“粱,米名也。”“梁”,即梁國,漢諸侯國名。

(1)粱國虞北函里士五皇路人,年廿八。(《金(貳)》73EJT21:37)

(2)田卒粱國蒙市陰里季豎☑。(《金(貳)》73EJT23:939)

(3)田卒粱國睢陽斛陽里謝姓□☑。(《金(肆)》73EJT37:550)

(4)戍卒粱國睢陽宜安里□☑。(《金(伍)》73EJC:344)

(5)戍卒粱國睢陽第四車父宫南里馮廣。(《居》303.16+303.6+303.1)

“粱國”即梁國。例(1)“虞”爲縣名,“北函”爲里名。例(2)“蒙”爲縣名 ,“市陰”爲里名。例(3)“睢陽”爲縣名,“斛陽”爲里名。例(4)“宜安”爲里名。例(5)“宫南”爲里名。

亦可徑用本字,作“梁”,如:

(6)戍卒梁國睢陽董父里☑。(《金(叁)》73EJT24:874)

(7)禽寇隧戍卒梁國蒙宜故里丁疌。(《金(叁)》73EJT29:71)

(8)梁國戍卒菑東昌里大夫桐汙虜年廿四。(《金(肆)》73EJT37:750)

“粱”“梁”通假,其他文獻可見,詳見“345粱—梁”組。

## 347 糧—量(liáng,來母陽部。雙聲疊韻)

“糧”,乾糧。《説文·米部》:“糧,穀也。”“量”,估量。《廣雅·釋詁一》:“量,度也。”

臣厶竊不自糧愚奴,誠忿忿。逆虜狡黠忸忕,輒不立殄滅。(《敦》104)[①]

“不自糧愚奴”即“不自量愚駑”,“奴”通“駑”,指不估量自己的愚笨駑鈍。簡文大意爲:臣不估量自己的愚笨駑鈍,實在忿恨,匈奴詭詐驕縱,不能立即消滅。

“糧”“量”通假,其他文獻可見。《銀雀山漢墓竹簡·孫臏兵法·篡卒》:“糧(量)適(敵)計險,勝。”

## 348 章—障(章zhāng,章母陽部;障zhàng,章母陽部。雙聲疊韻)

“章”,音樂一曲爲一章。《説文·音部》:“章,樂竟爲一章。”“障”,①阻塞、阻隔。《説文·𨸏部》:“障,隔也。”②邊塞上防守的小城。《史記·酷吏列傳》:“居一障

① “忸忕”,《敦煌漢簡馬圈灣集釋》釋爲“愢狀”,並注:“即毋狀”。此二字圖版分別作、。此二字又見於《敦》969簡,圖版分別作、,《敦煌馬圈灣漢簡集釋》釋爲“忸悽”。簡文爲:“皇帝陛下,臣厶叩頭叩頭,逆虜忸悽,前。”簡104之“逆虜狡黠愢狀”與簡969之“逆虜忸悽”文意相近,且“愢狀”與“忸悽”之圖版相近,可知它們是同一個詞,均當釋爲“忸忕”。“忸忕”義驕縱,此詞屢見於傳世文獻。《宋書·何承天傳》:“且今春踰濟,既獲其利,乘勝忸忕,未虞天誅,比及秋末,容更送死。”杜佑《通典·邊防五》:“馬賢忸忕,終於覆敗。”汪繼培《潛夫論箋校正·述赦》引崔實《政論》云:“頃閑以來,歲且一赦,百姓忸忕,輕爲奸非,每迫春節徼幸之會,犯惡尤多。”“逆虜狡黠忸忕”指匈奴詭詐驕縱。

閒。”張守節正義:“障,謂塞上要險之處别築城,置吏士守之,以扞寇盜也。”

(1)開通道路,毋有章處☐。(《新》EPT65.173)

(2)☐當脩治,凡章用積徒四萬四千。(《新》EPT56.185)

例(1)“章(障)”義阻塞、阻隔。簡文大意爲:開通道路,不要有阻塞的地方。例(2)“章(障)”義邊塞上防守的小城。簡文大意爲:修治障所用服徭役的人累積四萬四千。

“章”“障”通假,其他文獻可見。《禮記·王制》:“名山大澤不以封。”鄭玄注:“其民同財,不得章管。”陸德明釋文:“章,本亦作障。”又《雜記上》:“疏布輤,四面有章,置於四隅。”陸德明釋文:“章,本或作鄣,音同,注亦同。”

## 349　賞—嘗(賞shǎng,書母陽部;嘗cháng,禪母陽部。聲近韵同)

“賞”,賞賜。《説文·貝部》:“賞,賜有功也。”“嘗”,曾經。《廣韵·陽韵》:“嘗,曾也。”段玉裁《説文解字注·旨部》:“嘗,引申凡經過者爲嘗,未經過曰未嘗。”

嚴教屬縣官令以下,嗇夫、吏、正、父老,雜驗問鄉里,吏民賞取婢及免婢以爲妻,年五十以上刑狀類麗戎者。問父母昆弟,本誰生子?(《金(壹)》73EJT1:2)

“吏民賞取婢及免婢以爲妻”指吏民曾經娶奴婢或免去奴籍的奴婢爲妻。

“賞”“嘗”通假,其他文獻可見。《墨子·尚賢下》:“我賞因而誘之矣。”孫詒讓閒詁:“賞,當爲嘗。”《讀書雜志·墨子第一·尚同下》:“胡不賞使家君。”王念孫按:“賞,當爲嘗。”

## 350　賞—償(賞shǎng,書母陽部;償cháng,禪母陽部。聲近韻同)

“賞”,賞賜。《説文·貝部》:“賞,賜有功也。”“償”,償還。《説文·人部》:“償,還也。”

(1)天子勞吏士拜,它何疾苦?禄食盡得不?吏得毋侵冤?假貸不賞?有。(《新》EPF22.243)

(2)責社下賤平所市一錢以上及發養所作治飲食。若塗堊社皆不莊事,事罰平一石穀,賞以社。(《敦》218)

例(1)簡文大意爲:有何疾苦?俸禄能否全部得到?官吏有無遭受侵凌冤枉?借貸没有償還?例(2)簡文大意爲:修治粉刷社祭之壇時,如果不莊重不嚴肅,罰平一石穀,償還與社。

“賞”“償”通假,其他文獻可見。《墨子·號令》:“皆各以其賈倍賞之。”孫詒讓閒詁引畢云:“古償只作賞。”《戰國策·齊策六》:“求所以償者。”吴師道注:“《吕氏春秋》作賞。”

## 351　常—當(常cháng,禪母陽部;當dāng,端母陽部。聲近韻同)

“常”,同“裳”,裙子。《説文·巾部》:“常,下群也。裳,常或从衣。”“當”,介詞,介紹時間或處所,相當於“在”。

☑卒去署,亡,常夜舉苣火四,殄北隧謹察火,輒以檄言候官,候逐□☑。(《額》2000ES7SF1:12)

“常夜”即“當夜”,在夜間,據簡文具體指戍卒去署逃亡的當天夜裏。

“常”“當”通假,其他文獻可見。《墨子·兼愛下》:“常使若二君者。”孫詒讓閒詁引蘇云:“常宜作當。”《讀書雜志·管子第七·白心》:“建當立有,以靖爲宗,以時爲寶,以政爲儀。和則能久,非吾儀,雖利不爲。非吾當,雖利不行。”王念孫按:“當,當爲常。”

## 352　償—賞(償cháng,禪母陽部;賞shǎng,書母陽部。聲近韻同)

“償”,償還。《説文·人部》:“償,還也。”“賞”,賞賜。《説文·貝部》:“賞,賜有功也。”

(1)捕斬匈奴虜、反羌購償科别。(《新》EPF22.222)

“購償”即“購賞”,指高價懸賞。《漢書·張敞傳》:“敞到膠東,明設購賞,開群盜令相捕斬除罪。”

可徑用本字,作“賞”,如:

(2)咸得自薪,同心並力,除滅胡寇逆虜,爲故購賞科條將轉下之勉。(《額》2000ES9SF4:6)

(3)等三人,捕羌虜斬首各二級,當免爲庶人,有書。今以舊制律令,爲捕斬匈奴虜反羌購賞各如牒。(《新》EPF22.221)

(4)願設購賞,有能捕斬嚴歆、君闌等渠率一人,購錢十萬,黨與五萬,吏捕斬强力者比三輔。(《居》503.17,503.8)

“購賞科條”指高價懸賞的法律條文。

“償”“賞”通假,其他文獻可見,詳見“350賞—償”組。

## 353　尚—當(尚shàng,禪母陽部;當dāng,端母陽部。聲近韻同)

“尚”,增加。《説文·八部》:“尚,曾也。”“當”,應當。《説文·田部》:“當,田相值也。”段玉裁注:“值者持也,田與田相持也。引申之,凡相持相抵皆曰當。”引申爲兩兩相對、相稱,再引申爲應當。

(1)▨御史大夫吉下扶風廏承書▨。

▨尚舍傳舍,從者如律令▨。(《金(肆)》73EJT37:1309)

“尚”,整理者釋爲“當”,圖版爲,明顯是“尚”字。“尚舍傳舍”即“當舍傳舍”。第一個“舍”爲動詞,義止宿。第二個“舍”爲名詞,即“傳舍”,爲驛館。則“當舍傳舍”指應當止宿於驛館之中。《漢書·龔勝傳》:“行到舍傳舍。”顔師古注:“於傳舍止宿,若今官人行得過驛也。”

可徑用本字,作“當”,如:

(2)朱督亭罷卒薄,詣丞相史狄卿在所,當舍傳舍,從者如律令。(《金(壹)》73EJT3:91)

(3)閭昌爲郡送遣戍卒張掖居延,當舍傳舍,從者如律令。(《金(壹)》73EJT6:23A)

例(1)“尚舍傳舍”即例(2)(3)“當舍傳舍”。

“尚”“當”通假,其他文獻可見。朱駿聲《説文通訓定聲·壯部》:“尚,(叚借)又爲當。”《讀書雜志·漢書第八·張耳陳餘列傳》:“司馬相如傳:卓王孫自以得使女尚司馬長卿晚。”王念孫按:“此尚字即當字也。故一本作當。《廣雅》:配,當也。”

## 354　尚—常(尚shàng,禪母陽部;常cháng,禪母陽部。雙聲叠韵)

“尚”,增加。《説文·八部》:“尚,曾也。”“常”,裳,指用來遮蔽下體的服裝。《説文·巾部》:“常,下帬也。裳,常或从衣。”

(1)緹行幐,破一。出。尚韋二兩,一出。狗皮絑二兩,一出。□一。(《敦》

1686）

（2）☑領，尚韋□☑。（《敦》572）

“尚韋”即“常韋”。“常韋”在傳世文獻中又寫作“尚韋”“裳韋”，《鹽鐵論·散不足》：“古者庶人鹿菲草芰，縮絲尚韋而已。”《急就篇》卷二：“裳韋不借爲牧人。”顔師古注：“韋，柔皮也。裳韋，以韋爲裳也。不借者，小屨也，以麻爲之，其賤易得，人各自有，不須假借，因爲名也。言著韋裳及不借者，卑賤之服，便宜于事，宜以牧牛羊也。”據顔注“裳韋”即“韋裳”，指皮制的下裳。

關於“常韋”的具體所指，王貴元先生有詳細論證：“我們認爲‘常韋’當是綁腿。從傳世文獻和出土秦漢兵俑服飾看，綁腿是士卒常用物品，西北漢簡中不當没有此物……綁腿在古代也應屬於裳，因爲它與屬於裳的絝實質上形式不同而護體部位相近……因此，常韋即作爲裳的韋，也即作爲下衣的柔皮。”①

可徑用本字，作“常”，如：

（3）右縣官：犬絑二兩，常韋二兩，緹績一□，緹行縢二□。（《新》EPT51.457）

（4）犬絑二兩。常韋二兩。枲肥一兩。（《新》EPF19.12）

“尚”“常”通假，其他文獻可見。《經義述聞·詩·肆皇天弗尚》：“尚，古讀若常，字亦通作常。《史記·衛綰傳》：劒尚盛，未嘗服也。《漢書》尚作常。《漢書·賈誼傳》：尚憚以危爲安，以亂爲治。《賈子宗首篇》尚作常。”《群經平議·毛詩四》：“曰商是常。”俞樾按：“古常、尚通用。”

## 355　尚—上（shàng，禪母陽部。雙聲叠韵）

“尚”，增加。《説文·八部》：“尚，曾也。”“上”，即上官，爲復姓。

（1）戍卒故道里上官宏，年二十五。上。步昌。步昌。同尚官宏代樊歆。

① 王貴元：《釋漢簡中的“行勝”與“常韋”》，《語言研究》2014年第4期。

(《敦》269)

(2)戍卒尚官弘,二月食用粟三石二斗二升,自取。(《敦》694)

例(1)“尚官宏”即“上官宏”,爲同一人。同一人名用不同書寫形式,在屯戍簡中還有其他例子,如“中舍華”(《敦》550),又寫作“中舍從者吉即華”(《敦》548、393)、“中舍子華”(《敦》327)。“即華”即“子華”。

“尚”“上”通假,其他文獻可見。《詩經·大雅·蕩》:“人尚乎由行。”毛傳:“言居人上欲用行是道也。”陳奐傳疏:“傳假尚爲上。”《墨子·非命下》:“子胡不尚考之乎商周虞夏之記。”孫詒讓閒詁引蘇云:“尚,當作上,古字通用也。”《諸子平議·墨子二》:“從十簡之篇以尚,皆無之。”俞樾按:“尚,當讀爲上。”

## 356　將—漿(將jiàng,精母陽部;漿jiāng,精母陽部。雙聲叠韵)

“將”,將帥、將領。《説文·寸部》:“將,帥也。”“漿”,漿水。《説文·水部》:“滰,酢滰也。”

薺、將、畺,直五十。(《金(貳)》73EJT21:8)

“薺”通齏,義肉醬。“將”通漿,義漿水;“畺”通薑,義生薑。

一般認爲,“漿水”是一種清凉飲料,味酸而香。賈思勰《齊民要術·大小麥》引《氾勝之書》:“當種麥,若天旱無雨澤,則薄漬麥種,以酢漿並蠶矢。”石聲漢注:“‘酢漿’是熟澱粉稀薄液,經過適當的發酵變化,産生了一些乳酸,有酸味也有香氣,古代用來作爲清凉飲料。”李時珍《本草綱目·水部·漿水》引陳嘉謨曰:“漿,酢也。炊粟米熟,乘熱投冷水中,浸五六日,味酢,生白花,色類漿,故名。”又引朱震亨曰:“漿水,性凉善走,故解煩渴而化滯物。”

其實,在西北地區漿水不僅用作飲料,還是一種調味品,如漿水面的主要原料之一就是漿水。此簡爲《勞邊使者過界中費》册書中的一枚。《勞邊使者過界中費》記録勞邊使者所用之“粱米”“即米”“羊”“酒”“鹽”“豉”等物及其價值。“薺”

“將”“畺”三種物品列在“鹽”“豉”之後,説明此三者也應該是“鹽”“豉”一類的調味品。漿水可用作調味品,説明把“將”讀爲“漿”是没有問題的。

“將”“漿”通假,其他文獻可見。朱駿聲《説文通訓定聲·壯部》:“將,(叚借)爲漿。”《周禮·春官·鬯人》:“凡山川四方用蜃。”鄭玄注:“蚌曰合漿。”陸德明釋文:“漿如字,本又作將。”

## 357 將—狀(將jiàng,精母陽部;狀zhuàng,崇母陽部。聲近韵同)

“將”,將帥、將領。《説文·寸部》:“將,帥也。”“狀”,行狀,指履歷、事迹。《漢書·高帝紀下》:“遣詣相國府,署行、義、年。”顔師古注引三國魏蘇林曰:“行狀,年紀也。”

(1)始建國五年九月丙午朔乙亥,第二十三隧長宏敢言之,謹移所自占書功勞墨將名籍一編,敢言之。(《新》EPT5.1)

(2)書功勞墨將名籍一編,敢言之。(《新》ESC73)

(3)功墨將名籍一編,謁上都尉☑。(《新》EPT56.262)

(4)☑墨將名籍一編。(《新》EPT5.74)

(5)☑敢言之,謹移功勞墨將名籍。(《金(叁)》73EJT26:235)

(6)初元三年十月壬子朔辛巳,甲渠士吏强敢言之。謹移所自占書功勞墨將名籍一編,敢言之。(《居》282.7)

(7)墨將名籍一編,敢☑。(《居》430.5)

(8)☑自占書功勞墨將□□上□☑。(《居》227.7)

“墨將”即“墨狀”。“墨將”一詞,又見於傳世文獻,《論衡·謝短篇》:“吏上功曰伐閱,名籍墨將,何指?”劉盼遂集解引唐蘭云:“將當爲狀,猶行狀也。今按《漢書·高祖紀》,詔‘詣相國府,署行、義、年’。蘇林注曰:‘行狀年紀也。’知漢時考吏有行狀之制也。”可見“墨將”指官吏的履歷,是漢代考察官吏的憑據。例(1)“自占”義爲自行估計。“自占書功勞墨將名籍”指自行估計、書寫功勞及行狀的名册。以上所引諸例是官吏自報功勞履歷的文書。

"將""狀"通假,其他文獻可見,詳見上引《論衡·謝短篇》。

## 358 臧—贓(zāng,精母陽部。雙聲叠韵)

"臧",奴隸。《方言》卷三:"臧,奴婢賤稱也。荊、淮、海、岱、雜齊之間,駡奴曰臧。""贓",贓物。《正字通·貝部》:"贓,盗所取物。凡非理所得財賄皆曰贓。"

(1)建武三年十二月癸丑朔戊辰,都鄉嗇夫宫,以廷所移甲渠候書召恩詣鄉,先以證財物故不以實,臧五百以上,辤以定滿三日而不更言請者;以辤所出入罪反罪之律辨告,乃爰書驗問。(《新》EPF22.21)

(2)書曰:大昌里男子張宗責居延甲渠收虜隊長趙宣馬錢少四千九百二十,將召宣詣官,先以證財物故不實,臧二百五十以上,辭已定,滿三日而不更。(《居》229.1,229.2)

(3)私從者茂陵嘉平里丘醜羊二頭=二百九十,案害從臧五百以上,真臧已具,主。(《敦》788)

(4)☐買而責=而不言,證財物故不以實,臧二百五☐。(《新》EPT54.9)

(5)行言者,若許及受賕以枉法,皆坐臧爲盗,没入□□。行言者,本行職者也,□☐。(《敦》1875)

例(1)至(4)"臧五百以上""臧二百五十以上"指贓物五百以上或二百五十以上。此爲漢代司法術語,完整的表達應該是:先以證財物故不以實,臧五百以上,辭以定,滿三日而不更言請者,以辭所出入罪反罪之律辨告。大意爲:在財物方面誣陷别人,説别人有五百錢以上的問題,辭定以後,滿三日不改變原辭,就要按照他所誣告人的罪來處理他自己。[①]例(5)"若許及受賕以枉法,皆坐臧爲盗"指賄賂他人或收受他人賄賂,都按其贓值,論爲盗竊罪。此條法令亦見於《張家山漢簡·

① 裘錫圭:《新發現的居延漢簡的幾個問題》,載《裘錫圭學術文集·簡牘帛書卷》,復旦大學出版社,2012,第32頁。

二年律令》:“受賕以枉法,及行賕者,皆坐其臧爲盜。罪重於盜者,以重者論之。”

亦可寫作“藏”,詳見“361藏—贓”組。

“臧”“贓”通假,其他文獻可見。《方言》卷十三:“賦,臧也。”戴震疏證:“臧、贓古通用。”

## 359 臧—藏(臧zāng,精母陽部;藏cáng,從母陽部。聲近韻同)

“臧”,奴隸。《方言》卷三:“臧,奴婢賤稱也。荊、淮、海、岱、雜齊之間,駡奴曰臧。”“藏”,①收藏、儲藏。《易·繫辭上》:“慢藏誨盜。”②隱匿。《玉篇·艸部》:“藏,隱匿也。”

(1)更始二年正月丙午朔庚申,令史□敢言之,迺己未直符,謹行視諸臧内,户封皆完。時毋水、火、盜賊發者。即日付令史嚴。敢言之。(《新》EPT48.132)

(2)建平三年七月己酉朔甲戌,尉史宗敢言之,迺直符一日一夜,謹行視錢財物臧内,户封皆完,毋盜賊發者。即日平旦,付令史宗,敢言之。(《新》EPT65.398)

(3)☐□謹案户籍臧鄉官者,方毋官獄徵事,非亡人命☐。(《金(壹)》73EJT9:35)

(4)取傳。謹案:户籍臧官者,野臣,爵大夫,年十九,毋官獄徵事,當得以令取傳謁移過所,津關毋。(《金(叁)》73EJT26:87)

(5)同珍户籍臧鄉,名籍如牒,毋官獄徵事,當得以令取致☐。(《居》81.10)

(6)等,兵簿臧鄉官者,皆毋官獄徵事,當得取傳謁言廷移過所,縣邑門亭。(《金(叁)》73EJT30:11)

(7)☐人也。褒曰:槖他亡卒黨君政謂褒:欲臧匿汝,使牧牛馬可不?褒☐。(《居》505.35)

例(1)至(6)“臧(藏)”義收藏、儲藏。例(7)“臧(藏)”義藏匿。

可徑用本字,作“藏”,如:

(8)☐傳謹案户籍藏☐官者☐☐☐☐☐☐。(《金(壹)》73EJT8:110)

(9)秩名九服依倚稟黠吏民間竊藏匿吏☐。(《金(壹)》73EJT10:367A)

"臧""藏"通假,其他文獻可見。《墨子·耕柱》:"不舉而自臧。"孫詒讓閒詁:"畢云:玉海引作藏。"《楚辭·天問》:"曜靈安臧。"朱熹集注:"臧,與藏同。"《漢書·禮樂志》:"臧於理官。"顔師古注:"古書懷藏之字本皆作臧。"

## 360　臧—臟(臧 zāng,精母陽部;臟 zàng,從母陽部。聲近韵同)

"臧",奴隸。《方言》卷三:"臧,奴婢賤稱也。荆、淮、海、岱、雜齊之間,罵奴曰臧。""臟",内臟。《集韵·宕韵》:"臟,腑也。"

馬,驪,乘,齒十六歲,攙右耳,決有鼻,已收頭、革、齒、耳、臧。(《新》EPT59.81)

此簡爲馬名籍,記録了馬的一些特征及死後身體部位的回收情況。

"臧""臟"通假,其他文獻可見。《資治通鑑·漢紀三十》:"量度五臧。"胡三省注:"臧,讀曰臟。"

## 361　藏—贓(藏 cáng,從母陽部;贓 zāng,精母陽部。聲近韵同)

"藏",收藏、儲藏。《易·繫辭上》:"慢藏誨盜。""贓",贓物。《正字通·貝部》:"贓,盜所取物。凡非理所得財賄皆曰贓。"

放又不以死駒付永₌不當負駒。放以縣官馬擅自假借,坐藏爲盜。請行法。(《新》EPT22.200)

"坐藏爲盜"即"坐贓爲盜。"

亦可寫作"臧",詳見"358臧—贓"組。

## 362 薔—牆(qiáng,從母陽部。雙聲疊韵)

"薔",薔薇的苗。《説文·艸部》:"薔,薔靡,虋冬也。""牆",圍墻。《説文·嗇部》:"牆,垣蔽也。"

謂垣薔□⊡。(《懸·四時月令詔條》35行)

"垣"亦義爲牆,"垣薔"即"垣牆",兩者同義連用。

"薔""牆"通假,其他文獻可見。朱駿聲《説文通訓定聲·壯部》:"薔,(叚借)爲牆。"《論語·子張》:"子貢曰:'譬之宫牆,賜之牆也及肩。'"阮元校勘記:"漢石經作'辟諸宫薔。'"

## 363 相—箱(相xiàng,心母陽部;箱xiāng,心母陽部。雙聲疊韵)

"相",省視、察看。《説文·目部》:"相,省視也。""箱",車箱。《説文·竹部》:"箱,大車牝服也。"段玉裁注:"箱,即謂大車之輿也。"

(1)方相車一乘,騩牡馬一匹,齒十四歲,高六尺。(《金(壹)》73EJT9:95)

(2)河南郡雒陽樂歲里公乘蘇之,年廿六,長七尺二寸,黑色,弓一矢十二,乘方相一乘,馬騩牡齒十歲,九月甲辰出。(《金(叁)》73EJT30:266)

(3)河内温中侍里汪罷軍,年卅八,字君長,乘方相車,驪牡馬一匹,齒十五,八月辛卯入。(《金(叁)》73EJT26:35)

(4)入方相一乘,駹牡馬一匹,齒八歲,子贛。(《居》43.9)

“方相”即“方箱”，指方形的車箱。勞榦先生認爲：“方相車即方箱車。方箱車，車之簡陋者，軺車之箱謂之輿，惟牛車之箱始謂之箱。”[①]

可徑用本字，“箱”，如：

（5）方箱車一乘，騂牡馬一匹，齒☑。（《金（壹）》73EJT10:151）

（6）☑方箱一乘，騩駮牝馬一匹，齒八，字子惠。（《金（壹）》73EJT10:262）

（7）方箱車一，乘馬一匹，騂，牝，齒十歲，高六尺二寸。（《金（叁）》73EJT30:20）

“相”“箱”通假，其他文獻可見。《廣雅·釋器》：“轓，箱也。”王念孫疏證：“箱之言輔相也。篋謂之箱，太室兩夾謂之廂，車兩轓謂之箱，其義一也。”

## 364　翔—詳（xiáng，邪母陽部。雙聲疊韵）

“翔”，飛翔。《説文·羽部》：“翔，回飛也。”“詳”，詳盡、詳細。《説文·言部》：“詳，審議也。”“詳”本義審察、審理，引申爲“詳盡、詳細”義。

教。令翔思念，如實事具白☑。（《新》EPT4.6）

“思念”義回憶。簡文大意爲：令詳細回憶，據實回報。

“翔”“詳”通假，其他文獻可見。朱駿聲《説文通訓定聲·壯部》：“翔，（叚借）爲詳。”《廿二史考异·史記四·孔子世家》：“趨詳之節。”錢大昕按：“詳，與翔同。”又《三國志一·武帝紀》：“東平吕曠吕詳叛尚。”錢大昕按：“袁紹傳詳作翔。”

---

① 勞榦：《居延漢簡考證》，載《居延漢簡考釋之部》，台灣中研院歷史語言研究所專刊之四十，1960，第20頁。

## 365　詳—佯(詳xiáng,邪母陽部;佯yáng,餘母陽部。聲遠韻同)

"詳",審察、審理。《説文·言部》:"詳,審議也。""詐",假裝。《玉篇·人部》:"佯,詐也。"

(1)叩頭立在於拘吏以故不往記叩₌頭₌,且爲餘寒自愛,詳忍下愚,有可使告記。(《金(伍)》73EJF3:430B+263B)

"詳忍"即"佯忍"。"詳忍下愚"指佯裝忍耐極其愚蠢的人。

屯戍簡書信中,常見勸告收信人忍耐小人愚人一類的話語,多用"寬忍"一詞,如:

(2)春時風氣不和,來卿叩頭,唯丈人慎衣,數進酒食,寬忍小人愚者。(《敦》779)

(3)將侍,近衣幸酒食,明察蓬火事,寬忍小人,毋行庶汝,時幸甚₌。(《敦》1448)

(4)☐寬忍愚小人細。(《敦》661)

(5)□□寬忍文大夫過失,令愚者☐。(《額》2000ES7SH1:6A)

亦可用"愛忍","愛"通"薆",詳見"517愛—薆"組。"薆忍"與"佯忍"意義相近。

"詳""佯"通假,其他文獻可見。《楚辭·天問》:"箕子佯狂。"洪興祖補注:"詳,與佯同。"

## 366　詳—庠(xiáng,邪母陽部。雙聲叠韻)

"詳",審察、審理。《説文·言部》:"詳,審議也。""庠",教養、教導。《廣雅·釋詁一》:"庠,養也。"

之。故建明堂，立辟雍，設學校，詳序之。官興禮樂，以風天下。諸生庶民，翕然響應，不將自時，不召自來。（《敦》481A）

“詳序”即庠序，指學校。《敦煌馬圈灣漢簡集釋》：“詳序，即庠序，地方開辦的學校，與天子的辟雍、諸侯的泮宫等形成不同等級的教化之所。《孟子·梁惠王上》：‘謹庠序之教。’注曰：‘庠序者教化之宫也。殷曰序，周曰庠。’”“詳序”之後接賓語“之”，可知“詳序”在簡文中爲動詞。

“詳”“庠”通假，其他文獻可見。玄應《一切經音義》卷九“庠序”注引《白虎通》：“庠之言詳也，以詳禮儀之所也。”《史記·儒林列傳》：“周曰庠。”張守節正義：“庠，詳也。”

## 367　詳—祥（xiáng，邪母陽部。雙聲叠韵）

“詳”，審察、審理。《説文·言部》：“詳，審議也。”“祥”，吉祥。《説文·示部》：“祥，福也。”

官屬，官屬明詔有驩欣嘉詳吉事，賞賜未尚不蒙恩也，恩德固可毋報哉？臣子之職寧可廢耶！（《新》EPT59.9A）

“嘉詳”即“嘉祥”，義祥瑞。

亦可寫作“羊”，詳見“337 羊—祥”組。

“詳”“祥”通假，其他文獻可見。《墨子·迎敵祠》：“不脩義詳。”孫詒讓閒詁引畢云：“詳、祥同。”《荀子·成相》：“百家之説誠不詳。”楊倞注：“詳，或爲祥。”又《修身》：“則可謂不詳少者矣。”楊倞注：“詳，當爲祥。”

## 368　莊—裝(zhuāng,莊母陽部。雙聲疊韵)

“莊”,草盛貌。《玉篇·艸部》:“莊,草盛皃。”“裝”,往衣服中間加絮。《説文·衣部》:“裝,裹也。”段玉裁注:“束其外曰裝,故著絮於衣亦曰裝。”“裝”亦爲西北方言詞,今甘肅方言稱製棉衣爲“裝棉衣”,即在棉衣的夾層中裝入棉花。

(1)出穀十六石五斗五升,布買絳。出穀三石三斗,買□三斤,莊繻。出穀三石五斗,買履一兩。(《新》EPT65.330A)

“繻”通“襦”,“莊繻”即“裝襦”,指往襦中間裝入絮。

可徑用本字,作“裝”,如:

(2)第五隧卒馬赦貰賣莞縷袍縣絮裝,直千二百五十,第六隧長王常利所。今比平予赦錢六百。(《新》EPT56.17)

(3)☐自言迺十二月貰賣菅草袍一領橐絮裝,賈錢八。觻得壽貴里李長君所任者執適隧長。(《金(叁)》73EJT26:54)

亦可寫作“䒦”,“䒦”爲“裝”之异體。《字彙·衣部》:“裝,側霜切,音莊,齎也,裹也。”下出“𧙕”字,云:“同上。”《正字通·衣部》:“𧙕,與裝同。”屯戍簡中“艹”與“亠”往往相混,如“襄”亦寫作“蘘”。則“䒦”即“𧙕”,均爲“裝”之异體,指加絮於衣。如:

(4)第八隧卒,魏郡内黄右部里王廣,貰賣莞皁絝橐絮䒦一兩,直二百七十,已得二百,少七十,遮虜辟衣功所。(《新》EPT51.125)

亦可寫作“壯”,詳見“369 壯—裝”組。

“莊”“裝”通假,其他文獻可見。《廣雅·釋詁二》:“妝,飾也。”王念孫疏證:“娤、妝、裝、莊並通。”

## 369　壯—裝(壯zhuàng,莊母陽部;裝zhuāng,莊母陽部。雙聲疊韵)

“壯”,高大。《説文·士部》:“壯,大也。”“裝”,往衣服中間加絮。《説文·衣部》:“裝,裹也。”段玉裁注:“束其外曰裝,故著絮於衣亦曰裝。”“裝”亦爲西北方言詞,今甘肅方言稱製棉衣爲“裝棉衣”,即在棉衣的夾層中裝入棉花。

☐貰賣雒阜復袍縣絮壯一領,直若干千。觻得☐。(《新》EPT56.208)

“雒阜復袍縣絮壯”指中間裝有縣絮的黑色棉袍。

可徑用本字,作“裝”,詳見“368莊—裝”組。

亦可寫作“莊”,詳見“368莊—裝”組。

“壯”“裝”通假,其他文獻可見。《讀書雜志·餘編下·文選》:“《長笛賦》:‘中息更裝。’”王念孫按:“裝讀爲壯。壯,盛也。”

## 370　壯—狀(壯zhuàng,莊母陽部;狀zhuàng,崇母陽部。聲近韵同)

“壯”,高大。《説文·士部》:“壯,大也。”“狀”,形狀。《説文·犬部》:“狀,犬形也。”段玉裁注:“引申爲形狀。”本義犬形,引申爲形狀。

(1)循客,令居趙放,字子阿,年卌所,爲人中壯、黄色、毋須。(《敦》538)

(2)望幸苑髡鉗釱左右止,大奴馮宣年廿七、八歲,中壯,髮長五、六寸,青黑色,毋須,衣阜袍、白布絝,履白革舄,持。(《居》40.1)

(3)時年可廿三四歲至今年可六十所,爲人中壯,黄色,小頭,黑髮,隋面,拘頤,常戚,頟胊,頰狀,身小,長詐廄,少言書到二千石遣毋害都吏。(《金(壹)》73EJT1:1)

(4)興客,不審郡、縣、姓,名習、字子嚴,年卅所,爲人短壯、黄色、毋須、短面。(《敦》683)

“中壯”即“中狀”，指中等體型。“短壯”，亦指小狀，指小的體型。

亦可徑用本字，作“狀”，如：

(5)賽，字子功，年五十六，大狀，黑色，美須，建昭二年八月庚辰亡。(《居》157.24A)

(6)☐宗室，安衆侯國男子劉守，年卅四，字進君。長七尺二寸，爲人中狀，黑色，圓面。初亡時，衣白布單衣，組布，步行。(《新》ESC9A)

(7)酺大奴宜，長六尺。爲人小狀，黑色，毋須。衣白布單衣、繻、絝，步行。(《新》ESC11A)

“大狀”指高大體型。

“狀”“壯”通假，其他文獻可見。《周禮·考工記·桌氏》：“凡鑄金之狀。”鄭玄注：“故書狀作壯，杜子春云當爲狀，謂鑄金之形狀。”《史記·秦本紀》：“蜀相壯殺蜀侯來降。”裴駰集解引徐廣曰：“壯，一作狀。”

## 371　創—瘡(chuāng，初母陽部。雙聲疊韵)

“創”，創傷。《説文·刃部》：“办，傷也。从刃，从一。創，或从刀，倉聲。”“瘡”，瘡癤、潰瘍。《集韵·唐韵》：“瘡，瘍也。”

⋯創□日□□□□□□□旦以湯器置阬下，令。

湯氣上勳創中。三、四日，復用一分。(《新》EPT50.26)

“阬”爲“坑”之异體。《玉篇·阜部》：“阬，亦作坑。”“湯”爲中藥湯劑。“旦以湯器置阬下”指早晨將裝有中藥湯劑的器皿放在坑中。“湯氣上勳創中”指用中藥湯劑的熱氣向上熏蒸瘡癤。所以，可推測此瘡癤應該是痔瘡。

“創”“瘡”通假，其他文獻可見。慧琳《一切經音義》卷四十四“創疣”注引《考聲》：“創，瘡痍也，或作瘡。”《史記·齊太公世家》：“茀示之創乃信之。”張守節正義:“創,音瘡。”又《伍子胥列傳》:“闔廬病創將死。”司馬貞索隱:“創,音瘡。”又《龜策列傳》:“必制其創。”張守節正義:“創,音瘡。”

## 372　放—倣(放fàng,幫母陽部;倣fǎng,幫母陽部。雙聲疊韵)

“放”,驅逐、流放。《説文·放部》:“放,逐也。”“倣”,仿效、效法。《玉篇·人部》:“倣,學也。”又作“仿”,朱駿聲《説文通訓定聲·壯部》:“仿,俗亦作倣,經傳放效字皆以放爲之。”

(1)☐後夫以故相放效☐。(《新》EPT5.118)

(2)☐曰:吏卒更寫爲蓬火圖板,皆放辟非隊,書佐壹手☐。(《居》199.3A)

例(1)“放效”即“倣效”,義仿效、效法。例(2)“皆放辟非隊”指皆效仿辟非隧。

“放”“倣(仿)”通假,其他文獻可見。朱駿聲《説文通訓定聲·壯部》:“放,(叚借)又爲仿。”《墨子·法儀》:“放依以從事。”孫詒讓閒詁引畢云:“放與仿同。”《資治通鑑·漢紀十二》:“人所齎操大放博望侯時。”胡三省注:“放,讀曰倣。”

## 373　旁—方(旁páng,並母陽部;方fāng,幫母陽部。聲近韵同)

“旁”,廣泛、普遍。《説文·上部》:“旁,溥也。”“方”,併,一共。《諸子平議·莊子二》:“方陳乎前而不得入其舍。”俞樾按:“方者,並也。方之本義爲兩舟相併,故方有並義。”

(1)責卌,故入七十錢,輒食虜☐人輩長孫、張買、駱子公,載酒旁二斗。(《敦》846B)

(2)☐置長樂里晏奴田卅五伋,賈錢九百,錢畢已,丈田即不足,計伋數環錢,旁人淳于次孺、王兄、鄭少卿,古酒旁二斗,皆飲古☐。(《居》557.4A)

(3)☐□知券齒，古酒旁二斗。(《金(叁)》73EJT27:4)

(4)正月，責付□□十，時在旁，候史長子仲、戍卒杜忠知券□，沽旁二斗。(《敦》1708B)

(5)☐□□□□□□券約，沽酒旁二斗☐。(《居》564.7)

(6)沽酒旁二斗。(《敦》2418B)

(7)☐□券約，沽酒旁二斗。(《金(貳)》73EJT24:275B)

(8)☐有識車者歸錢取車，沽酒旁二斗，王宣知☐。(《金(肆)》73EJH1:29)

例(1)“旁”，《敦煌馬圈灣漢簡集釋》原釋爲“膚”，圖版作，當釋爲“旁”。①“酒旁二斗”即“酒方二斗”，指飲酒共二斗。例(1)“載”義攜帶。例(2)(3)“古”通“酤”，義買酒。後5例“沽”通“酤”，義買酒。

屯戍簡中，“酒旁二斗”凡8見(見上文所引)，除一簡殘斷(見第6例)不明上下文語境之外，其餘7簡都與買賣、討債有關。可能當時有買賣交易，便會飲酒，飲酒的量爲“二斗”。若以東漢1斗=2000毫升，進行换算，二斗即4000毫升。

亦可寫作“彭”，詳見“375彭—方”組。

“旁”“方”通假，其他文獻可見。《廣雅·釋詁二》：“旁，廣也。”王念孫疏證：“旁，古通作方。”《莊子·人間世》：“其可以爲舟者旁十數。”俞樾《諸子平議》：“旁讀爲方，古字通用。”《儀禮·士喪禮》：“牢中旁寸。”鄭玄注：“今文旁爲方。”

## 374　旁—傍(旁páng，並母陽部；傍bàng，並母陽部。雙聲疊韵)

“旁”，廣泛、普遍。《説文·上部》：“旁，溥也。”“傍”，靠近，依傍。《説文·人部》：“傍，近也。”

☐追逐器物，盡壬子積六日。即日嚴持絳單衣、甲帶、旁橐、刺馬刀，凡四物，其昏時到部。嚴期一日還。(《新》EPT59.2)

① 張麗萍、張顯成：《〈敦煌馬圈灣漢簡集釋〉釋讀訂誤》，載《簡帛》(第14輯)，上海古籍出版社，2017，第180—181頁。

“旁橐”即“傍橐”，指側在腰間的囊。“旁橐”亦見於《鳳凰山漢簡》47與《尹灣漢簡》YM6D13正·2。

“旁”“傍”通假，其他文獻可見。《説文·人部》：“傍，近也。”段玉裁注：“亦假旁爲之。”朱駿聲《説文通訓定聲·壯部》：“旁，(叚借)爲傍。”

## 375 彭—方(彭péng，並母陽部；方fāng，幫母陽部。聲近韵同)

“彭”，象聲詞。《説文·壴部》：“彭，鼓聲也。”“方”，並，一共。《諸子平議·莊子二》：“方陳乎前而不得入其舍。”俞樾按：“方者，並也。方之本義爲兩舟相併，故方有並義。”

☐□七百五十襌衣，直二百卌，約至五月畢已，延陵中倩任，故酒彭二斗。(《金(叁)》73EJT28:17)

“襌”義蔽膝。《方言》卷四：“蔽厀，江淮之間謂之襌，或謂之祓，魏、宋、南楚之間謂之大巾，自關東西謂之蔽厀，齊魯之郊謂之袡。”“畢已”義完畢。“延陵”爲古邑名，在今江蘇常州市。“中倩”爲人名，“中”爲姓氏，“任”義担保，“故”通“酤”，義買酒。簡文大意爲：買賣“襌衣”，值二百四十，約定至五月付清。延陵中倩担保，買酒共二斗。

亦可寫作“旁”，則“彭二斗”又作“旁二斗”，詳見“373旁—方”組。

“彭”“方”通假，其他文獻不見。但“彭”可與“旁”通假，如《墨子·備穴》：“若彭有水濁非常者。”孫詒讓閒詁引王念孫云：“彭與旁通。”《韓非子·説林上》：“彭喜謂鄭君曰。”王先慎集解引顧廣圻：“彭、旁同字。”“旁”从“方”得聲，可推知“彭”“方”二字可通假。

## 376　盲—寅(盲máng,明母陽部;寅méng,明母陽部。雙聲疊韵)

"盲",眼睛失明。《説文·目部》:"盲,目無牟子。""寅",即寅矢,指短矢。《方言》卷九:"凡箭簇胡合贏者,四鐮或曰拘腸;三鐮者謂之羊頭……其鐮長六尺者謂之飛寅。"錢繹箋疏:"若作六尺則今尺爲三尺九寸,斷乎無此長也。作尺六,今尺得一尺四分,或疑爲太短。然《墨子·備穴篇》云:'次者爲短矛、短戟、短弩、寅矢,則自足穴。'矛戟與弩並言短,矢獨稱寅矢,則寅矢本爲短矢明矣。""寅"又作"蝱",即虻。《説文·䖵部》:"蝱,齧人飛蟲。"《類篇·虫部》:"虻,齧人飛蟲。"慧琳《一切經音義》卷三"蚊蝱"注引《聲類》云:"蝱,蚊蚋之屬,似蠅而大。""寅"蓋有較强的螫刺能力,故箭又稱寅矢,此"寅矢"得名之由。

(1)赤弩一張,力四石五,木破,起繁往往絶。盲矢銅鍭箭五十枚。磑一合,敝盡不任用。(《居》128.1)

可徑用本字,作"寅",如:

(2)寅矢十,羽幣,補不事用,已作治成。(《居》58.3)

(3)寅矢千二百,其卌呼晔。(《居》75.17)

據初步統計,屯戍簡中"矢"的種類有15種之多,分以下四組來説明:

第一組:寅矢、稾寅矢、稾寅矢銅鍭、盲(寅)矢銅鍭箭、陷堅寅矢。

"寅矢",指箭簇有三個棱角的短矢;"稾寅矢"説明箭杆由禾秆製成;"銅鍭"説明其箭簇銅製;"陷堅"説明其尖鋭、穿透力强。

第二組:稾矢、陷堅稾矢、稾矢銅鍭、雕(彫)郭稾矢銅鍭、陷堅稾矢銅鍭。

稾矢即蒿矢,箭杆由禾秆製成的矢。《後漢書·儒林傳上·劉昆》:"每春秋饗射,常備列典儀,以素木瓠葉爲俎豆,桑弧蒿矢,以射菟首。""雕(彫)郭"説明箭杆有彩繪文飾。

第三組:陷堅羊頭銅鍭箭。

“羊頭”指三棱形的箭鏃,因鏃身正視似羊頭而得名。“陝西省西安市漢長安城武庫遺址中曾出土一種適合鍛打的三棱鐵鏃,呈三角錐狀,其鏃身有的正視頗似羊頭。”①

第四組:雕(彫)郭矢、白巠(莖)矢、畫方矢。

“白巠(莖)矢”指箭杆爲白色的矢。“畫方矢”疑爲有文飾的方哨箭。所謂方哨箭即響箭、鳴鏑,因箭鏃上加方形骨角哨,箭發則受風作聲而得名。《清會典圖·武備七》:“一曰方哨箭,角骹,長一寸五分,中微方而扁,環穿四孔,銜鐵鏃長二寸,闊如之,形如鈚,以射諸獸皆宜。”②

## 377 忘—妄(wàng,明母陽部。雙聲疊韻)

“忘”,忘記。《説文·心部》:“忘,不識也。”“妄”,胡亂、隨意。《説文·女部》:“妄,亂也。”

(1)任小吏,忘爲中程,甚毋狀,方議罰。檄到,各相與邸校,定吏當坐者,言須行法。(《居》55.13,224.14,224.15)

(2)▨愚戇,觸諱忘言,頓首▨。(《居》387.22,407.4)

(3)時天風夜出疑爲□等恐忘言。檄到,□等各鄣迹部中得迹。(《居》84.29)

(4)日不顯目兮黑雲多,月不可視兮風非沙。從恣蒙水誠江河,州流灌注兮轉揚波。辟柱槙到忘相加,天門俫小路彭池。無因以上如之何,興章教海兮誠難過。(《敦》2253)

例(1)“忘爲中程”即“妄爲中程”,指隨意認爲符合期限。例(2)(3)“忘言”即“妄言”,義胡説。例(4)“忘相加”即“妄相加”,指胡亂疊加。“辟”義邪僻。“辟柱”即邪曲不端的柱子。“槙”爲“顛”之异體,“到”通“倒”,義爲顛倒、倒置。“天門”指天庭之門。“俫”是“俠”字的漢隸俗別字,通“狹”,義爲狹小。“彭池”即“滂沱”,義由高到低傾斜而下,詩中形容山路之高峻險阻。“辟柱槙到忘相加、天門俫小路彭池”

① 陸錫興:《中國古代器物大詞典·兵器、刑具》,河北教育出版社,2004,第403頁。

② 陸錫興:《中國古代器物大詞典·兵器、刑具》,河北教育出版社,2004,第94頁。

大意爲：邪曲不端的柱子已倒置還在隨意疊加，天庭之門狹小路途險阻。此兩句詩暗喻柱子本已邪曲不端，又被隨意疊加，已經岌岌可危了，想上告天庭，但天庭之門狹小、加上路途險阻，上告無門。簡文大意詳見“007海—誨”組。

“忘”“妄”通假，其他文獻可見。《墨子·大取》：“立辭而不明於其所生忘也。”孫詒讓閒詁引顧云：“忘，當爲妄。”《莊子·盜跖》：“故推正不忘邪。”陸德明釋文：“忘，或作妄。”《韓非子·解老》：“前識者無緣而忘意度也。”王先慎集解：“忘，與妄通。”《讀書雜志·荀子第八·賦》：“韓子解老篇：無緣而忘意度也。”王念孫按王引之曰：“忘，與妄同。”

# 支部通假字匯釋

## 378　桂—䂓(桂 guì,見母支部;䂓kuī,溪母支部。聲近韵同)

“桂”,木名。《説文·木部》:“桂,江南木,百藥之長。”“䂓”,盾的手握之處。《説文·盾部》:“䂓,盾握也。”段玉裁注 :“䂓,人所握処也。”

戍卒河東郡汾陰宜都里杜充,所假姑臧赤盾一,桂兩端小傷各一所。(《敦》1730)

“桂兩端小傷各一所”,指盾的手握之處的兩端各有一塊損傷。

## 379　刲—圭(刲 kuī,溪母支部;圭 guī,見母支部。聲近韵同)

“刲”,刺殺。《説文·刀部》:“刲,刺也。”“圭”,即刀圭,中藥量器名。《本草綱目·序例》引陶弘景《名醫别録·合藥分劑法則》:“凡散云刀圭者,十分方寸匕之一,准如梧桐子大也……一撮者,四刀圭也。”[①]羅振玉、王國維先生《流沙墜簡·小學數術方技書考釋》:“古醫方傳世最古者爲傷寒金匱諸方,凡言藥劑皆以兩計,其分兩同者則曰等分,其散藥則言方寸匕,今簡中諸方皆言幾分,其義與等分之分同,非謂兩以下之幾錢幾分,蓋漢以前兩以下但云銖,不云錢與分也。”[②]陳邦懷先生《居延漢簡考略》:“古醫方所言方寸匕,即‘傷寒四物’簡所云‘刀圭’也。”[③]

① 李時珍:《本草綱目》,劉衡如、劉山永校注,華夏出版社,2008,第41頁。

② 羅振玉、王國維:《流沙墜簡》,中華書局,1993,第97頁。

③ 陳邦懷:《居延漢簡考略》,《歷史教學》1964年第2期。

傷寒四物：烏喙十分，朮十分，細辛六分，桂四分。以温湯飲一刀封，日三，夜再，行解，不出汗。(《居》89.20)

此簡爲藥方。“刀封”即“刀圭”。

## 380 奚—係(奚 xī，匣母支部；係 xì，見母支部。聲近韵同)

“奚”，罪奴[1]。《周禮·天官·序官》：“奚三百人。”鄭玄注：“古者從坐，男女没入縣官爲奴，其少才知以爲奚。”“係”，拴結、捆綁。《説文·人部》：“係，絜束也。”段玉裁注：“絜束者，圍而束之。……俗通用繫，許謂繫褫。”

溔不可上下，連梃庤解，□多隨折，長斧椎皆榣，棓哷呼，稡色不鮮明，奚索幣絶，弩長臂曲戾不可。(《居》127.24)

“奚索”即“係索”“繫索”，指捆綁用的繩索。“溔”即“烽”。“連梃”指連棒，一種打擊兵器。“庤”通“坼”，“解”通“懈”，“庤解”即坼懈，義開裂鬆懈。“隨”通“墮”，“墮折”義墜落折斷。“榣”同“摇”，義動摇。“棓”義爲“棒”。“哷”通“坼”，“呼”通“罅”，“坼罅”義破裂、裂縫。“幣”通“敝”，“敝絶”義破裂斷絶。“曲戾”即彎曲。簡文大意爲：烽火不可上下(烽火藉助桔槔或轆轤上下)，連棒裂開鬆懈，□多墮落折斷，長斧長椎的木柄皆動摇，棓開裂，稡色不鮮明，捆綁用的繩子破裂斷絶，弩長臂彎曲。“稡色”義不明，待考。

“奚”“係”通假，其他文獻可見。《馬王堆漢墓帛書·老子甲本》卷後古佚書《明君》：“係婢衣錦繡，戰士衣大布而不完。”“係”讀爲“奚”，指奴隸。

---

① 李學勤:《字源》，天津古籍出版社、遼寧人民出版社，2012，第919頁。季旭昇:《説文新證》，藝文印書館，2014，第781頁。

## 381 奊—謑(奊xié,匣母支部;謑xǐ,匣母支部。雙聲叠韵)

“奊”,頭不正貌。《説文·夨部》:“奊,頭衺骫奊態也。”段玉裁注:“奊,頭衺者,頭不正;骫奊者,頭不正之皃也。”“謑”,怒罵。《廣韵·卦韵》:“謑,怒言。”又《禡韵》:“謑,怒言。”

賊律:毆親父母及同産,耐爲司寇,作如司寇。其奊訽詈之,罰金一斤。(《懸》Ⅱ0115③:421)

“訽”通“詬”,義怒罵。“奊訽詈”即“謑詬詈”,指怒罵、辱罵。“耐”即“耏”,剃除鬢須的一種刑罰。“司”通“伺”。“司寇”指罰往邊地戍守防敵的刑罰名。簡文大意爲:毆打父母及父母的兄弟姐妹,要受耏刑,罰爲司寇。詬罵父母及父母的兄弟姐妹,罰金一斤。

“奊”“謑”通假,其他文獻可見。《廣雅·釋詁四》:“謑詬,恥也。”王念孫疏證:“(謑、譔、奊),並字异而義同。”段玉裁《説文解字注·夨部》“奊”字注:“賈誼傳:奊詬無節。叚奊爲謑。”

## 382 鞮—兜(鞮dī,端母支部;兜dōu,端母侯部。聲同韵近)

“鞮”,皮鞋。《説文·革部》:“鞮,革履也。”“兜”,即兜鍪、頭盔。《説文·兜部》:“兜,兜鍪,首鎧也。”段玉裁注:“古謂之胄,漢謂之兜鍪。”唐慧琳《一切經音義》卷二十:“甲胄,《廣雅》:‘胄,兜鍪也’,中國行此音;亦言鞮鍪,江南行此音。”

(1)甲、鞮瞀、蘭、服,綻者,輒逢,絶爲縹帶,負索,毋令有舉。(《敦》1725)

(2)第十五隧長李嚴,鐵鞮瞀二,中毋絮,今已裝。(《居》3.26)

(3)革甲、鞮瞀,各一。(《居》14.2)

(4)鞮瞀十二,絛毋組。十一,空,毋章絞。毋絳,毋四緤。(《居》14.23)

（5）革甲、鞮瞀各四。（《居》99.1）

（6）鎧甲鞮瞀。（《居》182.6）

（7）革甲鞮瞀各一。（《地》86EDHT:14）

“鞮瞀”即“兜鍪”。

亦可寫作“鍉”，詳見“385 鍉—兜”組。

亦可寫作“是”，詳見“389 是—兜”組。

“鞮”“兜”通假，其他文獻可見。《漢書·韓延壽傳》：“被甲鞮鞪居馬上。”顔師古注：“鞮鞪，即兜鍪也。”《讀書雜志·墨子第五·備水》：“人擅有方劍甲鞮瞀。”王引之按：“鞮瞀，即兜瞀也。”“鞮瞀”“鞮鞪”“兜瞀”“兜鍪”均爲一詞之异寫。

## 383　鍉—堤（dī，端母支部。雙聲叠韵）

“鍉”，歃血器。《廣韵·齊韵》：“鍉，歃血器。”“堤”，瓶甌的底座。桂馥《説文義證·土部》：“堤與底義同。”

故釜一口，鍉有錮，口呼長五寸。（《居》128.1）

“錮”義用金屬溶液填塞空隙。《説文·金部》：“錮，鑄塞也。”“呼”通“罅”，義裂開。簡文大意爲：舊釜一口，底部用金屬溶液填補，填補之處裂口長五寸。

## 384　鍉—鏑（鍉 dī，端母支部；鏑 dí，端母錫部。聲同韵近）

“鍉”，歃血器。《廣韵·齊韵》：“鍉，歃血器。”“鏑”，箭鏃、箭頭。《説文·金部》：“鏑，矢鏠也。”段玉裁注：“謂矢族之入物者。”

戍卒劉倉，鍉矢二，藁□☐。（《金（叁）》73EJT24:716）

“鍉矢”即“鏑矢”。

“鍉”“鏑”通假，其他文獻可見。《集韵·錫韵》：“鏑，《説文》：‘矢鏠也。’通作鍉。”《漢書·陳勝項籍傳贊》：“銷鋒鍉。”顔師古注：“鍉，與鏑同，即箭簇也。”

## 385 鍉—兜（鍉 dī，端母支部；兜 dōu，端母侯部。聲同韵近）

“鍉”，歃血器。《廣韵·齊韵》：“鍉，歃血器。”“兜”，即兜鍪、頭盔。《説文·肉部》：“兜，兜鍪，首鎧也。”段玉裁注：“古謂之胄，漢謂之兜鍪。”唐慧琳《一切經音義》卷二十：“甲胄，《廣雅》：‘胄，兜鍪也’，中國行此音；亦言鞮鍪，江南行此音。”

（1）鐵鎧五，鐵鍉瞀五，六石具弩三，五石具弩一。（《新》EPT5.17）

（2）☐鐵鎧鍉瞀各三☐。（《新》EPT17.26）

（3）鐵鎧五，鐵鍉瞀五。（《新》EPT20.3）

（4）第九隊鎧、鍉瞀各一。（《新》EPT48.156）

（5）官弩一，箭二百。官鼓、戟、盾各一。官鎧、鍉瞀各一。□□箭各一。（《新》EPT49.13B）

“鍉瞀”即“兜鍪”。

亦可寫作“鞮”，詳見“382 鞮—兜”組。

亦可寫作“是”，詳見“389 是—兜”組。

## 386 緹—鞮（緹 tí，定母支部；鞮 dī，端母支部。聲近韵同）

“緹”，橘紅色的絲織品。《説文·糸部》：“緹，帛丹黄色。”“鞮”，皮鞋。《説文·革部》：“鞮，革履也。”

(1)羊皮裘一領,受都内。犬絑二兩。枲履一兩。革緹二兩。枲□二兩。(《新》EPT58.115)

“革緹”即“革鞮”,義皮鞋。

可徑用本字,作“鞮”,如:

(2)皁布複絝一兩。犬皮絑二兩,受都内。革鞮二兩。枲履一兩。(《新》EPT59.19)

(3)革鞮。(《金(叁)》73EJT32:39)

例(1)“革緹”即例(2)(3)“革鞮”。

## 387 麗—離(麗 lì,來母支部;離 lí,來母歌部。聲同韵遠)

“麗”,結伴而行。《説文·鹿部》:“麗,旅行也。鹿之性見食急則必旅行。”王筠句讀:“旅,俗作侶。”[①]“離”,分散、分離。《廣雅·釋詁三》:“離,散也。”疊音作“離離”,義爲分散的樣子。《楚辭·九歎·思古》:“曾哀悽欷,心離離兮。”王逸注:“離離,剥裂貌。”

(1)杜充,□刀一,完,鼻緣,刃麗厲不硜硜,神爵四年繕。盾一,完。元康三年,南陽工官造☑。(《敦》1566)

(2)□□,□刀一,完,鼻緣,刃麗厲不硜硜,神爵四年繕。盾一,完。神爵元年,寺工造。(《敦》1573)

“厲”通“裂”,義分散、分裂。“麗厲”即“離裂”,“離裂”同義連用。“鼻”義爲紐,指器物上用來穿係的孔。“緣”義爲纏繞。《爾雅·釋器》:“弓有緣者謂之弓。”郭璞注:

① 一説,“麗”本義爲“成對”,參見李學勤《字源》,天津古籍出版社、遼寧人民出版社,2012,第869頁。一説,“麗”疑爲某種大角鹿類動物。參見季旭昇:《説文新證》,藝文印書館,2014,第747頁。

“緣者,繳纏之,即今宛轉也。”邢昺疏引孫炎云:“緣謂繳束而漆之,無緣謂不以繳束骨飾兩頭者。”“鼻緣”蓋指刀柄鼻紐處用絲線纏繞加固。“硜”義爲堅固。《論語·子路》:“硜硜然小人哉。”朱熹集注:“硜,小石之堅確者。”《文選·范曄〈後漢書·逸民傳論〉》:“彼雖硜硜。”吕向注:“硜硜,堅勁貌。”“硁”字出現較晚,疑爲“硜”之誤釋,此二簡圖版不見,無法核查。“硜硁”疑即硜硜,指堅固的樣子。“□□□刀一,完,鼻緣,刀麗厲不硜硁,神爵四年繕”大意爲:刀一,完好,刀柄鼻紐處用絲綫纏繞加固,刀刃離散不堅固,神爵四年修繕。

“麗”“離”通假,其他文獻可見。《釋名·釋疾病》:“眸子明而不正曰通視,言通達目匡一方也。又謂之麗視。麗,離也,言一目視天,一目視地,目明分離,所視不同也。”

## 388 支—肢(zhī,章母支部。雙聲疊韵)

“支”,古“枝”字,枝条。《説文·支部》:“支,去竹之枝也。从手持半竹。”引申爲人的肢體,作“肢”。《廣韵·支韵》:“肢,肢體。”“肢”是爲表“支”之引申義所造的分化字。

(1)廣宗敢言之:迺甲寅病温,四支不舉,未。(《金(叁)》73EJT29:115A)

(2)☑傷汗,寒熱,頭恿。即日加煩懣,四支。(《新》EPT59.49A)

“四支”即“四肢”。“舉”義起,“四肢不舉”指四肢舉不起。

“支”“肢”通假,其他文獻可見。《墨子·脩身》:“暢之四支。”孫詒讓閒詁:“支,即肢之省。”《晏子春秋·内篇諫上》:“猶心之有四支。”孫星衍音義:“四支,韓詩外傳作肢。”

## 389 是—兜(是 shì,禪母支部;兜 dōu,端母侯部。聲近韻近)

“是”,正、直,與“曲”相對。《説文·是部》:“是,直也。”“兜”,即兜鍪,頭盔。《説文·肉部》:“兜,兜鍪,首鎧也。”段玉裁注:“冃部曰:‘冑,兜鍪也。’古謂之冑,漢謂之兜鍪。”

革甲、是瞀□。薪干、幡,四。籣、服,三☑。(《敦》2096A)

“瞀”通“鍪”,“是瞀”即“兜鍪”。

亦可寫作“鞮”,詳見“382 鞮—兜”組。

亦可寫作“鍉”,詳見“385 鍉—兜”組。

## 390 貲—資(貲 zī,精母支部;資 zī,精母脂部。聲同韻遠)

“貲”,罰繳財物,漢代指對未成年人征收的口賦錢。《説文·貝部》:“貲,小罰以財自贖也。从貝,此聲。漢律,民不繇貲錢二十二。”朱駿聲《説文通訓定聲》:“七歲至十四歲不任徭役,出貲錢二十三,所謂頭錢是也。”“資”,資産。《説文·貝部》:“資,貨也。”

(1)□粟大石二十五石,始建國二年十月甲寅肩水掌官士吏惲受貲家居延萬歲里衣戎,就人西道里王竟。(《金(伍)》73EJF3:101)

(2)入居延轉車一兩粟大石二十五石,始建國二年十月丁未肩水掌官士吏惲受貲家廣都里社惲,就人平明里□☑。(《金(伍)》73EJF3:106)

“貲家”即“資家”,出資的人。

亦可寫作“此”,詳見“391 此—資”組。

亦可寫作“茈”,詳見“393 茈—資”組。

亦可寫作“訾”,詳見“394 訾—資”組。

“貲”“資”通假，其他文獻可見。玄應《一切經音義》卷三：“貲貨。”注：“貲，亦與資同。”《資治通鑑·唐紀五十四》：“即不合虛費貲糧。”胡三省注引或曰：“貲，當作資。”

## 391　此—資（此 cǐ，清母支部；資 zī，精母脂部。聲近韻遠）

“此”，止。《説文·此部》：“此，止也。”“資”，資産。《説文·貝部》：“資，貨也。”

此家累山里焦賢，車一兩，肩水，載粟大石廿五石，就人文德清楊里陽賞年卅，用牛二。（《金（貳）》73EJT23：622）

“此家”即“資家”，義出資的人。

亦可寫作“貲”，詳見“390 貲—資”組。

亦可寫作“玼”，詳見“393 玼—資”組。

亦可寫作“訾”，詳見“394 訾—資”組。

## 392　此—幣（此 cǐ，清母支部；幣 zī，精母之部。聲近韻近）

“此”，止。《説文·此部》：“此，止也。”“幣”，布名。《廣韻·支韻》：“幣，布名。”

竇此丈五尺，直三百九十。（《居》262.34，262.28A）

“竇”通“緰”，“竇此”即“緰幣”，亦爲布名。

## 393 茈—資(茈 zǐ,精母支部;資 zī,精母脂部。聲同韵遠)

“茈”,茈草。《説文·艸部》:“茈,茈艸也。”“資”,資産。《説文·貝部》:“資,貨也。”

發茈家車牛載輸候官,第□。(《新》EPT50.51)

“茈家”即“資家”,指出資的人。

亦可寫作“貲”,詳見“390 貲—資”組。

亦可寫作“此”,詳見“391 此—資”組。

亦可寫作“訾”,詳見“394 訾—資”組。

## 394 訾—資(訾 zǐ,精母支部;資 zī,精母脂部。聲同韵遠)

“訾”,不想使其上級滿意。《説文·言部》:“訾,不思稱意也。”“資”,資産。《説文·貝部》:“資,貨也。”

(1)始建國天鳳一年六月,宜之隊長張僤伐閲官簿累重訾直。(《新》EPT6.78)

(2)第卅三隊長始建國元年五月伐閲訾直累重官簿。(《新》EPT17.3)

(3)□居攝二年正月甲午,倉嗇夫戎付訾家平明里□□。(《新》EPT43.65)

(4)入粟大石廿五石,車一兩。正月癸卯,甲渠官掾譚,受訾家茂陵東進里趙君壯,就人肩水里郅宗。(《新》EPT59.100)

(5)□受訾家延壽里上官霸,就人安故里譚昌。(《居》214.125)

(6)甲渠言:謹驗問尉史張詡、隧長張宗訾産。詡、宗各有大車一兩,用牛各一頭,餘以便相取□。(《新》EPF22.657)

例(1)(2)“訾直”即“資值”。“直”通“值”。“伐閲”義功績和資歷,“累重”義家屬資産。"伐閲訾直累重官簿"指記録功績、資歷、家屬、資産的官簿。例(3)至(5)"訾家"即"資家"。例(6)"訾産"即"資産"。

亦可寫作"貲",詳見"390貲—資"組。

亦可寫作"此",詳見"391此—資"組。

亦可寫作"玼",詳見"393玼—資"組。

"訾""資"通假,其他文獻可見。《漢書·貨值傳》:"爲天下高訾。"顔師古注:"訾,讀與資同。"《後漢書·馮勤傳》:"不足以償不訾之身。"李賢注:"訾,與資同。"

## 395　疵—此(疵cī,從母支部;此cǐ,清母支部。聲近韵同)

"疵",病。《説文·疒部》:"疵,病也。""此",這。《爾雅·釋詁下》:"兹,此也。"邢昺疏:"此者,對彼之稱,言近在是也。"

(1)☐□所,謹疵幸甚幸甚,數以丈人家室。(《敦》781A)

"謹"爲敬辭。"謹疵幸甚幸甚"大意爲:因這而感到幸運。

可徑用本字,作"此",如:

(2)頃至今不肯爲急,謹此記,行問人。(《新》EPT59.652A)

例(1)"謹疵"即例(2)"謹此"。

"疵""此"通假,雖不見於其他文獻,但"疵"多與從"此"得聲的字通假,如段玉裁《説文解字注·疒部》:"疵,古亦叚玼爲之。"《讀書雜志·淮南内篇第十三·氾論》:"無疵其小故。"王念孫按:"疵,讀爲訾。"

## 396 稗—粺(bài,並母支部。雙聲叠韵)

"稗",植物名,稗子。《説文·禾部》:"稗,禾别也。"段玉裁注:"謂禾類而别於禾也。""粺",精米。《玉篇·米部》:"粺,精米也。"

(1)酒三斛。黍米二斛。白稗米二斛。牛肉百斤。醬二斗。醯三斗。敦德尹遣史氾遷奉到。(《敦》246)

"白稗米"即"白粺米"。

可徑用本字,作"粺",如:

(2)吏十六人,用粺米四斗八升,用月☐。(《新》EPT4.56)

(3)廿八日,粺米七斗,麤米一石三斗。(《新》EPT40.201)

例(3)"粺",《居延新簡集釋》釋爲"稗",圖版爲,"米"上兩點清晰可見,故當釋爲"粺"。

"稗""粺"通假,其他文獻可見。朱駿聲《説文通訓定聲·解部》:"稗,(叚借)爲粺。"《文選·曹植〈七啟〉》:"芳菰精稗,霜蓄露葵。"李善注:"《説文》曰:'稗,禾别也。'稗與粺古字通。"

# 錫部通假字匯釋

## 397 毄/毃/毄—繫(毄jī,見母錫部;繫xì,匣母錫部。聲近韵同)

“毄”,相擊。《説文·殳部》:“毄,相擊中也。”“毃”爲“毄”之异體,文獻中“毄”多寫作“毃”,《周禮·考工記·盧人》:“毃兵同强。”賈公彦疏:“毃,以殳長丈二而無刃,可以毃打人,故云毃兵也。”屯戍簡中“口”多寫作“厶”形,所以“毄”亦爲“毄”之异體。“繫”,束縛。《廣韵·霽韵》:“繫,縛繫。”

(1)書到,二千石各明白布告屬官縣吏民,有得亡傳信者,予購如律。諸乘傳驛駕廄令長丞亟案,莫傳有與所亡傳同封弟者,輒捕毄,上傳信御史府。如律令。(《懸》Ⅱ0216②:868-869)

(2)故甲渠候長唐博叩頭死罪,博前爲甲渠鉼庭候長,今年正月中,坐搒卒毃獄。七月廿☐。(《居》4.9)

(3)傷右手指二所。地節三年八月己酉,械毃。(《居》13.6)

(4)建始二年十一月癸巳,居延千人令史□則,校毃甲渠第廿三。(《居》28.21A)

(5)賀未有鞫毃,時毋它坐。謁報,敢言之。(《居》14.28)

(6)鞫毃書到,定名縣爵里年☐。(《居》239.46)

(7)縣置三老,二。行水兼興舩,十二。置孝弟、力田,廿二。徵吏二千石以符,卅二。郡國調列侯兵,卌二。年八十及乳、朱需頌毃,五十二。(《居》5.3,10.1,13.8,126.12)

以上例(2)至(7)“毄”“毃”“毄”,史語所《居延漢簡》釋爲“繫”,圖版分别作、

、、、、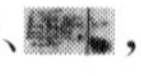，圖版下無“糸”字，不當釋爲“繫”。例(1)“捕毄”即“捕繫”，義逮捕、拘繫。例(2)“坐搒卒毄獄”義：因笞打兵卒連坐拘繫入獄。例(3)(4)“械毄”“校毄”皆爲用刑具拘繫。“械”“校”指刑具。例(5)(6)“鞫毄”即“拘繫”，義拘禁。“鞫”通“拘”，義拘繫。例(7)“頌毄”即“容繫”，指寬容而不加刑具，“頌”通“容”，義寬容。

“毄”“繫”通假，其他文獻可見。段玉裁《説文解字注·人部》：“係，俗通用繫。……考諸古經，若《周禮》司門、校人字皆作毄；《周易·毄辭》，據釋文本作毄；《漢書·景帝紀》亦用毄。蓋古假毄爲係，後人盡改爲繫耳。”《周禮·地官·司門》：“祭祀之牛牲毄焉。”陸德明釋文：“毄，本又作繫。”《漢書·景帝紀》：“無所農桑毄畜。”顏師古注：“毄，古繫字。”

## 398　毄—擊(jī，見母錫部。雙聲叠韵)

“毄”，同“毄”，相擊。《説文·殳部》：“毄，相擊中也。”引申爲擊打義。“擊”是爲表“毄”之引申義所造的分化字。《説文·手部》：“擊，攴也。”

(1)居延毄胡隧長孤山里公乘樂憙，年卅□，徙補甲渠候史，代張赦□。(《居》3.19)

(2)□游毄。(《新》EPT40.67)

例(1)“毄”，史語所《居延漢簡》隸定爲“擊”，圖版爲，當隸作“毄”，讀爲“擊”。例(1)“毄胡”即“擊胡”。“毄胡隧”爲烽燧名。例(2)“游毄”即“游擊”，爲武官名，是游擊將軍的簡稱。

可徑用本字，作“擊”，如：

(3)章曰居延都尉印，十一月丙午，游擊卒始以來□。(《新》EPT57.10B)

亦可寫作“墼”，詳見“399 墼—擊”組。

“轂”“擊”通假,其他文獻可見。《周禮·考工記·廬人》:“轂兵同强,舉圍欲細。”孫詒讓正義:“轂、擊義同,亦古今字。”又《弓人》:“和弓轂摩。”孫詒讓正義:“轂、擊字通。”

## 399 墼—擊(jī,見母錫部。雙聲疊韵)

“墼”,土坯、磚坯。《説文·土部》:“墼,未燒也。”“擊”,擊打。《説文·手部》:“擊,攴也。”“墼”的製作方式是用力擊打泥土而成,故“墼”與“擊”同源通用。

建武三年七月乙酉朔丁酉萬歲候長憲敢言之,徙署迺癸巳視事,校閲兵物,多不具賓,何辤與?循俱休田,循服六石弩一,稾矢銅鍭百,鎧、鍉瞀各一,持歸。游墼亭循何□。(《新》EPF22.61)

“游墼”即“游擊”,爲亭名。

可徑用本字,作“擊”,詳見“398轂—擊”組。

亦可寫作“轂”,爲“轂”之草率寫法,詳見“398轂—擊”組。

## 400 厤—歷(lì,來母錫部。雙聲疊韵)

“厤”,厤法。《説文新附·日部》:“厤,厤象也。”“歷”,即亭歷,今作葶藶,爲十字花科獨行菜屬植物。種子可入藥,味辛、苦,性寒。有瀉肺平喘、利水消腫的功效。《爾雅·釋草》:“蕇,亭歷。”陸德明釋文:“亭,字或作葶,同。歷,字或作藶。”《急就篇》卷四:“亭歷桔梗龜骨枯。”顔師古注:“亭歷,一名丁歷,一名蕇,一名狗薺。”

(1)☑伏霝二分,亭厤二分,以牛膽丸☑。(《新》EPT65.350B)

“伏”通“茯”,“霝”通“苓”,“伏霝”即“茯苓”。“亭厤”即“亭歷”。

亦可寫作“磨”,“磨”爲“歷”之誤字,如:

(2)☐諸絶、大黄,主靡穀去熱。亭磨。(《敦》2001)

羅振玉、王國維先生認爲:“亭磨,《本草經》作葶藶。《説文》無葶藶,乃亭歷之俗作。古書磿字多作磨,其字從厤從石,見《説文·石部》。而皆傳譌作從麻從石之磨。”[①]

“磿”“歷”通假,其他文獻可見。《集韵·錫韵》:“磿,通作歷。”《文選·陸機〈辨亡論〉》:“磿命應化而微。”舊校:“五臣本磿作歷字。”

## 401　適—嫡(適shì,書母錫部;嫡dí,端母錫部。聲近韵同)

“適”,往、至。《説文·辵部》:“適,之也。”“嫡”,嫡子。《廣韵·錫部》:“嫡,正也。”本義正妻,引申指正妻所生之子。

☐光適男孫☐。(《居》202.21)

“適男孫”即“嫡男孫”,指嫡子之嫡子。“光”疑爲人名。

“適”“嫡”通假,其他文獻可見。《史記·吕不韋列傳》:“能立適嗣者獨華陽夫人耳。”張守節正義:“適,音嫡。”《漢書·宣帝紀》:“又賜功臣適後黄金,人二十斤。”顔師古注:“適,讀曰嫡,承嗣者也。”又《外戚恩澤侯表》:“以殷後孔子世吉適子侯。”顔師古注:“適,讀曰嫡。”

## 402　適—謫(適shì,書母錫部;謫zhé,端母錫部。聲近韵同)

“適”,往、至。《説文·辵部》:“適,之也。”“謫”,懲罰。《説文》作“讁”,《言部》:“讁,罰也。”

① 羅振玉、王國維:《流沙墜簡》,中華書局,1993,第97頁。

(1)第十候長傅育,坐發省卒部五人,會月十三日,失期毋狀。今適載三泉茭二十石,致城北隧給驛馬。會月二十五日畢。(《新》EPT59.59)

(2)俱南隧長范譚,坐留出入檄,適爲驛馬運鉼庭茭卅石,致止害隧。(《新》EPT59.72)

(3)萬歲候長田宗,坐發省治大司農茭,卒不以時遣,吏將詣官,失期,適爲驛馬載三堆茭五石,致止害。(《居》61.3,194.12)

(4)第十候史楊平,罷卒居延月四日到部,私留一日,適運茭五百束致候官,會八月旦。(《居》285.10)

(5)趣發,田勝行兵適茭,會閏月旦。(《居》5.15)

(6)教。廿七日,以候長素精進故,財適五百束。(《新》EPF22.574A)

(7)☐坐勞邊使者過郡飲,適鹽卌石輸官。(《新》EPT51.323)

(8)☐坐閏月乙卯官移府行事檄留遲三時九分,不以馬行,適爲戍卒城倉轉一兩。(《新》EPT59.96)

(9)鉼庭候長王護,坐隊長薛隆誤和受一苣火,適載轉一兩,到☐。(《新》EPT65.228)

(10)適尊載甲渠候鄣轉二兩☐。(《居》254.13A)

(11)第十候長秦忠,坐部十二月甲午留蓬,適載絞赤崖三百丈□☐。(《居》262.31)

(12)臨之隧長毛平當適載赤☐。(《額》2000ES7SF1:93)

(13)馬謹善,令病死,適爲卅井南界載☐。(《居》188.17)

(14)☐坐移正月盡三月四時吏名籍誤十事,適千里。(《居》185.32)

(15)相克乎官前不便適罰,它宜急傳之來,不可久。尉遲問之。(《新》EPT49.4B)

邊塞防禦組織中基層官吏犯錯之後,要從事運輸一類的勞役,以示處罰。這種處罰方式屯戍簡稱爲"適(讁)"。以完成一定量的運輸工作來懲處犯錯官吏,如前14例,這可能是因爲西北屯戍邊地運輸是一項繁重的工作,運輸人員緊缺。[①]運

① 屯戍簡中從事運輸工作的還有"車父"和"就人"。"車父"是以運輸來服勞役者,"就人"是由官府出資僱傭的人運輸。

輸的對象,主要是“茭”,如前5例,説明茭的需求量大。“茭”爲重要的飼草,這是由屯軍性質所决定的。

“適”“謫”通假,其他文獻可見。《集韵·麥韵》:“謫,通作適。”《漢書·鼂錯傳》:“擅適諸侯。”顔師古注:“適,讀曰謫。”

## 403 適—敵(適shì,書母錫部;敵dí,定母錫部。聲近韵同)

“適”,往、至。《説文·辵部》:“適,之也。”“敵”,仇敵。《説文·攴部》:“敵,仇也。”

(1)察適隧卒王未央,責絣一匹,三百七十,當責察適隧長盡四月奉。(《敦》838A)

(2)☑自言迺十二月貰責菅草袍一領,橐絮裝,賈錢八。觻得壽貴里李長君所,任者執適隧長。(《金(叁)》73EJT26:54)

(3)☑卒任奴,破適隊卒董輔☑。(《金(壹)》73EJT7:24)

(4)毋適隧鄭彊,三丈☑。(《金(叁)》73EJT26:175)

(5)第二隊長景褒不在署,謹驗問,褒辭:却適隊卒周賢伐大司農茭郭東,病不任作,官記遣褒迎取。(《居》194.17)

(6)却適隧卒,魏郡陰安東脩里王富,六月壬午,病頭癘,已刺。(《新》EPT51.102)

(7)征和四年七月癸亥朔乙丑,第二亭長舒受卻[①]適候癸。(《居》534.15,534.2A)

“察適”即“察敵”,偵察敵人;“執適”即“執敵”,義逮捕敵人;“破適”即“破敵”,攻破敵人;“毋適”即“無敵”,“毋”通“無”;“却適”“卻適”即“卻敵”,義退敵。均爲燧或候官名。

① “卻”,史語所《居延漢簡》釋爲“邵”,不辭,圖版作,當是“卻”之异體,其所從“谷”簡寫。

“適”“敵”通假，其他文獻可見。段玉裁《説文解字注·攴部》“敵”字注：“古多假借適爲敵。”《荀子·禮論》：“無適不易之術也。”楊倞注：“適，讀爲敵。”《史記·李斯列傳》：“至咸陽，群臣百官皆畔，不適。”裴駰集解引徐廣曰：“適音敵。”

## 404　積—鶺（積jī，精母錫部；鶺jí，精母錫部。雙聲叠韵）

“積”，堆積，聚集。《説文·禾部》：“積，聚也。”“鶺”，即鶺鴒，鳥名。《集韵·錫韵》：“鶺，鶺鴒，鳥名，鵖鷎。”

詩曰：“題積令，載蜚載鳴，我日斯邁，而月斯延，蚤興夜未，毋天璽所生。”“蚤興夜未，毋天璽所生”者，唯病乎？唯病乎？其勉之勉之。（《金（叁）》73EJT31:102A）

此簡内容與《孝經》有關，[1]簡文内容分兩部分：前半部分爲《詩經》引文，《小雅·小宛》：“題彼脊令，載飛載鳴。我日斯邁，而月斯征。夙興夜寐，毋忝爾所生。”孔穎達疏：“毛傳以爲既王位無常，須自勤於政，故告幽王，言視彼脊令之鳥，尚則飛則鳴，既飛以翼又鳴以口。翼也口也，無有止息之時，况人之處世，其可自舍？視此脊令以爲喻節，故我王當日此行，行視朝之禮，又而月此行，行視朔之政，與群臣議政事，日有所决，月有所行，亦如脊令無肯止息時也。故當早起夜臥，行之無辱汝所生之父祖已。”詩文大意爲：看那鶺鴒之鳥，一邊用翼飛翔，一邊用嘴鳴叫。我王當日日月月行視政事。早起夜臥，不要辱没了你的父母。

後半部從孝道角度對“蚤興夜未，毋天璽所生”進行解説。“蚤興夜未，毋天璽所生”句多被引用以説君子之孝。“‘蚤興夜未，毋天璽所生’者，唯病乎？唯病乎？其勉之勉之”大意爲：“蚤興夜未，毋天璽所生”之意，僅僅是不要辱没父母嗎？僅僅是不要辱没父母嗎？不要辱没父母，離行孝的終極目標還很遠，努力吧努力吧。[2]

---

① 劉嬌：《漢簡所見〈孝經〉之傳注或解説初探》，載於復旦大學出土文獻與古文字研究中心網站：http://www.gwz.fudan.edu.cn/SrcShow.asp?Src_ID=2487，2015年4月8日。

② 黄浩波：《〈肩水金關漢簡（叁）〉所見〈孝經〉解説殘簡》，載於復旦大學出土文獻與古文字研究中心網站：http://www.gwz.fudan.edu.cn/SrcShow.asp?Src_ID=2503，2015年4月22日。

## 405　績—幘(績 jì,精母錫部;幘 zé,莊母錫部。聲近韵同)

"績",緝麻,把麻搓成繩。《説文·糸部》:"績,緝也。""幘",男子束髮包髻的巾。《説文·巾部》:"髮有巾曰幘。"

(1)緹績一,緹行勝一。(《居》8.2)

(2)犬絑二兩,常韋二兩,緹績一□,緹行縢二□。(《新》EPT51.457)

(3)臨之隧卒魏郡内黄宜民里尹宗,責故臨之隧長薛忘得鐵斗一,直九十;尺二寸刀一,直直卅;緹績一,直廿五。凡直百卌五。(《新》EPT59.7)

"緹績"即"緹幘",指橘紅色的頭巾。[①]傳世文獻中有"赤幘",爲軍卒、武士所服,以示威武。其制始於秦,沿用於漢魏六朝時期。"緹"與"赤"義近,《廣雅·釋器》:"緹,赤也。"《玉篇·糸部》:"緹,帛赤色也。"故"赤幘"又名"緹幘",兩者同爲一物,爲武士的頭巾。

一説"緹績"指橘紅色的下裳。[②]在傳世文獻中,"績"確實可以指下裳。"績"又作"積",因顔色爲白色,又稱"素績""素積",周代貴族穿着的一種腰間有細褶襉的白色禮服,與皮弁配用。[③]《漢書·外戚傳下·孝平王皇后》:"(太后)遣長樂少府夏侯藩……及太卜、太史令以下四十九人,賜皮弁素績。"顔師古注:"素績謂素裳也,朱衣而素裳。績字或作積。積謂襞積之,若今之襈爲也。"《後漢書·輿服志下》:"執事者冠皮弁,衣緇麻衣,皂領袖,下素裳,所謂皮弁素積者也。"可見"績(積)"爲貴族禮服,用白色。

漢代以顔色别貴賤,橘紅色爲士卒專用顔色。《周禮·春官·司服》:"凡兵事,韋弁服。"鄭玄注:"今時五伯緹衣,古兵服之遺色。"《文選·張衡〈西京賦〉》:"緹衣韎韐。"李善注:"緹衣、韎韐,武士之服。"可見,"緹"爲武士服的顔色。不同顔色的"幘",用於不同的場合,標識不同的身份。因此,屯戍簡中的"緹績"非傳世文獻中所謂的"素績",而是傳世文獻中的"赤幘"。釋"緹績"爲"赤幘",與簡文文意

---

① 張麗萍、張顯成:《釋西北屯戍漢簡中的"緹績""緹行勝"》,《敦煌研究》2019年第4期。

② 聶丹:《西北屯戍漢簡名物詞語研究》,博士學位論文,西南大學,2013,第156頁。

③ 孫晨陽、張珂:《中國古代服飾詞典》,中華書局,2014,第132頁。

以及古代服飾習慣均相符合,"績"當讀爲"幘",指頭巾。

## 406 錫—賜(錫 xī,心母錫部;賜 cì,心母錫部。雙聲叠韵)

"錫",化學元素。《説文·金部》:"錫,銀鉛之間也。""賜",賞賜。《説文·貝部》:"賜,予也。"

(1)明詔捕虜購賞封錫捕虜斬首有功者,候長。(《新》EPF22.447A)

(2)其所共捕得,若斷斬九頭者,皆錫爵。重高☐。(《新》ESC8A)

(3)泉,此欲大出兵之意也。中軍募擇士桼百二十人,錫泉人六□☐。(《敦》47)

(4)錫教教教⋯吏吏吏吏吏若。(《敦》396B)

例(1)"購賞封錫"指懸賞、封賞。例(2)"錫爵"指賜予爵位。例(3)"泉",王莽時改稱"錢"爲"泉"。"錫泉"即賜錢。例(4)爲習字簡,"錫教"即"賜教"。

"錫""賜"通假,其他文獻可見。段玉裁《説文解字注·金部》:"經典多叚錫爲賜字。"《詩經·邶風·簡兮》:"公言錫爵。"陳奐傳疏:"錫,賜也。"《楚辭·九歎·離世》:"冀壹寤而錫還。"洪興祖補注引舊校曰:"錫,一作賜。"

## 407 錫—觫(錫 xī,心母錫部;觫 sù,心母屋部。聲同韵近)

"錫",化學元素。《説文·金部》:"錫,銀鉛之間也。""觫",即觳觫,恐懼發抖的樣子。《孟子·梁惠王上》:"王曰:'舍之。吾不忍其觳觫,若無罪而就死地。'"趙岐注:"觳觫,牛當到死地處恐貌。"

忽錫忽錫,恐見故里。毋育天地,更亡更在。去如郤廬,下敦閭里。人固當死,慎毋取㤥賤。苐時謹伏地再拜請:翁糸足下,善毋恙,甚苦候望事。方春不和,時伏願翁糸將侍近衣幸酒食,明察蓬火事,寬忍小人,毋行庶姿,時幸甚甚。伏地再拜請:時伏願翁糸有往來者,幸賜記,令時奉聞翁糸汲急嚴教。(《敦》1448)

“苐”同“第”,爲姓氏。簡文内容爲“苐時”寫給“翁糸”的信件。“忽”通“觳”,“忽錫”即“觳觫”。“忽錫忽錫,恐見故里”句大意爲:寫信人“苐時”因要歸故里而緊張顫抖。今西北方言中還保留表顫抖義詞,讀音與“忽錫”同。簡文大意詳見“514 忽—觳”組。

## 408 責—積(責zé,莊母錫部;積jī,精母錫部。聲近韻同)

“責”,索取。《説文·貝部》:“責,求也。”“積”,堆積、聚集。《説文·禾部》:“積,聚也。”

(1)望見虜一人以上入塞,煩一責新、舉二蓬;夜,二苣火。見十人以上,在塞外,煩、舉如一人入塞品。望見虜五百人以上,若功亭鄣,煩一責新、舉三蓬;夜,三苣火。不滿一千人以上,煩舉如五百人同品。(《敦》2257)

“新”通“薪”。“責新”即“積薪”,指堆積的柴火。“積薪”指堆積成垛的柴薪,爲漢代邊塞屯軍傳遞信息的重要方式之一。

可徑用本字,作“積”,如:

(2)蓬索一幣,已易。積薪四,小。(《居》112.23)

(3)積薪八,皆毋塗□。毋射埻。(《居》142.30)

(4)積薪,日入三分,鉼庭隧長周安付殄北。(《居》161.6)

“責”“積”通假,其他文獻可見。銀雀山漢墓竹簡《孫子兵法·軍爭》:“軍毋無輜重□□糧食則亡,無委責則亡。”又《孫臏兵法·見威王》:“曰我將欲責仁義,式禮樂,垂衣裳,以禁争奪。”整理小組注:“責,借爲積。”

## 409 辟—萆(辟 bì,幫母錫部;萆 pì,並母支部。聲近韵近)

“辟”,法度。《説文·辟部》:“辟,法也。”“萆”,雨衣。《説文》:“萆,雨衣。一曰衰衣。”

(1)草辟及冒各一。(《金(貳)》73EJT24:213)

“草辟”即“草萆”,指草製的雨衣。

可徑用本字,作“萆”,如:

(2)守御器簿。長斧三,皆缺頓。長椎三。長棓三。長枓二。木面衣二。弩長燊二。艾、馬矢橐各一,毋。茹十斤。出火遂二具。皮冒、草萆各一,毋冒。(《居》506.1)

(3)羊皮冒、萆一。(《新》EPT56.74)

(4)皮冒、草萆各一,瓦枓二。(《金(肆)》73EJT37:1542)

(5)二,賈六十。欒繩十四,賈廿八。萆一,賈廿。白韋三利,賈六,凡并有二百九十四。(《居》317.24)

例(1)“草辟”即例(2)(4)“草萆”。

## 410 辟—臂(bì,幫母錫部。雙聲叠韵)

“辟”,法度。《説文·辟部》:“辟,法也。”“臂”,弩臂。《釋名·釋兵》:“弩,其柄曰臂,似人臂也。”

(1)田可:六石具弩一,完。服一,完。乃神爵三年繕辟,四年繕弦。緣毋餘,初置。(《敦》1830)

(2)登山隧弩辟、緯各二,子惠移被兵各一,少一,平樂弩辟二,子惠移被兵一,少一。(《金(叁)》73EJT30:35A)

(3)長辟二,其一頓破,虎口皆破,端毋其。塢上轉射二所,深目中不辟除,一所轉射空小,不承長辟。(《居》89.21)[①]

(4)轉射皆不承長辟☐。(《金(叁)》73EJT30:214)

(5)弩長辟二,不章;一不事用。(《居》68.95)

(6)出六石弩辟一。(《居》46.3)

"弩辟"即"弩臂",是弩的重要構件之一。

亦可寫作"檗",詳見"417 檗—臂"組。

"辟""臂"通假,其他文獻可見。《墨子·非儒下》:"若機辟將發也。"孫詒讓閒詁:"辟字又作臂。"《楚辭·哀時命》:"外迫脅於機臂兮。"洪興祖補注引舊注:"臂,一作辟。"

## 411　辟—壁(bì,幫母錫部。雙聲叠韵)

"辟",法度。《説文·辟部》:"辟,法也。""壁",壁壘。《説文·土部》:"壁,垣也。"本義墻壁,引申爲壁壘。

(1)制詔酒泉大守:敦煌郡到戍卒二千人,發酒泉郡,其儌候如品。司馬以下,與將卒長吏,將屯要害處。屬大守察地刑,依阻險,堅辟壘,遠候望,毋。(《敦》1780A)

(2)元始元年九月丙辰朔乙丑,甲渠守候政移過所遣萬歲隧長王遷爲隊載𦉭,門、亭、塢辟、市、里毋苛留止,如律令。掾☐。(《新》EPT50.171)

(3)☐及省卒、徒,繕治城郭塢辟,令、丞、候、尉史遂等三老。(《新》EPT57.15)

(4)☐畜産詣近所亭、隧、鄣、辟,收葆止行者☐。(《居》539.2)

(5)秋當蚤糴。書到,豫繕治倉臾。部、鄣、辟,令☐。(《新》EPT52.396)

(6)第十二隧長,張宣。迺十月庚戌擅去署,私中部辟買榆木,壹宿。(《居》82.2)

① "辟除"義清除、掃除。《楚辭·遠遊》:"風伯爲余先驅兮,氛埃辟而清涼。"王逸注:"掃除之也。"

（7）之第五辟取鼉。當時去，告卒旦日一人行山，晝天田，杷頭。當時☒。（《新》EPT51.64）

（8）徐子禹自言：家居延西第五辟，用田作爲事。（《居》401.7A）

（9）客居第五辟☒。（《居》271.1）

例（1）"辟壘"即"壁壘"，指軍營的圍墻，作爲進攻或退守的工事。例（2）（3）"塢辟"即"塢壁"，指防禦用的土堡。"壁""塢"義同，所以，"壁"又稱"塢"，如《居》218.3："☒令史光敢言之。遣中部塢長始昌送詔獄所遝☒。"例（7）"第五辟"即"第五壁"，"第五"爲以序數爲"壁"命名。以序數爲烽燧命名的現象，屯戍簡中常見。所以，以序數爲"壁"命名，也可通。

可徑用本字，作"壁"，如：

（10）掾從謹責問第四候史敞、第八隧長宗，迺癸未私歸塢壁田舍。（《新》EPT51.74）

亦可寫作"陛"，詳見"463陛—壁"組。

"辟""壁"通假，其他文獻可見。朱駿聲《説文通訓定聲·解部》："辟，（叚借）又爲壁。"《漢書·地理志下》："西部都尉治田辟。"顏師古注："辟，讀曰壁。"《讀書雜志·漢書第二·王子侯表》："辟土節侯壯。"王念孫按："壁、辟，古字通。"

## 412　辟—璧（bì，幫母錫部。雙聲叠韵）

"辟"，法度。《説文·辟部》："辟，法也。""璧"，圓形玉器。《説文·玉部》："璧，瑞玉，圜也。"

之。故建明堂，立辟雍，設學校詳序之。官興禮樂，以風天下。諸生、庶民，翕然嚮應，不將自時，不召自來。（《敦》481A）

"辟雍"即"璧雍"，指西周天子所設大學，校址圓形，圍以水池，前門外有便橋。漢班固《白虎通·辟雍》:"天子立辟雍何? 辟雍所以行禮樂宣德化也。辟者,璧也,象璧圓,又以法天。雍者,於雍水側,象教化流行也。"北魏酈道元《水經注·穀水》:"又逕明堂北,漢光武中元元年立,尋其基構,上圓下方,九室重隅十二堂,蔡邕《月令章句》同之,故引水於其下,爲辟雝也。"則"璧雍"的得名之由爲:校址像璧圓形,故稱"璧";圍以雍水,像教化流行,故稱"雍"。"雍"義爲水澤,《詩經·周頌·振鷺》:"振鷺于飛,于彼西雝。"毛傳:"雝,澤也。"陳奐傳疏:"雍即雝之隸變。"

"辟""璧"通假,其他文獻可見。《白虎通·辟雍》:"辟者,璧也。"《詩經·大雅·靈台》:"於樂辟廱。"朱熹集傳:"辟、璧通。"

## 413 辟—僻(辟 bì,幫母錫部;僻 pì,滂母錫部。聲近韻同)

"辟",法度。《説文·辟部》:"辟,法也。""僻",①偏遠。慧琳《一切經音義》卷三十二"轢我"注引《考聲》:"僻,偏也。"②邪僻,不端。《集韵·昔韵》:"僻,邪也。"

(1)居成樂五歲餘,未得還。道里遠辟,回往來希,官薄身賤,書不通。叩頭叩頭。因。(《敦》1871)

(2)☐君卿近衣幸酒食,出入遠辟☐。(《居》283.39)

(3)日不顯目兮黑雲多,月不可視兮風非沙。從恣蒙水誠江河,州流灌注兮轉揚波。辟柱槇到忘相加,天門俠小路彭池。無因以上如之何,興章教海兮誠難過。(《敦》2253)

例(1)(2)"辟(僻)"義偏僻。例(3)"辟(僻)"義邪僻、不端。"辟柱"即邪曲不端的柱子。"辟柱槇到忘相加,天門俠小路彭池"句大意爲:邪曲不端的柱子已倒置,還在隨意叠加,天庭之門狹小且路途遥遠。暗喻柱子本已邪曲不端,又被隨意叠加,已經岌岌可危了,想上告天庭,但天庭之門狹小,加上路途險阻,上告無門。簡文大意詳見"007 海—誨"組。

"辟""僻"通假,其他文獻可見。朱駿聲《説文通訓定聲·解部》:"辟,(叚借)又爲僻。"《墨子·貴義》:"必去六辟。"孫詒讓閒詁:"辟,僻之借字。"

## 414 辟—澼（辟bì，幫母錫部；澼pì，滂母錫部。聲近韵同）

“辟”，法度。《説文·辟部》：“辟，法也。”“澼”，腹瀉。《集韵·昔韵》：“澼，腸閒水。”

（1）四月戊寅病腸辟，庚辰治☐。（《居》504.9）

（2）☐炅，腸辟死。（《居》462.1）

“腸辟”即“腸澼”，指腹瀉。

“辟”“澼”通假，其他文獻可見。《張家山漢簡·脉書》：“在腸，有農（膿）血，篡、脾（髀）、尻、少腹痛，爲腸辟（澼）。”又《引書》：“引腸辟（澼），端伏，加頤枕上，交手頸下，令人踐其要（腰），毋息。”

## 415 辟—避（辟bì，幫母錫部；避bì，並母錫部。聲近韵同）

“辟”，法度。《説文·辟部》：“辟，法也。”“避”，躲避。《説文·辵部》：“避，回也。”

（1）☐□不屬甲渠候官。詔書：卒行道辟姚，吏私貰賣衣財物，勿爲收責。（《新》EPT52.55）

（2）齒十歲，持所貰錢四千辟逃，聖賞父根爲甲渠☐。（《居》157.1）

（3）☐□辟逃吏私□☐。（《金（叁）》73EJT31:71）

（4）□□□□以郵行君辱幸臨賜謁大都護丞，即愛忍辟小人，奉言□☐。（《敦》662A）

（5）☐□辟小人，前日往時。（《敦》1990A）

（6）☐遠辟小人，教告諸。（《額》2000ES7SF1:73A）

（7）辟小人，毋行所悔□者首☐。（《額》2000ES7SH1:6A）

（8）璧碧珠璣玫瑰甕。玉玦環佩靡從容，射騎辟耶除群㓙。（《敦》2356C）

“姚”通“逃”,“辟姚”“辟逃”即“避逃”,義爲逃避。“辟小人”即“避小人”,義避開小人。“辟耶”即“避邪”,義祛除邪祟。

“辟”“避”通假,其他文獻可見。《荀子·彊國》:“而辟於陳蔡之間。”楊倞注:“辟,謂自屏遠也。或曰讀爲避。”《漢書·董仲舒傳》:“舜知不可辟。”顔師古注:“辟,讀曰避。”

## 416　辟—闢(辟 bì,幫母錫部;闢 pì,並母錫部。聲近韵同)

“辟”,法度。《説文·辟部》:“辟,法也。”“闢”,開闢。《説文·門部》:“闢,開也。”

欲急行出邑,禹步三,唬皋,祝曰:土五光,今日利以行₌毋死。已辟除道,莫敢義當。獄史、壯者皆道₌旁。(《額》2002ESCSF1:2)

“辟除道”即“闢除道”,即打開修治通路。

“辟”“闢”通假,其他文獻可見。《周禮·夏官·戎右》:“則以玉敦辟盟。”孫詒讓正義:“凡經典辟訓開者,皆闢之借字。”

## 417　檗—臂(檗 bò,幫母錫部;臂 bì,幫母錫部。雙聲叠韵)

“檗”,木名,黄檗。《説文·木部》:“檗,黄木也。”“臂”,弩臂。《釋名·釋兵》:“弩,其柄曰臂,似人臂也。”

守御器簿。長斧三,皆缺頓。長椎三。長棓三。長枓二。木面衣二。弩長檗二。(《居》506.1)

“弩長檗”即“弩長臂”。

亦可寫作“辟”,詳見“410 辟—臂”組。

# 耕部通假字匯釋

## 418　驚—警(驚 jīng,見母耕部;警 jǐng,見母耕部。雙聲疊韵)

“驚”,驚懼。《説文·馬部》:“驚,馬駭也。”“警”,警戒、警備。《説文·言部》:“警,戒也。”

(1)望府檄驚備多,虜黨來重正甚數,毋令吏卒離署,持七月府記將卒稟,毋忽,臧記,令可課。(《敦》483A)

(2)唯府驚當備者,叩頭死罪,敢言之。候長良。(《新》EPT16.7)

(3)□明蓬火,尉、士吏、候長、候史驚戒便兵,如詔書法律。(《居》206.26)

(4)☐驚檄曰:甲申,候卒望見塞外東北。(《居》564.13,407.3)

(5)盜所主守隧縣官驚糒四斗五升□☐。(《新》EPT52.339)

(6)檄到,循行部界中,嚴教吏卒驚蓬火、明天田,謹迹候候望,禁止往來行者,定蓬火輩,送便兵戰斗具,毋爲虜所萃槧,已先聞知,失亡重事,毋忽,如律令。萃。(《居》278.7A)

(7)其令車騎審試,謹候望,驚薰火,清塞下,毋⊡。(《敦》1582)

(8)☐日□驚薰火。(《額》99ES17SH1:27)

(9)平望青堆隧驚候符,左券,齒百。(《敦》1393)

例(1)“驚備”即“警備”,義警戒、防備。例(2)“驚當備者”即“警當備者”,義警戒應當準備者。例(3)“驚戒”即“警戒”,義爲戒備。例(4)“驚檄”即“警檄”,指起警告作用的檄文。例(5)“驚糒”即“警糒”,警備時所用乾糧。[1]例(6)(7)(8)“驚蓬

① 初師賓:《漢邊塞守禦器備考略》,載甘肅省文物工作隊、甘肅省博物館:《漢簡研究文集》,甘肅人民出版社,1984,第154頁。

火”“驚蓬火”即“警烽火”，義警備烽火。例(9)“驚候符”即“警候符”，指燧卒候望報警時所用之符。[1]

可徑用本字，作“警”，如：

(10)府告居延、甲渠、卅井、殄北鄣候，方有警備。記到，數循行，教勑吏卒，明蓬火，謹候望。有所聞見，亟言。有教。(《新》EPF22.459)

(11)寇車師殺略人民，未知審警當備者，如律令。(《敦》69)

(12)騎歸呑遠隧。其夜人定時，新沙置吏馮章行殄北警檄來，永求。(《新》EPF22.196)

(13)☐警糒三石毋=嬰，塢户☐。(《金(壹)》73EJT4:2)

亦可寫作“敬”，詳見“422敬—警”組。

亦可寫作“檠”，詳見“425檠—警”組。

“驚”“警”通假，其他文獻可見。朱駿聲《説文通訓定聲·鼎部》：“驚，(叚借)爲警。”《墨子·號令》：“卒有驚事。”孫詒讓閒詁：“驚，讀爲警。”《文選·陸機〈歎逝賦〉》：“節循虚而驚立。”李善注：“警，猶驚也。”

## 419 警—驚(警jǐng，見母耕部；驚jīng，見母耕部。雙聲叠韵)

“警”，警戒、警備。《説文·言部》：“警，戒也。”“驚”，驚懼。《説文·馬部》：“驚，馬駭也。”

二月中送使者黄君，遇逢大風，馬警折死⊡。(《懸》Ⅱ0215④:71)

“馬警折死”即“馬驚折死”，指馬受到驚嚇而死。

“警”“驚”通假，其他文獻可見。詳見“418驚—警”組。

① 敦煌縣文化館：《敦煌酥油土漢代烽燧遺址出土的木簡》，載甘肅省文物工作隊、甘肅省博物館：《漢簡研究文集》，甘肅人民出版社，1984，第5頁。

## 420　敬—擎(敬 jìng,見母耕部;擎 qíng,群母耕部。聲近韻同)

"敬",恭敬、嚴肅。《説文·苟部》:"敬,肅也。""擎",持握、托舉。《廣雅·釋詁一》:"擎,舉也。"

(1)兵弩各有數。檄到,嚴教吏卒,謹敬持兵弩,毋弛大黄弩、六石、五石弩,吏。(《敦》1373)

(2)☐日復張,謹敬持處蓋毋令暴露關戾,邊兵重兵。(《敦》1374)

"敬持"即"擎持",義持握。例(1)"謹敬持兵弩"指小心持握兵器和弓弩。例(2)"關"通"彎","彎戾"同義連用,指彎曲。"謹敬持處蓋毋令暴露關戾"指小心别使兵器的持握處暴露在外,使其彎曲。西北邊塞之地,乾燥多風,器物暴露在外,容易喪失水分而變形。

又可寫作"檠",詳見"426 檠—擎"組。

## 421　敬—檠(敬 jìng,見母耕部;檠 qíng,群母耕部。聲近韻同)

"敬",恭敬、嚴肅。《説文·苟部》:"敬,肅也。""檠",校正弓弩的器具。《説文·木部》:"檠,榜也。"

敬弩椎梃枊角。(《新》EPT6.77)

"敬弩"即"檠弩"。

"敬""檠"通假,其他文獻可見。《馬王堆漢墓帛書·明君》:"務敬弓弩。"《馬王堆漢墓帛書·戰國縱横家書》十四:"是故臣以王令甘'薛公,驕敬三晋,勸之爲一,以疾功(攻)秦,必破之。'""敬"均讀爲"檠(檠)"。

## 422 敬—警(敬jìng,見母耕部;警jǐng,見母耕部。雙聲疊韻)

“敬”,恭敬、嚴肅。《説文·苟部》:“敬,肅也。”“警”,警戒、警備。《説文·言部》:“警,戒也。”

(1)蒼頡作書,以教後嗣。幼子承調,詔慎敬戒。勉力諷。(《敦》1459A)

(2)蒼頡作書,以教後嗣。幼子承調,詔慎敬戒。勉力諷誦。(《敦》1460A)

(3)蒼頡作書,以教後嗣。幼子承詔,謹慎敬戒。勉力諷誦,晝夜。(《敦》1461A)

(4)蒼頡作書,以教後嗣。幼子承昭,謹慎敬戒。勉力諷誦,晝夜勿置。苟務成史,計會辨治。超等軼羣,出尤別異。(《新》EPT50.1A)

(5)以教後嗣。幼子承詔,謹慎敬戒。勉。(《新》EPT56.27A)

(6)☐嗣,幼子承詔,謹慎敬戒。(《居》167.4A)

上引簡文均是《倉頡篇》殘篇。“敬戒”即“警戒”。“謹慎敬戒”指小心警戒。

亦可寫作“驚”,詳見“418 驚—警”組。

亦可寫作“檠”,詳見“425 檠—警”組。

“敬”“警”通假,其他文獻可見。《釋名·釋言語》:“敬,警也。”王先謙疏證補引王先慎曰:“敬、警二字古通用。”《詩經·大雅·常武》:“既敬既戒。”鄭玄箋:“敬之言警也。”又《周頌·敬之》:“敬之敬之。”馬瑞辰傳箋通釋:“敬之本義即警也。”

## 423 涇—徑(涇jīng,見母耕部;徑jìng,見母耕部。雙聲疊韻)

“涇”,水名。《説文·水部》:“涇,水。出安定涇陽幵頭山,東南入渭水,雝州之川也。”“徑”,道路。《説文·彳部》:“徑,步道也。”本義小路,引申泛指一切道路。

不敢自訟,東部肩水記:部尤戲孝誠欲告之,道涇毋從☐得。(《金(貳)》

73EJT26:72）

“道溼”即“道徑”，義門路、途徑。“部”是漢代邊塞組織中候長一級的機構，屬候官管轄。由“東部肩水記”可推測，此“部”當屬肩水候官管轄。“尤戲孝”應當是人名。簡文大意爲：尤戲孝確實想告之，却没有門路。

“溼”“徑”通假，其他文獻可見。朱駿聲《説文通訓定聲·鼎部》：“溼，（叚借）爲徑。”《莊子·秋水》：“溼流之大。”陸德明釋文：“崔本作徑，云：直度曰徑。”

## 424 頃—傾（qīng，溪母耕部。雙聲疊韻）

“頃”，頭不正。《説文·匕部》：“頃，頭不正也。”段玉裁注：“引申爲凡傾仄不正之偁，今則傾行而頃廢。”引申爲傾斜。“傾”是爲表“頃”之引申義所造的分化字。《説文·人部》：“傾，仄也。”

（1）深目一，見二所，負五十算。大積薪一，西頃，負六算。（《新》EPT59.242）

（2）☐積薪東頃。十四隊長房拓塢上北面新傷不補。（《居》104.42B）

（3）小積薪一，上便頃。卒張田取馬矢，不在署，山。（《居》214.108）

（4）小積薪一，上便頃。大積薪二，上便頃。（《居》214.8）

（5）小積薪一，上便頃。（《居》214.47）

（6）☐□梠木短，茭積頃☐。（《居》188.22）

（7）地蓬干頃。（《居》214.82）

（8）安樂隧。駒薪三，其一頃，足皆不堊。堠上蓬干下兩相不事當。居延蓬干置當徙。大薪三足不堊。塢堠不堊。（《地》86EDH:3）

例（1）（2）“西頃”“東頃”即“西傾”“東傾”，指積薪向西、向東傾斜。例（3）（4）（5）“便”通“偏”，“便頃”即“偏傾”，指積薪向一側傾斜。例（6）“茭積頃”即“茭積傾”，指茭堆積起的積薪傾斜。例（7）“蓬”通“烽”，“干”通“杆”，“地蓬干頃”即“地烽杆傾”，指地烽的杆子傾斜。例（8）“駒”通“棘”，“駒薪”即棘薪。棘薪三個，其中一個傾斜。

## 425 檠—警(檠 qíng,群母耕部;警 jǐng,見母耕部。聲近韵同)

"檠",同"檄",校正弓弩的器具。《説文·木部》:"檄,榜也。""警",警戒、警備。《説文·言部》:"警,戒也。"

入粟,給都吏壯卿檠戒塞上。綏和元年六月庚戌,新沙置卒馬,受次東候長章。(《居》155.15)

"檠戒"即"警戒"。"檠(警)戒塞上"指警惕防備邊塞。

亦可寫作"驚",詳見"418 驚—警"組。

亦可寫作"敬",詳見"422 敬—警"組。

## 426 檠—擎(qíng,群母耕部。雙聲叠韵)

"檠",同"檄",校正弓弩的器具。《説文·木部》:"檄,榜也。""擎",持握、托舉。《廣雅·釋詁一》:"擎,舉也。"

(1)署第十七部候長,主亭隧七所,兵弩扁戾,不檠持,毋䩼馬。(《新》EPF22.399)

(2)☑□里上造張憙,萬歲隧長居延沙陰里上造郭始,不知犢薰火,兵弩不檠持。憙當☑。(《新》EPT59.162)

(3)☑兵弩不檠持。案:業軟弱不任吏職,以令斥免,它如爰書。敢。(《新》EPF22.689)

(4)迎卒受兵,謹掖檠持,與將卒長吏相助至署所,毋令卒得擅道用弩射禽獸、鬬已。前關書☑。(《新》EPT53.63)

"檠持"即"擎持",義持握。例(2)(3)"兵弩不檠持"應當是例(1)"兵弩扁戾,不檠持”的簡省表達。“扁”通“偏”，義傾斜、彎曲。“偏戾”同義連用，亦義傾斜、彎曲。“兵弩扁戾，不檠持”大意爲：兵器弓弩彎曲，不能持握。

一説，“檠”作“檄”，即謹之假借字。不檠持，指不愛護武器。[①]但例(1)先説“兵弩扁戾”，後説“不檠持”，指兵器和弩彎曲不能“檠持”，故釋“檠”通“擎”更符合上下文意。

亦可寫作“敬”，詳見“420敬—擎”組。

“檠”“擎”通假，其他文獻可見。韓愈《燕河南府秀才得生字》：“柿紅葡萄紫，肴果相扶檠。”一本作“擎”。

## 427 刑—邢(xíng，匣母耕部。雙聲叠韻)

“刑”，割、殺。《説文·刀部》：“刑，剄也。”“邢”，姓氏。《急就篇》卷二：“邢麗奢。”顔師古注：“邢本姬姓之國，周公之胤也，爲衛所滅，因稱邢氏。”

(1)居延亭長孤山里刑延壽，年五十一，用馬一匹，騩，齒十歲，正月丙寅入。(《金(叁)》73EJT30:23)

(2)右不侵部隧長刑昌、刑晏，共留遲二分，候長孟憲□前行遇晏乏皆憲官事不辨，法。(《新》EPT65.71)

(3)十一月己未，府告甲渠鄣候，遣新除第四隧長刑鳳之官。符到，令鳳乘第三，遣。(《新》EPF22.475A)

(4)十月己卯，敦煌太守快、丞漢德敢告部都尉卒人，謂縣：督盗賊史赤光、刑世寫移今□□□□□部督趣。(《懸》Ⅰ0309③:222)

(5)黄龍元年四月壬申，給事廷史刑壽爲詔獄，有遝捕弘農、河東、上黨、雲中、北地、安定、金城、張掖、酒泉、敦煌郡，爲駕一封軺傳。(《懸》Ⅰ0114③:447A)

(6)☑史齊敢言之。爰書：鄣卒魏郡内安定里霍不職等五人，□□□卒刑敞劍庭刺傷狀，先以證不言請出入罪，人辭。(《居》3.35A)

① 薛英群、何雙全、李永良：《居延新簡釋粹》，蘭州大學出版社，1988，第58頁。

“刑延壽”“刑昌”“刑晏”“刑鳳”“刑世”“刑壽”“刑敞”均爲人名。

可徑用本字，作“邢”，如：

（7）出□□九十，萬歲隧長邢齊奉。（《居》173.15B）

（8）平望候長邢珍附馬行。（《敦》2126）

“邢齊”“邢珍附”爲人名。

“邢”“刑”通假，其他文獻可見。《睡虎地秦簡·封診式》：“甲，尉某私吏，與戰刑丘城。”又“甲、丙戰刑丘城，此甲、丙得首毆(也)。”《馬王堆漢墓帛書·戰國縱横家書》十六：“秦固有壞(懷)、茅、刑丘，城垝津，以臨河内。”“刑丘”，地名，《史記·魏世家》作“邢丘”。

## 428　刑—形(xíng，匣母耕部。雙聲疊韵)

“刑”，割、殺。《説文·刀部》：“刑，剄也。”“形”，形狀、樣子。《字彙·彡部》：“形，狀也。”

（1）嚴教屬縣官，令以下嗇夫吏正父老雜驗問鄉里，吏民賞取婢及免婢以爲妻，年五十以上刑狀類麗戎者，問父母昆弟本誰生子，務。（《金(壹)》73EJT1:2）

（2）君所在。獲前爲書，與王君述子儀死刑狀，不言大卿殺也。今大卿反。（《新》EPF22.386）

（3）居延尉史殷臨，爲人小刑，黑色，革車一乘。（《金(伍)》73EJF3:134+498+555）

（4）中壯大刑面鼻黑。（《金(貳)》73EJT23:795）

（5）制詔酒泉大守：敦煌郡到戍卒二千人，發酒泉郡，其徼候如品。司馬以下，與將卒長吏，將屯要害處。屬大守察地刑，依阻險，堅辟壘，遠候望，毋。（《敦》1780A）

（6）騎千人良臣行居延南澤塞外地刑發騎齋食塞☐。（《金(叁)》73EJT31:9）

(7)☒地刑留□☒。(《金(叁)》73EJT24:893)

例(1)“刑狀”即“形狀”,義形相、外貌。例(2)“死刑狀”指死亡時的形象。例(3)(4)“小刑”“大刑”即“小形”“大形”,指人的外形大小。例(5)(6)(7)“地刑”即“地形”,義地理形勢。

“刑”“形”通假,其他文獻可見。《廣雅·釋詁一》:“刑,正也。”王念孫疏證:“刑,亦通作形。”《墨子·非儒下》:“桼雕刑殘。”孫詒讓閒詁:“刑、形字通。”

## 429 刑—型(xíng,匣母耕部。雙聲疊韵)

“刑”,割、殺。《説文·刀部》:“刑,剄也。”“型”,模範。《説文·土部》:“型,鑄器之法也。”

伯樂相馬自有刑,齒十四五當下平。(《敦》843)

簡文中指相馬的範式。

“刑”“型”通假,其他文獻可見。《爾雅·釋詁上》:“刑,法也。”邵晋涵正義:“刑,通作型。”《詩經·周頌·我將》:“儀式刑文王之典。”馬瑞辰傳箋通釋:“形者,型之渻。”

## 430 嬰—罌(yīng,影母耕部。雙聲疊韵)

“嬰”,婦女的頸飾,似現代的項鏈。《説文·女部》:“嬰,頸飾也。”“罌”,汲水容器。《説文·缶部》:“罌,缶也。”段玉裁注:“罌,缶器之大者。”

(1)諸水嬰少一□。(《居》264.32)

(2)諸水嬰☒。(《居》227.39)

(3)毋儲水嬰,少一。□少□。(《居》227.82)

(4)□墼三百,户關二,□楪□,□□□,汲嬰二。(《金(叁)》73EJT31:67)

(5)☐嬰一,直百卅,葦席☐。(《居》123.22A)

(6)☐嬰一,直七十。席四枚☐。(《居》123.22)

(7)二石,嬰一。(《金(壹)》73EJT2:8B)

(8)☐警糒三石,毋,毋嬰,塢户☐。(《金(壹)》73EJT4:2)

(9)令史王卿記,願寧卿開户,出小□付豐。嬰中有米七斗,及巩中皆并遣豐。(《居》287.15A)

陳直先生《居延漢簡研究》:"諸水嬰爲儲水罌之省文。咸陽原曾出土有咸原少嬰殘陶片,嬰字假借,與本簡正同。"[①]"諸"通"儲","諸水嬰"即"儲水罌",指儲水的器皿。"汲嬰"即"汲罌",取水的器皿。從例(9)可知,除儲水外,"罌"亦用來裝米。

亦可寫作"甖","甖"爲"罌"之异體,《廣雅·釋器》:"罌,瓶也。"王念孫疏證:"甖,與罌同。"如:

(10)用甖十九,大甖十三,小甖六,率□九十五,凡直千八百五錢。(《居》56.39A)

(11)甖二,破。(《居》290.14,290.13A)

"嬰""罌"通假,其他文獻可見。《穆天子傳》卷二:"天子乃賜之黄金之嬰三六。"郭璞注:"嬰,即盂也。徐州謂之嬰。"洪頤煊校:"嬰,本作罌。"

## 431 呈—梃(呈chéng,定母耕部;梃tǐng,定母耕部。雙聲叠韵)

"呈",平。《説文·口部》:"呈,平也。""梃",木棒。《廣雅·釋器》:"梃,杖也。"

① 陳直:《居延漢簡研究》,天津古籍出版社,1986,第303頁。

(1)守御器簿,長斧三,長椎三,連呈三,棓三。(《敦》1806)

“連”字,圖版爲,《敦煌漢簡》作“蓬”,字形與“蓬”相差較遠,不當釋爲“蓬”。當釋爲“連”,首先,此字雖漫漶不清,但大體輪廓與“連”相似。其次,此簡爲守禦器簿,記録的内容都是守禦器,如長斧、長椎、長棓等。屯戍簡中,與長斧、長椎、長棓等一起出現在守禦器中的,還有長枓和連梃。此字與“長”字形相去甚遠,不可能是“長”,所以應釋爲“連”。“連呈”即“連梃”,一種打擊兵器。

可徑用本字,作“梃”,如:

(2)⿺辶羔不可上下,連梃庠解,□多隨折,長斧椎皆榣,棓哘呼,稈色不鮮明,奚索幣絶,弩長臂曲戾不可。(《居》127.24)

“連梃”又可稱爲“連棓”,“梃”與“棓”義同,如:

(3)長枓廿,連棓廿。(《新》EPT48.18A)

“連呈”“連梃”是同一個詞的不同書寫形式,本字作“連梃”。而“連梃”“連棓”爲所指相同的兩個詞。關於連梃的形制,大概與今天的雙節棍近似,只是雙節棍的兩個木棒一樣長,而連梃的一長一短,手持的一頭長,擊打的一頭短。這種形制的設計便於在馬上作戰,與連梃的起源有關。薛英群先生認爲:“所謂‘連梃’似指相聯在一起的木棒。”[①]此説甚確。

## 432 庭—挺(庭tíng,定母耕部;挺tǐng,定母耕部。雙聲叠韵)

“庭”,廳堂。《説文·广部》:“庭,宫中也。”“挺”,拔出。《説文·手部》:“挺,拔也。”

---

① 薛英群:《居延漢簡通論》,甘肅教育出版社,1991,第402頁。

(1)☐史齊敢言之。爰書:鄣卒魏郡内安定里霍不職等五人,□□□卒刑敞劍<u>庭</u>刺傷狀。先以證,不言請,出、入罪人辭。(《居》3.35A)

(2)☐乃爰書不職等辭縣、爵、里、年、姓各如牒。不職等辭曰:敞實劍<u>庭</u>自刺傷,皆證。所置辭審,它如。(《居》3.35B)

"劍庭"即"劍挺",義劍出。"劍庭自刺傷"意謂由於劍脱鞘而刺傷自己。上引簡文是爰書,爲記録囚犯供詞的文書。

"庭""挺"通假,其他文獻可見。《群經平議·毛詩三》:"既庭且碩。"俞樾按:"庭,當讀爲挺。"

## 433　程—桯(程chéng,定母耕部;桯tīng,透母耕部。聲近韵同)

"程",古代長度單位。《説文·禾部》:"程,十髮爲程,十程爲分,十分爲寸。""桯",①酒器。《説文·木部》:"桱,桱桯也,東方謂之蕩。"②木杠、木柄。《説文·木部》:"桯,牀前几。"段玉裁注:"此牀前之几,與席前之几不同。謂之桯者,言其平也。《考工記》蓋桯則謂平杠。"又《木部》:"杠,牀前横木也。"徐鍇繫傳:"杠,即今人謂之牀桯也。"

(1)將軍器記:大案七。小案十。圜五。大杯十一。小杯廿七。大槃十。小槃八。小尊二。大尊二。大棬二。小棬二。具目三。桱<u>程</u>二。衣篋三。(《居》293.2,293.1)

例(1)"程(桯)"義酒器。"桱程"即"桱桯",亦指酒器。[①]裘錫圭先生認爲:"桯,簡文(引者按:簡文指293.1,293.2的釋文)原作程,二字皆從呈聲,可通用……《急就篇》各本中,'程'字亦有從'木'作'桯'者,如宋克摹本、趙孟頫正草二本。"[②]

關於"桱桯"的得名之由,周祖謨先生認爲"桱"由"徑直而長"而得名。他説:

---

① 沈元:《〈急就篇〉研究》,《歷史研究》1962年第3期。

② 裘錫圭:《裘錫圭學術文集·雜著卷》,復旦大學出版社,2012,第6頁。

"許氏所謂'東方之篡'者,即以竹所作酒器之名。篡,唐本今本均作蕩,《萬象名義》作篡是也。篡,《説文》云:'大竹箭也。'《玉篇》云:'篡,竹器也,可以盛酒。'玄應《一切經音義》卷十四云:'篡,以木若瓦爲之,短闊于桶。'據是則篡爲酒器,桯亦爲酒器矣。酒器之所以名爲桯者,以其徑直而長,與匾榼之椑不同,故名。"[①]裘錫圭先生進一步認爲"桱桯"是叠韵聯綿字,"桯"亦得名於"徑直"義。[②]可見,"桱""桯"二字均有直義,故直而長的酒器稱爲"桱桯"。

(2)小苣三百。程苣九。(《居》506.1)

(3)塢上布蓬三,抓五寸已作治。程苣九,不具埃外已出。(《金(叁)》73EJT31:61A)

例(2)(3)"程(桯)"義木杠、木柄。"程苣"即"桯苣",指中間横插短杠的火炬,具體形制詳見"065承—桯"組。

亦可寫作"承",詳見"065承—桯"組。

"程""桯"通假,其他文獻可見。《墨子·備城門》:"渠立程。"孫詒讓閒詁:"程當爲桯。"

## 434 靈—苓(líng,來母耕部。雙聲叠韵)

"靈",古時楚人跳舞降神的巫。《説文·玉部》:"靈,巫也,以玉事神。靈,靈或从巫。""苓",即茯苓,寄生在松樹根上的菌類植物,可爲中藥,味甘、淡,性平。有利水滲濕、健脾和胃、寧心安神的功效[③]。《玉篇·艸部》:"茯,茯苓,藥也。"《集韵·德韵》:"茯,茯苓,藥艸。"

☐伏靈二分,亭曆二分,以牛膽丸☐。(《新》EPT65.350B)

---

① 周祖謨:《唐本説文與説文舊音》,載《問學集》(下),中華書局,1966,第723頁。

② 裘錫圭:《裘錫圭學術文集·雜著卷》,復旦大學出版社,2012,第7頁。

③ 南京中醫藥大學:《中藥大辭典》(第二版下册),上海科技出版社,2006,第2152頁。

“伏靈”即“茯苓”,“亭曆”即“亭歷”。“茯苓”與“亭歷”都可主治水腫脹滿、咳嗽痰多,所以兩者可用在同一個藥方中。

亦可寫作“令”,詳見“435 令—苓”組。

## 435　令—苓(令 lìng,來母耕部;苓 líng,來母耕部。雙聲疊韵)

“令”,發出命令。《説文·卩部》:“令,發號也。”“苓”,即“茯苓”,寄生在松樹根上的菌類植物,可爲中藥,味甘、淡,性平。有利水滲濕、健脾和胃、寧心安神的功效。《玉篇·艸部》:“茯,茯苓,藥也。”《集韵·德韵》:“茯,茯苓,藥艸。”

薑四兩₌二錢七分,直☐。

伏令四兩₌三☐。(《新》EPT9.7B)

“伏”通“茯”,“伏令”即“茯苓”。

亦可寫作“靈”,詳見“434 靈—苓”組。

## 436　令—領(令 lìng,來母耕部;領 lǐng,來母耕部。雙聲疊韵)

“令”,發出命令。《説文·卩部》:“令,發號也。”“領”,計量有領衣服的量詞。在屯戍簡中,計量的對象有單衣、袍、襲、裘等。《釋名·釋衣服》:“領,頸也,以壅頸也。亦言總領衣體爲端首也。”由“衣領”之義而引申計量有領之衣。

(1)受降卒富里宋鉗貰官練襲一令,直千。濼涫平旦周稺君所,稺君舍在會水。候官入東門得術,西入酒泉東部候。(《金(貳)》73EJT23:969)

“練”義白色的熟絹。“襲”義重衣,指衣外加衣。“練襲一令”即“練襲一領”,指練襲一件。

可徑用本字,作"領",如:

(2)▨直千廿五,練襲一領,表裏用帛一匹,糸絮。(《居》203.45)
(3)布襲一領,布復襦一領。(《新》EPT51.67)
(4)皁布袍一領。白練襄襲一領。白布袴一兩□。(《敦》573)

"令""領"通假,其他文獻可見。朱駿聲《説文通訓定聲·坤部》:"領,(叚借)爲令。"

## 437 令—鴒(令 lìng,來母耕部;鴒 líng,來母耕部。雙聲疊韵)

"令",發出命令。《説文·卩部》:"令,發號也。""鴒",即鶺鴒,鳥名。《集韵·錫韵》:"鶺,鶺鴒,鳥名,鵻鷚。"

詩曰:"題積令,載鷰載鳴,我日斯邁,而月斯延,蚤興夜未,毋天璽所生。""蚤興夜未,毋天璽所生"者,唯病乎?唯病乎?其勉之勉之。(《金(叁)》73EJT31:102A)

"題"義視,"題積令"指看鶺鴒鳥。此簡内容與《孝經》有關,簡文内容分兩部分:前半部分爲《詩經》引文,後半部從孝道角度對"蚤興夜未,毋天璽所生"進行解説,詳見"404 積—鶺"組。

"令""鴒"通假,其他文獻可見,詳見"404 積—鶺"組。

## 438 政—正(zhèng,章母耕部。雙聲疊韵)

"政",匡正,使正確。《説文·攴部》:"政,正也。""正",①端直,不偏斜。《説文·正部》:"正,是也。"②正法、治罪。《周禮·夏官·大司馬》:"賊殺其親則正之。"鄭玄注:"正之者,執而治其罪。""正"本義端直,不偏斜,引申爲匡正,使正確,"政"是爲表"正"之引申義所造的分化字。

(1)▨辟一,箭道不端政,負五筭。(《居》265.1)

(2)須以政不直者法,亟報。如律令。掾黨、守令史賞。(《新》EPF22.35)

例(1)"政(正)"義端直、不偏斜。"箭道不端政"即"箭道不端正","箭道"當指弩臂上發射箭的軌道。例(2)"政(正)"義正法、治罪。"須以政不直者法"大意爲:等待甲渠候的自證爰書以斷案,使不直的那個人依法受到懲處。[①]

"政""正"通假,其他文獻可見。《墨子·尚同中》:"政以爲便譬。"孫詒讓閒詁:"政與正同。"《禮記·深衣》:"以直其政。"鄭玄注:"政,或爲正。"《讀書雜志·荀子第三·王制》:"王者之等賦政事。"王念孫按:"政讀爲正。"

## 439　成—城(chéng,禪母耕部。雙聲叠韵)

"成",完成、實現。《説文·戊部》:"成,就也。""城",城池。《説文·土部》:"城,以盛民也。"

(1)置傳馬粟斗一升,叔一升。其當空道日益粟,粟斗一升。長安、新豐、鄭、華陰、渭成、扶風廄傳馬加食,匹日粟斗一升。(《懸》Ⅱ0214②:556)

(2)黄龍元年四月壬申,給事廷史刑壽爲詔獄,有逐捕弘農、河東、上黨、雲中、北地、安定、金城、張掖、酒泉、敦煌郡,爲駕一封軺傳。外二百卅七。御史大夫萬年謂胃成,以次爲駕,當舍傳舍,如律令。(《懸》Ⅰ0114③:447A)

(3)甘露三年十月辛亥,丞相屬王彭,護烏孫公主及將軍、貴人、從者,道上傳車馬爲駕二封軺傳,□請部。御史大夫萬年下謂[②]成,以次爲駕,當舍傳舍,如律令。(《懸》Ⅴ1412③:100)

(4)戍卒東郡聊成孔里孔定,貰賣劍一,直八百,觻得長秋里郭稺君所,舍里

---

① 裘錫圭:《新發現的居延漢簡的幾個問題》,載《裘錫圭學術文集·簡牘帛書卷》,復旦大學出版社,2012,第31頁。

② "謂",《敦煌懸泉漢簡釋粹》誤作"請"。《敦煌懸泉漢簡釋粹》(138頁)Ⅴ1412③:100簡:"甘露三年十月辛亥,丞相屬王彭,護烏孫公主及將軍、貴人、從者,道上傳車馬爲駕二封軺傳,□請部。御史大夫萬年下請(渭)成(城),以次爲駕,當舍傳舍,如律令。""請"後括號中的"渭"字對"請"作解釋説明,可知"請"當作"謂"。

中東，家南入。任者同里杜長賓前上。（《新》EPT51.84）

（5）戍卒魏郡元成正陽里大夫張安世，年廿四。（《新》EPT53.5）

（6）戍卒魏郡元成扁里大夫楊得，年廿□☐。（《新》EPT53.6）

（7）成北隊卒范詡☐。（《新》EPT65.206）

例（1）“渭成”、例（2）“胃成”、例（3）“謂成”即“渭城”，縣名，漢時屬右扶風。例（4）“聊成”即“聊城”，縣名，漢時屬東郡。例（5）（6）“元成”即“元城”，縣名，漢時屬魏郡。例（7）“成北”即“城北”，爲烽燧名。

可徑用本字，作“城”，如：

（8）戍卒東郡聊城宋里恭樂，六石具弩一，完。（《居》42.22）

（9）戍卒魏郡元城宜馬里大夫王延壽，年廿五。（《新》EPT53.4）

（10）三月丁亥朔辛卯，城北守候長匡敢言之。謹寫移隊長黨病書如牒，敢言之。今言府，請令就醫。（《新》EPF22.82）

例（4）“聊成”即例（8）“聊城”，例（5）（6）“元成”即例（9）“元城”。例（7）“成北”即例（10）“城北”。

亦可寫作“誠”，詳見“441 誠—城”組。

“成”“城”通假，其他文獻可見。朱駿聲《説文通訓定聲·鼎部》：“成，（叚借）又爲城。”《論語·顏淵》：“棘子成曰。”劉寶楠正義：“皇本成作城。”《韓非子·外儲説左下》：“臣不如父子成父。”王先慎集解引顧廣圻曰：“吕氏春秋作王子城父。”

## 440 誠—成（chéng，禪母耕部。雙聲叠韵）

“誠”，誠信。《説文·言部》：“誠，信也。”“成”，成爲、變成。《説文·戊部》：“成，就也。”

日不顯目兮黑雲多，月不可視兮風非沙。從恣蒙水誠江河，州流灌注兮轉揚

波。辟柱槙到忘相加,天門俠小路彭池。無因以上如之何,興章教海兮誠難過。(《敦》2253)

“從”通“縱”,義爲放縱。“蒙”通“濛”,義爲大水、洪水。“州”通“周”,義爲四處。“灌注”義傾瀉。“從恣蒙水誠江河,州流灌注兮轉揚波”句大意爲:肆意放縱的洪水匯聚成江河,四處流淌傾瀉,回轉掀起更大的波浪。此兩句詩以肆意放縱的洪水積少成多、積弱成强匯聚成大江大河,四處興風作浪,來諷刺現實中邪惡勢力因没有受到相應的遏制反而壯大,日益猖獗。簡文大意詳見“007 海—誨”組。

“誠”“成”通假,其他文獻可見。《論語·顔淵》:“誠不以富。”劉寶楠正義:“誠,毛詩作成。”《楚辭·九章·抽思》:“昔君與我誠言兮。”洪興祖補注引舊校:“誠,一作成。”《讀書雜志·墨子第四·貴義》:“子之言則成善矣。”王念孫按:“古或以成爲誠。”又《逸周書第一·成》:“以成爲心。”王念孫按:“誠古通作成。”《群經平議·論語一》:“好謀而成者也。”俞樾按:“成當讀爲誠。”

## 441　誠—城(chéng,禪母耕部。雙聲叠韵)

“誠”,誠信。《説文·言部》:“誠,信也。”“城”,城池。《説文·土部》:“城,以盛民也。”

(1)☐誠北部主隧八所,吏九人,卒廿四人☐。(《新》EPT5.93)

(2)右誠北部隧長名☐。(《新》EPT43.200)

(3)誠北候長王褒,三月食三石,三月丙戌自取。(《新》EPF22.90)

(4)河平三年十月丙戌朔癸丑,誠北候史章敢言之,謹移十月吏卒日迹簿一編,敢言之。(《新》EPT51.207)

(5)居延甲渠誠北隧長桃勝之☐。(《新》EPT52.481)

(6)誠北隧長毛仁,十二月奉錢四百。其百,俱南隧長周尊取。(《新》EPT51.126)

(7)誠北隧卒三人。(《新》EPT51.268)

(8)五年正月中,授爲甲渠誠北隧長。(《居》3.14)

“誠北”即“城北”,爲部名和隧名。“候長”“候史”爲“部”一級機構的官吏。“隧長”爲“燧”一級的官吏。

可徑用本字,作“城”,詳見“439 成—城”組。

亦可寫作“成”,詳見“439 成—城”組。

“誠”“城”通假,其他文獻可見。《大戴禮記·子張問入官》:“大城而公治之。”王聘珍解詁:“城當爲誠,形聲之誤也。誠,信實也。”

## 442　精—謹(精 jīng,精母耕部;謹 jǐn,見母文部。聲遠韵遠)

“精”,精米。《説文·米部》:“精,擇也。”段玉裁注:“擇米也。”“謹”,謹慎。《説文·言部》:“謹,慎也。”

(1)扁書亭隧顯處,令盡諷誦知之。精候望,即有蓬火,亭隧回度舉,毋必。(《敦》1557)

(2)☐精候望。有所聞見,復言叩頭☐。(《新》EPF22.543)

“精候望”即“謹候望”,義謹慎伺望、偵察。

亦可徑用本字,作“謹”,詳見“537 慬—謹”組。

亦可寫作“慬”,詳見“537 慬—謹”組。

亦可寫作“情”,詳見“444 情—謹”組。

## 443　請—情(請 qǐng,清母耕部;情 qíng,從母耕部。聲近韵同)

“請”,謁見。《説文·言部》:“請,謁也。”“情”,實情。《説文·心部》:“情,人之陰氣有欲者。”本義爲本性,引申爲實情。

務得請實,發生從迹,毋督聚煩擾民。大逆同産當坐重事,推迹未窮,毋令居部界中不覺。得者書言白報,以郵亭行,詣長安傳舍。(《金(壹)》73EJT1:2)

"請實"即"情實",義實情。"務得請實"指務必得知實情。

"請""情"通假,其他文獻可見。《墨子·非命下》:"察衆之耳目之請。"孫詒讓閒詁:"請、情古通。"《史記·禮書》:"故至備,情文俱盡。"裴駰集解引徐廣曰:"古情字或假借作請。"

## 444 情—謹(情 qíng,從母耕部;謹 jǐn,見母文部。聲遠韵遠)

"情",本性。《説文·心部》:"情,人之陰氣有欲者。""謹",謹慎。《説文·言部》:"謹,慎也。"

☑月八日,莫宿步廣,

☑□敕:情候望,恐。(《敦》2220A)

"情候望"即"謹候望",義謹慎伺望、偵察。

亦可徑用本字,作"謹",詳見"537 慬—謹"組。

亦可寫作"慬",詳見"537 慬—謹"組。

亦可寫作"精",詳見"442 精—謹"組。

## 445 騂—挈(騂 xīng,心母耕部;挈 qiè,溪母月部。聲遠韵遠)

"騂",赤色的馬。《廣韵·清韵》:"騂,馬赤色也。""挈",提起、懸持。《説文·手部》:"挈,縣持也。"

欲知幣劍以不報者,及新器者,之日中騂視,白堅隨逢上者,及推處、白黑堅分明者，及無文，縱有文而在堅中者，及雲氣相遂，皆幣合人劍也。刀與劍同等。右善劍四事。右幣劍六事。(《新》EPT40.204-205)

"之日中騂視"指在陽光下持劍審視。簡文屬《相刀劍册》，大意參見"549 文—紋"組。

"騂""挈"通假，其他文獻可見。陳力先生指出："'騂'，即'挈'。《周禮》鄭玄注曰：'故書騂爲挈。'杜子春注曰：'挈讀爲騂。'故此處之'騂'當作'挈'字解。"①

## 446　姓—性(xìng，心母耕部。雙聲叠韵)

"姓"，姓氏。《説文·女部》："姓，人所生也。""性"，人的本性。《説文·心部》："性，人之陽气性善者也。"

臣厶伏自念天姓愚頓，未有以結誠達信。(《敦》970)

"天姓"即"天性"，指人先天具有的性格和品質。"頓"通"鈍"，"愚頓"即"愚鈍"。"天姓愚頓"即本性愚笨遲鈍。

"姓""性"通假，其他文獻可見。朱駿聲《説文通訓定聲·鼎部》："姓，(叚借)又爲性。"《諸子平議·管子五》："故莫不得其職姓。"俞樾按："姓乃性之假字，言其得性也。"

## 447　浄—静(浄chéng，崇母耕部；静jìng，從母耕部。聲近韵同)

"浄"，春秋魯國都城北城門的護城河名。《説文·水部》："浄，魯北城門池也。"段玉裁注："浄者，北城門之池。其門曰'争門'，則其池曰'浄'。""静"，安静、寧静。《廣韵·静韵》："静，安也。"

① 陳力：《居延新簡相利善刀劍諸簡選釋》，《考古與文物》2002年第6期。

當西從發軍，未出所過郡，安浄未發兵？（《敦》55）

“安浄”即“安静”。簡文大意爲：應當從西發兵，没有出現在應該經過的郡，静止没有發兵嗎？

“浄”“静”通假，其他文獻可見。《史記·曹相國世家》：“載其清浄，民以寧一。”“清浄”即清静。

## 448 庰—鉼（庰 bìng，並母耕部；鉼 píng，並母耕部。雙聲疊韵）

“庰”，隱蔽之處。《説文·广部》：“庰，蔽也。”“鉼”，即庰庭，漢里名，屬張掖郡居延縣。

（1）橐他候史氏池千金里張彭建平四年正月家屬符，母居延庰庭里徐都君年五十，男弟觻得當富里張惲，年廿，男弟臨年十八，女弟來侯年廿五，女弟驕年十五，彭妻大女陽年廿五，車二兩，用牛四頭，馬三匹。（《金（肆）》73EJT37:1058）

“庰庭里”即“鉼庭里”，屬居延縣。

可徑用本字，作“鉼”，如：

（2）關嗇夫居延鉼庭里薛安世☐。（《金（壹）》73EJT4:89）

（3）廣地鬬都亭長蘇安世妻居延鉼庭里薛存，年廿九長☐。（《金（肆）》73EJH1:25）

（4）訾家鉼庭里魯護，車一兩。（《金（伍）》73EJF3:170）

例（2）（3）“鉼庭里”均屬居延縣，可證例（1）“庰庭里”即“鉼庭里”。“鉼庭”還可以是烽燧的名稱，以里名作烽燧名，大概是爲了説明烽燧的地理位置，如：

（5）鉼庭隧卒，鳴沙里大夫范弘，年卅四。（《新》EPT65.145）

# 脂部通假字匯釋

## 449　抵—擿(抵 dǐ,端母脂部;擿 zhāi,端母錫部。聲同韵遠)

“抵”,排擠。《説文·手部》:“抵,擠也。”“擿”,查對、核校。《三國志·魏志·孫禮傳》:“今二郡争界八年,一朝决之者,緣有解書圖畫,可得尋案擿校也。”

(1)抵校,因都試馳射,會月☐。(《居》40.18)

(2)所舉籍不相應解何,記到,遣吏抵校,及將軍未知,不將白之。(《居》183.15B)

“抵校”即上引《三國志》之“擿校”,義核對。“擿校”同義連用。

亦可寫作“邸/郅”,詳見“450 邸/郅—擿”組。

一説,“抵”義爲會。《中國簡牘集成》:“抵,會;校,驗。抵校,即合驗。”[①]但“抵”未見有“會”義。

“抵”“擿”通假,其他文獻可見。朱駿聲《説文通訓定聲·履部》:“抵,(叚借)又爲擿。”《後漢書·獻穆曹皇后紀》:“以璽抵軒下。”李賢注:“抵,擲也。”《禰衡傳》:“因毀以抵地。”李賢注:“抵,擲也。”“抵”讀爲“擲”,“擲”之古字爲“擿”。

## 450　邸/郅—擿(邸 dǐ,端母脂部;擿 zhāi,端母錫部。聲同韵遠)

“邸”,戰國時諸國客館,漢諸郡王侯爲朝見而在京都設置的住所。《説文·邑

① 中國簡牘集成編委會:《中國簡牘集成》(第五册),敦煌文藝出版社,2001,第114頁。

部》:“邸,屬國舍。”“䣓”爲“邸”之异體。“擿”,查對、核校。《三國志·魏志·孫禮傳》:“今二郡争界八年,一朝决之者,緣有解書圖畫,可得尋案擿校也。”

(1)任小吏,忘爲中程,甚毋狀,方議罰。檄到,各相與邸校,定吏當坐者,言,須行法。(《居》55.13,224.14,224.15)

(2)候長邸校相付。謹案:部兵物,休皆自☐。(《新》EPF22.388)

(3)候長不相與邸校,而令不相應,解何? 檄到,馳持。(《新》EPF22.454)

“邸校”“䣓校”即上引《三國志》之“擿校”,義核對。“擿校”同義連用。

亦可寫作“抵”,詳見“449 抵—擿”組。

## 451 邸—祁(邸 dǐ,端母脂部;祁 qí,群母脂部。聲遠韵同)

“邸”,戰國時諸國客館,漢諸郡王侯爲朝見而在京都設置的住所。《説文·邑部》:“邸,屬國舍。”“祁”,祁連山,位於中國青海省東北部與甘肅省西部邊境。

□邸連廄置駙集上乘所☐。(《居》37.17A)

“邸連廄”即“祁連廄”。[①]

## 452 第—遞(第 dì,定母脂部;遞 dì,定母支部。聲同韵遠)

“第”,次序、次第。《廣雅·釋詁三》:“第,次也。”“遞”,遠。《玉篇·辵部》:“遞,遠也。”

亭隧第遠,晝不見煙,夜不見火,士吏、候長、候史馳相告,毋燔薪,以急疾爲

① 裘錫圭:《漢簡拾零》,載《裘錫圭學術文集·簡牘帛書卷》,復旦大學出版社,2012,第81頁。

故。(《敦》2079)

“第遠”即“遞遠”,“遞遠”同義連用。“亭隧第遠,晝不見煙,夜不見火”大意爲:亭燧之間的距離遥遠,白天看不到煙,晚上看不到火。

## 453　稚—雉(zhì,定母脂部。雙聲疊韵)

“稚”,同“稺”。《説文·禾部》:“稺,幼禾也。”“雉”,野雞。《玉篇·隹部》:“雉,野雞也。”

酒米三石,直五百一十。稚二隻,其一隻,以當履錢。(《金(叁)》73EJT30:122B)

“稚二隻,其一隻,以當履錢”大意爲:野雞兩隻,其中一隻用來抵買鞋子的錢。

## 454　稺/稚—遲(稺zhì,定母脂部;遲chí,定母脂部。雙聲疊韵)

“稺”,《説文》作“稺”,《禾部》:“稺,幼禾也。”漢代文字中“屖”與“隹”字形相近,故“稺”常訛爲“稚”。“遲”,稽延、稽留。《説文·辵部》:“遲,徐行也。”段玉裁注:“今人謂稽延爲遲。”

(1)□九日謁府,定行道十三日,留稺。叩頭死罪死罪。(《新》EPT53.128)
(2)☐同皆留稺失期,職事毋狀,罪當死,叩頭死罪☐。(《新》EPT59.541)
(3)留稺失期,□職事毋狀。(《居》190.20)
(4)言:卻適卒取薪,留稚。日失中,過顯明。(《敦》803B)
(5)☐留稚不☐。(《居》117.41)

“留稺”“留稚”即“留遲”,義稽留、延遲。

可徑用本字，作“遲”，如：

(6)詣關門留遲毋狀當坐，罪當萬死，叩頭，死罪死罪。唯。(《敦》176)

(7)持行到府，皆後宫等到，留遲。記到，各推辟界中相付日時，具言狀，會月廿六日。(《新》EPF22.324)

“稺(稚)”“遲”通假，其他文獻可見。《讀書雜志·墨子第三·非樂上》：“將必不使老與遲者。”王念孫按：“遲，讀爲稺。”

## 455　尼—昵(尼 ní，泥母脂部；昵 nì，泥母質部。聲同韵近)

“尼”，近、親近。《説文·尸部》：“尼，從後近之。”段玉裁注：“尼訓近，故古以爲親暱字。”“昵”是爲表“尼”之本義所造的分化字。《説文·日部》：“暱，日近也。从日，匿聲。《春秋傳》曰：‘私降暱燕。’昵，暱或从尼。”

《行葦》則兄弟具尼矣，故曰：先之以博愛而民莫遺其親。百廿七字 ☑。(《金(叁)》73EJT31:141)

“兄弟具尼”大意爲：兄弟都親近。“具”通“俱”，義都、皆。

“尼”“昵”通假，其他文獻可見。《爾雅·釋訓》：“宴宴粲粲，尼居息也。”郝懿行義疏：“尼者，昵字之省，與暱同。”又《釋詁下》：“即，尼也。”陸德明釋文：“尼，本亦作昵，同。”

## 456　梨—犁(lí，來母脂部。雙聲疊韵)

“梨”，同“棃”，果木名。《説文·木部》：“棃，果名。”“犁”，即尉犁，西域故國名。西漢太初四年(前101年)，將軍李廣利二次伐大宛時所滅。《漢書·西域傳下》：“尉犂國,王治尉犂城,去長安六千七百五十里。户千二百,口九千六百,勝兵二千人。尉犂侯、安世侯、左右將、左右都尉、擊胡君各一人,譯長二人。西至都護治所三百里,南與鄯善、且末接。”

(1)□□□奉去迎子母五人,廩五月十五日食三石八斗,再八石四斗,至尉梨再一斗□□。行到官旁,奉書子母三人,廩四月餔食三石五斗,再爲四石五斗,至尉梨廩六斗。(《懸》Ⅱ0115②:66A)

(2)▨自六月甲寅,發尉梨將。(《敦》94)

(3)臣厶前在尉梨,與將率比上書。(《敦》129)

(4)夜亭□□□□□關大尉龍勒驛□言羌男子利年等詣□□鄯善侯發兵遯焉者尉梨車師。(《敦》460A)

“尉梨”即“尉犂”。

## 457 犁—黎(lí,來母脂部。雙聲叠韵)

“犁”,同“犂”,耕翻土地。《廣韵·齊韵》:“犁,耕也。”“黎”,①黎陽,漢縣名,屬魏郡。《漢書·地理志上》:“黎陽,莽曰黎蒸。”顔師古注引晋灼曰:“黎山在其南,河水經其東。其山上碑云:縣取山之名,取水之陽以爲名。”因在黎山之北而得名。②黎縣,漢縣名,屬東郡。

(1)▨貰買驚虜隧戍卒,魏郡犁陽當▨。

▨貰買隧戍卒,魏郡犁陽中里李▨。

▨貸隧戍卒,魏郡犁陽脩長里▨。(《新》EPT56.224)

(2)田卒魏郡犁陽南利里大夫丘漢年廿三,長七尺二寸黑色。(《金(壹)》73EJT2:3)

(3)犁陽丞印,掾譚令史賞。(《金(壹)》73EJT6:23B)

(4)田卒魏郡犁陽北市里大夫▨。(《居》121.29)

(5)☐魏郡犂陽廣大里趙穰。(《居》36.17)

(6)田卒魏郡犂陽朝陽里馮廣,槍一,靡廣二□長尺☐。(《居》113.1)

(7)□□田卒東郡犂□里大夫許部。(《居》334.7)

例(1)"犂",《居延新簡集釋》釋爲"軼",圖版分别爲、、,字形右半漫漶,左半似"車"字。此"車"形,當是"犂"右半所從"禾"字筆劃漫漶的結果。"犂"寫成左右結構,如(《居》113.1)、(《居》121.29)。例(1)至(7)"犂(黎)"指黎陽縣,屬魏郡。例(7)"犂(黎)"指黎縣,屬東郡。

"犂""黎"通假,其他文獻可見。《隸釋》卷八《冀州從事張表碑》:"后臧其勛,俾守犂陽。""犂陽"即"黎陽"。

## 458　犂—藜(lí,來母脂部。雙聲叠韵)

"犂",耕翻土地。《廣韵·齊韵》:"犂,耕也。""藜",即蒺藜,指用木或金屬製成的帶刺的障礙物。《銀雀山漢簡·孫臏兵法·陳忌問壘》:"蒺藜者,所以當溝池也。"

辟門疾犂一,大十韋,長丈三尺。關門墼,五百。治墼五百。□□羊頭石五百。(《新》EPT48.18A)

"疾"通"蒺","疾犂"即"蒺藜"。

亦可寫作"利",詳見"466利—藜"組。

"犂""藜"通假,其他文獻可見。《墨子·備城門》:"二步積石,石重千鈞以上者五百枚,毋百,以亢疾犂。""疾犂"即"蒺藜"。

## 459　矢—屎(shǐ,書母脂部。雙聲叠韵)

“矢”,箭。《説文·矢部》:“矢,弓弩矢也。”“屎”,糞便。《説文》作“菌”,《艸部》:“菌,糞也。”《玉篇·艸部》:“菌,糞也。亦作‘矢’,俗爲‘屎’。”

(1)其五人,人行八十里。一人五十五里六十步。迹還,一反,負馬矢六石。(《敦》1706)

(2)未能汲齊春靡,徼迹,見二作,它歲隧有墼、馬矢,今年未昭有古,日夜取墼,馬唯治所,塞官今治所檄。(《金(叁)》73EJT28:107)

(3)卒張田取馬矢,不在署,山。(《居》214.108)

(4)塢上不騷除,不馬矢塗,毋候蘭,毋乾馬牛矢,内毋屋。(《居》264.32)

(5)艾、馬矢橐各一。(《居》506.1)

“馬矢”“牛矢”即“馬屎”“牛屎”。以乾馬牛屎混合泥巴塗抹墻壁、地面,可起加固、保暖的作用,這種現象屯戍簡中多見,在現在的西北農村亦可見。

“矢”“屎”通假,其他文獻可見。《莊子·人間世》:“以筐盛矢。”陸德明釋文:“矢,或作屎,同。”《史記·廉頗藺相如列傳》:“頃之三遺矢矣。”司馬貞索隱:“矢,一作屎。”

## 460　齊—劑(齊 qí,從母脂部;劑 jì,從母脂部。雙聲叠韵)

“齊”,齊平、齊等。《説文·齊部》:“齊,禾麥吐穗上平也。”段玉裁注:“引申爲凡齊等之義。”“劑”,稱量藥劑的量詞。《廣韵·霽韵》:“劑,分劑。”

(1)☐六日病傷臟,藥十齊☐。(《新》EPT9.3)

(2)☐藥卅齊,不偷。至八月己☐。(《新》EPT43.251)

(3)☐飲藥五齊,積三日。(《新》EPT51.423)

(4)第七隧卒魏郡館陶□里孫□,□□温,飲藥三齊☑。(《新》EPT56.367)

(5)☑頭廱、寒熱,飲藥五齊,不偷。戎掾言候官,請。(《新》EPT 59.269)

(6)☑謹飲藥五齊,不偷,唯治所請醫診治。(《額》2000ES9SF4:14)

(7)第卅一隧卒尚武,四月八日病頭廱寒炅,飲藥五齊,未愈。(《居》4.4B)

(8)久背二所刺起,後數日府賢來刺,飲藥一齊,置十□☑。(《居》49.31,49.13)

(9)☑飲藥廿齊,不偷,它如爰書,敢言之。(《居》52.12)

(10)第八隧卒□上病傷汗,飲藥十齊,癸未醫行☑。(《居》257.6A)

(11)第十隧卒高同,病傷汗,飲藥五齊☑。(《居》265.43)

簡文中"偷""偷""愈"等説明病愈的情况。

"齊""劑"通假,其他文獻可見。段玉裁《説文解字注·刀部》:"劑,《周禮》又多用齊字。……今人藥劑字乃《周禮》之齊字也。"《讀書雜志·晏子春秋第一·内諫篇上》:"辟拂嗛齊。"王念孫按:"齊,讀若劑。"《史記·扁鵲倉公列傳》:"躁者有餘病,即飲以消石一齊。"

## 461 薺—齏(薺 cí,從母脂部;齏 jī,精母脂部。聲近韵同)

"薺",蒺藜。《説文·艸部》:"薺,蒺棃也。"朱駿聲《説文通訓定聲》:"薺即蒺藜之合音。""齏",切細的醬菜。《釋名·釋飲食》:"齏,濟也,與諸味相濟成也。"

薺、將、畺,直五十。(《金(貳)》73EJT21:8)

此簡爲《勞邊使者過界中費》册書中的一枚。《勞邊使者過界中費》記録勞邊使者所用之"粱米"" 即米""羊""酒""鹽""豉"等物及其價值。"薺""將""畺"三種物品列在"鹽""豉"之後,説明此三者也應該是"鹽""豉"一類的調味品。"將"通"漿",義漿水。"畺"通"薑",義生薑。

"薺""齏"通假,其他文獻可見。揚雄《法言·君子》:"航不漿,衝不薺,有諸?"俞樾《諸子平議·〈揚子法言〉二》:"薺當爲齏。《周官·醯人》:'以五齊七醢七菹三虀實之。’鄭注曰:‘齊當爲齏。凡醯醬所和細切爲齏。’然則航不漿,衝不齏,謂樓航不可挹酒漿,衝車不可盛齏醢也,漿與齏以類相從。作‘薺’者,叚字耳,以本字讀之則不偷矣。”①

## 462 壐—爾(壐 xǐ,心母脂部;爾 ěr,日母脂部。聲遠韵同)

“壐”,玉璽。《説文·土部》:“壐,王者印也。所以主土,从土,爾聲。璽,籀文从玉。”“爾”,用於第二人稱,相當於你。《詩經·周南·螽斯》:“宜爾子孫。”孔穎達疏:“爾,女也。”

詩曰:“題積令,載蜚載鳴;我日斯邁,而月斯延;蚤興夜未,毋天壐所生。”“蚤興夜未,毋天壐所生”者,唯病乎? 唯病乎? 其勉之勉之。(《金(叁)》73EJT31:102A)

“天”通“忝”,義爲辱。“毋天壐所生”即“毋忝爾所生”,不要辱没生你的父母。此簡内容與《孝經》有關,簡文内容分兩部分:前半部分爲《詩經》引文,後半部分從孝道角度對“蚤興夜未,毋天壐所生”進行解説,詳見“404 積—鶺”組。

## 463 陛—壁(陛 bì,並母脂部;壁 bì,幫母錫部。聲近韵遠)

“陛”,台階。《説文·𨸏部》:“陛,升高階也。”“壁”,壁壘。《説文·土部》:“壁,垣也。”本義墻壁,引申爲壁壘。

(1)塢陛壞敗,不作治。户關戊不調利。天田不耕畫,不鉏治。(《敦》1552)

(2)五鳳二年八月辛巳朔乙酉,甲渠萬歲隧長成敢言之。迺七月戊寅夜,隨塢陛傷要,有瘳。即日視事,敢言之。(《居》6.8)

① “航不漿,衝不薺”句並舉“漿”“薺”,簡文中也是“薺”“將”並舉,更進一步説明,“薺”通“齏”,“將”通“漿”。

“塢陛”即“塢壁”，指防禦用的土堡，土障。

可徑用本字，作“壁”，詳見“411辟—壁”組。

亦可寫作“辟”，詳見“411辟—壁”組。

一說“陛”義爲臺階。《中國簡牘集成》在《敦》1552下注：“陛，臺階也，見《説文》。”[①]將“陛”按本字釋。但“塢壁”一詞，既習見於屯戍簡，又見於傳世文獻，故釋“陛”爲“壁”。

## 464　比—篦(比bì，並母脂部；篦bì，並母脂部。雙聲疊韻)

“比”，親、親近。《説文·比部》：“比，密也。”“篦”，篦子。《玉篇·竹部》：“篦，釵篦也。”“比”“篦”同源通用。

(1)踈比一具。(《居》41.20)

(2)第十：承塵户㡘絛績縱，鏡斂踈比各有工。賁薰脂粉膏臎筩。(《敦》2356A)

“踈”通“梳”。“踈比”即“梳篦”，指梳子與篦子。

“比”“篦”通假，其他文獻可見。朱駿聲《説文通訓定聲·履部》：“比，今字作篦，又作笓。”

## 465　眉—糜(眉méi，明母脂部；糜méi，明母歌部。聲同韻近)

“眉”，眉毛。《説文·眉部》：“眉，目上毛也。”“糜”，關西稱不黏的黍爲糜，俗稱“糜子”“黄米”。《説文·黍部》：“糜，穄也。”又《禾部》：“穄，糜也。”《玉篇·禾部》：“穄，關西糜，似黍不黏。”後多假“糜”表示“糜”。

① 中國簡牘集成編委會：《中國簡牘集成》(第三册)，敦煌文藝出版社，2001，第219頁。

(1)夫人付奉世干飯八石。夫人付奉世干飯五石。夫人付奉世干飯八石。夫人付奉世干飯八斗。夫人付奉世<u>眉</u>一石,直百五十。凡干飯廿一石八斗,<u>眉</u>一石,爲錢三千六百卅八。(《新》EPT57.69A)

(2)干飯、<u>眉</u>計。(《新》EPT57.69B)

以上諸“眉”字,《居延新簡集釋》均釋爲“肩”,圖版分別作、、,蓋因“目”上有兩點,故釋爲“肩”。此字實際不是“肩”,而是“眉”的俗寫字形,《金石文字辨异·平聲·江韵·眉字》引《漢李翊夫人碑》“眉”作“肩”可證。例(1)“眉一石”即“糜一石”。例(2)“干”通“乾”,“干飯、眉計”指乾飯、糜總計。

“黍”有兩種:黏者稱爲“黍”,不黏者稱爲“稷”。李時珍《本草綱目·穀部·稷》:“稷與黍,一類二種也。黏者爲黍,不黏者爲稷。稷可作飯,黍可釀酒。猶稻之有粳與糯也……今俗通呼爲黍子,不復呼稷也。”“稷”南方稱爲“穄”,關西稱爲“糜”,冀州稱爲“䵖”。《急就篇》卷二:“稻黍秫稷粟麻秔。”王應麟補注:“稷,又名爲穄,似黍而小。”《資治通鑑·晋紀二十三》:“厲兵過代地,犯其穄田。”胡三省注:“穄,糜也。今南人呼黍爲穄。”《吕氏春秋·本味》:“陽山之穄。”高誘注:“穄,關西謂之糜,冀州謂之䵖。”

“糜”,在屯戍簡中還有許多别名,如:稷(《敦》1718)、稷麥(《敦》316)、稷米(《居》10.39、《敦》364、1306)、黄米(《居》126.23、《額》2000ES41SF2:6A)。與“糜”關係較近的,有“黍粟”(《居》214.4、286.4、《新》EPT6.104、EPT49.34B、EPT51.71、EPT52.185、EPF22.633)、“黍米”(《居》10.39、36.7、65.4、480.6),其中“稷麥”“稷米”“黍粟”“黍米”是小名冠大名的合成詞。“黍粟”“黍米”應該就是上文所論“黏的黍”,與“糜”(不黏的黍)相對。

又可寫作“糜”,詳見“551糜—糜”組。

又可寫作“穈”,詳見“572穈—糜”組。

又可寫作“靡”,詳見“575靡—糜”組。

# 質部通假字匯釋

## 466　利—藜(利lì,來母質部;藜lí,來母脂部。聲同韵近)

“利”,鋒利。《説文·刀部》:“利,銛也。”“藜”,即蒺藜,指用木或金屬製成的帶刺的障礙物。《銀雀山漢簡·孫臏兵法·陳忌問壘》:“蒺藜者,所以當溝池也。”

塢上轉射一所,深目中不辟除,一所轉射毋□。遣機一,疾利鋸二,□□。(《居》89.21)

“疾利”即蒺藜。“鋸”爲“梶”之异體,指塞於車下的制動之木。《易·姤》:“繫於金梶。”王弼注:“梶者,制動之主。”孔穎達疏引馬融曰:“梶者,在車之下,所以止輪,令不動者也。”引申當可指一般的制動之木,再引申有“遏止、阻礙”義。“疾利鋸”即“蒺藜梶”,因“蒺藜”本就有阻礙的作用,“梶”又指制動之木,所以“蒺藜”又可稱“蒺藜梶”。

亦可寫作“犂”,詳見“458犂—藜”組。

“利”“藜”通假,其他文獻可見。《銀雀山漢墓竹簡·孫臏兵法·陳忌問壘》:“疾利者,所以當蠨(溝)池也……以弩次疾利,然後以其法射之。”

## 467　桼—七(qī,清母質部。雙聲叠韵)

“桼”,古“漆”字,用漆樹皮里的黏液做成的塗料。《説文·桼部》:“桼,木汁,可以髼物。”“七”,數目字。《玉篇·七部》:“七,數也。”

(1)六月桼日從府貣一斛,己未日復一斛六斗一升,此三月食。(《敦》22A)

(2)第十三隧長黨名詣官,桼月癸丑蚤食入。(《居》26.12)

(3)充辤曰:上造河東安邑龐氏里,年二十桼歲,姓梁氏。(《新》EPT5.5)

(4)建武桼年計簿算。(《新》EPT26.9)

(5)延城甲溝候官第三十隧長上造范尊,中勞十月十桼日。能書會計,治官民頗知律令,文。年三十二歲,長桼尺五寸。應令。居延陽里,家去官八十里。屬延城部。(《新》EPT59.104)

勞榦先生《居延漢簡考證》:"漢人七多假爲桼,莽衡亦作桼,與簡文同。"①

"桼""七"通假,其他文獻可見。段玉裁《説文解字注·桼部》:"桼,漢人多叚桼爲七字。"《别雅》卷五:"桼政,七政也。"

## 468 桼—漆(qī,清母質部。雙聲叠韵)

"桼",用漆樹皮里的黏液做成的塗料。《説文·桼部》:"桼,木汁,可以髼物。""漆",①用漆樹皮里的黏液做成的塗料。②漆樹。③姓氏。《説文·水部》:"漆,水也。"本義水名,後假借表示"桼"字。

(1)以刀新,若以刀刃案廱桼,三朝爲之良。(《敦》371)

(2)□處,田中桼樹下有石,下入地中,石上與地平,取診視,三偶大如小杯,廣二寸。(《新》EPT40.24A)

(3)甘露三年四月甲寅朔庚辰,金城太守賢、丞文,謂過所縣、道官,遣浩亹亭長桼賀,以詔書送施刑伊循。當舍傳舍,從者如律令。(《懸》Ⅱ0114④:338)

(4)福、禹、賞、遂昌、炘、哀等,府移檄,重追乘隧戍卒桼。(《新》EPT58.25)

例(1)"桼(漆)"指用漆樹皮里的黏液做成的塗料,"廱桼"指擁堵不流動的塗料。例(2)"桼(漆)"義漆樹。例(3)(4)"桼(漆)"義姓氏。

---

① 勞榦:《居延漢簡考證》,台湾中研院歷史語言研究所專刊之四十,1960,第75頁。

“桼”“漆”通假,其他文獻可見。《廣韵·質韵》:“桼,經典通用漆。”《墨子·非儒下》:“桼雕刑殘。”孫詒讓閒詁:“桼,正字,經典多叚漆爲之。”

## 469　疾—蒺(jí,從母質部。雙聲叠韵)

“疾”,疾病。《説文·疒部》:“疾,病也。”“蒺”,即蒺藜,指用木或金屬製成的帶刺的障礙物。《銀雀山漢簡·孫臏兵法·陳忌問壘》:“蒺藜者,所以當溝池也。”

(1)辟門疾犂一,大十韋,長丈三尺。關門墼,五百。治墼五百。□□羊頭石五百。(《新》EPT48.18A)

(2)塢上轉射一所,深目中不辟除,一所轉射毋□。遭機一,疾利鉅二,□□。(《居》89.21)

例(2)“鉅”爲“柅”之异體。“疾利鉅”即“蒺藜柅”,因“蒺藜”本就有阻礙的作用,“柅”又指制動之木,所以“蒺藜”又可稱“蒺藜柅”。

“疾”“蒺”通假,其他文獻可見,詳見“466利—藜”組。

## 470　駟—伺(駟sì,心母質部;伺sì,心母之部。聲同韵遠)

“駟”,一車四馬。《説文·馬部》:“駟,一乘也。”“伺”,候望。《玉篇·司部》:“伺,察也。”

(1)駟望隧卒梁循榼一,破耳。(《新》EPT51.212A)

(2)駟望隊茭千五百束,直百八十。(《新》EPT52.149A)

(3)駟望隧卒東郡白馬薪饒里董雍。(《新》EPT58.8)

(4)駟望隧長杜未央所帶劍刃宝,狗少一。未央貧急羸弱,毋以塞舉。請。(《新》EPT59.3)

(5)始建國三年九月壬午朔辛亥,甲溝鄣候收敢言之,謹移駟望隧長張曼乘塞外,薄謁以詔書增曼勞,敢言之。(《新》EPT59.348)

(6)駟望隧大積薪二,小積薪三,皆壞。(《新》EPT51.188)

(7)出粟一石九斗三升少,付殄北候官,以食駟望卒趙☐。(《居》6.18)

(8)甲渠士吏孫根自言:去歲官調根爲卒,責故甲渠施刑宋後,負駟望卒徐樂錢五百。後至卒。(《居》157.11)

(9)肩水候官駟望隧長公乘楊殷,自占書功勞訖九月晦日。(《金(叁)》73EJT26:88A)

(10)爲肩水候官駟望隧長四歲十一月十日。(《金(叁)》73EJT26:88A)

"駟望""駟朢"即"伺望"。"伺望"同義連用,"伺望隧"爲烽燧名。

# 真部通假字匯釋

## 471 玄—懸(玄xuán,匣母真部;懸xuán,匣母元部。聲同韵近)

“玄”,赤黑色。《説文·玄部》:“玄,黑而有赤色者爲玄。”“懸”,斷絶。《素問·玉機真藏論》:“其至皆懸絶沈濇者,命曰逆四時。”王冰注:“懸絶,謂如懸物之絶去也。”又《病能論》:“故人不能懸其病也。”

漢亭吏逮進言:謹案,文書居貧,糧食常有玄乏。近日,陳欃自問,求乞近假歸,增益糧食。今。(《敦》2390)

“玄乏”即“懸乏”,義斷絶空乏。《後漢書·仲長統傳》:“萬里懸乏,首尾不救。”

“玄”“懸”通假,其他文獻可見。《文選·張衡〈東京賦〉》:“右睨玄圃。”李善注:“玄與懸古字通。”又劉琨《重贈盧諶》:“握中有玄璧。”舊校:“五臣作懸璧。”

## 472 玄—眩(玄xuán,匣母真部;眩xuàn,匣母真部。雙聲叠韵)

“玄”,赤黑色。《説文·玄部》:“玄,黑而有赤色者爲玄。”“眩”,眼睛昏花。《説文·目部》:“眩,目無常主也。”

日迹行廿三里,久視天田中,目玄,有亡人越塞出入☐。(《新》EPT51.411)

“久視天田中,目玄”大意爲長久地注視天田,眼睛昏花。

“玄”“眩”通假,其他文獻可見。朱駿聲《説文通訓定聲·坤部》:“玄,叚借爲眩。”《荀子·解蔽》:“水埶玄也。”楊倞注:“玄,或讀爲眩。”又《正論》:“上周密則下疑玄矣。”楊倞注:“玄,或讀爲眩,惑也。”

## 473　因—鞇(yīn,影母真部。雙聲叠韵)

“因”,依靠、憑藉。《説文·囗部》:“因,就也。”“鞇”,車上的墊褥。《急就篇》:“鞇靯鞼鞍鑣鍚。”顔師古注:“鞇,車中所坐蓐也。”同“茵”,《説文·艸部》:“茵,車重席。从艸,因聲。鞇,司馬相如説茵从革。”

(1)亶帶九,因八,其一币。鐵鞴十四,桓十,伏十,蓋二,革鞴,薄杖一。(《懸》Ⅱ 90DXT0114⑥:31)[①]

(2)十一月餘因八,其二黄韋,六白韋,四弊,二完。(《懸(壹)》Ⅰ 90DXT0109③:5)

可徑用本字,作“鞇”,如:

(3)出。護羌使者傳車一乘,黄銅五羡一具,伏兔兩頭,柅兩頭,亶帶二幣,鞇靴、韋土薄各一。故皁復蓋蒙,完。蚤具毋金承。鞫勒二,完。中靳對各一,完。河平二年七月癸巳縣泉徒趙齊付遮要佐趙忠。傳三,□韋把杠二,有陽。鞅韅一,鞎銅各二,于₌少四。韋□一,赤鞮皮各一,穿銅錧一具。(《懸(壹)》Ⅰ 90DXT0110①:53)

(4)▨吏徒失亡器物名。□□□□亡□一。佐楊博亡緹履苓戀各一,直百八十。奴周生便亡鞇靴韋杠衣各一,直千二百。(《懸(壹)》Ⅰ 90DXT0110①:14)

亦可寫作“茵”,爲“鞇”之异體,如:

---

① 此枚簡文見於甘肅省文物考古研究所:《敦煌懸泉漢簡釋文選》,《文物》2000年第5期。

（5）詔所名捕平陵長雀里男子杜光，字長孫，故南陽杜衍。爲人黑色，肥大，頭少髮，年可卌七、八，長七尺四五寸。□□□楊伯。初亡時，駕騩牡馬，乘闌轝車，黄韋茵、伏白□□，騎騩牡馬。皆坐役使流亡戶百卅三，擅置田監。史□法不道。丞相、御史□執金吾家屬。所二千石來捕。（《居》183.13）

“黄韋茵”指黄色皮製的車中坐席。

## 474　淵—弸（yuān，影母真部。雙聲疊韻）

“淵”，迴旋之水。《説文·水部》：“淵，回水也。”“弸”，弓背彎曲之處。《玉篇·弓部》：“弸，弓上下曲中。”“淵”“弸”同源通用。

（1）夷胡隧七石具弩，傷二憮、一淵、二燕、一弭，可繕，今力三石卌六斤六兩，元康三☑乙卯隧☑。（《居》353.1）

（2）第卅一隧長王猛，三石承弩一，傷一淵，循一幣。二年兵。（《新》EPT53.78）

（3）甲渠候鄣，大黄力十石弩一，右淵强一分，負一筭。（《居》52.17,82.15）

（4）☑行塞，兵弩多邊戾，上下蜚淵有彈碟，勝負一分□☑。（《新》EPT5.84）

例（1）（2）指損害了一個弓弸，例（3）指右側弓弸的力量强一分，例（4）疑“蜚淵”即“飛弸”，應該也指弓背彎曲處，至於爲什麼用“飛”修飾“弸”，不明，待考。

“淵”“弸”通假，其他文獻可見。《集韵·先韵》：“弸，弓隈也。通作淵。”

## 475　天—忝（天 tiān，透母真部；忝 tiǎn，透母談部。聲同韵遠）

“天”，人的腦袋。《説文·一部》：“天，顛也。”“忝”，辱。《説文》作“忝”，《心部》：“忝，辱也。”

詩曰：“題積令，載蜚載鳴；我日斯邁，而月斯延；蚤興夜未，毋天璽所生。”“蚤興夜未，毋天璽所生”者，唯病乎？唯病乎？其勉之勉之。（《金（叁）》73EJT31:102A）

《詩經·小雅·小宛》：“毋忝爾所生。”毛傳：“忝，辱也。”今本《詩經》“天”作“忝”。“璽”通“爾”，爲第二人稱代詞。“毋天璽所生”大意爲：不要辱没生你的父母。此簡内容與《孝經》有關，簡文内容分兩部分：前半部分爲《詩經》引文，後半部分從孝道角度對“蚤興夜未，毋天璽所生”進行解説，詳見“404 積—鵲”組。

## 476　搷—鎮（搷 tián，定母真部；鎮 zhèn，端母真部。聲近韵同）

“搷”，擊打。《廣韵·先韵》：“搷，擊也。”“鎮”，安撫。《廣雅·釋詁一》：“鎮，安也。”又《釋言》：“鎮，撫也。”

賞署罰，明搷撫，賦糧食，嚴訶。（《敦》200）

“搷撫”即“鎮撫”，義安撫。“明搷撫”指嚴明安撫。“賞署罰”義不明，疑“賞”通“尚”，義崇尚、推崇。“署”義設置、設立。則“賞署罰”指推崇設置刑罰。“賦糧食”指給予糧食。“嚴訶”後文意不全。

## 477　闐—填（tián，定母真部。雙聲叠韵）

“闐”，盛大。《説文·門部》：“闐，盛皃。”“填”，填塞。《説文·土部》：“填，塞也。”

（1）元始三年四月庚午，闐胡隊長鳳：敢言之，謹移兵守御器戍卒名籍一編，敢言之。（《敦》793）

“闐胡”即“填胡”，爲烽燧名。

屯戍簡中，烽燧亭障名多用“胡”“虜”命名。據不完全統計，以“胡”命名的烽燧亭障名有12個：厭胡、憎胡、破胡、闐胡、吞胡、服胡、威胡、累胡、執胡、逆胡、淩胡、陵(淩)胡。以“虜”命名的烽燧亭障名有27個：塞虜、收虜、制虜、驚虜、望虜、窮虜、執虜、平虜、遮虜、攻虜、降虜、累虜、吞虜、誅虜、禽虜、破虜、獲虜、謕虜、要虜、捕虜、累虜、滅虜、候虜、止虜、伏虜、殄虜、趌虜。以“胡”命名的烽燧名，有時與以“虜”命名的烽燧名，用字相同，如既有“破胡”又有“破虜”，既有“累胡”又有“累虜”。

“填(闐)胡”作爲烽燧名，與“塞虜”烽燧名意義相近，“塞虜”如：

(2)塞虜卒�辰☑。(《金(叁)》73EJT24:667)

“闐”“填”通假，其他文獻可見。桂馥《説文義證·門部》：“闐，通作填。”《潛夫論·本政》：“請謁闐門。”汪繼培箋：“《史記·汲鄭列傳贊》云：始翟公爲廷尉，賓客闐門。漢書作填。”

## 478　潤—瞤(潤rùn，日母真部；瞤rún，日母真部。雙聲疊韵)

“潤”，滋潤。《説文·水部》：“潤，水曰潤下。”“瞤”，目動、眼跳。《説文·目部》：“瞤，目動也。”

目𧺆，左目潤，右目潤。(《居》435.6A)

陳槃先生認爲：“‘潤’，當作‘瞤’，訓目動同，見《説文·目部》。”[①]“左目潤，右目潤”指左眼跳，右眼跳。

① 陳槃：《漢晋遺簡偶述》，載《歷史語言研究所集刊》第16本第1册，1948，第324頁。

## 479　新—薪(xīn,心母真部。雙聲疊韻)

"新",砍伐樹木。《説文·斤部》:"新,取木也。"引申爲木薪。"薪"是爲表"新"之引申義所造的分化字。《説文·艸部》:"薪,蕘也。"

(1)望見虜一人以上入塞,煩一責新、舉二蓬;夜,二苣火。見十人以上,在塞外,煩、舉如一人入塞品。望見虜五百人以上,若功亭章鄣,煩一責新、舉三蓬;夜,三苣火。不滿一千人以上,煩舉如五百人同品。(《敦》2257)

(2)鬼新龍通,故濟南郡管平里,徒子贛,僃厲石。(《懸》Ⅰ0309③:192)

(3)三歲,城旦舂二歲,鬼新白粲一歲,故乇作罷者,減後作各半,前當免,日疑者□□▢(《懸》Ⅱ0216②:437 A)

(4)居延鬼新徒大男王武,閏月壬戌出。(《居》37.1)

(5)鬼新大男宋過遇▨。(《金(壹)》73EJT10:178)

(6)鬼新蕭登,故爲甲渠守尉,坐以縣官事,歐笞戍卒尚勃,讞爵減。(《金(壹)》73EJT3:53)

例(1)"責"通"積","責新"即"積薪",指堆積成垛的柴薪。例(2)至(6)"鬼新"即"鬼薪",秦漢時的一種徒刑,因爲宗廟采薪而得名。

"新""薪"通假,其他文獻可見,詳見"480 薪—新"組。

## 480　薪—新(xīn,心母真部。雙聲疊韻)

"薪",木薪。《説文·艸部》:"薪,蕘也。""新",剛出現的。《廣雅·釋言》:"新,初也。""新"本義砍伐樹木,《説文·斤部》:"新,取木也。"引申爲木薪。假借表示新舊義後,另造"薪"表其引申義。

(1)咸得自薪,同心並力,除滅胡寇逆虜,爲故購賞科條將轉下之勉。(《額》2000ES9SF4:6)

(2)▨□中也,薪病者,三日一飲;久病者▨。(《新》EPT22.817)

例(1)“自薪”即“自新”,指改正錯誤重新做人。“自新”一詞,見於同時期傳世文獻,如《史記·孝文本紀》:“妾願没入爲官婢,贖父刑罪,使得自新。”例(2)“薪病者”即“新病者”,指新近生病的人,與“久病者”相對。

“薪”“新”通假,其他文獻可見。桂馥《説文義證·斤部》:“新,通作薪。”

## 481　賓—濱(bīn,幫母真部。雙聲疊韵)

“賓”,賓客、客人。《説文·貝部》:“賓,所敬也。”“濱”,邊境。《廣雅·釋丘》:“濱,厓也。”本義水邊、水涯,引申指邊境。

父母爲天下至,定號爲新,普天莫匪新土,索土之賓,莫匪新臣。明☐。(《額》99ES16ST1:14A)

“索”爲“率”的誤字。“索”字圖版作,而“率”字下部在屯戍簡中有譌作“小”形、“木”形的,如(《新》EPT51.117)、(《居》161.11),與“索”字形體相近。“普天莫匪新土,索土之賓,莫匪新臣”大意爲:普天之下,没有不是新朝的土地;巡視邊境,没有不是新朝的臣子。

“賓”“濱”通假,其他文獻可見。《詩經·小雅·北山》:“率土之濱。”馬瑞辰傳箋通釋:“司馬相如《難蜀父老》文引《詩》作‘率土之賓’。《老子》云賓與臣同義,故詩曰‘率土之賓,莫非王臣’,則《詩》古本有省作賓者,遂作賓服解矣。”

## 482　編—扁(編 biān,幫母真部;扁 biǎn,幫母真部。雙聲疊韵)

“編”,編織。《玉篇·糸部》:“編,編織也。”“扁”,在門户之上書寫文字或書寫於門户的文字。《説文·册部》:“扁,署也。从户、册。户册者,署門户之文也。”在屯戍簡中,“扁”具體指頒布文書的一種形式。

(1)書到各益部吏,□泄□捕部界中,明白大編書鄉亭市里□□□□,令吏民盡知□。(《懸》Ⅰ0309③:222)

簡文大意爲:將抓捕文書用大字扁書明白地書寫在鄉亭市里的高顯處,使官吏和百姓都知道。

可徑用本字,作“扁”,如:

(2)書到,白大扁書鄉、亭、市、里高顯處,令亡人命者盡知之,上𢿭者人數太守府别之,如詔書。(《懸》Ⅱ0115②:16)

(3)知令,重寫令。移書到,各明白大扁書市、里、官所、寺舍門、亭隧堠中,令吏卒民盡訟知之。(《敦》1365)

(4)用者。書到,令長、丞、候、尉明白大扁書鄉、市、里、門、亭顯見▨。(《居》139.13)

(5)常□年。寫移書到,明白扁書亭鬬處,令吏卒▨。(《敦》2037)

(6)扁書亭隧顯處,令盡諷誦知之。精候望,即有蓬火,亭隧回度舉,毋必。(《敦》1557)

(7)▨爲今又,當扁書次東部。元□▨。(《新》ESC63A)

“編”“扁”通假,其他文獻可見。朱駿聲《説文通訓定聲·坤部》:“編,(叚借)爲扁。”《莊子·盜跖》:“扁虎須。”陸德明釋文:“扁,本或作編。”

## 483 編—遍(編biān,幫母真部;遍biàn,幫母真部。雙聲疊韵)

“編”,編織。《玉篇·糸部》:“編,編織也。”“遍”,次、回。《説苑·敬慎》:“太子擊前,誦恭王之言,誦三遍而請習之。”

卌二人,畫天田卌二里,率人日畫三步,凡四編。(《敦》1674)

“凡四編”指畫天田共四遍。

## 484 編—偏(編biān,幫母真部;偏piān,滂母真部。聲近韵同)

“編”,編織。《玉篇·糸部》:“編,編織也。”“偏”,邪曲。《廣雅·釋詁二》:“偏,衺也。”

第七隧長尊。槊繩,廿四,不事用。毋斧。韋,少一,利。門屏風少一。深目一,不事用。禄盧一,不調利。守御器,不□。弩一,弦急。箭編,不事用。劍削幣。尊火尊一,不事用。表二,不事用。塢上深目一,不事用,少六。圖毋槖。大、小積薪薄隨。承苣少卅七。門關,接楪不事用。(《居》82.1)

“箭編,不事用”,當指箭鏃或箭杆彎曲,不能使用。“不事用”義不能使用,爲屯戍簡中説明物品能否使用的習用語。“弩一,弦急”指弩的數量爲一,且弩弦過緊。先説弩弦緊,後説箭彎曲,文意通暢。

亦可寫作“扁”,詳見“485扁—偏”組。

亦可寫作“邊”,詳見“644邊—偏”組。

亦可寫作“便”,詳見“652便—偏”組。

## 485 扁—偏(扁biǎn,幫母真部;偏piān,滂母真部。聲近韵同)

“扁”,在門户之上書寫文字或書寫於門户的文字。《説文·册部》:“扁,署也。从户、册。户册者,署門户之文也。”“偏”,①邪曲。②偏私。《説文·人部》:“偏,頗也。”本義傾斜,引申有“邪曲、偏私”義。

(1)署第十七部候長,主亭隧七所,兵弩扁戾,不檠持,毋𩤇馬。(《居》EPF22.399)

(2)☐無扁無黨,王道湯=;無黨無扁,王道□=,《論語》曰:不患寡,患不均。聖朝至仁,哀閔□□□□振□☐。(《新》ESC106A)

例(1)"扁(偏)"義邪曲。"扁戾"即"偏戾",指彎曲。"戾"亦義彎曲,"偏戾"同義連用。例(2)"扁(偏)"義偏私。"無扁無黨"即"無偏無黨","無黨無扁"即"無黨無偏",語出《書·洪範》,原文作:"無偏無黨,王道蕩蕩;無黨無偏,王道平平;無反無側,王道正直。"

"扁戾"一詞,亦可寫作"邊戾""關戾",如:

(3)行塞,兵弩多邊戾,上下蜚淵有彊磔,勝負一分□▨。(《新》EPT5.84)

(4)▨日復張,謹敬持處蓋毋令暴露關戾,邊兵重兵。(《敦》1374)

"扁戾""邊戾"是一個詞的不同書寫形式,本字均作"偏戾"。而"關戾",本字作"彎戾"。所以,"偏戾"與"彎戾"爲不同的兩個詞,只是它們的意義相同。

亦可寫作"編",詳見"484 編—偏"組。

亦可寫作"邊",詳見"644 邊—偏"組。

亦可寫作"便",詳見"652 便—偏"組。

"扁""偏"通假,其他文獻可見。朱駿聲《説文通訓定聲·坤部》:"扁,(叚借)又爲偏。"

## 486 偏—編(偏 piān,滂母真部;編 biān,幫母真部。聲近韻同)

"偏",傾斜。《説文·人部》:"偏,頗也。""編",編織。《玉篇·糸部》:"編,編織也。"

戊寅卒七人,其一人養,三人葦,二人偏葦▨。(《金(叁)》73EJT28:27)

"偏葦"即"編葦",義編織蘆葦。以蘆葦編物品,屯戍簡所見,主要有葦席、葦屨、葦笥、葦篋等。

## 487 頻—顰(pín，並母真部。雙聲叠韵)

“頻”，屢次、連續。《廣韵·真韵》：“頻，數也。”“顰”，皺眉。《説文·瀕部》：“顰，涉水顰蹙。”

麗戎此時年可廿三四歲，至今年可六十所，爲人中壯、黄色、小頭、黑髮、隋面、拘頤、常戚額朐頻狀、身小、長詐庬、少言。(《金(壹)》73EJT1:1)

“戚”通“蹙”，“戚額”即“蹙額”。“朐”義爲彎曲。“常戚額朐頻狀”指常常做緊皺着額頭、彎曲皺着眉毛的樣子。

“頻”“顰”通假，其他文獻可見。《易·復》：“頻复。”陸德明釋文：“頻，鄭作顰。”

# 微部通假字匯釋

## 488　幾—機(jī,見母微部。雙聲叠韻)

“幾”,細微。《説文·𢆶部》:“幾,微也。”[①]“機”,弩箭上的發動機關。《説文·木部》:“機,主發謂之機。”《釋名·釋兵》:“弩,含括之口曰機,言如機之巧也,亦言如門户之樞機,開闔有節也。”

(1)三石具弩一,絲偉、同幾郭、軸、辟完。(《金(貳)》73EJT23:768)

“同幾郭”即“銅機郭”,指銅制的機牙外殼。簡文記載了三石具弩各部分的完損情况。“石”是計算弓弩强度的單位。“具弩”指配備齊全的弩。“偉”通“緯”,義纏束。“絲偉”即“絲緯”,用來纏束弓弦的絲綫。此處用作動詞,指用絲綫纏束。在弩上纏束絲綫,可起加固的作用。“辟”通“臂”,指弩臂。

亦可寫作“鐖”。“鐖”爲“機”之异體。如:

(2)六石具弩一,銅鐖郭、糸弦緯,完。弩幡一,完。(《新》EPT59.11)

(3)☐弩鐖釪,當負□☐。(《新》EPT51.641)

“幾”“機”通假,其他文獻可見。《公羊傳·定公元年》:“晋人執宋仲幾于京師。”陸德明釋文:“幾,本或作機。”《楚辭·九歎·怨思》:“念社稷之幾危兮。”洪興祖補注引舊校云:“幾,一作機。”

① 一説,“幾”本義危殆。參見季旭昇:《説文新證》,藝文印書館,2014,第318頁。

## 489　饑—飢(饑 jī,見母微部;飢 jī,見母脂部。聲同韻近)

"饑",五穀不熟,荒年。《説文·食部》:"饑,穀不孰爲饑。""飢",腹中空,吃不飽。《説文·食部》:"飢,餓也。"

(1)糧食單盡,吏士饑餧,馬畜物故什五,人以食爲命,兵。(《敦》135)

(2)☐□給,得見日月。譚願饑餓,以二石食錫嚴,不敢復☐。(《新》EPF22.400)

例(1)"饑餧"即"飢餧","飢餧"同義連用,《説文·食部》:"餧,飢也。"例(2)"饑餓"即"飢餓","飢餓"亦同義連用。簡文中,"饑"後跟"餧""餓","餧""餓"均爲吃不飽義,與"穀不熟"義無涉,故"饑"當讀爲"飢"。

可徑用本字,作"飢",如:

(3)□□第一輩兵與□□令戍部吏士飢餧,復處千里,艱水草,食死畜肉。(《敦》148)

(4)苟當事宜,此所謂權也。然則不澹,飢餓並至,必且爲憂累。(《敦》171)

例(1)"饑餧"即例(3)"飢餧",例(2)"饑餓"即例(4)"飢餓"。

"饑""飢"通假,其他文獻可見。《論語·先進》:"因之以饑饉。"陸德明釋文:"饑,鄭本作飢,同。"《墨子·七患》:"五穀不收謂之饑。"孫詒讓閒詁引畢云:"饑,太平御覽引作飢。"又《非命中》:"使身至有饑寒凍餒之憂。"孫詒讓閒詁:"饑,上下篇並作飢。"

## 490　巍—魏(巍 wēi,疑母微部;魏 wèi,疑母微部。雙聲叠韻)

"巍",同"巍",《龍龕手鑑·山部》:"'巍',俗,'巍',正。"《説文·嵬部》:"巍,高也。”“魏”,即魏郡,漢郡名。

(1)䰉郡☑

戍卒☑(《新》EPT51·454)

“䰉”,《居延新簡集釋》釋爲“巍”,圖版爲,所從“山”字在下,故改釋爲“䰉”。“䰉郡”即“魏郡”。

可徑用本字,作“魏”,如:

(2)田卒魏郡繁陽昌平里大夫耿安世,年廿八,長☑。(《金(伍)》73EJC:424)

(3)五鳳二年六月壬午朔己丑魏郡貝丘四望亭長寬調爲郡迎。(《金(肆)》73EJT37:740A)

(4)魏郡内黄北安樂里大夫程延,年五十五(《金(肆)》73EJT37:993)

“䰉(巍)”“魏”通假,其他文獻可見。《楚辭·九歎·遠遊》:“貌揭揭以巍巍。”舊校:“巍,釋文作魏。”

## 491　希—稀(xī,曉母微部。雙聲疊韵)

“希”,罕見、稀少。《爾雅·釋詁下》:“希,罕也。”假借表“希望”義。“稀”是爲表“希”之本義所造的分化字。《説文·禾部》:“稀,疏也。”

(1)居成樂五歲餘,未得還,道里遠辟,回往來希,官薄身賤,書不通。叩=頭=,因。(《敦》1871)

(2)殺人長安臧關東,變名易爲羊翁,數赦五陵,希蓬工。(《敦》784)[①]

例(1)簡文大意爲:路途遥遠偏僻,來回往返的人稀少,官職不高,身份低賤,書信

① “希蓬工”又似可按本字理解,“希”義希望,則“希蓬工”指希望做工。

不通。例(2)簡文大意爲:在長安殺人之後隱藏在關東,變更姓名叫羊翁,數次遊蕩於五陵之地,少做工。"臧"通"藏",義藏匿。"敖"通"遨",義遨遊。"蓬"通"逢",義逢遇。

"希""稀"通假,其他文獻可見。朱駿聲《説文通訓定聲·履部》:"希,(叚借)爲稀。"《韓非子·喻老》:"大音希聲。"王先慎集解:"希、稀同字也。"《文選·曹植〈朔風詩〉》:"朱華未希。"李善注:"希與稀同,古字通。"

## 492 韋—圍(wéi,匣母微部。雙聲叠韵)

"韋",古"圍"字[①],包圍。段玉裁《説文解字注·行部》"衛"字下注:"韋者,圍之省。""圍",①周長。②作量詞,計量周長的約略單位,一般指兩隻胳膊合圍起來的長度。

(1)尉史並白:教問木大小賈。謹問,木大四韋,長三丈;韋七十,長二丈五尺;韋五十五。三韋木,長三丈,枚百六十。椽木,長三丈,枚百。長二丈五尺,枚八十。毋櫝槧。(《新》EPT65.120)

以上"韋七十""韋五十五"之"韋(圍)"義周長,則"韋七十"指木頭的周長爲七十,"韋五十五"指木頭的周長爲五十五。

(2)爲買茭,茭長二尺,束大一韋。馬毋穀氣,以故多物故。(《敦》164)

(3)慈其索一,大二韋半,長四丈。(《新》EPT51.310)

(4)廿三日戊申卒三人,伐蒲廿四束,大二韋。(《居》161.11)

(5)☐槍百,大二韋,長八尺。(《新》EPT48.18A)

(6)四韋以上,廿束爲一石,率日☐。(《敦》1151)

(7)出錢二百,買木一,長八尺五寸,大四韋,以治罷卒籍。令史護買。(《新》EPT52.277)

---

① 李學勤主編:《字源》,天津古籍出版社、遼寧人民出版社,2012,第487頁。季旭昇:《説文新證》,藝文印書館,2014,第478頁。

(8)辟門疾犁一,大十韋,長丈三尺。(《新》EPT48.18A)

以上"韋(圍)"爲計量周長的量詞。"束大一韋"指茭束的周長爲一人合抱的長度。"二韋"指兩人合抱的長度,"四韋"指四人合抱的長度,"十韋"指十人合抱的長度。例(1)"木大四韋""三韋木"之"韋"也是計量周長的量詞。

"韋""圍"通假,其他文獻可見。《漢書·成帝紀》:"拔甘泉畤中大木十韋以上。"顔師古注:"韋,與圍同。"

## 493 韋—葦(韋 wéi,匣母微部;葦 wěi,匣母微部。雙聲疊韻)

"韋",古"圍"字,包圍。段玉裁《説文解字注·行部》"衛"字下注:"韋者,圍之省。""葦",蘆葦。《説文·艸部》:"葦,大葭也。"

(1)卧内中韋席、承塵▢。(《新》EPT6.9)

(2)戍寅卒七人,其一人養,三人韋,三人偏葦。(《金(叁)》73EJT28:27)

"韋席"即"葦席",用蘆葦編成的席子。"三人韋"即"三人葦",指三個人伐葦。

可徑用本字,作"葦",如:

(3)▢葦席五枚,廣七尺,長九▢。

▢省,能作葦席及蒲席▢。(《新》EPT5.28)

例(1)"韋席"即例(3)"葦席"。

"韋""葦"通假,其他文獻可見。《馬王堆漢墓帛書·五十二病方·癰》:"以虎蚤(爪)抉取若,刀而割若,葦而刖若。"

## 494 韋—緯(韋 wéi,匣母微部;緯 wěi,匣母微部。雙聲叠韵)

“韋”,古“圍”字,包圍。段玉裁《説文解字注·行部》“衛”字下注:“韋者,圍之省。”“緯”,捆綁。《釋名·釋典藝》:“緯,圍也,反覆圍繞,以成經也。”

(1)弩長辟二,不韋;一不事用。(《居》68.95)

(2)☐椎不韋,負一算。(《新》EPT56.186)

(3)鞮瞀十二,倏毋組,十一,空,毋韋絞,毋絳,毋四緤。(《居》14.23)

例(1)“弩長辟二,不韋”指弩長臂二,没有捆扎。例(2)“椎不韋”指椎没有捆扎。蓋弩臂、椎經過捆綁之後,可增强牢固性[①]。例(3)“鞮瞀”通兜鍪,即頭盔。“倏毋組”疑當作“毋倏組”,乃簡文抄寫者之誤。“倏組”指“冠纓”。《説文·糸部》:“組,綬屬。”段玉裁注:“屬當作織,淺人所改也。組可以爲綬,組非綬類也。綬織尤冠織,織成之幘梁謂之纚,織成之綬材謂之組。”朱駿聲《説文通訓定聲》:“織絲有文以爲綬纓之用者也……濶者曰組爲帶綬,陿者曰倏爲冠纓,圓者曰紃施韠與履之縫中。”則“組”爲系玉的絲帶,“倏”爲系冠的絲帶,“紃”爲飾韠、履的圓形倏帶。“倏組”同義連用,義爲系物之絲帶。結合上文“鞮瞀十二”,疑“倏組”爲“鞮瞀”的冠纓。“韋絞”通“緯絞”。“絞”義爲捆綁,《玉篇·糸部》:“絞,繞也。”“緯絞”同義連用,亦有捆綁義。“四緤”義不明。

亦可寫作“偉”,詳見“496 偉—緯”組。

“韋”“緯”通假,其他文獻可見。桂馥《説文義證·韋部》:“韋,又通作緯。”

## 495 偉—韋(偉 wěi,匣母微部;韋 wéi,匣母微部。雙聲叠韵)

“偉”,奇异。《説文·人部》:“偉,奇也。”“韋”,皮革。《廣韵·微韵》:“韋,柔皮也。”

---

① “韋”亦有可能讀如本字,“椎不韋”蓋指椎上没有包裹皮革。

(1)▨帛匹八尺四寸，羊偉一枚。(《額》2000ES14SF2:5)

“羊偉”即“羊韋”，義羊皮。

可徑用本字，作“韋”，如：

(2)第卅六隧卒觻得敬老里趙同，羊韋七枚。(《新》EPT65.322)

(3)▨鉼庭隧卒濟陰壽貴里羊賽[①]，羊韋七枚。(《新》EPT40.187)

例(1)“羊偉”即例(2)(3)“羊韋”。

## 496　偉—緯(wěi，匣母微部。雙聲叠韵)

“偉”，奇异。《説文·人部》：“偉，奇也。”“緯”，捆綁。《釋名·釋典藝》：“緯，圍也，反覆圍繞，以成經也。”

三石具弩一，絲偉，同幾郭、軸、辟完。弩循一，完。(《金(貳)》73EJT23:768)

“絲偉”即“絲緯”，用絲綫纏繞捆綁。

亦可寫作“韋”，詳見“494韋—緯”組。

## 497　虺—鬼(虺 huì，匣母微部；鬼 guǐ，見母微部。聲近韵同)

“虺”，墻壁。《玉篇·广部》：“虺，廦虺。”《集韵·賄韵》：“虺，廦也。”《説文·广部》：“廦，牆也。”段玉裁注：“與土部之壁音義同。”“鬼”，狡黠。《方言》卷一：‘虔，

① “賽”，《居延新簡集釋》釋爲“”，圖版作，當釋爲“賽”。“賽”字中間的部分，往往簡省一横和撇捺，如(“塞”《居》457.18)、(“塞”《新》EPT52.556)、(“塞”《新》EPT51.603)。

儇,慧也。……自關而東趙魏之間謂之黠,或謂之鬼。’”

麗戎此時年可廿三四歲,至今年可六十所,爲人中壯、黄色、小頭、黑髮、隋面、拘頤、常戚額朐頻狀、身小、長詐廆、少言。(《金(壹)》73EJT1:1)

“詐廆”即“詐鬼”,形容麗戎生性狡詐。簡文是“甘露二年丞相御史書”的一部分,對麗戎的年齡、外貌特征及性格進行了描述。

一説,“廆”通“僞”,“詐廆”即“詐僞”,義巧詐虚僞。“詐僞”一詞屢見於秦漢典籍。可備一説。

## 498 葦—韋(葦wěi,匣母微部;韋wéi,匣母微部。雙聲叠韵)

“葦”,蘆葦。《説文·艸部》:“葦,大葭也。”“韋”,皮革。《廣韵·微韵》:“韋,柔皮也。”

(1)☒□稈以□□葦橐一,黍一斗半,如☒。(《金(壹)》73EJT10:26)

“葦橐”即“韋橐”,指用皮革製成的口袋。

可徑用本字,作“韋”,如:

(2)從徐子勝家取韋橐積凡十、莞刀二、筆,研,附布巾。(《居》101.24,276.10)
(3)案到言欲得韋橐絜飴買所□今□☒。(《敦》500A)

例(1)“葦橐”即例(2)(3)“韋橐”。

“葦”“韋”通假,其他文獻可見,詳見“493韋—葦”組。

## 499 偯—哀(偯 yǐ,影母微部;哀 āi,影母微部。雙聲疊韵)

“偯”,哭的餘聲悠長。《廣韵·尾韵》:“偯,哭餘聲。”“哀”,憐憫。《説文·口部》:“哀,閔也。”

(1)明府偯憐全命,未忍行重法,叩頭死罪死罪。對府□送府。(《居》甲附38)

“明府”又作“明官”,指縣令。屯戍簡中“明府”凡5見,其他如《新》EPT51.205A:“毋壽官袍言□從兄意證知,願令明府報,幸甚幸甚。”《金(叁)》73EJT24:635:“明府哀憐全命☑。”《金(伍)》73EJF3:56:“明府財哀省察,叩頭死☑。”又73EJF3:162:“明府仁恩深厚,哀憐未忍行重誅□殺身肝。”“明官”凡4見,如《新》EPT59.110:“明官哀憐全命,未忍加重誅。殺身靡骨,不足以報塞厚恩。叩頭死罪。”《額》2000ES7SF1:1B:“發書,叩頭死罪,職事數毋狀,罪當死,叩頭死罪,明官哀,叩頭死罪。”《新》EPT65.251:“明官厚☑。”《新》EPF22.823:“明官哀憐,不☑。”在漢代,“明府”既可指郡守亦可指縣令,因簡文殘斷無法判斷。《後漢書·吴祐傳》:“國家制法,囚身犯之。明府雖加哀矜,恩無所施。”王先謙集解引沈欽韓曰:“縣令爲明府,始見於此。”屯戍簡中凡“明府”“明官”所在簡文,文意大都與“哀憐全命”有關,這與《後漢書》之“明府哀矜”相近,疑屯戍簡中“明府”“明官”也當指“縣令”。所以,“明府偯憐全命”指官府哀憐使保全性命。

可徑用本字,作“哀”,如:

(2)明官哀憐全命,未忍加重誅。殺身靡骨,不足以報塞厚恩。叩頭死罪。(《新》EPT59.110)

(3)明府哀憐全命☑。(《金(叁)》73EJT24:635)

例(1)“偯憐”即例(2)(3)“哀憐”。

## 500　維—唯(wéi,餘母微部。雙聲叠韵)

“維”,大繩。《説文·糸部》:“維,車蓋維也。”假借表示語氣詞“唯”。“唯”,①句中助詞,作肯定判斷。②副詞,只、獨、僅僅。“唯”本義應答聲。《説文·口部》:“唯,諾也。”假借作助詞與副詞。

(1)見,兄弟但有維心耳。今願得一必☐。(《新》EPT49.12A)

(2)甲渠候官。維甘露二年。(《新》EPT56.332A)

(3)維念桓功室家未定,博卿以爲憂,□□即善上,願也。(《敦》162)

例(1)“維(唯)”爲句中助詞,作肯定判斷。例(2)(3)“維(唯)”作副詞,義只、獨、僅僅。

“維”“唯”通假,其他文獻可見。《荀子·子道》:“非維下流水多邪。”楊倞注:“維,與唯同。”

## 501　椎—錐(椎 chuí,定母微部;錐 zhuī,章母微部。聲近韵同)

“椎”,後作“槌”,爲擊打的器具。《説文·木部》:“椎,擊也,齊謂之終葵。”段玉裁注:“椎,所以擊也。”“錐”,鑽孔的器具。《説文·金部》:“錐,鋭也。”本義鋭利,引申指鑽孔的器具。

(1)甲渠第十四隧,請頓卿言之。户關、椎各二,不事用。房肩水令里正伏地執。(《新》EPT51.21A)

(2)☐李忠户關、椎錢百八十。(《新》EPT52.560)

(3)☐卒閉户重關,下戊,□樸,椎□☐。(《額》2000ES9S:18)

(4)☐一石。馬矢,二石。

☐□一。樸,三。椎,一。

☑苣，百。(《敦》2096A)

(5)子。户關、椎、楪皆故，有新未？非子曰：故隧長有新關、椎材在三墌隧，未作，毋累舉。(《居》46.29)

(6)户關椎、接葉各二不事用。(《居》194.1)

(7)卅井降虜隊，出火椎鑽二。(《居》305.17A)

(8)緯弩、椎、樸、柙□，各一，各一，各一，各一。(《居》257.14)

(9)敨弩椎梃柙角。(《新》EPT6.77)

例(1)至(6)"椎(錐)"常與户關等閉門物品同時出現，是插入門關和楗上圓孔中起固定作用的錐形木棍。例(7)"出火錐鑽"指取火的工具。"椎(錐)鑽"同義連用，《廣韵·换韵》："鑽，錐鑽。"《字彙·金部》："鑽，穿物之錐也。"出火工具，又稱"出火遂"，如《居》311.31A："出火遂皆小。"又505.10："出火遂二具。""遂"通"燧"。燧有金燧、木燧兩種：金燧指古代利用陽光取火的凹面銅鏡；木燧指木制的鑽取火種的工具。"出火椎鑽"當屬木燧一類。例(8)(9)"椎(錐)"蓋是矯正弩的器具。

## 502 纍—罍(léi，來母微部。雙聲叠韵)

"纍"，繩索。《説文·糸部》："纍，綴得理也。一曰大索也。""罍"，盥洗的器皿。《爾雅·釋器》："罍，器也。"

(1)槖他莫當隧始建國二年五月守衙器簿：驚米一石，深目六，大積薪三。長斧四，沙二石，瓦帚二。驚糒二石，草蔫一，汲器二。皮冒草箄各一，瓦枓二。承纍四，瓦箕二。(《金(肆)》73EJT37: 1538—1543)

(2)守御器簿：長斧三，皆缺頓。長椎三。長棓三。長枓二。木面衣二。弩長臬三。艾、馬矢槖各一，毋。茹十斤。出火遂二具。皮冒、草革各一，毋冒。承纍三。(《居》506.1)

"承"義承接。《説文·木部》："槃，承槃也。"段玉裁注："承槃者，承水器也。""承槃"

爲承水的器皿。"承纍"即"承罍",亦當爲承水的器皿。簡文内容爲"守禦器簿","承罍"爲守城防禦的器物之一。

一説"累"通"縲"。薛英群先生認爲:"承累。'累,繩索也。'同纍,通縲。是系物之繩。"[①]可備一説。

## 503 非—飛(fēi,幫母微部。雙聲叠韵)

"非",違背。《説文·非部》:"非,違也。""飛",飛揚。《説文·飛部》:"飛,鳥翥也。"

日不顯目兮黑雲多,月不可視兮風非沙。從恣蒙水誠江河,州流灌注兮轉揚波。辟柱槇到忘相加,天門俫小路彭池。無因以上如之何,興章教海兮誠難過。(《敦》2253)

"顯目"指明顯。"日不顯目兮黑雲多,月不可視兮風非沙"大意爲:因爲黑雲蔽日,所以太陽不明顯。因爲大風飛捲起的沙土迷人眼,所以不能睁開眼睛瞻望月亮。兩句將不見日月的原因後置。此兩句以詩黑雲遮日、飛沙蔽月、日月皆不清明來諷刺時政的黑暗。

"非""飛"通假,其他文獻可見。《經義述聞·名字解詁》:"非與飛通。《史記·秦本紀》:'大駱生非子。'盧諶《贈崔温》詩作'飛子'。漢蔡湛《頌孔耽碑》皆以'飛'爲'非'。"《文選·盧諶〈贈崔温〉》:"徒煩飛子御。"李善注:"非與飛古字通。"

## 504 非—誹(非fēi,幫母微部;誹fěi,幫母微部。雙聲叠韵)

"非",違背。《説文·非部》:"非,違也。""誹",毁謗。《説文·言部》:"誹,謗也。"

☐□言不敬,謾非,大不敬。在第三卷五十。(《新》EPF22.416)

① 薛英群:《居延漢簡通論》,甘肅教育出版社,1991,第402頁。

"謾非"即"謾誹","謾"亦義毁謗。"謾誹"同義連用。

"非""誹"通假,其他文獻可見。朱駿聲《説文通訓定聲·履部》:"非,(叚借)爲誹。"《韓非子·安危》:"有愚智而無非譽。"王先慎集解:"非,讀爲誹。"《荀子·解蔽》:"百姓怨非而不用。"楊倞注:"非,或爲誹。"《漢書·晁錯傳》:"非謗不治。"顔師古注:"非,讀曰誹。"

## 505 悲—裴(悲 bēi,幫母微部;裴 péi,並母微部。聲近韵同)

"悲",哀痛、傷心。《説文·心部》:"悲,痛也。""裴",即揤裴,侯國名,屬魏郡。《説文·手部》:"揤,捽也。从手,即聲。魏郡有揤裴侯國。"《漢書·王子侯表上》:"揤裴戴侯道。"顔師古注引鄭氏曰:"揤裴音即非,在肥鄉縣南五里,即非城也。"[1]

魏郡揤悲翟□里大夫田忠年☐。(《金(貳)》73EJT21:438)

"揤悲"即"揤裴"。"翟□"爲里名。

## 506 匪—非(匪 fěi,幫母微部;非 fēi,幫母微部。雙聲疊韵)

"匪",筐類竹器名,後作"篚"。《説文·匚部》:"匪,器。似竹筐。""非",不,不是。《玉篇·非部》:"非,不是也。"

父母爲天下至,定號爲新,普天莫匪新土,索土之賓,莫匪新臣。明☐。(《額》99ES16ST1:14A)

簡文爲王莽詔令。語句出自《詩經》,《小雅·北山》:"溥天之下,莫非王土;率土之濱,莫非王臣。"又見於《漢書·王莽傳》:"五月,莽下吏禄制度……莽又曰:'普天

① "揤裴",《漢書·地理志》作"即裴",今據《説文》以"揤裴"爲正字。

之下，莫非王土；率土之賓，莫非王臣。’蓋以天下養焉。”“匪”字，《詩經》《漢書》均作“非”。

“匪”“非”通假，其他文獻可見。《詩經·邶風·柏舟》：“我心匪鑒。”王先謙《詩三家義集疏》：“匪，竹器，《詩》借爲非違之非。”又《邶風·静女》：“匪女之爲美。”陳奂傳疏：“匪、非同聲，非本字，匪假借字。”

## 507　蜚—飛(蜚fěi，幫母微部；飛fēi，幫母微部。雙聲叠韵)

“蜚”，昆蟲名。《説文·蟲部》：“蠹，負蠜也。”“飛”，①飛廉。《廣雅·釋草》：“飛廉，木禾也。”王念孫疏證引《名醫别録》：“飛廉，一名漏蘆，一名伏豬、一名木禾，生河内川澤。”②飛舉、飛翔。《説文·飛部》：“飛，鳥翥也。”

(1)☑半斗，出十五，蜚廉半升。

☑出笥一合，出十五，地膚半升。(《金(肆)》73EJH1:16B)

(2)☑山林，燔草爲灰，毋彈射蜚鳥毋☑。(《新》EPT5.100)

(3)毋夭蜚鳥。謂夭蜚鳥不得使長大也，盡十二月常禁。(《懸·四時月令詔條》13行)

(4)毋卵。謂蜚鳥及雞□卵之屬也，盡九月。(《懸·四時月令詔條》15行)

例(1)“蜚廉”即“飛廉”，是飛廉屬菊科植物，爲二年生或多年生草本植物。可用作中藥，有祛風、清熱、利濕、凉血散瘀的作用。“地膚”是地膚屬藜科一年生草本植物。其果實稱“地膚子”，爲常用中藥，能清濕熱、利尿，治尿痛、尿急、小便不利及蕁麻疹，外用治皮膚癬及陰囊濕疹。[①]“飛廉”“地膚”都是中藥名，簡文記載了這兩種藥材的購買情況。例(2)(3)(4)“蜚鳥”即“飛鳥”。

“蜚廉”亦可通“蜚蠊”，蟑螂别名，可入藥。李時珍《本草綱目·蟲三·蜚蠊》：“蜚蠊、行夜、䗪螽三種，西南夷皆食之，混呼爲負盤。”

“蜚”“飛”通假，其他文獻可見。《墨子·非樂上》：“今人固與禽獸、麋鹿、蜚鳥、

① 中國植物志編纂委員會：《中國植物志》第78卷，科學出版社，1987，第155頁。

貞蟲异者也。”孫詒讓閒詁：“蜚，與飛通。”《史記·大宛列傳》：“烏嗛肉蜚其上。”司馬貞索隱：“蜚，亦飛字。”《漢書·宣帝紀》：“蜚覽翱翔。”顔師古注：“蜚，古飛字。”又《五行志中之下》：“殺蜚禽。”顔師古注：“蜚，讀曰飛。”

## 508　菲—扉（菲 fěi，滂母微部；扉 fèi，並母微部。聲近韵同）

“菲”，菜名，蒠菜。《説文·艸部》：“菲，芴也。”“扉”，草鞋。《方言》卷四：“扉，麤履也。徐兖之郊謂之扉。”

梁國睢陽戍卒西尉里王柱。練裏襲一領。皁布複袍一領。皁布禪衣一領。皁布複絝一兩。枲菲一兩。常韋二兩。(《居》179.2A)

“枲菲”即“枲扉”，指用麻編的鞋。

亦可寫作“肥”，詳見“510 肥—扉”組。

“菲”“扉”通假，其他文獻可見。朱駿聲《説文通訓定聲·履部》：“菲，(叚借)又爲扉。”《左傳·襄公十七年》“菅屨”杜預注：“菅，菲也。菲者，履之别名。”《荀子·正論》：“菲對屨。”楊倞注：“菲，草屨也。”《漢書·刑法志》：“菲履赭衣而不純。”顔師古注：“菲，草履也。”“菲”讀爲“扉”。

## 509　斐—飛（斐 fěi，滂母微部；飛 fēi，幫母微部。聲近韵同）

“斐”，文采。《説文·文部》：“斐，分别文也。”“飛”，飛翔。《説文·飛部》：“飛，鳥翥也。”

☐黄鵠高斐，廁以䮃䮃。所以然者，曼時而行。有子不史，不如野桑。當時柞之，樹得雨。(《敦》2301)

“黄譪”即“黄鵠”，指鴻鵠，天鵝。“譪”應當是“鵠”之訛字，漢簡中“言”與“告”形體相近容易相混。“騙鴂”即“鴛鴦”。“廁”義爲間雜。《廣雅·釋言》：“廁，間也。”“黄譪高斐，廁以騙鴂”大意爲：黄鵠中間間雜鴛鴦，在空中展翅高飛。黄鵠和鴛鴦都具有較强的飛行本領。

“斐”“飛”通假，其他文獻可見。朱駿聲《説文通訓定聲·履部》：“飛，(叚借)爲斐。”

## 510 肥—屝(肥 féi，並母微部；屝 fèi，並母微部。雙聲叠韵)

“肥”，肥胖。《説文·肉部》：“肥，多肉也。”“屝”，草鞋。《方言》卷四：“屝，麤履也。徐兖之郊謂之屝。”

(1)枲肥一兩。(《新》EPT52.638)

(2)枲肥一兩。(《新》EPT59.676)

(3)枲肥一兩。(《新》EPF19.12)

(4)枲肥。(《居》34.15A)

“枲肥”即“枲屝”，指用麻編的鞋。

亦可寫作“菲”，詳見“508 菲—屝”組。

# 物部通假字匯釋

## 511　既—溉（既 jì，見母物部；溉 gài，見母物部。雙聲叠韵）

“既”，食盡、食畢，引申為完盡、完畢。《廣雅·釋詁一》：“既，盡也。”“溉”，灌溉。《説文·水部》：“溉，一曰灌注也。”

（1）□地既田，錢以穀如比▨。（《新》EPT65.256）

“既田”即“溉田”，指灌溉田地。

可徑用本字，作“溉”，如：

（2）長陵賣中溉田廿頃，廬舍直四百▨。（《新》EPT50.33A）
　　溉中田廿頃，廬舍直二百萬。

“既”“溉”通假，其他文獻可見。《諸子平議·春秋繁露二》：“生溉其樂以養，死溉其哀以藏。”俞樾按：“溉，讀爲既。”

## 512　溉—慨（溉 gài，見母物部；慨 kǎi，溪母物部。聲近韵同）

“溉”，灌溉。《説文·水部》：“溉，一曰灌注也。”“慨”，激憤貌。《説文·心部》：“慨，忼慨，壯士不得志也。”

也，外不在諸侯不則貪也。晏子溉然而大息，其心甚憂，笑而應之曰：固也，夫齊與魯，連竟同土，齊不有魯，恐爲之下。往世不。（《新》EPT51.390）

“溉然”即“慨然”，指感慨的樣子。此簡内容爲佚書。

## 513　訖—迄（訖 qì，見母物部；迄 qì，曉母物部。聲近韵同）

“訖”，停止、終止。《説文·言部》：“訖，止也。”“迄”，介詞，至、到。《爾雅·釋詁上》：“迄，至也。”邢昺疏：“迄者，自古至今也。”

（1）肩水候官駟望隧長公乘楊殷，自占書功勞，訖九月晦日。（《金（叁）》73EJT26:88A）

（2）父不幸死。憲定功一、勞三歲八月二日，訖九月晦庚戌。故不史，今史。（《敦》1186B）

（3）☐訖九月晦日，産居延縣，屬居延部。（《新》EPT51.246）

（4）右十一月廿七日，訖今月七日，受十七兩，粟大石四百廿五石。（《新》EPT40.12）

（5）☐□之三泉，訖廿八日☐。（《新》EPT52.653）

（6）訖五月晦粟計。（《新》EPT56.76B）

（7）計訖二日算。（《新》EPT56.76A）

（8）遣之官，食訖十月。書到，如律令。（《新》EPF22.431）

（9）訖二年☐。（《居》53.19）

“訖（迄）”後跟時間，如“訖九月晦日”，指至九月的最後一天。

“訖”“迄”通假，其他文獻可見。《爾雅·釋詁下》：“訖，止也。”郝懿行義疏：“《書》：聲教訖于四海。《漢書·藝文志》作聲教迄于四海。”《漢書·揚雄傳下》：“降周迄孔。”顏師古注引蕭該音義：“宋咸法言本迄作訖。”

## 514 忽—觳(忽 hū,曉母物部;觳 hú,匣母屋部。聲近韵遠)

“忽”,忽略。《説文·心部》:“忽,忘也。”“觳”,指觳觫,恐懼發抖的樣子。《孟子·梁惠王上》:“王曰:‘舍之。吾不忍其觳觫,若無罪而就死地。’”趙岐注:“觳觫,牛當到死地處恐貌。”

忽錫忽錫,恐見故里。毋負天地,更亡更在。去如郤廬,下敦閭里。人固當死,慎毋取恏賤。苐時謹伏地再拜請:翁糸足下,善毋恙,甚苦候望事。方春不和,時伏願翁糸將侍近衣幸酒食,明察蓬火事,寬忍小人,毋行庶浚,時幸甚甚。伏地再拜請:時伏願翁糸有往來者,幸賜記,令時奉聞翁糸汲急嚴教。(《敦》1448)

簡文内容爲“苐時”寫給“翁糸”的信件。“苐”即“第”,漢簡從“艹”從“⺮”相混。“第”“翁”爲姓氏。“忽錫忽錫,恐見故里”句大意爲:寫信人“苐時”因要歸故里而緊張顫抖。今西北方言中還保留表顫抖義詞,讀音與“忽錫”同。簡文重要字詞解釋如下:

“負”,《中國簡牘集成》:“負,或爲‘負’的异體字。”[①]“負”義爲愧。《論衡·道虚》:“(盧敖)離衆遠去,無得道之效,慚於鄉里,負於論議。”“更”義更替。《漢書·萬石君傳》:“九卿更進用事。”顔師古注:“更,互也。”“亡”“在”對舉,“亡”義死,則“在”義生。“毋負天地,更亡更在”句大意爲:無愧於天地,生死更替。

“郤”爲“舍”之异體。“舍廬”即“廬舍”,指房屋、住宅。“閭里”指鄉里。“郤廬”與“閭里”對舉,兩者意義相關。“敦”義致、到。《淮南子·兵略》:“敦六博。”高誘注:“敦者,致也。”“去如”與“下敦”對舉,兩者意義相近,都表示至、到義。“去如郤廬,下敦閭里”句蓋指去到故里之意。

“恏”爲“佞”之异體,義諂媚、奉承。《莊子·秋水》:“爲在從衆,不賤佞諂。”王先謙集解:“爲順衆情,亦未嘗以佞諂者爲賤。”“恏賤”即“佞賤”,指以諂媚爲賤。“人固當死,慎毋取恏賤”句蓋指人本來就會死,務必不要行諂媚低賤之事。

“方”義始。《廣雅·釋詁一》:“方,始也。”“方春不和,時伏願翁糸將侍近衣幸酒食”句爲漢簡書信慣用語,大意爲:始春身體不適,我願翁糸靠近衣服,喜好酒

---

① 中國簡牘集成編委會:《中國簡牘集成》(第四册),敦煌文藝出版社,2001,第31頁。

食,亦即增進衣服飲食。

"洝""汳急"義不明,待考。

## 515 胃—渭(wèi,匣母物部。雙聲叠韵)

"胃",動物容納和消化食物的器官。《説文·肉部》:"胃,穀府也。""渭",渭水。《説文·水部》:"渭,水。出隴西首陽渭首亭南谷,東入河。"

(1)黄龍元年四月壬申,給事廷史刑壽爲詔獄,有遝捕弘農、河東、上黨、雲中、北地、安定、金城、張掖、酒泉、敦煌郡,爲駕一封軺傳。外二百卌七。御史大夫萬年謂胃成,以次爲駕,當舍傳舍,如律令。(《懸》Ⅰ0114③:447A)

"成"通"城","胃成"即"渭城"。"渭城"因在渭水北而得名。《漢書·地理志》右扶風下有渭城縣。

可徑用本字,作"渭",如:

(2)置傳馬粟斗一升,叔一升。其當空道日益粟,粟斗一升。長安、新豐、鄭、華陰、渭成、扶風廄傳馬加食,四日粟斗一升。(《懸》Ⅱ0214②:556)

"成"通"城","渭成"即"渭城"。

亦可寫作"謂",詳見"516謂—渭"組。

## 516 謂—渭(wèi,匣母物部。雙聲叠韵)

"謂",評論。《説文·言部》:"謂,報也。""渭",渭水。《説文·水部》:"渭,水。出隴西首陽渭首亭南谷,東入河。"

甘露三年十月辛亥,丞相屬王彭,護烏孫公主及將軍、貴人、從者,道上傳車

馬爲駕二封軺傳,□請部。御史大夫萬年下謂成,以次爲駕,當舍傳舍,如律令。(《懸》V 1412③:100)

“成”通“城”,“謂成”即“渭城”。渭城縣屬右扶風。

可徑用本字,作“渭”,詳見“515 胃—渭”組。

亦可寫作“胃”,詳見“515 胃—渭”組。

“謂”“渭”通假,其他文獻可見。《詩經·邶風·谷風》:“故見渭濁。”陸德明釋文:“一本渭作謂。”《札迻·論衡·言毒篇》:“謂護疾痛。”孫詒讓按:“謂,當作渭。”

## 517 愛—薆(ài,影母物部。雙聲疊韵)

“愛”,行貌。《説文·夂部》:“愛,行皃。”段玉裁注:“《心部》曰:‘㤅,惠也。’今字假愛爲㤅而㤅廢矣。愛,行皃也,故从夂。”“薆”,隱蔽、遮掩。《方言》卷六:“掩、翳,薆也。”郭璞注:“謂蔽薆也。《詩》曰:‘薆而不見。’”

□□□□以郵行,君辱幸臨,賜謁大都護丞,即愛忍辟小人,奉言□☒。(《敦》662A)

此爲書信簡。“愛忍”即“薆忍”,即隱忍。“辟”通“避”,“愛忍辟小人”指隱忍遠避小人。屯戍簡書信中,常見勸告收信人忍耐小人一類的話語,多用“寬忍”一詞,亦可用“詳(佯)忍”,詳見“365 詳—佯”組。

“愛”“薆”通假,其他文獻可見。《廣雅·釋詁一》:“翳,愛也。”王念孫疏證:“愛與薆通。”

## 518 絀—黜(chù,透母物部。雙聲疊韵)

“絀”,深紅色。《説文·糸部》:“絀,絳也。”段玉裁注:“此絀之本義,而廢不行矣。”“黜”,貶黜。《説文·黑部》:“黜,貶下也。”

咨二十有二人者,敬女官職,知☐□者三考。
絀幽□□明明之光也,□□大地☐。
□官,幸得制度於☐爲☐不等。(《居》39.5B)

簡文内容當與《尚書》有關,《舜典》:“三載考績。三考,黜陟幽明。”孔傳:“三年有成,故以考功。九歲則能否幽明有别,黜退其幽者,升進其明者。”“絀幽□□明明之光也”即“黜退其幽者,升進其明者”。

“絀”“黜”通假,其他文獻可見。《説文·糸部》:“古多叚絀爲黜。”《荀子·不苟》:“不能則恭敬縛絀以畏事人。”楊倞注:“絀,與黜同。”《資治通鑑·唐紀七十九》:“宦官稍絀。”胡三省注:“絀,讀曰黜。”

## 519 隊—燧(隊duì,定母物部;燧suì,邪母物部。聲遠韵同)

“隊”,墜落,後作“墜”。《説文·𨸏部》:“隊,從高隊也。”“燧”,烽燧,指邊防報警的煙火。引申指守望烽燧的基本組織,設燧長,專司本烽燧的守望職責。《史記·司馬相如列傳》:“夫邊郡之士,聞烽舉燧燔,皆攝弓而馳,荷兵而走。”司馬貞索隱引韋昭曰:“熢,束草置之長木之端,如挈皋,見敵則燒舉之。燧者,積薪,有難則焚之。”《後漢書·光武帝紀下》:“修烽燧。”李賢注引前漢音義曰:“又多積薪,寇至即燔之,望其煙,曰燧。”

(1)臨要卒趙立,六月食糒二斗。六月壬申,隊長並付立。(《敦》332)
(2)入西書二封。一封,中部司馬,詣平望候官。一封,中部司馬,詣陽關都

尉府。十二月丙辰,日下餔時,受殄故卒張永。日下餔付遮姦隊長張卿。(《敦》2144)

(3)史監入脂穀桼斗五升,稟望桐隊長傅育十二食。(《新》EPT4.44)

(4)居延甲渠第二隊長,居延廣都里公乘陳安國,年六十三,建始四年八月辛亥除。不史。(《新》EPT51.4)

(5)第卅一隊卒王章,以四月一日病苦傷寒。(《居》4.4A)

(6)第二隊長景褒不在署,謹驗問,褒辭:却適隊卒周賢伐大司農茭,郭東病不任作,官記遣褒迎取。(《居》194.17)

(7)毋傷隊卒陳譚。妻大女捐,年卅四。子小女小婢,年八。七月旦居署盡晦。(《新》EPT40.17)

(8)責第卅三隊卒紀常富,字子嚴,布二匹,直千五百。候史張君卿任。已入五百,少千。(《新》EPT59.70)

"隊長"即"燧長",爲烽燧之長。"隊卒"即"燧卒",爲烽燧的士卒。

"隊""燧"通假,其他文獻可見。《阜陽漢簡·倉頡篇》C031:"□鄣隊(燧)亭。"①

## 520　内—納(内 nèi,泥母物部;納 nà,泥母緝部。聲同韵遠)

"内",入。《説文》:"内,入也。从冂,自外而入也。""内"引申表所入之處後,另造"納"字表其本義。桂馥《説文義證》:"凡自外入爲内,所入之處亦爲内。今人分去、入二聲,而入聲之内以納爲之。"

(1)從者,大男經,元年五月食麥二石七斗。故有餘麥一石三斗六升。今復内一石三斗四升。五月戊寅,士吏黨白内付經。(《敦》324)

"今復内一石三斗四升"指如今又交入麥一石三斗四升。

表"交入"義,屯戍簡多用"入","入"與"納"義同,如:

① 阜陽漢簡整理組:《阜陽漢簡〈倉頡篇〉》,《文物》1983年第2期。

(2)凡入□二千一百六十九石四斗。(《新》EPT51.347)

(3)初元三年二月入䅿程十二石。(《新》EPT51.359)

(4)入麥小石百八石三斗。五鳳四年十二月丁酉朔戊申,甲渠尉史充,受左農左長佐宗。候漢彊臨。(《新》EPT52.89)

"内""納"通假,其他文獻可見。《墨子·備城門》:"十步一人,居柴内弩。"孫詒讓閒詁引畢云:"内,與納同。"《孟子·滕文公下》:"閉門而不内。"朱熹集注:"内,與納同。"《漢書·地理志上》:"百里賦内總。"顏師古注:"内,讀曰納。"

## 521 术—繸(术 shú,船母物部;繸 suì,邪母物部。聲遠韵同)

"术",黏穀子。《説文·禾部》:"秫,稷之黏者。……或省禾。""繸",量詞,絲一百六十縷爲一繸。《墨子·非樂上》:"君子出絲二衛。"孫詒讓閒詁引《西京雜記》所載鄒長倩《遺公孫弘書》云:"五絲爲䌰,倍䌰爲升,倍升爲緎,倍緎爲紀,倍紀爲緵,倍緵爲繸。"

綃糸二斤,直四百卌四。絳縷五百术,白縷五百术。大薺種一斗,卌五。戎介種一半,直十五。賓此丈五尺,直三百九十。付子一斗,直百廿五。弋韋沓一兩,直八百五十。凡直七千三百五十二。受錢五千五百。少千八百五十二。上下定少二千二百卌二。(《居》262.34,262.28A)

"絳縷五百术,白縷五百术"指橘紅色的絲綫八萬縷,白色的絲綫八萬縷。裘錫圭先生認爲:"'术'聲與'遂'聲古代音近相通。……簡文的'术'應該讀爲'倍緵爲繸'的'繸'。絲一百六十縷爲一繸。"①

"术""繸"通假,雖不見於其他文獻,但從"术"得聲與從"遂"得聲的字古多音近相通。《詩經·鄘風·定之方中》:"卜云其吉。"毛傳:"山川能説。"陸德明釋文引《鄭志》曰:"問曰:'山川能説,何謂也?'答曰:兩讀。或言説,説者,説其形勢也。

① 裘錫圭:《裘錫圭學術文集·簡牘帛書卷》,復旦大學出版社,2012,第95頁。

或曰述,述者,述其故事也。述,讀如遂事不諫之遂。”《墨子·非儒下》:“伏尸以言術數。”孫詒讓閒詁:“術,當爲隧之叚字。”《禮記·學記》:“術有序。”鄭玄注:“術,當爲遂,聲之誤也。”

## 522　卒—促(卒 zú,精母物部;促 cù,清母屋部。聲近韵遠)

“卒”,古代供隸役穿的一種有標記的衣服。[①]《説文·衣部》:“卒,隸人給事者衣爲卒。卒,衣有題識者。”“促”,督促、催促。《説文·人部》:“促,迫也。”本義急速、迫切,引申爲督促、催促。

左伯卒今日已到,雖言當去也,宜且助力不迫,候長勉券,卒作治積₌薪₌,當。(《敦》238A)

“作治”義製作。“卒作治積薪”指督促製作積薪。

亦可寫作“趣”,詳見“174 趣—促”組。

亦可寫作“聚”,詳見“175 聚—促”組。

“卒”“促”通假,其他文獻可見。《儀禮·聘禮》:“賓曰俟閒。”鄭玄注:“賓之意不欲奄卒主人也。”胡培翬正義:“卒亦促遽之意。”《漢書·司馬遷傳》:“卒卒無須臾之間。”顔師古注:“卒卒,促遽之意也。”

## 523　卒—瘁(卒 zú,精母物部;瘁 cuì,從母物部。聲近韵同)

“卒”,古代供隸役穿的一種有標記的衣服。《説文·衣部》:“卒,隸人給事者衣爲卒。卒,衣有題識者。”“瘁”,病困。《莊子·在宥》:“使天下瘁瘁焉,人苦其性。”陸德明釋文:“瘁瘁,病也。”

---

① 一説,“卒”本義爲衣服縫製完畢。參見李學勤主編:《字源》,天津古籍出版社、遼寧人民出版社,2012,第738頁。季旭昇:《説文新證》,藝文印書館,2014,第668頁。

騎士富貴里臧自當，卒馬一匹。（《居》387.21）

“卒馬”即“瘁馬”，指病馬。

于豪亮先生將《居》116.57“萃馬一匹”之“萃”讀爲“倅”，義爲副。“萃馬”即副馬，亦即待用之馬。則“卒馬”亦可釋爲“倅馬”。但屯戍簡中已有“柱（駐）馬”“主（駐）馬”表示備用之馬，所以“萃馬”“卒馬”應該不是備用之馬。

## 524 萃—猝（萃 cuì，從母物部；猝 cù，清母物部。聲近韵同）

“萃”，草叢生貌。《説文·艸部》：“萃，艸皃。”“猝”，倉猝。《説文·犬部》：“猝，犬从艸暴出逐人也。”《玉篇·犬部》：“猝，言倉猝暴疾也。”

（1）☑宗馬出塞逐槖佗，行可卅餘里，得槖佗一匹還未到隊，宗馬萃僵死，宣以死馬更所得槖佗歸宗，宗不肯受，宣謂宗曰强使宣行馬，幸萃死，不已償宗馬也。（《居》229.1,229.2）

（2）收降候長賞、候史充國。四月乙巳日迹積一日，毋越塞蘭渡天田出入迹。迺丙午日出一干時，虜可廿餘騎萃出塊沙中，略得迹卒趙蓋衆。丁未日迹盡甲戌積廿八日，毋越塞蘭渡天田出入迹。（《新》EPT58.17）

（3）☑久不相見，萃然相黨以驩道，故以請語，當此之時，臣竊樂之，酎至四五斗，若耐男。（《敦》1788）

（4）下，迫藁起，萃萃不及詣門下，毋狀，叩₌頭₌，得掾明時數。（《新》EPF16.40）

例（1）“萃僵死”“萃死”即“猝僵死”“猝死”，指突然死亡。例（2）“萃出塊沙中”即“猝出塊沙中”，指猛然出現在塊沙之中。例（3）“萃然”即“猝然”，義突然。例（4）“萃萃”即“猝猝”，義倉猝。

“萃”“猝”通假，其他文獻可見。《諸子平議·管子二》：“非一朝之萃。”俞樾按：“萃，當讀爲猝。”

## 525　萃—瘁(cuì,從母物部。雙聲叠韵)

“萃”,草叢生貌。《説文·艸部》:“萃,艸皃。”“瘁”,病困。《莊子·在宥》:“使天下瘁瘁焉,人苦其性。”陸德明釋文:“瘁瘁,病也。”

(1)☑以食候馬、傳馬、萃馬。(《居》497.2)
(2)萃馬一匹。(《居》116.57)
(3)𡨴凡士百廿人,馬百卌二匹,其十二匹萃馬。(《金(伍)》73EJF3:91)
(4)善毋恙,頃閒獨勞萃萃,臈□☑。(《新》EPT59.189A)

“萃馬”即“瘁馬”,指病馬。例(1)“候馬”指騎兵偵察、候望時所騎的馬,即斥候之馬。“傳馬”指驛站所用傳遞文書、信件的馬。“萃馬”與“候馬”“傳馬”並提,可見“萃馬”也是馬之一種。例(4)“萃萃”即“瘁瘁”,義憂愁貌。《莊子·在宥》:“昔堯之治天下也,使天下欣欣焉……桀之治天下也,使天下瘁瘁焉,人苦其性,是不愉也。”

一説,“萃”讀爲“倅”,義爲副。“萃馬”即副馬,亦即待用之馬。[①]但屯戍簡中已有“柱(駐)馬”“主(駐)馬”表示備用之馬,“萃馬”應該不是備用之馬。

“萃”“瘁”通假,其他文獻可見。《左傳·襄公二十八年》:“人必瘁。”陸德明釋文:“瘁,本或作萃。”

## 526　萃—碎(萃cuì,從母物部;碎suì,心母物部。聲近韵同)

“萃”,草叢生貌。《説文·艸部》:“萃,艸皃。”“碎”,破碎。《説文·石部》:“碎,䃺也。”《玉篇·石部》:“碎,散也,破也。”

將軍、使者、大守議:貨錢古惡,小萃不爲用,改更舊制,設作五銖錢,欲便百

① 于豪亮:《〈居延漢簡甲編〉補釋》,載《于豪亮學術文存》,中華書局,1985,第233頁。

姓。錢行未能。(《居》16.11)

陳直先生認爲:“小萃即小碎之假借字,皆指私鑄之三銖及半兩錢而言。三銖錢始鑄於武帝建元元年,建元五年復行半兩錢。及元狩三年銷半兩錢,復鑄三銖錢。元狩五年有司言三銖錢輕,輕錢易作姦詐,迺更請郡國鑄五銖錢,周郭其質,令不得摩取鋊。”①

“萃”“碎”通假,其他文獻可見。《墨子·兼愛中》:“士聞鼓音,破碎亂行,踏火而死者,左右百人有餘。”孫詒讓閒詁:“碎,疑萃之借字,萃亦行列之謂。”

## 527 遂—燧(suì,邪母物部。雙聲叠韵)

“遂”,逃亡。《説文·辵部》:“遂,亡也。”“燧”,①烽燧,指邊防報警的煙火。引申指守望烽燧的基本組織。設燧長,專司本烽燧的守望職責。②取火工具。《玉篇·火部》:“燧,以取火於日。”《集韵·至韵》:“燧,取火也。”

(1)虜守亭鄣,煩舉:晝舉亭上蓬,夜舉離合火。次亭遂和,煩舉如品。(《敦》2257)

(2)□司馬王□督蓬遂,□四人病□☐。(《敦》1544)

(3)出卌□第四遂。凡四百卌二。(《新》EPS4C:1B)

(4)樂昌隧次鄉亭卒迹,不在遂上,塢爲□☐。(《居》19.5)

例(2)“遂”,各家未釋,圖版作,當釋爲“遂”。例(3)“遂”,《居延新簡集釋》釋爲“隊”,圖版作;例(4)“遂”,史語所《居延漢簡》釋爲“隧”,圖版作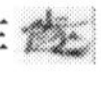。後二字均不見所從“阜”旁,故當釋爲“遂”。以上“遂(燧)”義烽燧。例(1)“亭遂”即“亭燧”,指烽火亭。例(2)“蓬遂”即“烽燧”,指邊防報警的煙火。例(3)“第四遂”即“第四燧”,爲用序數表示的烽燧名。例(4)“遂”即“燧”,指管理烽燧的基層組織。

① 陳直:《居延漢簡解要》,載《居延漢簡研究》,天津古籍出版社,1986,第234頁。

(5)出火遂二具。(《居》505.10)

(6)出火遂二具。(《居》506.1)

以上“遂(燧)”義取火工具。“出火遂”即“出火燧”,指取火工具。

古代取火工具,有金燧和木燧兩種:

金燧,指古代利用陽光取火的凹面銅鏡。《禮記·内則》:“左佩紛帨、刀、礪、小觿、金燧。”鄭玄注:“金燧,可取火於日。”孫希旦集解:“成伯璵謂‘冬至日子時鑄銅爲鑒,謂之陽遂,夏至日午時鑄銅爲鑒,謂之陰鑒。’是金遂亦鑒類,其狀相似,欲取火則向日照之,以引取其火也。”可見,用銅製成,故稱金燧。因製作的時間不同,又別稱陽燧和陰鑒。其取火原理,沈括《夢溪筆談》有詳細説明,《夢溪筆談》卷三:“陽燧面洼,向日照之,光皆聚向内。離鏡一二寸,光聚爲一點,大如麥菽,着物則火發。”即利用銅鏡的凹面將陽光聚集在焦點以燃物。

木燧,指木制的鑽取火種的工具。《禮記·内則》:“右佩玦、捍、管、遰、大觿、木燧。”鄭玄注:“木燧,鑽火也。”孔穎達疏引皇侃曰:“晴則以金燧取火於日,陰則以木燧鑽火也。”其取火原理,即“以硬木爲鑽,軟木爲盤,盤中鑿眼,用繩牽動木鑽運轉,使之磨擦生火”①。

以上二例中“出火遂(燧)”難以判定是金燧還是木燧,但《居》305.17A之“出火椎鑽”、簡68.65和82.1之“尊火尊”均是木燧。“尊”讀爲“鑽”,詳見“545 尊—鑽”組。

“遂”“燧”通假,其他文獻可見。《禮記·祭義》:“陶陶遂遂。”陸德明釋文:“遂,本又作燧。”《札迻·易通卦驗鄭康成注卷上》:“遂皇始出。周禮疏序引遂作燧。書序疏引同。”

## 528　隧—燧(suì,邪母物部。雙聲叠韵)

“隧”,墓道、隧道。《玉篇·阜部》:“隧,墓道也。”又:“隧,地通路也。”“燧”,①烽燧,指邊防報警的煙火。引申指守望烽燧的基层組織。設燧長,專司本烽燧的守望職責。②取火工具。《玉篇·火部》:“燧,以取火於日。”《集韵·至韵》:“燧,取

① 陳連慶:《居延漢簡札記(下)》,《東北師大學報》1983年第3期。

火也。”

(1)玉門部:士吏五人,候長七人,候史八人,隧長廿九人,候令史三人。(《敦》806)

(2)將軍令:月生民皆布在田野,以塞候望爲耳目。檄到,恭等令隧長旦蚤迹,士吏、候長常以日中迹。(《新》EPF22.167)

(3)臨之隧卒魏郡内黄宜民里尹宗,責故臨之隧長薛忘得鐵斗一,直九十;尺二寸刀一,直直卌;緹績一,直廿五。凡直百卌五。(《新》EPT59.7)

(4)第五隧卒馬赦貰賣芫緤袍、縣絮裝,直千二百五十,第六隧長王常利所。今比平予赦錢六百。(《新》EPT56.17)

(5)捕律亡入匈奴外蠻夷守棄亭鄣逢隧者,不堅守降之,及從塞徼外來絳而賊殺之,皆要斬,妻子耐爲司寇,作如。(《敦》983)

(6)官先夏至一日以除隧取火,授中二=千=石=官在長安、雲陽者,其民皆受。(《居》5.10)

例(1)至(5)“隧(燧)”義烽燧。“隧長”“隧卒”“逢隧”即“燧長”“燧卒”“烽燧”。例(6)“隧(燧)”義取火工具。“除隧取火”即“除燧取火”,指“鑽燧改火”。

古人鑽燧取火,四季换用不同的木材,春用榆柳,夏用棗杏,季夏用桑柘[①],秋用柞楢,冬用槐檀,稱爲“改火”。“改火”有去毒救疾的作用。如下:

《論語·陽貨》:“舊穀既没,新穀既升,鑽燧改火,期可已矣。”何晏集解引馬融曰:“《周書·月令》有更火之文。春取榆柳之火,夏取棗杏之火,季夏取桑柘之火,秋取柞楢之火,冬取槐檀之火。一年之中,鑽火各异木,故曰改火也。”劉寶楠正義:“徐頲《改火》解:‘改火之典,昉於上古,行於三代,迄於漢,廢於魏晋以後,復於隋而仍廢’……蓋四時之火,各有所宜,若春用榆柳,至夏仍用榆柳便有毒,人易以生疾,故須改火以去兹毒,即是以救疾也。”[②]

① 季夏指夏季的最後一個月。

② 劉寶楠:《論語正義》,中華書局,1990,第700-703頁。

“隧”“燧”通假，其他文獻可見。《馬王堆漢墓帛書·五十二病方·痒病》：“燔之坎中，以隧（燧）下。”

## 529　費—弼（費 fèi，滂母物部；弼 bì，並母質部。聲近韻近）

“費”，花費。《説文·貝部》：“費，散財用也。”“弼”，矯正弓弩的器具。朱駿聲《説文通訓定聲·泰部》：“弼，當訓弓輔也。……凡弛弓則縛於裏以備損傷，用竹若木爲之。亦曰檠、曰榜、曰閉、曰柲。”

第十隧五石具弩一，絶費。（《居》57.14）

“絶費”即“絶弼”，指縛在弓内側起輔助作用的竹木斷裂。

## 530　未—寐（未 wèi，明母物部；寐 mèi，明母物部。雙聲叠韵）

“未”，滋味，後作“味”。《説文·未部》：“未，味也。六月，滋味也。”“寐”，睡着。《説文·㝱部》：“寐，臥也。”段玉裁注：“俗所謂睡着也。”

詩曰：“題積令，載蜚載鳴；我日斯邁，而月斯延；蚤興夜未，毋天璽所生。”“蚤興夜未，毋天璽所生”者，唯病乎？唯病乎？其勉之勉之。（《金（叁）》73EJT31：102A）

“蚤”通“早”，“蚤興夜未”指早起晚睡。此簡内容與《孝經》有關，簡文内容分兩部分：前半部分爲《詩經》引文，後半部分從孝道角度對“蚤興夜未，毋天璽所生”進行解説，詳見“404 積—鶺”組。

“未”“寐”通假，其他文獻可見。阜陽漢簡《詩經·衛風·考槃》：“□未（寐）吾（寤）言，柄（永）矢弗緩（諼）。”

## 531　勿—無(勿 wù,明母物部;無 wú,明母魚部。聲同韻遠)

“勿”,古“刎”字,殺、切割[①]。多假借作否定副詞,義“不、不要”。“無”,没有,與“有”相對。《玉篇·亡部》:“無,不有也。”“無”本義舞蹈,假借表有無義。

(1)且清郭隊長爲餕數什所,幸勿恙,哀小姓之不足存也。(《敦》八八DYTGC:三B)

“勿恙”即“無恙”,没有疾病、没有憂慮。多爲書信中的問候語。

可徑用本字,作“無”,如:

(2)無恙,煩勞候☑。(《新》EPT44.13A)

(3)叩頭言,石子執事無恙,起居平善□☑。(《新》EPT48.24A)

“勿”“無”通假,其他文獻可見。《爾雅·釋訓》:“勿念,勿忘也。”郝懿行義疏:“勿者,與無同。”《論語·學而》:“過則勿憚改。”邢昺疏:“勿,無也。”《吕氏春秋·季夏》:“勿敢僞詐。”高誘注:“勿,無也。”“勿”均讀爲“無”。

① 李學勤主編:《字源》,天津古籍出版社、遼寧人民出版社,2012,第841頁。季旭昇:《説文新證》,藝文印書館,2014,第730頁。

# 文部通假字匯釋

## 532　根—艮(根 gēn,見母文部;艮 gèn,見母文部。雙聲叠韵)

“根”,植物生長於土中或水中吸收營養的部分。《説文·木部》:“根,木株也。”“艮”,方位名,指東北方。《易·説卦》:“艮,東北之卦也。”

東北來,則逆根,傷生[1]民,多疾病。風從東方來,則逆震,五穀傷于震。風從南☐。(《敦》1179)

“逆根”即“逆艮”,指與“艮”的方向相反。“震”亦爲方位名,指東方。“逆震”指與“震”的方向相反。此簡爲術數類書,記載了立秋之日和秋分之日的候風之占。大意爲:立秋之日,如果風從東北方來,則是逆節之風,結果是傷人民,多疾病;秋分之日,如果風從東方來,則是逆節之風,結果是傷五穀。

“根”“艮”通假,其他文獻可見。馬王堆漢墓帛書《周易·艮》:“根(艮)其背,不濩(獲)其身,行其廷,不見其人。無咎。”又:“初六,根(艮)其止(趾),无咎,利永貞。”又:“六二,根(艮)其肥(腓),不登(拯)其隨,其心不快。”

---

[1] “生”,《敦煌馬圈灣漢簡集釋》釋爲“主”,圖版爲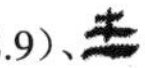,當釋爲“生”。漢簡“生”“主”字形相近,但不相混。“生”往往簡省掉起筆的撇劃,寫作(《居》508.9)、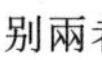(《張家山漢簡·奏讞書》189)。而“主”起筆的點畫往往寫成短横,如(1173)、(2001)。這是區别兩者的關鍵。再從語義上看。“主民”不辭,於義不通。若釋作“生”,可通。“生民”即人民,《書·畢命》:“道洽政治,澤潤生民。”

## 533 靳/蘄—旂(靳 jìn,見母文部;旂 qí,群母文部。聲近韵同)

"靳",服馬當胸的皮帶。《説文·革部》:"靳,當膺也。""蘄",字典辭書不載,疑爲"靳"之异體。"旂",旌旗。《説文·㫃部》:"旂,旗有衆鈴以令衆也。"

(1)當作治隧靳幡。部候長王良,數告尊趣作治幡。(《新》EPT68.167)

(2)戍卒淮陽郡苦上里王光,有方一,完,靳幡一,完。《金(叁)》73EJT26:231)

(3)鷩虜隧長王倚,弩帾三,折傷毋裏,蘭冠三,其二緘,皆毋裏,靳幡三,幣。(《居》270.26A)

(4)☐九枚,幣。謹遣尉史承禄齎弩、靳幡詣府。(《居》57.11)

(5)靳干、幡,各一。(《敦》1891)

(6)☐曲旃一,緹紺胡一,靳干、幡各三,戍卒。(《居》349.7A)

(7)二月餘官靳十。其七,完。三□□。(《敦》1350)

(8)二月餘官靳干,其十,完,三□□☐(《懸》87-89C:60)

(9)□稱年卌五,有方一,靳幡一,靳干一。(《地》86EDT28:2)

(10)千秋亭寅矢百卌十五,其廿九破傷,蘄干三,承弦六,□弦三☐。(《敦》582)

(11)誅虜隧卒閻通病,有方,蘄干、幡。(《敦》592)

(12)□澤隧卒□□,四石弩,蘄干、幡二。(《敦》605)

"靳幡"即"旂幡",指旗幟。"干"通"杆","靳干""蘄干"即"旂杆",指懸掛旗幟的杆子。

雖未見"靳""旂"直接通假的用例,但二字均從"斤"得聲,語音相近,又"靳"多與從斤得聲的字通假。朱駿聲《説文通訓定聲·屯部》:"靳,(叚借)爲听。""听"從口,斤聲。《説文·走部》:"赾,行難也。从走,斤聲。"段玉裁注:"今人靳固字當作此赾字。"

## 534　豤—墾(kěn,溪母文部。雙聲疊韵)

“豤”,啃咬。《説文·豕部》:“豤,齧也。”“墾”,開墾。《玉篇·土部》:“墾,耕也。”

(1)豤田以鐵器爲本,北邊郡毋鐵官,卬器内郡,令郡以時博賣予細民,毋令豪富吏民得多,取販賣細民。(《新》EPT52.15)

(2)☐令玉門屯田吏高年,豤田七頃,給員弛刑十七人。(《敦》2434)

(3)豤田簿署歲上中下,度得穀口率,其有菑害者,署頃畝□率□。(《居》113.6,139.24)

“豤田”即“墾田”,義開墾田地。例(3)“口率”指按人口比例。簡文“度得穀口率”即計算得穀的人口比例。

“豤”“墾”通假,其他文獻可見。段玉裁《説文解字注·豕部》“豤”字注:“《考工記》:髻豤薜暴不入市。注云:豤,頓傷也。此引申假借字。今本作墾,非。”《睡虎地秦簡·秦律十八種·田律》:“入頃芻稾,以其受田之數,無豤不豤,頃入芻三石、稾二石。”“豤”即“墾”。

## 535　困—頓(困kùn,溪母文部;頓dùn,端母文部。聲遠韵同)

“困”,故廬。《説文·囗部》:“困,故廬也。”“頓”,損壞。《左傳·襄公四年》:“甲兵不頓。”杜預注:“頓,壞也。”

桐繩二,困折,槖二,直百五十。(《居》326.6A)[①]

“困折”即“頓折”。“折”亦有損傷義,“頓折”同義連用。《書·多士》:“吉勑于帝。”孔

① 此枚簡,《居延漢簡釋文合校》釋爲:“桐繩二,困折,槖二,直百五十。”史語所《居延漢簡》釋爲:“□緯二,困板,槖二,直百五十。”核查圖版,墨迹淺淡,未知孰是,然“困板”不辭,故從《居延漢簡釋文合校》釋。

安國傳:"不頓兵傷士。"孔穎達疏:"頓,折也。""頓折"在傳世文獻中也可寫作"鈍折",如《新唐書·逆臣傳上·安禄山》:"時兵暴起,州縣發官鎧仗,皆穿朽鈍折不可用。""鈍"亦當讀爲"頓"。

## 536 堇—勤(qín,群母文部。雙聲疊韵)

"堇",黄土、黏土。《説文·堇部》:"堇,黏土也。""勤",勤勞。《説文·力部》:"勤,勞也。"

(1)敦煌玉門關候孫閒,公乘,治□命,僉堇録强力事,□☒。(《敦》671)

(2)大皇大后詔曰:往者陰陽不調,風雨不時,降農自安,不堇作勞,是以數被菑害。(《懸·四時月令詔條》第1行)

例(1)"僉"通"儉","僉堇"即"儉勤",義勤儉。例(2)"降農自安"之"降",《敦煌懸泉漢簡釋粹》認爲乃"隋"之誤字,蓋以"隋"讀爲"惰","惰民"即懶惰之民。其實,按"降"字解,文意亦可通。"降"義下,"降民"即"下民",指因種植條件差而收入少的農夫。王充《論衡·别通》:"耕夫多殖嘉穀,謂之上農夫;其少者,謂之下農夫。"簡文大意爲:收穫少的農夫因"陰陽不調,風雨不時",安於現狀,不勤於勞作,因此屢次遭受災害。

"堇""勤"通假,其他文獻可見。《馬王堆漢墓帛書·老子甲本·德經》:"塞其悶(悶),閉其門,終身不堇。啟其悶,濟其事,終身不□。"又《老子甲本·道篇》:"綿綿呵若存,用之不堇。"又《老子乙本·德篇》:"綿綿呵若存,用之不堇。""堇",傳世本作"勤"。[①]

① 朱謙之:《老子校釋》,中華書局,2000,第27頁。

## 537　慬—謹(慬qín,群母文部;謹jǐn,見母文部。聲近韵同)

“慬”,憂愁、煩惱。《玉篇·心部》:“慬,憂也;煩也。”“謹”,謹慎。《説文·言部》:“謹,慎也。”

(1)你因居竟十月,未知何始。致且怒力自愛,慬候望,毋憂家也☐。(《新》EPT65.53B)

“慬候望”即“謹候望”,義謹慎偵察。

可徑用本字,作“謹”,如:

(2)詔書:清塞下,謹候望,督蓬火。虜即入,料度可備中,毋遠追,爲虜所詐。(《居》12.1A)

(3)其令車騎審試,謹候望,驚㷭火,清塞下,毋☐。(《敦》1582)

(4)勉致醫樂,起視事,謹候望。方考行,如律令。(《新》EPF22.279)

亦可寫作“精”,詳見“442精—謹”組。

亦可寫作“情”,詳見“444情—謹”組。

一説,“慬”通“警”,《中國簡牘集成》:“慬候望,即警候望,加强警戒之意。”[①] 但是“慬”古音群母文部,“警”見母耕部,兩者韵部差别較大,又没有“警候望”的用例,故此説恐不確。

“慬”“謹”通假,其他文獻可見。《廣雅·釋詁四》:“恮,慬也。”王念孫疏證:“《説文》:恮,謹也。謹與慬通。”

---

① 中國簡牘集成編委會:《中國簡牘集成》(第十一册),敦煌文藝出版社,2001,第238頁。

## 538　廑—僅(jǐn,群母文部。雙聲叠韵)

"廑",小屋。《説文·广部》:"廑,少劣之居。""僅",少。《廣韵·震韵》:"僅,劣也,少也。""廑""僅"同源通用。

〼德妻,疑德廑罪。神爵二年十一月丁卯,廷尉定國有□〼。(《新》EPT2.14)

"廑罪"即"僅罪",指少罪,減免罪行的意思。"僅罪",傳世文獻中寫作"謹罪",《墨子·號令》:"有能捕告,賜黄金二十斤,謹罪。"岑仲勉簡注:"謹罪……當是免罪之意,或借作'廑',無幾也。""無幾"義不多。

"廑""僅"通假,其他文獻可見。慧琳《一切經音義》卷九十七"僅辭"注:"僅,或作廑。"王筠《説文句讀·人部》:"僅,又廑之异文。"《漢書·董仲舒傳》:"廑能勿失耳。"顔師古注:"廑與僅同,僅,少也。"又《陳湯傳》:"而廑獲駿馬三十匹。"顔師古注:"廑與僅同,僅,少也。"

## 539　翬—徽(翬 huī,曉母文部;徽 huī,曉母微部。聲同韵近)

"翬",振羽疾飛。《説文·羽部》:"翬,大飛也。""徽",旗幟。《禮記·大傳》:"易服色,殊徽號。"鄭玄注:"徽號,旌旗之名也。"

六月戊午府下制書曰:安衆侯劉崇與相張紹等謀反,已伏辜。崇季父蒲反令翬、解印綬,肉但自護。書丁卯日入到。(《敦》497)

"反令翬"即"反令徽",指將用來發佈命令的旗幟反着掛。"解印綬"指解下印信和掛印信的帶子。"但"爲"坦露"義的本字。《説文·人部》:"但,裼也。"徐鍇繫傳:"古此爲袒字。"簡文大意爲:安衆侯劉崇與相張紹等謀反,已伏罪。劉崇之季父劉蒲反掛旗幟、解下印信,袒露上身得以自救。

“翬”“徽”通假，其他文獻可見。《廣雅·釋詁一》：“揮，動也。”王念孫疏證：“揮、翬、徽並同義。”

## 540 勳—熏(xūn，曉母文部。雙聲叠韵)

“勳”，大功勞。《説文·力部》：“勳，能成王功也。”“熏”，熱氣升騰。《説文·屮部》：“熏，火煙上出也。”本義火煙上出，引申有熱氣上升義。

⋯創□日□□□□□□□旦以湯器置阬下，令。
湯氣上勳創中。三、四日，復用一分。(《新》EPT50.26)

“創”通“瘡”，“湯氣上勳創中”即“湯氣上熏瘡中”，指用熱氣熏蒸痔瘡。

“勳”“熏”通假，其他文獻可見。《諸子平議·淮南内篇二》：“人之耳目，曷能久熏勞而不息乎。”俞樾按：“熏當爲勳。勳勞二字連文，古文常語。”

## 541 敦—端(敦dūn，端母文部；端duān，端母元部。聲同韵近)

“敦”，惱怒。《説文·攴部》：“敦，怒也。”“端”，頭。“一端”即“一頭”。《禮記·檀弓下》：“柏椁以端，長六尺。”孔穎達疏：“端，猶頭也。積柏材作椁，並葺材頭，故云以端。”“端”本義端正。《説文·立部》：“端，直也。”假借表示“端頭”義，“端頭”義的本字當是“耑”，後本字見廢而假借字行。

☐壽王敢言之。戍卒鉅鹿郡廣阿臨利里潘甲，疾温，不幸死。謹與
☐槥櫝，參絜堅約，刻書名、縣、爵、里槥敦，參辨券書其衣器所以收。(《居》7.31)

“槥敦”即“槥端”，指棺材的一頭。“參絜”即三束枲。《説文·糸部》：“絜，麻一耑也。”段玉裁注：“絜，束之必圍之，故引申之圍度曰絜。”古文棺椁不用釘，而以枲

麻捆扎。“參絜堅約”義爲用三束枲牢牢捆扎棤櫝。“刻書名、縣、爵、里棤敦”即在棤櫝的一端刻寫死者的姓名、縣名、爵位、里名等信息。“辨”義爲别,“參辨券”即三别券,也就是分成三塊的契券。[①]“參辨券書其衣器所以收”義爲在“參辨券”上記録裝衣服的器物中所收衣服的數量等信息。

“敦”與從“耑”得聲的字常通假。朱駿聲《説文通訓定聲·屯部》:“敦,(叚借)又爲剬。”“敦,(叚借)又爲諯。”“敦,(叚借)又爲準,或爲耑。”

## 542 庉—笹(dùn,定母文部。雙聲疊韵)

“庉”,樓牆。《説文·广部》:“庉,樓牆也。”“笹”,儲存穀物的器具,多以竹篾編成,後作“囤”。《説文·竹部》:“笹,篅也。”

(1)□一,復、參斬、亶帶各一,居米庉中。(《金(貳)》73EJT24:247A)

(2)□米庉一,并取其蓋。(《金(貳)》73EJT24:245)

(3)□□□八,居米庉中(《金(貳)》73EJT24:268A)

(4)大斤一,大庉一。(《金(貳)》73EJT24:268B)

“米庉”即“米笹”,指儲存米的器具。“居”義爲存放,“居米庉中”指存放在儲米的器具之中。

## 543 忍—刃(忍 rěn,日母文部;刃 rèn,日母文部。雙聲疊韵)

“忍”,忍耐,容忍。《説文·心部》:“忍,能也。”“刃”,刀鋒、刀口。《説文·刃部》:“刃,刀堅也。”

(1)儲水□桐一,容十石,滅火斧二,有忍。(《新》EPT48.18A)

① 裘錫圭:《漢簡拾零》,載《裘錫圭學術文集·簡牘帛書卷》,復旦大學出版社,2012,第56頁。

“滅火斧二，有忍”指滅火斧有兩個，都有刀刃。“滅火斧”具體形制如何，尚不明。

可徑用本字，作“刃”，如：

(2)☐木杆，端有斧刃，以歐擊賢右。(《新》EPT52.555)

(3)六月餘斧刃八十八☐。(《敦》366)

“忍”“刃”通假，其他文獻可見。《詩經·鄭風·將仲子》：“無折我樹檀。”毛傳：“檀，彊忍之木。”陸德明釋文：“忍，本亦作刃。”又《大雅·抑》：“荏染柔木。”鄭玄箋：“柔忍之木。”陸德明釋文：“忍，本亦作刃。”《諸子平議·列子》：“夫回能仁而不能反。”俞樾按：“反字無義，疑刃字之誤。刃與忍通。”

## 544 尊—緵(尊 zūn，精母文部；緵 zōng，精母東部。聲同韵遠)

“尊”，器皿。《説文·酋部》：“尊，酒器也。”“緵”，八十縷。《玉篇·糸部》：“緵，縷也。”

(1)𦋺得厩嗇夫𤪌子恩所貰買甲渠鉼庭隧卒究科毋尊布一匹。(《新》EPT51.329)

(2)毋尊布三匹，匹四百。(《金(貳)》73EJT24：369)

(3)毋尊布一匹，至四百☐。(《居》325.11)

“毋”通“五”，“毋尊布”即“五緵布”，指用四百縷綫織成的布。

## 545 尊—鑽(尊 zūn，精母文部；鑽 zuàn，精母元部。聲同韵近)

“尊”，器皿。《説文·酋部》：“尊，酒器也。”“鑽”，取火具也。《論語·陽貨》：“鑽燧改火，期可已矣。”皇侃疏：“鑽燧者，鑽木取火之名也。”

(1)尊火尊一,折,不事用。(《居》68.65)

(2)尊火尊一,不事用。(《居》82.1)

例(1)第一個"尊",《居延漢簡甲乙編》、《居延漢簡釋文合校》、史語所《居延漢簡》均不釋,作"□",圖版作,上部殘損筆劃與"酋"相近,下部"寸"字清晰可見,當釋爲"尊"。同簡第二個"尊",圖版作,可比參。

"尊火尊"即"鑚火鑚",第一個"鑚"爲動詞,義爲鑚火、取火,第二個"鑚"爲名詞,義爲"火鑚",指取火工具。"鑚火鑚"則指"取火的鑚"。此種表達形式,並不罕見,如"椎塊椎"。《漢書·陳勝項籍傳贊》:"鉏櫌棘矜。"顔師古注引晋灼曰:"櫌,椎塊椎也。""椎塊椎"指"捶土塊的椎"。

可徑用本字,作"鑚",如:

(3)卅井降虜隧,出火椎鑚二。(《居》305.17A)

取火工具的名稱,屯戍簡主要有兩種:一是出火遂(燧);二是尊(鑚)火尊(鑚)。詳見"527遂—燧"組。

## 546　循—楯(循 xún,邪母文部;楯 zhūn,端母文部。聲遠韵同)

"循",順着、沿着。《説文·彳部》:"循,行順也。""楯",盛弩的袋子。《説文·巾部》:"楯,載米䈪也。"段玉裁注:"《宁部》曰:'䈪,楯也,所以盛米也。'二字相轉注。"本指盛米的袋子。而在屯戍簡中,"楯"多與"弩"連用,稱"弩楯",則可知"楯"亦可指盛弩的袋子。

(1)弩循一,完,蘭冠一,完☑。(《金(叁)》73EJT26:217)

(2)☑六石具弩一,弩循一。(《新》EPT52.10)

(3)第卅一隧長王猛，三石承弩一，傷一淵，循一幣。二年兵。(《新》EPT53.78)

(4)戍卒魏郡元城臨河里郝更生，五石具弩一，弩循一，稾矢銅鍭五十，蘭一，蘭冠一☐。(《新》EPT59.48)

例(4)“循”，《居延新簡釋校》釋爲“楯”，查圖版從“彳”，當釋爲“循”。以上“弩循”即“弩楯”。

可徑用本字，作“楯”，如：

(5)戍卒閻弘，弩楯一，完。毋繕書。(《敦》1041)

(6)甲渠候長觻得延壽里趙猛，六石具弩一，完。弩楯一，完。糸承弦一，完。(《新》EPT48.17)

(7)驚虜隧長王倚，弩楯三，折傷毋裏。(《居》270.26A)

## 547　循—盾(循 xún，邪母文部；盾 dùn，定母文部。聲遠韵同)

“循”，順着、沿着。《説文·彳部》：“循，行順也。”“盾”，盾牌，古代的一種防護兵器。《方言》卷九：“盾，自關而東或謂之瞂，或謂之干，關西謂之盾。”《説文·盾部》：“盾，瞂也，所以扞身蔽目。”

(1)戍卒河東郡汾陰南池里耿禹假赤循，鳩尾折。(《敦》1649)

(2)☐兩，劍一，循一。(《金(叁)》73EJT24:857)

例(1)“假”義爲借。“赤”義爲紅色，指“盾”的顏色。“鳩尾”指“鳩”尾巴上的羽毛，蓋爲“盾”的裝飾物。

可徑用本字，作“盾”，如：

(3)戍卒河東郡汾陰宜都里杜充,所假姑臧赤盾一,桂兩端小傷各一所。(《敦》1730)

(4)☐□劍一,盾一。(《金(叁)》73EJT30:199)

(5)☐一兩,牛一,八月壬寅,劍、盾一。(《金(壹)》73EJT9:160)

(6)☐牛車一兩,劍、盾一。(《金(叁)》73EJT25:117)

例(1)“赤循”即例(3)“赤盾”。例(2)“劍一,循一”即例(4)“劍一,盾一”。

又可寫作“楯”。“楯”爲“盾”之异體,《玉篇·木部》:“楯,本亦作盾。”段玉裁《説文解字注·木部》:“楯,古亦用爲盾字。”如:

(7)☐⋯劍一,楯一。(《金(壹)》73EJT10:494)

(8)☐兩,大刀一,劍一,楯一。(《金(叁)》73EJT24:551)

(9)河南穀成長陽里大夫師逢,年卅,長七尺二寸黑色,牛車一兩,鍁楯各一。(《金(叁)》73EJT25:5)

“循”“盾”通假,其他文獻可見。張家山漢簡《蓋廬》:“盾(循)天之則,何去何服?行坨(地)之德,何范何極。”

## 548　循—巡(xún,邪母文部。雙聲疊韻)

“循”,順着、沿着。《説文·彳部》:“循,行順也。”“巡”,巡視。《説文·辵部》:“巡,延行皃。”段玉裁注:“視行者,有所省視之行也。”

(1)驚備檄已移。今宜禾都尉復檄言:虜守酒泉破胡隧。檄到,各驚備、循行,明教告吏卒,謹迹望,驚試☐。(《敦》1248)

(2)然士大夫結法所當得,奉令安揖,毋失職。方循行不辦、不憂事者,白奏,毋忽,如律令。(《敦》2057)

(3)檄到,循行部界中,嚴教吏卒驚蓬火明天田,謹迹候候望,禁止往來行者,

定蓬火輩,送便兵戰鬪具,毋爲虜所萃槧,已先聞知,失亡重事,毋忽,如律令。萃。(《居》278.7A)

(4)候長□未央、候史包、隧長畸等疑虜有大眾欲並入爲寇。檄到,□等各循行部界中,嚴教吏卒,定蓬火輩,送便兵戰鬪具,毋爲虜所萃槧,已先聞知,失亡重事,毋忽如律令。(《居》278.7C)

(5)令以春祠社稷,今擇吉日如牒。書到,令、丞循行,謹脩治社稷,令鮮明。令、丞以下當。(《新》EPT20.4A)

(6)候史廣德,坐不循行部、塗亭,趣具諸當所具者,各如府都吏舉。部精不畢,又省官檄書不會₌日。督五十。(《新》EPT57.108A)

(7)以檄警精、買布爲名,尉儋等不敢循行,留☐。(《金(叁)》73EJT25:151)

(8)☐循行廢,不以爲意甚不稱,前遣丞行塞所舉如牒☐。(《金(叁)》73EJT30:204)

"循行"即"巡行",義巡視。《墨子·號令》:"大將信人行守,長夜五循行,短夜三循行。"

"循""巡"通假,其他文獻可見。朱駿聲《説文通訓定聲·屯部》:"循,(叚借)爲巡。"《周禮·地官·小司徒》:"小軍旅,巡役。"鄭玄注:"巡役,小力役之事則巡行之。"孫詒讓正義:"循,與巡字通。"

## 549 文—紋(wén,明母文部。雙聲疊韵)

"文",花紋、紋理。《説文·文部》:"文,錯畫也。""紋"是爲表"文"之本義所造的分化字。《玉篇·糸部》:"紋,綾紋也。"

(1)欲知幣劍以不報者,及新器者,之日中騂視,白堅隨逢上者,及推處白黑堅分明者,及無文縱有文而在堅中者,及雲氣相遂,皆幣合人劍也。刀與劍同等。

右善劍四事。右幣劍六事。(《新》EPT40.204-205)[①]

(2)利善劍文:縣薄文者、保雙蛇文皆可。帶羽、圭中文者,皆可。劍謙者利善,强者表惡,弱則利,奈何?(《新》EPT40.206)

(3)惡新器劍文:鬭雞、伍蛇文者,麤者,及皆凶不利者。右幣劍文四事。(《新》EPT40.207)

上引簡文均屬《相刀劍册》[②]。例(1)"幣"通"敝","敝劍"指不鋒利之劍。"不報"指不能給主人帶來福報,則"不報者"指不祥之劍。簡文大意爲:要想知道劍是不是不鋒利之劍、不祥之劍以及新劍,在日光下持劍觀察:白色斷層隨劍鋒上達劍之頂端;劍身表面研磨痕迹明顯,黑色斷層和白色斷層不相融;劍表面没有刃紋,即使有紋,而紋在劍身内部;雲氣相遂,都是敝劍。例(2)利善劍的刃紋有:縣薄文、保雙蛇文、帶羽文、圭中文等。"縣薄文"指類似垂簾的刃紋,其他刃紋的形制不得而知。例(3)所舉應該是敝劍的刃紋。

"文""紋"通假,其他文獻可見。朱駿聲《説文通訓定聲·屯部》:"文,今字作紋。"玄應《一切經音義》卷十"紋身"注:"紋,又作文。"

## 550　門—蕪(門 mén,明母文部;蕪 wú,明母魚部。聲同韵遠)

"門",房屋等的出入口。《説文·門部》:"門,聞也。"段玉裁注:"聞者,謂外可聞於内,内可聞於外也。""蕪",即蕪菁。十字花科蕓薹屬植物,塊根肉質,花黄色,塊根可做蔬菜。《方言》卷三:"蘴、蕘,蕪菁也。關之東西謂之蕪菁。"

葵子一升。□遣使持門菁子一升,詣門下受教,願□☑。(《新》EPT2.5B)

"門菁子"即"蕪菁子",即蕪菁的種子。

① 此段簡文,陳力《居延新簡相利善刀劍諸簡選釋》斷句爲:欲知幣劍以不報者,及新器者,之日中騂視,白堅隨湬上者及推處,白黑堅分明者及無文,縱有文而在堅中者,及雲氣相遂,皆幣合人劍也。刀與劍同等。"白堅隨湬上者""推處白黑堅分明者""無文縱有文而在堅中者""雲氣相遂"是敝劍的四種情況,故前兩個"者"字下當點斷。參見陳力:《居延新簡相利善刀劍諸簡選釋》,《考古與文物》2002年第6期,第72頁。

② 簡文大意參見陳力:《居延新簡相利善刀劍諸簡選釋》,《考古與文物》2002年第6期。

“門”“蕪”通假，其他文獻可見。《廣雅·釋草》：“蘴，蕪菁也。”王念孫疏證引《北户録》云：“蕪菁，《凡將篇》謂爲門菁。”

## 551 糜—穈（糜 méi，明母文部；穈méi，明母歌部。聲同韵近）

“糜”，粟，俗稱“穀子”“小米”。《集韵·脂韵》：“糜，赤苗曰糜。”《詩經·大雅·生民》：“維糜維芑。”陸德明釋文：“糜，赤粱粟也。”[①]“穈”，關西稱不黏的黍爲“穈”，俗稱“穈子”“黄米”。《説文·黍部》：“穈，穄也。”又《禾部》：“穄，穈也。”《玉篇·禾部》：“穄，關西穈，似黍不黏。”後多假“糜”表示“穈”。

（1）出糜大石一石七斗四升，始元二年七月庚子朔，以食吏一人，盡戊辰廿九日。積廿九人，人六升。（《居》88.26）

（2）入糜小石十四石五斗爲大石八石七斗，三年正月己卯朔辛巳，第二亭長舒受第六長延壽。（《居》278.9）

“糜”與“穈”之穀實，前者今北方稱爲小米，顆粒較小；後者稱爲黄米，顆粒較大。兩者植物形態差距較大，“糜”之穗較緊密，而“穈”之穗較爲分散。

又可寫作“眉”，詳見“465 眉—穈”組。

又可寫作“縻”，詳見“572 縻—穈”組。

又可寫作“靡”，詳見“575 靡—穈”組。

“糜”“穈”通假，其他文獻可見。《夢溪筆談》卷二十六：“糜子乃黍屬。”此“糜”當讀爲“穈”，指不黏的黍。

---

① “粱”與“粟”析言有别，渾言“粱”亦可稱爲“粟”。《本草綱目·穀部·粟》：“粟，即粱也。穗大而毛長粒粗者爲粱，穗小而毛短粒細者爲粟。”

# 歌部通假字匯釋

## 552　訧—狐(訧guò,見母歌部;狐hú,匣母魚部。聲近韻遠)

"訧",遲。《字彙·言部》:"訧,遲也。""狐",即狐胡,西域故國名。《漢書·西域傳》:"狐胡國,王治車師柳谷,去長安八千二百里。户五十五,口二百六十四,勝兵四十五人。輔國侯、左右都尉各一人。西至都護治所千一百四十七里,至焉耆七百七十里。"

疌子、訧呼、郁立師、卑陸侯,皆舉國徙人民。(《敦》67)

"呼"通"胡","訧呼"即"狐胡"。"疌子"即"捷枝","捷枝""郁立師""卑陸侯"皆西域故國名。

## 553　駕—加(駕jià,見母歌部;加jiā,見母歌部。雙聲疊韻)

"駕",把車套在馬身上。《説文·馬部》:"駕,馬在軛中。"段玉裁注:"駕之言以車加於馬也。""加",增加。《爾雅·釋詁上》:"加,重也。"郝懿行義疏:"加者,增也,益也,故爲重。"

駕罪一等,其爲☐。(《新》EPT52.163)

"駕罪一等"即"加罪一等",使罪增加一等。

"駕""加"通假,其他文獻可見。《爾雅·釋言》:"襄,駕也。"郝懿行義疏:"駕者,加也。"朱駿聲《説文通訓定聲·隨部》:"駕,(叚借)爲加。"張家山漢簡《二年律令·具律》:"其受賕者,駕(加)其罪二等,所予臧(贓)罪重,以重者論之,亦駕(加)二等。"

## 554　義—我(義 yì,疑母歌部;我 wǒ,疑母歌部。雙聲疊韵)

"義",威儀。《説文·我部》:"義,己之威儀也。""我",第一人稱代詞。《説文·我部》:"我,施身自謂也。"

欲急行出邑,禹步三,唬皋,祝曰:土五光,今日利以行₌毋死。已辟除道,莫敢義當。獄史、壯者皆道₌旁。(《額》2002ESCSF1:2)

"莫敢義當"即"莫敢我擋",指没有人敢阻擋我。

## 555　何—苛(何 hé,匣母歌部;苛 kē,匣母歌部。雙聲疊韵)

"何",擔、挑。《説文·人部》:"何,儋也。"後多假爲疑問代詞。"苛",苛刻。《爾雅·釋言》:"康,苛也。"郭璞注:"苛,謂苛刻。"本義小草,《説文·艸部》:"苛,小艸也。"假借表苛刻義。

(1)☐過所縣邑毋何留,敢言之,三月庚寅壬子雒陽守丞宗移所過縣邑毋何留☐。(《金(壹)》73EJT10:205A)

(2)案毋官徵事,當爲傳,移過所縣邑勿何留,敢言之。(《金(貳)》73EJT24:266A)

(3)十二月雒陽丞大移過所縣邑勿何留,如律令。掾禹令史樂(《金(貳)》73EJT24:266A)

(4)徵事,當爲傳,謁言移過所縣邑勿何留,敢告尉史□□☑。(《金(叁)》73EJT26:42)

(5)關、居延縣索關、肩水金關,毋何留☑。(《金(叁)》73EJT31:54A)

(6)☑有秩姬□敢言之:受王耋里公乘尹允,年廿二歲自言:爲。

☑事,當爲傳,移所過縣邑毋何留,敢言之,二月庚子。

☑毋苛留如律令。(《金(壹)》73EJT10:212)

(7)官徵事,當爲傳,移過所縣邑津關勿何留□☑。

關勿何留☑。(《金(叁)》73EJT24:977A)

(8)☑毋官徵事,當爲傳,移所過縣邑毋何留,敢言之。

☑□□雎陽丞忠移所過縣邑毋何留,如律令,掾上葆、令史建。乘馬一匹。(《金(肆)》73EJT33:77)

(9)☑朔乙酉尸鄉守有秩合眾敢告尉史☑。

☑事當爲傳謁移過所縣邑毋何留☑。

☑移過所縣邑毋何留。尉史霸,七月丁☑。(《金(肆)》73EJT37:878A)

(10)⋯毋官獄徵事,當爲傳,謁移廷敢言之移所過毋何止,九月癸未鉅定丞登移所過縣邑侯國毋何止,如律令,掾何。(《金(肆)》73EJT37:1095A)

"毋何留""勿何留""毋何止"指不要苛刻,使滯留。上引諸例均是無軍籍吏民所用之過關憑證。

可徑用本字,作"苛",如:

(11)部載米精,毋苛留,如律令。(《新》EPT13.3)

(12)元始元年九月丙辰朔乙丑甲渠守候政移過所,遣萬歲隧長王遷爲隧載㙐,門、亭、塢、辟、市、里毋苛留止,如律令。掾☑。(《新》EPT50.171)

又可寫作"河",詳見"556河—苛"組。

"何""苛"通假,其他文獻可見。《廣雅·釋詁二》:"何,問也。"王念孫疏證:"苛,與何通。"《詩經·商頌·玄鳥》:"百祿是苛。"陸德明釋文:"何,本又作苛。"

## 556　河—苛(河hé,匣母歌部;苛kē,匣母歌部。雙聲叠韵)

“河”,黄河。《説文·水部》:“河,水。”“苛”,苛刻。《爾雅·釋言》:“康,苛也。”郭璞注:“苛,謂苛刻。”本義小草,假借表苛刻義。

(1)過所。使休十五日,門亭毋河留,如律令。(《新》EPF22.698B)

(2)☐□長鄭侯國相憙移過所,縣邑勿河留止,如律☐。(《金(叁)》73EJT29:74)

(3)傳,毋河留止,如律令,敢言之☐。(《金(叁)》73EJT30:203)

(4)☐□□□□往來毋河留止,如律令。掾宗,佐宣。(《金(叁)》73EJT31:154)

(5)□安樂里白延壽與從者長樂里蘇奉親俱隨取衣用張掖。

□毋河留止,敢言之。

毋河留止,如律令。掾延年,令史可置。(《金(貳)》73EJT24:250)

“毋河留止”指不要苛刻,使滯留。上引諸例均是無軍籍吏民所用之過關憑證。

可徑用本字,作“苛”,詳見“555何—苛”組。

又可寫作“何”,詳見“555何—苛”組。

## 557　隋—隳(隋duò,定母歌部;隳huī,曉母歌部。聲遠韵同)

“隋”,殘餘的祭品。《説文·肉部》:“隋,裂肉也。”“隳”,毁壞。《説文·𨸏部》:“陊,敗城𨸏曰陊。”段玉裁注:“陊作墒,隸變作墮,俗作隳。用墮爲崩落之義,用隳爲傾壞之義,習非成是,積習難返也。”“隳”本“墮”之俗體,分化後表毁壞義。

繼長增高,毋有壞隋。(《懸·四時月令詔條》35行)

“壞隋”即“壞隳”,義毁壞,“壞隳”同義連用。

“隋”“隳”通假,其他文獻可見。《國語·晋語八》:“若受君賜,是隋其前言。”韋昭注:“隋,壞也。”“隋”讀爲“隳”。《銀雀山漢墓竹簡·孙子兵法·九地》:“城可隋(隳)也。”

## 558 隋—橢(隋 duò,定母歌部;橢 tuǒ,透母歌部。聲近韵同)

“隋”,殘餘的祭品。《説文·肉部》:“隋,裂肉也。”“橢”,橢圓。《廣韵·果韵》:“橢,器之狹長。”

麗戎此時年可廿三四歲,至今年可六十所,爲人中壯、黄色、小頭、黑髮、隋面、拘頤、常戚額朐頻狀、身小、長詐廆、少言。書到二千石遣毋害都吏。(《金(壹)》73EJT1:1)

“隋面”即“橢面”,指人臉呈橢圓形。“壯”通“狀”,“中狀”指中等體型。“拘頤”義下巴彎曲。“拘”通“句”,義彎曲。“戚額”義皺着額頭,“戚”通“蹙”。“朐頻”義彎曲着眉毛。“朐”,義屈曲的肉脯。《儀禮·士虞禮》:“薦脯醢,設俎于薦東,朐在南。”鄭玄注:“朐,脯及乾肉之屈也。”引申可泛指一般的彎曲。“頻”義皺眉。“常戚額朐頻狀”指常常皺着額頭、彎曲着眉毛。

“隋”“橢”通假,其他文獻可見。《廣雅·釋詁二》:“橢,長也。”王念孫疏證:“隋,與橢通。”朱駿聲《説文通訓定聲·隨部》:“隋,(叚借)又爲橢。”《漢書·食貨志上》:“賦入貢棐。”應劭曰:“隋曰棐。”顔師古注:“隋,圓而長也。”“隋”讀爲“橢”。

## 559 隋—隓(duò,定母歌部。雙聲叠韵)

“隋”,殘餘的祭品。《説文·肉部》:“隋,裂肉也。”“隓”,墜落。《説文·𨸏部》:“隓,敗城𨸏曰隓。”段玉裁注:“隓作墒,隸變作墮,俗作隳。用墮爲崩落之義,用隳爲傾壞之義,習非成是,積習難返也。”“隓”本義坍塌的城墻,引申有墮落、墜落義。

股寒,曾載車馬驚隋,血在凶中,恩與恵君方,服之廿日,徵下。卅日,腹中毋積,匈中不復,手足不滿,通利。臣安國。(《敦》2013)

“驚隋”即“驚墮”,指受驚從車馬墜落。

亦可寫作“隨”,詳見“569隨—墮”組。

“隋”“墮”通假,其他文獻可見。朱駿聲《説文通訓定聲·隨部》:“隋,(叚借)爲墮。”《詩經·衛風·氓》:“其黄而隕。”毛傳:“隕,隋也。”陸德明釋文:“隋,字又作墮。”

## 560　隋—隨(隋 duò,定母歌部;隨 suí,邪母歌部。聲遠韵同)

“隋”,殘餘的祭品。《説文·肉部》:“隋,裂肉也。”“隨”,跟從、跟隨。《説文·辵部》:“隨,從也。”

(1)中堂上取劍、盾,之隊外,良隋後出。尊謂良曰:言☐。(《新》EPT68.169)

(2)之隊中堂上取劍、盾,之隧外,良隋後出。尊謂。(《新》EPT68.185)

“隋後出”即“隨後出”。“中堂”指正中的廳堂。“隊”“隊”“隧”均讀爲“燧”,義烽燧。“良”“尊”爲人名。此二例内容相同,大意爲:“尊”去廳堂取劍和盾,然後出燧,“良”隨後出。

“隋”“隨”通假,其他文獻可見。朱駿聲《説文通訓定聲·隨部》:“隋,(叚借)又爲隨。”《墨子·耕柱》:“隋侯之珠。”孫詒讓閒詁引畢云:“《文選·李斯〈上秦始皇書〉》注引‘隋’作‘隨’。”

## 561　佗/他—駝(tuó,定母歌部。雙聲叠韵)

“佗”,用背負載物體。《説文·人部》:“佗,負何也。”“他”爲“佗”之异體。《廣韵·歌部》:“他,俗,今通用。”“駱”,①駱駝。駱駝屬哺乳動物,是沙漠地區的主要役畜。②候官、塞、烽燧名。

（1）康居王使者楊伯刀、副扁闐，蘇韰王使者、姑墨副沙囷、即貴人爲匿等皆叩頭自言，前數爲王奉獻橐佗入敦煌，關縣次贖食至酒泉昆歸官，太守與楊伯刀等雜平直肥瘦。今楊伯刀等復爲王奉獻橐佗入關，行直以次食至酒泉，酒泉太守獨與吏直畜，楊伯刀等不得見所獻橐佗。姑墨爲王獻白牡橐佗一匹，牝二匹，以爲黄，及楊伯刀等獻橐佗皆肥，以爲瘦，不如實，冤。永光五年六月癸酉朔癸酉，使主客部大夫謂侍郎，當移敦煌太守，書到驗問言狀。事當奏聞，毋留，如律令。七月庚申，敦煌太守弘、長史章、守部候脩仁行丞事，謂縣，寫移書到，具移康居蘇韰王使者楊伯刀等數橐佗食用穀數，會月廿五日，如律令。掾登、屬建、書佐政光。七月壬戌，效穀守長合宗、守丞、敦煌左尉忠謂置，寫移書到，具寫傳馬止不食穀，詔書報會月廿三日，如律令。掾宗、嗇夫輔。（《懸》Ⅱ0216②:877-883《康居王使者册》）

（2）出茭三石，四月庚辰候長霸以食橐他六匹，行塞□壹宿，匹二鈞。（《居》285.11）

（3）出茭一鈞七斤半斤，以食長羅侯壘尉史官橐他一匹。（《敦》2066）

（4）☐□寅，士吏强兼行候事，敢言之。爰書：戍卒潁川郡長杜臨利里樂德，同縣安平里家横告曰：所爲官牧橐他☐。（《新》EPT57.85）

（5）百騎，亭但馬百餘匹，橐他四五十匹，皆備賀偟塞來，南燔。（《新》EPF16.48）

以上"橐佗""橐他"指駱駝。

（6）☐張掖都尉章：一詣肩水候，一詣橐佗候，一詣廣地候。（《金（貳）》73EJT25:175）

（7）☐收責，橐佗候官名、縣、爵、里、年、姓、長、物色，如牒書，到出入☐。（《金（貳）》73EJT32:3）

（8）南書一封。居延丞印，橐一。詣橐他候官。（《居》214.86A）

（9）六月辛未府告金關嗇夫久：前移檄，逐辟橐他令史。（《居》183.15A）

（10）☐朔壬子，肩水守候槖他塞尉舉敢言之。謹移穀☐。（《居》536.5A）

（11）槖他隧長。（《居》81.8B）

以上“槖佗”“槖他”指候官、塞、烽燧名。

“佗（他）”“駝”通假，其他文獻可見，詳見“299 槖—駱”組。

## 562　離—籬（lí，來母歌部。雙聲疊韻）

“離”，鳥名，黄鸝。《説文·隹部》：“離，黄倉庚也。”“籬”，藩籬。《釋名·釋宫室》：“籬，離也，以柴竹作之，疏離離然也。”“疏離離然”即排列有序的樣子。

（1）☐入春時，其令郡諸侯皆通道溝渠及衡術，其有離格枯木□□☐。（《金》73EJT30:202）

（2）☐鞮汗里九百萬年，宅一區，毋門，離决長十步。（《新》EPT53.40）

例（1）“格”通“落”，“離格”即“籬落”，義藩籬，指用木薪建造成的軍事防禦工事。例（2）“决”通“缺”，“離决長十步”指籬笆的缺口長十步。

“離”“籬”通假，其他文獻可見。《韓非子·内儲説上》：“壅離其水也。”王先慎集解引顧廣圻曰：“離，讀爲籬。”《左傳·昭公十三年》：“乃藩爲軍。”杜預注：“藩，離也。”陸德明釋文：“依字應作籬，今作離，假借也。”

## 563　施—弛（施 shī，書母歌部；弛 chí，書母歌部。雙聲疊韻）

“施”，旗飄動貌。《説文·㫃部》：“施，旗皃。”“弛”，鬆懈、鬆弛。《説文·弓部》：“弛，弓解也。”段玉裁注：“弓解弦也。”

（1）髠鉗城旦孫敞坐賊傷人，初元五年七月庚寅論，初元五年八月戊申以詔

書施刑。故騎士居延廣郡里☐。(《居》227.8)

(2)獨得以迹事者,吏卒也。有都尉府檄,丞及以行事,施刑、吏士死,知故者持藥入,有遣。(《敦》2451)

(3)主官掾記。告郅卿:王長、宣成、左隆食及得餘穀凡八石。成、隆及王長妻自言,府稟其食。隊長施刑所貸一石七斗,譚從三斗,凡二石償。(《新》EPT65.24A)

(4)施刑桃勝之粟三石,十一月庚子自取。(《居》26.21)

(5)安定郡施刑士鶉陰大富里陳通,年卅五,黑色,長七尺。(《金(壹)》73EJT8:35)

"施刑"即"弛刑",義減刑。"施刑"既可以用作動詞,如例(1);也可以用作名詞,如例(2)至(4),指減刑的人。"施刑士"亦指減刑的人。

可徑用本字,作"弛",如:

(6)十六年六月十七日平旦時,橐他弛刑萬世受破胡弛刑孫□。(《居》552.3,552.4)

亦作"弛",爲"弛"之异體,《集韵·紙韵》:"弛",或作"弛"。如:

(7)弛刑迹負薪水,輒持服兵。(《新》EPT49.13A)

(8)☐令玉門屯田吏高年,䅘田七頃,給員弛刑十七人。(《敦》2434)

"施""弛"通假,其他文獻可見。《論語·微子》:"君子不施其親。"劉寶楠正義:"施、弛二字,古多通用。此施亦當讀弛,訓廢。"《周禮·地官·土均》:"與其施舍。"鄭玄注:"施,讀亦爲弛。"《讀書雜志·漢書第五·五行志》:"上陽施不下通,下陰施不上達。"王念孫按:"施,皆讀爲弛。弛,解也。"

## 564　垂—甀（垂chuí，禪母歌部；甀zhuì，定母歌部。聲近韵同）

“垂”，邊疆、邊際。《説文·土部》：“垂，遠邊也。”“甀”，汲水容器。《方言》卷五：“甀，甖也。”

（1）汲垂二。（《金（貳）》73EJT23:305）

（2）汲垂少一。（《金（貳）》73EJT23:765）

“汲垂”即“汲甀”，指汲水的容器。

可徑用本字，作“甀”，如：

（3）汲水桐若甀，二，二，二。（《居》282.19）

## 565　佐—左（zuǒ，精母歌部。雙聲叠韵）

“佐”，古字作“左”，辅佐。《説文·左部》：“左，手相左助也。”“佐”是爲表“左”之引申義所造的分化字。“左”，方位名，與“右”相對。“左”古字作“𠂇”，象左手形，引申爲方位詞。

南陽業車父武後，第十七車，輪一具，棜柔福七，輢擠福一折，佐爰完，杙軸完。（《新》EPT51.251）

“爰”通“轅”，“佐爰”即“左轅”，指車的左轅。

“佐”“左”通假，其他文獻可見。《墨子·雜守》：“及他可以左守事者。”孫詒讓閒詁引蘇云：“左、佐通用。”《晏子春秋·内篇問上》：“夫子以佐佑寡人。”孫星衍音義：“佐佑，當爲左右。”

## 566　坐—座(zuò,從母歌部。雙聲疊韻)

“坐”,古人的止息方式之一。《説文》作“㘴”,《土部》:“㘴,止也。”引申有座位、底座義。“座”,①座位。②器物的底座。“座”是爲表“坐”之引申義所造的分化字。

(1)田子淵坐前:頃久不相見,閒致獨勞,久客關外,起居無它,甚善。(《敦》236A)

(2)夏侯掾坐前毋恙。頃致獨[1]勞,居官起居毋它。欲詣前,迫掾教,使嚴推。(《新》EPT65.26A)

(3)夏良叩頭言掾厶坐前,毋恙,起居安平,甚善。先日欲詣門。(《新》EPF16.39)

(4)迹候爲事也,毋可憂者,迫駒執所屬,故不得詣二卿坐前,甚。(《居》502.14A,505.38A,505.43A)

(5)子威坐前,善毋恙,頃者,起居得毋有它☐。(《額》2000ES7S:3A)

以上“坐(座)”義座位。“座前”爲古代書信中對他人的尊稱。

(6)大葦篋一;狗三枚,大小;託八具;故黑墨小棓九;故大棓五,缺故;蕙秌坐四;書篋一;寫妻一,封完。(《居》89.13B)

例(6)“坐(座)”義底座。“蕙秌”意義不明。“蕙”,圖版作,乃“惡”之俗體。《漢簡文字類編·心部》“惡”正作“蕙”。追溯“蕙”之字形演變脉絡爲:惡—悳(《西狹頌》)—蕙。“惡”義麤惡,《韓非子·説疑》:“不明臣之所言,雖節儉勤勞,布衣惡食,國猶自亡也。”“秌”,字典辭書不載,圖版作,從禾從小,疑爲“杯”之誤字。“杯”之右下部往往寫成“小”形,如《金(壹)》73EJT7:35“杯”字作、。“杯”之左邊從木,而圖版此字從禾,這是因爲屯戍簡從木從禾不分,如“穀”作“穀”。則“蕙秌”指“惡

① “獨”,《居延新簡集釋》釋爲“猥”,圖版作,此字右半有殘缺,剩餘部分輪廓與“獨”(如《敦》236A)相近,且“獨勞”的辭例又見於《敦》236A,故當釋爲“獨”。

杯”，“慈秎坐”指“恶杯座”，指麤惡的杯座。

關於器物的底座，據孫機先生《漢代物質文化資料圖説》中記載陝西興平茂陵1號冢1號陪葬坑、安徽渦陽稽山漢代崖墓、江蘇儀征龍河鄉雙壇村西漢木槨墓均出土過杯座。特别是江蘇儀征西漢木槨墓中出土的銅杯座與漆耳杯保存得比較完好，“其耳杯長20厘米，寬15.5厘米，連銅座通高15厘米，共重769.5克。銅座上部爲四條曲栱，尖端嵌入耳杯底部，使二者牢相固着”①。

“坐”“座”通假，其他文獻可見。《資治通鑑·晋紀三十五》：“登御坐而牀忽陷。”胡三省注：“坐，讀曰座。”

## 567　坐—趖（坐 zuò，從母歌部；趖 suō，心母歌部。聲近韵同）

“坐”，古人的止息方式之一。《説文》作“㘴”，《土部》：“㘴，止也。”“趖”，太陽偏西下移。《説文·走部》：‘趖，走意。”段玉裁注：“今京師人謂日跌爲響午趖。”

（1）第十三隧卒高鳳□作，亡歸中部田舍，鬪傷男徐武，毋狀，詣官自闒。十一月辛巳食坐入。（《居》133.15）

（2）☐□案隆召詣官，六月庚戌食坐入。（《居》231.49）

（3）日出受沙頭卒同付介亭卒同，食坐時☐。（《居》502.1A）

（4）餔坐入。（《居》52.18）

（5）士吏晏召卒還詣官，八月辛未餔坐入。（《居》160.7A）

“食坐”即“食趖”，指食時後。“餔坐”即“餔趖”，“餔”義夕食，“餔趖”指夕食後。于豪亮先生：“坐讀爲趖。《説文·走部》：‘趖，走也。段注：《花間詞》曰：豆蔻花間趖晚日，今京師人謂日昳爲響午趖。’食坐、餔坐之坐正是此義，坐字這種用法居然持續了一兩千年。‘食坐四分’即食時四分，即‘餔坐’即餔後。”②

① 孫機：《漢代物質文化資料圖説》，上海古籍出版社，2011，第356頁。

② 于豪亮：《居延漢簡叢釋》，載《于豪亮學術文存》，中華書局，1985，第196頁。

## 568 隨—惰(隨suí,邪母歌部;惰duò,定母歌部。聲遠韻同)

"隨",跟從、跟隨。《説文·辵部》:"隨,从也。""惰",懶惰、鬆懈。《説文·心部》:"憜,不敬也。惰,憜或省𠂤。"本義不敬、輕慢,引申有懶惰、鬆懈義。《廣雅·釋詁二》:"惰,嬾。"

(1)縣官當取庸繕治及它作,皆須所受隨窳民不迫,乃取它庸,其。(《敦》213)

(2)□□以卿言教之也,盡十月,隨窳後澤不種。(《敦》515)

(3)☐□隨民惡之,止男女之會;淫民惡之,送迎。(《額》99ES18SH1:2)

(4)☐□吏卒解隨,不以候望爲意,循行邊丞相御史□☐。(《居》227.91)

例(2)"窳",《敦煌馬圈灣漢簡集釋》原釋爲"罷",圖版爲,與簡213"窳"()字形一致,故當釋爲"窳"。例(1)(2)"隨窳"即"惰窳",義懶惰。"窳"亦爲懶惰。《漢書·地理志下》:"故呰窳媮生。"顏師古注引晋灼曰:"窳,惰也。"例(3)"隨民"即"惰民"。"惰民""淫民"義同,均指懶惰之民。例(4)"解隨"即"懈惰",義懈怠懶惰。

"隨""惰"通假,其他文獻可見。《管子·形勢解》:"臣下隨而不忠。"戴望校正:"洪云:隨讀爲怠惰之惰。下文云:'解惰怠慢,以之事主則不忠。'"

## 569 隨—墮(隨suí,邪母歌部;墮duò,定母歌部。聲遠韻同)

"隨",跟從、跟隨。《説文·辵部》:"隨,从也。""墮",墜落。《説文·𨸏部》:"隓,敗城𨸏曰隓。"段玉裁注:"隓作㙐,隸變作墮,俗作隳。用墮爲崩落之義,用隳爲傾壞之義,習非成是,積習難返也。""墮"本義坍塌的城墻,引申有墮落、墜落義。

(1)堠户厭破,不事用。負二算。木長棰二,柄長。負二算。直上蓬干柱柜木一,解隨。負三算。(《新》EPT59.6)

(2)堅塊不脩治,封埒埤陜小解隨,甚毋狀,以責尉部候長,檄到賢友等各令。(《金(壹)》73EJT29:98)

(3)蓬不可上下,連梃庌解,□多隨折,長斧椎皆榣,棓咋呼,稈色不鮮明,奚索幣絶,弩長臂曲戾不可。(《居》127.24)

(4)己巳,以傳信予御史屬澤欽,欽受忠傳信,置車笭中,道隨亡。今寫所亡傳信副移如牒。(《懸》Ⅱ0216②:868)

(5)五鳳二年八月辛巳朔乙酉,甲渠萬歲隧長成敢言之。迺七月戊寅夜,隨塢陛傷要,有瘳。即日視事,敢言之。(《居》6.8)

例(1)(2)"解"通"懈","解隨"即"懈墮",義鬆懈墜落。例(3)"隨折"即"墮折",義墮落折斷。例(4)"隨亡"即"墮亡",義墜落丟失。例(5)"陛"通"壁","塢陛"指壁壘。"隨塢陛傷要"即"墮塢壁傷腰",指從壁壘上墜落傷腰。

亦可寫作"隋",詳見"559隋—墮"組。

"隨""墮"通假,其他文獻可見。《管子·形勢解》:"臣下隨而不忠。"戴望校正:"宋本隨作墮,古字多通用。"《讀書雜志·管子第七·白心》:"其事也不隨。"王念孫按:"隨,當爲墮。"

## 570 杈—釵(杈chā,初母歌部;釵chāi,初母歌部。雙聲叠韵)

"杈",樹杈。《説文·木部》:"杈,枝也。""釵",婦女頭飾,形似叉,用金、玉、銅等製作。《釋名·釋首飾》:"釵,叉也。象叉之形,因名之也。""杈""釵"同源通用。

並葆敦煌壽王里田儀,年廿八歲,長六尺五寸,青白色,右頰有黑子,簪、杈各二,珥一具。(《敦》681)

《敦煌馬圈灣漢簡集釋》:"簪杈,杈通釵。簪,古人用來綰住髮髻或連冠於發的用品,後專指婦插髻用的首飾。釵,亦婦女首飾。"由"釵"是婦女頭飾,可推知"敦煌壽王里田儀”爲女性，其身份爲“葆(保)”，説明漢代女子亦可以爲“保”，即受擔保傭傭勞動。[①]

## 571　莎—沙(莎 shā，山母歌部；沙 shā，山母歌部。雙聲叠韵)

“莎”，植物名。《説文·艸部》：“莎，鎬侯也。”亦指莎雞，爲蟲名。“沙”，沙漠。段玉裁《説文解字注·水部》：“沙，石散碎謂之沙。”本義細碎的石粒，引申指沙漠。

(1)□□詣官，會己酉旦。謹案：戍卒三人，其一人吴憙，廼能莎上疾温，幸少愉，其毛足進易皮□出。(《金(叁)》73EJT28:18)

“温”爲中醫用語，指熱病。“廼能莎上疾温”指戍卒吴憙可以治療沙漠中所得熱病。“愉”通“瘉”，指病愈。

可徑用本字，作“沙”，如：

(2)沙上隧毋和宜禾蓬火☐。(《敦》2311)

(3)☐沙上卒武强☐。(《金(壹)》73EJT2:48)

例(1)“莎上”即例(2)(3)“沙上”。例(2)(3)“沙上”爲烽燧名。

“莎”“沙”通假，其他文獻可見。朱駿聲《説文通訓定聲·隨部》：“沙，叚借爲莎。”《詩經·豳風·七月》：“六月莎雞振羽。”陸德明釋文：“莎，今作沙。”《資治通鑑·唐紀六》：“王摩沙舉兵，自稱元帥。”胡三省注：“沙，讀曰莎。”

① 古代男子亦可用“簪”和“珥”。

## 572 糜—穈(糜mí,明母歌部;穈méi,明母歌部。雙聲叠韵)

“糜”,糜粥,指糜爛的稠粥。《説文·米部》:“糜,糁也。”段玉裁注:“以米和羹謂之糁,專用米粒爲之謂之糁,糜亦謂之鬻。”《釋名·釋飲食》:“糜,煮米使糜爛也。”“穈”,關西稱不黏的黍爲“穈”,俗稱“糜子”“黄米”。《説文·黍部》:“穈,穄也。”又《禾部》:“穄,穈也。”《玉篇·禾部》:“穄,關西穈,似黍不黏。”後多假“糜”表示“穈”,假借字行而本字見廢。

(1)士吏尹忠,穈一卷三斗三升,自取。又二月食糜一卷三斗三升,卒陳襄取。(《居》57.20)

(2)厗地候史宋賀,六月食糜三石三斗三升少。(《敦》339)

(3)☐誤以糜百卅四石八斗二升大,爲粟,禹爲書誤。(《新》EPT58.91)

(4)卒李彊稟糜三石,粟七石,凡十石。(《新》EPT56.149)

(5)右農後長毋害官,當轉糜麥八十石,輸甲渠候鄣,已轉糜八十石,畢。(《新》EPT51.191)

又可寫作“眉”,詳見“465眉—穈”組。

又可寫作“縻”,詳見“551縻—穈”組。

又可寫作“靡”,詳見“575靡—穈”組。

“糜”“穈”通假,其他文獻可見。玄應《一切經音義》卷十一:“穄米,《蒼頡篇》云:‘大黍也。’又云:‘似黍而不粘’,關西謂之糜是也。”《大戴禮記·夏小正》:“(五月)初昏大火中……種黍菽糜時也。”“糜”均讀爲“穈”。

## 573 靡—磨(靡mǐ,明母歌部;磨mó,明母歌部。雙聲叠韵)

“靡”,散亂、倒下。《説文·非部》:“靡,披靡也。”“磨”,摩擦。《爾雅·釋器》:“玉謂之琢,石謂之磨。”

(1)恐爲放所賊，即謂放曰：卒點靡刀，□視義爲。宣即起去，遺。（《新》EPT59.122）

(2)士，毋狀，當伏重誅，靡爲灰土，叩頭死罪。（《新》EPF16.38）

“靡刀”即“磨刀”，“靡爲灰土”即“磨爲灰土”。

“靡”“磨”通假，其他文獻可見。《墨子·親士》：“有五刀，此其錯。錯者必先靡。”《莊子·齊物論》：“與物相刃相靡。”《荀子·性惡》：“靡使然也。”楊倞注引或曰：“靡，磨切也。”“靡”讀爲“磨”。

## 574　靡—縻（mǐ，明母歌部。雙聲疊韵）

“靡”，散亂、倒下。《説文·非部》：“靡，披靡也。”“縻”，①爛、碎。《楚辭·九思·傷時》：“愍貞良兮遇害，將夭折兮碎縻。”②分散、消散。《楚辭·九叹·怨思》：“芳懿懿而終敗兮，名靡散而不彰。”王逸注：“靡，一作縻。”“縻”本義縻爛的稠粥，引申有爛、碎和分散、消散義。

(1)明官哀憐全命，未忍加重誅。殺身靡骨，不足以報塞厚恩，叩頭死=罪=。（《新》EPT59.110）

(2)☐伏自維念殺身靡骨，毋以報，叩頭。（《金（貳）》73EJT23:412）

(3)☐寸。承弦四，其一黑弦，狠靡解。（《金（貳）》73EJT21:66）

(4)糸承弦一，絶靡，負五算。（《新》EPT50.2）

(5)蘭四，其二緣帶。靳干二，其二圍約解。盾一，絶靡。（《新》EPS4T2.76）

以上“靡（縻）”義爛、碎。例(1)(2)“殺身靡骨”即“殺身縻骨”，義殺身碎骨。例(3)“解”通“懈”，“靡解”即“縻懈”，指縻爛鬆懈。例(4)“絶靡”即“絶縻”，指糸承弦斷絶縻爛。“糸承弦”指細絲製成的備用弓弦。例(5)“靡”上“絶”字，《居延新簡集釋》釋爲“獨”，圖版作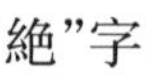，此字右半不清，但依照文例有可能是“絶”字。

(6)▨諸絶。大黄主靡穀去熱。亭磨。(《敦》2001)[①]

此例“靡(糜)”義分散、消散。“靡穀”即“糜穀”,指消散穀物。

“靡”“糜”通假,其他文獻可見。《韓非子·楊權》:“靡之若熱。”王先慎集解:“靡與糜通,取糜爛之義。”《漢書·元后傳》:“當殺身靡骨死輦轂下。”顔師古注:“靡,碎也。”又《景十三王傳》:“今欲靡爛望卿。”顔師古注:“靡,碎也。”“靡”即“糜”。

## 575 靡—穈(靡mǐ,明母歌部;穈méi,明母歌部。雙聲疊韵)

“靡”,散亂、倒下。《説文·非部》:“靡,披靡也。”“穈”,關西稱不黏的黍爲“穈”,俗稱“糜子”“黄米”。《説文·黍部》:“穈,穄也。”又《禾部》:“穄,穈也。”《玉篇·禾部》:“穄,關西穈,似黍不黏。”後多假“糜”表示“穈”,假借字行而本字見廢。

(1)入粟、靡黍十八斛,其二十黍斛粟,五十一斛靡。(《敦》311)

(2)凡出粟、靡黍十□□▨。(《敦》365)

(3)出靡九斛,正月出□。(《敦》315)

(4)出靡五斛一斗,正月十一日,中舍子通取。(《敦》317)

(5)萬卿初炊靡米二斗,又粱米一斗,又。(《新》EPT26.5)

例(5)“靡米”即“穈米”,爲偏正式合成詞。

又可寫作“眉”,詳見“465眉—穈”組。

又可寫作“糜”,詳見“551糜—穈”組。

又可寫作“糜”,詳見“572糜—穈”組。

---

①《敦》660:“嗇夫不在,佐遷去,簿册、簿書不知靡多。”又2405A:“食爲,與之靡多,賢不重前爲也,得謹卒不久平和。”“靡多”之“靡”也當讀爲“糜”。“靡多”義爲多。“糜”,《説文·米部》:“糝也。”段玉裁注:“以米和羹謂之糝,專用米粒爲之謂之糝。”“糜”指用米做成的稠粥。引申有“碎,爛”義,再引申有“奢侈”義。由“奢侈”義當可引申有“多”義。“奢侈”之“侈”引申便有“多”義。但因“糜”之“多”義不見於字典辭書,故此兩簡用例存疑不録。

# 月部通假字匯釋

## 576　介—芥(jiè,見母月部。雙聲叠韵)

“介”,界限。《説文·八部》:“介,畫也。”“芥”,芥菜。《説文·艸部》:“芥,菜也。”

戎介種一半,直十五。(《居》262.34,262.28A)

“戎介”即“戎芥”。“戎”義大。《爾雅·釋詁上》:“戎,大也。”《方言》卷一:“戎,大也。宋、魯、陳、衛之間謂之嘏,或曰戎。”芥菜别名大頭菜,因根部肥大而得名,故芥菜亦可稱“戎芥”。

“介”“芥”通假,其他文獻可見。《廣雅·釋草》:“芥,草也。”王念孫疏證:“芥,字通作介。”《左傳·昭公二十五年》:“季氏介其鷄。”孔穎達疏:“一讀介爲芥。”《淮南子·人間》:“郈氏介其鷄。”高誘注:“介,以芥菜塗其雞翅也。”

## 577　夬—決(jué,見母月部。雙聲叠韵)

“夬”,射箭時套在指上的扳指[①]。《集韵·屑韵》:“夬,所以闓弦者。”“決”,①斷裂。《廣韵·屑韵》:“決,斷也。”②判決、斷案。

(1)鴻嘉四年十月丁亥,臨泉亭長褒敢言之:謹案,亭官牛一,黑,犗,齒八歲,夬鼻,車一兩。(《懸(壹)》Ⅰ0110①:1)

① 李學勤主編:《字源》,天津古籍出版社、遼寧人民出版社,2012,第222頁。季旭昇:《説文新證》,藝文印書館,2014,第203頁。

(2)右鞠夬 ☑(《金(貳)》73EJT23:739)

例(1)"夬(决)"義斷裂。"夬鼻"即"决鼻",指牛鼻子穿孔的地方斷裂。在牛鼻子上穿孔以拴繮繩,便於控制。例(2)"夬(决)"義判决、斷案。"鞠夬"即"鞠决",審訊判决。

可徑用本字,作"决",如:

(3)☑馬,驪,乘,齒十六歲,攡右耳,决有鼻,已收頭、革、齒、耳,臧。(《新》EPT59.81)

(4)傳馬一匹,騧,乘,左剽,决右鼻,齒八歲,高五尺九寸半寸,駿,名曰黄爵。(《懸》Ⅴ1610②:14)

(5)傳馬一匹,騮,乘,左剽,决兩鼻,白背,齒九歲,高五尺八寸,中,名曰佳□,柱,駕。(《懸》Ⅴ1610②:16)

(6)傳馬一匹,駹,牡,左剽,决兩鼻兩耳數,齒十九歲,高五尺九寸⋯。(《懸》Ⅴ1610②:10)

(7)☑鞠决三年三月十六日到□☑。(《金(伍)》72ECC:10)

例(2)"鞠夬"即例(7)"鞠决";例(3)"决有鼻"即例(4)"决右鼻","有"通"右"。

"夬""决"通假,其他文獻可見。《集韵·屑韵》:"夬,通作决。"朱駿聲《説文通訓定聲·泰部》:"决,叚借爲夬。"

## 578　决—訣(jué,見母月部。雙聲叠韵)

"决",斷裂。《廣韵·屑韵》:"决,斷也。""訣",訣别。《説文新附·言部》:"訣,訣别也。""决""訣"同源通用。

欲詣張掖,小吏扜迫倉逹,因去恨不面决,邑₌。何以謹拘在大煎都候鄣,使君。(《敦》493)

“扜”通“拘”，義局限、限制。“邑”通“悒”。“欲詣張掖，小吏扜迫倉達，因去恨不面决，邑邑”的大意爲：小吏欲詣張掖，迫於快速到達，因不能當面辭别而遺憾，憂鬱不樂。

“决”“訣”通假，其他文獻可見。《史記·外戚世家》：“與我决於傳舍中。”司馬貞索隱：“决者，别也。”《漢書·蘇武傳》：“與武决去。”顔師古注：“决，别也。”“决”讀爲“訣”。

## 579 决—缺（决 jué，見母月部；缺 quē，溪母月部。聲近韵同）

“决”，斷裂。《廣韵·屑韵》：“决，斷也。”“缺”，破損。《説文·缶部》：“缺，器破也。”“决”“缺”同源通用。

（1）第十八隧長單威，斤刃决，斧刃决。（《居》214.47）

（2）☑䅘汗里九百萬年，宅一區，毋門，離决長十步。（《新》EPT53.40）

例（1）“斤刃决，斧刃决”指斤、斧的刀刃有缺口。例（2）“離”通“籬”，“離决長十步”指籬笆的缺口長十步。

“决”“缺”通假，其他文獻可見。《莊子·讓王》：“（曾子）捉衿而肘見，納履而踵决。”酈道元《水經注·河水二》：“尚有二十六人，衣屨穿决，形容枯槁，相依而還。”“决”即“缺”。

## 580 栝—果（栝 kuò，見母月部；果 guǒ，見母歌部。聲同韵近）

“栝”，箭末扣弦處[1]。《集韵·末韵》：“栝，矢栝築弦處。”“果”，即果蠃，爲葫蘆科栝樓屬多年生攀緣草本。中醫上有清熱化痰、潤肺止咳、滑腸的功效。

☑一分，栝樓、䇲眯四分，麥、丈句、厚付各三分，皆合和。以方寸匕取藥一，置

① 李學勤主編：《字源》，天津古籍出版社、遼寧人民出版社，2012，第528頁。

杯酒中飲之,出矢鍭。(《新》EPT56.228)

“桰樓”即“果蠃”。“果蠃”“桰樓”爲同一連綿詞的不同書寫形式。

“桰”“果”通假,其他文獻可見,詳見“169 樓—蠃”組。

## 581 絜—潔(jié,見母月部。雙聲叠韵)

“絜”,一束麻。《説文·糸部》:“絜,麻一耑也。”“潔”,清潔、乾净。《廣韵·屑韵》:“潔,清也。經典用‘絜’。”

(1)侍祠者,齋戒,務以謹敬、鮮絜、約省爲故。褒、尚考察不以爲意者,輒言。如律令。(《新》EPF22.154)

(2)檄到,憲等循行,脩治社稷,令鮮明。當侍祠者,齋戒,以謹敬、鮮絜、約省爲。(《新》EPF22.159)

(3)令脩治社稷,令鮮明。當侍祠者,齋械,謹敬、鮮絜、約省爲故。方考行,如。(《新》EPF22.161)

(4)▨□掌酒者,秫稻必齋,麴蘖必時,湛饎必絜,水泉香,陶器必良,火齊必得。兼六物,大酋。(《新》EPT59.343)

例(1)至(3)“鮮絜”即“鮮潔”,義潔净無瑕疵。“侍祠”義陪同祭祀。“謹敬”“鮮絜”“約省”是對陪同祭祀者禮儀的要求。例(4)記載内容爲釀酒的辦法,出自《禮記·月令》,原文作:“(仲冬之月)乃命大酋,秫稻必齊,麴蘖必時,湛熾必絜,水泉必香,陶器必良,火齊必得。”鄭玄注:“湛,漬也;熾,炊也。”孔穎達疏:“謂炊漬米麴之時,必須清潔。“湛饎必絜”傳世文獻作“湛熾必絜”,義浸漬、蒸煮米麯心須清潔。“饎”爲本字,“熾”爲借字。

“絜”“潔”通假,其他文獻可見。《廣雅·釋詁三》:“屑,潔也。”王念孫疏證:“邶風谷風篇:不我屑以。鄘風君子偕老篇:不屑髢也。毛傳並云:屑,絜也。絜與潔通。”《孟子·公孫丑上》:“是亦不屑就已。”趙岐注:“屑,絜也。”焦循正義:“絜,與潔通。”

## 582 絜—栔(絜 jié,見母月部;栔 qì,溪母月部。聲近韵同)

“絜”,一束麻。《説文·糸部》:“絜,麻一耑也。”“栔”,刻。《説文·木部》:“栔,刻也。”《廣雅·釋言》:“栔,刻也。”古籍中多假借“契”表“刻”義。

(1)北邊絜令第四:候長、候史日迹及將軍吏勞,二日皆當三日。(《居》10.28)

(2)北邊絜令第四:候長、候☑。(《居》198.7)

(3)□尉絜令盜縣官縣□☑。(《敦》982)

《史記》亦有“絜令”一詞,《酷吏列傳》:“奏讞疑事,必豫先爲上分别其原。上所是,受而著讞决法廷尉絜令,揚主之明。”裴駰集解引韋昭曰:“在板絜。”張守節正義:“按:謂律令也。古以板書之。”“絜令”,《漢書》作“挈令”,《張湯傳》:“上所是,受而著讞法廷尉挈令。”顔師古曰:“著謂明書之也。挈,獄訟之要也。書於讞法挈令以爲後式也。”《説文·糸部》:“紩,樂浪挈令。”段玉裁注:“挈令者,漢張湯傳有廷尉挈令。韋昭曰在板挈也。後書應劭傳作廷尉板令。史記又作絜令。漢燕王旦傳又有光禄挈令。挈當作栔。栔,刻也。樂浪郡栔於板之令也。”則“絜”“挈”均當讀爲“栔”。“絜令”“挈令”即“栔令”,指刻在板上的律令。

亦可寫作“挈”,詳見“583 挈—栔”組。

“絜”“栔”通假,其他文獻可見。上引《史記·酷吏列傳》之“絜”即“栔。”

## 583 挈—栔(挈 qiè,溪母月部;栔 qì,溪母月部。雙聲叠韵)

“挈”,懸持、提起。《説文·手部》:“挈,縣持也。”“栔”,刻。《説文·木部》:“栔,刻也。”《廣雅·釋言》:“栔,刻也。”古籍中多假借“契”表刻義。

(1)北邊挈令第四:北邊候長、候史迹二日當三日。(《居》562.19)

(2)☑龍勒寫大鴻臚挈令,津關。(《敦》2027)

“挈令”即“栔令”，指刻在板上的律令。

亦可寫作“絜”，詳見“582 絜—栔”組。

“挈”“栔”通假，其他文獻可見。段玉裁注《説文解字注·手部》“挈”字下注：“挈，古叚借爲契、栔字。”《廣雅·釋言》：“栔，缺也。”王念孫疏證：“挈、契並與栔通。”《讀書雜志·戰國策第一·秦》：“臣請挈領。”王念孫按：“挈，讀爲栔。栔，斷也。”

## 584 艾—刈(艾 ài，疑母月部；刈 yì，疑母月部。雙聲叠韵)

“艾”，艾蒿。《説文·艸部》：“艾，冰臺也。”“刈”，除草、割。《説文》作“乂”，《丿部》：“乂，芟艸也。”

(1)一人艾慈其七束，廿人艾慈其百束，率人八束。(《居》33.24)

(2)☐□卒艾胡麻□☐□視老母書☐。[1](《居》123.63)

(3)官易檄有書。檄到，遣卒艾葦，輒莫還持狀詣官。易。(《居》173.17，101.30，260.3)

(4)其一人養，定作八人，艾茭五百☐。(《居》403.16)

例(1)“艾慈其”指割席萁草，例(2)“艾胡麻”指割胡麻，例(3)“艾葦”指割葦，例(4)“艾茭”指割茭。

## 585 埶—勢(埶 yì，疑母月部；勢 shì，書母月部。聲遠韵同)

“埶”，後作“藝”，種植。《説文·丮部》：“埶，種也。”“勢”，地勢、形勢。《玉篇·力部》：“勢，形勢也。”

① 此簡中間斷裂。

(1)縣泉地埶多風，塗立乾操，毋□其濕也。度得榬六枚，今遣效穀倉曹令史張博。(《懸》Ⅱ0211②:26)

(2)令曰：敦煌、酒泉地埶寒不雨，蚤殺民田，貸種穬麥皮芒厚以稟當食者，小石⋯。(《懸》Ⅱ0215③:46)

(3)臣厶前捕斬焉耆虜，地埶多阻險，舍宿營止宜於。(《敦》50)

(4)☑□欲相助爲省□顧埶不可不食耳，何敢望肉？顧勑。(《敦》136)

(5)☑載縣官財物不如實，予有埶家，輒販於民税取利。具移。(《新》EPT59.241)

例(3)(4)"埶"，《敦煌馬圈灣漢簡集釋》均釋爲"執"，圖版分別爲、。屯戍簡"埶"與"執"字形相混，可據上下文意徑釋爲"埶"。"埶"與"執"相混，亦見於傳世文獻。《讀書雜志·管子第八·明法》："以執勝也。"王念孫按引劉曰："執當作埶。"《札迻·申鑒·時事第二》："執不俱是。"孫詒讓按："執當作埶。""地埶"即"地勢"，指土地山川的形勢。"埶家"即"勢家"，指有權勢的人家。

"埶""勢"通假，其他文獻可見。《周禮·考工記·總叙》："審曲面埶。"孫詒讓正義："形勢字，古通作埶。"又《考工記·弓人》："射遠者用埶。"孫詒讓正義："埶、勢古今字。"

## 586　櫱—糱(niè，疑母月部。雙聲叠韵)

"櫱"，樹木被砍或倒下後再生出來的枝芽。《集韵·薛韵》："櫱，木餘也。""糱"，同"蘖"，酒麯。《廣韵·薛韵》："糱，麴糱。"本義芽米，《説文·米部》："糱，牙米也。"段玉裁注："芽米謂之糱，猶伐木餘謂之櫱，庶子謂之孼也。"則"櫱""糱"同源通用。

☑□掌酒者，秫稻必齋，麴櫱必時，湛饎必絜，水泉香，陶器必良，火齊必得。兼六物，大酋。(《新》EPT59.343)

"麴櫱"即"麴糱"，指酒麯。

## 587　兑—脱（兑 yuè，餘母月部；脱 tuō，透母月部。聲近韵同）

"兑"，喜悦。《説文·儿部》："兑，説也。""脱"，脱離、脱落。《廣雅·釋詁三》："脱，離也。"《説文·肉部》："脱，消肉臞也。"本義消瘦，引申爲肉去皮骨，再引申爲脱落、脱離。

□詣居延都尉：
□□詔書四月戊戌丁未起，二四月己酉丁未起，
五月己未日食時受，
同四分時付莫當卒同□行。
□封，受候史楊卿，蒲繩解<u>兑</u>。（《金（貳）》73EJT24：416A）

"解兑"即"解脱"，義爲解開。此簡記録了文書傳遞和封緘的情况。古代文書簡牘表面另外蓋有簡牘，稱爲"檢"。"檢"上面有許多凹槽，以便用繩索將文書簡牘與封檢捆扎起來。封檢用繩索捆扎是爲了保密，防止文書在郵寄的過程中被拆封泄露。捆扎之後，還要塗上封泥，蓋上印信。[①]簡文中"蒲繩"即捆扎文書簡牘與封檢的繩索。"蒲繩"由蒲草編成，故稱"蒲繩"。"蒲繩解脱"指捆扎文書簡牘與封檢的蒲繩解開，没有扎緊。

"兑""脱"通假，其他文獻可見。《馬王堆漢墓帛書·老子乙本·德篇》："善建者不拔，善保（抱）者不兑（脱），子孫以其祭祀不絶。"

## 588　厲—裂（厲 lì，來母月部；裂 liè，來母月部。雙聲叠韵）

"厲"，磨刀石，後作"礪"。《説文·厂部》："厲，旱石也。""裂"，分散、分裂。《説文·衣部》："裂，繒餘也。"段玉裁注："裂，引申爲凡分散殘餘之偁。"

（1）杜充，□刀一，完，鼻緣，刃麗<u>厲</u>不硜硜，神爵四年繕。盾一，完，元康三

① 張顯成：《簡帛文獻學通論》，中華書局，2004，第156頁。

年,南陽工官造。☑。(《敦》1566)

(2)□□□刀一,完,鼻緣,刃麗厲不硜硜,神爵四年繕。盾一,完,神爵元年,寺工造。(《敦》1573)

“麗”通“離”,義分散、分離。“麗厲”即“離裂”,“離裂”同義連用,義分散、分裂。“鼻”義爲紐,指器物上用來穿係的孔。“緣”義爲纏繞。“硜硜”疑即硜硜,指堅固的樣子。“□刀一,完,鼻緣,刃麗厲不硜硜,神爵四年繕”大意爲:刀一,完好,刀柄鼻紐處用絲綫纏繞加固,刀刃離散不堅固,神爵四年修繕。

“厲”“裂”通假,其他文獻可見。朱駿聲《説文通訓定聲·泰部》:“厲,(叚借)爲裂。”《詩經·小雅·都人士》:“垂帶而厲。”鄭玄箋:“厲字當作裂。”馬瑞辰傳箋通釋:“厲,與裂古亦同聲通用。”

## 589 幣—敝(bì,並母月部。雙聲叠韻)

“幣”,繒帛。《説文·巾部》:“幣,帛也。”“敝”,破爛。《説文·㡀部》:“敝,帗也。一曰敗衣。”

(1)堠塢不塗堊,負十六算。反笱一,幣,負二算。天田埒八十步,不塗不,負一。縣索三,行一里卌六步,幣绝不易,負十算。積薪椠皆不堊,負八算。縣索緩一里,負三算。凡負卌四算。(《新》EPT59.6)

(2)逢不可上下,連梃庌解,□多隨折,長斧椎皆楹,棓呼呼,稈色不鮮明,奚索幣絶,弩長臂曲戾不可。(《居》127.24)

(3)粟君錢畢。粟君用恩器物幣敗,今欲歸,恩不肯受。爰書自證,寫移爰書,叩頭死罪死罪,敢言之。(《新》EPF22.32)

(4)戍卒陳留郡平丘陰里徒奉世,弩幡一,幣。(《居》159.1)

(5)蘭冠三,其二緘,皆毋裏。靳幡三,幣。(《居》270.26)

(6)☑□三、幣橐絮三枚、革履二兩,夜亡□。(《居》346.30,346.43)

例(1)(2)“幣絶”即“敝絶”,義破爛、斷絶,例(3)“幣敗”即“敝敗”,義破爛、壞敗。例(6)“幣橐絮”即“敝絡絮”,指破爛的粗絲綿。“橐”通“絡”,義粗絲綿。

“幣”“敝”通假,其他文獻可見。《周禮·天官·司書》:“受其幣,使入于職幣。”孫詒讓正義:“幣,鄭讀爲敝。敝即官府所用之餘也。”王引之《經義述聞·幣餘之賦》:“古敝字多通作幣,《魯語》‘不腆先君之幣器’,即敝器也。《管子·輕重甲篇》:‘靡幣之用。’《輕重乙篇》:‘器以時靡幣。’即靡敝也。《孔宙碑》‘彫幣’,即‘彫敝’也。”

## 590　幣—蔽(幣bì,並母月部;蔽bì,幫母月部。聲近韵同)

“幣”,繒帛。《説文·巾部》:“幣,帛也。”“蔽”,屏障。《玉篇·艸部》:“蔽,障也。”

皁單衣毋,牽馬不文。史詰責,駿對曰:前爲縣校弟子,未嘗爲吏。貧困,毋以具皁單衣、冠、牽馬。謹案:尉史給官曹治簿書,府官繇使乘邊候望,為百姓潘幣,縣不肯除。(《新》EPT59.58)

“潘”通“藩”,“潘幣”即“藩蔽”,義屏障。

“幣”“蔽”通假,其他文獻可見。《韓非子·内儲説上》:“布帛盡則無以爲幣。”王先慎集解:“幣作蔽。”

## 591　伐—乏(伐fá,並母月部;乏fá,並母葉部。聲同韵遠)

“伐”,砍伐、擊刺。《説文·人部》:“伐,擊也。”“乏”,缺少、匱乏。《廣韵·乏韵》:“乏,匱也。”

省卒趙宣伐財用,檄到,召□□詣官,毋後司馬都吏。(《額》2000ES7SF1:6B)

“財”通“材”,“伐財用”即“乏材用”,指缺少材料和用具。

# 元部通假字匯釋

## 592　干—杆(gān,見母元部。雙聲叠韵)

“干”,盾。《方言》卷九:“盾,自關而東或謂之瞂,或謂之干;關西謂之盾。”“杆”,即杆子,細長的木頭。《集韵·寒韵》:“杆,僵木也。”

(1)☐曲旃一,緹紺胡一,靳干、幡各三,戍卒。(《居》349.7A)

(2)第廿七隧戍卒靳干一,完。(《居》326.18A)

(3)不侵部建平四年十一月亭隧薰干、轉射,沙造數簿。(《居》55.10)

(4)六隧薰干,第廿三隧大積薪一。政等格射,各。(《新》EPT20.30)

例(1)(2)“靳”通“旂”,“靳干”即“旂杆”。例(3)(4)“薰干”即“烽杆”,指懸掛烽火信號的杆子。

“干”“杆”通假,其他文獻可見。《爾雅·釋木》:“棧木,干木。”陸德明釋文:“樊本作杆,同。”《詩經·鄘風·干旄》:“孑孑干旌。”朱熹集注:“干旌,蓋析翟羽設於旗干之首也。”“干”讀爲“杆”。

## 593　干—竿(gān,見母元部。雙聲叠韵)

“干”,盾。《方言》卷九:“盾,自關而東或謂之瞂,或謂之干;關西謂之盾。”“竿”,竹竿。《説文·竹部》:“竿,竹梃也。”

(1)迺丙午日出一干時,虜可廿餘騎萃出塊沙中,略得迹卒趙蓋衆。(《新》EPT58.17)

(2)七月乙丑,日出二干時,表一通。至莫夜食時,苣火一通,從東方來。杜充見。(《敦》1569)

(3)爲虜所略得。日二干時,要害隧長□。(《居》308.35B)

(4)□趙君候以日出五干所出關,日食時牛放。(《金(叁)》73EJT30:180)

"一干時""二干時""五干"分别指太陽起來離地已有一根、兩根、五根竹竿那麽高。

"干""竿"通假,其他文獻可見。《説文·竹部》:"竿,竹梃也。"段玉裁注:"凡干旄、干旟、干旌,皆竿之假借。"又《干部》:"干,犯也。"段玉裁注:"干,假爲竿字。"

## 594 干—乾(gān,見母元部。雙聲叠韵)

"干",盾。《方言》卷九:"盾,自關而東或謂之瞂,或謂之干;關西謂之盾。""乾",乾燥。《玉篇·倝部》:"乾,燥也。"

(1)夫人付奉世干飯八石。夫人付奉世干飯五石。夫人付奉世干飯八石。夫人付奉世干飯八斗。夫人付奉世眉一石,直百五十。凡干飯廿一石八斗,眉一石,爲錢三千六百卅八。(《新》EPT57.69A)

(2)干飯、眉計。(《新》EPT57.69B)

"干飯"即"乾飯",指乾糧。"眉"通"糜",指糜子。

可徑用本字,作"乾",如:

(3)毋乾馬牛矢,内毋屋。(《居》264.32)

(4)乾馬矢三石。(《居》213.50)

"乾馬牛矢"即"乾馬牛屎","矢"通"屎"。

"干""乾"通假,其他文獻可見。《釋名·釋飲食》:"干飯,飯而暴乾之也。"畢沅疏證:"御覽引即作乾。"朱駿聲《説文通訓定聲·乾部》:"干,(叚借)爲乾。"《莊子·田子方》:"老聃新沐,方將被髮而干。"陸德明釋文:"而干,本或作乾。"

## 595 官—涫(官guān,見母元部;涫guàn,見母元部。雙聲疊韵)

"官",官舍。《字彙·宀部》:"官,官舍曰官。""涫",即樂涫,漢縣名,屬酒泉郡。《説文·水部》:"涫,灊也。从水,官聲。酒泉有樂涫縣。"《漢書·地理志下》"酒泉郡"下:"樂涫,莽曰樂亭。"

(1)北書一封,章破,樂官丞庶虜封,詣居延。(《新》EPT51.197)

"樂官"即"樂涫"。

可徑用本字,作"涫",如:

(2)□戍卒禄福屈竟,戍卒樂涫王譚。(《敦》826)

## 596 官—關(guān,見母元部。雙聲疊韵)

"官",官舍。《字彙·宀部》:"官,官舍曰官。""關",要塞、關口。《廣雅·釋詁三》:"關,塞也。"

(1)十二月癸丑,大煎都候丞罷軍,别治富昌隧,謂部士吏,寫移書到,實籍吏出入關人、畜、車、兵、器物,如官書,會正月三日,須集移官,各三通。毋忽,如律令。(《敦》1685)

“官書”即“關書”，指出入關的通行證文書，也就是“傳”。由當地官府審查之後發放，出入關者本人持行，供所經之處檢查。簡文大意爲：大煎都候丞罷軍要求士卒官吏，收到轉送過來的傳籍，如實記録官吏出入關的人、畜、車、兵、器物等，要和傳籍上記録的一致。

可徑用本字，作“關”：

(2)出入關人、畜、車、馬、器物，如關書，移官，會正月三日。毋忽，如律令。(《敦》1759)

例(1)“官書”即例(2)“關書”。

“官”“關”通假，其他文獻可見。《後漢書·申屠剛傳》：“遂隔絶帝外家馮衛二族，不得交官。”楊樹達《積微居讀書記》：“‘官’假爲‘關’，非仕宦之義。”[①]

## 597 菅—官(菅 jiān，見母元部；官 guān，見母元部。雙聲疊韵)

“菅”，植物名，菅茅。《説文·艸部》：“菅，茅也。”“官”，官府。《周禮·地官·充人》：“繫于國門。”鄭玄注：“國門，謂城門司門之官。”孫詒讓正義：“官即官府。”

(1)☐自言迺十二月貰賣菅草袍一領橐絮裝，賈錢八。觻得壽貴里李長君所，任者執適隧長。(《金(叁)》73EJT26:54)

“橐”通“絡”，義粗絲綿。“草”即“皁”，義黑色。“菅草袍一領橐絮裝”指官府所發黑色的中間裝有粗絲綿的袍一件。

可徑用本字，作“官”，如：

(2)官袍一領，甲。官襲一領，甲。官裘一領，甲。官絝一兩，在亭。(《新》EPT5.12)

(3)官襲一領，官袍一領。(《新》EPT53.115)

① 楊樹達：《積微居讀書記》，上海古籍出版社，2013，第110頁。

(4)宫絝一兩，裘一領。(《新》EPT53.116)

(5)費縣宫裘一領，過受都内皁布禪衣一領。(《新》EPT53.210)

(6)齎縣宫裘一領。(《新》EPF19.12)

亦可寫作"莞"，詳見"599莞—官"組。

## 598　菅—棺(菅jiān，見母元部；棺guān，見母元部。雙聲叠韵)

"菅"，植物名，菅茅。《説文·艸部》："菅，茅也。""棺"，棺材。《説文·木部》："棺，關也，所以掩尸。"[①]

菅、莢各一。(《居》18.21)

"菅"即"棺"，義棺材。"莢"爲"槥"之簡寫。[②]《説文·木部》："槥，棺櫝也。"段玉裁注："櫝，匱也，棺之小者，故謂之棺櫝……櫝，即槥也。"則小棺爲"槥(莢)"。

## 599　莞—官(guān，見母元部。雙聲叠韵)

"莞"，蒲草。《説文·艸部》："莞，艸也，可以作席。""官"，官府。《周禮·地官·充人》："繫于國門。"鄭玄注："國門，謂城門司門之官。"孫詒讓正義："官即官府。"

(1)第八隧卒，魏郡内黄右部里王廣，貰賣莞皁絝橐絮裝一兩，直二百七十，已得二百，少七十，遮虜辟衣功所。(《新》EPT51.125)

(2)從徐子勝家取韋橐積凡十、莞刀二、筆、研、附布巾。(《居》101.24,276.10)

① 段玉裁改"尸"爲"屍"，《説文·尸部》："屍，終主。從尸，從死。"段玉裁注："經傳字多作尸。……死者，終也；尸者，主也，故曰終主。"

② 裘錫圭：《漢簡零拾》，載《裘錫圭學術文集·簡牘帛書卷》，復旦大學出版社，2012，第53頁。

例(1)“橐”通“絡”,義粗絲綿。“蓑”爲“裝”之异體,義加絮於衣。“莞皁絝橐絮蓑”即“官皁絝絡絮裝”,指官府所發黑色的用粗絲綿裝的絝。例(2)“莞刀”即“官刀”,指由官府發放的刀。屯戍簡中雖未見“官刀”一詞,但有“私刀”,如《敦》1042:“威嚴亭卒陳功房,私刀、釰各一,鉤一。”“私刀”自然是與“官刀”相對而言,可推知漢代西北屯戍之地有由官府專門發放的刀具。

可徑用本字,作“官”,詳見“597 菅—官”組。

亦可寫作“菅”,詳見“597 菅—官”組。

## 600 莞—冠(guān,見母元部。雙聲叠韵)

“莞”,蒲草。《説文·艸部》:“莞,艸也,可以作席。”“冠”,帽子。《説文·冖部》:“冠,豢也,所以豢髮,弁冕之總名也。”

(1)出物故,戍卒魏郡内黄東郭里魯奴,三石具弩一,完,槀矢銅鍭五十,完,幡一,蘭、莞各一,負索一,完。凡小大五十五物。五鳳二年五月壬子朔丙子☐。(《居》418.2)

“蘭、莞各一”即“蘭、冠各一”,指蘭和蘭冠各一。蘭爲盛箭的器具,這種器具有蓋子,即蘭冠。

可徑用本字,作“冠”,如:

(2)蘭、蘭冠各一,完,毋勒。(《居》38.39)

(3)蘭冠三,其二緘,皆毋裏。(《居》270.26A)

## 601　關—彎(關 guān,見母元部;彎 wān,影母元部。聲近韻同)

“關”,門閂。《説文·門部》:“關,以木横持門户也。”“彎”,彎曲。《説文·弓部》:“彎,持弓關矢也。”本義開弓,引申有“彎曲”義。

(1)赤弩一張,力四石,木關。(《居》128.1)

(2)坐候史齊行塞,官弩二,關戾,卒弩一,關。(《居》14.6,213.21)

(3)坐令史奉光行塞,弩三,關戾,衣弦敞不事⋯☐。(《居》14.6,213.21)

(4)☐長甲,坐君行塞,弩五,關戾緯緩,適車☐。(《居》403.15)

例(1)“木關”指“弩弓彎曲而不能返直,彈力已減弱”[①]。例(2)至(4)“戾”義爲彎曲,《説文·犬部》:“戾,曲也。”“彎戾”同義連用。

“關”“彎”通假,其他文獻可見。《廣雅·釋詁》:“彎,引也。”王念孫疏證:“彎、關、貫並通。”朱駿聲《説文通訓定聲·乾部》:“關,(叚借)又爲彎。”《孟子·告子下》:“越人關弓而射之。”朱熹集注:“關與彎同。”《資治通鑑·晋紀三十七》:“關弓甚弱。”胡三省注:“關,讀曰彎。”

## 602　寬—髖(kuān,溪母元部。雙聲叠韻)

“寬”,房屋寬敞。《説文·宀部》:“寬,屋寬大也。”“髖”,臀部。《説文·骨部》:“髖,髀上也。”

(1)韓幼君取寬,直二清黍,凡腸。(《新》EPT40.76B)

(2)取牛寬一,直卌五,酒一斗,付廣地卒,治□廿,錢卅。(《金(壹)》73EJT2:27A)

例(1)簡之A面第一行有“宜農辟取肉名”,“辟”通“壁”,指防禦用的土堡、土障。簡

① 王貴元:《釋漢簡的“木關”與“關戾”》,《中國語文》2014年第3期。

的正反兩面主要記録了宜農壁戍卒領肉的數量和價值。[1]例(2)“牛寬”即“牛髖”。

## 603　券—帣(券 quàn,溪母元部;帣 juàn,見母元部。聲近韵同)

“券”,契據。《説文·刀部》:“券,契也……券别之書,以刀判契其旁,故曰契券。”“帣”,有底的囊。《説文·巾部》:“帣,囊也。今鹽官三斛爲一帣。”

(1)凡二百卌九石九斗九升,八十三券。(《敦》1055)

(2)☐□粟一券□粟。

☐□□□粟二券□粟。(《居》48.12B)

(3)☐□□六券二石☐。(《居》214.111A)

(4)五石券,卌二券,折六☐。

三石券,十四券,折四☐。(《新》EPT53.144)

以上諸“券”字,《敦煌馬圈灣漢簡集釋》、史語所《居延漢簡》、《居延新簡集釋》皆釋爲“帣”,然字形下部皆爲“刀”字,故當釋爲“券”。圖版排列如下:

| 《敦》1055 | 《居》48.12B | 《居》214.111A | 《新》EPT53.144 |
|---|---|---|---|
|  | 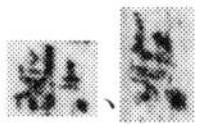 |  |  |

進一步排比“券”“帣”字形,如下:

| | |
|---|---|
| “券” | (《新》EPT59.105)(《居》60.4A)(《居》7.31) |
| “帣” | (《敦》558)(《敦》1074) |

①《新》EPT40.76A:宜農辟取肉名:尚子春十斤,直二斛。蕭子少十斤,直二斛。鄭子任十斤,直二斛清黍。孟子房十斤,直二斛。陳伯十斤,直二斛。許子威十斤,直二斛。朝卿十斤,直二斛。胡卿十斤,直二斛清黍。田子柳十斤,直二斛清黍。翟大伯十斤,直二斛清☐楊子任二十斤,直三斛☐凡肉百二十斤,直二十三斛。凡付夫人粟二十黍斛,清黍十二斛黍斗,其三。《新》EPT40.76B:□任頭,直五斛。楊子仲取脾,直三斛。李子産取腸,直三斛,五斗未出。陳偉君取脯,直三斛。韓幼君取寬,直二清黍。凡腸☐,徐子房取邊將迹,直二斛清黍☐,房子春取項,直一斛清黍。張偉君取應脅于,直二斛清黍。陳伯取肝,直二斛⊡□大凡直粟三十九斛。

可以看出,“券”與“帣”上部形體相同,下部前者從“刀”,後者從“巾”,區別明顯,並不相混。

可徑用本字,作“帣”,詳見“605 卷—帣”組。

亦可寫作“卷”,詳見“605 卷—帣”組。

亦可寫作“絭”,詳見“618 絭—帣”組。

## 604 券—勸(quàn,溪母元部。雙聲叠韵)

“券”,契據。《説文·刀部》:“券,契也……券别之書,以刀判契其旁,故曰契券。”“勸”,勸勉、勉勵。《説文·力部》:“勸,勉也。”

左伯卒今日已到,雖言當去也,宜且助力不迫,候長勉券,卒作治積薪,積薪當。(《敦》238A)

“勉券”即“勉勸”,“勉勸”同義連用。“候長”爲漢代官職,是邊塞組織部一級的長官。“卒”通“促”,義敦促。“候長勉券”指候長勉勵,敦促製作積薪。

“券”“勸”通假,雖不見於其他文獻,但“勸”可與從“券”得聲的字通假,朱駿聲《説文通訓定聲·乾部》:“勸,(叚借)爲倦。”《莊子·天運》:“淫樂而勸。”陸德明釋文:“勸,司馬本勸作倦。”

## 605 卷—帣(卷 quán,群母元部;帣 juàn,見母元部。聲近韵同)

“卷”,彎曲。《説文·卩部》:“卷,厀曲也。”段玉裁注:“卷之本義也。引申爲凡曲之偁。”“帣”,有底的囊。《説文·巾部》:“帣,囊也。今鹽官三斛爲一帣。”

(1)士吏尹忠,穈一卷三斗三升,自取。又二月食穈一卷三斗三升,卒陳襄取。(《居》57.20)

(2)▨出二卷,以給北部候長。(《居》232.18)

(3)▨北部候長。出二卷,以給南部候長。(《居》232.33)

(4)第四。出四卷,以給▨。(《居》236.35)

(5)受降卒張嗚,出廿卷付倉石,出六卷以給肩水卒。(《居》433.3,433.32)

(6)▨卷,以給候史。出二卷,給北部候長。出二卷,以給▨。(《居》433.8)

(7)入,□□□三升少,布單卷百五十二枚,車十九兩。(《敦》1866)[①]

例(1)兩"卷"字,《居延漢簡釋文合校》、史語所《居延漢簡》釋爲"帣",今從裘錫圭先生釋。[②]

可徑用本字,作"帣",如:

(8)▨月四日木皮十帣,直六千七百未入▨。(《敦》558)

亦可寫作"券",詳見"603券—帣"組。

亦可寫作"豢",詳見"618豢—帣"組。

"卷""帣"通假,其他文獻可見。《廣雅·釋器》:"帣,囊也。"王念孫疏證:"帣之言卷束也。"《史記·滑稽列傳》:"髡帣韝鞠𦝫。"裴駰集解引徐廣曰:"卷,收衣褏也。""帣"讀爲"卷"。

## 606　卷—圈(卷 quán,群母元部;圈 juàn,群母元部。雙聲叠韵)

"卷",彎曲。《説文·卩部》:"卷,厀曲也。"段玉裁注:"卷之本義也。引申爲凡曲之偁。""圈",養牲畜或禽獸的地方。《説文·囗部》:"圈,養畜之閑也。"段玉裁注:"閑,闌也。《牛部》曰:'牢,閑,養牛馬圈也。'是牢與圈得通稱也。"

▨治羊卷者卌人,人食斗三升。(《新》EPT56.123)

① 枚,各家釋"支",圖版作"枚",從白軍鵬釋。白軍鵬:《敦煌漢簡整理與研究》,博士論文,吉林大學,2014,第99頁。

② 裘錫圭:《漢簡零拾》,載《裘錫圭學術文集·簡牘帛書卷》,復旦大學出版社,2012,第93頁。

"羊卷"即"羊圈",指養羊的地方。

"卷""圈"通假,其他文獻可見。朱駿聲《説文通訓定聲·乾部》:"卷,(叚借)爲圈。"《管子·小問》:"夫粟内甲以處,中有卷城,外有兵刃。"郭沫若等集校引俞樾云:"卷,當讀爲圈。"《馬王堆漢墓帛書·明君》:"卷馬食叔(菽)粟,戎馬食苦(枯)芊(稈)復庾。""卷馬"即"圈馬"。

## 607　元—原(yuán,疑母元部。雙聲叠韵)

"元",人頭。《爾雅·釋詁下》:"元,首也。""原",即太原,漢郡名。

(1)大元郡中都縣陰角里陶史,大車一兩,黄犗牛一。(《金(壹)》73EJT5:61)

"大元郡"即"太原郡","大"通"太"。《漢書·地理志》"太原郡"下有中都縣。

可徑用本字,作"原",如:

(2)地節二年五月壬申張掖大守客大原中都里,邯鄲倀占至居延。(《金(叁)》73EJT28:12)

## 608　研—硯(研 yán,疑母元部;硯 yàn,疑母元部。雙聲叠韵)

"研",研磨。《説文·石部》:"研,𥕢也。"段玉裁注:"亦謂以石𥕢物曰研。"引申指磨墨的文具,即硯台。"硯",硯台。《説文·石部》:"硯,石滑也。"本義指石頭光滑不澀,假借表"研"之引申義。[①]後假借字行而本字見廢。

從徐子勝家取韋橐積凡十、莞刀二、筆、研、附布巾。(《居》101.24,276.10)

① 李學勤主編:《字源》,天津古籍出版社、遼寧人民出版社,2012,第838頁。

“韋橐”指皮革製成的口袋。“莞”通“官”，義官府。“官刀”爲由官府發放配備的刀具。“附”疑通“白”，“附布巾”即“白布巾”，指白色的布頭巾。簡文大意爲：從徐子勝家中取得皮革製成的袋子共十個，官刀兩個，還有筆、硯台、白色布巾。因簡文不全，筆、硯台、白色布巾的數量不得而知。

“研”“硯”通假，其他文獻可見。《急就篇》卷四“筆研籌算膏火燭”王應麟補注引《方略》：“研，亦作硯。”《文選·郭璞〈江賦〉》：“紫菜熒曄以叢被，綠苔鬖髿乎研上。”李善注：“研與硯同。”

## 609　原—元（yuán，疑母元部。雙聲疊韵）

“原”，水流起頭的地方。《説文·灥部》：“厵，水泉本也。”“元”，即元城，漢縣名，屬魏郡。

（1）故魏郡原城陽宜里王禁。（《金（壹）》73EJT3:55）

《漢書·地理志》魏郡無“原城”，故“原”當通“元”。“原城”即元城。

可徑用本字，作“元”，如：

（2）戍卒魏郡元城邑多禾里大夫鄭□。（《金（叁）》73EJT25:89）

（3）魏郡元城甲里大夫董輔，年卅。（《金（伍）》73EJC:51）

（4）戍卒魏郡元城和里呂褐，四□。（《居》82.10）

## 610　瀐—獻（瀐yàn，疑母元部；獻xiàn，曉母元部。聲近韵同）

“瀐”，議罪。《説文·水部》：“瀐，議辠也。……與法同意。”“獻”，進獻、舉薦。《廣雅·釋詁二》：“獻，進也。”

爵疑者，讞作士。督臧者，考察無令有姦。聖恩宜以時布，縣廄置驛騎行詔書，臣稽首以聞。（《新》EPF22.64A）

“爵”疑通“遂”，義決斷。《國語·吴語》：“昔吾先王世有輔弼之臣，以能遂疑計惡，以不陷於大難。”韋昭注：“遂，决也。”“士”指法官。“爵疑者，讞作士”，指能判斷疑案者，舉薦他們作法官。

“讞”“獻”通假，其他文獻可見。桂馥《説文義證·水部》：“讞，通作獻。”王筠《説文句讀·水部》：“讞，字亦省作獻。”

## 611 軒—靬（軒 xuān，曉母元部；靬 jiān，見母元部。聲近韵同）

“軒”，古代一種前頂較高而有帷幕的車子，供大夫以上乘坐。《説文·車部》：“軒，曲輈藩車。”“靬”，即驪靬，漢縣名，屬張掖郡。《漢書·地理志下》：“驪靬，莽曰揭虜。”顔師古注：“驪音力遅反。靬音虔是也。今其土俗人呼驪靬，疾言之曰力虔。揭音其謁反。”

（1）所遣驪軒苑監侍郎古成昌，以詔書送驢、槖他。（《懸》Ⅳ0317③:68）

（2）出粟二斗四升，以食驪軒佐單門安將轉從者一人，凡二人，人往來四食，食三升。（《懸》Ⅴ1311③:226）

“驪軒”即“驪靬”。

可徑用本字，作“靬”，如：

（3）驪靬萬歲里公乘兒倉，年卅，長七尺二寸，黑色，劍一。已入。牛車一兩。（《居》340.13，334.33）

（4）☑和宜便里年卅三歲姓吴氏，故驪靬苑斗食嗇夫，迺神爵二年三月庚寅以功次遷爲。（《金（壹）》73EJT4:98A）

“軒”“靬”通假，其他文獻可見。《漢書·張騫傳》：“因益發使抵安息奄蔡犛靬。”顔師古注：“靬，讀與軒同。”

## 612 驩—歡(huān，曉母元部。雙聲疊韵)

“驩”，馬名。《説文·馬部》：“驩，馬名。”“歡”，喜樂。《説文·欠部》：“歡，喜樂也。”

(1)☐侯柏子男乎，故得萬國驩心以事其先王，是以天下無畔，國也爵☐。(《金(叁)》73EJT31:104A)

(2)官屬，官屬明詔，有驩欣嘉詳吉事，賞賜未尚不蒙恩也，恩德固可毋報哉？臣子之職寧可廢耶！(《新》EPT59.9A)

(3)十一月廿二日具記，習叩頭死罪，言：君萬年湌食如常，不哀憐賜記，恩澤誠深厚。得聞南方邑中起居，心中驩喜。習叩頭死罪死罪。(《新》EPT44.4A)

(4)卅井移驩喜隧卒鄭柳等責木中隧長董忠等錢謂候長建國等。(《居》214.34)

(5)宣在驩喜隧。去都倉三十餘里，獨第六隧卒杜程、李侯。(《居》502.14B，505.38B，505.43B)

(6)謹遣驩喜隧長馮音持詣官，敢言之。(《居》170.5A)

例(1)“驩心”即“歡心”，例(2)“驩欣”即“歡欣”，例(3)至(6)“驩喜”即“歡喜”。其中例(4)至(6)“歡喜”，爲烽燧名。

“驩”“歡”通假，其他文獻可見。段玉裁《説文解字注·馬部》：“驩，古叚爲歡字。”《墨子·大取》：“天下之利驩。”孫詒讓閒詁：“驩，猶悦也。”“驩”讀爲“歡”。《韓非子·内儲説上》：“成歡以太仁弱齊國。”王先慎集解：“歡、驩、讙三字古通用。”

## 613 爰—袁(yuán,匣母元部。雙聲叠韵)

“爰”,援引,後作“援”。《説文·𠬪部》:“爰,引也。”“袁”,姓氏。

戍卒觻得萬歲里爰忘得年卅五。(《金(壹)》73EJT10:102)

“爰忘得”即“袁忘得”,人名。

“爰”“袁”通假,其他文獻可見。《廣韵·元韵》:“袁,或作‘爰’。”《通志·氏族略三》:“袁氏,亦作轅,亦作爰。”

## 614 爰—轅(yuán,匣母元部。雙聲叠韵)

“爰”,援引,後作“援”。《説文·𠬪部》:“爰,引也。”“轅”,車前用來駕牲畜拉車的長木。雙轅稱轅,獨轅稱輈。《説文·車部》:“轅,輈也。”朱駿聲《説文通訓定聲》:“大車柏車羊車皆左右兩木曰轅,其形直,一牛在轅間;田車兵車乘車皆居中一木穹隆而上曰輈,其形曲,兩馬在輈旁。轅與輈對文則别,散文則通。”

南陽業車父武後,第十七車。輪一具,梜柔福七,輈擔福一折,佐爰完。杙軸完。(《新》EPT51.251)

“佐爰”即“左轅”,指車的左轅。

“爰”“轅”通假,其他文獻可見。朱駿聲《説文通訓定聲·乾部》:“爰,(叚借)又爲轅。”《孟子·滕文公上》:“死徒無出鄉。”趙岐注:“謂爰土易居。”焦循正義:“爰、轅、趄、换四音義同也。”《周禮·地官·大司徒》:“一易之地家二百晦。”鄭玄注:“歲更耕之,自爰其處。”孫詒讓正義:“爰、轅、趄字並通。”

## 615 縣—懸(xuán,匣母元部。雙聲疊韻)

“縣”,懸掛。《説文·𥄉部》:“縣,繫也。”《廣韻·先韻》:“縣,《説文》云:‘繫也。’相承借爲州縣字。”後假借爲“州縣”義,另造“懸”表其本義。

(1)縣索三,行一里卌六步,幣绝不易,負十算。積薪𥡴皆不堊,負八算。縣索,緩一里,負三算。(《新》EPT59.6)

(2)☐縣索四里二百一十步,縣索二里五十步,幣絶,反笱道幣☐。(《居》52.20)

(3)乘胡隧長張常幸,易縣索用三千二百丈,易古惡鹿木用三百枚。(《金(叁)》73EJT30:31)

(4)天田不畫,縣索緩,柃柱廿,不堅。(《新》EPT57.108B6)

(5)天田皆畫,縣索完,柃柱完。(《新》EPT59.23)

(6)六月己卯,昭武長譚丞移肩水金關、居延縣索關,寫移書到出入所部,如律令。(《金(叁)》73EJT26:94)

(7)三月戊寅,送府君至卅井縣索關,因送御史李卿居延盡庚辰積三日不迹。(《居》206.2)

(8)匈奴人入三十井誠勢北隊、縣索關以内,舉薰、燔薪如故。三十井縣索關、誠勢隊以南,舉薰如故,毋燔薪。(《新》EPF16.7)

“縣索”即“懸索”。懸索所指有二:一是器具名,往往與“天田”“柃柱”並提,如例(4)(5);二是關名,即“縣索關”,如例(6)(7)(8)。所以,懸索應該是天田外懸掛於柃柱[1]上的繩索,起攔截、示警的作用。[2]

一説,懸索爲懸掛烽、表的繩索。[3]此説恐不確,因爲屯戍簡表"懸掛烽、表的繩索"往往用"蓬索"表示,如《居》112.23:"蓬索一幣。"又145.15A:"☐□平毋承索二,地蓬索三。""蓬索"讀爲"烽索",爲懸掛烽的繩索。

"縣""懸"通假,其他文獻可見。《荀子·非相》:"曲直有以相縣矣。"楊倞注:"縣,讀爲懸。"《漢書·西域傳上》:"其西則有縣度。"顔師古注:"縣,古懸字耳。"

## 616 環—還(huán,匣母元部。雙聲叠韵)

"環",玉環。《説文·玉部》:"環,璧也。肉好若一謂之環。""還",返回。《説文·辵部》:"還,復也。""環""還"同源通用。

(1)☐置長樂里晏奴田卌五𤱔,賈錢九百,錢畢已,丈田即不足,計𤱔數環錢,旁人淳于次孺、王兄、鄭少卿,古酒旁二斗,皆飲古□。(《居》557.4)

(2)庚戌廩卒道等六人,環到隧。已問道等係安在?道曰:係迺甲辰。(《居》124.2)

(3)環到隊。(《居》甲附32)

例(1)"丈田即不足,計𤱔數環錢"指丈量田,如果畝數不足,計算所差畝數還錢。"𤱔"爲"畝"之俗寫。例(2)(3)"環到隧""環到隊"即返還到燧。

① 薛英群、何雙全、李永良:《居延新簡釋粹》(蘭州大學出版社,1988,127頁):"柃柱,《説文》:柃,木也。即木柱。"《説文》所謂"柃,木也"是指"柃"爲木名,而非"柃"有木義。再者,若以"柃"爲柃木,則"柃柱"爲用柃木做成的柱子。柃木爲山茶科植物,産於浙江沿海、台灣等地,並不産於西北邊塞之地。製作木柱,就地取材即可,似乎没有必要從浙江沿海千里迢迢運柃木至西北。可見,"柃柱"之"柃"所指當不是柃木。"柃"指欄杆,宋李誡《營造法式·總釋下·鉤闌》引《義訓》:"闌楯謂之柃。""闌楯"即欄杆的横木。以"柃"爲"欄杆",則"柃柱"即起遮攔作用的柱子,與"柃柱"之上懸掛繩索起攔截作用正相合。

② 參見中國簡牘集成編委會:《中國簡牘集成》(第五册),敦煌文藝出版社,2001,第148頁;第七册,第141頁;第十册,第122頁。陸錫興:《中國古代器物大詞典·兵器、刑具》,河北教育出版社,2004,第393頁。李均明:《漢邊塞"縣索"考》,《中國文物報》2005年5曰6日第7版。朱啟新:《天田與縣索》,《考古與文物》2012年12期。

③ 薛英群、何雙全、李永良:《居延新簡釋粹》,蘭州大學出版社,1988,第127頁。

“環”“還”通假，其他文獻可見。《説文·糸部》“繯”字段玉裁注：“還、環古今字，古用還不用環。”《儀禮·士喪禮》：“布巾還幅。”鄭玄注：“古文環作還。”《大戴禮記·保傅》：“步環中規。”王聘珍解詁：“環，讀曰還。”

## 617　汗—寒（汗 hàn，匣母元部；寒 hán，匣母元部。雙聲叠韵）

“汗”，汗液。《説文·水部》：“汗，人液也。”“寒”，寒冷。《説文·宀部》：“寒，凍也。”

（1）候長敞言□□隊卒陳崇，迺□病傷汗、頭癟、抚憲，即日加心腹。（《新》EPT4.101）

（2）⧄傷汗，寒熱，頭恿。即日加煩懣，四支。（《新》EPT59.49A）

（3）⧄日且入時，嚴歸，以戊申到郭東田舍。嚴病傷汗，即日移病書，使弟赦付覆胡亭卒，不審名字。己酉有。（《新》EPT59.2）

（4）己酉病傷汗，至五月甲午加心腹丈⧄。（《新》EPW88）

（5）⧄苦近善毋恙？宜□⧄到亭，傷汗元困蜀益⋯□不敢。（《額》99ES16ST1：15A）

（6）日病傷汗，未視事。官檄曰：移卒貰賣名籍，會⧄。（《居》44.23）

（7）卒三人，一人病，二人見。卒符惲，月廿三日病傷汗。（《居》46.9A）

（8）第八隧卒□上病傷汗，飲藥十齊，癸未醫行⧄。（《居》257.6A）

（9）第十隧卒高同，病傷汗，飲藥五齊⧄。（《居》265.43）

可徑用本字，作“寒”，如下引例（10）至（13）。

對“傷汗”一詞的解釋，學界有兩種不同的意見：一是認爲“傷汗”即“傷寒”①。二是將傷汗、傷寒分爲兩個病名。②我們讚同第一種觀點，即“傷汗”“傷寒”爲同

① 孫其斌、蘇建兵：《〈居延新簡〉中的醫藥簡》，《甘肅中醫》2002年第4期；周祖亮、方懿林：《居延新簡所記醫藥信息述略》，《中醫文獻雜志》2011年第2期。

② 裘錫圭：《居延漢簡中所見的疾病名稱與醫藥情況》，載《裘錫圭學術文集·簡牘帛書卷》，復旦大學出版社，2012，第37頁。趙宇明：《〈居延漢簡甲乙編〉中醫藥史料》，《中華醫史雜志》1994年第3期。

一病名。下文將對其緣由作詳細解説：

首先，屯戍簡中，“傷汗”與“傷寒”病症相同，以下爲“傷寒”的用例，如：

（10）☐傷寒，即日加佝，頭痛煩懣，未。（《新》EPT51.201A）

（11）西安國里孫昌，即日病傷寒、頭癒，不能飲食。它如。（《新》EPT59.157）

（12）病泄注不偸，乙酉加傷寒，頭通，潘懣，四節不舉，有書。（《新》EPF22.280）

（13）鳳敢言之，迺戊辰病傷寒，頭癒，四節☐。（《新》ESC80）

可見，“傷寒”的病症有“頭痛”“煩懣”“四節不舉”“不能飲食”等。反觀上文所引“傷汗”用例，如例（1）（2），“傷汗”的病症有“頭痛”“煩懣”“寒熱”“四支不舉”，與伤寒的病症相同。例（2）“四支”即“四肢”，指人的四肢。“四支”下文意不全，但通過簡文詞例可推知，其下當有“不舉”一類的詞語。“四支”與“四節”意義相近，“四節”指人四肢的關節。“四節不舉”在屯戍簡中習見，如例（12）（13）。

其次，“傷寒”爲中醫疾病名，有廣義、狹義之分。廣義傷寒指外感熱病的總稱。如《素問·熱論》：“今天熱病者，皆傷寒之類也。”狹義的傷寒指外受寒邪，感而即發的病變，相當於現代醫學的受風寒感冒病。如《難經·五十八難》：“傷寒有五，有中風，有傷寒，有濕熱，有熱病，有温病，其所苦各不同。”[①]中醫學無“傷汗”病名，故我們認爲“傷汗”即“傷寒”，爲同一疾病名。

## 618　豢—帣（豢huàn，匣母元部；帣juàn，見母元部。聲近韵同）

“豢”，飼養牲畜。《説文·豕部》：“豢，以穀圈養豕也。”“帣”，有底的囊。《説文·巾部》：“帣，囊也。今鹽官三斛爲一帣。”

（1）入麥小石十三石五斗。居聑三年三月戊辰，大煎都士吏牛黨、候史尹欽，

① 參見李經緯、鄧鐵濤：《中醫大辭典》，人民衛生出版社，1995，第565頁；馬汴梁主編：《簡明中醫病名辭典》，人民衛生出版社，1997，第137頁。

受就人效穀益壽里鄧尊。少,不滿車,兩未絭。(《敦》285)

(2)右已絭、未絭,定入麥小石三百卌四石七斗。(《敦》306)

以上“絭”,《敦煌馬圈灣漢簡集釋》均作“券”,圖版分別作“”“”“”,當釋爲“絭”。例(1)“少,不滿車,兩未絭”指裝載的麥少,車未裝滿。有兩車的麥未裝袋。例(2)“已絭、未絭”指已經裝袋的麥和未裝袋的麥,總共收入小石三百四十四石七斗。可見,漢代西北邊塞運載糧食的時候,有兩種方式:一是將糧食裝袋後,再裝載上車;二是直接將糧食裝載上車,不用裝袋。現在西北農村依然用這兩種方式,使用第二種方式運載糧食的時候,車的四周會有專門的遮擋物,以防止糧食掉落。

可徑用本字,作“帣”,詳見“605卷—帣”組。

又可寫作“券”,詳見“603券—帣”組。

又可寫作“卷”,詳見“605卷—帣”組。

## 619　宛—剜(宛wǎn,影母元部;剜wān,影母元部。雙聲疊韵)

“宛”,把草彎曲覆蓋在身上。《説文·宀部》:“宛,屈草自覆也。”引申爲屈曲之義。“剜”,刻、挖。《玉篇·刀部》:“剜,削也。”

□買馬,誅虜候長李子沙所,騮,牡,齒九歲,宛右耳,賈錢八千五百,約至六月奉出畢,如庸取之⋯。(《敦》490A)

“宛右耳”即“剜右耳”,指馬的右耳挖掉了一塊。

## 620　宛—菀(wǎn,影母元部。雙聲疊韵)

“宛”,把草彎曲覆蓋在身上。《説文·宀部》:“宛,屈草自覆也。”引申爲屈曲之義。"菀",即茈菀,爲菊科紫菀屬植物。根和莖可入藥,味苦、辛,性温。有潤肺下氣、化痰止咳的功效。主治咳嗽,肺虚勞嗽,肺痿肺痈,咳吐膿血,小便不利。[①]《説文·艸部》:"菀,茈菀,出漢中房陵。"

治久欬、逆、匈痹、痿痹、止泄、心腹久積、傷寒方:人參、茈宛、昌蒲、細辛、薑、桂、蜀椒,各一分,烏喙,十分,皆合和,以。(《敦》2012》)

此簡爲藥方,"茈宛"即"茈菀"。

一説,"茈宛"爲"茈草""紫草","《説文》'茈'注:茈草也。《山海經》:勞山多茈草。注:一名茈莀。《廣雅》:茈莀,茈草也。《本草經》作紫草"[②]。此説恐不確,"茈草""紫草"與"茈菀""紫菀"並不是同一種植物,也不是同一種藥物。"茈草"爲紫草科紫草屬植物,其根可入藥,味苦、寒。有凉血活血、解毒透疹的功效。主治吐血,衄血,尿血,紫癜,斑疹,麻疹,黄疸,痈疽,燙傷。[③]例簡爲"治久欬、逆、匈痹、痿痹、止泄、心腹久積、傷寒方","茈菀"正有潤肺下氣、化痰止咳的功效,與藥方相合。而"茈草"無此功效。所以,例簡"茈宛"是"茈菀""紫菀",不是"茈草""紫草"。張顯成先生《簡帛藥名研究》釋"茈宛"爲"紫菀",甚確。[④]

"宛""菀"通假,其他文獻可見。《札迻·抱朴子外篇·君道》:"折菀渃以迪梁伯之美。"孫詒讓按:"菀、宛古字通。"

## 621　匽—偃(yǎn,影母元部。雙聲叠韵)

"匽",隱藏。《説文·匚部》:"匽,匿也。""偃",即偃師,漢縣名,屬河南郡。

(1)河南匽師西信里蘇解怒。(《金(貳)》73EJT21:21)

① 南京中醫藥大學:《中藥大辭典》(第二版下册),上海科學技術出版社,2006,第3279頁。
② 羅振玉、王國維:《流沙墜簡》,中華書局,1993,第97頁。
③ 南京中醫藥大學:《中藥大辭典》(第二版下册),上海科學技術出版社,2006,第3272頁。
④ 張顯成:《簡帛藥名研究》,西南師範大學出版社,1997,第158頁。

“匽師”即偃師縣。“河南”爲郡名,“西信”爲里名,“蘇解怒”爲人名。

可徑用本字,作“偃”,如:

(2)河南偃師都里公乘畢彊,年卅一,字次君。(《金(肆)》73EJT33:87)

## 622 菀—苑(菀 wǎn,影母元部;苑 yuàn,影母元部。雙聲疊韻)

“菀”,即茈菀,中藥名。《説文·艸部》:“菀,茈菀,出漢中房陵。”“苑”,即苑陵縣,秦始皇十七年(前230年)置,屬潁川郡,西漢時屬河南郡。

田卒河南郡菀陵邑□□里□□□□□□☑。(《居》218.13)

“菀陵邑”即“苑陵邑”。

## 623 案—鞌(案 àn,影母元部;鞌 ān,影母元部。雙聲疊韻)

“案”,案几。《説文·木部》:“案,几屬。”“鞌”,馬鞍。《説文·革部》:“鞌,馬鞁具也。”

(1)☑司馬從者二人,馬一匹,案勒鞭各一,劍大刀各一,弓櫝丸☑。(《金(壹)》73EJT1:25)

(2)司馬,馬一匹,案勒鞭☑。(《金(壹)》73EJT1:116)

“案勒鞭”指馬鞌、馬絡頭、鞭子。

可徑用本字,作“鞌”,如:

(3)年廿八,富及,有鞌馬、弓犢願復爲候史☑。(《居》214.57)

(4)有秦馬,請以政對言府,須府教以復▨。(《居》231.37)

## 624 案—按(àn,影母元部。雙聲叠韵)

"案",案几。《説文·木部》:"案,几屬。""按",①壓。《説文·手部》:"按,下也。"段玉裁注:"按,以手抑之使下也。"②擊打。《楚辭·招魂》:"陳鐘按鼓。"蔣驥注:"按,擊也。"

(1)以刀訢,若以刀刃案廱桼,三朝爲之良。(《敦》371)

此例"案(按)"義按壓。"廱"通"壅","桼"通"漆","以刀刃案廱桼"即"以刀刃按壅漆",指用刀刃下壓壅塞的漆。

(2)第十隧卒氾譚:案墼、案墼、案墼、案墼、運墼。(《居》525.4)

(3)案墼、案墼、案墼、治簿、病、案墼、治簿、除土、案墼、塗、塗、累、除土。(《居》203.8)

(4)▨治井,案墼。(《居》76.49)

以上"案(按)"義打。"案墼"即"按墼",義打土墼。現在我國西北地區製作土墼,依然稱爲"打墼子。""墼"爲土坯。《急就篇》卷三:"墼壘廥廄庫東箱。"顔師古注:"墼者,抑泥土爲之,令其堅激也。""墼"的製作方式爲:在墼模子中裝滿土,然後用專門的鐵柱或石柱擊打使其堅硬,可用來築墻或建屋。綜合顔師古注和墼的製作方式,可知,"墼"由擊打而得名。這更進一步證明,上引簡文"案"當讀爲"按",義打墼。

一説,"案墼"爲砌土坯、壘墼[1],但是"案"與"砌""壘"的意義並没有牽涉。此説恐不確。

① 參見永田英正:《居延漢簡集成之二》,載《簡牘研究譯叢》(第二輯),中國社會科學出版社,1987;趙沛:《居延漢簡見西漢時期西北邊塞日常勤務制度》,《西北史地》1991年第2期;李天虹:《居延漢簡簿籍分類研究》,科學出版社,2003,第135頁。

"案""按"通假,其他文獻可見。《廣雅·釋詁三》:"據,按也。"王念孫疏證:"案與按通。"《墨子·備梯》:"令案目者視適。"孫詒讓閒詁:"案、按同。"《楚辭·九辯》:"自壓案而學誦。"洪興祖補注:"案,一作按。"

## 625　燕—彊(燕 yàn,影母元部;彊 juàn,見母文部。聲近韻近)

"燕",燕子。《説文·燕部》:"燕,玄鳥也。""彊",弓末彎曲處。《廣雅·釋器》:"彇,彊,䑽也。"《玉篇·弓部》:"彊,䑽也。"則"彊"與"彇"義同。《玉篇·弓部》:"弭頭謂之彇。""彇"古籍通作"簫",《釋名·釋兵》云:"弓,其末曰簫,言簫,梢也。"

(1)夷胡隧七石具弩,傷二僬、一淵、二燕、一弭,可繕,今力三石卌六斤六兩,元康三☐乙卯隧☐。(《居》353.1)

(2)☐官五石弩一,傷燕□☐。(《居》112.8)

裘錫圭先生認爲:"簡文'燕'疑當讀爲'彊'。'彊'所從得聲的'亜'與'燕'都是影母字,二字韻亦相近(漢代韻文,真文與元通押之例常見)。"[①]

## 626　單—殫(dān 端母元部。雙聲叠韵)

"單",大。《説文·吅部》:"單,大也。"[②]"殫",盡。《説文·歺部》:"殫,殛盡也。"

(1)戊部亂,單糧[③]食,貨財盡,兵器敗傷箭且衆。(《敦》122)

(2)報⋯發矢,崇無以復戰,貨財穀食單盡,車師因爲共奴所。(《敦》133)

① 裘錫圭:《裘錫圭學術文集·雜著卷》,復旦大學出版社,2012,第88頁。

② 一説,"單"本義指一種作戰或打獵的工具。李學勤主編:《字源》,天津古籍出版社、遼寧人民出版社,2012,第101頁。季旭昇:《説文新證》,藝文印書館,2014,第105頁。

③ "糧",《敦煌馬圈灣漢簡集釋》作"□",圖版作,當釋爲"糧"。參見張麗萍、王丹:《〈敦煌馬圈灣漢簡集釋〉未釋疑難字考》,《古籍整理研究學刊》2016年第3期。

(3)糧食單盡,吏士饑餧,馬畜物故什五,人以食爲命,兵。(《敦》135)

以上三個“單”字,《敦煌馬圈灣漢簡集釋》釋爲“軍”,圖版分別作、、,當釋爲“單”。[①] 例(1)“單糧食”即“殫糧食”,指糧食殫盡。例(2)“貨財穀食單盡”即“貨財穀食殫盡”,指財物糧食殫盡。例(3)“糧食單盡”即“糧食殫盡”。

“單”“殫”通假,其他文獻可見。《廣雅·釋詁一》:“殫,盡也。”王念孫疏證:“單,與殫通。”《墨子·天志中》:“竭力單務以利之。”孫詒讓閒詁引蘇云:“單,同殫。”《荀子·宥坐》:“廢不能以單之。”楊倞注:“單,或爲殫。”

## 627 單—襌(dān,端母元部。雙聲疊韵)

“單”,大。《説文·吅部》:“單,大也。”後假借有“單薄”義,再引申爲“單衣”義。“襌”是爲表單衣義所造的分化字。《説文·衣部》:“襌,衣不重。”《釋名·釋衣服》:“有裏曰複,無裏曰襌。”

(1)罷門第一李外人,單衣一領。(《敦》540)

(2)白布單衣一領。 白布單絝一兩。(《新》EPT52.259)

(3)☐追逐器物,盡壬子積六日。即日嚴持絳單衣、甲帶、旁橐、刎馬刀,凡四物,其昏時到部。嚴期一日還。(《新》EPT59.2)

(4)皁單衣毋,牽馬不文。史詰責,駿對曰:前爲縣校弟子,未嘗爲吏。貧困毋以具皁單衣、冠、牽馬。(《新》EPT59.58)

(5)觻得亭長當城里趙常,年卅八,長七尺五寸,黑色,衣緺襦、皁布單衣、白布絝。(《金(叁)》73EJT29:108)

(6)☐襲一領,布復絝一兩,布單衣一領,布單襲一領,布單絝二兩。(《金(叁)》73EJT31:105)

(7)單衣一領。枲履一兩。(《居》19.36)

(8)☐布單襦一領。布幝一兩。革履、革袴,各一兩。(《敦》633)

① 李洪財:《漢簡草字整理與研究》,博士學位論文,吉林大學,2014,第237頁。

(9)皁單衣一領,布單襦一領。(《新》EPS4T2.11)

(10)☑白布單襦一領。(《新》EPT52.187)

“單衣”“單襲”“單絝”即禪衣、禪襲、禪絝,指單層的衣、襲、絝。

可徑用本字,作“禪”,如:

(11)布禪褕一領。布禪絝一領。(《新》EPT52.93)

(12)皁布章禪衣一領。(《新》EPF19.12)

(13)白布禪一領。(《新》EPT52.92)

(14)黄布禪衣一領。黄布絝一枚。(《新》EPT52.93)

“單”“禪”通假,其他文獻可見。朱駿聲《説文通訓定聲·乾部》:“單,(叚借)又爲禪。”《論語·先進》:“春服既成。”何晏集解引包曰:“衣單袷之時。”劉寶楠正義:“禪與單同。”《禮記·儒行》:“丘不知儒服。”鄭玄注:“庶人單衣。”陸德明釋文:“單,本又作禪。”

## 628 亶—檀(亶 dǎn,端母元部;檀 tán,定母元部。聲近韵同)

“亶”,倉廩穀物多。《説文·㐭部》:“亶,多穀也。”“檀”,即檀木,木名。《説文·木部》:“檀,木也。”

《傳車亶轝簿》:“亶轝一,左軸折。亶轝一,左軸折。亶轝一,右軸折。陽朔二年閏月壬申朔癸未,縣泉置嗇夫尊敢言之,謹移傳車=亶轝薄一編,敢言之。”(《懸(壹)》I 0208②:1–10)

“轝”爲“輿”之异體。“亶轝”即“檀輿”,古代車子多用檀木製成,故稱“檀輿”,亦可稱“檀車”。

一説,“亶”通“氈”,“亶轝”可能是以毛氈爲車篷或車廂内部裝飾的車子,可以保暖。[1]可備一説。

## 629　亶—氈(亶dǎn,端母元部;氈zhān,章母元部。聲近韵同)

"亶",倉廩穀物多。《説文·㐭部》:"亶,多穀也。""氈",氈子、毛氈。《説文·毛部》:"氈,撚毛也。"段玉裁注:"撚毛者,蹂毛成氈也。"

(1)出。護羌使者傳車一乘,黄銅五羡一具,伏兔兩頭,梔兩頭,亶帶二幣,鞇靴、韋土薄各一。故阜復蓋蒙,完。蚤具毋金承。靷勒二,完。中靳對各一,完。河平二年七月癸巳縣泉徒趙齊付遮要佐趙忠。傳三,□韋把杠二,有陽。鞅韅一,鞓鞙各二,于于少四。韋□一,赤韔皮各一,穿銅鐕一具。(《懸(壹)》Ⅰ90DXT0110①:53)

(2)□一,復、參靳、亶帶各一,居米庵中。(《金(貳)》73EJT24:247)

例(1)"亶帶"即"氈帶"。例(2)中"復"通"轅",指裹皮的車軛。"參"通"驂","參靳"即"驂靳",指驂馬當胸的皮帶。簡文"復""亶帶"和"參靳"對舉,説明三者關係緊密,都是與套馬駕車有關的器具。可推知"亶帶"應該是放置在馬背上的,以防馬背勒傷。現在西北農村還有此類氈子。

一説,"亶"當通"檀"。何茂活先生認爲:"金關漢簡(作者按:即《金(貳)》73EJT24:247)所見之'亶帶'即檀輿之'帶'。帶,即上文所説的'當膺',亦即馬拉車時横在胸前的皮帶,亦稱胸帶、大帶。初時服馬負軛,驂馬佩帶;後來服馬亦改用胸帶。……亶帶與靳的區别大概在於:靳可指胸帶,亦可包括與之相連的套繩,而亶帶則僅指胸帶。"[2]認爲"亶帶"爲"當膺",此説恐不確,因爲例(2)前已有"參靳"(即當膺),其後的"亶帶"當不再表示此義。

① 胡平生、張德芳:《敦煌懸泉漢簡釋粹》,上海古籍出版社,2001,第172頁。

② 何茂活:《肩水金關汉簡〈所寄張千人舍器物記〉名物詞語考釋》,《魯東大學學報》2014年第6期。

## 630 傳—轉(傳zhuàn,定母元部;轉zhuǎn,端母元部。聲近韻同)

"傳",驛站、驛舍。《説文·人部》:"傳,遽也。""轉",轉動、旋轉。《玉篇·車部》:"轉,迴也。"

(1)守御器簿。長斧三,皆缺頓。長椎三。長棓三。長枓二。木面衣二。弩長臂二。艾、馬矢橐各一。毋。茹十斤。出火遂二具。皮冒、草萆各一。毋冒。承纍三。破釜一。芮薪、木薪各二石。瓦箕、枓各二。斗少一。沙、馬矢各二石。羊頭石五百。槍三十 。小苣三百。程苣九。傳射八。(《居》506.1)

"傳射"即"轉射"。所謂"轉射",指嵌於城障墻堞上的、能夠旋轉射擊的窗孔。其形制爲:木製方框中安裝活動木柱,能夠左右旋轉120度,柱上開一內高外低的長方形斜孔,可架設弩臂或弓矢。士兵站在塢上,可通過斜孔向塢下瞄準或觀察敵情。轉動木柱,可改變射擊方向。

可徑用本字,作"轉",如:

(2)塢上轉射二所,深目中不辟除,一所轉射空小不承長辟。塢上轉射一所,深目中不辟除,一所轉射毋□。(《居》89.21)

"傳""轉"通假,其他文獻可見。《左傳·襄公二十五年》:"成而不結。"杜預注:"傳寫失之。"陸德明釋文:"傳,一本作轉。"

## 631 闌—蘭(lán,來母元部。雙聲叠韻)

"闌",門前的柵欄。《説文·門部》:"闌,門遮也。""蘭",即屋蘭,漢縣名。西漢時置,北魏廢,治今甘肅省山丹縣西北。

(1)☐張掖屋闌侯。(《居》23.5)

(2)屋闌元康二年閏月囚録。(《金(叁)》73EJT30:264)

(3)屋闌河平二年八月送被□傳馬名籍☐。(《金(叁)》73EJT31:147)

(4)隧長屋闌富昌里尹野所。(《金(貳)》73EJT23:965)

"闌""蘭"通假,其他文獻可見。《馬王堆漢墓帛書·療射工毒方·令蜮毋射》:"每朝啜闌(蘭)實三,及啜陵(菱)敊(芰)。"又:"一曰:取闌(蘭)葉,産壽(擣),烝(蒸),熨之。"又《五十二病方·乾騷(瘙)方》:"取闌(蘭)根、白付(符),小刌一升,舂之……以傅痏而炙之。"

## 632　闌—闌(lán,來母元部。雙聲叠韵)

"闌",門前的栅欄。《説文·門部》:"闌,門遮也。""闌",擅自出入。《説文·門部》:"闌,妄入宫掖也。"《玉篇·門部》:"闌,妄也,無符傳出入爲闌。今作闌。"

☐闌越塞天田出入迹☐。(《居》455.3)

簡文大意爲:擅自出入邊塞天田的足迹。此簡爲戍卒日迹簿殘篇。

亦可寫作"蘭",詳見"635 蘭—闌"組。

"闌""闌"通假,其他文獻可見。朱駿聲《説文通訓定聲·乾部》:"闌,(叚借)爲闌。"《史記·汲鄭列傳》:"文吏繩,以爲闌出財物于邊關乎。"裴駰集解引臣瓚曰:"無符傳出入爲闌。"《漢書·成帝紀》:"走入横城門,闌入尚方掖門,至未央宫鉤盾中。"顔師古注引應劭曰:"無符籍妄入宫曰闌。""闌"即"闌"。

## 633　蘭—難(蘭 lán,來母元部;難 nán,泥母元部。聲近韵同)

"蘭",蘭草。《説文·艸部》:"蘭,香草也。""難",艱難、不易。《玉篇·隹部》:

“難,不易之稱也。”

白乎,書不謹,與月蘭過,恭叩頭□☐。(《敦》500B)

“與”通“舉”,“與月”即“舉月”。“與月蘭過”指整月傷心難過。

## 634　蘭—欄(lán,來母元部。雙聲疊韵)

“蘭”,蘭草。《説文·艸部》:“蘭,香草也。”“欄”,欄杆。玄應《一切經音義》卷一:“欄,又作闌。《説文》:‘闌,檻也。’”

(1)茂陵脩禮里殷尋,年卅五,乘蘭車。(《居》502.6)

(2)長安水上里丁宣年卅五,乘蘭輿車,驪牡馬一匹,齒十二歲,高五尺八寸。(《金(肆)》73EJT37.1381)

“蘭車”“蘭輿”即“欄車”“欄輿”。裘錫圭先生認爲:“蘭車、蘭輿車大概都是指車輿没有皮革或繒帛裹覆,木欄裸露在外的車子。”[①]

## 635　蘭—𨵽(lán,來母元部。雙聲疊韵)

“蘭”,蘭草。《説文·艸部》:“蘭,香草也。”“𨵽”,擅自出入。《説文·門部》:“𨵽,妄入宫掖也。”《玉篇·門部》:“𨵽,妄也,無符傳出入爲𨵽。今作闌。”

(1)候長武光、候史拓,閏月辛亥盡己卯積廿九日=迹從第卅隧北盡鉼庭隧北界,毋蘭越塞天田出入迹。(《新》EPT52.82)

(2)鄣北候長邪,候史廣德,三月庚午迹盡戊戌積廿九日,毋越塞蘭渡天田出

① 裘錫圭:《裘錫圭學術文集·簡牘帛書卷》,復旦大學出版社,2012,第90—91頁。

入迹。(《新》EPT57.89)

(3)☑候長充,六月甲子盡癸巳,積卅日＝迹從第四隧南界北盡第九隧北界,毋越塞蘭出入天田迹。(《居》6.7)

(4)完城旦□萬年坐蘭渡塞,初元四年十一月丙申論,初元五年八月戊申以詔書施刑。故戍卒居延廣☑。(《居》227.8)

(5)☑蘭入不知何一步人迹,安所到而不得從迹,又不劾候史。(《居》13.4)

例(1)至(3)爲日迹簿,記載官吏和戍卒查看有無人擅自出入天田的情况。"蘭越""蘭渡""蘭出入""蘭入"指没有出關憑證而擅自出入邊塞。

亦可寫作"闌",詳見"632 闌—闢"組。

"蘭""闢"通假,雖不見於其他文獻,但從"闌"得聲和從"䜌"得聲的字音近相通。《群經平議·春秋左傳二》:"季蘭尸之敬也。"俞樾按:"蘭,疑孌之假字。""蘭"讀爲"孌"。屯戍簡中"闌"可讀爲"闢",也是從"闌"得聲和從"䜌"得聲的字相通假的例證。

## 636 䜌—蠻(䜌 luán,來母元部;蠻 mán,明母元部。聲遠韵同)

"䜌",亂。《説文·言部》:"䜌,亂也。""蠻",對南方少數民族的貶稱,也泛指一切少數民族。《廣韵·删韵》:"蠻,南夷名。"

(1)䜌夷人敢有群輩百人以上犯爲盜賊者,有能斬捕渠率一人,賜爵關内侯,錢二百萬。其䜌人也以爲羌侯,予金二百。(《新》ESC6A)

"䜌夷"即"蠻夷",《史記·武帝本紀》:"天下名山八,而三在蠻夷,五在中國。"

可徑用本字,作"蠻",如:

(2)捕律:亡入匈奴外蠻夷守棄亭鄣逢隧者,不堅守降之,及從塞徼外來絳而賊殺之,皆要斬,妻子耐爲司寇,作如。(《敦》983)

## 637 繕—旃(繕shàn,禪母元部;旃zhān,章母元部。聲近韵同)

"繕",修繕、修補。《説文·糸部》:"繕,補也。""旃",曲柄旗。《説文·㫃部》:"旃,旗曲柄也,所以旃表士衆……《周禮》曰:通帛爲旃。"

(1)候丞曲繕一,完。(《居》49.8A)

(2)候丞曲繕一,完。(《居》262.9)

"曲繕"即"曲旃",指用整幅帛製成的曲柄长幡,赤色,無飾。《史記·魏其武安侯列傳》:"前堂羅鍾鼓,立曲旃。"裴駰集解:"如淳曰:'旃旗之名。通帛曰旃。曲旃,僭也。'蘇林曰:'禮,大夫建旃。曲旃,柄上曲也。'"

可徑用本字,作"旃",如:

(3)☐曲旃一,緹紺胡一,靳干、幡各三,戍卒。(《居》349.7A)

(4)曲旃、紺胡各一,完。(《居》562.18)

## 638 繕—擅(shàn,禪母元部。雙聲叠韵)

"繕",修繕、修補。《説文·糸部》:"繕,補也。""擅",擅自、任意。《墨子·號令》:"諸吏卒民,非其部界而擅入他部界,輒收。"

(1)☐□何急歸署,驚備邊塞候望。吏官繕去署亡,乏迹候,不憂邊事,唯□☐。(《敦》1456B)

"吏官繕去署亡"指官吏擅自離開署所逃亡。

可徑用本字,作"擅",如:

(2)☒居擅去署壹宿。(《新》EPT56.117)

(3)☒孟對曰:吏迺持夜擅去署,私買□□☒。(《新》EPF22.718)

(4)☒□擅去署三宿☒。(《金(壹)》73EJT5:37)

## 639 籫—簪(籫zuǎn,精母元部;簪zān,精母侵部。聲同韵遠)

“籫”,竹器。《説文·竹部》:“籫,竹器也。”“簪”,用來綰定髮髻或冠的長針。《説文·先部》:“先,首笄也。……簪,俗先。”段玉裁注:“今俗行而正廢矣。”

(1)戍卒敦煌武安里□立,年廿五,籫、布巾各一,韋復襦一領,□□□□□。(《敦》593)

(2)☒籫、布巾各一。絹復襦一領☒。(《敦》634)

“巾”指頭巾,冠的一種,《玉篇·巾部》:“巾,本以拭物,後人著之於頭。”“簪”“巾”均爲首飾,所以簡文將兩者相提並論。

可徑用本字,作“簪”,如:

(3)並葆,敦煌壽王里田儀,年廿八歲,長六尺五寸青白色,右頰有黑子,簪、杈各二,珥一具。(《敦》681)

(4)其端履麤以下去麤服衣大紅布衣、緣中衣、聶帶、竹簪、素履、仄殿十五□☒。(《居》505.34)

亦可寫作“朁”,詳見“678朁—簪”組。

## 640 泉—煎(泉quán,從母元部;煎jiān,精母元部。聲近韵同)

“泉”,泉水。《説文·泉部》:“泉,水原也。”“煎”,即大煎都,爲候官名,屬敦煌郡[①]。《敦煌馬圈灣漢簡集釋》在《敦》15簡下注："大前都常作'大煎都'，敦煌漢塞最西部的候官名稱。王國維《流沙墜簡》：'至玉門都尉所屬，則有玉門、大煎都二候官，……至各候官之次第，則魚澤候最東，其西則中部都尉之萬歲候官若步廣候官，次則平望候官，又次則玉門都尉之玉門候官，最西則大煎都候。'"

(1)十月晦，關書大泉都，厶再拜言。(《敦》60)

"關"義爲通，"關書"即"通書"[②]。"關書大泉都"蓋指往大煎都通信。

可徑用本字，作"煎"，如：

(2)尉相聞徼其精勇，以壞龜茲，車師諸國大煎都候鄣近於西域。(《敦》108)

(3)皇帝陛下始建國天鳳三年正月甲戌，上敦德大煎都侯鄣。(《敦》181)

(4)大煎都侯長安世里庶更李鳳年三十五，劍一。(《敦》278)

亦可寫作"前"，詳見"641前—煎"組。

## 641　前—煎(前qián，從母元部；煎jiān，精母元部。聲近韻同)

"前"，剪斷，後作"剪"。段玉裁《説文解字注·止部》在"歬"字下注："後人以齊斷之前爲歬後字。"則"前"本義剪斷，假借表前後義，後假借字行而本字見廢。"煎"，即大煎都，爲候官名，屬敦煌郡。

(1)⊡元始五年七月甲午起大前都。(《敦》15)

(2)始建國天鳳三年十二月壬辰，敦德玉門行大尉事、試守千人輔、試守丞況，謂大前都：尹西曹聊掾行塞蓬。(《敦》193A)

① "大泉(煎)都"，爲候官名，命名理據不明，本字亦不明。屯戍簡中常見名稱爲"大煎都"，故此組通假以"煎"爲本字，"泉"爲通假字。

② 《敦煌馬圈灣漢簡集釋》在《敦》60下注："關書，關訓通，此處當動詞講。《史記·佞幸列傳》：'公卿皆因關説。'《索隱》按：'關訓通也。謂公卿因之而通其詞説。'"

可徑用本字,作"煎",詳見"640泉—煎"組。

亦可寫作"泉",詳見"640泉—煎"組。

## 642　算—筭(suàn,心母元部。雙聲疊韵)

"算",漢代賦税名稱。關市的征税及按人頭征收的口錢,均以"算"爲計量名稱。"筭",古代計數的籌碼。《説文·竹部》:"筭,長六寸,計歷數者。从竹,从弄。言常弄乃不誤也。"朱駿聲《説文通訓定聲》:"筭,長六寸,徑一分,二百七十一枚而成六觚,爲一握,縱横算之。"

(1)執適:臬承弦三,掔□四尺,負十算;鼓一,毋柜,負五算。(《金(叁)》73EJT26:107A)

(2)塢中不掃除,負三算;布蓬一,作治未成,負三算;毋大刀,負五算。(《金(叁)》73EJT26:107A)

(3)☐長斧四,刃皆毋繩,其一刃破,負十二算。(《金(叁)》73EJT28:105)

(4)□長□敞見,卒一人見,六石弩一,不正,負四算☐。(《金(叁)》73EJT30:214)

(5)塢上不塗墍,負三算;□二,不□□,負十算☐。(《金(叁)》73EJT26:107A)

(6)枍柱一,棓,負二算☐。(《金(叁)》73EJT30:214)

屯戍簡中,"筭"爲計算官吏政績的計量單位,合格者得筭,不合格者負筭。"得一筭"即得一個筭籌,"負一筭"即失一個筭籌。所得筭籌越多的官吏,政績越好;反之,政績越差。

可徑用本字,作"筭",如:

(7)☐負五筭。率所負半筭,奇一筭半筭。(《新》EPT5.8)

(8)萬歲候長充。受官錢,定課四千,負四筭。毋自言堂煌者,第一得七筭,

相除定得三筭,第一。(《居》206.4)

"算""筭"通假,其他文獻可見。《儀禮·鄉射禮》:"一人執算以從之。"《山海經·海外東經》:"豎亥右手把算。"郝懿行箋疏:"算,當爲筭。"

## 643 筭—算(suàn,心母元部。雙聲叠韵)

"筭",古代計數的籌碼。《説文·竹部》:"筭,長六寸,計歷數者。从竹,从弄。言常弄乃不誤也。""算",漢代賦税名稱。關市的征税及按人頭征收的口錢,均以"算"爲計量名稱。《史記·平準書》:"异時算軺車賈人緡錢皆有差,請算如故。諸賈人末作貰貸賣買,居邑稽諸物,及商以取利者,雖無市籍,各以其物自占,率緡錢二千而一算。諸作有租及鑄,率緡錢四千一算。非吏比者三老、北邊騎士,軺車以一算;商賈人軺車二算;船五丈以上一算。"此指關市征收的税錢。《漢書·高帝紀》:"(四年)八月,初爲算賦。"顔師古注:"如淳曰:《漢儀注》:民年十五以上至五十六出賦錢,人百二十爲一算,爲治庫兵車馬。"《資治通鑑·漢紀四十三》:"寬其負算。"胡三省注:"算,口錢也。"此按人頭征收的税錢。

(1)☐縣筭賦給,毋官獄徵事,當得取傳,謁移。(《金(壹)》73EJT10:222)
(2)☐□筭賦給,毋官獄徵事☐。(《金(壹)》73EJT9:328)
(3)元年賦筭皆給,謁移觻得至八月□檢。(《金(肆)》73EJT37:523A)
(4)☐□居第五亭卬賦筭給。(《金(肆)》73EJT37:1266)

"筭賦""賦筭"即"算賦""賦算",指"算"這種賦税。

可徑用本字,作"算",如:

(5)三舍北入□□□三年賦算等給,毋官□□□□□□□□□敢言之。(《金(叁)》73EJT32:16A)

"筭""算"通假,其他文獻可見,詳見"642算—筭"組。

## 644 邊—偏(邊biān,幫母元部;偏piān,滂母真部。聲近韻近)

“邊”,邊境、邊陲。《説文》作“邉”,《辵部》:“邉,行垂崖也。”“偏”,衺曲。《説文·人部》:“偏,頗也。”

行塞,兵弩多邊戾,上下蜚淵有覆𥓜,勝負一分□▨。(《新》EPT5.84)

“邊戾”即“偏戾”,“戾”義爲邪曲,“偏戾”同義連用。“兵弩多邊戾”,指兵器和弓弩大多彎曲。

亦可寫作“編”,詳見“484 編—偏”組。

亦可寫作“扁”,詳見“485 扁—偏”組。

亦可寫作“便”,詳見“652 便—偏”組。

“邊”“偏”通假,其他文獻可見。《爾雅·釋詁下》:“邊,垂也。”郝懿行義疏:“邊,又偏也。”《禮記·檀弓上》:“齊衰不以邊坐。”鄭玄注:“邊,偏倚也。”

## 645 反—旛(反fǎn,幫母元部;旛fān,滂母元部。聲近韻同)

“反”,翻轉。《説文·又部》:“反,覆也。”[①]“旛”,長幅下垂的旗。《説文·㫃部》:“旛,幅胡也。”段玉裁注:“謂旗幅之下垂者。”引申泛指旌旗。“旛”或作“幡”。

靳干廿七,靳幡廿七,有方五,曲反三。(《居》522.4)

“曲反”,史語所《居延漢簡》釋爲“□□”,今從《居延漢簡釋文合校》。“曲反”即“曲旛”,“曲旛”與“曲旃”是同義詞。“旛”本指長幅下垂的旗,引申可指一般的旌旗,“旃”本指曲柄旗,引申亦可指一般的旌旗,故“旛”“旃”義同,則“曲旛”“曲旃”亦

① 一説,“反”,古“扳”字,義同“攀”。參見李學勤主編:《字源》,天津古籍出版社、遼寧人民出版社,2012,第223頁。季旭昇:《説文新證》,藝文印書館,2014,第206頁。

義同,所指爲同一物。"曲旛"寫作"曲反",是同一詞的不同書寫形式;"曲旃"寫作"曲繕",也是同一詞的不同書寫形式。參見"637 繕—旃"組。

"反""旛(幡)"通假,其他文獻可見。《漢書·谷永傳》:"反除白罪。"顔師古注:"反,讀曰幡。"《漢書·楚元王傳》:"多所平反罪人。"顔師古注引蘇林曰:"反,音幡,幡罪人辭使從輕也。"

## 646 反—返(fǎn,幫母元部。雙聲叠韵)

"反",翻轉。《説文·又部》:"反,覆也。"引申有"返回"義。"返"是爲表其引申義所造的分化字。《説文·辵部》:"返,還也。"

(1)三人負麻,人反十八束,反復卅里。人再反,六十里。(《敦》1650)

(2)二人葦,人一反還,迎草塗内屋,廣丈三尺五寸,積四百五尺,率人二百二尺五寸。(《敦》1669)

(3)三人負稟步昌,人二反,致六稾。反復百八十八里百廿步,率人行六十二里二百卌步。(《敦》1693)

(4)其五人,人行八十里。一人五十五里六十步。迹還,一反,負馬矢六石。(《敦》1706)

(5)□茭二日=一反=儋八束,凡。(《居》142.18)

上引諸例爲戍卒日作簿,記録戍卒每日勞作的情况。"返"義返回,指戍卒返回一次的勞動量。例(5)"儋"爲"擔"之异體。《説文·人部》:"儋,何也。"

"反""返"通假,其他文獻可見。朱駿聲《説文通訓定聲·乾部》:"反,(叚借)爲返。"《楚辭·遠遊》:"神儵忽而不反兮。"洪興祖補注引舊校云:"反,一作返。"

## 647　半—絆(bàn,幫母元部。雙聲叠韵)

“半”,半數、一半。《説文·半部》:“半,物中分也。”“絆”,用繩繫足。《正字通·糸部》:“絆,《增韵》:‘繫足曰絆,絡首曰羈。’”

☐髡二,破。毋盂二。半索少。毋時板。毋脂及橐。(《居》290.13)

“半”,史語所《居延漢簡》釋爲“承”,圖版作,今從《居延漢簡釋文合校》釋爲“半”。“半索”即“絆索”,是栓繫動物之足的繩索。

## 648　變—徧(變 biàn,幫母元部;徧 biàn,幫母真部。聲同韵近)

“變”,改變,變化。《説文·攴部》:“變,更也。”“徧”,周帀、周遍。《説文·彳部》:“徧,帀也。”俗作“遍”。

☐□詔書律變告,乃訊問,辤。(《新》EPT51.270)

“變告”即“徧告”,指普遍告知。

亦可寫作“辨告”,詳見“660 辨—徧”組。

“變”“徧”通假,其他文獻可見。《諸子平議·荀子第一》:“以義變應。”俞樾按:“變,讀爲辯,辯之言徧也。”《經義述聞·大戴禮記下·變》:“文王官人篇:變官民能。”王引之按:“變,讀爲辯。辯,徧也。”“變”可徑讀爲“徧”。

## 649　潘—藩(潘 pān,滂母元部;藩 fān,幫母元部。聲近韵同)

“潘”,淘米水。《説文·水部》:“潘,淅米汁也。”“藩”,屏障。《説文·艸部》:“藩,屏也。”

謹案:尉史給官曹治簿書,府官繇使乘邊候望,爲百姓潘幣,縣不肯除。(《新》EPT59.58)

“幣”通“蔽”,義屏障。“藩蔽”同義連用,指屏障。“繇”爲“繇”之异體,通“徭”。“徭使”義徭役。“乘邊候望”指登上邊塞,偵察伺望。

“潘”“藩”通假,其他文獻可見。《春秋左傳异文釋》卷十:“定六年傳:‘獲潘子臣小惟子’。《吕覽·察微》引作‘藩子臣小帷子’。”

## 650 潘—煩(潘pān,滂母元部;煩fán,並母元部。聲近韵同)

“潘”,淘米水。《説文·水部》:“潘,淅米汁也。”“煩”,煩懣。《説文·頁部》:“煩,熱頭痛也。”

(1)病泄注不偷,乙酉加傷寒,頭通,潘懣,四節不舉,有書。(《新》EPF22.280)

“潘懣”即“煩懣”,爲中醫病名,謂内熱鬱結之症,《史記·扁鵲倉公列傳》:“病使人煩懣,食不下,時嘔沫。”

可徑用本字,作“煩”,如:

(2)☐傷寒,即日加侚,頭痛煩懣,未。(《新》EPT51.201A)

(3)☐傷汗,寒熱,頭恿。即日加煩懣,四支。(《新》EPT59.49A)

例(2)“侚”義疾速,“即日加侚”指病情當日迅速加重。

亦可寫作“番”,詳見“654番—煩”組。

## 651 般—槃(pán,並母元部。雙聲叠韵)

"般",盤旋、旋轉。《説文·舟部》:"般,辟也。象舟之旋。""槃",盛物器皿。《説文·木部》:"槃,承槃也。"

(1)☐般三,□一,粟三☐。
☐杅一,梁米二斗☐。(《新》EPT44.62)

"杅"亦爲盛物器皿。"梁米"即"粱米",指精米。

可徑用本字,作"槃",如:

(2)小槃十三枚,案三枚,餔比一枚☐。(《新》EPT5.15)
(3)☐斧十四枚。枸十枚。槃十五枚。(《新》EPT52.184)
(4)笥一合,小樽一合,小杯三枚,中槃三枚。(《新》EPT5.15)

"般""槃"通假,其他文獻可見。《爾雅·釋詁上》:"般,樂也。"郝懿行義疏:"般,又通作槃。"《廣雅·釋詁一》:"般,大也。"王念孫疏證:"胖、槃並與般通。鞶、磐義並與般同。伴與般亦聲近義同。"

## 652 便—偏(便pián,並母元部;偏pián,滂母真部。聲近韵近)

"便",安適。[①]《説文·人部》:"便,安也。""偏",傾斜。《説文·人部》:"偏,頗也。"

(1)小積薪一,上便頃。卒張田取馬矢,不在署,山。(《居》214.108)
(2)小積薪一,上便頃。(《居》214.47)

① 一説,"便"爲"鞭"之初文。李學勤主編:《字源》,天津古籍出版社、遼寧人民出版社,2012,第711頁。

(3)□□□□解隨,小積薪一,上便頃。大積薪二,上便頃。(《居》214.8)

例(1)“便”字,圖版作,《居延漢簡甲乙編》《居延漢簡釋文合校》均釋作“偭”,史語所《居延漢簡》釋爲“僵”。“偭頃”“僵頃”不辭,當從《中國簡牘集成》釋爲“便”。“頃”通“傾”,義傾斜。“偏傾”同義連用。

亦可寫作“編”,詳見“484 編—偏”組。

亦可寫作“扁”,詳見“485 扁—偏”組。

亦可寫作“邊”,詳見“644 邊—偏”組。

“便”“偏”通假,其他文獻可見。《馬王堆漢墓帛書·老子甲本·道篇》:“是以吉事上左,喪事上右;是以便將軍居左,上將軍居右,言以喪禮居之也。”“便將軍”即“偏將軍”。

## 653 番—蕃(fán,並母元部。雙聲疊韵)

“番”,獸足,後作“蹯”。《説文·釆部》:“番,獸足謂之番。”“蕃”,多、豐收。《説文·艸部》:“蕃,艸茂也。”本義草木茂盛,引申有“多、豐收”義。

□今吾年穀番孰,百姓殷衆,此吾逢時也,而王弗用失某時矣,臣聞時不可失。(《金(貳)》73EJT21:58)

“孰”通“熟”,“番孰”即“蕃熟”,指莊稼成熟豐收。《史記·滑稽列傳》:“五穀蕃熟,穰穰滿家。”《漢書·嚴安傳》:“五穀蕃孰,六畜遂字。”顔師古注:“蕃,多也;字,生也。”

“番”“蕃”通假,其他文獻可見。朱駿聲《説文通訓定聲·乾部》:“番,(叚借)又爲蕃。”《左傳·襄公四年》:“臧紇救鄫。”杜預注:“曾國番縣東南。”陸德明釋文:“番,本又作蕃。”

## 654　番—煩(fán,並母元部。雙聲叠韵)

"番",獸足,後作"蹯"。《説文·釆部》:"番,獸足謂之番。""煩",煩懣、煩躁。《説文·頁部》:"煩,熱頭痛也。"本義熱頭痛,引申有"煩悶、煩躁"義。《玉篇·頁部》:"煩,憤悶,煩亂也。"

☐兒後母耐,病欬短氣,加番懣,命在旦夕。(《新》EPT59.428)

"番懣"即"煩懣",爲疾病名,中醫謂内熱鬱結之症。

可徑用本字,作"煩",詳見"650 潘—煩"組。

亦可寫作"潘",詳見"650 潘—煩"組。

## 655　煩—燔(fán,並母元部。雙聲叠韵)

"煩",熱頭痛。《説文·頁部》:"煩,熱頭痛也。""燔",焚燒。《漢書·宣帝紀》:"相燔燒以求食。"顔師古注:"燔,焚也。"

望見虜一人以上入塞,煩一責新、舉二蓬;夜,二苣火。見十人以上,在塞外,煩舉如一人入塞品。望見虜五百人以上,若功亭鄣,煩一責新、舉三蓬;夜,三苣火。不滿一千人以上,煩舉如五百人同品。虜守亭鄣,煩舉:晝舉亭上蓬,夜舉離合火。次亭遂和,煩舉如品。(《敦》2257)

此簡爲"烽火品約"的内容,是漢代邊塞傳遞烽火信號的等級規定。"責"通"積","煩一責新"指焚燒一積薪。"煩舉"指焚燒積薪和上舉烽火。

## 656 燔—礬(fán,並母元部。雙聲叠韵)

"燔",焚燒。《説文·火部》:"燔,爇也。""礬",即礬石,一種礦物藥。《玉篇·石部》:"礬,石也。""礬石"呈透明狀結晶體。有白、青、黄、黑、絳五種,白色者俗稱明礬。"礬石"始載於《神農本草經》。《神農本草經》卷二:"(礬石)味酸,寒,無毒。治寒熱,泄利〔痢〕,白沃,陰蝕,惡瘡,目痛,堅骨齒,煉餌服之,輕身,不老,增年,生山谷。"①《吴普本草·玉石類》:"(礬石)生河西或隴西,或武都、石門。采無時。"②礬石味澀、酸,性寒,有小毒。主治祛痰燥溼、解毒殺蟲,止瀉止血。③

施刑猛受錢六百:出錢二百廿,糴粱粟二石₌百一十。出錢二百一十,糴黍粟二石₌百五。出錢百一十,糴大麥一石₌百一十。出錢百一十五,糴麴五斗₌廿三。出錢六,買燔石十分。出錢廿五,糴豉一斗。凡出六百八十六。(《居》214.4)

上引簡文是施刑士猛用錢的賬單,"礬石"是他購買的物品之一。稱量"礬石"的量詞爲"分",屯戍簡中,記録藥物用量詞"分",如《居》89.20:"傷寒四物:烏喙十分,术十分,細辛六分,桂四分。"又136.25:"□方,蜀椒四分,桔梗二分,薑二分,桂▨。"

## 657 蘩—繁(fán,並母元部。雙聲叠韵)

"蘩",植物名,白蒿。《爾雅·釋草》:"蘩,皤蒿。"郭璞注:"白蒿"。"繁",指繁陽,因在繁水之陽而得名。西漢時設爲縣,屬魏郡。《漢書·地理志上》:"繁陽。"顔師古引應劭曰:"在繁水之陽。"引張晏曰:"其界爲繁淵。"

(1)□居延令印,一封詣蘩陽,一封詣内黄,一封詣媪圍,一封張掖肩水。(《金

① 馬繼興:《神農本草經輯注》,人民衛生出版社,1995,第153頁。

② 尚志鈞輯校:《吴普本草》,人民衛生出版社,1987,第3頁。

③ 國家中醫藥管理局《中華本草》編委會:《中華本草》(精選本),上海科學技術出版社,1996,第121頁。

(貳)》73EJT23:933)

“蘩陽”即“繁陽”。“内黄”,漢代縣名,亦屬魏郡。“媪圍”,漢代縣名,屬武威郡。

可徑用本字,作“繁”,如:

(2)魏郡繁陽高忘里大夫謝放,年卌,長七尺二寸,黑色。(《居》15.14)

(3)戍卒魏郡繁陽上樂里李讓。(《居》38.40)

(4)魏郡繁陽北鄉佐左里公乘張世☑。(《居》334.35)

“蘩”“繁”通假,其他文獻可見。《爾雅·釋草》:“蘩,由胡。”陸德明釋文:“字今作繁。”《詩經·召南·采蘩》:“于以采蘩。”陸德明釋文:“蘩,本亦作繁。”

## 658 畔—叛(pàn,並母元部。雙聲叠韵)

“畔”,田界。《説文·田部》:“畔,田界也。”“叛”,背叛。《廣雅·釋詁三》:“叛,亂也。”

☑侯柏子男乎,故得萬國驩心以事其先王,是以天下無畔國也。爵☑。(《金(叁)》73EJT31:104A)

“是以天下無畔國也”大意爲:因此天下没有背叛的國家。簡文“侯柏子男乎,故得萬國驩心以事其先王”與《孝經·諸侯章》内容有關。但“是以天下無畔國也”爲今本《孝經》所無。“是以”之前(即“侯柏子男乎,故得萬國驩心以事其先王”)爲引《孝經·孝治》章經文,自“是以”起(即“是以天下無畔國也”)則是對經文的解説。若“得萬國之歡心”,自然“天下無畔國也”。[①]

“畔”“叛”通假,其他文獻可見。朱駿聲《説文通訓定聲·乾部》:“畔,(叚借)

① 黄浩波:《〈肩水金關漢簡(叁)〉所見〈孝經〉解説殘簡》,載於復旦大學出土文獻與古文字研究中心網站:http://www.gwz.fudan.edu.cn/SrcShow.asp?Src_ID=2503,2015年4月22。

爲叛。"《墨子·明鬼下》:"衆畔百走。"孫詒讓閒詁:"畔,吴鈔本作叛。"《孟子·公孫丑下》:"燕人畔。"焦循正義:"畔,與叛同。"

## 659　畔—範(畔pàn,並母元部;範fàn,並母談部。聲同韻遠)

"畔",田界。《説文·田部》:"畔,田界也。""範",漢縣名,即範縣,屬東郡。

(1)戍卒東郡畔大曲里單地餘,有方一☐。(《金(叁)》73EJT24:543)

(2)田卒東郡畔昌里孟恶,年卅一,長七尺☐。(《金(伍)》73EJD:191)

(3)戍卒東郡畔戍里靳龜。坐迺四月中不審日,行道到屋蘭界中,與戍卒函何陽争言,鬬以劍擊。(《居》13.6)

(4)戍卒東郡畔東成里公乘☐。(《居》146.3)

(5)戍卒東郡畔□里函何陽。(《居》118.18)

"畔"即"範"。"大曲里""昌里""戍里""東成里""□里"爲"範"縣下轄的里。

按:《漢書·地理志》無"畔"縣,東郡所轄22縣邑,其中縣邑名用單字的僅5縣邑:觀縣、範縣、黎縣、清縣、臨邑。"範"與"畔"古音最爲相近,故以"範"爲"畔"。

## 660　辨—徧(辨biàn,並母元部;徧biàn,幫母真部。聲近韻近)

"辨",辨别、區分。《説文》作"辧",《刀部》:"辧,判也。""徧",周帀、周遍。《説文·彳部》:"徧,帀也。"俗作"遍"。

(1)三日而不更言請書律辨告,乃驗問。隧長忠、卒賞等辤皆曰,名郡縣爵里年姓官除各如牒。忠等毋從所主卒及它。(《新》EPT51.228)

(2)以實,臧五百以上;辤已定,滿三日而不更言請者,以辤所出入罪反罪之

律辨告，乃。(《新》EPF22.2)

(3)建武三年十二月癸丑朔戊辰，都鄉嗇夫宫以廷所移甲渠候書召恩詣鄉，先以證財物故不以實，臧五百以上辤以定，滿三日而不更言請者；以辤所出入罪反罪之律辨告，乃爰書驗問。恩辤曰：潁川昆陽市南里，年六十六歲，姓寇氏。去年十二月。(《新》EPF22.21)

(4)而不更言請，辤所出入，罪反罪之律辨告，乃爰書驗問。恭辤曰：上造，居延臨仁里，年廿八歲，姓秦氏。往十餘歲，父母皆死，與男同産兄良異居。以更始三年五月中，除爲甲渠吞遠隧長。(《新》EPF22.330)

(5)而不更言，詔書、律辨告，乃訊。由辤曰：公乘，居延肩水里，年五十五歲，姓李氏，迺永光四年八月丁丑。(《新》EPS4T2.7)

(6)☐律辨告，乃爰書驗問☐。(《新》EPS4T2.97)

(7)☐故不以實，臧二百五十以上，令辨告☐。(《新》EPT51.290)

(8)☐□先以證不請，律辨告，乃驗問，定。(《新》EPT52.417)

(9)☐律辨告，乃。(《新》EPT58.65)

(10)爰書：戍卒南陽郡山都西平里莊彊友等四人守候，中郡司馬丞仁、吏丞德，前得毋貰賣財物敦煌吏，證財物不以實，律辨告，迺爰書。(《懸》Ⅱ0314②:302)

"辨告"即"徧告"，指普遍告知。

亦可寫作"變"，詳見"648 變—徧"組。

"辨""徧"通假，其他文獻可見。《荀子·富國》："忠信調和均辨之至也。"王先謙集解引郝懿行曰："辨與徧同，古字通用，當訓爲周徧。"《讀書雜志·荀子第八·哀公》："是故其事大辨乎天地。"王念孫按："辨讀爲徧。"《經義述聞·周易下》："復小而辨於物。"王引之按："辨，讀曰徧。古字辨與徧通。"

## 661 辨—辦(辨 biàn，並母元部；辦 bàn，並母元部。雙聲叠韵)

"辨"，辨别、區分。《説文》作"辨"，《刀部》："辨，判也。""辦"，準備、備辦。《集韵·禂韵》:"辦,具也。"

(1)☑□治以故辨具之,毋所□□爲☑。(《新》EPF22.616)

(2)☑糒,宿食處,毋辨食具。務省約,如往事有。(《新》EPF22.485)

"辨具"即"辦具",義備辦。"辨食具"均指備辦飲食用的器具。

"辨""辦"通假,其他文獻可見。《管子·中匡》:"民辦軍事矣。"戴望校正:"元刻辦作辨。"《資治通鑑·唐紀四十六》:"事甚脩辨。"胡三省注:"辨,讀曰辦。"

## 662　辨—辯(biàn,並母元部。雙聲疊韵)

"辨",辨别、區分。《説文》作"辧",《刀部》:"辧,判也。""辯",①治理。《説文·辡部》:"辯,治也。"②辯説。《玉篇·辛部》:"辯,正也。"

(1)蒼頡作書,以教後嗣。幼子承昭,謹慎敬戒。勉力風誦,晝夜勿置。苟務成史,計會辨治。超等軼群,出尤别異。(《新》EPT50.1A)

(2)☑案:尊以縣官事賊傷辨治☑。(《新》EPT68.191)

(3)若以縣官事毆詈五大夫以上或一歲吏比者,有將辨治。若不督五大夫以上⊡。(《懸》Ⅱ0215①:76)

(4)建平四年八月庚辰日中,佐董仁受遮要主辨李並。魚離廄督行。(《懸》Ⅱ0114④:82)

以上"辨(辯)"義治理、辦理。"辨治"即"辯治"。"主辨"即"主辯",指主持辦理的人。

(5)通辨之,請辨白。(《新》EPT4.46)

以上"辨(辯)"義辯説。"辨白"即"辯白","白"亦義説,"辯白"同義連用。

“辨”“辯”通假,其他文獻可見。《荀子·王霸》:“必將曲辨。”王先謙集解引郝懿行曰:“辨,古辯字。”

## 663 縵—慢(màn,明母元部。雙聲疊韵)

“縵”,没有花紋的絲織品。《説文·糸部》:“縵,繒無文也。”“慢”,鬆弛、不牢固。《廣雅·釋詁二》:“慢,緩也。”

☐繩或短小縵惡□☐。(《金(壹)》73EJT4:86)

“縵惡”即“慢惡”,義鬆散、損壞。

“縵”“慢”通假,其他文獻可見。朱駿聲《説文通訓定聲·乾部》:“縵,(叚借)爲慢。”《莊子·列禦寇》:“有堅而縵。”郭慶藩集釋引俞樾曰:“縵者,慢之叚字。”

# 緝部通假字匯釋

## 664 及—汲(及 jí,群母緝部;汲 jí,見母緝部。聲近韻同)

“及”,追上。《説文·又部》:“及,逮也。”“汲”,取水。《説文·水部》:“汲,引水於井也。”

(1)及落。唯官闕書府,令居延調給,敢言之。(《居》18.22)

(2)令史王卿記,願寧卿開户,出小□付豐。嬰中有米七斗,及巩中皆并遣豐。願以寧卿印封之,叩頭,幸甚幸甚。養卒氾彭出五月食,以其一石二斗付豐。(《居》287.15A)

例(1)“落”通“絡”,義繩索。“及落”即“汲絡”,指取水的繩索。例(2)“巩”通“瓨”,義長頸大腹的容器。“及巩”即“汲瓨”,指取水的瓨。

可徑用本字,作“汲”,詳見“151 駒—汲”組。

亦可寫作“駒”,詳見“151 駒—汲”組。

“及”“汲”通假,其他文獻可見。《詩經·召南·摽有梅·序》:“男女得以及時也。”孔穎達疏:“言及者,汲汲之辭。”《易·井》:“可用汲。”焦循章句:“汲,及也。及猶逮也。”

## 665 合—荅(合 hé,匣母緝部;荅 dá,端母緝部。聲遠韻同)

“合”,閉合。《説文·亼部》:“合,合口也。”“荅”,對荅、回荅。《玉篇》作“荅”,

《艸部》:"荅,當也。"

與者半,京公召晏子問之曰:子先治,奈何?晏子合曰:始治,治築壞塞缺,姦人惡之;斬渠通。(《額》99ES18SH1:1)

簡文大意爲:晏子復治東阿三年,贊譽的人過半。景公召晏子而問他説:"您先治東阿,爲何詆毁之聲遍於全國。"晏子回答説:"開始治理東阿的時候,阻塞門路,填補缺口,奸人厭惡;斬斷渠道。"詳見"318京—景"組。

"合""答"通假,其他文獻可見。馬王堆漢墓帛書《胎産書》:"禹問幼頻曰:'我欲埴(殖)人産子,何如而有?'幼頻合曰:月朔已去汁□三月中從之,有子。"又馬王堆漢墓竹簡《十問》:"黄帝問於大成曰……大成合曰……"同篇又有"容成合曰""彭祖合曰""耇老合曰""師癸合曰""文執(摯)合曰""王期合曰","合"字均讀爲"答"。

## 666 邑—悒(yì,影母緝部。雙聲疊韵)

"邑",古代稱國爲"邑"。《説文·邑部》:"邑,國也。""悒",憂愁不安。《説文·心部》:"悒,不安也。"

(1)毋以邑邑非意,忽於至計,願一二,知起居,唯爲。(《敦》237)

(2)欲詣張掖,小吏扜迫倉逹,因去恨不面决,邑邑。何以謹拘在大煎都候鄣,使君。(《敦》493)

(3)葉宋乃始張佰丈叩頭言,子翹、子玉足下,善毋恙。閒者久不相見,良苦。迫塞上,甚邑邑,毋。(《新》EPT50.42A)

(4)▨起居平和,閒不相見,旬月邑邑。想▨。(《新》EPT48.143)

(5)不相見,旬日邑邑,想思親候,拘迫不得□▨。(《新》EPT65.200B)

(6)隨誠耳,君邑邑以楷模教□□□□□□□▨。(《新》EPT5.76A)

例(2)"邑",《敦煌馬圈灣漢簡集釋》釋爲"迨",圖版作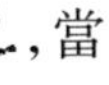,當釋爲"邑"。[①]例(1)"毋以邑邑非意,忽於至計"大意爲:不要因憂愁不在意,而忽略最好的辦法。例(2)"欲詣張掖,小吏扜迫倉達,因去恨不面决,邑邑"的大意爲:小吏欲詣張掖,迫於匆忙到達,因不能當面辭决而遺憾,憂愁不安。例(3)"閒者久不相見"指近來久不能見。例(4)"閒不相見"爲"閒者久不相見"的省略表達。例(4)"旬月邑邑"與例(5)"旬日邑邑",分别指整月、整日憂愁不安。

"邑""悒"通假,其他文獻可見。朱駿聲《説文通訓定聲·臨部》:"邑,(叚借)爲悒。"《楚辭·離騷》:"忳鬱邑余侘傺兮。"洪興祖補注引舊校:"邑,一作悒。"《荀子·解蔽》:"無邑憐之心。"楊倞注引或曰:"邑與悒同。"

## 667　沓—鞜(沓 tà,定母緝部;鞜 tà,透母緝部。聲近韵同)

"沓",聚合。《廣雅·釋詁二》:"沓,合也。""鞜",皮鞋。《玉篇·革部》:"鞜,鞮也。"

(1)弋韋沓一兩,直八百五十。(《居》262.28A)

(2)元伏地再拜請子方足下,善毋恙!苦道子方發,元失候不侍駕,有死罪。丈人、家室、兒子毋恙,元伏地願子方毋憂。丈人、家室元不敢忽驕,知事在庫,元謹奉教。暑時元伏地願子方適衣、幸酒食、察事,幸甚!謹道:會元當從屯敦煌,乏沓,子方所知也。元敢不自外,願子方幸爲元買沓一兩,絹韋,長尺二寸;筆五枚,善者,元幸甚。錢請以便屬舍,不敢負。願子方幸留意,沓欲得其厚,可以步行者。子方知元數煩擾,難爲沓。奉幸甚幸甚!所因子方進記差次孺者,願子方發過次孺舍,求報。次孺不在,見次孺夫人容君求報,幸甚,伏地再拜子方足下!所幸爲買沓者願以屬先來吏,使得及事,幸甚。元伏地再拜再拜!吕子都願刻印,不敢報,不知元不肖,使元請子方,願子方幸爲刻御史七分印一,龜上,印曰:吕安之印。唯子方留意,得以子方成事,不敢復屬它人。郭營尉所寄錢二百買鞭者,願得其善鳴者,願留意。自書:所願以市事幸留意留會毋忽,異於它人。(《懸》

① 張麗萍、張顯成:《〈敦煌馬圈灣漢簡集釋〉釋讀訂誤》,《簡帛》(第十四輯),上海古籍出版社,2017,第176—177頁。

Ⅱ0114③:611)

例(1)裘錫圭先生認爲:"此簡'沓'字應讀爲'鞜'。《急就篇》'履舄鞜裒絨緞紃',顔注:'鞜,生革之履也。'皇象本'鞜'作'沓',與簡文合。沓是一種鞋,所以以兩爲單位。'弋'疑當訓爲黑。《漢書·文帝紀贊》'身衣弋綈',顔注:'弋,黑色也。''弋'説明沓的顔色,'韋'説明沓的質料。訓黑之'弋'有專字作'黓'。"[①]"弋韋沓"指黑色的皮鞋。例(2)爲《元致子方書》,是一個叫"元"的人給子方的書信。

"沓""鞜"通假,雖不見於其他文獻,但"沓"多與從沓得聲的字通假。朱駿聲《説文通訓定聲·臨部》:"沓,叚借爲鍣。"又"沓,(叚借)又爲涾。"

## 668 遝—沓(tà,定母緝部。雙聲叠韵)

"遝",及、及至。《説文·辵部》:"遝,迨也。""沓",聚合。《廣雅·釋詁二》:"沓,合也。""沓"亦爲西北方言詞,表重叠、聚積義,如李鼎超《隴右方言·釋言》:"今謂積累曰一沓沓子。"[②]

焉耆虜遝,且將桼八千人皆發,與南將軍期會車師。(《敦》149)

"遝",《敦煌馬圈灣漢簡集釋》釋爲"還",圖版作,當釋爲"遝"。[③]"南將軍",指匈奴南將軍,屯戍簡又稱"南逆將軍",《敦》106:"擊虜兵,立三面解諸國,傳聞南逆將軍已伏誅,宜速持。"關於"南將軍"的記載,見於《漢書·匈奴傳》。簡文大意爲:焉耆虜聚集在一起,將率領七八千人一起出發,與南將軍預期在車師會面。

"遝""沓"通假,其他文獻可見。《廣雅·釋詁二》:"沓,合也。"王念孫疏證:"遝與沓通。"《漢書·楚元王傳附劉向》:"及至周文,開基西郊,雜遝衆賢,罔不肅和。"顔師古注:"雜遝,聚積之貌。""雜遝"即"雜沓"。

① 裘錫圭:《裘錫圭學術文集·簡牘帛書卷》,復旦大學出版社,2012,第95頁。

② 李鼎超:《隴右方言·釋言》,蘭州大學出版社,1988年,第181頁。

③ 張麗萍、張顯成:《〈敦煌馬圈灣漢簡集釋〉釋讀訂誤》,《簡帛》(第十四輯),上海古籍出版社,2017,第176—177頁。

## 669　立—泣(立 lì,來母緝部;泣 qì,溪母緝部。聲遠韵同)

“立”,站立。《説文·立部》:“立,住也。”“泣”,哭泣。《説文·水部》:“泣,無聲出涕曰泣。”

人立不止;使女百歲,立乃止。王問:人何爲人? 曰:生狂士,死早歸土耳。(《新》EPT65.334A)

“人立不止”指人哭泣不止,“立乃止”指哭泣停止,“狂士”指志向高遠、勇於進取之士。此簡疑爲古籍佚文。

“立”“泣”通假,其他文獻可見。朱駿聲《説文通訓定聲·臨部》:“泣,(叚借)爲立。”《讀書雜志·晏子春秋第一·内篇諫上》:“公出背而立。”王念孫按:“立即泣字也。”

## 670　習—襲(xí,邪母緝部。雙聲叠韵)

“習”,鳥數飛。《説文·習部》:“習,數飛也。”“襲”,重衣,指衣外加衣,行禮時穿在外面的上衣。《玉篇·衣部》:“襲,重衣也。”

☐皁練長習一領。(《新》EPS4T2.117)

“皁練長習”即“皁練長襲”,指黑色生絲的長重衣。

可徑用本字,作“襲”,詳見“215 龍—襲”組。

亦可寫作“龍”,詳見“215 龍—襲”組。

“習”“襲”通假,其他文獻可見。《爾雅·釋詁下》:“閑,習也。”郝懿行義疏:“(習),通作襲。襲亦重也,因也。”《廣雅·釋詁四》:“襲,重也。”王念孫疏證:“習與襲通。”

# 侵部通假字匯釋

## 671　減—緘(減jiǎn,見母侵部。緘jiān,見母侵部。雙聲叠韵)

"减",同"減",減少。《説文·水部》:"減,損也。""緘",捆扎。《説文·糸部》:"緘,束篋也。"

▨業櫝毋減六具。(《居》190.38)

"業"爲"楪"之俗寫,"楪櫝"指小棺材。"毋"通"無","無緘"即没有捆扎。簡文大意爲:小棺材没有捆扎的六具。

"减(減)""緘"通假,其他文獻可見。《馬王堆漢墓帛書·天文氣象雜占》:"赤雲從减(緘)日,惡歲,兵興。"

## 672　減—薦(減jiǎn,見母侵部;薦jiàn,精母文部。聲遠韵遠)

"減",減少。《説文·水部》:"減,損也。"今"减"字通行。"薦",襯、墊。《釋名·釋牀帳》:"薦,所以自薦藉也。"本義墊席,引申有動詞義。

極知天寒,刺史且來,不敢解須臾。久居石上,舉露減水,處非所樂,誠。(《敦》1305)

"舉露減水"即"舉露薦水",指頭上頂着露,身下墊着水,説明邊塞居住條件的艱苦。"極"爲副詞，義"最""很"。"解"通"懈"，義懈怠。"石上"蓋指邊塞嚴寒之地。簡文大意爲：非常知道天氣的寒冷，刺史將要到來，不敢有短暫地懈怠。長久居住在邊塞嚴寒之地，頭上頂着露，身下墊着水，居住條件並非自己所喜歡的。此簡内容爲書信。

## 673　吟—噤(吟 yín，疑母侵部；噤 jìn，群母侵部。聲近韻同)

"吟"，吟詠，吟誦。《説文·口部》："吟，呻也。""噤"，閉口。《説文·口部》："噤，口閉也。"

(1)☐□東南首□偃口吟，目窅，手捲，足展，身完，毋兵刃木索☐。(《居》562.15)

(2)☐郡育陽□□里□□□□□病頭應，寒炅，不能飲。

☐吟，手卷，足展。衣白絝單□□皁布袍、長裹各一領，布復幝。

☐□衣。診視毋木索兵刃處，□□審，它如爰書。敢言之。(《居》27.1A)

"口吟"即"口噤"，指嘴閉。"東南首"，頭朝東南。"目窅"，眼睛下陷。"手捲"，手卷曲。"足展"，伸直腿。"身完，毋兵刃木索"指身體完整，没有兵刃、木棍、繩索的擊打和綁勒痕迹，這是鑒定人正常死亡的習用語。

"吟""噤"通假，其他文獻可見。《史記·淮陰侯列傳》："雖有舜禹之智，吟而不言，不如瘖聾之指麾也。"司馬貞索隱："吟，鄒氏音拒蔭反。""吟而不言"即"噤而不言"。

## 674　咸—函(咸 xián，匣母侵部；函 hán，匣母侵部。雙聲疊韻)

"咸"，都。《説文·口部》："咸，皆也，悉也。"①"函"，匣子。《集韻·咸韻》："函，匱也。"

① 一説，"咸"本義殺伐。李學勤主編：《字源》，天津古籍出版社、遼寧人民出版社，2012，第87頁。

守御器簿。長斧三,皆缺頓。長椎三。長棓三。長枓二。木面衣二。弩長棨二。艾、馬矢橐各一,毋。茹十斤。出火遂二具。皮冒、草革各一,毋冒。承纍三。破釜一。芮薪、木薪各二石。瓦箕、枓各二。斗少一。沙、馬矢各二石。羊頭石五百。槍三十。小苣三百。程苣九。傳射八。深目三。布篷三。一白不,毋。布表一。鼓一。狗籠二。狗二,少一。户關二。接楪三。木椎二。户戊二。篇一。闑户墼,三百。户上下合各一。儲水罌二。汲落二。大積薪三。藥咸一。橐三 。(《居》506.1)

裘錫圭先生認爲:"'咸'、'函'古通……'藥咸'就是'藥函'。敦煌T8地點曾出一木板,上書'明顯燧藥函',板上並有印窩與繩道,供封緘之用(《流》器物類56)。王國維定爲藥函之蓋,是正確的。"① "藥咸"即"藥函",裝藥的匣子。

"咸""函"通假,其他文獻可見。《周禮·秋官·伊耆氏》:"伊耆氏掌國之大祭祀,共其杖咸。"鄭玄注:"咸讀爲函。老臣雖杖於朝,事鬼神尚敬,去之,有司以此函藏之,既事乃授之。"

## 675 荏—任(荏 rěn,日母侵部;任 rèn,日母侵部。雙聲疊韵)

"荏",植物名,白蘇。《説文·艸部》:"荏,桂荏,蘇。"王筠句讀:"'桂荏蘇'三字當作'蘇也'二字。""任",擔任之具。《説文·人部》:"任,符也。"徐鍇繫傳作"保也"。段玉裁注:"如今言保舉是也。"本義擔保,引申爲負擔、擔子,再引申爲擔任之具。

☐伐,取木荏六千三百卌□☐。(《居》515.40)

"木荏"即"木任",指"擔物所用的木扁擔,扁擔或用木制,或用竹制,居延無竹,故用木扁擔"②。

① 裘錫圭:《漢簡零拾》,載《裘錫圭學術文集·簡牘帛書卷》,復旦大學出版社,2012,第87頁。

② 于豪亮:《居延漢簡叢釋》,載《于豪亮學術文存》,中華書局,1985,第201頁。

## 676 任—賃（任 rèn，日母侵部；賃 lìn，泥母侵部。聲近韻同）

"任"，擔保。《説文·人部》："任，符也。"徐锴繫傳作"保也"。段玉裁注："如今言保舉是也。""賃"，僱傭。《説文·貝部》："賃，庸也。"

☐庸，任作者移名，任作不欲爲庸。（《居》224.19）

"任作"即"賃作"，義受雇爲人勞作。于豪亮先生歸納出"庸"與"賃"有細微的區别："庸"勞作的時間要長一些，相當於長工；"賃"勞作的時間要短一些，相當於短工。"任作不欲爲庸"指願意做短工，不願意做長工。[1]

"任""賃"通假，其他文獻可見。《廣雅·釋詁一》："任，使也。"王念孫疏證："賃，亦任也。"睡虎地秦墓竹簡《爲吏之道》："審民能，以賃吏，非以官禄夬助治。""賃吏"即"任吏"。

## 677 朁—簪（朁 cǎn，清母侵部；簪 zān，精母侵部。聲近韻同）

"朁"，曾、竟。《説文·曰部》："朁，曾也。""簪"，用來綰定髮髻或冠的長針。《説文·兂部》："兂，首笄也。……簪，俗兂。"段玉裁注："今俗行而正廢矣。"

朁五，復襦二領。（《敦》1145）

可徑用本字，作"簪"，詳見"639 簮—簪"組。

亦可寫作"簮"，詳見"639 簮—簪"組。

① 于豪亮：《居延漢簡叢釋》，載《于豪亮學術文存》，中華書局，1985，第200頁。

## 678 參—驂(參 sān,心母侵部;驂 cān,清母侵部。聲近韵同)

"參",數詞,後作"叁"。《廣雅·釋言》:"參,三也。""驂",駕車時位於兩旁的馬。《説文·馬部》:"騑,驂也,旁馬也。"段玉裁注:"不當衡下者謂之驂,亦謂之騑。駕三駕四所同也。""驂"是爲表"參"之引申義所造的分化字。

□一,復、參靳、亶帶各一,居米庵中。(《金(貳)》73EJT24:247B)

"靳"指馬當胸的皮革。《説文·革部》:"靳,當膺也。"段玉裁注:"靳者,驂馬止而不過之處,故引申之義爲靳固。""參靳"即"驂靳",指驂馬當胸的皮革。

"參""驂"通假,其他文獻可見。《楚辭·九辯》:"驂白霓之習習兮。"舊校:"驂,一作參。"《周禮·夏官·叙官》:"戎右。"鄭玄注:"右者,參乘。"孫詒讓正義:"參、驂字通。"《經義述聞·名字解詁·魯曾參字子輿》:"參,讀爲驂。"

# 葉部通假字匯釋

## 679 梜—莢(梜 jiā,見母葉部;莢 jiá,見母葉部。雙聲疊韵)

“梜”,檢柙,護書的夾子。《説文·木部》:“梜,檢柙也。”“莢”,植物的果實。《説文·艸部》:“莢,艸實。”

候官。謹案,亭踵榆梜十樹,主謁。(《敦》2139)

“榆梜”即“榆莢”,指榆樹的果實。“踵”通“種”,“踵榆梜十樹”,指種植榆莢十棵。

“梜”“莢”通假,其他文獻可見。朱駿聲《説文通訓定聲·謙部》:“莢,(叚借)爲梜。”

## 680 篋—愜(qiè,溪母葉部。雙聲疊韵)

“篋”,箱子。《説文·匚部》:“匧,藏也。篋,匧或从竹。”“愜”,快意、滿足。《玉篇·心部》:“愜,快也。”

將=軍=遣送之,當令毋所恨。獲致求索,其意不敢失也。務欲篋快之,訖去,幸毋所恨。(《敦》178)

“篋快”即“愜快”,義愜意、快意。

## 681　聑—攝(聑 tiē,端母葉部;攝 shè,書母葉部。聲近韵同)

“聑”,安適、妥帖。《説文·耳部》:“聑,安也。”“攝”,代理、兼理。《廣韵·葉韵》:“攝,兼也。”

(1)入,郡倉,居聑三年正月癸卯,轉兩。粟小石卌一石六斗六升大。居聑三年四月壬辰,大煎都步昌候史尹欽、隧長張博,受就人敦煌高昌里滑護,字君房。(《敦》282)

(2)入,郡倉,居聑三年正月癸卯,轉一兩半兩,麥小石五十六石二斗五升。居聑三年四月壬辰,大煎都步昌候史尹欽、隧長張博,受就人敦煌利成里張賀,字少平。(《敦》283)

(3)入,郡倉,居聑三年正月癸卯,轉一兩。麥小石卅七石五斗。居聑三年三月戊辰,大煎都士吏牛黨、候史尹欽,受就人效穀益壽里鄧尊。(《敦》284)

(4)入麥小石十三石五斗。居聑三年三月戊辰,大煎都士吏牛黨、候史尹欽,受就人效穀益壽里鄧尊。少,不滿車,兩未叅。(《敦》285)

(5)入粟大石廿五石,車一兩。居聑三年三月戊申☑。(《新》EPT7.10)

(6)居聑三年正月壬辰肩水候□敢言之,府。(《地》86EDT5H:10)

“居聑”即“居攝”。“居攝”是西漢皇太子孺子嬰的第一個年號,此年號共計使用了三年。這時王莽攝政,代行皇帝之權,所以取年號爲“居攝”。

“聑”“攝”通假,其他文獻可見。桂馥《説文義證·耳部》:“聑,通作攝。”朱駿聲《説文通訓定聲·謙部》:“攝,(叚借)又爲聑。”

## 682　枼—葉(枼 yè,餘母葉部;葉 shè,書母葉部。聲近韵同)

“枼”,薄木片。《説文·木部》:“枼,楄也;枼,薄也。”段玉裁注:“凡木片之薄者爲之枼,故葉、牒、鍱、箑、偞等字,皆用以會意。”“葉”,爲漢縣名,屬南陽郡。《漢書·地理志上》:“葉,楚葉公邑。有長城,號曰方城。”治在今河南葉縣南。

(1)南陽業車父武後,第十七車。輪一具,柣柔福七,輈擔福一折,佐爰完。杙軸完。(《新》EPT51.251)

“南陽業”即南陽郡葉縣。

可徑用本字,作“葉”,如:

(2)郭戍卒南陽郡葉寧里公乘張軼,年廿三,使官一人持吏卒名籍詣府,須集帛書☐。(《居》185.14,258.1)

例(2)“南陽”爲郡名,“葉”爲縣名,“寧”爲里名。

“業”“葉”通假,其他文獻可見。徐鍇《説文繫傳·木部》:“業之言葉也,如木葉之薄也。”《正字通·木部》:“業,鄭樵曰:‘業即葉字。’”

## 683 偞—牒(偞 yè,餘母葉部;牒 dié,定母葉部。聲近韵同)

“偞”,輕。《集韵·葉韵》:“偞,輕也。”“牒”,即牋牒,小簡、小木。《玉篇·片部》:“牋,先協切,牋牒,小契。”《龍龕手鑑·片部》:“牋,蘇叶切,牋牒,小契也。”《廣韵·怗韵》:“牋,牋牒,小契。”《集韵·帖韵》:“牋楪,牋牒,小楔。一曰簡也,或作楪。”

(1)門關、椄偞不事用。(《居》82.1)

“偞”,圖版爲,《居延漢簡釋文合校》、裘錫圭先生《漢簡零拾》釋爲“偞”,史語所《居延漢簡》釋作“楪”,圖版右邊所從“亻”清晰可見,當釋爲“偞”。“椄偞”即“牋牒”,義小簡、小木。屯戍簡中常常與閉門裝置一起出現,具體所指當是小

門闕。[①]

亦可寫作"楪","楪"爲"牒"之异體,如:

(2)户關二,椄楪三,木椎二,户戊二,籥一。(《居》506.1)

亦可寫作"葉",詳見"684 葉—牒"組。

## 684 葉—牒(葉 yè,餘母葉部;牒 dié,定母葉部。聲近韵同)

"葉",葉子。《説文·艸部》:"葉,艸木之葉也。""牒",即"牋牒",小簡、小木。《玉篇·片部》:"牋,先協切,牋牒,小契。"《龍龕手鑑·片部》:"牋,蘇叶切,牋牒,小契也。"《廣韵·怗韵》:"牋,牋牒,小契。"《集韵·帖韵》:"椄楪,牋牒,小楔。一曰簡也,或作楪。"

户關、椎、椄葉各二,不事用。(《居》194.1)

"椄葉"即"牋牒"。

亦可寫作"楪","楪"爲"牒"之异體,詳見"683 偞—牒"組。

亦可寫作"偞",詳見"683 偞—牒"組。

## 685 聶—攝(聶 niè,泥母葉部;攝 shè,書母葉部。聲近韵同)

"聶",附耳小聲説話,後作"囁"。《説文·耳部》:"聶,附耳私小語也。""攝",緣飾。《儀禮·既夕禮》:"白狗攝服。"鄭玄注:"攝,猶緣也。"賈公彦疏:"服又加白狗皮緣之,謂之攝服。"胡培翬正義:"謂以白狗皮爲服而緣其邊也。"

① 張麗萍:《釋西北屯戍漢簡中的"椄楪"——兼論"椎"的所指和作用》,《貴州工程應用技術學院學報》2019年第1期。

其端履麤以下去麤服衣、大紅布衣、緣中衣、聶帶、竹簪、素履、仄殿十五□。(《居》505.34)

“帶”爲束衣的腰帶,“聶帶”即“攝帶”,指有緣飾鑲邊的帶子。

“聶”“攝”通假,其他文獻可見。朱駿聲《説文通訓定聲·謙部》:“聶,(叚借)爲攝。”《禮記·内則》:“細者爲膾,大者爲軒。”鄭玄注:“所謂聶而切之也。”陸德明釋文:“聶,本又作攝。”

## 686 疌—睫(疌jié,從母葉部;睫jié,精母葉部。聲近韵同)

“疌”,迅速,後作“捷”。《説文·止部》:“疌,疾也。”“睫”,目動、眼跳。《列子·仲尼》:“而眶不睫。”殷敬順釋文:“睫,本作映,目瞬也。”“映”“瞬”均義爲目動,《集韵·洽韵》:“映,目動也。”《廣韵·稕韵》:“瞬,瞬目,自動也。”

目疌,左目潤,右目潤。(《居》435.6A)

“疌”,《居延漢簡釋文合校》釋爲“疌”,史語所《居延漢簡》釋爲“疐”,圖版爲“”,陳槃先生釋爲“疌”,今從。據陳先生,此簡文及《居》269.9“示通人□之,耳鳴,得事。耳鳴,望行事。耳濡,有來事”,均屬雜占,《隋書·五行家》《通志·藝文略·五行雜占家》均有記載。①

“疌”“睫”通假,其他文獻可見。馬王堆漢墓竹簡《十問·帝盤庚問於耇老曰》:“三曰合疌(睫)毋聽,翕氣以充膕(腦)。”

## 687 疌—捷(jié,從母葉部。雙聲叠韵)

“疌”,迅速,後作“捷”。《説文·止部》:“疌,疾也。”“捷”,即“捷枝”,西域故國名,《漢書·西域傳下》:“故輪臺(以)東捷枝、渠犁皆故國,地廣,饒水草,有溉田五

① 陳槃:《漢晋遺簡偶述》,載《歷史語言研究所集刊》第16本第1册,1948,第324頁。

千頃以上，處温和，田美，可益通溝渠，種五穀，與中國同時孰。”

<u>疌</u>子、詛呼、郁立師、卑陸侯，皆舉國徙人民。（《敦》67）

“疌子”即“捷枝”。“詛呼”爲西域故國“狐胡”，“郁立師”“卑陸”皆西域故國。《漢書·西域傳下》：“郁立師國，王治内咄谷，去長安八千八百三十里。户百九十，口千四百四十五，勝兵三百三十一人。輔國侯、左右都尉、譯長各一人。東與車師後城長、西與卑陸、北與匈奴接。”又《西域傳上》：“卑陸後國，王治番渠類谷，去長安八千七百一十里。户四百六十二，口千一百三十七，勝兵三百五十人。輔國侯、都尉、譯長各一人，將二人。東與郁立師、北與匈奴、西與劫國、南與車師接。”胡平生先生認爲“卑陸侯”即《漢書·西域傳》所載“卑陸後國”。[①]

## 688　臿—插（chā，初母葉部。雙聲叠韵）

“臿”，舂去麥皮。《説文·臼部》：“臿，舂去麥皮也。”引申爲舂擣。“插”，插入。《玉篇·手部》：“插，刺入也。”

☐薰火<u>臿</u>板，□史☐。（《新》EPT27.56B）

“臿板”即“插板”，指插入起隔斷作用的板子。“臿板”當與“圖板”（詳見“262圖—塗”組）作用相同。屯戍簡中，“圖板”即“塗板”，指經過塗堊以控制煙出入的板子。在現在西北農村，尚有類似“臿板”“圖板”的東西，由鐵皮製成，插入煙道，以控制煙和火的大小。所以，我們推斷“臿板”“圖板”其實是同物异名，兩個名稱命名的角度不同，“臿板”因使用時的動作爲“插”而得名，“圖板”因其製作的方法“塗”，即塗堊而得名。

“臿”“插”通假，其他文獻可見。段玉裁《説文解字注·攴部》“敊”字注：“臿者，今之插字，漢人祇作臿。”《漢書·司馬相如傳》：“赤瑕駮犖，雜臿其間。”顔師古注：“言雜厠崖石中。”

① 胡平生：《敦煌馬圈灣木簡中關於西域史料的辨證》，載《胡平生簡牘文物論稿》，中西書局，2012，第196—212頁。

# 談部通假字匯釋

## 689　嗛—覝(嗛xián,匣母談部;覝lián,來母談部。聲遠韵同)

“嗛”,用嘴含。《説文·口部》:“嗛,口有所銜也。”“覝”,察看。《説文·見部》:“覝,察視也。”邵瑛《説文解字群經正字·見部》:“此蓋廉察之廉之本字。兩《漢書》最多廉察,而經典罕見。”

(1)▨中不得,方循行、嗛察相、二千石以下不憂、犯毋狀。(《敦》980)

“嗛察”即“覝察”。“覝察”同義連用,義察看。簡文大意爲:巡視、察看相及二千石以下官吏不憂官事、職事無狀的情况。

亦可寫作“廉”,詳見“694 廉—覝”組,如:

(2)雜予閣。謹以文理遇士卒,毋令冤失職,務稱令意。且遣都吏循行、廉察不如護大守府書,致案。毋忽,如律令。掾熹、屬壽、給事佐明。(《居》10.40)

例(1)“嗛察”承上文“循行”,例(2)“廉察”亦承上文“循行”,説明“嗛察”“廉察”義同。“嗛”“廉”均從“兼”得聲,語音相近。所以,“嗛察”“廉察”均爲一詞的不同書寫形式。

其實,在屯戍簡中“循行”後接察看義詞,是一種常見的搭配形式:

(3)加慎,務如將軍令。方循行、考察不以爲意者,必舉白。毋忽,如律令。(《新》EPF22.168)

從上下文語境看，“嗛察”“廉察”“考察”義同。只是“嗛察”“廉察”爲一個詞的不同書寫形式，本字作“覝察”。“覝察”與“考察”是兩個詞，意義相近。

## 690　脂—䘓（脂 xiàn，匣母談部；䘓 kàn，溪母談部。聲近韵同）

“脂”，吃肉不滿足。《説文·肉部》：“脂，食肉不猒也。”“䘓”，凝血，可作血羹。《説文·血部》：“䘓，羊凝血也。”

膈脂已朔酒上多，丁壯相佻奈老何？（《敦》774）

“膈”爲“脽”之异體，章太炎《新方言·釋器》：“《説文》：‘脽，肉羹也。’字亦作膈。”“脽”義爲肉羹。《説文·肉部》：“脽，肉羹也。”段玉裁注：“《禮》經‘牛膷、羊臐、豕膮。’鄭云：‘今時脽也。’是今謂之脽，古謂之羹。‘脽’字不見於古經，而見於《招魂》。王逸曰：‘有菜曰羹，無菜曰脽。’王説與《禮》合。許不云羹也，而云‘肉羹也’者，亦無菜之謂。”“膈脂”即“脽䘓”，兩者連用蓋指有肉有血塊的美味羹湯。“朔”義爲始，“已朔”即已始。“膈脂已朔酒上多”詩句的大意爲：美味的羹湯已經開始，酒也上了許多。“丁壯”指少壯的人。“佻”通“眺”，義爲視。“相佻”即“相眺”，指相視。“奈老何”義爲拿“老”怎麼辦呢？“丁壯相佻奈老何”詩句的大意爲：少壯的人相視對望，能拿“老”怎麼辦呢？表達了對時光流逝、少壯老去的無奈之情。

“脂”“䘓”通假，其他文獻可見。《廣雅·釋器》：“䘓，血也。”王念孫疏證：“脂，與䘓同。”桂馥《説文義證·血部》：“䘓，通作脂。”

## 691　厭—壓（yā，影母葉部。雙聲叠韵）

“厭”，壓迫。《説文·厂部》：“厭，笮也。”後假借表示“厭惡”義，另造“壓”表示其本義。“壓”，崩壞。《説文·土部》：“壓，壞也。”

堠户厭破,不事用,負二算。木長棰二,柄長,負二算。直上蓬干柱柜木一,解隨,負三算。(《新》EPT59.6)

"厭破"即"壓破",義殘破、損壞。

"厭""壓"通假,其他文獻可見。《廣雅·釋言》:"鎮,笮也。"王念孫疏證:"厭,通作壓。"《論語·雍也》:"天厭之。"劉寶楠正義:"厭,與壓同。"《楚辭·九辯》:"自壓桉而學誦。"洪興祖補注引舊校:"壓,一作厭。"

## 692 儋—襜(儋dān,端母談部;襜chān,昌母談部。聲近韻同)

"儋",挑。《説文·人部》:"儋,何也。"段玉裁注:"儋,俗作擔。""襜",即襜褕,是漢代的一種外衣,有直裾和曲裾兩種樣式,爲男女通用的非正式之服,寬大而長。《急就篇》:"襜褕袷複褶袴褌。"顔師古注:"襜褕,直裾襌衣也。謂之襜褕者,取其襜襜而寬裕也。"《漢書·雋不疑傳》:"衣黄襜褕。"顔師古注:"襜褕,直裾襌衣。"又《外戚恩澤侯表》:"坐衣襜褕入宫,不敬。"顔師古注:"襜褕,直裾襌衣也。"又《何並傳》:"被其襜褕自代。"顔師古注:"襜褕,曲裾襌衣也。"

(1)中不審日,候卒周利謂鎮曰:令史扈卿買我皁複儋偷。(《居》285.19)

"儋偷"即襜褕,"偷"通"褕"。

可徑用本字,作"襜",如:

(2)練復襲、布復襦、布單襜褕各一領,韋單絝,布幝,革履,枲履各☑。(《居》82.34)

(3)白革履一兩,白布襜褕一領。(《居》206.23)

亦可寫作"繪",詳見"693繪—襜"組。

## 693　繪—襜（繪dān，端母談部；襜chān，昌母談部。聲近韵同）

“繪”，緩。《集韵·談韵》：“繪，緩也。”“襜”，即襜褕，是漢代的一種外衣，有直裾和曲裾兩種樣式，爲男女通用的非正式之服，寬大而長。

入繪愈，守尉史謹☐。（《新》EPS4C12）

“繪”，《居延新簡集釋》釋爲“給”，圖版作，此字左半從“糸”，右半筆劃不清，然“給愈”不辭，當釋爲“繪”，“繪愈”即“襜褕”。

可徑用本字，作“襜”，詳見“692 儋—襜”組。

亦可寫作“儋”，詳見“692 儋—襜”組。

## 694　廉—覝（lián，來母談部。雙聲疊韵）

“廉”，狹窄。《説文·广部》：“廉，仄也。”“覝”，察看。《説文·見部》：“覝，察視也。”邵瑛《説文解字群經正字·見》：“此蓋廉察之廉之本字。兩《漢書》最多廉察，而經典罕見。”

雜予閣。謹以文理遇士卒，毋令冤失職，務稱令意。且遣都吏循行、廉察不如護大守府書，致案。毋忽，如律令。掾熹、屬壽、給事佐明。（《居》10.40）

“廉察”即“覝察”。“覝察”同義連用，義察看。

亦可寫作“嗛”，詳見“689 嗛—覝”組。

“廉”“覝”通假，其他文獻可見。《玉篇·見部》：“覝，今作廉。”朱駿聲《説文通訓定聲·謙部》：“廉，叚借爲覝。”《周禮·天官·小宰》：“一曰廉善。”孫詒讓正義：“王安石、王昭禹、易祓、王與之、黄以周竝訓廉爲察，蓋以廉爲覝之借字。”《漢書·高帝紀下》：“且廉問，有不如吾詔者，以重論之。”顔師古注：“廉，察也。廉字本作覭,其音同耳。”

## 695　僉—儉(僉 qiān,清母談部;儉 jiǎn,群母談部。聲遠韵同)

“僉”,皆、都。《説文·亼部》:“僉,皆也。”“儉”,節儉。《説文·人部》:“儉,約也。”

敦煌玉門關候孫閒,公乘,治□命,僉堇録强力事,□☐。(《敦》671)

“堇”通“勤”,“僉堇”即“儉勤”,義勤儉。

“僉”“儉”通假,其他文獻可見。《郭店楚簡·性自命出》:“雚(觀)卲(韶)夏,則免(勉)女(如)也斯僉(儉)。”《上海博物館藏楚簡·慎子曰恭儉》:“共(恭)僉(儉)以立身,臤(堅)强以立志。”

## 696　槧—斬(槧 qiàn,清母談部;斬 zhǎn,莊母談部。聲近韵同)

“槧”,書版。《説文·木部》:“槧,牘樸也。”“斬”,斬殺。《釋名·釋喪制》:“斫頭曰斬。”畢沅疏證:“斬即殺也,用兵刃。”

廣田以次傳行至望遠止,寫移,疑虜有大衆不去,欲並入爲寇。檄到,循行部界中,嚴教吏卒驚蓬火、明天田,謹迹候₌望,禁止往來行者,定蓬火輩,送便兵戰鬭具,毋爲虜所萃槧,已先聞知,失亡重事,毋忽,如律令。(《居》278.7B)

“萃”通“猝”,“萃槧”即“猝斬”。簡文大意爲:事先做好各種準備,不要被匈奴軍隊倉猝斬殺。

# 西北屯戍漢簡通假字總表

【説明】1.本表收録本書所匯屯戍簡通假字696組。2.條目之中,先列每組通假字字組在正文中的序號,再列通假字字組,然後列出本字在屯戍簡中的釋義。3.依次列出通假字和本字,分别標注通假字和本字的中古音聲紐、韵、聲調、上古音聲紐和韵部。

之部

| 編號 | 通假字字組 | 釋義 | 通假字 | 中古音 | | | 上古音 | | 本字 | 中古音 | | | 上古音 | |
|---|---|---|---|---|---|---|---|---|---|---|---|---|---|---|
| | | | | 聲紐 | 韵 | 聲調 | 聲紐 | 韵部 | | 聲紐 | 韵 | 聲調 | 聲紐 | 韵部 |
| 001 | 其一萁 | 席萁,即芨芨草 | 其 | 見 | 之 | 平 | 見 | 之 | 萁 | 見 | 之 | 平 | 見 | 之 |
| 002 | 侅一亥 | 人名,秦二世胡亥 | 侅 | 見 | 咍 | 平 | 見 | 之 | 亥 | 匣 | 海 | 上 | 匣 | 之 |
| 003 | 胲一骸 | 骨骼 | 胲 | 見 | 咍 | 平 | 見 | 之 | 骸 | 匣 | 皆 | 平 | 匣 | 之 |
| 004 | 久一灸 | 灸灼 | 久 | 見 | 有 | 上 | 見 | 之 | 灸 | 見 | 有 | 上 | 見 | 之 |
| 005 | 久一疚 | 病患 | 久 | 見 | 有 | 上 | 見 | 之 | 疚 | 見 | 宥 | 去 | 見 | 之 |
| 006 | 熹一喜 | 喜樂、歡喜 | 熹 | 曉 | 之 | 平 | 曉 | 之 | 喜 | 曉 | 止 | 上 | 曉 | 之 |
| 007 | 海一誨 | 教導 | 海 | 曉 | 海 | 上 | 曉 | 之 | 誨 | 曉 | 隊 | 去 | 曉 | 之 |
| 008 | 誨一悔 | 悔恨 | 誨 | 曉 | 隊 | 去 | 曉 | 之 | 悔 | 曉 | 賄 | 上 | 曉 | 之 |
| 009 | 有一又 | 用於整數和零數之間 | 有 | 雲 | 有 | 上 | 匣 | 之 | 又 | 雲 | 宥 | 去 | 匣 | 之 |
| 010 | 有一右 | 右邊 | 有 | 雲 | 有 | 上 | 匣 | 之 | 右 | 雲 | 宥 | 去 | 匣 | 之 |
| 011 | 亥一核 | 果實中心保護果仁的硬殼 | 亥 | 匣 | 海 | 上 | 匣 | 之 | 核 | 匣 | 麥 | 入 | 匣 | 職 |
| 012 | 右一有 | 有方 | 右 | 雲 | 宥 | 去 | 匣 | 之 | 有 | 雲 | 有 | 上 | 匣 | 之 |
| 013 | 右一祐 | 保佑 | 右 | 雲 | 宥 | 去 | 匣 | 之 | 佑 | 雲 | 宥 | 去 | 匣 | 之 |
| 014 | 已一以 | ①用;②憑藉、依據 | 已 | 餘 | 止 | 上 | 餘 | 之 | 以 | 餘 | 止 | 上 | 餘 | 之 |
| 015 | 以一已 | 已經 | 以 | 餘 | 止 | 上 | 餘 | 之 | 已 | 餘 | 止 | 上 | 餘 | 之 |
| 016 | 持一恃 | 依賴、憑藉 | 持 | 澄 | 之 | 平 | 定 | 之 | 恃 | 禪 | 止 | 上 | 禪 | 之 |
| 017 | 紿一怠 | 懈怠、怠慢 | 紿 | 定 | 海 | 上 | 定 | 之 | 怠 | 定 | 海 | 上 | 定 | 之 |
| 018 | 耐一能 | 能夠 | 耐 | 泥 | 代 | 去 | 泥 | 之 | 能 | 泥 | 登 | 平 | 泥 | 蒸 |

（续表）

| 編號 | 通假字字組 | 釋義 | 通假字 | 中古音 | | | 上古音 | | 本字 | 中古音 | | | 上古音 | |
|---|---|---|---|---|---|---|---|---|---|---|---|---|---|---|
| | | | | 聲紐 | 韵 | 聲調 | 聲紐 | 韵部 | | 聲紐 | 韵 | 聲調 | 聲紐 | 韵部 |
| 019 | 淶—來 | 至、歸 | 淶 | 來 | 咍 | 平 | 來 | 之 | 來 | 來 | 咍 | 平 | 來 | 之 |
| 020 | 貍—薶 | 埋葬 | 貍 | 來 | 之 | 平 | 來 | 之 | 薶 | 明 | 皆 | 平 | 明 | 之 |
| 021 | 李—理 | 理石 | 李 | 來 | 止 | 上 | 來 | 之 | 理 | 來 | 止 | 上 | 來 | 之 |
| 022 | 里—裏 | 裏層 | 里 | 來 | 止 | 上 | 來 | 之 | 裏 | 來 | 止 | 上 | 來 | 之 |
| 023 | 止—趾 | 足 | 止 | 章 | 止 | 上 | 章 | 之 | 趾 | 章 | 止 | 上 | 章 | 之 |
| 024 | 時—待 | 等待 | 時 | 禪 | 之 | 平 | 禪 | 之 | 待 | 定 | 海 | 上 | 定 | 之 |
| 025 | 耳—珥 | 耳飾 | 耳 | 日 | 止 | 上 | 日 | 之 | 珥 | 日 | 志 | 去 | 日 | 之 |
| 026 | 耳—弭 | 弓梢、弓末 | 耳 | 日 | 止 | 上 | 日 | 之 | 弭 | 明 | 紙 | 上 | 明 | 支 |
| 027 | 玆—慈 | 慈平，縣名 | 玆 | 精 | 之 | 平 | 精 | 之 | 慈 | 從 | 之 | 平 | 從 | 之 |
| 028 | 玆—席 | 席萁，即芨芨草 | 玆 | 精 | 之 | 平 | 精 | 之 | 席 | 邪 | 昔 | 入 | 邪 | 鐸 |
| 029 | 子—枝 | 捷枝 | 子 | 精 | 止 | 上 | 精 | 之 | 枝 | 章 | 支 | 平 | 章 | 支 |
| 030 | 宰—滓 | 渣滓 | 宰 | 精 | 海 | 上 | 精 | 之 | 滓 | 莊 | 止 | 上 | 莊 | 之 |
| 031 | 采—彩 | 光彩、色彩 | 采 | 清 | 海 | 上 | 清 | 之 | 彩 | 清 | 海 | 上 | 清 | 之 |
| 032 | 采—菜 | 蔬菜 | 采 | 清 | 海 | 上 | 清 | 之 | 菜 | 清 | 代 | 去 | 清 | 之 |
| 033 | 財—材 | 材料 | 財 | 從 | 咍 | 平 | 從 | 之 | 材 | 從 | 咍 | 平 | 從 | 之 |
| 034 | 財—裁 | ①裁衣；②裁定、裁斷 | 財 | 從 | 咍 | 平 | 從 | 之 | 裁 | 從 | 咍 | 平 | 從 | 之 |
| 035 | 慈—席 | 席萁 | 慈 | 從 | 之 | 平 | 從 | 之 | 席 | 邪 | 昔 | 入 | 邪 | 鐸 |
| 036 | 栽—哉 | 語氣詞 | 栽 | 從 | 代 | 去 | 從 | 之 | 哉 | 精 | 咍 | 平 | 精 | 之 |
| 037 | 司—伺 | 候望、偵察 | 司 | 心 | 之 | 平 | 心 | 之 | 伺 | 心 | 志 | 去 | 心 | 之 |
| 038 | 笥—嗣 | 繼承 | 笥 | 心 | 志 | 去 | 心 | 之 | 嗣 | 邪 | 志 | 去 | 邪 | 之 |
| 039 | 汜—嗣 | 繼承 | 汜 | 邪 | 止 | 上 | 邪 | 之 | 嗣 | 邪 | 志 | 去 | 邪 | 之 |
| 040 | 甾—輜 | 輜車 | 甾 | 莊 | 之 | 平 | 莊 | 之 | 輜 | 莊 | 之 | 平 | 莊 | 之 |
| 041 | 菑—災 | 災害 | 菑 | 莊 | 之 | 平 | 莊 | 之 | 災 | 精 | 咍 | 平 | 精 | 之 |
| 042 | 菑—甾 | 甾縣 | 菑 | 莊 | 之 | 平 | 莊 | 之 | 甾 | 莊 | 之 | 平 | 莊 | 之 |
| 043 | 菑—淄 | 臨淄，地名 | 菑 | 莊 | 之 | 平 | 莊 | 之 | 淄 | 莊 | 之 | 平 | 莊 | 之 |
| 044 | 史—使 | 任使、任用 | 史 | 山 | 止 | 上 | 山 | 之 | 使 | 山 | 止 | 上 | 山 | 之 |
| 045 | 每—悔 | 悔恨 | 每 | 明 | 賄 | 上 | 明 | 之 | 悔 | 曉 | 賄 | 上 | 曉 | 之 |

## 職部

| 編號 | 通假字字組 | 釋義 | 通假字 | 中古音 | | | 上古音 | | 本字 | 中古音 | | | 上古音 | |
|---|---|---|---|---|---|---|---|---|---|---|---|---|---|---|
| | | | | 聲紐 | 韵 | 聲調 | 聲紐 | 韵部 | | 聲紐 | 韵 | 聲調 | 聲紐 | 韵部 |
| 046 | 亟—極 | 疲困 | 亟 | 見 | 職 | 入 | 見 | 職 | 極 | 群 | 職 | 入 | 群 | 職 |
| 047 | 械—戒 | ①警戒；②齋戒 | 械 | 匣 | 怪 | 去 | 匣 | 職 | 戒 | 見 | 怪 | 去 | 見 | 職 |

（续表）

| 編號 | 通假字字組 | 釋義 | 通假字 | 中古音 | | | 上古音 | | 本字 | 中古音 | | | 上古音 | |
|---|---|---|---|---|---|---|---|---|---|---|---|---|---|---|
| | | | | 聲紐 | 韵 | 聲調 | 聲組 | 韵部 | | 聲紐 | 韵 | 聲調 | 聲紐 | 韵部 |
| 048 | 直—值 | ①物與價格相當；②價格、價值；③當值 | 直 | 澄 | 職 | 入 | 定 | 職 | 值 | 澄 | 志 | 去 | 定 | 職 |
| 049 | 試—識 | 知道 | 試 | 書 | 志 | 去 | 書 | 職 | 識 | 書 | 職 | 入 | 書 | 職 |
| 050 | 式—軾 | 馬車車厢前用以扶手的横木 | 式 | 書 | 職 | 入 | 書 | 職 | 軾 | 書 | 職 | 入 | 書 | 職 |
| 051 | 福—輻 | 在垂直方向上連接轂與輞的直木 | 福 | 非 | 屋 | 入 | 幫 | 職 | 輻 | 非 | 屋 | 入 | 幫 | 職 |
| 052 | 犕—備 | 預備、預防 | 犕 | 並 | 至 | 去 | 並 | 職 | 備 | 並 | 至 | 去 | 並 | 職 |
| 053 | 伏—茯 | 茯苓，中藥名 | 伏 | 奉 | 屋 | 入 | 並 | 職 | 茯 | 奉 | 屋 | 入 | 並 | 職 |
| 054 | 伏—鞦 | 車中的靠墊 | 伏 | 奉 | 屋 | 入 | 並 | 職 | 鞦 | 奉 | 屋 | 入 | 並 | 職 |
| 055 | 服—負 | 負載 | 服 | 奉 | 屋 | 入 | 並 | 職 | 負 | 奉 | 有 | 上 | 並 | 之 |
| 056 | 服—腹 | 腹部 | 服 | 奉 | 屋 | 入 | 並 | 職 | 腹 | 非 | 屋 | 入 | 幫 | 覺 |
| 057 | 服—箙 | 盛箭的容器 | 服 | 奉 | 屋 | 入 | 並 | 職 | 箙 | 奉 | 屋 | 入 | 並 | 職 |
| 058 | 墨—默 | 静默、無語 | 墨 | 明 | 德 | 入 | 明 | 職 | 默 | 明 | 德 | 入 | 明 | 職 |

## 蒸部

| 編號 | 通假字字組 | 釋義 | 通假字 | 中古音 | | | 上古音 | | 本字 | 中古音 | | | 上古音 | |
|---|---|---|---|---|---|---|---|---|---|---|---|---|---|---|
| | | | | 聲紐 | 韵 | 聲調 | 聲紐 | 韵部 | | 聲紐 | 韵 | 聲調 | 聲紐 | 韵部 |
| 059 | 弓—芎 | 芎藭，中藥名 | 弓 | 見 | 東 | 平 | 見 | 蒸 | 芎 | 溪 | 東 | 平 | 溪 | 冬 |
| 060 | 縢—幐 | 隨身攜帶的袋子 | 縢 | 定 | 登 | 平 | 定 | 蒸 | 幐 | 定 | 登 | 平 | 定 | 蒸 |
| 061 | 陵—凌 | 侵犯、欺辱 | 陵 | 來 | 蒸 | 平 | 來 | 蒸 | 凌 | 來 | 蒸 | 平 | 來 | 蒸 |
| 062 | 乘—騬 | 閹割了的馬 | 乘 | 船 | 蒸 | 平 | 船 | 蒸 | 騬 | 船 | 蒸 | 平 | 船 | 蒸 |
| 063 | 勝/幐—幐 | 隨身攜帶的袋子 | 勝 | 書 | 蒸 | 平 | 書 | 蒸 | 幐 | 定 | 登 | 平 | 定 | 蒸 |
| 064 | 丞—承 | 承接、接受 | 丞 | 禪 | 蒸 | 平 | 禪 | 蒸 | 承 | 禪 | 蒸 | 平 | 禪 | 蒸 |
| 065 | 承—桯 | 木杠、木柄 | 承 | 禪 | 蒸 | 平 | 禪 | 蒸 | 桯 | 透 | 青 | 平 | 透 | 耕 |
| 066 | 承—乘 | 登、升 | 承 | 禪 | 蒸 | 平 | 禪 | 蒸 | 乘 | 船 | 蒸 | 平 | 船 | 蒸 |
| 067 | 承—繩 | 繩索 | 承 | 禪 | 蒸 | 平 | 禪 | 蒸 | 繩 | 船 | 蒸 | 平 | 船 | 蒸 |
| 068 | 曾—增 | 增加 | 曾 | 精 | 登 | 平 | 清 | 蒸 | 增 | 精 | 登 | 平 | 清 | 蒸 |
| 069 | 倗—朋 | 人名，韓朋 | 倗 | 幫 | 登 | 平 | 幫 | 蒸 | 朋 | 並 | 登 | 平 | 並 | 蒸 |

## 幽部

| 編號 | 通假字字組 | 釋義 | 通假字 | 中古音 | | | 上古音 | | 本字 | 中古音 | | | 上古音 | |
|---|---|---|---|---|---|---|---|---|---|---|---|---|---|---|
| | | | | 聲紐 | 韵 | 聲調 | 聲紐 | 韵部 | | 聲紐 | 韵 | 聲調 | 聲紐 | 韵部 |
| 070 | 皋—嗥 | 呼號 | 皋 | 見 | 豪 | 平 | 見 | 幽 | 嗥 | 匣 | 豪 | 平 | 匣 | 幽 |
| 071 | 睪—羔 | 小羊 | 睪 | 見 | 豪 | 平 | 見 | 幽 | 羔 | 見 | 豪 | 平 | 見 | 宵 |
| 072 | 唬—號 | 呼號 | 唬 | 曉 | 禡 | 去 | 曉 | 幽 | 號 | 匣 | 豪 | 平 | 曉 | 宵 |
| 073 | 雕—彫 | 文飾、繪畫 | 雕 | 端 | 蕭 | 平 | 端 | 幽 | 彫 | 端 | 蕭 | 平 | 端 | 幽 |
| 074 | 誘—秀 | 優秀、優异 | 誘 | 餘 | 有 | 上 | 餘 | 幽 | 秀 | 心 | 宥 | 去 | 心 | 幽 |
| 075 | 紬—抽 | 抽引、抽出 | 紬 | 澄 | 尤 | 平 | 定 | 幽 | 抽 | 徹 | 尤 | 平 | 透 | 幽 |
| 076 | 檮—籌 | 籌碼、筭籌 | 檮 | 定 | 豪 | 平 | 定 | 幽 | 籌 | 澄 | 尤 | 平 | 定 | 幽 |
| 077 | 道—導 | 引導、領導 | 道 | 定 | 晧 | 上 | 定 | 幽 | 導 | 定 | 號 | 去 | 定 | 幽 |
| 078 | 廖—瘳 | 病愈 | 廖 | 來 | 宥 | 去 | 來 | 幽 | 瘳 | 徹 | 尤 | 平 | 透 | 幽 |
| 079 | 州—周 | 周遍、四處 | 州 | 章 | 尤 | 平 | 章 | 幽 | 周 | 章 | 尤 | 平 | 章 | 幽 |
| 080 | 早—草 | 黑色 | 早 | 精 | 晧 | 上 | 精 | 幽 | 草 | 從 | 晧 | 上 | 從 | 幽 |
| 081 | 蚤—早 | ①早晨；②先 | 蚤 | 精 | 晧 | 上 | 精 | 幽 | 早 | 精 | 晧 | 上 | 精 | 幽 |
| 082 | 蚤—瑵 | 車蓋弓端伸出的爪形部分 | 蚤 | 精 | 晧 | 上 | 精 | 幽 | 瑵 | 莊 | 巧 | 上 | 莊 | 幽 |
| 083 | 造—竈 | 炊竈 | 造 | 清 | 号 | 去 | 清 | 幽 | 竈 | 精 | 号 | 去 | 精 | 覺 |
| 084 | 脩—修 | ①修理、治理；②美、善 | 脩 | 心 | 尤 | 平 | 心 | 幽 | 修 | 心 | 尤 | 平 | 心 | 幽 |
| 085 | 騷—掃 | 掃除 | 騷 | 心 | 豪 | 平 | 心 | 幽 | 掃 | 心 | 晧 | 上 | 心 | 幽 |
| 086 | 抓—爪 | 像爪的東西 | 抓 | 莊 | 肴 | 平 | 莊 | 幽 | 爪 | 莊 | 巧 | 上 | 莊 | 幽 |
| 087 | 廋—搜 | 搜索 | 廋 | 山 | 尤 | 平 | 山 | 幽 | 搜 | 山 | 尤 | 平 | 山 | 幽 |
| 088 | 廋—瘦 | 瘦小 | 廋 | 山 | 尤 | 平 | 山 | 幽 | 瘦 | 山 | 宥 | 去 | 山 | 幽 |
| 089 | 瘦—搜 | 搜索 | 瘦 | 山 | 宥 | 去 | 山 | 幽 | 搜 | 山 | 尤 | 平 | 山 | 幽 |
| 090 | 保—抱 | 環繞 | 保 | 幫 | 晧 | 上 | 幫 | 幽 | 抱 | 並 | 晧 | 上 | 並 | 幽 |
| 091 | 葆—保 | ①保養；②保衛；③傭工 | 葆 | 幫 | 晧 | 上 | 幫 | 幽 | 保 | 幫 | 晧 | 上 | 幫 | 幽 |
| 092 | 葆—堡 | 邊塞防禦用的小城堡 | 葆 | 幫 | 晧 | 上 | 幫 | 幽 | 堡 | 幫 | 晧 | 上 | 幫 | 幽 |
| 093 | 戊—牡 | 鍵，爲抵關的直木 | 戊 | 明 | 候 | 去 | 明 | 幽 | 牡 | 明 | 厚 | 上 | 明 | 幽 |
| 094 | 冒—帽 | 頭衣 | 冒 | 明 | 号 | 去 | 明 | 幽 | 帽 | 明 | 号 | 去 | 明 | 幽 |

（续表）

| 編號 | 通假字字組 | 釋義 | 通假字 | 中古音 | | | 上古音 | | 本字 | 中古音 | | | 上古音 | |
|---|---|---|---|---|---|---|---|---|---|---|---|---|---|---|
| | | | | 聲紐 | 韵 | 聲調 | 聲紐 | 韵部 | | 聲紐 | 韵 | 聲調 | 聲紐 | 韵部 |
| 095 | 冒—貿 | 雜亂 | 冒 | 明 | 号 | 去 | 明 | 幽 | 貿 | 明 | 候 | 去 | 明 | 幽 |
| 096 | 帽—冒 | 冒難 | 帽 | 明 | 号 | 去 | 明 | 幽 | 冒 | 明 | 号 | 去 | 明 | 幽 |
| 097 | 繆—謬 | 錯誤、謬誤 | 繆 | 明 | 尤 | 平 | 明 | 幽 | 謬 | 明 | 幼 | 去 | 明 | 幽 |
| 098 | 繆—勠 | 勠力 | 繆 | 明 | 尤 | 平 | 明 | 幽 | 勠 | 來 | 屋 | 入 | 來 | 覺 |

## 覺部

| 編號 | 通假字字組 | 釋義 | 通假字 | 中古音 | | | 上古音 | | 本字 | 中古音 | | | 上古音 | |
|---|---|---|---|---|---|---|---|---|---|---|---|---|---|---|
| | | | | 聲紐 | 韵 | 聲調 | 聲紐 | 韵部 | | 聲紐 | 韵 | 聲調 | 聲紐 | 韵部 |
| 099 | 鞠—麴 | 酒麯 | 鞠 | 見 | 屋 | 入 | 見 | 覺 | 麴 | 溪 | 屋 | 入 | 溪 | 覺 |
| 100 | 督—豛 | 擊物 | 督 | 端 | 沃 | 入 | 端 | 覺 | 豛 | 端 | 沃 | 入 | 端 | 屋 |
| 101 | 叔—菽 | 豆 | 叔 | 書 | 屋 | 入 | 書 | 覺 | 菽 | 書 | 屋 | 入 | 書 | 覺 |
| 102 | 孰—熟 | ①食物加熱到可以吃的程度；②成熟 | 孰 | 禪 | 屋 | 入 | 禪 | 覺 | 熟 | 禪 | 屋 | 入 | 禪 | 覺 |
| 103 | 戚—蹙 | 緊促、聚攏 | 戚 | 精 | 錫 | 入 | 清 | 覺 | 蹙 | 清 | 屋 | 入 | 清 | 覺 |
| 104 | 就—僦 | 僱傭運載 | 就 | 從 | 宥 | 去 | 從 | 覺 | 僦 | 精 | 宥 | 去 | 精 | 覺 |
| 105 | 宿—蓿 | 苜蓿 | 宿 | 心 | 屋 | 入 | 心 | 覺 | 蓿 | 心 | 屋 | 入 | 心 | 覺 |
| 106 | 復—癁 | 病復發 | 復 | 奉 | 屋 | 入 | 並 | 覺 | 癁 | 奉 | 屋 | 入 | 滂 | 覺 |
| 107 | 復—鞎 | 裹皮的車軛 | 復 | 奉 | 屋 | 入 | 並 | 覺 | 鞎 | 滂 | 鐸 | 入 | 滂 | 鐸 |
| 108 | 目—苜 | 苜蓿 | 目 | 明 | 屋 | 入 | 明 | 覺 | 苜 | 明 | 屋 | 入 | 明 | 覺 |

## 冬部

| 編號 | 通假字字組 | 釋義 | 通假字 | 中古音 | | | 上古音 | | 本字 | 中古音 | | | 上古音 | |
|---|---|---|---|---|---|---|---|---|---|---|---|---|---|---|
| | | | | 聲紐 | 韵 | 聲調 | 聲紐 | 韵部 | | 聲紐 | 韵 | 聲調 | 聲紐 | 韵部 |
| 109 | 絳—降 | 投降 | 絳 | 見 | 絳 | 去 | 見 | 冬 | 降 | 匣 | 江 | 平 | 匣 | 冬 |
| 110 | 夅—絳 | 絳色的絲織品 | 夅 | 匣 | 江 | 平 | 匣 | 冬 | 絳 | 見 | 絳 | 去 | 見 | 冬 |
| 111 | 衆—終 | 窮盡 | 衆 | 章 | 送 | 去 | 章 | 冬 | 終 | 章 | 東 | 平 | 章 | 冬 |
| 112 | 衆—重 | 慎重 | 衆 | 章 | 送 | 去 | 章 | 冬 | 重 | 澄 | 腫 | 上 | 定 | 東 |

## 宵部

| 編號 | 通假字字組 | 釋義 | 通假字 | 中古音 | | | 上古音 | | 本字 | 中古音 | | | 上古音 | |
|---|---|---|---|---|---|---|---|---|---|---|---|---|---|---|
| | | | | 聲紐 | 韵 | 聲調 | 聲紐 | 韵部 | | 聲紐 | 韵 | 聲調 | 聲紐 | 韵部 |
| 113 | 交—茭 | 乾飼料 | 交 | 見 | 肴 | 平 | 見 | 宵 | 茭 | 見 | 肴 | 平 | 見 | 宵 |
| 114 | 皋—咎 | 過錯、罪過 | 皋 | 見 | 豪 | 平 | 見 | 宵 | 咎 | 群 | 有 | 上 | 群 | 幽 |
| 115 | 佼—茭 | 乾飼料 | 佼 | 見 | 巧 | 上 | 見 | 宵 | 茭 | 見 | 肴 | 平 | 見 | 宵 |

（续表）

| 編號 | 通假字字組 | 釋義 | 通假字 | 中古音 | | | 上古音 | | 本字 | 中古音 | | | 上古音 | |
|---|---|---|---|---|---|---|---|---|---|---|---|---|---|---|
| | | | | 聲紐 | 韵 | 聲調 | 聲紐 | 韵部 | | 聲紐 | 韵 | 聲調 | 聲紐 | 韵部 |
| 116 | 僥—徼 | ①巡視、巡邏；②邊界，邊塞 | 僥 | 見 | 篠 | 上 | 見 | 宵 | 徼 | 見 | 嘯 | 去 | 見 | 藥 |
| 117 | 敖—遨 | 遊蕩 | 敖 | 疑 | 豪 | 平 | 疑 | 宵 | 遨 | 疑 | 豪 | 平 | 疑 | 宵 |
| 118 | 敖—勢 | 里名 | 敖 | 疑 | 豪 | 平 | 疑 | 宵 | 勢 | 匣 | 豪 | 平 | 匣 | 宵 |
| 119 | 校—茭 | 乾飼料 | 校 | 匣 | 效 | 去 | 匣 | 宵 | 茭 | 見 | 肴 | 平 | 見 | 宵 |
| 120 | 校—效 | ①成績、功效；②效穀縣 | 校 | 匣 | 效 | 去 | 匣 | 宵 | 效 | 匣 | 效 | 去 | 匣 | 宵 |
| 121 | 要—腰 | 人體或其他物品的中部 | 要 | 影 | 宵 | 平 | 影 | 宵 | 腰 | 影 | 宵 | 平 | 影 | 宵 |
| 122 | 到—倒 | 顛倒、倒置 | 到 | 端 | 号 | 去 | 端 | 宵 | 倒 | 端 | 号 | 去 | 端 | 宵 |
| 123 | 佻—眺 | 視 | 佻 | 透 | 蕭 | 平 | 透 | 宵 | 眺 | 透 | 嘯 | 去 | 透 | 宵 |
| 124 | 姚—逃 | 逃亡、逃避 | 姚 | 餘 | 宵 | 平 | 餘 | 宵 | 逃 | 定 | 豪 | 平 | 定 | 宵 |
| 125 | 姚—桃 | 桃花 | 姚 | 餘 | 宵 | 平 | 餘 | 宵 | 桃 | 定 | 豪 | 平 | 定 | 宵 |
| 126 | 繇/䌛—徭 | 徭役 | 䌛 | 餘 | 宵 | 平 | 餘 | 宵 | 徭 | 餘 | 宵 | 平 | 餘 | 宵 |
| 127 | 桃—逃 | 逃亡 | 桃 | 定 | 豪 | 平 | 定 | 宵 | 逃 | 定 | 豪 | 平 | 定 | 宵 |
| 128 | 遼—僚 | 官僚 | 遼 | 來 | 蕭 | 平 | 來 | 宵 | 僚 | 來 | 蕭 | 平 | 來 | 宵 |
| 129 | 潦—遼 | 遥遠 | 潦 | 來 | 皓 | 上 | 來 | 宵 | 遼 | 來 | 蕭 | 平 | 來 | 宵 |
| 130 | 操—燥 | 乾燥 | 操 | 清 | 豪 | 平 | 清 | 宵 | 燥 | 心 | 晧 | 上 | 心 | 宵 |
| 131 | 綃—蛸 | 螳螂的卵块 | 綃 | 心 | 宵 | 平 | 心 | 宵 | 蛸 | 心 | 宵 | 平 | 心 | 宵 |
| 132 | 削—稍 | 稍微、少量 | 削 | 心 | 笑 | 去 | 心 | 宵 | 稍 | 山 | 效 | 去 | 山 | 宵 |
| 133 | 鞘—稍 | 稍微、稍小 | 鞘 | 心 | 笑 | 去 | 心 | 宵 | 稍 | 山 | 效 | 去 | 山 | 宵 |
| 134 | 縹—螵 | 螳螂的卵块 | 縹 | 滂 | 小 | 上 | 滂 | 宵 | 螵 | 滂 | 宵 | 平 | 滂 | 宵 |

## 藥部

| 編號 | 通假字字組 | 釋義 | 通假字 | 中古音 | | | 上古音 | | 本字 | 中古音 | | | 上古音 | |
|---|---|---|---|---|---|---|---|---|---|---|---|---|---|---|
| | | | | 聲紐 | 韵 | 聲調 | 聲紐 | 韵部 | | 聲紐 | 韵 | 聲調 | 聲紐 | 韵部 |
| 135 | 徼—繳 | 纏繞 | 徼 | 見 | 嘯 | 去 | 見 | 藥 | 繳 | 見 | 篠 | 上 | 見 | 宵 |
| 136 | 徼—激 | 激勵、激發 | 徼 | 見 | 嘯 | 去 | 見 | 藥 | 激 | 見 | 錫 | 入 | 見 | 藥 |
| 137 | 龠—闟 | 鑰匙 | 龠 | 餘 | 藥 | 入 | 餘 | 藥 | 闟 | 餘 | 藥 | 入 | 餘 | 藥 |
| 138 | 籥—闟 | 鑰匙 | 籥 | 餘 | 藥 | 入 | 餘 | 藥 | 闟 | 餘 | 藥 | 入 | 餘 | 藥 |
| 139 | 糴/䅳—糴 | 買入糧食 | 糴 | 定 | 錫 | 入 | 定 | 藥 | 糴 | 定 | 錫 | 入 | 定 | 藥 |
| 140 | 樂—藥 | 藥物 | 樂 | 來 | 鐸 | 入 | 來 | 藥 | 藥 | 餘 | 藥 | 入 | 餘 | 藥 |
| 141 | 樂—觻 | 觻得，漢縣名 | 樂 | 來 | 鐸 | 入 | 來 | 藥 | 觻 | 來 | 屋 | 入 | 來 | 屋 |

（续表）

| 編號 | 通假字字組 | 釋義 | 通假字 | 中古音 | | | 上古音 | | 本字 | 中古音 | | | 上古音 | |
|---|---|---|---|---|---|---|---|---|---|---|---|---|---|---|
| | | | | 聲紐 | 韵 | 聲調 | 聲紐 | 韵部 | | 聲紐 | 韵 | 聲調 | 聲紐 | 韵部 |
| 142 | 濼—樂 | 樂涫,漢縣名 | 濼 | 來 | 鐸 | 入 | 來 | 藥 | 樂 | 來 | 鐸 | 入 | 來 | 藥 |
| 143 | 弱—褭 | 簪褭,爵位名 | 弱 | 日 | 藥 | 入 | 日 | 藥 | 褭 | 泥 | 篠 | 上 | 泥 | 幽 |
| 144 | 爵/爵—雀 | ①鳥名;②赤黑色 | 爵 | 精 | 藥 | 入 | 精 | 藥 | 雀 | 精 | 藥 | 入 | 精 | 藥 |
| 145 | 駮—駁 | 雜色的馬 | 駮 | 幫 | 覺 | 入 | 幫 | 藥 | 駁 | 幫 | 覺 | 入 | 幫 | 藥 |

## 侯部

| 編號 | 通假字字組 | 釋義 | 通假字 | 中古音 | | | 上古音 | | 本字 | 中古音 | | | 上古音 | |
|---|---|---|---|---|---|---|---|---|---|---|---|---|---|---|
| | | | | 聲紐 | 韵 | 聲調 | 聲紐 | 韵部 | | 聲紐 | 韵 | 聲調 | 聲紐 | 韵部 |
| 146 | 句—駒 | 馬駒 | 句 | 見 | 侯 | 平 | 見 | 侯 | 駒 | 見 | 虞 | 平 | 見 | 侯 |
| 147 | 拘—句 | 彎曲 | 拘 | 見 | 虞 | 平 | 見 | 侯 | 句 | 見 | 侯 | 平 | 見 | 侯 |
| 148 | 拘—鉤 | 考查、考核 | 拘 | 見 | 虞 | 平 | 見 | 侯 | 鉤 | 見 | 侯 | 平 | 見 | 侯 |
| 149 | 駒—拘 | 局限、限止 | 駒 | 見 | 虞 | 平 | 見 | 侯 | 拘 | 見 | 虞 | 平 | 見 | 侯 |
| 150 | 駒—棘 | 叢生帶刺的草木 | 駒 | 見 | 虞 | 平 | 見 | 侯 | 棘 | 見 | 職 | 入 | 見 | 職 |
| 151 | 駒—汲 | 取水 | 駒 | 見 | 虞 | 平 | 見 | 侯 | 汲 | 見 | 緝 | 入 | 見 | 緝 |
| 152 | 枸—鉤 | 考查、考核 | 枸 | 見 | 麌 | 上 | 見 | 侯 | 鉤 | 見 | 侯 | 平 | 見 | 侯 |
| 153 | 具—俱 | 都 | 具 | 群 | 遇 | 去 | 群 | 侯 | 俱 | 群 | 遇 | 去 | 群 | 侯 |
| 154 | 禺—遇 | 對待 | 禺 | 疑 | 遇 | 去 | 疑 | 侯 | 遇 | 疑 | 遇 | 去 | 疑 | 侯 |
| 155 | 愚—遇 | 對待 | 愚 | 疑 | 虞 | 平 | 疑 | 侯 | 遇 | 疑 | 遇 | 去 | 疑 | 侯 |
| 156 | 侯—篌 | 箜篌,琴名 | 侯 | 匣 | 侯 | 平 | 匣 | 侯 | 篌 | 匣 | 侯 | 平 | 匣 | 侯 |
| 157 | 侯—後 | 卑陸後國 | 侯 | 匣 | 侯 | 平 | 匣 | 侯 | 後 | 匣 | 厚 | 上 | 匣 | 侯 |
| 158 | 歐—毆 | 毆打 | 歐 | 影 | 侯 | 平 | 影 | 侯 | 毆 | 影 | 厚 | 上 | 影 | 侯 |
| 159 | 偷—褕 | 襜褕 | 偷 | 透 | 侯 | 平 | 透 | 侯 | 褕 | 餘 | 虞 | 平 | 餘 | 侯 |
| 160 | 偷—瘉 | 病愈 | 偷 | 透 | 侯 | 平 | 透 | 侯 | 瘉 | 餘 | 麌 | 上 | 餘 | 侯 |
| 161 | 臾—庾 | 貯藏糧食的倉庫 | 臾 | 餘 | 虞 | 平 | 餘 | 侯 | 庾 | 餘 | 麌 | 上 | 餘 | 侯 |
| 162 | 俞—瘉 | 病愈 | 俞 | 餘 | 虞 | 平 | 餘 | 侯 | 瘉 | 餘 | 麌 | 上 | 餘 | 侯 |
| 163 | 愉—瘉 | 病愈 | 愉 | 餘 | 虞 | 平 | 餘 | 侯 | 瘉 | 餘 | 麌 | 上 | 餘 | 侯 |
| 164 | 逾—瘉 | 病愈 | 逾 | 餘 | 虞 | 平 | 餘 | 侯 | 瘉 | 餘 | 麌 | 上 | 餘 | 侯 |
| 165 | 褕—襦 | 短上衣 | 褕 | 餘 | 虞 | 平 | 餘 | 侯 | 襦 | 日 | 虞 | 平 | 日 | 侯 |
| 166 | 愈—褕 | 襜褕 | 愈 | 餘 | 麌 | 上 | 餘 | 侯 | 褕 | 餘 | 虞 | 平 | 餘 | 侯 |
| 167 | 柱—駐 | ①馬立止;②停駐 | 柱 | 澄 | 麌 | 上 | 定 | 侯 | 駐 | 知 | 遇 | 去 | 端 | 侯 |
| 168 | 婁—簍 | 盛物器 | 婁 | 來 | 侯 | 平 | 來 | 侯 | 簍 | 來 | 厚 | 上 | 來 | 侯 |
| 169 | 樓—蠃 | 果蠃,植物名 | 樓 | 來 | 侯 | 平 | 來 | 侯 | 蠃 | 來 | 果 | 上 | 來 | 歌 |

（续表）

| 編號 | 通假字字組 | 釋義 | 通假字 | 中古音 | | | 上古音 | | 本字 | 中古音 | | | 上古音 | |
|---|---|---|---|---|---|---|---|---|---|---|---|---|---|---|
| | | | | 聲組 | 韻 | 聲調 | 聲組 | 韻部 | | 聲組 | 韻 | 聲調 | 聲組 | 韻部 |
| 170 | 朱—侏 | 侏儒 | 朱 | 章 | 虞 | 平 | 章 | 侯 | 侏 | 章 | 虞 | 平 | 章 | 侯 |
| 171 | 主—駐 | 馬立止 | 主 | 章 | 麌 | 上 | 章 | 侯 | 駐 | 知 | 遇 | 去 | 端 | 侯 |
| 172 | 繻—襦 | 短上衣 | 繻 | 日 | 虞 | 平 | 日 | 侯 | 襦 | 日 | 虞 | 平 | 日 | 侯 |
| 173 | 取—娶 | 娶妻 | 取 | 清 | 麌 | 上 | 清 | 侯 | 取 | 清 | 遇 | 去 | 清 | 侯 |
| 174 | 趣—促 | ①急速、緊迫；②督促、催促 | 趣 | 清 | 遇 | 去 | 清 | 侯 | 促 | 清 | 燭 | 入 | 清 | 屋 |
| 175 | 聚—促 | 督促、催促 | 聚 | 從 | 麌 | 上 | 從 | 侯 | 促 | 清 | 燭 | 入 | 清 | 屋 |
| 176 | 聚—娶 | 娶妻 | 聚 | 從 | 麌 | 上 | 從 | 侯 | 娶 | 清 | 遇 | 去 | 清 | 侯 |
| 177 | 須—鬚 | 鬍鬚 | 須 | 心 | 虞 | 平 | 心 | 侯 | 鬚 | 心 | 虞 | 平 | 心 | 侯 |
| 178 | 需—儒 | 侏儒 | 需 | 心 | 虞 | 平 | 心 | 侯 | 儒 | 日 | 虞 | 平 | 日 | 侯 |
| 179 | 不—否 | 卦名 | 不 | 幫 | 虞 | 平 | 幫 | 侯 | 否 | 並 | 旨 | 上 | 並 | 之 |
| 180 | 柎—弣 | 弓把 | 柎 | 非 | 虞 | 平 | 幫 | 侯 | 弣 | 敷 | 麌 | 上 | 滂 | 侯 |
| 181 | 付—符 | 符信，出入關的憑證 | 付 | 非 | 遇 | 去 | 幫 | 侯 | 符 | 奉 | 虞 | 平 | 並 | 侯 |
| 182 | 付—附 | 附子，中藥名 | 付 | 非 | 遇 | 去 | 幫 | 侯 | 附 | 奉 | 遇 | 去 | 並 | 侯 |
| 183 | 瞀—帽 | 帽子 | 瞀 | 明 | 候 | 去 | 明 | 侯 | 帽 | 明 | 号 | 去 | 明 | 幽 |
| 184 | 瞀—鍪 | 兜鍪 | 瞀 | 明 | 候 | 去 | 明 | 侯 | 鍪 | 明 | 尤 | 平 | 明 | 侯 |

## 屋部

| 編號 | 通假字字組 | 釋義 | 通假字 | 中古音 | | | 上古音 | | 本字 | 中古音 | | | 上古音 | |
|---|---|---|---|---|---|---|---|---|---|---|---|---|---|---|
| | | | | 聲組 | 韻 | 聲調 | 聲組 | 韻部 | | 聲組 | 韻 | 聲調 | 聲組 | 韻部 |
| 185 | 櫝—讀 | 誦讀 | 櫝 | 定 | 屋 | 入 | 定 | 屋 | 讀 | 定 | 屋 | 入 | 定 | 屋 |
| 186 | 櫝—韇 | 盛弓、箭器具 | 櫝 | 定 | 屋 | 入 | 定 | 屋 | 韇 | 定 | 屋 | 入 | 定 | 屋 |
| 187 | 犢—讀 | 誦讀 | 犢 | 定 | 屋 | 入 | 定 | 屋 | 讀 | 定 | 屋 | 入 | 定 | 屋 |
| 188 | 犢—韇 | 盛弓、箭器具 | 犢 | 定 | 屋 | 入 | 定 | 屋 | 韇 | 定 | 屋 | 入 | 定 | 屋 |
| 189 | 竇—褕 | 布名 | 竇 | 定 | 候 | 去 | 定 | 屋 | 褕 | 定 | 侯 | 平 | 定 | 侯 |
| 190 | 鹿—轆 | 轆轤 | 鹿 | 來 | 屋 | 入 | 來 | 屋 | 轆 | 來 | 屋 | 入 | 來 | 屋 |
| 191 | 禄—轆 | 轆轤 | 禄 | 來 | 屋 | 入 | 來 | 屋 | 轆 | 來 | 屋 | 入 | 來 | 屋 |
| 192 | 禄—觻 | 觻得，漢縣名 | 禄 | 來 | 屋 | 入 | 來 | 屋 | 觻 | 來 | 屋 | 入 | 來 | 屋 |
| 193 | 録—勠 | 勉力 | 録 | 來 | 燭 | 入 | 來 | 屋 | 勠 | 來 | 屋 | 入 | 來 | 覺 |
| 194 | 蜀—獨 | 單獨 | 蜀 | 禪 | 燭 | 入 | 禪 | 屋 | 獨 | 定 | 屋 | 入 | 定 | 屋 |

## 東部

| 編號 | 通假字字組 | 釋義 | 通假字 | 中古音 | | | 上古音 | | 本字 | 中古音 | | | 上古音 | |
|---|---|---|---|---|---|---|---|---|---|---|---|---|---|---|
| | | | | 聲紐 | 韵 | 聲調 | 聲紐 | 韵部 | | 聲紐 | 韵 | 聲調 | 聲紐 | 韵部 |
| 195 | 功—攻 | 攻打、進攻 | 功 | 見 | 東 | 平 | 見 | 東 | 攻 | 見 | 東 | 平 | 見 | 東 |
| 196 | 巩—瓨 | 長頸瓶 | 巩 | 見 | 腫 | 上 | 見 | 東 | 瓨 | 匣 | 江 | 平 | 匣 | 東 |
| 197 | 講—購 | 懸賞 | 講 | 見 | 講 | 上 | 見 | 東 | 購 | 見 | 候 | 去 | 見 | 侯 |
| 198 | 供—共 | 一同、皆 | 供 | 見 | 用 | 去 | 見 | 東 | 共 | 群 | 用 | 去 | 群 | 東 |
| 199 | 空—箜 | 箜篌，琴名 | 空 | 溪 | 東 | 平 | 溪 | 東 | 箜 | 溪 | 東 | 平 | 溪 | 東 |
| 200 | 共—恭 | 恭奴，匈奴 | 共 | 群 | 用 | 去 | 群 | 東 | 恭 | 見 | 鍾 | 平 | 見 | 東 |
| 201 | 凶—胸 | 胸膛、心胸 | 凶 | 曉 | 鍾 | 平 | 曉 | 東 | 胸 | 曉 | 鍾 | 平 | 曉 | 東 |
| 202 | 匈—凶 | 不吉利、災禍 | 匈 | 曉 | 鍾 | 平 | 曉 | 東 | 凶 | 曉 | 鍾 | 平 | 曉 | 東 |
| 203 | 雍—壅 | 堵塞 | 雍 | 影 | 鍾 | 平 | 影 | 東 | 壅 | 影 | 鍾 | 平 | 影 | 東 |
| 204 | 雍—癰 | 臃腫 | 雍 | 影 | 鍾 | 平 | 影 | 東 | 癰 | 影 | 鍾 | 平 | 影 | 東 |
| 205 | 廱—癰 | 臃腫 | 廱 | 影 | 鍾 | 平 | 影 | 東 | 癰 | 影 | 鍾 | 平 | 影 | 東 |
| 206 | 通—痛 | 疼痛 | 通 | 透 | 東 | 平 | 透 | 東 | 痛 | 透 | 送 | 去 | 透 | 東 |
| 207 | 庸—傭 | ①出錢僱人勞作；②特指出錢僱人戍邊 | 庸 | 餘 | 鍾 | 平 | 餘 | 東 | 傭 | 餘 | 鍾 | 平 | 餘 | 東 |
| 208 | 頌—容 | 寬容 | 頌 | 餘 | 鍾 | 平 | 餘 | 東 | 容 | 餘 | 鍾 | 平 | 餘 | 東 |
| 209 | 恿—痛 | 疼痛 | 恿 | 餘 | 腫 | 上 | 餘 | 東 | 痛 | 透 | 送 | 去 | 透 | 東 |
| 210 | 同—銅 | 金屬元素 | 同 | 定 | 東 | 平 | 定 | 東 | 銅 | 定 | 東 | 平 | 定 | 東 |
| 211 | 桐—桶 | 木桶、水桶 | 桐 | 定 | 東 | 平 | 定 | 東 | 桶 | 透 | 董 | 上 | 透 | 東 |
| 212 | 種—中 | 正對目標 | 種 | 澄 | 鍾 | 平 | 定 | 東 | 中 | 知 | 送 | 去 | 端 | 冬 |
| 213 | 種—腫 | 臃腫 | 種 | 澄 | 鍾 | 平 | 定 | 東 | 腫 | 章 | 腫 | 上 | 章 | 東 |
| 214 | 龍—壠 | 墳墓 | 龍 | 來 | 鍾 | 平 | 來 | 東 | 壠 | 來 | 腫 | 上 | 來 | 東 |
| 215 | 龍—襲 | 重衣 | 龍 | 來 | 鍾 | 平 | 來 | 東 | 襲 | 邪 | 緝 | 入 | 邪 | 緝 |
| 216 | 籠/[illegible]—壠 | 土壟 | 籠 | 來 | 東 | 平 | 來 | 東 | 壠 | 來 | 腫 | 上 | 來 | 東 |
| 217 | 聾—壠 | 土壟 | 聾 | 來 | 東 | 平 | 來 | 東 | 壠 | 來 | 腫 | 上 | 來 | 東 |
| 218 | 踵—種 | 種植 | 踵 | 章 | 腫 | 上 | 章 | 東 | 種 | 章 | 用 | 去 | 章 | 東 |
| 219 | 稯—緵 | 八十縷 | 稯 | 精 | 東 | 平 | 精 | 東 | 緵 | 精 | 東 | 平 | 精 | 東 |
| 220 | 從—蹤 | 足迹、蹤迹 | 從 | 從 | 鍾 | 平 | 從 | 東 | 蹤 | 精 | 鍾 | 平 | 精 | 東 |
| 221 | 從—縱 | 放縱、驕縱 | 從 | 從 | 鍾 | 平 | 從 | 東 | 縱 | 精 | 用 | 去 | 精 | 東 |
| 222 | 訟—誦 | 誦讀 | 訟 | 邪 | 用 | 去 | 邪 | 東 | 誦 | 邪 | 用 | 去 | 邪 | 東 |
| 223 | 蠭—㷭 | ①烽火；②烽燧 | 蠭 | 敷 | 鍾 | 平 | 滂 | 東 | 烽 | 敷 | 鍾 | 平 | 滂 | 東 |
| 224 | 夆—鋒 | 劍鋒 | 夆 | 敷 | 鍾 | 平 | 滂 | 東 | 鋒 | 敷 | 鍾 | 平 | 滂 | 東 |
| 225 | 逢—㷭 | ①烽火；②烽燧 | 逢 | 奉 | 鍾 | 平 | 並 | 東 | 㷭 | 敷 | 鍾 | 平 | 滂 | 東 |
| 226 | 逢—縫 | 縫補 | 逢 | 奉 | 鍾 | 平 | 並 | 東 | 縫 | 奉 | 鍾 | 平 | 並 | 東 |
| 227 | 逢—鋒 | 劍鋒 | 逢 | 奉 | 鍾 | 平 | 並 | 東 | 鋒 | 敷 | 鍾 | 平 | 滂 | 東 |
| 228 | 蓬—㷭 | ①烽火；②烽燧 | 蓬 | 並 | 東 | 平 | 並 | 東 | 㷭 | 敷 | 鍾 | 平 | 滂 | 東 |

（续表）

| 編號 | 通假字字組 | 釋義 | 通假字 | 中古音 | | | 上古音 | | 本字 | 中古音 | | | 上古音 | |
|---|---|---|---|---|---|---|---|---|---|---|---|---|---|---|
| | | | | 聲紐 | 韵 | 聲調 | 聲紐 | 韵部 | | 聲紐 | 韵 | 聲調 | 聲紐 | 韵部 |
| 229 | 龐—龍 | 籠子 | 龐 | 並 | 江 | 平 | 並 | 東 | 籠 | 來 | 東 | 平 | 來 | 東 |
| 230 | 奉—捧 | 恭敬地捧着 | 奉 | 奉 | 腫 | 上 | 並 | 東 | 捧 | 滂 | 腫 | 上 | 滂 | 東 |
| 231 | 奉—俸 | 俸禄 | 奉 | 奉 | 腫 | 上 | 並 | 東 | 俸 | 奉 | 用 | 去 | 並 | 東 |
| 232 | 蒙—幪 | 覆蓋物 | 蒙 | 明 | 東 | 平 | 明 | 東 | 幪 | 明 | 東 | 平 | 明 | 東 |
| 233 | 蒙—濛 | 濛澒、濛鴻，大水 | 蒙 | 明 | 東 | 平 | 明 | 東 | 濛 | 明 | 東 | 平 | 明 | 東 |

## 魚部

| 編號 | 通假字字組 | 釋義 | 通假字 | 中古音 | | | 上古音 | | 本字 | 中古音 | | | 上古音 | |
|---|---|---|---|---|---|---|---|---|---|---|---|---|---|---|
| | | | | 聲紐 | 韵 | 聲調 | 聲紐 | 韵部 | | 聲紐 | 韵 | 聲調 | 聲紐 | 韵部 |
| 234 | 辜—故 | 緣故、原因 | 辜 | 見 | 模 | 平 | 見 | 魚 | 故 | 見 | 暮 | 去 | 見 | 魚 |
| 235 | 古—酤 | 買酒 | 古 | 見 | 姥 | 上 | 見 | 魚 | 酤 | 見 | 模 | 平 | 見 | 魚 |
| 236 | 古—盬 | 麤惡 | 古 | 見 | 姥 | 上 | 見 | 魚 | 盬 | 見 | 姥 | 上 | 見 | 魚 |
| 237 | 古—弣 | 弓把中部 | 古 | 見 | 姥 | 上 | 見 | 魚 | 弣 | 敷 | 麌 | 上 | 滂 | 侯 |
| 238 | 沽—酤 | 買酒 | 沽 | 見 | 模 | 平 | 見 | 魚 | 酤 | 見 | 模 | 平 | 見 | 魚 |
| 239 | 柜—虡 | 鐘鼓架的足 | 柜 | 見 | 語 | 上 | 見 | 魚 | 虡 | 群 | 語 | 上 | 群 | 魚 |
| 240 | 詁—枯 | 枯死 | 詁 | 見 | 姥 | 上 | 見 | 魚 | 枯 | 溪 | 模 | 平 | 溪 | 魚 |
| 241 | 故—酤 | 買酒 | 故 | 見 | 暮 | 去 | 見 | 魚 | 酤 | 見 | 模 | 平 | 見 | 魚 |
| 242 | 錮—姑 | 姑臧，漢縣名 | 錮 | 見 | 暮 | 去 | 見 | 魚 | 姑 | 見 | 模 | 平 | 見 | 魚 |
| 243 | 顧—雇 | ①僱傭；②購買；③給價、償付 | 顧 | 見 | 暮 | 去 | 見 | 魚 | 僱 | 見 | 暮 | 去 | 見 | 魚 |
| 244 | 去—筁 | 盛飯器 | 去 | 溪 | 御 | 去 | 溪 | 魚 | 筁 | 溪 | 魚 | 平 | 溪 | 魚 |
| 245 | 渠—巨 | 大 | 渠 | 群 | 魚 | 平 | 群 | 魚 | 大 | 群 | 語 | 上 | 群 | 魚 |
| 246 | 鉅—巨 | ①巨鹿，漢郡名；②巨定，漢縣名 | 鉅 | 群 | 語 | 上 | 群 | 魚 | 巨 | 群 | 語 | 上 | 群 | 魚 |
| 247 | 衙—禦 | 抵禦、防禦 | 衙 | 疑 | 魚 | 平 | 疑 | 魚 | 禦 | 疑 | 語 | 上 | 疑 | 魚 |
| 248 | 五—伍 | 士伍，因罪失官爵者 | 五 | 疑 | 姥 | 上 | 疑 | 魚 | 伍 | 疑 | 姥 | 上 | 疑 | 魚 |
| 249 | 語—吾 | 吾丘，復姓 | 語 | 疑 | 語 | 上 | 疑 | 魚 | 吾 | 疑 | 模 | 平 | 疑 | 魚 |
| 250 | 御—禦 | 抵禦、防禦 | 御 | 疑 | 御 | 去 | 疑 | 魚 | 禦 | 疑 | 語 | 上 | 疑 | 魚 |
| 251 | 御—遇 | 逢遇 | 御 | 疑 | 御 | 去 | 疑 | 魚 | 遇 | 疑 | 遇 | 去 | 疑 | 侯 |
| 252 | 呼—鏬 | 裂開 | 呼 | 曉 | 模 | 平 | 曉 | 魚 | 鏬 | 曉 | 禡 | 去 | 曉 | 魚 |
| 253 | 呼—胡 | 狐胡，西域故國 | 呼 | 曉 | 模 | 平 | 曉 | 魚 | 胡 | 匣 | 模 | 平 | 匣 | 魚 |
| 254 | 于—杅 | 盛湯漿的器皿 | 于 | 雲 | 虞 | 平 | 匣 | 魚 | 杅 | 雲 | 虞 | 平 | 匣 | 魚 |
| 255 | 于—軒 | 車軸上繫軔的皮環 | 于 | 雲 | 虞 | 平 | 匣 | 魚 | 軒 | 雲 | 虞 | 平 | 匣 | 魚 |
| 256 | 雩—鏬 | 裂開 | 雩 | 匣 | 姥 | 上 | 匣 | 魚 | 鏬 | 曉 | 禡 | 去 | 曉 | 魚 |

(续表)

| 編號 | 通假字字組 | 釋義 | 通假字 | 中古音 | | | 上古音 | | 本字 | 中古音 | | | 上古音 | |
|---|---|---|---|---|---|---|---|---|---|---|---|---|---|---|
| | | | | 聲紐 | 韻 | 聲調 | 聲紐 | 韻部 | | 聲紐 | 韻 | 聲調 | 聲紐 | 韻部 |
| 257 | 扜—拘 | 局限、限止 | 扜 | 影 | 虞 | 平 | 影 | 魚 | 拘 | 見 | 虞 | 平 | 見 | 侯 |
| 258 | 著—褚 | 加絮於衣 | 著 | 知 | 御 | 去 | 端 | 魚 | 褚 | 知 | 語 | 上 | 端 | 魚 |
| 259 | 余—餘 | 多餘、剩餘 | 余 | 餘 | 魚 | 平 | 餘 | 魚 | 餘 | 餘 | 魚 | 平 | 餘 | 魚 |
| 260 | 與—舉 | ①起;②皆、全、整個 | 與 | 餘 | 語 | 上 | 餘 | 魚 | 舉 | 見 | 語 | 上 | 見 | 魚 |
| 261 | 與—譽 | 贊譽 | 與 | 餘 | 語 | 上 | 餘 | 魚 | 譽 | 餘 | 御 | 去 | 餘 | 魚 |
| 262 | 圖—塗 | 塗抹 | 圖 | 定 | 模 | 平 | 定 | 魚 | 塗 | 定 | 模 | 平 | 定 | 魚 |
| 263 | 奴—駑 | 才能低下 | 奴 | 泥 | 模 | 平 | 泥 | 魚 | 駑 | 泥 | 模 | 平 | 泥 | 魚 |
| 264 | 奴—努 | 勉力、用力 | 奴 | 泥 | 模 | 平 | 泥 | 魚 | 努 | 泥 | 姥 | 上 | 泥 | 魚 |
| 265 | 奴—弩 | 弓弩 | 奴 | 泥 | 模 | 平 | 泥 | 魚 | 弩 | 泥 | 姥 | 上 | 泥 | 魚 |
| 266 | 女—汝 | 第二人稱代詞 | 女 | 泥 | 語 | 上 | 泥 | 魚 | 汝 | 日 | 語 | 上 | 日 | 魚 |
| 267 | 怒—努 | 勉力、用力 | 怒 | 泥 | 暮 | 去 | 泥 | 魚 | 努 | 泥 | 姥 | 上 | 泥 | 魚 |
| 268 | 閭—⿱竹旅 | ⿱竹去⿱竹旅,盛飯器 | 閭 | 來 | 魚 | 平 | 來 | 魚 | ⿱竹旅 | 來 | 語 | 上 | 來 | 魚 |
| 269 | 盧—爐 | 火爐 | 盧 | 來 | 模 | 平 | 來 | 魚 | 爐 | 來 | 模 | 平 | 來 | 魚 |
| 270 | 盧—轤 | 轆轤 | 盧 | 來 | 模 | 平 | 來 | 魚 | 轤 | 來 | 模 | 平 | 來 | 魚 |
| 271 | 盧—⿱竹旅 | ⿱竹去⿱竹旅,盛飯器 | 盧 | 來 | 模 | 平 | 來 | 魚 | ⿱竹旅 | 來 | 語 | 上 | 來 | 魚 |
| 272 | 虜—碌 | 碌碡,碾壓用的農具 | 虜 | 來 | 姥 | 上 | 來 | 魚 | 碌 | 來 | 屋 | 入 | 來 | 屋 |
| 273 | 魯—櫓 | 大盾牌 | 魯 | 來 | 姥 | 上 | 來 | 魚 | 櫓 | 來 | 姥 | 上 | 來 | 魚 |
| 274 | 魯—絡 | 粗絲綿 | 魯 | 來 | 姥 | 上 | 來 | 魚 | 絡 | 來 | 鐸 | 入 | 來 | 鐸 |
| 275 | ⿰木虜—碌 | 碌碡,碾壓用的農具 | ⿰木虜 | 來 | 姥 | 上 | 來 | 魚 | 碌 | 來 | 屋 | 入 | 來 | 屋 |
| 276 | 遮—斥 | 開拓 | 遮 | 章 | 麻 | 平 | 章 | 魚 | 斥 | 昌 | 昔 | 入 | 昌 | 鐸 |
| 277 | 諸—儲 | 儲水 | 諸 | 章 | 魚 | 平 | 章 | 魚 | 儲 | 澄 | 魚 | 平 | 定 | 魚 |
| 278 | 茹—絮 | 點火用的舊絮 | 茹 | 日 | 魚 | 平 | 日 | 魚 | 絮 | 泥 | 魚 | 平 | 泥 | 魚 |
| 279 | 且—咀 | 㕮咀、咀嚼 | 且 | 精 | 魚 | 平 | 精 | 魚 | 咀 | 從 | 語 | 上 | 從 | 魚 |
| 280 | 緒—褚 | 加絮於衣 | 緒 | 邪 | 語 | 上 | 邪 | 魚 | 褚 | 知 | 語 | 上 | 端 | 魚 |
| 281 | 踈—梳 | 梳子 | 踈 | 山 | 魚 | 平 | 山 | 魚 | 梳 | 山 | 魚 | 平 | 山 | 魚 |
| 282 | 逋—捕 | 逮捕 | 逋 | 幫 | 模 | 平 | 幫 | 魚 | 捕 | 並 | 暮 | 去 | 並 | 魚 |
| 283 | 逋—哺 | 吃 | 逋 | 幫 | 模 | 平 | 幫 | 魚 | 哺 | 並 | 暮 | 去 | 並 | 魚 |
| 284 | 傅—敷 | 敷藥 | 傅 | 非 | 遇 | 去 | 幫 | 魚 | 敷 | 敷 | 虞 | 平 | 滂 | 魚 |
| 285 | 賦—敷 | 敷藥 | 賦 | 非 | 遇 | 去 | 幫 | 魚 | 敷 | 敷 | 虞 | 平 | 滂 | 魚 |
| 286 | 父—㕮 | 㕮咀、咀嚼 | 父 | 奉 | 麌 | 上 | 並 | 魚 | 㕮 | 非 | 麌 | 上 | 幫 | 魚 |
| 287 | 橅—弣 | 弓把 | 橅 | 明 | 模 | 平 | 明 | 魚 | 弣 | 滂 | 麌 | 上 | 滂 | 侯 |
| 288 | ⿰亻無—弣 | 弓把 | ⿰亻無 | 明 | 麌 | 上 | 明 | 魚 | 弣 | 滂 | 麌 | 上 | 滂 | 侯 |
| 289 | 枎—柎 | 鐘鼓架的足 | 枎 | 奉 | 虞 | 平 | 並 | 魚 | 柎 | 幫 | 虞 | 平 | 幫 | 侯 |
| 290 | 毋—牡 | 楗 | 毋 | 微 | 虞 | 平 | 明 | 魚 | 牡 | 明 | 厚 | 上 | 明 | 幽 |

（续表）

| 編號 | 通假字字組 | 釋義 | 通假字 | 中古音 | | | 上古音 | | 本字 | 中古音 | | | 上古音 | |
|---|---|---|---|---|---|---|---|---|---|---|---|---|---|---|
| | | | | 聲紐 | 韵 | 聲調 | 聲紐 | 韵部 | | 聲紐 | 韵 | 聲調 | 聲紐 | 韵部 |
| 291 | 毋—無 | 没有 | 毋 | 微 | 虞 | 平 | 明 | 魚 | 無 | 微 | 虞 | 平 | 明 | 魚 |
| 292 | 毋—蕪 | 蕪菁 | 毋 | 微 | 虞 | 平 | 明 | 魚 | 蕪 | 微 | 虞 | 平 | 明 | 魚 |
| 293 | 毋—五 | 數詞 | 毋 | 微 | 虞 | 平 | 明 | 魚 | 五 | 疑 | 姥 | 上 | 疑 | 魚 |
| 294 | 武—舞 | 舞陰，漢縣名 | 武 | 微 | 麌 | 上 | 明 | 魚 | 舞 | 微 | 麌 | 上 | 明 | 魚 |

## 鐸部

| 編號 | 通假字字組 | 釋義 | 通假字 | 中古音 | | | 上古音 | | 本字 | 中古音 | | | 上古音 | |
|---|---|---|---|---|---|---|---|---|---|---|---|---|---|---|
| | | | | 聲紐 | 韵 | 聲調 | 聲紐 | 韵部 | | 聲紐 | 韵 | 聲調 | 聲紐 | 韵部 |
| 295 | 格—落 | 藩籬 | 格 | 見 | 陌 | 入 | 見 | 鐸 | 落 | 來 | 鐸 | 入 | 來 | 鐸 |
| 296 | 獲—護 | 保護、救助 | 獲 | 匣 | 麥 | 入 | 匣 | 鐸 | 護 | 匣 | 暮 | 去 | 匣 | 鐸 |
| 297 | 橐—蠹 | 壞敗、腐爛 | 橐 | 透 | 鐸 | 入 | 透 | 鐸 | 蠹 | 端 | 暮 | 去 | 端 | 鐸 |
| 298 | 橐—絡 | 粗絲綿 | 橐 | 透 | 鐸 | 入 | 透 | 鐸 | 絡 | 來 | 鐸 | 入 | 來 | 鐸 |
| 299 | 橐—駱 | ①駱駝；②候官、塞、烽燧名 | 橐 | 透 | 鐸 | 入 | 透 | 鐸 | 駱 | 來 | 鐸 | 入 | 來 | 鐸 |
| 300 | 譯—驛 | ①驛馬；②驛站 | 譯 | 餘 | 昔 | 入 | 餘 | 鐸 | 驛 | 餘 | 昔 | 入 | 餘 | 鐸 |
| 301 | 驛—繹 | 絡繹 | 驛 | 餘 | 昔 | 入 | 餘 | 鐸 | 繹 | 餘 | 昔 | 入 | 餘 | 鐸 |
| 302 | 洛—落 | ①墜落、墮落；②藩籬 | 洛 | 來 | 鐸 | 入 | 來 | 鐸 | 落 | 來 | 鐸 | 入 | 來 | 鐸 |
| 303 | 落—洛 | 洛陽 | 落 | 來 | 鐸 | 入 | 來 | 鐸 | 洛 | 來 | 鐸 | 入 | 來 | 鐸 |
| 304 | 落—絡 | 汲水的繩索 | 落 | 來 | 鐸 | 入 | 來 | 鐸 | 絡 | 來 | 鐸 | 入 | 來 | 鐸 |
| 305 | 雒—洛 | 洛陽 | 雒 | 來 | 鐸 | 入 | 來 | 鐸 | 洛 | 來 | 鐸 | 入 | 來 | 鐸 |
| 306 | 駱—絡 | 絡繹，連續不絶 | 駱 | 來 | 鐸 | 入 | 來 | 鐸 | 絡 | 來 | 鐸 | 入 | 來 | 鐸 |
| 307 | 駱—酪 | 奶酪 | 駱 | 來 | 鐸 | 入 | 來 | 鐸 | 酪 | 來 | 鐸 | 入 | 來 | 鐸 |
| 308 | 厈/哻—坼 | 開裂 | 厈 | 昌 | 禡 | 去 | 昌 | 鐸 | 坼 | 徹 | 陌 | 入 | 透 | 鐸 |
| 309 | 尺—斥 | 開拓 | 尺 | 昌 | 昔 | 入 | 昌 | 鐸 | 斥 | 昌 | 昔 | 入 | 昌 | 鐸 |
| 310 | 庶—遮 | 遏止 | 庶 | 書 | 御 | 去 | 書 | 鐸 | 遮 | 章 | 麻 | 平 | 章 | 魚 |
| 311 | 錯—措 | 舉措 | 錯 | 清 | 鐸 | 入 | 清 | 鐸 | 措 | 清 | 暮 | 去 | 清 | 鐸 |
| 312 | 藉—戟 | 兵器名 | 藉 | 從 | 禡 | 去 | 從 | 鐸 | 戟 | 見 | 陌 | 入 | 見 | 鐸 |
| 313 | 柏—伯 | 爵位名 | 柏 | 幫 | 陌 | 入 | 幫 | 鐸 | 伯 | 幫 | 陌 | 入 | 幫 | 鐸 |
| 314 | 佰—柏 | 柏人，漢縣名 | 佰 | 幫 | 陌 | 入 | 幫 | 鐸 | 柏 | 幫 | 陌 | 入 | 幫 | 鐸 |
| 315 | 博—薄 | 少 | 博 | 幫 | 鐸 | 入 | 幫 | 鐸 | 薄 | 並 | 鐸 | 入 | 並 | 鐸 |
| 316 | 莫—暮 | 日暮 | 莫 | 明 | 暮 | 去 | 明 | 鐸 | 暮 | 明 | 暮 | 去 | 明 | 鐸 |
| 317 | 莫—幕 | 幕府，大將軍府 | 莫 | 明 | 暮 | 去 | 明 | 鐸 | 幕 | 明 | 鐸 | 入 | 明 | 鐸 |

## 陽部

| 編號 | 通假字字組 | 釋義 | 通假字 | 中古音 | | | 上古音 | | 本字 | 中古音 | | | 上古音 | |
|---|---|---|---|---|---|---|---|---|---|---|---|---|---|---|
| | | | | 聲紐 | 韻 | 聲調 | 聲紐 | 韻部 | | 聲紐 | 韻 | 聲調 | 聲紐 | 韻部 |
| 318 | 京一景 | 齊景公 | 京 | 見 | 庚 | 平 | 見 | 陽 | 景 | 見 | 梗 | 上 | 見 | 陽 |
| 319 | 更一羹 | 肉湯 | 更 | 見 | 庚 | 平 | 見 | 陽 | 羹 | 見 | 庚 | 平 | 見 | 陽 |
| 320 | 更一梗 | 桔梗，中藥名 | 更 | 見 | 庚 | 平 | 見 | 陽 | 梗 | 見 | 梗 | 上 | 見 | 陽 |
| 321 | 庚一羹 | 肉湯 | 庚 | 見 | 庚 | 平 | 見 | 陽 | 羹 | 見 | 庚 | 平 | 見 | 陽 |
| 322 | 秔一穬 | 穬麥 | 秔 | 見 | 庚 | 平 | 見 | 陽 | 穬 | 見 | 梗 | 上 | 見 | 陽 |
| 323 | 畺一薑 | 生薑 | 畺 | 見 | 陽 | 平 | 見 | 陽 | 薑 | 見 | 陽 | 平 | 見 | 陽 |
| 324 | 畺一彊 | 强盛、强大 | 畺 | 見 | 陽 | 平 | 見 | 陽 | 彊 | 群 | 陽 | 平 | 群 | 陽 |
| 325 | 薑一彊 | 强盛、强大 | 薑 | 見 | 陽 | 平 | 見 | 陽 | 彊 | 群 | 陽 | 平 | 群 | 陽 |
| 326 | 廣一穬 | 穬麥 | 廣 | 見 | 蕩 | 上 | 見 | 陽 | 穬 | 見 | 梗 | 上 | 見 | 陽 |
| 327 | 廣一壙 | 野外空曠處 | 廣 | 見 | 蕩 | 上 | 見 | 陽 | 壙 | 溪 | 宕 | 去 | 溪 | 陽 |
| 328 | 竟一境 | 邊境 | 竟 | 見 | 映 | 去 | 見 | 陽 | 境 | 見 | 梗 | 上 | 見 | 陽 |
| 329 | 康一穅 | 稻、麥、穀子等子實上脱下的皮或殼 | 康 | 溪 | 唐 | 平 | 溪 | 陽 | 穅 | 溪 | 唐 | 平 | 溪 | 陽 |
| 330 | 强一彊 | ①强壯、强盛；②努力、盡力；③人名 | 强 | 群 | 陽 | 平 | 群 | 陽 | 彊 | 群 | 陽 | 平 | 群 | 陽 |
| 331 | 彊一僵 | 僵落 | 彊 | 群 | 陽 | 平 | 群 | 陽 | 僵 | 見 | 陽 | 平 | 見 | 陽 |
| 332 | 皇一煌 | 郡名，敦煌 | 皇 | 匣 | 唐 | 平 | 匣 | 陽 | 煌 | 匣 | 唐 | 平 | 匣 | 陽 |
| 333 | 煌一惶 | 惶恐 | 煌 | 匣 | 唐 | 平 | 匣 | 陽 | 惶 | 匣 | 唐 | 平 | 匣 | 陽 |
| 334 | 煌一堭 | 堂堭，指官吏治事的廳堂 | 煌 | 匣 | 唐 | 平 | 匣 | 陽 | 皇 | 匣 | 唐 | 平 | 匣 | 陽 |
| 335 | 桁一行 | 平行 | 桁 | 匣 | 庚 | 平 | 匣 | 陽 | 行 | 匣 | 庚 | 平 | 匣 | 陽 |
| 336 | 央一殃 | 禍患、災難 | 央 | 影 | 陽 | 平 | 影 | 陽 | 殃 | 影 | 陽 | 平 | 影 | 陽 |
| 337 | 羊一祥 | 吉祥 | 羊 | 餘 | 陽 | 平 | 餘 | 陽 | 祥 | 邪 | 陽 | 平 | 邪 | 陽 |
| 338 | 陽一揚 | 顯露、彰顯 | 陽 | 餘 | 陽 | 平 | 餘 | 陽 | 揚 | 餘 | 陽 | 平 | 餘 | 陽 |
| 339 | 養一癢 | 瘙癢 | 養 | 餘 | 養 | 上 | 餘 | 陽 | 癢 | 餘 | 養 | 上 | 餘 | 陽 |
| 340 | 長一帳 | 賬簿 | 長 | 澄 | 陽 | 平 | 定 | 陽 | 帳 | 知 | 漾 | 去 | 端 | 陽 |
| 341 | 丈一杖 | 木杖、木棍 | 丈 | 澄 | 養 | 上 | 定 | 陽 | 杖 | 澄 | 養 | 上 | 定 | 陽 |
| 342 | 丈一脹 | 鼓脹 | 丈 | 澄 | 養 | 上 | 定 | 陽 | 脹 | 知 | 漾 | 去 | 端 | 陽 |
| 343 | 狼一浪 | 樂浪，漢郡名 | 狼 | 來 | 唐 | 平 | 來 | 陽 | 浪 | 來 | 宕 | 去 | 來 | 陽 |
| 344 | 琅一狼 | 狼何，羌族之一種 | 琅 | 來 | 唐 | 平 | 來 | 陽 | 狼 | 來 | 唐 | 平 | 來 | 陽 |
| 345 | 梁一粱 | 粟，精細的小米 | 梁 | 來 | 陽 | 平 | 來 | 陽 | 粱 | 來 | 陽 | 平 | 來 | 陽 |
| 346 | 粱一梁 | 梁國 | 粱 | 來 | 陽 | 平 | 來 | 陽 | 梁 | 來 | 陽 | 平 | 來 | 陽 |
| 347 | 糧一量 | 估量、度量 | 糧 | 來 | 陽 | 平 | 來 | 陽 | 量 | 來 | 陽 | 平 | 來 | 陽 |
| 348 | 章一障 | ①阻塞、阻隔；②邊塞上防守的小城 | 章 | 章 | 陽 | 平 | 章 | 陽 | 障 | 章 | 漾 | 去 | 章 | 陽 |

（续表）

| 編號 | 通假字字組 | 釋義 | 通假字 | 中古音 | | | 上古音 | | 本字 | 中古音 | | | 上古音 | |
|---|---|---|---|---|---|---|---|---|---|---|---|---|---|---|
| | | | | 聲紐 | 韵 | 聲調 | 聲紐 | 韵部 | | 聲紐 | 韵 | 聲調 | 聲紐 | 韵部 |
| 349 | 賞—嘗 | 曾經 | 賞 | 書 | 養 | 上 | 書 | 陽 | 嘗 | 禪 | 陽 | 平 | 禪 | 陽 |
| 350 | 賞—償 | 償還 | 賞 | 書 | 養 | 上 | 書 | 陽 | 償 | 禪 | 陽 | 平 | 禪 | 陽 |
| 351 | 常—當 | 介詞，介紹時間或處所，相當於“在” | 常 | 禪 | 陽 | 平 | 禪 | 陽 | 當 | 端 | 唐 | 平 | 端 | 陽 |
| 352 | 償—賞 | 懸賞、賞賜 | 償 | 禪 | 陽 | 平 | 禪 | 陽 | 賞 | 書 | 養 | 上 | 書 | 陽 |
| 353 | 尚—當 | 應當 | 尚 | 禪 | 漾 | 去 | 禪 | 陽 | 當 | 端 | 唐 | 平 | 端 | 陽 |
| 354 | 尚—常 | 裳 | 尚 | 禪 | 漾 | 去 | 禪 | 陽 | 常 | 禪 | 陽 | 平 | 禪 | 陽 |
| 355 | 尚—上 | 上官，復姓 | 尚 | 禪 | 漾 | 去 | 禪 | 陽 | 上 | 禪 | 漾 | 去 | 禪 | 陽 |
| 356 | 將—漿 | 漿水 | 將 | 精 | 陽 | 平 | 精 | 陽 | 漿 | 精 | 陽 | 平 | 精 | 陽 |
| 357 | 將—狀 | 行狀 | 將 | 精 | 陽 | 平 | 精 | 陽 | 狀 | 崇 | 漾 | 去 | 崇 | 陽 |
| 358 | 臧—贓 | 贓物 | 臧 | 精 | 唐 | 平 | 精 | 陽 | 贓 | 精 | 唐 | 平 | 精 | 陽 |
| 359 | 臧—藏 | ①收存、儲藏；②隱匿 | 臧 | 精 | 唐 | 平 | 精 | 陽 | 藏 | 從 | 唐 | 平 | 從 | 陽 |
| 360 | 臧—臟 | 内臟 | 臧 | 精 | 唐 | 平 | 精 | 陽 | 臟 | 從 | 宕 | 去 | 從 | 陽 |
| 361 | 藏—贓 | 贓物 | 藏 | 從 | 唐 | 平 | 從 | 陽 | 贓 | 精 | 唐 | 平 | 精 | 陽 |
| 362 | 薔—牆 | 圍墻 | 薔 | 從 | 陽 | 平 | 從 | 陽 | 牆 | 從 | 陽 | 平 | 從 | 陽 |
| 363 | 相—箱 | 車廂 | 相 | 心 | 漾 | 去 | 心 | 陽 | 箱 | 心 | 陽 | 平 | 心 | 陽 |
| 364 | 翔—詳 | 詳實 | 翔 | 邪 | 陽 | 平 | 邪 | 陽 | 詳 | 邪 | 陽 | 平 | 邪 | 陽 |
| 365 | 詳—佯 | 假裝 | 詳 | 邪 | 陽 | 平 | 邪 | 陽 | 佯 | 餘 | 陽 | 平 | 餘 | 陽 |
| 366 | 詳—庠 | 教養、教導 | 詳 | 邪 | 陽 | 平 | 邪 | 陽 | 庠 | 邪 | 陽 | 平 | 邪 | 陽 |
| 367 | 詳—祥 | 吉祥 | 詳 | 邪 | 陽 | 平 | 邪 | 陽 | 祥 | 邪 | 陽 | 平 | 邪 | 陽 |
| 368 | 莊—裝 | 裝絮 | 莊 | 莊 | 陽 | 平 | 莊 | 陽 | 裝 | 莊 | 陽 | 平 | 莊 | 陽 |
| 369 | 壯—裝 | 裝絮 | 壯 | 莊 | 漾 | 去 | 莊 | 陽 | 裝 | 莊 | 陽 | 平 | 莊 | 陽 |
| 370 | 壯—狀 | 形狀、形體 | 壯 | 莊 | 漾 | 去 | 莊 | 陽 | 狀 | 崇 | 漾 | 去 | 崇 | 陽 |
| 371 | 創—瘡 | 瘡癤、潰瘍 | 創 | 初 | 陽 | 平 | 初 | 陽 | 瘡 | 初 | 陽 | 平 | 初 | 陽 |
| 372 | 放—倣 | 仿效、效法 | 放 | 非 | 漾 | 去 | 幫 | 陽 | 倣 | 非 | 養 | 上 | 幫 | 陽 |
| 373 | 旁—方 | 並、一共 | 旁 | 並 | 唐 | 平 | 並 | 陽 | 方 | 非 | 陽 | 平 | 幫 | 陽 |
| 374 | 旁—傍 | 靠近、依傍 | 旁 | 並 | 唐 | 平 | 並 | 陽 | 傍 | 並 | 宕 | 去 | 並 | 陽 |
| 375 | 彭—方 | 並、一共 | 彭 | 並 | 庚 | 平 | 並 | 陽 | 方 | 非 | 陽 | 平 | 幫 | 陽 |
| 376 | 盲—蝱 | 箭名 | 盲 | 明 | 庚 | 平 | 明 | 陽 | 蝱 | 明 | 庚 | 平 | 明 | 陽 |
| 377 | 忘—妄 | 胡亂、隨意 | 忘 | 微 | 漾 | 去 | 明 | 陽 | 妄 | 微 | 漾 | 去 | 明 | 陽 |

## 支部

| 編號 | 通假字字組 | 釋義 | 通假字 | 中古音 | | | 上古音 | | 本字 | 中古音 | | | 上古音 | |
|---|---|---|---|---|---|---|---|---|---|---|---|---|---|---|
| | | | | 聲紐 | 韵 | 聲調 | 聲紐 | 韵部 | | 聲紐 | 韵 | 聲調 | 聲紐 | 韵部 |
| 378 | 桂一𪊲 | 盾握 | 桂 | 見 | 霽 | 去 | 見 | 支 | 𪊲 | 溪 | 齊 | 平 | 溪 | 支 |
| 379 | 刲一圭 | 中藥量器名 | 刲 | 溪 | 齊 | 平 | 溪 | 支 | 圭 | 見 | 齊 | 平 | 見 | 支 |
| 380 | 奚一係 | 拴結 | 奚 | 匣 | 齊 | 平 | 匣 | 支 | 係 | 見 | 霽 | 去 | 見 | 支 |
| 381 | 㚸一謑 | 怒罵 | 㚸 | 匣 | 屑 | 入 | 匣 | 支 | 謑 | 匣 | 薺 | 上 | 匣 | 支 |
| 382 | 鞮一兜 | 兜鍪 | 鞮 | 端 | 齊 | 平 | 端 | 支 | 兜 | 端 | 侯 | 平 | 端 | 侯 |
| 383 | 鍉一堤 | 器物的底部 | 鍉 | 端 | 齊 | 平 | 端 | 支 | 堤 | 端 | 齊 | 平 | 端 | 支 |
| 384 | 鍉一鏑 | 箭頭 | 鍉 | 端 | 齊 | 平 | 端 | 支 | 鏑 | 端 | 錫 | 入 | 端 | 錫 |
| 385 | 鍉一兜 | 兜鍪 | 鍉 | 端 | 齊 | 平 | 端 | 支 | 兜 | 端 | 侯 | 平 | 端 | 侯 |
| 386 | 緹一鞮 | 皮鞋 | 緹 | 定 | 齊 | 平 | 定 | 支 | 鞮 | 端 | 齊 | 平 | 端 | 支 |
| 387 | 麗一離 | 分散、離散 | 麗 | 來 | 霽 | 去 | 來 | 支 | 離 | 來 | 支 | 平 | 來 | 歌 |
| 388 | 支一肢 | 四肢 | 支 | 章 | 支 | 平 | 章 | 支 | 肢 | 章 | 支 | 平 | 章 | 支 |
| 389 | 是一兜 | 頭盔 | 是 | 禪 | 紙 | 上 | 禪 | 支 | 兜 | 端 | 侯 | 平 | 端 | 侯 |
| 390 | 貲一資 | 資産 | 貲 | 精 | 支 | 平 | 精 | 支 | 資 | 精 | 脂 | 平 | 精 | 脂 |
| 391 | 此一資 | 資産 | 此 | 清 | 紙 | 上 | 清 | 支 | 資 | 精 | 脂 | 平 | 精 | 脂 |
| 392 | 此一㡀 | 布名 | 此 | 清 | 紙 | 上 | 清 | 支 | 㡀 | 精 | 支 | 平 | 精 | 之 |
| 393 | 茈一資 | 資産 | 茈 | 精 | 紙 | 上 | 精 | 支 | 資 | 精 | 脂 | 平 | 精 | 脂 |
| 394 | 訾一資 | 資産 | 訾 | 精 | 紙 | 上 | 精 | 支 | 資 | 精 | 脂 | 平 | 精 | 脂 |
| 395 | 疵一此 | 代詞,這 | 疵 | 從 | 支 | 平 | 從 | 支 | 此 | 清 | 紙 | 上 | 清 | 支 |
| 396 | 稗一粺 | 粺米,精米 | 稗 | 並 | 卦 | 去 | 並 | 支 | 粺 | 並 | 卦 | 去 | 並 | 支 |

## 錫部

| 編號 | 通假字字組 | 釋義 | 通假字 | 中古音 | | | 上古音 | | 本字 | 中古音 | | | 上古音 | |
|---|---|---|---|---|---|---|---|---|---|---|---|---|---|---|
| | | | | 聲紐 | 韵 | 聲調 | 聲紐 | 韵部 | | 聲紐 | 韵 | 聲調 | 聲紐 | 韵部 |
| 397 | 毄/毄/毄一繫 | 拘繫 | 毄 | 見 | 錫 | 入 | 見 | 錫 | 繫 | 見 | 霽 | 去 | 見 | 錫 |
| 398 | 毄一擊 | 擊打 | 毄 | 見 | 錫 | 入 | 見 | 錫 | 擊 | 見 | 錫 | 入 | 見 | 錫 |
| 399 | 墼一擊 | 擊打 | 墼 | 見 | 錫 | 入 | 見 | 錫 | 擊 | 見 | 錫 | 入 | 見 | 錫 |
| 400 | 厤一歷 | 亭歷,中藥名 | 厤 | 來 | 錫 | 入 | 來 | 錫 | 歷 | 來 | 錫 | 入 | 來 | 錫 |
| 401 | 適一嫡 | 嫡子 | 適 | 書 | 昔 | 入 | 書 | 錫 | 嫡 | 端 | 錫 | 入 | 端 | 錫 |
| 402 | 適一謫 | 懲罰 | 適 | 書 | 昔 | 入 | 書 | 錫 | 謫 | 知 | 麥 | 入 | 端 | 錫 |
| 403 | 適一敵 | 仇敵 | 適 | 書 | 昔 | 入 | 書 | 錫 | 敵 | 定 | 錫 | 入 | 定 | 錫 |
| 404 | 積一鶺 | 鶺鴒,鳥名 | 積 | 精 | 昔 | 入 | 精 | 錫 | 鶺 | 精 | 昔 | 入 | 精 | 錫 |
| 405 | 績一幘 | 頭巾 | 績 | 精 | 錫 | 入 | 精 | 錫 | 幘 | 莊 | 麥 | 入 | 莊 | 錫 |
| 406 | 錫一賜 | 賞賜 | 錫 | 心 | 錫 | 入 | 心 | 錫 | 賜 | 心 | 寘 | 去 | 心 | 錫 |
| 407 | 錫一觫 | 觳觫,顫抖貌 | 錫 | 心 | 錫 | 入 | 心 | 錫 | 觫 | 心 | 屋 | 入 | 心 | 屋 |
| 408 | 責一積 | 堆積、聚集 | 責 | 莊 | 麥 | 入 | 莊 | 錫 | 積 | 精 | 昔 | 入 | 精 | 錫 |
| 409 | 辟一萆 | 雨衣 | 辟 | 幫 | 昔 | 入 | 幫 | 錫 | 萆 | 並 | 昔 | 平 | 並 | 支 |

（续表）

| 編號 | 通假字字組 | 釋義 | 通假字 | 中古音 | | | 上古音 | | 本字 | 中古音 | | | 上古音 | |
|---|---|---|---|---|---|---|---|---|---|---|---|---|---|---|
| | | | | 聲紐 | 韵 | 聲調 | 聲紐 | 韵部 | | 聲紐 | 韵 | 聲調 | 聲紐 | 韵部 |
| 410 | 辟—臂 | 弩臂 | 辟 | 幫 | 昔 | 入 | 幫 | 錫 | 臂 | 幫 | 寘 | 去 | 幫 | 錫 |
| 411 | 辟—壁 | 壁壘 | 辟 | 幫 | 昔 | 入 | 幫 | 錫 | 壁 | 幫 | 錫 | 入 | 幫 | 錫 |
| 412 | 辟—躄 | 躄痱 | 辟 | 幫 | 昔 | 入 | 幫 | 錫 | 躄 | 幫 | 昔 | 入 | 幫 | 錫 |
| 413 | 辟—僻 | ①偏遠；②邪曲、不端 | 辟 | 幫 | 昔 | 入 | 幫 | 錫 | 僻 | 滂 | 錫 | 入 | 滂 | 錫 |
| 414 | 辟—澼 | 腹瀉 | 辟 | 幫 | 昔 | 入 | 幫 | 錫 | 澼 | 滂 | 錫 | 入 | 滂 | 錫 |
| 415 | 辟—避 | 躲避 | 辟 | 幫 | 昔 | 入 | 幫 | 錫 | 避 | 並 | 寘 | 去 | 並 | 錫 |
| 416 | 辟—闢 | 開闢 | 辟 | 幫 | 昔 | 入 | 幫 | 錫 | 闢 | 並 | 昔 | 入 | 並 | 錫 |
| 417 | 檗—臂 | 弩臂 | 檗 | 幫 | 麥 | 入 | 幫 | 錫 | 臂 | 幫 | 寘 | 去 | 幫 | 錫 |

**耕部**

| 編號 | 通假字字組 | 釋義 | 通假字 | 中古音 | | | 上古音 | | 本字 | 中古音 | | | 上古音 | |
|---|---|---|---|---|---|---|---|---|---|---|---|---|---|---|
| | | | | 聲紐 | 韵 | 聲調 | 聲紐 | 韵部 | | 聲紐 | 韵 | 聲調 | 聲紐 | 韵部 |
| 418 | 驚—警 | 警戒、警備 | 驚 | 見 | 庚 | 平 | 見 | 耕 | 警 | 見 | 梗 | 上 | 見 | 耕 |
| 419 | 警—驚 | 驚懼 | 警 | 見 | 梗 | 上 | 見 | 耕 | 驚 | 見 | 庚 | 平 | 見 | 耕 |
| 420 | 敬—擎 | 持握、托舉 | 敬 | 見 | 映 | 去 | 見 | 耕 | 擎 | 群 | 庚 | 平 | 群 | 耕 |
| 421 | 敬—檄 | 校正弓弩的器具 | 敬 | 見 | 映 | 去 | 見 | 耕 | 檄 | 群 | 庚 | 平 | 群 | 耕 |
| 422 | 敬—警 | 警戒 | 敬 | 見 | 映 | 去 | 見 | 耕 | 警 | 見 | 梗 | 上 | 見 | 耕 |
| 423 | 涇—徑 | 途徑、門路 | 涇 | 見 | 徑 | 去 | 見 | 耕 | 徑 | 見 | 徑 | 去 | 見 | 耕 |
| 424 | 頃—傾 | 傾斜 | 頃 | 溪 | 青 | 平 | 溪 | 耕 | 傾 | 溪 | 青 | 平 | 溪 | 耕 |
| 425 | 檠—警 | 警戒、警備 | 檠 | 群 | 辛 | 平 | 群 | 耕 | 警 | 見 | 梗 | 上 | 見 | 耕 |
| 426 | 檠—擎 | 持握、托舉 | 檠 | 群 | 庚 | 平 | 群 | 耕 | 擎 | 群 | 庚 | 平 | 群 | 耕 |
| 427 | 刑—邢 | 姓氏 | 刑 | 匣 | 青 | 平 | 匣 | 耕 | 邢 | 匣 | 青 | 平 | 匣 | 耕 |
| 428 | 刑—形 | 地形 | 刑 | 匣 | 青 | 平 | 匣 | 耕 | 形 | 匣 | 青 | 平 | 匣 | 耕 |
| 429 | 刑—型 | 範式、模型 | 刑 | 匣 | 青 | 平 | 匣 | 耕 | 型 | 匣 | 青 | 平 | 匣 | 耕 |
| 430 | 嬰—罌 | 容器 | 嬰 | 影 | 清 | 平 | 影 | 耕 | 罌 | 影 | 耕 | 平 | 影 | 耕 |
| 431 | 呈—梃 | 連梃 | 呈 | 澄 | 清 | 平 | 定 | 耕 | 梃 | 定 | 迥 | 上 | 定 | 耕 |
| 432 | 庭—挺 | 拔出 | 庭 | 定 | 青 | 平 | 定 | 耕 | 挺 | 定 | 迥 | 上 | 定 | 耕 |
| 433 | 程—桯 | ①桱桯，酒器；②木杠、木柄 | 程 | 澄 | 清 | 平 | 定 | 耕 | 桯 | 透 | 青 | 平 | 透 | 耕 |
| 434 | 靈—苓 | 茯苓，中藥名 | 靈 | 來 | 青 | 平 | 來 | 耕 | 苓 | 來 | 青 | 平 | 來 | 耕 |
| 435 | 令—苓 | 茯苓，中藥名 | 令 | 來 | 勁 | 去 | 來 | 耕 | 苓 | 來 | 青 | 平 | 來 | 耕 |
| 436 | 令—領 | 量詞 | 令 | 來 | 勁 | 去 | 來 | 耕 | 領 | 來 | 靜 | 上 | 來 | 耕 |
| 437 | 令—鴒 | 鶺鴒，鳥名 | 令 | 來 | 勁 | 去 | 來 | 耕 | 鴒 | 來 | 青 | 平 | 來 | 耕 |
| 438 | 政—正 | ①端直，不偏斜；②正法、治罪 | 政 | 章 | 勁 | 去 | 章 | 耕 | 正 | 章 | 勁 | 去 | 章 | 耕 |

（续表）

| 編號 | 通假字字組 | 釋義 | 通假字 | 中古音 | | | 上古音 | | 本字 | 中古音 | | | 上古音 | |
|---|---|---|---|---|---|---|---|---|---|---|---|---|---|---|
| | | | | 聲紐 | 韵 | 聲調 | 聲紐 | 韵部 | | 聲紐 | 韵 | 聲調 | 聲紐 | 韵部 |
| 439 | 成—城 | 城池 | 成 | 禪 | 清 | 平 | 禪 | 耕 | 城 | 禪 | 清 | 平 | 禪 | 耕 |
| 440 | 誠—成 | 形成、變成 | 誠 | 禪 | 清 | 平 | 禪 | 耕 | 成 | 禪 | 清 | 平 | 禪 | 耕 |
| 441 | 誠—城 | 城池 | 誠 | 禪 | 清 | 平 | 禪 | 耕 | 城 | 禪 | 清 | 平 | 禪 | 耕 |
| 442 | 精—謹 | 謹慎 | 精 | 精 | 清 | 平 | 精 | 耕 | 謹 | 見 | 隱 | 上 | 見 | 文 |
| 443 | 請—情 | 實情 | 請 | 清 | 靜 | 上 | 清 | 耕 | 情 | 從 | 清 | 平 | 從 | 耕 |
| 444 | 情—謹 | 謹慎 | 情 | 從 | 清 | 平 | 從 | 耕 | 謹 | 見 | 隱 | 上 | 見 | 文 |
| 445 | 騂—挈 | 提起、懸持 | 騂 | 心 | 清 | 平 | 心 | 耕 | 挈 | 溪 | 屑 | 入 | 溪 | 月 |
| 446 | 姓—性 | 人的本性 | 姓 | 心 | 勁 | 去 | 心 | 耕 | 性 | 心 | 勁 | 去 | 心 | 耕 |
| 447 | 净—静 | 净止、不静 | 净 | 崇 | 耕 | 平 | 崇 | 耕 | 静 | 從 | 静 | 上 | 從 | 耕 |
| 448 | 庰—鉼 | 庰庭，漢里名 | 庰 | 並 | 勁 | 去 | 並 | 耕 | 鉼 | 並 | 青 | 平 | 並 | 耕 |

## 脂部

| 編號 | 通假字字組 | 釋義 | 通假字 | 中古音 | | | 上古音 | | 本字 | 中古音 | | | 上古音 | |
|---|---|---|---|---|---|---|---|---|---|---|---|---|---|---|
| | | | | 聲紐 | 韵 | 聲調 | 聲紐 | 韵部 | | 聲紐 | 韵 | 聲調 | 聲紐 | 韵部 |
| 449 | 抵—擿 | 查對、核校 | 抵 | 端 | 薺 | 上 | 端 | 脂 | 擿 | 知 | 麥 | 入 | 端 | 錫 |
| 450 | 邸/郖—擿 | 查對、核校 | 邸 | 端 | 薺 | 上 | 端 | 脂 | 擿 | 知 | 麥 | 入 | 端 | 錫 |
| 451 | 邸—祁 | 祁連山 | 邸 | 端 | 薺 | 上 | 端 | 脂 | 祁 | 群 | 脂 | 平 | 群 | 脂 |
| 452 | 第—遞 | 遥遠 | 第 | 定 | 霽 | 去 | 定 | 脂 | 遞 | 定 | 霽 | 去 | 定 | 支 |
| 453 | 稚—雉 | 野雞 | 稚 | 澄 | 至 | 去 | 定 | 脂 | 雉 | 澄 | 旨 | 上 | 定 | 脂 |
| 454 | 稺/稚—遲 | 稽留、稽延 | 稺 | 澄 | 至 | 去 | 定 | 脂 | 遲 | 澄 | 脂 | 平 | 定 | 脂 |
| 455 | 尼—昵 | 親近 | 尼 | 泥 | 脂 | 平 | 泥 | 脂 | 昵 | 泥 | 質 | 入 | 泥 | 質 |
| 456 | 梨—犁 | 尉犁國 | 梨 | 來 | 脂 | 平 | 來 | 脂 | 犁 | 來 | 齊 | 平 | 來 | 脂 |
| 457 | 犂—黎 | ①黎陽縣，漢縣名；②黎縣，漢縣名 | 犂 | 來 | 齊 | 平 | 來 | 脂 | 黎 | 來 | 齊 | 平 | 來 | 脂 |
| 458 | 犂—藜 | 蒺藜 | 犂 | 來 | 齊 | 平 | 來 | 脂 | 藜 | 來 | 齊 | 平 | 來 | 脂 |
| 459 | 矢—屎 | 糞便 | 矢 | 書 | 旨 | 上 | 書 | 脂 | 屎 | 書 | 旨 | 上 | 書 | 脂 |
| 460 | 齊—劑 | 稱量藥劑的量詞 | 齊 | 從 | 齊 | 平 | 從 | 脂 | 劑 | 從 | 霽 | 去 | 從 | 脂 |
| 461 | 薺—齏 | 切細的醬菜 | 薺 | 從 | 脂 | 平 | 從 | 脂 | 齏 | 精 | 齊 | 平 | 精 | 脂 |
| 462 | 壐—爾 | 第二人稱代詞 | 壐 | 心 | 紙 | 上 | 心 | 脂 | 爾 | 日 | 紙 | 上 | 日 | 脂 |
| 463 | 陛—壁 | 塢壁，防禦用的土堡土鄣 | 陛 | 並 | 薺 | 上 | 並 | 脂 | 壁 | 幫 | 錫 | 入 | 幫 | 錫 |
| 464 | 比—篦 | 篦子 | 比 | 並 | 至 | 去 | 並 | 脂 | 篦 | 並 | 至 | 去 | 並 | 脂 |
| 465 | 眉—縻 | 縻子，不黏的黍 | 眉 | 明 | 脂 | 平 | 明 | 脂 | 縻 | 明 | 支 | 平 | 明 | 歌 |

## 質部

| 編號 | 通假字字組 | 釋義 | 通假字 | 中古音 | | | 上古音 | | 本字 | 中古音 | | | 上古音 | |
|---|---|---|---|---|---|---|---|---|---|---|---|---|---|---|
| | | | | 聲紐 | 韵 | 聲調 | 聲紐 | 韵部 | | 聲紐 | 韵 | 聲調 | 聲紐 | 韵部 |
| 466 | 利一藜 | 蒺藜 | 利 | 來 | 至 | 去 | 來 | 質 | 藜 | 來 | 齊 | 平 | 來 | 脂 |
| 467 | 桼一七 | 數目字 | 桼 | 清 | 質 | 入 | 清 | 質 | 七 | 清 | 質 | 入 | 清 | 質 |
| 468 | 桼一漆 | ①塗料;②漆樹;③姓氏 | 桼 | 清 | 質 | 入 | 清 | 質 | 漆 | 清 | 質 | 入 | 清 | 質 |
| 469 | 疾一蒺 | 蒺藜 | 疾 | 從 | 質 | 入 | 從 | 質 | 蒺 | 從 | 質 | 入 | 從 | 質 |
| 470 | 駟一伺 | 候望 | 駟 | 心 | 至 | 去 | 心 | 質 | 伺 | 心 | 志 | 去 | 心 | 之 |

## 真部

| 編號 | 通假字字組 | 釋義 | 通假字 | 中古音 | | | 上古音 | | 本字 | 中古音 | | | 上古音 | |
|---|---|---|---|---|---|---|---|---|---|---|---|---|---|---|
| | | | | 聲紐 | 韵 | 聲調 | 聲紐 | 韵部 | | 聲紐 | 韵 | 聲調 | 聲紐 | 韵部 |
| 471 | 玄一懸 | 斷絶 | 玄 | 匣 | 先 | 平 | 匣 | 真 | 懸 | 匣 | 先 | 平 | 匣 | 元 |
| 472 | 玄一眩 | 眼睛昏花 | 玄 | 匣 | 先 | 平 | 匣 | 真 | 眩 | 匣 | 霰 | 去 | 匣 | 真 |
| 473 | 因一鞇 | 車上的墊褥 | 因 | 影 | 真 | 平 | 影 | 真 | 鞇 | 影 | 真 | 平 | 影 | 真 |
| 474 | 淵一弲 | 弓弣和弓簫的中間 | 淵 | 影 | 先 | 平 | 影 | 真 | 弲 | 影 | 先 | 平 | 影 | 真 |
| 475 | 天一忝 | 辱 | 天 | 透 | 先 | 平 | 透 | 真 | 忝 | 透 | 忝 | 上 | 透 | 談 |
| 476 | 搷一鎮 | 安撫 | 搷 | 定 | 先 | 平 | 定 | 真 | 鎮 | 知 | 震 | 去 | 端 | 真 |
| 477 | 闐一填 | 填塞 | 闐 | 定 | 先 | 平 | 定 | 真 | 填 | 定 | 先 | 平 | 定 | 真 |
| 478 | 潤一瞤 | 目動、眼跳 | 潤 | 日 | 稕 | 去 | 日 | 真 | 瞤 | 日 | 諄 | 平 | 日 | 真 |
| 479 | 新一薪 | 木薪 | 新 | 心 | 真 | 平 | 心 | 真 | 薪 | 心 | 真 | 平 | 心 | 真 |
| 480 | 薪一新 | 剛出現的 | 薪 | 心 | 真 | 平 | 心 | 真 | 新 | 心 | 真 | 平 | 心 | 真 |
| 481 | 賓一濱 | 邊境、邊疆 | 賓 | 幫 | 真 | 平 | 幫 | 真 | 濱 | 幫 | 真 | 平 | 幫 | 真 |
| 482 | 編一扁 | 書寫於門户之的文字 | 編 | 幫 | 仙 | 平 | 幫 | 真 | 扁 | 幫 | 銑 | 上 | 幫 | 真 |
| 483 | 編一遍 | 次、回 | 編 | 幫 | 仙 | 平 | 幫 | 真 | 遍 | 幫 | 霰 | 去 | 幫 | 真 |
| 484 | 編一偏 | 邪曲 | 編 | 幫 | 仙 | 平 | 幫 | 真 | 偏 | 滂 | 仙 | 平 | 滂 | 真 |
| 485 | 扁一偏 | ①邪曲;②偏私 | 扁 | 幫 | 銑 | 上 | 幫 | 真 | 偏 | 滂 | 仙 | 平 | 滂 | 真 |
| 486 | 偏一編 | 編織 | 偏 | 滂 | 仙 | 平 | 滂 | 真 | 編 | 幫 | 仙 | 平 | 幫 | 真 |
| 487 | 頻一顰 | 顰眉 | 頻 | 並 | 真 | 平 | 並 | 真 | 顰 | 並 | 真 | 平 | 並 | 真 |

## 微部

| 編號 | 通假字字組 | 釋義 | 通假字 | 中古音 | | | 上古音 | | 本字 | 中古音 | | | 上古音 | |
|---|---|---|---|---|---|---|---|---|---|---|---|---|---|---|
| | | | | 聲紐 | 韻 | 聲調 | 聲紐 | 韻部 | | 聲紐 | 韻 | 聲調 | 聲紐 | 韻部 |
| 488 | 幾一機 | 弩箭上的發動機關 | 幾 | 見 | 微 | 平 | 見 | 微 | 機 | 見 | 微 | 平 | 見 | 微 |
| 489 | 饑一飢 | 腹中空、吃不飽 | 饑 | 見 | 微 | 平 | 見 | 微 | 飢 | 見 | 脂 | 平 | 見 | 脂 |
| 490 | 巍一魏 | 漢郡名 | 巍 | 疑 | 微 | 平 | 疑 | 微 | 魏 | 疑 | 未 | 去 | 疑 | 微 |
| 491 | 希一稀 | 少,不多 | 希 | 曉 | 微 | 平 | 曉 | 微 | 稀 | 曉 | 微 | 平 | 曉 | 微 |
| 492 | 韋一圍 | ①周長;②計算周長的單位 | 韋 | 雲 | 微 | 平 | 匣 | 微 | 圍 | 雲 | 微 | 平 | 匣 | 微 |
| 493 | 韋一葦 | 蘆葦 | 韋 | 雲 | 微 | 平 | 匣 | 微 | 葦 | 雲 | 尾 | 上 | 匣 | 微 |
| 494 | 韋一緯 | 捆綁 | 韋 | 雲 | 微 | 平 | 匣 | 微 | 緯 | 雲 | 未 | 去 | 匣 | 微 |
| 495 | 偉一韋 | 皮革 | 偉 | 雲 | 尾 | 上 | 匣 | 微 | 韋 | 雲 | 微 | 平 | 匣 | 微 |
| 496 | 偉一緯 | 捆綁 | 偉 | 雲 | 尾 | 上 | 匣 | 微 | 緯 | 雲 | 未 | 去 | 匣 | 微 |
| 497 | 廆一鬼 | 狡黠、狡詐 | 廆 | 匣 | 賄 | 上 | 匣 | 微 | 鬼 | 見 | 微 | 上 | 見 | 微 |
| 498 | 葦一韋 | 皮革 | 葦 | 雲 | 尾 | 上 | 匣 | 微 | 韋 | 雲 | 微 | 平 | 匣 | 微 |
| 499 | 偯一哀 | 憐憫 | 偯 | 影 | 尾 | 上 | 影 | 微 | 哀 | 影 | 哈 | 平 | 影 | 微 |
| 500 | 維一唯 | ①句中助詞,作肯定判斷;②副詞,只、獨、僅僅 | 維 | 餘 | 脂 | 平 | 餘 | 微 | 唯 | 餘 | 脂 | 平 | 餘 | 微 |
| 501 | 椎一錐 | 錐子 | 椎 | 澄 | 脂 | 平 | 定 | 微 | 錐 | 章 | 脂 | 平 | 章 | 微 |
| 502 | 纍一罍 | 盥洗的器皿 | 纍 | 來 | 脂 | 平 | 來 | 微 | 罍 | 來 | 灰 | 平 | 來 | 微 |
| 503 | 非一飛 | 飛揚 | 非 | 非 | 微 | 平 | 幫 | 微 | 飛 | 非 | 微 | 平 | 幫 | 微 |
| 504 | 非一誹 | 誹謗 | 非 | 非 | 微 | 平 | 幫 | 微 | 誹 | 非 | 尾 | 上 | 幫 | 微 |
| 505 | 悲一裴 | 揤裴,侯國名 | 悲 | 幫 | 脂 | 平 | 幫 | 微 | 裴 | 並 | 灰 | 平 | 並 | 微 |
| 506 | 匪一非 | 不是 | 匪 | 非 | 尾 | 上 | 幫 | 微 | 非 | 非 | 微 | 平 | 幫 | 微 |
| 507 | 蜚一飛 | ①飛廉,中藥名;②飛翔 | 蜚 | 非 | 尾 | 上 | 幫 | 微 | 飛 | 非 | 微 | 平 | 幫 | 微 |
| 508 | 菲一屝 | 草鞋 | 菲 | 敷 | 尾 | 上 | 滂 | 微 | 屝 | 奉 | 未 | 去 | 並 | 微 |
| 509 | 斐一飛 | 飛翔 | 斐 | 敷 | 尾 | 上 | 滂 | 微 | 飛 | 非 | 微 | 平 | 幫 | 微 |
| 510 | 肥一屝 | 草鞋 | 肥 | 並 | 微 | 平 | 並 | 微 | 屝 | 奉 | 未 | 去 | 並 | 微 |

## 物部

| 編號 | 通假字字組 | 釋義 | 通假字 | 中古音 | | | 上古音 | | 本字 | 中古音 | | | 上古音 | |
|---|---|---|---|---|---|---|---|---|---|---|---|---|---|---|
| | | | | 聲紐 | 韻 | 聲調 | 聲紐 | 韻部 | | 聲紐 | 韻 | 聲調 | 聲紐 | 韻部 |
| 511 | 既一溉 | 灌溉 | 既 | 見 | 未 | 去 | 見 | 物 | 溉 | 見 | 代 | 去 | 見 | 物 |
| 512 | 溉一慨 | 感慨 | 溉 | 見 | 代 | 去 | 見 | 物 | 慨 | 溪 | 代 | 去 | 溪 | 物 |
| 513 | 訖一迄 | 至、到 | 訖 | 見 | 迄 | 入 | 見 | 物 | 迄 | 曉 | 迄 | 入 | 曉 | 物 |
| 514 | 忽一觳 | 觳觫,顫抖貌 | 忽 | 曉 | 没 | 入 | 曉 | 物 | 觳 | 匣 | 屋 | 入 | 匣 | 屋 |

（续表）

| 編號 | 通假字字組 | 釋義 | 通假字 | 中古音 | | | 上古音 | | 本字 | 中古音 | | | 上古音 | |
|---|---|---|---|---|---|---|---|---|---|---|---|---|---|---|
| | | | | 聲紐 | 韻 | 聲調 | 聲紐 | 韻部 | | 聲紐 | 韻 | 聲調 | 聲紐 | 韻部 |
| 515 | 胃—渭 | 渭城 | 胃 | 雲 | 未 | 去 | 匣 | 物 | 渭 | 雲 | 未 | 去 | 匣 | 物 |
| 516 | 謂—渭 | 渭城 | 謂 | 雲 | 未 | 去 | 匣 | 物 | 渭 | 雲 | 未 | 去 | 匣 | 物 |
| 517 | 愛—薆 | 隱蔽、遮掩 | 愛 | 影 | 代 | 去 | 影 | 物 | 薆 | 影 | 代 | 去 | 影 | 物 |
| 518 | 絀—黜 | 貶黜 | 絀 | 徹 | 術 | 入 | 透 | 物 | 黜 | 徹 | 術 | 入 | 透 | 物 |
| 519 | 隊—燧 | 烽燧 | 隊 | 定 | 隊 | 去 | 定 | 物 | 燧 | 邪 | 至 | 去 | 邪 | 物 |
| 520 | 内—納 | 納入 | 内 | 泥 | 隊 | 去 | 泥 | 物 | 納 | 泥 | 合 | 入 | 泥 | 緝 |
| 521 | 朮—繸 | 量詞,絲一百六十縷爲一繸 | 朮 | 船 | 術 | 入 | 船 | 物 | 繸 | 邪 | 至 | 去 | 邪 | 物 |
| 522 | 卒—促 | 督促、催促 | 卒 | 精 | 没 | 入 | 精 | 物 | 促 | 清 | 燭 | 入 | 清 | 屋 |
| 523 | 卒—瘁 | 病困 | 卒 | 精 | 没 | 入 | 精 | 物 | 瘁 | 從 | 至 | 去 | 從 | 物 |
| 524 | 萃—猝 | 倉猝 | 萃 | 從 | 至 | 去 | 從 | 物 | 猝 | 清 | 没 | 入 | 清 | 物 |
| 525 | 萃—瘁 | 病困 | 萃 | 從 | 至 | 去 | 從 | 物 | 瘁 | 從 | 至 | 去 | 從 | 物 |
| 526 | 萃—碎 | 破碎 | 萃 | 從 | 至 | 去 | 從 | 物 | 碎 | 心 | 隊 | 去 | 心 | 物 |
| 527 | 遂—燧 | ①烽燧;<br>②取火工具 | 遂 | 邪 | 至 | 去 | 邪 | 物 | 燧 | 邪 | 至 | 去 | 邪 | 物 |
| 528 | 隧—燧 | ①烽燧;<br>②取火工具 | 隧 | 邪 | 至 | 去 | 邪 | 物 | 燧 | 邪 | 至 | 去 | 邪 | 物 |
| 529 | 費—弼 | 矯正弓弩的器具 | 費 | 敷 | 未 | 去 | 滂 | 物 | 弼 | 並 | 質 | 入 | 並 | 質 |
| 530 | 未—寐 | 睡着 | 未 | 微 | 未 | 去 | 明 | 物 | 寐 | 明 | 至 | 去 | 明 | 物 |
| 531 | 勿—無 | 没有,和“有”相對 | 勿 | 微 | 物 | 入 | 明 | 物 | 無 | 微 | 虞 | 平 | 明 | 魚 |

## 文部

| 編號 | 通假字字組 | 釋義 | 通假字 | 中古音 | | | 上古音 | | 本字 | 中古音 | | | 上古音 | |
|---|---|---|---|---|---|---|---|---|---|---|---|---|---|---|
| | | | | 聲紐 | 韻 | 聲調 | 聲紐 | 韻部 | | 聲紐 | 韻 | 聲調 | 聲紐 | 韻部 |
| 532 | 根—艮 | 方位名,指東北方 | 根 | 見 | 痕 | 平 | 見 | 文 | 艮 | 見 | 恨 | 去 | 見 | 文 |
| 533 | 靳/蘄—旂 | 旂旗 | 靳 | 見 | 焮 | 去 | 見 | 文 | 旂 | 群 | 微 | 平 | 群 | 文 |
| 534 | 狠—墾 | 開墾 | 狠 | 溪 | 很 | 上 | 溪 | 文 | 墾 | 溪 | 很 | 上 | 溪 | 文 |
| 535 | 困—頓 | 損壞 | 困 | 溪 | 慁 | 去 | 溪 | 文 | 頓 | 端 | 慁 | 去 | 端 | 文 |
| 536 | 堇—勤 | 勤勞 | 堇 | 群 | 諄 | 平 | 群 | 文 | 勤 | 群 | 欣 | 平 | 群 | 文 |
| 537 | 慬—謹 | 謹慎 | 慬 | 群 | 欣 | 平 | 群 | 文 | 謹 | 見 | 隱 | 上 | 見 | 文 |
| 538 | 廑—僅 | 少 | 廑 | 群 | 震 | 去 | 群 | 文 | 僅 | 群 | 震 | 去 | 群 | 文 |
| 539 | 翬—徽 | 旗幟、旂旗 | 翬 | 曉 | 微 | 平 | 曉 | 文 | 徽 | 曉 | 微 | 平 | 曉 | 微 |
| 540 | 勳—熏 | 熱氣上升,熏蒸 | 勳 | 曉 | 文 | 平 | 曉 | 文 | 熏 | 曉 | 文 | 平 | 曉 | 文 |
| 541 | 敦—端 | 端頭 | 敦 | 端 | 魂 | 平 | 端 | 文 | 端 | 端 | 桓 | 平 | 端 | 元 |
| 542 | 庉—⿱𥫗屯 | 儲存穀物的器具 | 庉 | 定 | 混 | 上 | 定 | 文 | ⿱𥫗屯 | 定 | 混 | 上 | 定 | 文 |
| 543 | 忍—刃 | 刀刃 | 忍 | 日 | 軫 | 上 | 日 | 文 | 刃 | 日 | 震 | 去 | 日 | 文 |

（续表）

| 編號 | 通假字字組 | 釋義 | 通假字 | 中古音 | | | 上古音 | | 本字 | 中古音 | | | 上古音 | |
|---|---|---|---|---|---|---|---|---|---|---|---|---|---|---|
| | | | | 聲紐 | 韵 | 聲調 | 聲紐 | 韵部 | | 聲紐 | 韵 | 聲調 | 聲紐 | 韵部 |
| 544 | 尊—緵 | 八十緵 | 尊 | 精 | 魂 | 平 | 精 | 文 | 緵 | 精 | 東 | 平 | 精 | 東 |
| 545 | 尊—鑽 | 取火工具 | 尊 | 精 | 魂 | 平 | 精 | 文 | 鑽 | 精 | 換 | 去 | 精 | 元 |
| 546 | 循—帾 | 盛弩的袋子 | 循 | 邪 | 諄 | 平 | 邪 | 文 | 帾 | 知 | 諄 | 平 | 端 | 文 |
| 547 | 循—盾 | 盾牌 | 循 | 邪 | 諄 | 平 | 邪 | 文 | 盾 | 定 | 混 | 上 | 定 | 文 |
| 548 | 循—巡 | 巡視 | 循 | 邪 | 諄 | 平 | 邪 | 文 | 巡 | 邪 | 諄 | 平 | 邪 | 文 |
| 549 | 文—紋 | 紋理 | 文 | 明 | 文 | 平 | 明 | 文 | 紋 | 明 | 文 | 平 | 明 | 文 |
| 550 | 門—蕪 | 蕪菁，俗稱大頭菜 | 門 | 明 | 魂 | 平 | 明 | 文 | 蕪 | 微 | 虞 | 平 | 明 | 魚 |
| 551 | 穈—縻 | 縻子，不黏的黍 | 穈 | 明 | 魂 | 平 | 明 | 文 | 縻 | 明 | 支 | 平 | 明 | 歌 |

## 歌部

| 編號 | 通假字字組 | 釋義 | 通假字 | 中古音 | | | 上古音 | | 本字 | 中古音 | | | 上古音 | |
|---|---|---|---|---|---|---|---|---|---|---|---|---|---|---|
| | | | | 聲紐 | 韵 | 聲調 | 聲紐 | 韵部 | | 聲紐 | 韵 | 聲調 | 聲紐 | 韵部 |
| 552 | 詛—狐 | 狐胡，西域故國 | 詛 | 見 | 過 | 去 | 見 | 歌 | 狐 | 匣 | 模 | 平 | 匣 | 魚 |
| 553 | 駕—加 | 增加 | 駕 | 見 | 禡 | 去 | 見 | 歌 | 加 | 見 | 麻 | 平 | 見 | 歌 |
| 554 | 義—我 | 第一人稱代詞 | 義 | 疑 | 寘 | 去 | 疑 | 歌 | 我 | 疑 | 哿 | 上 | 疑 | 歌 |
| 555 | 何—苛 | 苛刻 | 何 | 匣 | 歌 | 平 | 匣 | 歌 | 苛 | 匣 | 歌 | 平 | 匣 | 歌 |
| 556 | 河—苛 | 苛刻 | 河 | 匣 | 歌 | 平 | 匣 | 歌 | 苛 | 匣 | 歌 | 平 | 匣 | 歌 |
| 557 | 隋—隳 | 敗壞 | 隋 | 定 | 果 | 上 | 定 | 歌 | 隳 | 曉 | 支 | 平 | 曉 | 歌 |
| 558 | 隋—橢 | 橢圓 | 隋 | 定 | 果 | 上 | 定 | 歌 | 橢 | 透 | 果 | 上 | 透 | 歌 |
| 559 | 隋—墮 | 墜落 | 隋 | 定 | 果 | 上 | 定 | 歌 | 墮 | 定 | 果 | 上 | 定 | 歌 |
| 560 | 隋—隨 | 跟隨 | 隋 | 定 | 果 | 上 | 定 | 歌 | 隨 | 邪 | 支 | 平 | 邪 | 歌 |
| 561 | 佗/他—駝 | 駱駝 | 佗 | 定 | 歌 | 平 | 定 | 歌 | 駝 | 定 | 歌 | 平 | 定 | 歌 |
| 562 | 離—籬 | 藩籬 | 離 | 來 | 支 | 平 | 來 | 歌 | 籬 | 來 | 支 | 平 | 來 | 歌 |
| 563 | 施—弛 | 鬆懈、鬆弛 | 施 | 書 | 支 | 平 | 書 | 歌 | 弛 | 書 | 紙 | 上 | 書 | 歌 |
| 564 | 垂—甀 | 取水器皿 | 垂 | 禪 | 支 | 平 | 禪 | 歌 | 甀 | 澄 | 寘 | 去 | 定 | 歌 |
| 565 | 佐—左 | 方位名 | 佐 | 精 | 箇 | 去 | 精 | 歌 | 左 | 精 | 哿 | 上 | 精 | 歌 |
| 566 | 坐—座 | ①座位；②底座 | 坐 | 從 | 果 | 上 | 從 | 歌 | 座 | 從 | 果 | 上 | 從 | 歌 |
| 567 | 坐—趖 | 太陽偏西下移 | 坐 | 從 | 果 | 上 | 從 | 歌 | 趖 | 心 | 戈 | 平 | 心 | 歌 |
| 568 | 隨—惰 | 懶惰、懈怠 | 隨 | 邪 | 支 | 平 | 邪 | 歌 | 惰 | 定 | 果 | 上 | 定 | 歌 |
| 569 | 隨—墮 | 墜落 | 隨 | 邪 | 支 | 平 | 邪 | 歌 | 墮 | 定 | 果 | 上 | 定 | 歌 |
| 570 | 杈—釵 | 婦女頭飾，金釵 | 杈 | 初 | 麻 | 平 | 初 | 歌 | 釵 | 初 | 佳 | 平 | 初 | 歌 |
| 571 | 莎—沙 | 沙漠 | 莎 | 山 | 麻 | 平 | 山 | 歌 | 沙 | 山 | 麻 | 平 | 山 | 歌 |
| 572 | 穈—縻 | 縻子，不黏的黍 | 穈 | 明 | 支 | 平 | 明 | 歌 | 縻 | 明 | 支 | 平 | 明 | 歌 |
| 573 | 靡—磨 | 摩擦 | 靡 | 明 | 紙 | 上 | 明 | 歌 | 磨 | 明 | 戈 | 平 | 明 | 歌 |
| 574 | 靡—糜 | ①爛、碎；②分散 | 靡 | 明 | 紙 | 上 | 明 | 歌 | 糜 | 明 | 支 | 平 | 明 | 歌 |
| 575 | 靡—縻 | 縻子，不黏的黍 | 靡 | 明 | 紙 | 上 | 明 | 歌 | 縻 | 明 | 支 | 平 | 明 | 歌 |

## 月部

| 編號 | 通假字字組 | 釋義 | 通假字 | 中古音 | | | 上古音 | | 本字 | 中古音 | | | 上古音 | |
|---|---|---|---|---|---|---|---|---|---|---|---|---|---|---|
| | | | | 聲紐 | 韵 | 聲調 | 聲紐 | 韵部 | | 聲紐 | 韵 | 聲調 | 聲紐 | 韵部 |
| 576 | 介一芥 | 芥菜 | 介 | 見 | 怪 | 去 | 見 | 月 | 芥 | 見 | 怪 | 去 | 見 | 月 |
| 577 | 夬一决 | ①斷裂;②判决、斷案 | 夬 | 見 | 屑 | 入 | 見 | 月 | 决 | 見 | 屑 | 入 | 見 | 月 |
| 578 | 决一訣 | 訣别 | 决 | 見 | 屑 | 入 | 見 | 月 | 訣 | 見 | 屑 | 入 | 見 | 月 |
| 579 | 决一缺 | 破裂 | 决 | 見 | 屑 | 入 | 見 | 月 | 缺 | 溪 | 薛 | 入 | 溪 | 月 |
| 580 | 栝一果 | 果赢,植物名 | 栝 | 見 | 末 | 入 | 見 | 月 | 果 | 見 | 果 | 上 | 見 | 歌 |
| 581 | 絜一潔 | 清潔、乾净 | 絜 | 見 | 屑 | 入 | 見 | 月 | 潔 | 見 | 屑 | 入 | 見 | 月 |
| 582 | 絜一栔 | 刻 | 絜 | 見 | 屑 | 入 | 見 | 月 | 栔 | 溪 | 霽 | 去 | 溪 | 月 |
| 583 | 挈一栔 | 刻 | 挈 | 溪 | 屑 | 入 | 溪 | 月 | 栔 | 溪 | 霽 | 去 | 溪 | 月 |
| 584 | 艾一刈 | 割草 | 艾 | 疑 | 泰 | 去 | 疑 | 月 | 刈 | 疑 | 廢 | 去 | 疑 | 月 |
| 585 | 埶一勢 | 地勢、形勢 | 埶 | 疑 | 祭 | 去 | 疑 | 月 | 勢 | 書 | 祭 | 去 | 書 | 月 |
| 586 | 櫱一糵 | 酒麯 | 櫱 | 疑 | 薛 | 入 | 疑 | 月 | 糵 | 疑 | 薛 | 入 | 疑 | 月 |
| 587 | 兑一脱 | 脱落,解開 | 兑 | 餘 | 薛 | 入 | 餘 | 月 | 脱 | 透 | 末 | 入 | 透 | 月 |
| 588 | 厲一裂 | 分散、分裂 | 厲 | 來 | 祭 | 去 | 來 | 月 | 裂 | 來 | 薛 | 入 | 來 | 月 |
| 589 | 幣一敝 | 破爛 | 幣 | 並 | 祭 | 去 | 並 | 月 | 敝 | 並 | 祭 | 去 | 並 | 月 |
| 590 | 幣一蔽 | 屏障 | 幣 | 並 | 祭 | 去 | 並 | 月 | 蔽 | 幫 | 祭 | 去 | 幫 | 月 |
| 591 | 伐一乏 | 缺乏 | 伐 | 並 | 月 | 入 | 並 | 月 | 乏 | 並 | 乏 | 入 | 並 | 葉 |

## 元部

| 編號 | 通假字字組 | 釋義 | 通假字 | 中古音 | | | 上古音 | | 本字 | 中古音 | | | 上古音 | |
|---|---|---|---|---|---|---|---|---|---|---|---|---|---|---|
| | | | | 聲紐 | 韵 | 聲調 | 聲紐 | 韵部 | | 聲紐 | 韵 | 聲調 | 聲紐 | 韵部 |
| 592 | 干一杆 | 箭的主體部分,即箭杆 | 干 | 見 | 寒 | 平 | 見 | 元 | 杆 | 見 | 寒 | 平 | 見 | 元 |
| 593 | 干一竿 | 竹竿 | 干 | 見 | 寒 | 平 | 見 | 元 | 竿 | 見 | 寒 | 平 | 見 | 元 |
| 594 | 干一乾 | 乾燥 | 干 | 見 | 寒 | 平 | 見 | 元 | 乾 | 見 | 寒 | 平 | 見 | 元 |
| 595 | 官一涫 | 樂涫,漢縣名,屬酒泉郡 | 官 | 見 | 桓 | 平 | 見 | 元 | 涫 | 見 | 桓 | 平 | 見 | 元 |
| 596 | 官一關 | 要塞、關口 | 官 | 見 | 桓 | 平 | 見 | 元 | 關 | 見 | 删 | 平 | 見 | 元 |
| 597 | 菅一官 | 官府 | 菅 | 見 | 删 | 平 | 見 | 元 | 官 | 見 | 桓 | 平 | 見 | 元 |
| 598 | 菅一棺 | 棺材 | 菅 | 見 | 删 | 平 | 見 | 元 | 棺 | 見 | 桓 | 平 | 見 | 元 |
| 599 | 莞一官 | 官府 | 莞 | 見 | 桓 | 平 | 見 | 元 | 官 | 見 | 桓 | 平 | 見 | 元 |
| 600 | 莞一冠 | 籣的蓋子 | 莞 | 見 | 桓 | 平 | 見 | 元 | 冠 | 見 | 桓 | 平 | 見 | 元 |
| 601 | 關一彎 | 彎曲 | 關 | 見 | 删 | 平 | 見 | 元 | 彎 | 影 | 删 | 平 | 影 | 元 |
| 602 | 寬一髖 | 臀部 | 寬 | 溪 | 桓 | 平 | 溪 | 元 | 髖 | 溪 | 桓 | 平 | 溪 | 元 |
| 603 | 券一帣 | 有底的囊 | 券 | 溪 | 願 | 去 | 溪 | 元 | 帣 | 見 | 線 | 去 | 見 | 元 |

(续表)

| 編號 | 通假字字組 | 釋義 | 通假字 | 中古音 | | | 上古音 | | 本字 | 中古音 | | | 上古音 | |
|---|---|---|---|---|---|---|---|---|---|---|---|---|---|---|
| | | | | 聲紐 | 韵 | 聲調 | 聲紐 | 韵部 | | 聲紐 | 韵 | 聲調 | 聲紐 | 韵部 |
| 604 | 券—勸 | 勸勉、勉勵 | 券 | 溪 | 願 | 去 | 溪 | 元 | 勸 | 溪 | 願 | 去 | 溪 | 元 |
| 605 | 卷—帣 | 有底的囊 | 卷 | 群 | 仙 | 平 | 群 | 元 | 帣 | 見 | 線 | 去 | 見 | 元 |
| 606 | 卷—圈 | 羊圈 | 卷 | 群 | 仙 | 平 | 群 | 元 | 圈 | 群 | 獮 | 上 | 群 | 元 |
| 607 | 元—原 | 太原,漢郡名 | 元 | 疑 | 元 | 平 | 疑 | 元 | 原 | 疑 | 元 | 平 | 疑 | 元 |
| 608 | 研—硯 | 硯台 | 研 | 疑 | 先 | 平 | 疑 | 元 | 硯 | 疑 | 霰 | 去 | 疑 | 元 |
| 609 | 原—元 | 元城,漢縣名 | 原 | 疑 | 元 | 平 | 疑 | 元 | 元 | 疑 | 元 | 平 | 疑 | 元 |
| 610 | 讞—獻 | 進獻、舉薦 | 讞 | 疑 | 獮 | 上 | 疑 | 元 | 獻 | 曉 | 願 | 去 | 曉 | 元 |
| 611 | 軒—靬 | 驪靬縣 | 軒 | 曉 | 元 | 平 | 曉 | 元 | 靬 | 見 | 元 | 平 | 見 | 元 |
| 612 | 驩—歡 | 歡喜 | 驩 | 曉 | 桓 | 平 | 曉 | 元 | 歡 | 曉 | 桓 | 平 | 曉 | 元 |
| 613 | 爰—袁 | 姓氏 | 爰 | 雲 | 元 | 平 | 匣 | 元 | 轅 | 雲 | 元 | 平 | 匣 | 元 |
| 614 | 爰—轅 | 車轅 | 爰 | 雲 | 元 | 平 | 匣 | 元 | 轅 | 雲 | 元 | 平 | 匣 | 元 |
| 615 | 縣—懸 | 懸掛 | 縣 | 匣 | 先 | 平 | 匣 | 元 | 懸 | 匣 | 先 | 平 | 匣 | 元 |
| 616 | 環—還 | 返還 | 環 | 匣 | 刪 | 平 | 匣 | 元 | 還 | 匣 | 刪 | 平 | 匣 | 元 |
| 617 | 汗—寒 | 伤寒,疾病名 | 汗 | 匣 | 翰 | 去 | 匣 | 元 | 寒 | 匣 | 寒 | 平 | 匣 | 元 |
| 618 | 豢—帣 | 有底的囊 | 豢 | 匣 | 諫 | 去 | 匣 | 元 | 帣 | 見 | 線 | 去 | 見 | 元 |
| 619 | 宛—剜 | 刻、挖 | 宛 | 影 | 阮 | 上 | 影 | 元 | 剜 | 影 | 桓 | 平 | 影 | 元 |
| 620 | 宛—菀 | 紫菀,中藥名 | 宛 | 影 | 阮 | 上 | 影 | 元 | 菀 | 影 | 阮 | 上 | 影 | 元 |
| 621 | 匽—偃 | 偃師,漢縣名 | 匽 | 影 | 阮 | 上 | 影 | 元 | 偃 | 影 | 阮 | 上 | 影 | 元 |
| 622 | 菀—苑 | 苑陵,漢縣名 | 菀 | 影 | 阮 | 上 | 影 | 元 | 苑 | 影 | 阮 | 上 | 影 | 元 |
| 623 | 案—鞌 | 馬鞍子 | 案 | 影 | 翰 | 去 | 影 | 元 | 鞌 | 影 | 寒 | 平 | 影 | 元 |
| 624 | 案—按 | ①壓;②擊打 | 案 | 影 | 翰 | 去 | 影 | 元 | 按 | 影 | 翰 | 去 | 影 | 元 |
| 625 | 燕—弳 | 弓末彎曲處 | 燕 | 影 | 霰 | 去 | 影 | 元 | 弳 | 見 | 霰 | 去 | 見 | 文 |
| 626 | 單—殫 | 盡 | 單 | 端 | 寒 | 平 | 端 | 元 | 殫 | 端 | 寒 | 平 | 端 | 元 |
| 627 | 單—襌 | 單衣 | 單 | 端 | 寒 | 平 | 端 | 元 | 襌 | 端 | 寒 | 平 | 端 | 元 |
| 628 | 亶—檀 | 檀木 | 亶 | 端 | 旱 | 上 | 端 | 元 | 檀 | 定 | 寒 | 平 | 定 | 元 |
| 629 | 亶—氈 | 氈子、毛氈 | 亶 | 端 | 旱 | 上 | 端 | 元 | 氈 | 章 | 仙 | 平 | 章 | 元 |
| 630 | 傳—轉 | 轉動、旋轉 | 傳 | 澄 | 線 | 去 | 定 | 元 | 轉 | 知 | 獮 | 上 | 端 | 元 |
| 631 | 闌—蘭 | 屋蘭縣 | 闌 | 來 | 寒 | 平 | 來 | 元 | 蘭 | 來 | 寒 | 平 | 來 | 元 |
| 632 | 闌—䦨 | 擅自出入 | 闌 | 來 | 寒 | 平 | 來 | 元 | 䦨 | 來 | 寒 | 平 | 來 | 元 |
| 633 | 蘭—難 | 難過 | 蘭 | 來 | 寒 | 平 | 來 | 元 | 難 | 泥 | 寒 | 平 | 泥 | 元 |
| 634 | 蘭—欄 | 欄杆 | 蘭 | 來 | 寒 | 平 | 來 | 元 | 欄 | 來 | 寒 | 平 | 來 | 元 |
| 635 | 蘭—䦨 | 擅自出入 | 蘭 | 來 | 寒 | 平 | 來 | 元 | 䦨 | 來 | 寒 | 平 | 來 | 元 |
| 636 | 䜌—蠻 | 對南方少數民族的貶稱 | 䜌 | 來 | 桓 | 平 | 來 | 元 | 蠻 | 明 | 刪 | 平 | 明 | 元 |
| 637 | 繕—旃 | 曲柄旗 | 繕 | 禪 | 線 | 去 | 禪 | 元 | 旃 | 章 | 仙 | 平 | 章 | 元 |
| 638 | 繕—擅 | 擅自、任意 | 繕 | 禪 | 線 | 去 | 禪 | 元 | 擅 | 禪 | 線 | 去 | 禪 | 元 |
| 639 | 籫—簪 | 髮簪 | 籫 | 精 | 緩 | 上 | 精 | 元 | 簪 | 精 | 覃 | 平 | 精 | 侵 |

（续表）

| 編號 | 通假字字組 | 釋義 | 通假字 | 中古音 | | | 上古音 | | 本字 | 中古音 | | | 上古音 | |
|---|---|---|---|---|---|---|---|---|---|---|---|---|---|---|
| | | | | 聲紐 | 韵 | 聲調 | 聲紐 | 韵部 | | 聲紐 | 韵 | 聲調 | 聲紐 | 韵部 |
| 640 | 泉—煎 | 大煎都，候官名 | 泉 | 從 | 仙 | 平 | 從 | 元 | 煎 | 精 | 仙 | 平 | 精 | 元 |
| 641 | 前—煎 | 大煎都，候官名 | 前 | 從 | 先 | 平 | 從 | 元 | 煎 | 精 | 仙 | 平 | 精 | 元 |
| 642 | 算—筭 | 古代計數的籌碼 | 算 | 心 | 緩 | 上 | 心 | 元 | 筭 | 心 | 换 | 去 | 心 | 元 |
| 643 | 筭—算 | 算賦，漢代賦税的一種 | 筭 | 心 | 换 | 去 | 心 | 元 | 算 | 心 | 緩 | 上 | 心 | 元 |
| 644 | 邊—偏 | 邪曲 | 邊 | 幫 | 先 | 平 | 幫 | 元 | 偏 | 滂 | 仙 | 平 | 滂 | 真 |
| 645 | 反—旛 | 旌旗 | 反 | 非 | 阮 | 上 | 幫 | 元 | 旛 | 敷 | 元 | 平 | 滂 | 元 |
| 646 | 反—返 | 返回 | 反 | 非 | 阮 | 上 | 幫 | 元 | 返 | 非 | 阮 | 上 | 幫 | 元 |
| 647 | 半—絆 | 用繩繫足 | 半 | 幫 | 换 | 去 | 幫 | 元 | 絆 | 幫 | 换 | 去 | 幫 | 元 |
| 648 | 變—徧 | 周帀、周遍 | 變 | 幫 | 線 | 去 | 幫 | 元 | 徧 | 幫 | 霰 | 去 | 幫 | 真 |
| 649 | 潘—藩 | 屏障 | 潘 | 滂 | 桓 | 平 | 滂 | 元 | 藩 | 非 | 元 | 平 | 幫 | 元 |
| 650 | 潘—煩 | 煩懣 | 潘 | 滂 | 桓 | 平 | 滂 | 元 | 煩 | 奉 | 元 | 平 | 並 | 元 |
| 651 | 般—槃 | 盛物器皿 | 般 | 並 | 桓 | 平 | 並 | 元 | 槃 | 並 | 桓 | 平 | 並 | 元 |
| 652 | 便—偏 | 傾斜 | 便 | 並 | 仙 | 平 | 並 | 元 | 偏 | 滂 | 仙 | 平 | 滂 | 真 |
| 653 | 番—蕃 | 多、豐收 | 番 | 奉 | 元 | 平 | 並 | 元 | 蕃 | 奉 | 元 | 平 | 並 | 元 |
| 654 | 番—煩 | 煩懣、煩躁 | 番 | 奉 | 元 | 平 | 並 | 元 | 煩 | 奉 | 元 | 平 | 並 | 元 |
| 655 | 煩—燔 | 焚燒 | 煩 | 奉 | 元 | 平 | 並 | 元 | 燔 | 奉 | 元 | 平 | 並 | 元 |
| 656 | 燔—礬 | 礬石，一種藥 | 燔 | 奉 | 元 | 平 | 並 | 元 | 礬 | 奉 | 元 | 平 | 並 | 元 |
| 657 | 蘩—繁 | 繁陽，地名 | 蘩 | 奉 | 元 | 平 | 並 | 元 | 繁 | 奉 | 元 | 平 | 並 | 元 |
| 658 | 畔—叛 | 背叛 | 畔 | 並 | 换 | 去 | 並 | 元 | 叛 | 並 | 换 | 去 | 並 | 元 |
| 659 | 畔—範 | 範縣 | 畔 | 並 | 换 | 去 | 並 | 元 | 範 | 並 | 范 | 上 | 並 | 談 |
| 660 | 辨—徧 | 周帀、周遍 | 辨 | 並 | 獮 | 上 | 並 | 元 | 徧 | 幫 | 霰 | 去 | 幫 | 真 |
| 661 | 辨—辦 | 辦理、備辦 | 辨 | 並 | 獮 | 上 | 並 | 元 | 辦 | 並 | 襇 | 去 | 並 | 元 |
| 662 | 辨—辯 | ①治理；②辯白、辯説 | 辨 | 並 | 獮 | 上 | 並 | 元 | 辯 | 並 | 獮 | 上 | 並 | 元 |
| 663 | 縵—慢 | 鬆弛 | 縵 | 明 | 换 | 去 | 明 | 元 | 慢 | 明 | 諫 | 去 | 明 | 元 |

## 緝部

| 編號 | 通假字字組 | 釋義 | 通假字 | 中古音 | | | 上古音 | | 本字 | 中古音 | | | 上古音 | |
|---|---|---|---|---|---|---|---|---|---|---|---|---|---|---|
| | | | | 聲紐 | 韵 | 聲調 | 聲紐 | 韵部 | | 聲紐 | 韵 | 聲調 | 聲紐 | 韵部 |
| 664 | 及—汲 | 取水 | 及 | 群 | 緝 | 入 | 群 | 緝 | 汲 | 見 | 緝 | 入 | 見 | 緝 |
| 665 | 合—答 | 應答、回答 | 合 | 匣 | 合 | 入 | 匣 | 緝 | 答 | 端 | 合 | 入 | 端 | 緝 |
| 666 | 邑—悒 | 憂愁不安 | 邑 | 影 | 緝 | 入 | 影 | 緝 | 悒 | 影 | 緝 | 入 | 影 | 緝 |
| 667 | 沓—鞜 | 皮鞋 | 沓 | 定 | 合 | 入 | 定 | 緝 | 鞜 | 透 | 合 | 入 | 透 | 緝 |
| 668 | 遝—沓 | 聚集、重叠 | 遝 | 定 | 合 | 入 | 定 | 緝 | 沓 | 定 | 合 | 入 | 定 | 緝 |
| 669 | 立—泣 | 哭泣 | 立 | 來 | 緝 | 入 | 來 | 緝 | 泣 | 溪 | 緝 | 入 | 溪 | 緝 |
| 670 | 習—襲 | 重衣 | 習 | 邪 | 緝 | 入 | 邪 | 緝 | 襲 | 邪 | 緝 | 入 | 邪 | 緝 |

## 侵部

| 編號 | 通假字字組 | 釋義 | 通假字 | 中古音 | | | 上古音 | | 本字 | 中古音 | | | 上古音 | |
|---|---|---|---|---|---|---|---|---|---|---|---|---|---|---|
| | | | | 聲紐 | 韵 | 聲調 | 聲紐 | 韵部 | | 聲紐 | 韵 | 聲調 | 聲紐 | 韵部 |
| 671 | 減—緘 | 捆扎 | 減 | 見 | 豏 | 上 | 見 | 侵 | 緘 | 見 | 咸 | 平 | 見 | 侵 |
| 672 | 減—薦 | 墊、襯 | 減 | 見 | 豏 | 上 | 見 | 侵 | 薦 | 精 | 霰 | 去 | 精 | 文 |
| 673 | 吟—噤 | 閉口 | 吟 | 疑 | 侵 | 平 | 疑 | 侵 | 噤 | 群 | 寑 | 上 | 群 | 侵 |
| 674 | 咸—函 | 匣子 | 咸 | 匣 | 咸 | 平 | 匣 | 侵 | 函 | 匣 | 覃 | 平 | 匣 | 侵 |
| 675 | 荏—任 | 擔任之具 | 荏 | 日 | 寑 | 上 | 日 | 侵 | 任 | 日 | 沁 | 去 | 日 | 侵 |
| 676 | 任—賃 | 僱傭 | 任 | 日 | 沁 | 去 | 日 | 侵 | 賃 | 泥 | 沁 | 去 | 泥 | 侵 |
| 677 | 晉—簪 | 髮簪 | 晉 | 清 | 感 | 上 | 清 | 侵 | 簪 | 精 | 覃 | 平 | 精 | 侵 |
| 678 | 參—驂 | 駕車時位於兩旁的馬 | 參 | 心 | 談 | 平 | 心 | 侵 | 驂 | 清 | 覃 | 平 | 清 | 侵 |

## 葉部

| 編號 | 通假字字組 | 釋義 | 通假字 | 中古音 | | | 上古音 | | 本字 | 中古音 | | | 上古音 | |
|---|---|---|---|---|---|---|---|---|---|---|---|---|---|---|
| | | | | 聲紐 | 韵 | 聲調 | 聲紐 | 韵部 | | 聲紐 | 韵 | 聲調 | 聲紐 | 韵部 |
| 679 | 梜—莢 | 榆莢,榆樹的果實 | 梜 | 見 | 帖 | 入 | 見 | 葉 | 莢 | 見 | 帖 | 入 | 見 | 葉 |
| 680 | 篋—愜 | 愜意、愜快 | 篋 | 溪 | 帖 | 入 | 溪 | 葉 | 愜 | 溪 | 帖 | 入 | 溪 | 葉 |
| 681 | 輒—攝 | 代理、兼理 | 輒 | 端 | 帖 | 入 | 端 | 葉 | 攝 | 書 | 葉 | 入 | 書 | 葉 |
| 682 | 枼—葉 | 漢縣名 | 枼 | 餘 | 葉 | 入 | 餘 | 葉 | 葉 | 書 | 葉 | 入 | 書 | 葉 |
| 683 | 偞—牒 | 小梁、小關 | 偞 | 餘 | 葉 | 入 | 餘 | 葉 | 牒 | 定 | 帖 | 入 | 定 | 葉 |
| 684 | 葉—牒 | 小梁、小關 | 葉 | 餘 | 葉 | 入 | 餘 | 葉 | 牒 | 定 | 帖 | 入 | 定 | 葉 |
| 685 | 聶—攝 | 緣飾 | 聶 | 泥 | 葉 | 入 | 泥 | 葉 | 攝 | 書 | 葉 | 入 | 書 | 葉 |
| 686 | 疌—睫 | 目動、眼跳 | 疌 | 從 | 葉 | 入 | 從 | 葉 | 睫 | 精 | 葉 | 入 | 精 | 葉 |
| 687 | 疌—捷 | 捷枝,西域故國名 | 疌 | 從 | 葉 | 入 | 從 | 葉 | 捷 | 從 | 葉 | 入 | 從 | 葉 |
| 688 | 臿—插 | 插入 | 臿 | 初 | 洽 | 入 | 初 | 葉 | 插 | 初 | 洽 | 入 | 初 | 葉 |

## 談部

| 編號 | 通假字字組 | 釋義 | 通假字 | 中古音 | | | 上古音 | | 本字 | 中古音 | | | 上古音 | |
|---|---|---|---|---|---|---|---|---|---|---|---|---|---|---|
| | | | | 聲紐 | 韵 | 聲調 | 聲紐 | 韵部 | | 聲紐 | 韵 | 聲調 | 聲紐 | 韵部 |
| 689 | 嗛—覝 | 察看 | 嗛 | 匣 | 銜 | 平 | 匣 | 談 | 覝 | 來 | 鹽 | 平 | 來 | 談 |
| 690 | 脂—峆 | 凝血 | 脂 | 匣 | 陷 | 去 | 匣 | 談 | 峆 | 溪 | 勘 | 去 | 溪 | 談 |
| 691 | 厭—壓 | 崩壞 | 厭 | 影 | 狎 | 入 | 影 | 葉 | 壓 | 影 | 狎 | 入 | 影 | 葉 |
| 692 | 僋—襜 | 襜褕 | 僋 | 端 | 談 | 平 | 端 | 談 | 襜 | 昌 | 鹽 | 平 | 昌 | 談 |
| 693 | 繪—襜 | 襜褕 | 繪 | 端 | 談 | 平 | 端 | 談 | 襜 | 昌 | 鹽 | 平 | 昌 | 談 |
| 694 | 廉—覝 | 察看 | 廉 | 來 | 鹽 | 平 | 來 | 談 | 覝 | 來 | 鹽 | 平 | 來 | 談 |
| 695 | 僉—儉 | 節儉 | 僉 | 清 | 鹽 | 平 | 清 | 談 | 儉 | 群 | 琰 | 上 | 群 | 談 |
| 696 | 槧—斬 | 斬殺 | 槧 | 清 | 豔 | 去 | 清 | 談 | 斬 | 莊 | 豏 | 上 | 莊 | 談 |

# 參考文獻

## 一、簡帛材料

（按照材料批次及出版時間排列）

吴礽驤、李永良、馬建華:《敦煌漢簡釋文》,甘肅人民出版社,1991年。

甘肅省文物考古研究所:《敦煌漢簡》,中華書局,1991年。

羅振玉、王國維:《流沙墜簡》,中華書局,1993年。

張德芳:《敦煌馬圈灣漢簡集釋》,甘肅文化出版社,2013年。

中國科學院考古研究所:《居延漢簡甲乙編》,中華書局,1980年。

謝桂華、李均明、朱國炤:《居延漢簡釋文合校》,文物出版社,1987年。

簡牘整理小組:《居延漢簡補編》,台灣中研院史語所專刊之九十九,1998年。

臺灣中研院史語所簡牘整理小組:《居延漢簡》,臺灣中研院史語所,2014—2017年。

薛英群、何雙全、李永良:《居延新簡釋粹》,蘭州大學出版社,1988年。

甘肅省文物考古研究所:《居延新簡——甲渠候官》,中華書局,1994年。

馬怡、張榮强:《居延新簡校釋》,天津古籍出版社,2013年。

張德芳主編:《居延新簡集釋》,甘肅文化出版社,2016年。

甘肅簡牘保護研究中心等:《肩水金關漢簡[壹-伍]》,中西書局,2011-2016年。

甘肅省文物考古研究所:《敦煌懸泉漢簡釋文選》,《文物》2000年第5期。

胡平生、張德芳:《敦煌懸泉漢簡釋粹》,上海古籍出版社,2001年。

甘肅簡牘博物館等:《懸泉漢簡(壹)》,中西書局,2019年。

張德芳、石明秀主編:《玉門關漢簡》,中西書局,2019年。

甘肅簡牘博物館等:《地灣漢簡》,中西書局,2017年。

魏堅:《額濟納漢簡》,廣西師範大學出版社,2005年。

孫家洲:《額濟納漢簡釋文校本》,文物出版社,2007年。

中國簡牘集成編委會:《中國簡牘集成》,敦煌文藝出版社,2001年。

甘肅省博物館、中國科學院考古研究所:《武威漢簡》,文物出版社,1964年。

甘肅省博物館、武威縣文化館:《武威漢代醫簡》,文物出版社,1975年。

裘錫圭主編:《长沙馬王堆漢墓集成》,中華書局,2014年。

銀雀山漢簡整理小組:《銀雀山漢墓竹簡[壹]》,文物出版社,1985年。

睡虎地秦墓竹簡整理小組:《睡虎地秦簡》,文物出版社,1990年。

湖北省荊沙鐵路考古隊:《包山楚簡》,文物出版社,1991年。

荊門市博物館:《郭店楚墓竹簡》,文物出版社,1998年。

張家山二四七號漢墓竹簡整理小組:《張家山漢墓竹簡[二四七號墓]》(釋文修訂本),文物出版社,2006年。

馬承源主編:《上海博物館藏戰國楚竹書[六]》,上海古籍出版,2007年。

湖北省文物考古研究所:《江陵鳳凰山西漢簡牘》,中華書局,2012年。

## 二、工具書及著作類

(按照首字拼音排列)

[日]西嶋定聲:《中國古代帝國的形成與結構》,武尚清譯,中華書局,2004年。

白於藍:《簡牘帛書通假字字典》,福建人民出版,2008年。

白於藍:《戰國秦漢簡帛古書通假彙纂》,海峽出版發行集團、福建人民出版社,2012年。

陳夢家:《漢簡綴述》,中華書局,1980年。

陳明遠、汪宗虎:《中國姓氏辭典》,北京出版社,1995年。

陳槃:《漢晋遺簡偶述》,台灣中研院史語所集刊第16本,1948年。

陳直:《居延漢簡研究》,天津古籍出版社,1986年。

程喜霖:《漢唐烽堠制度研究》,三秦出版社,1990年。

董蓮池:《新金文編》,作家出版社,2011年。

馮其庸、鄧安生:《通假字彙釋》,北京大學出版社,2006年。

高亨、董治安:《古字通假會典》,齊魯書社出版,1989年。

郭沫若:《甲骨文字研究》,載《甲骨文獻集成》(第八册),四川大學出版社,2001年。

郭沫若:《金文叢考》,載《金文文獻集成》(第二十五册),綫裝書局,2005年。

郭錫良:《漢字古音手册》,北京大學出版社,1986年。

國家中醫藥管理局《中華本草》編委會:《中華本草(精選本)》,上海科學技術出版社,1996年。

漢語大詞典編纂委員會:《漢語大詞典》,上海辭書出版社,1986年。

漢語大字典編纂委員會:《漢語大字典(第二版)》,崇文書局、四川辭書出版社,2010年。

郝樹聲、張德芳:《懸泉漢簡研究》,甘肅文化出版社,2009年。

何介鈞、張維明:《馬王堆漢墓》,文物出版社,1982年。

胡平生:《胡平生簡牘文物論稿》,中西書局,2012年。

黄今言:《秦漢軍制史論》,江西人民出版社,1993年。

季旭昇:《説文新證》,藝文印書館,2014年。

賈慎修:《中國飼用植物志》,農業出版社,1987年。

李鼎超:《隴右方言》,蘭州大學出版社,1988年。

李恒全:《戰國秦漢經濟問題考論》,江蘇人民出版社,2012年。

李均明:《漢簡牘文書分類輯解》,文物出版社,2009年。

李均明:《簡牘文書學》,廣西教育出版社,1999年。

李天虹:《居延漢簡簿籍分類研究》,科技出版社,2003年。

李學勤主編:《字源》,天津古籍出版社、遼寧人民出版社,2012年。

劉光華:《漢代西北屯田研究》,蘭州大學出版社,1988年。

劉信芳:《楚簡帛通假匯釋》,高等教育出版社,2011年。

劉又辛:《通假概説》,巴蜀書社,1987年。

劉釗:《新甲骨文編(增訂本)》,福建人民出版社,2014年。

陸錫興:《中國古代器物大詞典·刑具、兵器》,河北教育出版社,2004年。

羅常培、周祖謨:《漢魏晋南北朝韵部演變研究》,中華書局,2007年。

羅振玉:《增訂殷墟書契考釋》,載《甲骨文獻集成》(第七册),四川大學出版社,2001年。

馬汴梁:《簡明中醫病名辭典》,人民衛生出版社,1997年。

馬繼興:《神農本草經輯注》,人民衛生出版社,1995年。

南京中醫藥大學:《中藥大辭典(第二版)》,上海科技出版社,2006年。

寧可、郝春文:《敦煌社邑文書輯校》,江蘇古籍出版社,1997年。

裘錫圭:《裘錫圭學術文集》,復旦大學出版社,2012年。

裘錫圭:《文字學概要》,商務印書館,2005年。

饒宗頤、李均明:《敦煌漢簡編年考證》,新文豐出版公司,1995年。

尚志鈞輯校:《吴普本草》,人民衛生出版社,1987年。

沈剛:《居延漢簡詞語匯釋》,科學出版社,2008年。

孫晨陽、張珂:《中國古代服飾辭典》,中華書局,2014年。

孫機:《漢代物質文化資料圖説》,上海古籍出版社,2011年。

王貴元:《簡帛文獻字詞研究》,中國社會科學出版社,2020年。

王國維:《觀堂集林》,河北教育出版社,2003年。

王輝:《古文字通假字字典》,中華書局,2008年。

王力:《漢語史稿》,中華書局,2015年。

王力:《漢語語音史》,中華書局,2012年。

王力:《同源字典》,商務印書館,1982年。

王夢歐:《漢簡文字類編》,藝文印書館,1974年。

王永紅、陳成軍:《古器物鑒賞》,台灣文津出版社,2004年。

薛英群:《居延漢簡通論》,甘肅教育出版社,1991年。

楊樹達:《積微居讀書記》,上海古籍出版社,2013年。

楊樹達:《積微居小學述林》,中國科學院,1954年。

于豪亮:《于豪亮學術文存》,中華書局,1985年。

于省吾:《甲骨文字釋林》,商務印書館,2010年。

喻遂生:《文字學教程》,北京大學出版社,2014年。

張文軒、莫超:《蘭州方言詞典》,中國社會科學出版社,2009年。

張顯成、周麗群:《尹灣漢墓簡牘校理》,天津古籍出版社,2011年。

張顯成:《簡帛文獻學通論》,中華書局,2004年。

張顯成:《簡帛藥名研究》,西南師範大學出版社,1997年。

張顯成:《秦簡逐字索引》,四川大學出版社,2010年。

張顯成、李建平:《簡帛量詞研究》,中華書局,2017年。

中國青銅器全集編輯委員會:《中國青銅器全集》(第6卷),文物出版社,1997年。

中國植物志編纂委員會:《中國植物志》,科學出版社,1987年。

李經緯、鄧鐵濤:《中醫大辭典》,人民衛生出版社,1995年。

鐘少异:《中國古代軍事工程技術史》,山西教育出版社,2008年。

宗福邦、陳世鐃、蕭海波:《故訓匯纂》,商務印書館,2003年。

## 三、論文類

(按照首字拼音排列)

[日]永田英正:《居延漢簡集成之二》,載《簡牘研究譯叢》(第2輯),中國社會科學出版社,1987年。

白軍鵬:《敦煌漢簡整理與研究》,博士論文,吉林大學,2014年。

馬曼麗:《從漢簡看漢代西北邊塞守禦制度》,《中國邊疆史地研究》1992年第1期。

馬怡:《扁書試探》,載《額濟納漢簡釋文校正》,文物出版社,2007年。

馬怡:《漢代的計時器及相關問題》,《中國史研究》2006年第3期。

方勇:《讀〈肩水金關漢簡〉札記二則》,《魯東大學學報》2012年第2期。

阜陽漢簡整理組:《阜陽漢簡〈倉頡篇〉》,《文物》1983年第2期。

石明秀:《敦煌漢簡所見漢賦考》,《社會科學戰線》2013年第3期。

董珊:《敦煌漢簡風雨詩新探》,載《古代文明研究通訊》(總第36期),北京大學震旦古代文明研究中心,2008年。

陶曲勇:《説"汲落"》,《古漢語研究》2009年第2期。

聶丹:《〈居延新簡〉中的行幘》,《敦煌研究》2016年第1期。

聶丹:《西北屯戍漢簡名物詞語研究》,博士學位論文,西南大學,2013年。

聶丹:《説"慈其"》,載《繼承與創新》,西南師範大學出版社,2014年。

勞榦:《漢晋西陲木簡新考》,中研院史語所單刊甲種之二十七,1999年。

勞榦:《居延漢簡考證》,載《居延漢簡考釋之部》,台灣中研院史語所專刊之四十,1960年。

李黎:《額濟納漢簡詞語通釋》,博士學位論文,華東師範大學,2010年。

李洪財:《漢簡草字整理與研究》,博士學位論文,吉林大學,2014年。

李均明:《漢邊塞"縣索"考》,《中國文物報》,2005年5月6日第7版。

李均明:《漢代屯戍遺簡"葆"解》,《文史》(第38輯),中華書局,1994年。

李振宏:《漢簡"省卒"考》,《史學月刊》1993年第4期。

李正宇:《試釋敦煌漢簡〈教海詩〉》,載顏廷亮主編《轉型期的敦煌語言文學》,甘肅人民出版社,2010年。

劉樂賢:《肩水金關漢簡中的王莽登基詔書》,《文物》2015年第3期。

劉樂賢:《懸泉漢簡中的建除占"失"殘文》,《文物》2008年第12期。

劉嬌:《漢簡所見〈孝經〉之傳注或解說初探》,載於復旦大學出土文獻與古文字研究中心網站:http://www.gwz.fudan.edu.cn/SrcShow.asp?Src_ID=2487,2015年4月8日。

劉又辛:《談談假借字、异體字、古今字和本字》,《西南師範學院學報》1984年第2期。

連劭名:《居延漢簡中的有方》,《考古》1987年第11期。

路方鴿:《居延漢簡"稍入"是邊塞財政收入之》,《南都學壇》2012年第4期。

葛紅麗:《居延新簡"辨告"考》,《中國文字研究》(第8輯),2007年。

葛紅麗:《居延新簡詞語通釋》,博士論文,華東師範大學,2007年。

甘肅居延考古隊:《居延漢代遺址的發掘和新出土的簡册文書》,《文物》1978年第1期。

何茂活:《肩水金關汉簡〈所寄張千人舍器物記〉名物詞語考釋》,《魯東大學學報》2014年第6期。

何雙全:《敦煌懸泉漢簡内容概述》,《文物》2000年第5期。

何雙全:《敦煌懸泉漢簡釋文修訂》,《文物》2000年第12期。

何雙全:《居延漢簡所見漢代農作物小考》,《農業考古》1986年第2期。

許雲和:《敦煌漢簡〈風雨詩〉試論》,《首都師範大學學報》2011年第2期。

黄烈:《釋漢簡中有關漢代社會性質諸例》,《歷史研究》1957年第6期。

黄浩波:《〈肩水金關漢簡(叁)〉所見〈孝經〉解説殘簡》,載於復旦大學出土文獻與古文字研究中心網站:http://www.gwz.fudan.edu.cn/SrcShow.asp?Src_ID=2503。2015年4月22日。

黄艷萍:《〈肩水金關漢簡〉所見"燧"及其命名探析》,《敦煌研究》2016年第1期。

裘錫圭:《〈居延漢簡甲乙編〉釋文商榷(續二)》,《人文雜志》1982年第4期。

裘錫圭:《居延漢簡甲乙編釋文商榷一》,《文史雜志》1982年第2期。

謝桂華、李均明:《〈居延漢簡甲乙編〉釋文補正舉隅》,《歷史研究》1982年第5期。

謝桂華、李均明:《〈居延漢簡甲乙編〉釋文評議》,《敦煌學輯刊》1984年第2期。

謝桂華:《漢簡與漢代西北屯戍鹽政考述》,《鹽業史研究》1994年第1期。

肖從禮:《敦煌漢簡〈風雨詩〉考》,載張德芳、孫家洲主編《居延、敦煌漢簡出土遺址實地考察論文集》,上海古籍出版社,2012年。

肖從禮:《楚漢簡牘所見"中舍"考》,《絲綢之路》2012年第12期。

徐元邦:《居延漢簡中所見之蔬菜》,《古今農業》1988年第4期。

薛英群:《漢簡官文書考略》,載《漢簡研究文集》,甘肅人民出版社,1984年。

薛英群:《居延新簡官文書選釋(上)》,《社會科學》1986年第4期。

薛英群:《居延新簡官文書選釋(下)》,《社會科學》1986年第5期。

孫其斌、蘇建兵:《〈居延新簡〉中的醫藥簡》,《甘肅中醫》2002年第4期。

趙沛:《居延漢簡見西漢時期西北邊塞日常勤務制度》,《西北史地》1991年第2期。

趙宇明:《〈居延漢簡甲乙編〉中醫藥史料》,《中華醫史雜志》1994年第3期。

周祖謨:《〈古漢語通假字典〉序》,《西北大學學報》1986年第3期。

周祖謨:《唐本説文與説文舊音》,載《問學集》(下),中華書局,1966年。

周祖亮、方懿林:《居延新簡所記醫藥信息述略》,《中醫文獻雜志》2011年第2期。

陳邦懷:《"居延漢簡甲編"校語》,《考古》1960年第10期。

陳邦懷:《"居延漢簡甲編"校語增補》,《考古》1961年第8期。

陳邦懷:《居延漢簡考略》,《歷史教學》1964年第2期。

陳力:《〈居延新簡〉相利善刀劍諸簡選釋》,《考古與文物》2002年第6期。

陳練軍:《居延漢簡詞語札記二則》,《古漢語研究》2007年第2期。

陳直:《"居延漢簡甲編"釋文校正》,《考古》1960年第4期。

陳直:《"居延漢簡甲編"釋文校正(續)》,《考古》1960年第10期。

陳榮傑:《試論走馬樓吴簡中的"僦錢"、"地僦錢"》,《中國社會經濟史研究》2014年第1期。

陳雍:《〈居延漢簡甲乙編〉釋文校字》,《史學集刊》1985年第1期。

張麗萍、張顯成:《西北屯戍漢簡中的"庸""葆""就"及相互關係考辨——兼論"作者"的含義》,《中國社會經濟史研究》2019年第3期。

張麗萍、張顯成:《釋"慈其"及相關稱謂》,《敦煌研究》2016年第4期。

張麗萍、張顯成:《〈敦煌馬圈灣漢簡集釋〉釋讀訂誤》,《簡帛》(第14輯),上海古籍出版社，2017年。

張麗萍、王丹：《〈敦煌馬圈灣漢簡集釋〉未釋疑難字考》，《古籍整理研究學刊》2016年第3期。

張麗萍：《釋西北屯戍漢簡中的“棱椺”——兼論“椎”的所指和作用》，《貴州工程應用技術學院學報》2019年第1期。

張國艷：《居延新簡詞彙劄記》，《西南交通大學學報》2013年第1期。

張政烺：《秦律“葆子”釋義》，《文史》（第9輯），中華書局，1980年。

張永言：《外來詞雜談（訂補稿）》，《漢語史學報》（第7輯），2008年

朱啟新：《天田與縣索》，《考古與文物》2012年第12期。

初師賓：《漢邊塞守禦器備考略》，載《漢簡研究文集》，甘肅人民出版社，1984年。

安忠義、强生斌：《河西漢簡中的蔬菜考釋》，《魯東大學學報》2008年6期。

安忠義：《漢簡〈守禦器簿〉詞匯釋例五則》，《南京師範大學文學院學報》2005年第6期。

楊秀芳：《從詞彙史角度看“關楗”、“管籥”、“鎖匙”的關係》，《臺大文史哲學報》2008年第69期。

吴礽驤：《漢代蓬火制度探索》，載甘肅省文物工作隊、甘肅省博物館編《漢簡研究文集》，甘肅人民出版社，1984年。

王貴元：《釋漢簡中的“木闞”及“闞戾”》，《中國語文》2015年第3期。

王貴元：《釋漢簡中的“行勝”與“常韋”》，《語言研究》2014年第4期。

王震亞、張小鋒：《漢簡中的戍卒生活》，《簡牘學研究》（第2輯），甘肅人民出版社，1998年。

王子今：《漢代河西的“茭”——漢代植被史考察札記》，《甘肅社會科學》2004年第5期。

王子今：《居延漢簡〈車父名籍〉》，《簡帛研究》（第2輯），法律出版社，1996年。

王子今：《額濟納漢簡膠鞕考》，《南方文物》2007年第1期。

王愛清：《漢代“葆”身份補正》，《南都學壇》2007年第6期。

袁瑩：《“芮薪”考辨》，《考古與文物》2012年第1期。

# 四、古籍類

（按照首字拼音排列）

班固:《漢書》,中華書局,1962年。

高誘注,畢沅校:《吕氏春秋》,上海古籍出版社,2014年。

馬瑞辰:《毛詩傳箋通釋》,中華書局,1999年。

無名氏:《古文苑》,章樵注,四部叢刊本。

梅膺祚、吴任臣:《字彙·字彙補》,上海辭書出版社,1991年。

毛亨傳,鄭玄箋,孔穎達正義:《毛詩正義》,阮元《十三經注疏》本,中華書局,2009年。

范寧集解,楊士勳疏:《春秋穀梁傳注疏》,阮元《十三經注疏》本,中華書局,2009年。

范曄:《後漢書》,中華書局,1965年。

房玄齡:《晋書》,中華書局,1974年。

戴震:《方言疏證》,王雲五主編萬有文庫本,商務印書館,1937年。

戴望:《管子校正》,上海源記書莊出版社,1925年。

賈思勰:《齊民要術今釋》,石聲漢校釋,中華書局,2009年。

丁度等編:《集韵》,上海古籍出版社,2017年。

杜佑:《通典》,中華書局,1988年。

段成式:《酉陽雜俎》,方南生點校,中華書局,1981年。

段玉裁:《説文解字注》,浙江古籍出版社,2006年。

樂史:《太平寰宇記(二)》,中華書局,2007年。

李富孫:《春秋三傳异文釋》,續修四庫全書本,上海古籍出版社,2002年。

李霞光:《六韜·鬼谷子譯注》,上海三聯書店,2018年。

李時珍:《本草綱目》,劉衡如、劉山永校注,華夏出版社,2008年。

刘淇:《助字辨略》,開明書店,1947年。

劉寶楠:《論語正義》,中華書局,1990年。

劉盼遂:《論衡集解》,中華書局,1957年。

劉復共、李家瑞編:《宋元以來俗字譜》,中研院史語所,1930年。

劉熙:《釋名疏證補》,畢沅疏證,王先謙補,中華書局,2008。
劉向:《說苑疏證》,趙善詒疏證,華東師範大學出版社,1985年。
陸德明:《經典釋文彙校》,黄焯彙校,中華書局,2006年。
顧野王:《大廣益會玉篇》,中華書局,1987年。
郭璞注,邢昺疏:《爾雅注疏》,阮元《十三經注疏》本,中華書局,2009年。
郭沫若、聞一多、許維遹:《管子集校》,科學出版社,1956年。
郭慶藩:《莊子集釋》,中華書局,2016年。
桂馥:《札樸》,中華書局,1992年。
桂馥:《説文解字義證》,中華書局,2017年。
孔安國傳,孔穎達正義:《尚書正義》,阮元《十三經注疏》本,中華書局,2009年。
何寧:《淮南子集釋》,中華書局,1998年。
何休解詁,徐彦疏:《春秋公羊傳注疏》,阮元《十三經注疏》本,中華書局,2009年。
何晏集解,邢昺疏:《論語注疏》,阮元《十三經注疏》本,中華書局,2009年。
郝懿行:《山海經箋疏》,《郝懿行集》(第6册),齊魯書社,2010年。
郝懿行:《爾雅義疏》,上海古籍出版社,1983年。
韓愈:《燕河南府秀才得生字》,載彭定求等編《全唐詩》(第339卷),中華書局,1960年。
胡培翬:《儀禮正義》,江苏古籍出版社,1993年。
許慎:《説文解字》,中華書局,2013年。
許維遹:《吕氏春秋集釋》,中華書局,2009年
許維遹:《韓詩外傳集釋》,中華書局,1980年。
黄公紹、熊忠:《古今韵會舉要》,中華書局,2000年。
洪亮吉:《春秋左傳詁》,中華書局,1987年。
洪興祖:《楚辭補注》,中華書局,1983年。
洪頤煊:《洪頤煊集》,上海古籍出版社,2018。
焦循:《孟子正義》,中華書局,1987年。
焦循:《易學三書》,九州出版社,2003年。
錢大昕:《廿二史考异》,上海古籍出版社,2014年。
錢繹:《方言箋疏》,上海古籍出版社,1984年。

蔣驥:《山帶閣注楚辭》,上海古籍出版社,2019年。
蕭統編,李善、五臣注:《六臣注文選》,中華書局,2012年。
徐鍇:《説文解字繫傳》,中華書局,2017年。
徐時儀校注:《一切經音義三種校本合刊》,上海古籍出版社,2008年。
孫希旦:《禮記集解》,中華書局,1989年。
孫星衍:《晏子春秋音義》,中華書局,1985年。
孫詒讓:《墨子間詁》,中華書局,2017年。
孫詒讓:《札迻》,中華書局,2009年。
孫詒讓:《周禮正義》,中華書局,2015年。
周祖謨:《廣韵校本》,中華書局,2004年。
陳立:《白虎通疏證》,中華書局,2018年。
陳奐:《詩毛氏傳疏》,山東友誼書社,1992年。
陳奇猷:《吕氏春秋校釋》,學林出版社,1984年。
陳奇猷:《韓非子集釋》,上海人民出版社,1974年。
陳壽:《三國志》,中華書局,1982年。
張志聰:《黄帝内經素問集注》,中國醫藥科技出版社,2014年。
張傳官:《急就篇校理》,中華書局,2017年。
張自烈編,廖文英補:《正字通》,國際文化出版公司,1996年。
章炳麟:《章氏叢書·新方言》,上海右文社,1915年。
鄭玄注,賈公彦疏:《周禮注疏》,阮元《十三經注疏》本,中華書局,2009年。
鄭玄注,賈公彦疏:《儀禮注疏》,阮元《十三經注疏》本,中華書局,2009年。
鄭玄注,孔穎達正義:《禮記正義》,阮元《十三經注疏》本,中華書局,2009年。
朱駿聲:《説文通訓定聲》,中華書局,2016年。
朱熹:《四書章句集注》,中華書局,1983年。
朱右曾:《逸周書集訓校釋》,商務印書館,1940年。
沈括:《元本夢溪筆談》,國家圖書館出版社,2017年。
沈約:《宋書》,中華書局,2018年。
釋行均:《龍龕手鑑》,上海書店出版社,1984年。
邵晋涵:《爾雅正義》,李嘉翼、祝鴻杰點校,中華書局, 2017年。

上海師範學院古籍整理組:《國語》,上海古籍出版社,1978年。

俞樾:《群經平議》,趙一生點校《俞樾全集》第一、二册,浙江古籍出版社,2017年。

俞樾:《諸子平議》,上海書店,1988年。

阮元:《經籍籑詁》,成都古籍書店,1982年。

岑仲勉:《墨子城守各篇簡注》,中華書局,1958年。

司馬光:《資治通鑑》,中華書局,1956年。

司馬遷:《史記》,中華書局,2014年。

宋應星:《圖解天工開物》,南海出版公司,2007年。

張湛注:《列子釋文》,中華書局,1985年。

秦選之:《匡謬正俗校注》,台灣商務印書館,1970年。

楊伯峻:《春秋左傳注》,中華書局,1981年。

梅膺祚:《字彙 字彙補》,上海辭書出版社,1991年。

吴玉搢:《别雅訂》,許瀚校勘,中華書局,1985年。

衛宏:《漢官舊儀》,中華書局,1985年。

王勃:《王子安集注》,蔣清翊注,上海古籍出版社,1995年。

王弼、韓康伯注,孔穎達正義:《周易正義》,阮元《十三經注疏》本,中國致公出版社,2009年。

郭靄春主編:《黄帝内經素問校注》,人民衛生出版社,1992年。

王聘珍:《大戴禮記解詁》,王文錦點校,中華書局,1983年。

王符:《潛夫論箋校正》,汪繼培箋,彭鐸校正,中華書局,1997年。

王念孫:《讀書雜志》,徐煒君等校點,上海古籍出版社,2015年。

王念孫:《廣雅疏證》,鍾宇訊點校,中華書局,2004年。

王先謙:《荀子集解》,沈嘯寰等點校,中華書局,1988年。

王先慎:《韓非子集解》,鍾哲點校,中華書局,2016年。

王引之:《經義述聞》,虞思徵等校點,上海古籍出版社,2016年。

王筠:《説文解字句讀》,中華書局,1988年。

鄭樵:《通志》,浙江古籍出版社,1988年。

# 後　記

本書在我的博士論文《西北屯戍漢簡通假字新考》(2017)的基礎上增補、修正而成。大量通假字的存在,是西北屯戍漢簡難以通讀的重要原因之一。於是我們不揣譾陋,試圖將屯戍簡中的通假字匯集起來,進行注釋,以掃除閱讀障礙。

從畢業論文的寫作到本書的修改,一直困擾我的問題就是通假字範圍的界定。剛開始的時候,按照“通假指假借一個音同或音近的字來表示一個本有其字的詞”,通假字和本字“形體不同,意義不同,只是由於聲音相同或相近,古人就用甲字來代替乙字”[①]這一狹義通假字的概念,作爲選取通假字的依據和標準。但進入實際操作,却深感舉步維艱,難以推進。主要是因爲,漢字的字際關係非常複雜,字形的訛變、文字構形不明、本義的失傳、引申假借難以區别等原因都是正確判斷通假字的障礙,而這些問題的解決又不是一朝一夕可以實現的。考慮到本書的主要目的是注釋通假字字義,排除閱讀障礙,只要説明某字和某字可以通用即可,實在没有必要一一區别兩字之間具體是什麽關係。所以,本書效仿目前比較有影響的幾部通假字字典,也采用廣義通假字的概念(亦即通用字),力圖盡量全面地展示屯戍簡中通假字的全貌。

這本小書能夠完成,離不開很多人對我的教導、鼓勵和幫助。碩士生導師蘭州大學張文軒先生領我走上學術研究的道路,博士生導師西南大學張顯成先生爲我打開簡帛研究的大門。兩位先生治學嚴謹,却又和藹可親,是我在學術和生活道路上的指路明燈。只是近年來爲生活雜事所羈絆,加之天資愚鈍,鮮有長進,深感愧對老師的教誨和期望。

本書的寫作過程中曾參考前賢時修的研究成果,所參考的成果,有些已在書中注出,有的因行文的原因未注出,謹在書後列出參考文獻!

本書的出版,得到了各級領導的關心和支持,得到了貴州大學學術著作出版基金的資助。西南大學出版社爲本書的出版給予了大力的支持,李浩强先生在

① 王力:《古代漢語》(第二册),中華書局,1999,第546—547頁。

審稿、編輯過程中傾注了大量的心血，對書稿審查精細，並提出了不少寶貴意見。排版、校對的同志也付出了辛苦的勞動，因爲有大量的生僻字、圖片字，本書的排印甚爲艱難。我的學生楊雪梅、馮南雨、吴燕、李舒暢、陳志健也參與了簡文校對工作。在此一併表示謝忱。

書中肯定還存在不少問題，敬請方家和廣大讀者批評指正。

張麗萍

2022年8月3日於貴州大學南校區